欧阳山全传

胡子明 ◎ 著

SPM 南方出版传媒 花城出版社
中国·广州

图书在版编目（CIP）数据

欧阳山全传 / 胡子明著. -- 广州 : 花城出版社, 2022.1
　ISBN 978-7-5360-9543-4

Ⅰ. ①欧… Ⅱ. ①胡… Ⅲ. ①欧阳山（1908-2000）—传记 Ⅳ. ①K825.6

中国版本图书馆CIP数据核字(2021)第264566号

出 版 人：肖延兵
策划编辑：张　懿
责任编辑：陈诗泳　詹燕纯
技术编辑：薛伟民　林佳莹
装帧设计：王玉美

书　　名	欧阳山全传 OUYANGSHAN QUANZHUAN
出版发行	花城出版社 （广州市环市东路水荫路11号）
经　　销	全国新华书店
印　　刷	广东鹏腾宇文化创新有限公司 （广东省珠海市高新区唐家湾镇科技九路88号10栋）
开　　本	787毫米×1092毫米　16开
印　　张	31.75　4插页
字　　数	580,000字
版　　次	2022年1月第1版　2022年1月第1次印刷
定　　价	128.00元

如发现印装质量问题，请直接与印刷厂联系调换。
购书热线：020-37604658　37602954
花城出版社网站：http://www.fcph.com.cn

欧阳山（1908-2000），原名杨凤岐，祖籍湖北荆州，笔名凡鸟、罗西、龙贡公等。1924年开始文学创作，发表短篇小说《那一夜》。1932年组织"广州普罗作家同盟"（"左联"广州分盟），主编《广州文艺》周刊。1933年与草明一起转入上海"左联"，任中国左翼文化总同盟宣传部长。1940年在重庆加入中国共产党，发表抗战小说《战果》等。1941年奉调延安工作，任中央研究院文艺研究室主任，1942年参加延安文艺座谈会，1948年发表的《高干大》是较早实践"延安文艺座谈会精神"的优秀长篇之一。自1959年至1985年陆续出版长篇小说《一代风流》凡五卷，前两卷《三家巷》和《苦斗》达到新的艺术高峰，1996—1997年校改全书，合并为150万字的《三家巷》（又名《一代风流》）。欧阳山一生创作、翻译短中长篇小说约五十部，另有诗歌、散文、杂文、剧本、回忆录和报告文学等，1989-2000年著有杂文集《广语丝》（1-3），共117篇。欧阳山历任广东省人民政府文教厅副厅长，中南军政委员会文教委员会委员，广东省文联主席，广东省作家协会主席，中国作家协会副主席，广东省人大常委会副主任等，1982年在中国共产党第12次代表大会上被选为中央顾问委员会委员。1999年12月，欧阳山荣获"中国文联荣誉委员"金质勋章。

领一代风流的世纪大家
——名家评述欧阳山（代序）

黄伟宗（中山大学教授、中国珠江文化理论的首创者、倡导者和实践者、著名文艺理论批评家、欧阳山研究专家）：

从新文学的整体看欧阳山的贡献

欧阳山是从1924年起，几乎每个年代都写出有影响的作品，并且在文艺创作的各个方面都有其成就，既在每个历史时期又在中国新文学的整体中都做出贡献，有鲜明的个人风格并独树一帜的这样一位作家。

中国新文学整体的基本特征之一，是文学与社会生活的密切联系。欧阳山从步入文坛开始，一贯地在每个历史时期都与社会生活保持密切的联系。无论是他在每个时期的作品或是全部作品，是具有题材反映社会生活面广和多种多样的特点的。

中国新文学整体上另一个基本特征，是革命性和政治性。这是带根本性的特征，由此而使中国新文学有强烈的战斗性。我们从这方面检视欧阳山在各个时期和全部作品，绝大多数是经得起历史的检验和具有持久生命力的，同时在作品出版的时候也是具有强烈的战斗性的。

人物形象的典型创造，是世界文学的基本艺术问题之一。中国新文学在此的基本特征，是强调表现现实各种各样的人物形象，尤其是创造有普遍性、时代性和鲜明个性的人物典型。各个历史时期创造的各种成功人物形象，形成了中国新文学艺术典型的光辉画廊。从这方面看欧阳山数十年的人物形象创造，更是有突出的成就和地位的。欧阳山在每个时期的创作，都创造了无愧于进入每个时期典型画廊的成功形象，创造了各种各样的、各社会阶层的人物典型。

70年的中国新文学发展历程，有多种创作方法和艺术流派在文坛反复出现，但占主导地位而且是一贯在发展着的是现实主义和革命现实主义，这也是中国新文学整体基本特征之一。从欧阳山全部创作的整体创作方法表现看来，完全可以说他是为数不多的长期坚定不移地坚持革命现实主义作家中的一个。尤其是《一代风流》一、二卷即《三家巷》《苦斗》的创作，欧阳山一步步地攀登上自己革命现实主义道路的顶峰，为反对当时反现实主义潮流和坚持革命现实主义做出了杰出的贡献，在全国有重要影响。

中国新文学整体又一基本特征是具有中华民族风格和各种各样的地方色彩。从《高干大》直到《一代风流》的创作，欧阳山越来越鲜明成熟地坚持着以中国的民族风格为主体，既吸取某些"欧化"东西又吸取古代和民间艺术，既适合高层读者又为群众喜闻乐见的融合性艺术风格，并不管任何风浪他都坚持着这种风格和道路。正如著名作家刘白羽所言："《一代风流》是我们社会主义文学中的一部大书。有着《战争与和平》的广阔，有着《红楼梦》的旖旎。"欧阳山从步入文坛开始，即很注意对世态风情的描绘，20世纪30年代以写广东风情的特色领誉全国文坛，40年代又以陕北的风俗画写出新的人物和新的世界的佳作《高干大》而震动中外。从50年代到80年代创作的《一代风流》各卷，更是写出中国城乡的世态风情，真是一部汇聚全国各地人情风俗的奇书或百科全书。欧阳山在60年代正式提出"古今中外法，东西南北调"的语言主张，《三家巷》《苦斗》的成功实践体现了这一主张。这是他数十年语言艺术的经验总结。欧阳山的这种主张与实践使他在中国新文学这一整体特征中具有独树一帜的地位。

朱献贞（曲阜师范大学教授、著名文艺评论家）：

在精雕细刻中显出民族气派的世纪大家

在20世纪文学史上，生命历程跨越现当代两个阶段的作家虽然不少，但是将创作生命贯穿到底且独树一帜的作家并不多见，在这为数不多的行列中就包括了领一代风流的欧阳山。1908年诞生2000年去世的这位世纪大家，以其独特的文学阅历在现代中国文学的版图上占有一席之地，其《高干大》《一代风流》《广语丝》在明星璀璨的当代文学星空中也放射出自己的熠熠辉光。

从1924年发表处女作《那一夜》到2000年去世前最后一篇文章《〈伟人周恩来〉首发式贺信》，欧阳山在每个文学创作阶段都力求不断超越自我、追求新的艺术范式，显出与同时期文学思潮不同的格调，产生不同的论争与反响，几乎使欧阳山在20世纪中国文学史的各个阶段都留下了自己鲜明的印迹。

1924—1930年，虽是欧阳山的起步期，但也是"多元素的复合体"时期。《玫瑰残了》可以算得上欧阳山版的《少年维特之烦恼》。但在多元复合中也酝酿着欧阳山的新变。

1931年7月，欧阳山出版中篇小说《竹尺和铁锤》，到1942年前，欧阳山在鲁迅等人的影响下陆续创作了《七年忌》《流血纪念章》等多部短篇小说集，中篇小说《青年男女》《鬼巢》《崩决》，长篇小说《战果》等一系列作品。其新颖的艺术形式和鲜明的大众意识，令欧阳山在左翼文坛声名鹊起，鲁迅"山兄"的称呼和《草鞋脚》对其小说的编选，更提升了欧阳山的知名度。同时欧阳山化用大众化语言，甚至直接使用粤语进行创作如《单眼虎》等，也使其显得十分另类和富有个性。

1942年参加延安文艺座谈会之后的欧阳山，其创作发生了较大变化。1944年6月，他的人物速写《活在新社会里》不仅赢得了文艺界的赞扬，也引起了毛泽东的注意并写信祝贺，在延安产生了不小的轰动。1946年5月，欧阳山创作出解放区第一部反映农村合作社题材的小说《高干大》，成功地塑造了一个划时代的人物形象高干大，以之喻指共产党人联系群众的重要性。作品一经发表就引起巨大反响，赵树理、丁玲、冯雪峰等人都给予很高的评价，作品甚至成为指导解放区"土改"和合作化的参考书。当然，欧阳山对解放区农民干部缺点和落后思想的描写，无论当时还是此后都引来各种争议，正是因为有争议才更说明这部作品的可读性和欧阳山的创作对窠臼的突破与创新。

十七年时期，长篇小说《三家巷》《苦斗》直接将欧阳山推到了政治的风口浪尖。这两部小说是欧阳山构思已久的《一代风流》的第一、二卷。引起争议乃至政治批判也正好说明欧阳山是一位敢于坚持个人创作风格，不迎合时流的个性作家。

欧阳山的最后十年，即20世纪90年代，出于对"有害于社会主义"事物的不满和对主旋律的拥护，撰写了117篇杂文共三集《广语丝》，被评论界称为"社会主义杂文""当代鲁迅风"。

纵观近一个世纪的文学创作历程，我们发现欧阳山总是有意识或无意识地追求具有中国作风和中国气派的民族美学风格。《一代风流》不仅将广州大都市的繁华风情描写得风情万种，就是"三家巷"这样的街道里弄也是富有人间烟火和生活情趣风俗的展示，乃至于到过广州的人都会情不自禁地试图探访作品虚构的"三家巷"。

总之，欧阳山的文学创作是"在精雕细刻中显出民族气派"。

陈涌（中国社科院文学研究所原研究员、中国当代著名文艺理论家）：

《一代风流》是现代中国里程碑式的艺术创作

欧阳山同志的《一代风流》，表现现代中国革命的几个历史时期的风云变幻，并以此为轴心，刻画、描摹各个阶级，各种人物的离合、际遇，以及他们注定不同的归宿。这是一部多卷本的长篇小说。作者起先设定的标题叫《中国的革命和反革命》，这个看来似乎过于理性化的标题，正可以使我们窥见作者艺术构思的意向。在中国现代文学史上，像这样深远的创作意图，这样规模宏大的创作成果，是这部作品出现以前还少见的。

这样一部内容深厚、有重要的历史内容，又有无可置疑的现实主义艺术真实性的作品，理应归入现代中国里程碑式的艺术创作行列。

家庭、家族，是过去中国社会的细胞组织，解剖一些典型的家庭、家族，便可以使我们认清中国旧社会的真正面貌。这方面18世纪中叶曹雪芹的《红楼梦》给了我们一个成功的典范。……如果说《一代风流》也受到过《红楼梦》的影响，那么，这种影响的积极意义首先就在这方面。

三家巷里周、陈、何三家祖辈父辈都是平民，之后三家逐渐发生分化，陈家成了倒卖物资和黄金的投机商，何家成了官僚地主，而周家却始终是打铁的手工业者。这三家具体细微地体现了中国城市的几个主要阶级，他们之间的关系，本质上也成了交织着姻亲关系的阶级关系。可以认为，真实地表现了这三家，也就可能达到真实地表现现代中国社会的现实关系，因此也可能达到艺术的现实主义。

郭小东（广东技术师范大学教授、著名作家、文艺评论家）：

他在走向永恒经典的道路上

欧阳山这位作家是一个时代的典型，也可以说他在走向永恒经典的道路上。……欧阳山这代作家为什么能做到这一点？我想他们是把文学当成自己生命的一种表达。尽管我们现在对他们很多观点和立场，可以做这样那样的评点，但是他们是有信仰的一代人。一个作家有没有信仰，是决定他的作品可不可能成为经典的先决条件，而且起到决定性的作用。

目 录

引　子 001

第一章　苦难童年

第一节　大厦将倾 009

第二节　风雪古城 010

第三节　长夜难明 012

第四节　永别爹娘 014

第五节　告别故乡 016

第六节　辛亥枪声 018

第七节　在底层 020

第八节　啊，广州！ 022

第二章　学生时代

第一节　求学 025

第二节　书本与人生 027

第三节　天问 028

第四节　密司李之死 030

第五节　曙光 031

第六节	恰同学少年	033
第七节	笔锋初试	035
第八节	"不朽之盛事"	039
第九节	到北大去	041
第十节	幻灭	043
第十一节	"难期造就"	045

第三章　踏上征途

第一节	文学加革命	047
第二节	"找郭沫若去"	049
第三节	黄埔歌声	051
第四节	鲁迅先生来了！	055
第五节	初会导师	057
第六节	在东如茶楼上	060
第七节	血雨腥风	064

第四章　步入文坛

第一节	兰姑	068
第二节	职业小说家	069
第三节	参与大论战	071
第四节	探索与追求	076
第五节	领导广州"左联"	078
第六节	到上海去	088

第五章　"左联"风雨

第一节	再会导师	094

第二节　噩耗 096

第三节　同志加兄弟 098

第四节　学生·战友 101

第五节　草明的被捕与营救 109

第六节　"两个口号"的论争 112

第七节　丧我导师 117

第八节　无尽的思念 126

第六章　抗日烽火

第一节　以笔为枪写抗战 129

第二节　华南唱响抗战歌 133

第三节　"再找郭沫若去" 136

第四节　痛别离 139

第五节　"我是周恩来，你是欧阳山吧？" 142

第六节　雾重庆 146

第七节　到延安去 149

第七章　延安岁月

第一节　啊，延安！ 155

第二节　《解放日报》发表的第一篇文艺作品 166

第三节　在毛泽东的窑洞里 168

第四节　大风起兮 171

第五节　毛泽东家的常客 177

第六节　五月的盛会 184

第七节　根本性的转折 194

第八节　延河浪涌 202

第九节　毛泽东问草明："你同欧阳山离婚了？" 206

  第十节　欧阳山的文章使得毛泽东"一口气读完" 210
  第十一节　在南区合作社 218
  第十二节　"我们胜利了！" 226
  第十三节　《高干大》——新的里程碑 228

第八章　迎着朝阳

  第一节　《高干大》的波折 238
  第二节　跟随中共中央西北局转战陕北 242
  第三节　流水落花春去也 245
  第四节　大决战 247
  第五节　参加文代大会 250
  第六节　喷薄欲出的朝阳 256

第九章　巨著传世

  第一节　参加千年盛典 259
  第二节　被叶剑英点将 260
  第三节　华南文艺开历史新篇 265
  第四节　"尽得天下英才而教之" 274
  第五节　"南国红豆发新枝" 279
  第六节　写在新社会里 283
  第七节　红楼开笔写巨著 292
  第八节　满城争说《三家巷》 299
  第九节　邓小平向周恩来推荐《三家巷》 307
  第十节　风云突变 312

第十章　大山之歌

第一节　十年空白 316
第二节　"第二世也不服" 320
第三节　1976：大悲大喜 328
第四节　春风又绿珠江岸 334
第五节　在全国首创文学院 345
第六节　"广东的儿童文学一定要'报户口'" 356
第七节　中日文化交流的一段佳话 359
第八节　耄期踊跃未离鞍 372
第九节　胡锦涛："你的作品影响了整整几代人" 404
第十节　他听到了国歌声 412
第十一节　敬仰高山 418
第十二节　长征接力有来人 423

尾声

欧阳山又"回来"了 431

后记

...... 434

附录

《欧阳山文集》自序 ......欧阳山　441
欧阳山年谱 ......燕绍明志辑　459

引 子

2000年9月26日上午8时35分,人民文学家欧阳山与世长辞。

但我总觉得,欧阳山没有离去,作为在他身边工作多年的秘书(创作助手),我总觉得,他还活着,他跟他心爱的周炳、区桃、胡杏、胡柳、何守礼都还活着,那个陕北黄土高坡上的高干大都还活着,甚至连陈文雄、陈文婷、陈文娣、何守仁等人也都还活着。[①]

在欧阳山去世后的第二天,我在广州的街头走着。我不知道要到哪里去,也不知道要去干什么,我只是走着,没有任何目的,也没有任何目标,只是走着,走着……

不知不觉间走过教育路,走过西湖路,又来到西关的上下九路,这不就是春节期间人们逛花街的地方吗?

我忽然想起欧阳山在《三家巷》里这样描写过广州的花街:

> (周炳拖着区桃)从大东门拐出东堤,沿着珠江堤岸走到西堤,又从那里拐进西关。也不知道走了多久,就把这广州城绕着走了一圈。到了花市,那里灯光灿烂,人山人海。桃花、吊钟、水仙、蜡梅、菊花、剑兰、山茶、芍药,十几条街道的两旁都摆满了。人们只能一个挨着一个走,笑语喧声,非常热闹。周炳看见人多,怕挤坏了区桃,就想拿手搂住她的腰。没想到区桃十分乖巧,她用手把周炳的手背轻轻打了一下,嘴里像相思鸟低声唱着似地说道:"你坏!"又拧回头对他用天生的、特殊的魅力露齿一笑,就往前跑,一眨眼就像一只野兔钻进稻田里去似的,跑得无影无踪了。……

我继续在广州的街头走着,不知不觉间,来到了城郊的大北路,猛抬头,只见不远处高耸着的就是那座岭南名山——白云山,那是近年来广州人

[①] 皆为欧阳山小说中的人物。

每逢周末或节假日都喜欢去攀登的一座山,人们或由集体组织,或三五知己相约,或一家老少相携,络绎不绝地像朝圣般拥上白云山,去呼吸山上林木间那饱含负离子的新鲜空气。我不由得又想起了欧阳山的《三家巷》,在《人日皇后》一章里,欧阳山是那样生动地描写过一群攀登白云山的年轻人:

> 姑娘们继续拨开山光和云彩往前走。路旁的柳树摇摆着腰肢,紫荆花抬起明亮的笑脸,欢迎她们。陈文婷感到胜利的骄傲,就像黄莺似地唱起区家姊妹完全不能领会的英文歌来。走了好一会儿,到快要爬山的时候,前面的男子们停住了。李民魁一面掏出手帕来擦汗,一面兴高采烈地对姑娘们宣布道:"我们六个人一致投票,选出了今天最美丽的姑娘做'人日皇后',她就是区桃!你们赞成不赞成?"周炳问:"皇后要做些什么事?"陈文婷插嘴道:"还没选定呢。你看你急的!"李民魁解释道:"今天的皇后专管游山。到哪里,呆多久,食物怎样分配,都归她管。"陈文婷唧唧咕咕地自言自语道:"好大一个皇后,怎么不把婚姻也管上!"她越想越生气,就抢先说道:"我一个人,投一万张赞成票。论人才,除了桃表姐还有谁呢?咱们省城的大街小巷,哪一个不认得'美人儿'?……"说完,她就不理别人,一个劲儿往凤凰台山顶上冲上去了。她那心灵,刚才不久才叫胜利的喜悦滋润过,如今却又叫突然的失败给扯碎了。她淌着汗,又淌着眼泪……下面,大家伙儿又愉快又兴奋地往上爬着,享受着这个春节的假日。区桃和周炳紧挨着走,看样子真令人羡慕。区桃脱去金鱼黄的文华绸薄棉袄,搭在手上,露出里面那件和长裤一样颜色的粉红毛布短褂子来,在温暖的阳光底下,简直就像一朵那种叫做"朱砂垒"的牡丹花一样。……

然而,当我来到沙基大街(现在叫沿江西路),面对那块矗立在珠江岸边、上面刻着"毋忘此日"四个大字的烈士纪念碑时,我的眼泪差点流出来了,因为在《三家巷》里,欧阳山以沉痛的笔触,写到了区桃,一位那么纯洁、善良、美丽的姑娘,却被凶残嗜血的帝国主义士兵,用罪恶的枪弹射杀在这沙基大街上。

那是1925年6月23日,广东各界人士在广州东较场举行了声讨帝国主义在上海制造"五卅"惨案的大会,会后举行了示威游行。中共广东区委主要领导人陈延年、周恩来均参加了游行。下午2时40分,当游行队伍行进至沙基时,突然遭到盘踞在沙面的帝国主义士兵用机枪扫射,当即死亡61人,受伤170多人,这就是震惊中外的"沙基惨案"。

惨案激起了中国人民极大的愤怒。国民党左派廖仲恺先生悲愤地写下了"帝国主义残暴之证据，次殖民地惨状之写真"的题词，以及悼念死难烈士的挽联："丹心扶汉族，竟遭英吉利毒计阴谋一齐殒命；碧血溅沙基，堪与黄花岗忠魂侠骨千古同芳。"

我含着热泪，想起欧阳山在《三家巷》的《风暴》一章里，是那样沉痛地写到了"沙基惨案"，写到了区桃的死：

> 但是一眨眼之间，她觉得周围非常混乱，好像有一块沉重的石头把她的胸部砸了一下，她觉着眼睛看不见了，耳朵听不见了，想叫嚷，声音也没有了。她觉着很奇怪，她自己到哪里去了呢？只有夏天的太阳，她还依稀认得：那太阳老是那么明亮，那么明亮……
>
> ……刚下过阵雨，麻石街道上一片片的水光在闪亮。受难者们轻声呻唤着。他们鲜红的血液流在祖国的大地上，发出绚烂的光辉，而且深深地渗进石头缝子的泥土里面，就好像那里是红宝石镶成的一样。有一种沉重的预感压着周炳的心。他忽然发现一具仆倒在血泊当中的白色的尸体。他确信她是一个女的。他确信自己认识她。他向着她走过去。她俯仆在地上，两手向前伸，好像她准备跳起来，继续往前冲似的。她的下巴顶着石头，嘴巴愤怒地扭歪着，眼睛瞪得大大的，警惕地注视着敌人。周炳弯下身去，准备帮助她站起来，嘴里不断低低呼唤着："阿桃，阿桃，阿桃……"但是她没有回答，只是柔软而平静地躲在他的怀里，他……两手托起她，刚一举步，就不知怎的，一阵天昏地黑，两个人一齐摔倒了……

我继续走着，从珠江岸边拐进了起义路。解放前这里叫维新路，1927年12月11日，在这条路上爆发了攻打国民党广州公安局的战斗，这就是震惊世界的广州起义。

欧阳山在《三家巷》——这部反映中国新民主主义革命30年惊涛骇浪历程的史诗式巨著里，对由张太雷、叶挺、叶剑英、周文雍、陈郁、恽代英、陶剑寒（陶铸）等共产党人发动的广州起义做了全景式的描绘，作品主人公周炳作为工人赤卫队的一员，与叶剑英率领的教导团一起，持枪参加了战斗：

> 刚开进维新路没多远，周炳就听到前面响起了步枪的声音。跟着，广州市的东北、东南、正北、西北、西南几个方向都响起了枪声和炮声，……赤卫队的一支驳壳枪和十几支步枪领着头，其余的人举起梭镖

和木棍跟在后面，……向公安局门口冲上去。子弹吱吱地朝他们飞过来，有些人呻吟着，倒在地上。枪声像狂风暴雨一般响着，人们的喊声更加洪亮，硝磺的气味刺着人们的鼻孔，马路上的血液几乎使人们滑倒，但是人们还是继续前进。南路前进着，北路前进着，看看到了离公安局大门口还有四五十米的地方，敌人那边突然响起了一阵机关枪声，人们纷纷倒退回来。……周炳仆倒在地上，……他渴望消灭在门拱下面的，敌人的机关枪阵地，就使用全身的力量，投出了第一颗手榴弹。手榴弹的落点很好，几乎在敌人的机关枪阵地的中心爆炸了。……机关枪不响了。赤卫队站起来，冲上去，但是机关枪又响了，……步枪同时向外密集射击，工人们像潮水一样，冲上去，又退了下来，重新冲上去，又重新退了下来。……就在这个时候，教导团的增援部队来了。七八部公共汽车，还有两部运货汽车，满载着挂红领带的士兵，停在维新路口。战士们敏捷地跳下了车，抬起机关枪就向公安局门口冲上去。两边的机关枪互相射击。……机关枪稍一停歇，大门外面的赤卫队和起义的教导团士兵、保安队士兵就冲进了公安局的正门。人们欢呼着，跳跃着，互相拥抱着。人们心里面只想着一件事：反革命的政治和军事的中心——广州公安局被武装起义的人们占领了！

离开起义路往北走，我很快就来到了越秀山。这里早已辟成了公园，只见弯弯曲曲的山道上，只见那红花绿树之间，到处都是休闲度假的人们，到处都充满着欢声笑语，显得那样的热闹祥和。可在当年，在广州起义的血与火的战斗中，就在这越秀山（当时叫观音山）上，起义的人们跟敌人展开了白刃战，战士们的鲜血染红了山上的一草一木。欧阳山在《三家巷》的《观音山防御战》一章里，写到那在广州起义中当过苏维埃政府的通讯员、当过武装巡逻队队员、参加过长堤阻击战的周炳，最后来到了观音山，勇敢地端起了刺刀跟敌人拼：

天刚麻麻亮，敌人又展开了全面的进攻。……敌人的机关枪像冰雹似地向五层楼打过来。整个第一百三十小队被敌人的优势火力压住，不要说抬不起头来，那沙石火烟，简直逼得人连眼睛都睁不开。……（队长）孟才命令大家道：
"上刺刀！拼！"
周炳使力睁开眼睛，迅速上好刺刀，看见离他们不到十米的地方，已经叫敌人冲开一个缺口。那些穿草黄色破军装的敌人，约莫有一二百个，正从那缺口像洪水一般流进来。……整个小队立刻和他们展开白刃战。……周炳还没有这样接近过敌人,因此怒火如焚,举枪就刺。……他挥动刺刀,左右迎战,……那些敌人就倒下去,不见了。……

但广州起义终竟还是失败了。烈士们魂归红花冈,长眠在山坡上,就是现在的广州起义烈士陵园。

此刻,当我走下越秀山,很自然地就往烈士陵园的方向走去。

在烈士陵园,我看到共青团员们高举着鲜红的团旗,在烈士墓前宣誓;我看到一群群少年儿童在绿草地上快乐地玩耍;我看到一伙身穿白色缎子运动服的中年女士,在空地上踢腿舒臂打着太极拳;我看到老人们安坐在林荫道旁的椅子上,在舒心地聊天。可是73年前,在起义失败的那个漆黑的夜晚,这里是一片悲凉、凄切的气氛。

《三家巷》的《夜祭红花冈》一章里,这样写道:

> 晚上,没有月亮,只有满天的星星。刚过二更天,周炳就穿起他那套白珠帆的学生制服,……一直向大东门那个方向走去。他的手里挽着一个布口袋,口袋里装满了深红色、大朵的芍药花……走着、走着,他就走到城外东郊的"红花冈"上。……这是自从国民党今年四月背叛革命以来,数不清的革命志士流热血,抛头颅,从容就义的地方。它和辛亥革命的时候,埋葬七十二烈士的黄花岗相距不远。反革命的刽子手就在这里杀害无产阶级的优秀儿女,把他们埋葬在这里。如今,这里又成了埋葬广州起义中英勇牺牲的英雄们的公共坟场。
>
> "同志们,安息吧!"
>
> 周炳低声叫唤着。他瞪大他那双朦胧的泪眼,……凡是遇到斜坡上或平台上有隆起的土堆,他就放上一枝红芍药花,低声叫唤一遍。……
>
> 周炳……在红花冈上盘桓凭吊,直到夜深还不愿回去。走累了,他就坐在那些土堆旁边,靠着土堆歇一歇。……后来他索性靠着土堆,闭上眼睛,……一直到混混沌沌地睡了过去……

这一天,我忘记了吃饭,也不觉得累,就这样在广州的街头走着,一直走着,最后来到了位于市中心的人民公园。

人民公园以前叫中央公园,是广州的第一座公园,据说是当年任广州市市长的孙科主持修建的。

我沿着公园的小径慢慢走着,在音乐亭前停了下来。记得《三家巷》里写陈文雄和周泉谈恋爱时,两人就常爱来这中央公园,常爱"在音乐亭后面不远的地方,找着那张坐得惯熟了的、绿色油漆的长椅子,两人紧挨着坐下来。"①

如今,音乐亭早已修葺一新,亭子正面上方写着的"音乐亭"三个大字,是著名古文字学家、中山大学教授商承祚于1990年题写的。

此刻,亭子里坐着五六个约莫50岁的中年人,他们好像在热烈地谈论着什么。我听得一个人在说:

"听说欧阳山过世了。"

另一个人接着说:"是呀。今天的报纸都登了。"

"唉,文学大师一个个都走了,1992年是秦牧,今年是欧阳山,听说陈残云身体也不好。"

"今年难道是广东文艺界的凶年吗?5月,美术大师胡一川走了;7月,关山月撒手人寰;本月,是欧阳山……"

"唉,真可惜啊!记得《三家巷》当年在《羊城晚报》连载时,我们都还是中学生,每天放学后的第一件事,就是冲到邮局去买一份《羊城晚报》,几个人围在马路旁,立即就打开《羊城晚报》的《花地》版,大声朗读起正在那上面连载着的《三家巷》来,'公历一千八百九十年,那时候还是前清光绪年间,铁匠周大和他老婆,带着一个儿子,搬到广州市来住。……'那种追着读《三家巷》的情景,我至今还记忆犹新。"

"说实在的,读来读去,我还是喜欢读像欧阳山的《三家巷》《苦斗》这样大气的书。《三家巷》《苦斗》这样的书,既有一种精神的力量在里面,给人以高尚的情操陶冶;又已经升华到一种奇妙的艺术境界,显得气韵高雅,大气而富于诗意。"

"所以有评论家说,欧阳山的《三家巷》《苦斗》,要气势有气势,要抒情有抒情;要宏大有宏大,要细腻有细腻;要豪放有豪放,要婉约有婉约。在描写起义、战斗场面时,使人联想到《三国演义》《水浒传》的笔法;而写人情世态,特别是深入到人性和人性美的描写时,又处处妙笔生花,色彩缤纷,有不少章节的描写,简直可与《红楼梦》中最精致的描写媲美。这些章节,状物写人,简直就是一篇篇深情绵邈、绰约绮丽的散文;这些章节,思想与生活的融汇,几近极致的艺术境界。"

"可惜像《三家巷》《苦斗》这样思想、艺术俱佳的精品力作现在不多见了。希望我们的作家要关注时代,贴近人民的生活,担当起责任,把崇高的精神注入作品中。不要把热情投入到写一些无关紧要的风花雪月上,不要以写一些肤浅俗套的庸俗故事来欺骗和糊弄读者,不要去弄那些毫无意义的文化快餐,更不要炮制文化垃圾。"

---

① 欧阳山:《三家巷》,人民文学出版社1999年版,第90页。

"文学作品就是要给人以精神力量。没有精神脊梁的民族,是不可能真正站立起来的;没有振奋的精神和高尚的品格的民族,不可能自立于世界民族之林。"

"从这个意义上,我们怀念欧阳山,直到永远!"

"欧阳山虽然走了,但他的精神会留下来的,他的作品会留下来的。"

……

在广州城走了一圈,当我沿着珠江岸边往回家的方向走去时,忽然一本书上的一段话涌上了我的脑海,这是刘朝兰为著名女作家草明的回忆录《世纪风云中跋涉》写的代序《不该被忘却的一代》中的一段话——

> 不久以前,一位朋友的女儿、大学中文系高年级生,看见我的案头摊开着许多草明的作品及有关资料,"草明?"她有些茫然,"这名字我在哪儿见过……"
>
> "你读过小说《原动力》或《火车头》《乘风破浪》《神州儿女》吗?"
>
> 她摇摇头。
>
> "你们课堂上没讲过草明和她的作品?"
>
> "没有。"
>
> 我又念了一串三十年代左翼作家的名字,姑娘仍是摇头:"人名倒是听说过,作品嘛,没有……"
>
> 我默然。心情顿时沉重起来。
>
> 纪念"左联"成立五十周年、六十周年,似乎还是不久前的事情,从什么时候起,一代革命文化战士为之奋斗,为之流血牺牲所创造的光辉业绩,我们这一代人从童年起即无比珍惜和引为骄傲的那个"过去",在下一代眼中竟变得生疏和隔膜起来了呢?
>
> ……(我)为找不到有力的语言,向这位姑娘证明六十多年前那一代人的牺牲和奋斗是必要的和可贵的而苦恼。……
>
> 他们这一代,是不该被忘却的。[①]

他们这一代,会被忘却吗?

我想,他们这一代,是不该被忘却,也不会被忘却的。

因为,一百多年来,在中华民族由黑暗、沦亡走向光明、新生的惊天地、泣鬼神的惊涛骇浪历程中;在反对内外敌人、争取民族独立和人民自由

---

① 草明:《世纪风云中跋涉》,人民文学出版社1997年版,第4—5页。

幸福的血与火的严酷斗争中；在变贫苦落后的旧中国为繁荣富强的新中国的壮阔征程中，他们这一代，英勇投身，勇往直前，饱经危难，艰苦备尝，毫不动摇，义无反顾，付出了多少血和泪，甚至付出了天下间最可宝贵的生命。他们的辛劳，他们的建树，他们的功绩，他们为中华民族伟大复兴所做的一切，已经深深地镌刻在高耸云天的历史丰碑上。

因为，忘却名利、甘于淡泊、不求索取、只知奉献、一心为时代、为人民而写作，写出真正充满时代精神、为人民所深深喜爱、引导人民奋发进取、走向崇高、代表中华民族文学最高水平的宏大作品的作家，我们的人民，世世代代的人民，是不可能，也不会把他们忘却的。

如欧阳山。

如《三家巷》。

想到这里，我停下脚步，倚着岸边的栏杆，望着阳光下静静流淌的珠江水，欧阳山那波澜壮阔的一生，穿过历史的风烟，仿佛出现在眼前……

第一章

苦难童年

第一节 大厦将倾

1840年6月（清道光二十年农历五月），鸦片战争爆发。

对阵的双方：一是坚船利炮如日中天的大英帝国，一是土枪钝炮夕阳西下的大清王朝。

战争的结局是显而易见的。

1842年8月，大清王朝被迫签订《南京条约》，割地赔款，丧权辱国，香港由此离开祖国母亲的怀抱。

1851年，广东花县人洪秀全在广西金田村率众起义。1月11日，建号太平天国。洪秀全随即指挥太平军从金田出发，十万雄师向北挺进，滚滚铁骑纵横长江以南十余省，经大小无数战役，最后于1853年3月（清咸丰三年二月）攻占南京，南京由此改称天京，成为太平天国的首都。史称太平天国农民革命。

太平天国与清帝国隔江（长江）对峙10多年后，在中外反动势力的联合夹击下，1864年7月19日（清同治三年六月十六日），天京陷落，太平天国革命失败。

太平天国虽然失败，然大清帝国这座封建主义的大厦也从根基上受到了致命的摇撼。

在此期间，帝国主义列强加紧了对中国的侵略，发动了第二次鸦片战争。战争期间的1860年9月（清咸丰十年八月），英法联军的铁蹄践踏了北京城，并于10月18日把北京西北郊的圆明园——这座"万园之园"，这座世界园林艺术建筑史上最辉煌的瑰宝，付之一炬（这就是"火烧圆明园"——中国人民心头永远的痛）。法国大文豪维克多·雨果曾愤怒斥责："有一天，两个来自欧洲的强盗闯进了圆明园。一个强盗洗劫财物，另一个强盗在放火。他们对圆明园进行了大规模的劫掠，赃物由两个强盗均分。……将受到历史制裁的这两个强盗，一个叫法兰西，另一个叫英吉利。"

而在此之前的1858年5月（清咸丰八年四月），在沙皇俄国的胁迫下，清政府签订了中俄《瑷珲条约》，俄国"从中国夺取了一块大小等于法德两国面积的领土和一条同多瑙河一样长的河流"。（恩格斯语）

不久，继1884年（清光绪十年）到1885年（清光绪十一年）的中法战争之后，1894年7月（清光绪二十年六月）到1895年3月（清光绪二十一年二月），又爆发了中日甲午战争。清政府的北洋舰队在这场战争中全军覆没。台湾由此落入日人之手，凡50年。

1900年，英、俄、法、美、意、日、德、奥八国联军大规模入侵中国，并迅即占领北京，慈禧太后挟光绪帝仓皇离宫，往山西方向逃去。

天崩地裂，大厦将倾。

大清帝国处在风雨飘摇之中。

然中国人民决不会坐视祖国的沦亡。他们发出了救亡图存的呐喊。

康有为、梁启超发动了戊戌变法，亦即百日维新。

义和团农民革命，像火山爆发喷出的怒火，向着封建主义、向着帝国主义列强烧去。

1905年8月20日，伟大的民主革命先行者孙中山先生建立了中国同盟会，高举"驱除鞑虏，恢复中华，创立民国，平均地权"的革命大旗。

中华五千年历史上未有之大变局，在这片古老的大地上，行将到来。

这是一个大时代。

一个天翻地覆、改天换地的大时代。

一个需要巨人而且也产生了和将要继续产生巨人的大时代。

欧阳山，就在这样一个大时代里出生了。

第二节　风雪古城

欧阳山来到这个世界上的时候，纷纷扬扬下着的一场大雪，正铺天盖地，把古城荆州遮盖得严严实实，白茫茫一片。

这座千古名城坐落在长江北岸。早在二千六百年前，楚成王就在此建立水军基地，筑起壮丽别宫——渚宫。此后，岁月流逝，古城外城郭不断扩展，遂成华夏二十四个历史名城之一。

这里，地利形胜，物华天宝，南有长江之险，北有襄阳之蔽，西有夷陵之防，东有武昌之援，扼大江，控中原，能攻易守，进退自如，是历来兵家必争之地。秦朝白起,蜀国关羽,吴国吕蒙,多少英雄豪杰,历代名将,都曾驰骋于古城内外,建功立业。

这里,人才荟萃,古籍浩瀚,遍布诗踪文迹,楚国屈原、宋玉,汉代司马迁,晋朝陶渊明,南北朝孔稚珪、江淹、庾信,唐代陈子昂、王维、孟浩然、李白、杜甫、刘禹锡、李商隐、杜牧,宋朝苏轼、陆游以及明清袁宏道、王士祯等文坛巨匠、诗词大家,都曾在这里驻马停舟,或寓或游,印下足迹,留下诗篇,使这古城盛名更添。

然而,"离骚未尽千古恨,志士千秋泪满裳"。到了20世纪初叶,昔日雄伟壮丽的古城,已被无情岁月的风雨,冲刷得黯然失色,满目疮痍。城墙风化、斑驳、龟裂、剥落,说不定哪一天会一下子颓然倒塌。唯有城墙脚下,那浩浩长江依旧万古奔流,它有时平静得像个温柔的少女,有时却咆哮暴怒,惊涛裂岸,卷起千堆雪。

此刻,古城荆州在风雪中瑟缩、颤抖着。这是清光绪三十四年(1908)的冬天,一个早来的冬天。才交阴历十月,北风就一阵紧似一阵地灌进城里,穷苦百姓不禁为衣食无着而发愁。到了十月下旬,忽然一声霹雳,朝野震动:"万岁爷"光绪皇帝载湉于阴历十月二十一日酉时"崩于瀛台之涵元殿";紧跟着,"老佛爷"慈禧太后那拉氏也于翌日未时"崩于中南海之仪鸾殿"。这样子乱哄哄地到了阴历十一月初九日,在紫禁城太和殿举行了宣统皇帝溥仪的"登基大典"。然而这年仅三岁的小皇帝却在龙椅上死活不肯,挣扎哭喊:"我不挨这儿!我要回家!我不挨这儿!我要回家!"急得他父亲载沣亲王满头大汗,只好连连哄他:"别哭别哭,快完了,快完了!"朝中文武百官听他这样说话,都不禁在心里嘀咕:"什么快完了?真是不祥之兆!"

不过,对于这一切,大清帝国的百姓们都早已麻木了。他们一个个面黄肌瘦,在饥寒交迫中挣扎着,没心思管谁"驾崩",谁"登极"。

就在小皇帝登基后不几天,阴历十一月十八日,风雪中的荆州古城,在一间门板上的油漆已经剥落的当铺里。忽然,一件灰黑色的破棉袄从当铺里被扔了出来,落在铺满积雪的石板路上,随之是一声叱喝:"滚!谁稀罕你这破烂!"一个瘦骨嶙峋的中年男子从当铺里走出来,他弯腰捡起地上的破棉袄,呆呆地站了一会儿,然后颓丧地低着头,瑟缩着,迎着漫天风雪,在古城狭窄的街道上,漫无目的地走着……

直到黄昏,这个中年男子才回到他的家——古城一条陋巷里,一间残旧破败的土屋。他站在屋前,迟疑着,久久不敢跨过门槛。

到了深夜,雪越发下得紧了。在这间残破的土屋里,一盏豆油灯忽明忽灭,发出昏黄朦胧的光。床上,一个妇人在呻吟;床边,几个人影在忙乱。

忽然，一阵婴孩尖亮的啼哭声，冲出土屋，划破夜空，引得远近一片狗吠。

"恭喜！恭喜！是个俊小子。哎呀，你看他，天庭饱满，地阁方圆，多聪明的模样儿，将来准中状元，是个当大官的角色啊！"

说这话儿的是接生婆，一个身架粗壮、性情豪爽、乐于助人的女人。此刻，她一边把婴孩放在破木盆里，用热水轻轻拍打着婴孩小小的胸脯和脊背，一边向做父亲的中年男子贺喜。

做父亲的却在一旁呆呆地站着。他双眉紧锁，满脸愁云。本来，接连生了三个女儿，现在终于盼来了个接香火的，他应该打心眼里高兴才是，可是，家里已经好几个月揭不开锅，只靠采摘些野菜度日，如今冰天雪地的，连野菜都没了踪影，可偏偏在这个时候，又多添了一张嘴，怎么办？唉！

婴孩却不管这许多人世间的烦恼，他只懂得用他那稚嫩的嗓子，不歇气地、旁若无人地、毫无顾忌地大声啼哭着。

这个在黑夜中迎着风雪出生的婴孩，就是后来蜚声中外的著名作家欧阳山。

这一天，是1908年12月11日。

第三节　长夜难明

欧阳山出生后，一天到晚老是啼哭，把嗓子都哭哑了。他用小嘴巴拼命吮吸着妈妈的乳头，可是吸不出哪怕半滴乳汁来。有什么办法呢？皮黄骨瘦的妈妈，每天只有两碗野菜汤充饥，哪来的乳汁？孩子不懂事，只知道用哭声来表达他的抗议，直到哭累了，才在妈妈的怀里，一边抽搐着小鼻子，一边慢慢地睡过去。

为了找活干，做父亲的终日奔波在风雪路上。他是个苦力，除了一身力气，别无他长。这年头，找活干难于上青天，他失业已经足足半年了。有时候求爷爷、告奶奶的，才好不容易能在东家干几天杂活，在西家打两日零工。但更多的时候，只有蹲在家门口，托着腮帮子，对着漠漠的苍天出神。孩子出生之后，他一直找不到活干。家里能典当的东西都典当掉了，剩下来的连乞丐都不要。实在没办法，他只好去找亲戚、朋友，偶尔能借来半升糙米，或者个把铜板；有时是几个红薯，或者两个山芋。但更多的时候，是两手空空，瑟缩着身子，摸黑回到家里。每逢这样的时候，他简直没有勇气迈进家门。他不忍心看到在饥饿中啼哭的骨瘦如柴的婴孩，不忍心听到那躺在床上面容憔悴的妻子的深深叹息声，不忍心看着那几个年岁大一点的女儿在饥寒交迫中哭丧着脸。而妻子那两道从暗淡无神的眼睛里向他射过来的目光，充满着渴求和期望，更令他心里难过和不安。他常常怀着负罪的感觉，跪在妻子和孩子们的面前，请求他们原谅，乞求他们宽恕。

有时，他会像一头困兽，在屋子里踱过来踱过去，忽然两手高举，仰面向天，嘶喊着："我要去偷，我要去抢，我要去拦路打劫，我要……我要杀人！"

妻子被吓得从床上坐起来，嗓音颤抖："孩子他爹，可别……别往这条绝路上走哇！"

"苍天啊，苍天！"他颓然地坐下来，头低垂着，大滴大滴的泪珠流出了他的眼眶。

孩子们围着他，哇哇地哭起来……

妻子抱着婴孩，无声地抽泣着……

一家子就在这饥寒交迫的漫漫长夜中，熬到了1909年的春节。

这是宣统元年，小皇帝登基后的第一个春节。可是，荆州城里，没有半丁点儿过年的气象，看不到那种张灯结彩红火热闹的情景，听不到哔哔剥剥响成一片喜庆的鞭炮声，嗅不到爆竹响过后弥漫在空气里幽微的火药香。只见阴暗的天宇下，稀稀落落的几个行人抱肩缩脖，顶着雪花急匆匆地赶路……

大年三十晚上，小欧阳山家里锅空灶冷，孩子们蜷缩在床上，围着母亲，在昏暗的豆油灯下，等待着父亲的归来。父亲天刚亮就出门去了，他到一个大户人家里去干活，打扫房间、粉刷墙壁、油漆桌椅门窗、宰猪杀鸡拔鹅毛，以图换几文钱回家过年。可是此刻，天已经完全黑下来了，还不见他的身影，做妻子的不禁深深忧虑起来，孩子们则饿得嗷嗷直叫。

忽然，门砰的一声被撞开了，父亲满脸血污地跌了进来，脸色吓得煞白的妻子顾不得怀中的婴孩，滚下床来抱起了他。只见他急促地喘着气，嘴里不停地喃喃自语："这世道，没有咱穷人的活路了；这世道，没有咱穷人的活路了……"

原来他在那大户人家里忙活了一整天，到头来只扔给他4个粗面馒头，算作工钱。他愤愤不平地找老爷论理，却被人用大竹杠赶了出去，他回过头朝朱漆大门啐了一口，痛骂一句，冷不防从门里窜出一只大黑狗，向他扑来，他只得拔腿就跑，却仍被追上来的大黑狗抓破了面孔，鲜血淋漓，身上的破棉袄也被撕开，露出了一团团烂棉絮，背后却传来一阵阵狂笑声……

这大年三十晚上，一家人抱头痛哭，那4个粗面馒头搁在破木桌上，闪着冷光，没人去碰。

第四节　永别爹娘

旧历新年刚过不久，在欧阳山出生3个月的时候，他的二姐，一个年仅3岁的小女孩，终被饥饿夺去了生命。父母两人抱着小尸体，到城外的一个小土岗上去埋葬她。

虽说是阳春三月，仍旧寒气逼人。天空中凝聚着一团团乌云，压在人的头顶上；枯草还没有返青，一片黄褐的颜色；光秃秃的树枝在寒风中颤抖着；一只乌鸦哑哑地叫着，在小土岗上空盘旋；偶尔有几点米粒大的新芽，黄灿灿地缩在杨柳枝上，使人依稀想起了春天。

当父母两人用黄土埋葬了女儿，正要往回走时，早已哭干了眼泪的母亲忽然回过头来，猛地扑倒在小土坟上，再次号啕大哭起来，死活不肯回家；做父亲的也呆呆地跪在坟前，木然的脸上热泪纵横……

当父母两人跌跌撞撞地回到家里的时候，躺在床上的小欧阳山早已哭哑了嗓子，母亲赶紧把他抱起来。忽然接生婆大步跨进屋子，一把从母亲怀里抢过正在啼哭的婴孩，解开自己蓝色土布棉袄上的纽扣，把孩子裹在她那阔大的衣襟里，紧紧地抱着，轻轻地拍打着，嘴里哼着柔和的儿歌。婴孩感受到她身体的温暖，陶醉在动听的歌声里，慢慢地停止了哭泣。接生婆看着屋里破败的景象，看着快要饿死的婴孩，不禁连连叹气，大声道："我说呀，大人可以不吃，孩子却不能饿着哇！二姑娘殁了，不能让这孩子也……唉，这可怜的孩子！"

接生婆扭过头，对做父亲的大声训斥："你呀你，真是枉为人父，孩子跟着你，只有受罪的份儿。老实告诉你，把这孩子饿坏了，我可不答应！"

做父亲的不敢正视她，只好把目光移向别处，深深地叹了一口气。

"快想想办法吧！"接生婆又说。

"我，实在是没有办法可想了。大娘，这世道，你知道的，这世道……"做父亲的回答。

一阵沉默……

接生婆低着头，思索了好一会儿，最后，她仿佛是下了最大的决心，用不容置疑的决断的口吻说："这样吧，这事情由我做主。这孩子跟着你们也只有个死，如今没有别的办法，只好把他卖给别人家，让这孩子好歹也有口饭吃。"

"啊，不！二姑娘走了，我不能让这孩子也离开我。"母亲抽泣着说。

"那你说该怎么办？你能看着这孩子也跟着他二姐去吗？"接生婆问母亲。

"你——你看着办吧,"父亲喉头哽咽着,接过话头,"只希望这孩子长大后,不要责怪他那无用的爹。"

"唉,孩子,是我把你接到这个世界上来的,如今,又是我做主要把你送给别人。我这是为了你好啊,不要责怪我,可怜的孩子!将来长大了,可别忘了你的亲爹娘啊!"接生婆一边这样说着,一边低下头,亲着孩子娇嫩的脸蛋。两颗泪珠涌出她的眼眶,无声地滚落到婴孩的脸上。

第二天,接生婆领来了一个年纪约莫三十七八岁的男子,是个高高瘦瘦的角色,穿一件蓝色的有七成新的长衫,操一口带广东腔的官话,有一股南方人特有的机灵气息。他叫杨鹤俦(又称杨鹤畴),祖籍山东,是清代八旗下汉军八旗中正蓝旗贵族的后裔。所谓"汉八旗"就是通常说的汉人参军入旗。这也说明那时杨鹤俦的家族在山东当地是比较有地位、有势力的望族,所以才获清政府恩准入旗。然世事变幻无常,清道光年间,杨氏家族被遣屯兵而落籍广东南海,到清末已成破落世家。自小在广州长大的杨鹤俦此时已成年,他虽天资聪明又有文化,然而面对日渐衰败的家族,他亦无回天之力挽狂澜于既倒。幸而他读过几年私塾,写得一手好字,尤其敲得一手好算盘,便能常年在机关或商行里任文书、会计、出纳,算是个小职员吧,在这年头,是个饿不死也撑不饱的人。

为了谋得更好的发展,1908年秋,杨鹤俦撇下体弱多病的妻子杨从氏,一个人背井离乡从广东北上,来到这湖北地面,凭着他的聪明才智又肯吃苦,更靠着杨氏家族汉军八旗正蓝旗的世家背景,辗转多时后,他居然在湖北荆州清政府设立的将军府找到了一份较为固定的文书工作(账房先生),并把妻子杨从氏也从广州接过来共同生活。这时候杨鹤俦的工资收入不低,有了跟班,还雇了个小保姆,但眼看快吃40岁的饭了,仍旧膝下无子,不免觉得寂寞,常跟体弱多病难以怀孕的妻子念叨,什么时候碰到机会就领养个孩子,将来也好有个依靠。

机会终于来了。杨鹤俦经人介绍结识了接生婆,并跟着接生婆来到了小欧阳山那破败的家。

此刻,杨鹤俦伸出两只男人的、因为从来没有抱过孩子而显得有点僵硬的手臂,把出生才几个月的欧阳山抱在怀里。他紧紧地抱着,好像得了一件奇珍异宝,嘴角漾开了笑纹。

而躺在床上的母亲却哭得昏过去了。

做父亲的也泣不成声。

接生婆,这坚强的女性,目睹这骨肉离散的一幕,也禁不住潸然泪下……

小欧阳山从母亲的身边骤然来到这陌生男人的怀里,男人又不会抱他,弄得他浑身不舒服，他也哭了。

杨鹤俦抱着小欧阳山走出了这个苦难的家，在风雨中沿着古城狭窄的街道越走越远。再也听不到父母亲的哭泣声了，唯有头顶上风在叹息，卷着微雨飘洒……

想不到这一别，欧阳山从此再也见不到他的亲生父母亲了！

第五节　告别故乡

欧阳山来到杨家之后，给安了个乳名叫"烊"。"烊""杨"同音，意即把他熔化到杨家来。他的正式名字叫杨凤岐。那是4年多以后，即1913年，他跟着养父流浪到西安的时候，一位私塾先生给他取的。当时杨鹤俦在西安的一家邮电局当出纳，日子稍微安稳了一点儿，便立刻把欧阳山送到一家蒙馆（即私塾）去开蒙（即读书）。私塾先生是一位饱读诗书颇有学问的老先生，他见欧阳山天资聪颖又十分勤奋，觉得这个孩子将来准有大出息，十分喜欢，又见这孩子还没有正式名字，便征得杨鹤俦同意，给这个孩子取名叫"杨凤岐"。据《中国作家笔名探源》"欧阳山"条中说，杨凤岐"这个名字和一个美丽的传说有关。在陕西省岐山县东北，有一座大山，名叫岐山。因其山状如柱，人们又称它为天柱山。《国语》上说：'周之兴也，凤凰鸣于岐山。'这意思是说，当武王伐纣，灭掉商王朝，建立西周的时候，有美丽的凤凰飞落到岐山之巅高声歌唱。这个传说，表现了岐山人民拥戴西周新君武王的欢悦美好的心愿。欧阳山因为家住陕西，所以老师就利用古代这一有关陕西的传说，为他起名杨凤岐。老师的心意是很明显的：祝愿孩子吉祥美好。"①又有说："杨凤岐这个名字，是欧阳山的养父为他正式开始读书而起的学名。缘由是陕西有凤翔县和岐山县，是周文王兴起之地。养父将这两个县的名字联起来，取名'凤岐'，也是有寓古语'凤凰来仪'以示吉祥之意。"②

后来在广州上小学时，养父又根据"凤凰来仪"、吉祥如意，替他取学名叫杨仪。至于"欧阳山"这个名字，则是1932年他主编《广州文艺》时用的笔名，这个笔名后来就成了他的正式名字。这部传记为了叙述上的方便，就用"欧阳山"这个名字一以贯之。

再说欧阳山来到杨家之后，家里除了养父之外，还有个矮小瘦弱多病的养母，后来又买来一个十来岁的姐姐。欧阳山却跟养父的跟班（男仆）孙百

---

① 丁国成等：《中国作家笔名探源》（第一册），时代文艺出版社1988年版，第324页。

② 黄伟宗：《欧阳山评传》，花山文艺出版社1993年版，第4页。

龄最要好。这个强壮的中年汉子,整天乐呵呵的,常常喜欢一大早,就把睡眼惺忪的小欧阳山,一把从床上拎起来,驮在肩膀上,带到小饭馆里去,塞给他一个肉包子,或往他嘴里送两颗鱼丸子,然后一块到街上去逛。

街上可热闹哩,特别是城隍庙前,那卖武艺、耍猴戏、卖假药的;那占卦算命看掌纹、相声说书拉胡琴的;那土台子上演荆河戏唱楚调的,惹得人们这里围成一圈,那里聚成一堆,笑声、掌声、喝彩声,声声震耳。

孙百龄带着小欧阳山,一边看热闹,一边给他说各种各样有趣的事情。小欧阳山睁大两只圆圆的小眼睛,看着这个千奇百怪的世界,觉得好玩极了,有意思极了。

有时候,孙百龄会带着欧阳山,攀登到城墙上,望着那浩浩长江,望着那辽阔江面上的点点白帆,望着那贴着水面低飞的水鸟,望着那在高远的蓝天上盘旋的苍鹰,望着长江对岸那一望无垠的原野、庄稼、碧草、绿树和剪影般贴在天脚上黑魆魆的远山,待上老半天。

然而,快活的日子总是短暂的。1911年9月底,一个秋风紧、北雁南飞、中秋节眼看着就要到来的日子,欧阳山的养父杨鹤俦神情沮丧地回到家里,不住地长嗟短叹,嘴里连连说着:"无天理,无天理,实在是无天理。偌大的一个商行,竟会毁于一旦!"

原来是商行倒闭,养父失业了!

荆州已不可留恋,养父雇了一只小船,在一个天色微明的早晨,带着一家老小,沿长江顺流而下,要到武昌去找事做。

天空阴沉,灰色的天幕垂得很低,秋风萧瑟,黄叶飘零,浑黄的江水在鸣咽。杨鹤俦的脸色和天空一样阴沉。虽说武昌有几个熟人,有从广州来做大生意的亲戚,但能否找到事做,杨鹤俦实在毫无把握。到处都兵荒马乱,百业凋敝,民不聊生,这使他深深地忧虑。此刻,他坐在船上,两眼直直地看着前方,木然不动。但小欧阳山依旧很快活,他看着两岸的山野、村庄、树木、房舍在不断缓缓地往后退去,觉得景致好极了;偶尔有一只野狗,在远远的堤岸上朝他们汪汪汪地吠着,他也觉得有趣极了。

"孙叔叔,我们这是到哪里去呀?"他歪着头问孙百龄。

"到武昌去。"孙百龄眼望前方,神情有些忧郁地回答。

"不再回来了吗?"

"不再回来了。"

小欧阳山的心猛地一沉,他实在舍不得离开荆州啊!沉默了一会儿,他又问:"武昌很大吗?"

"很大。"

"比咱们荆州大多多吗?"

"大多多。"

"比咱们荆州好玩多多吗？"

"好玩多多。"

"也有吞刀子、耍猴子玩的吗？"

"比吞刀子、耍猴子更好玩的玩意儿多着呢！"

"好啊，好啊！"小欧阳山不禁欢呼起来。他伸出小手，俯下身去，想拨弄那船舷旁流动着的江水，但哪够得着，而船头激起的水珠，飞溅着，打湿了他的衣襟，打湿了他稚嫩的脸蛋。看着他那天真稚气又兴高采烈的样子，养父不禁苦笑着摇了摇头，唉，这孩子还小，还不懂事哪。

江水悠悠，一叶小舟就这样载着年仅3岁的小欧阳山，告别了他的故乡——那渐渐远去的古城荆州。此后数十年，欧阳山东奔西跑，走南闯北，竟再也没有机会回到生他养他，给过他痛苦，也给过他不少欢乐的这个古老的城市来。

第六节　辛亥枪声

武昌乃湖北重镇，楚荆大地的政治、经济、文化、交通之中心，长江与汉江交汇于此，人杰地灵，物产富饶，景色壮丽，时为大清国湖广总督及湖北省的治所。当杨鹤俦携一家老小来到此地时，武昌已"流水落花春去也"！昔日繁华热闹的街市，如今店铺关门，商行歇业，一片萧条冷落。从四乡涌来的难民，衣衫褴褛，形同乞丐，不时有一二饿殍，横卧街头，触目惊心。盗贼如毛，兵匪不分，奸淫掳掠，杀人越货，天灾人祸，民变蜂起，革命党四处活动，欲"驱除鞑虏，恢复中华""创立民国，平均地权"。

杨鹤俦把家眷安顿在客栈里，自己终日外出，托人情，找门路，结果都是哭丧着脸，低头摸回客店。他所认识的几个熟人和朋友，早已在武昌混不下去，远走他乡了；做大生意的亲戚又因经营失败，血本无归，悬梁自尽了。关了门的商行店铺不必说，就是勉强苦苦撑持的，也无力请得起一个打算盘的。他又手无缚鸡之力，干不来苦力活，就是干得来，也无苦力活可干。那些码头上的苦力，竹杠横放脚边，天天蹲在堤岸上，对着悠悠江水发愁；拉黄包车的则一趟趟空车来去。杨鹤俦无法可想，心情烦躁，整天骂人，或伴着半瓶苦酒，在客栈里借酒消愁，叹道："大清气数已尽，快完了，快完了！"

每逢这时候，孙百龄就会悄悄地带着小欧阳山到街上去溜达。他们最喜欢登上蛇山上的黄鹤楼，俯瞰汉江，极目千里，看滚滚长江东逝。站在黄鹤楼头，粗通文墨的孙百龄一字一句地教小欧阳山念那首流传千古的崔颢名诗

《黄鹤楼》：

> 昔人已乘黄鹤去，
> 此地空余黄鹤楼。
> 黄鹤一去不复返，
> 白云千载空悠悠。
> 晴川历历汉阳树，
> 芳草萋萋鹦鹉洲。
> 日暮乡关何处是？
> 烟波江上使人愁。

这时，小欧阳山就会侧着小脑袋，似懂非懂地，以稚嫩的童音，有一句没一句地跟着念。孙百龄还会把这首诗按照他自己的理解给小欧阳山来一番讲解。接着，他又会给小欧阳山讲李白在黄鹤楼上"眼前有景道不得，崔颢题诗在上头"的故事呢。

到武昌不久后的一天，忽然发生了大事变。那一天，是阳历1911年10月10日。下了一整天雨，到黄昏时才放晴。住在客栈里的杨鹤俦一家刚草草地吃过晚饭，约莫晚上7时的光景，城里楚望台军械局方向忽然响起了枪声，很快地枪声越来越密，到深夜11时许，湖广总督署方向的枪声已不停顿地响成了一片，接着蛇山方向又传来隆隆炮声，枪炮声、喊杀声震天动地。

客栈里的人们惊慌失措，一片慌乱。矮小瘦弱而又多病的养母抱着小欧阳山，吓得面无人色，养父也有点沉不住气，独有孙百龄镇静如常，他神情自若地出门去打听消息，隔了很久，才气喘吁吁地跑回客栈，异常兴奋地对大家说：

"起事了，起事了，孙文手下的革命军起事了！正在攻打总督衙门。听说总督老爷瑞澂和新军统制张彪已经逃跑了。革命军要皇上下台哩！"

"这可怎么办？打仗这事儿可不是闹着玩的。"杨鹤俦在屋子里踱来踱去，焦虑万分。

第二天清晨，一面红底十八星大旗飘扬在湖广总督署上空，宣告了武昌起义的胜利。紧接着，革命党人的起义浪潮席卷全国，最终推翻了在中国绵延两千多年的封建君主专制制度的统治，建立了现代民主共和政体。这就是震撼中外，有着巨大而深远历史意义的辛亥革命。

但杨鹤俦一家和大伙当时都被枪炮声吓坏了，他们趁着黑夜逃到了武昌郊外的乡下。

1912年2月12日，宣统皇帝下诏退位，大清王朝宣告终结。消息传来，孙百龄十分高兴，他紧紧抓住小欧阳山的手，把他当成大人似的说："多好运气，没有皇帝来管你了，知道吗？天下要太平了。"

"什么好运气，什么天下太平，没有皇帝，连老鼠也不得安宁过日子。"杨鹤俦白了孙百龄一眼，鼻子里哼一声，"等着瞧吧，兵荒马乱的，中国从此多事了！"

养父的景况每况愈下，自离开荆州到武昌后，他一直在家赋闲，穷愁潦倒，无以为生。但他不甘心，决定闯荡江湖去。他辞退了孙百龄，在一个春雨霏霏的早晨，带着妻儿离开武昌，踏上小路朝北走去。

黄泥小路崎岖不平，坑坑洼洼的积满污水。在薄薄的雨雾中，他们蹒跚地走向迷茫的远方。已经走出很远了，小欧阳山还不断地回过头来，挥动着小手，跟孙叔叔告别，跟故乡的土地告别。

起风了，雨住了，楚天上一钩残月，几颗晨星闪烁着惨白的光。孙百龄目送着他们那渐渐远去的背影，热泪模糊了双眼……

第七节　在底层

欧阳山跟着养父，走郑州、上北京、去西安、过烟台、下镇江、闯上海，在大江南北、大河上下、五湖四海、城市乡村，颠沛流离，漂泊无依。尽管生活给欧阳山带来的只有痛苦和屈辱，但祖国的壮丽河山、名胜古迹，使他见识日渐增长，心胸豁然开朗。那源远流长、奔腾不息的长江，汹涌澎湃、狂咆怒吼的黄河，北京古老的城墙、巍峨的宫殿，八达岭雄伟高踞的长城，西安处处的古迹，上海拔地而起的大厦，都令欧阳山应接不暇，他贪婪地看着，两只小眼睛睁得圆圆的。

养父却丝毫没有他那样的兴致。

辛亥革命虽然把皇帝从龙廷上赶了下来，中华民国虽然已经成立，但孙中山要在中国实行民主共和的理想并没有实现，中国依旧是半封建半殖民地的国家。政治黑暗、官场腐败、军阀混战、外敌入侵、天灾人祸、民不聊生，中国实在离亡国也不远了。

在这兵荒马乱，"万家墨面没蒿莱"的年月，要找一份养家糊口的工作谈何容易。到了上海之后，杨鹤俦实在没有办法，只好在城隍庙里卖字、代写书信，或在同乡开的小旅馆里帮闲，什么都干。他甚至在小客栈里当赌徒，想侥幸赢回两顿饭钱，好使妻儿不致冻饿。

在这种贫苦而动荡的生活中，欧阳山认识和接触到了各种各样的人物，特别是下层社会的穷苦人，跟他们成了好朋友。这些人中，有卖青菜、咸鱼、花生米和其他各种粗贱东西的小贩,有木料铺、米店、酒肆、百货业的店员和学徒,有以斗蟋蟀和斗画眉鸟为生的回族人,有说书讲古、卖解、变戏法、卖假药、玩蛇等的流浪汉,有被战场咬伤了吐出来的退伍兵,有衣衫褴褛、神情颓丧的年老警察,有各种各样的手工业工人,甚至还有偷鸡摸狗的流氓无赖。

生活,对童年的欧阳山是吝啬的,它没有赐给他锦衣玉食、华美住宅和良好的教育环境;它使他过着缺衣少食、居无定所、到处流浪、痛苦不堪的生活;它使他过早地学会了思虑和忧伤。

但生活对童年的欧阳山又是慷慨的,它使欧阳山比其他儿童要早得多地离开了母亲温暖的怀抱,投入生活的大海洋中去;在生活这个广阔的天地里,欧阳山看到了光怪陆离的社会现象,感受到了现实的黑暗丑恶和人情冷暖、世态炎凉,认识了各种可爱的人和丑恶的人,吸取了很多从书本上无法学到的知识。这一切,在欧阳山那涉世之初的幼稚无知的心灵里,留下了深刻的难以忘怀的印象,使他的目光慢慢开阔,胸襟日渐宽广,这对他日后的文学创作,无疑产生了深远的影响。

而特别令欧阳山感激的,是在那样困顿的、流浪的、濒于饿死边缘的日子里,养父杨鹤俦并没有忘记送他上学堂。1913年,当他们流浪到西安时,杨鹤俦奇迹般地弄来了几个钱,把年仅5岁的欧阳山送到私塾发蒙,尽管老塾师教授的是"人之初,性本善""天地玄黄,宇宙洪荒"之类叫欧阳山半懂不懂的课文,这却是欧阳山断文识字的开始。1915年在广州,杨鹤俦又勒紧裤腰带,省吃俭用,供欧阳山上了国民小学。尽管杨鹤俦是个极其普通平凡的小市民,目光不能说远大,思想境界也不高,亦无"望子成龙"之奢望,他送欧阳山上学,不过是为了使欧阳山认识几个字,日后能吃上碗安乐饭,如此而已。但欧阳山之所以能成为一个有知识的人,甚至成为国内外闻名的大作家,杨鹤俦的功劳实不可没。在那样困难的经常处于饥饿状态的岁月里,他仍能意识到送孩子去上学念书的重要性,并付诸了实践,实属难能可贵。这令欧阳山永远不能忘怀,永远感激于心。对于自己几十年来东奔西走,从事艰苦的革命文学事业,而未能很好照顾养父,尽儿子的责任,欧阳山又是深感不安,经常责备自己的。

当然,7岁前的欧阳山跟随养父在中国北方过的是流浪奔波的贫困生活,这使他的学业时断时续。可是无论怎么说,这种时断时续、既不系统也不完整的读书学习,仍给欧阳山洞开了一扇知识的窗口,使他粗通文墨,初步接触到中国古代的传统文化,打下了一定的文言基础,具备了一知半解的阅读书籍的能力,特别是流行于陕西的秦腔、北京的京剧之类的戏剧,常常使欧阳山看得如痴如醉,陶冶了他的性情,厚植了他的文学基因。直到晚年，他对此仍念念不忘：

> 我小时候很喜欢听秦腔的黑剎，不知为什么会那样地喜欢它？只觉得它里面有一种凄婉、苍凉、令人荡气回肠的韵味，那种近乎直吼的高亢的叫板能够一下子把人们心中的喜怒哀乐全都给表达出来，一看就知道是给老百姓写的；可是京剧就不一样了，它特别含蓄、深沉，讲究从容、自敛，崇尚以虚代实，传情达意不喜形于色，一看就知道是给文人们写的……①

第八节　啊，广州！

1915年，欧阳山7岁时，长达4年之久的流浪生活终于结束了。欧阳山跟着养父，回到了广州——这座养父阔别多年的珠江岸边的大都市。

广州，以她独特的风姿，以她炽热的南国气息，欢迎这位来自长江之滨的少年。

广州，地踞西江、北江和东江之汇，面临珠江，背倚越秀、白云二山（越秀山亦称观音山），是珠江三角洲的中心城市，华南最大的都会。

广州，古之楚庭，秦汉时为南海郡治，初称番禺，三国时定名广州，是个虽有近三千年古老历史而又显得异常年轻的城市。

这里，气候温和，雨量充沛，物产丰富，风光秀丽；

这里，交通便利，经济发达，商旅云集，店铺林立；

这里，接内陆，通海外，是天然良港，南中国最大之商埠，中国对外贸易最早、最大之口岸；

这里，最早接受西方文明，也最早遭受列强入侵，海禁开处，走私贩毒，炮舰政策，最早见于广州；珠江河上，列强军舰之后，艘艘商船尾随。

广州，人文荟萃，豪雄辈出，近代以来，洪秀全、康有为、梁启超，叱咤风云，名震华夏；更有伟大民主革命先行者孙中山先生以广州为革命大本营，领导辛亥革命，一举推翻清廷，结束封建帝制，为中国走向民主共和揭开历史新篇。而到了现代，毛泽东、周恩来、叶剑英等一代领袖，更在广州上演过气魄宏伟之历史壮剧，一时震惊世界。

欧阳山一生的大部分时间都在广州度过，他在这里走上了文学创作道路，他在这里最后完成了五卷本史诗式巨著《一代风流》（欧阳山晚年时对其做了精心校改，校改后全书定名为《三家巷》，又名《一代风流》），从

---

① 田海蓝：《欧阳山评传》，中国文史出版社2008年版，第43页。

而攀登上了他文学生涯的巅峰。广州，是欧阳山怀有特殊感情的第二故乡。

在广州，杨鹤俦一家起先在西门口几条穷巷里搬来转去，最后定居在光孝街。这是一条狭窄的街道，街道中央铺着四行麻石，两边是泥地，间或嵌着些碎砖块。街道不通汽车，平素只有一些由人拉着或推着的嘎吱嘎吱响的大板车和猪笼车摇摇晃晃地走过。街道两旁畏畏缩缩地蹲着两排低矮破旧、像哭丧着脸似的灰暗平房。欧阳山一家就住在其中一间长形的竹筒屋里，里面住着四五户人家，前厅是个供奉着神像，供烧香拜神用的神厅，也是个皮鞋作坊，地上摆放着铁砧子、缝纫机、手锤、铁剪、切皮子刀，还有铁钉、碎皮、黄蜡、麻线，墙上挂着牛皮、布幞、鞋楦、鞋面，空气中弥漫着皮硝的气味，交织着皮鞋匠们切牛皮、上麻线、锤钉子、车皮鞋面子的嗤嗤、嗒嗒、轧轧的声音。欧阳山一家挤住的神楼底下的小房间黑乎乎的，白天也要亮着灯。

在广州，养父当上了写字匠，他每天用手帕包着纸、笔、墨去西关第七甫、第八甫那些电版工厂和石印工厂揽活，每百字赚一毛或者二毛钱的工资，用来养家糊口。体弱多病的养母除了买菜做饭，就是围着药煲子转。欧阳山则拖着一双烂尾木屐，整天吧嗒吧嗒地到处乱跑，像个野孩子似的。广州，对于他来说，无疑又是一个新的广阔的天地。

有一天，欧阳山这样对养母说："妈妈，我发现这广州可真特别，跟咱们到过的那些地方都不同。"

养母刚煎好药，一边往碗里斟药汤，一边没好气地问："有什么不同？"

"你看人家黄河、长江，宽宽的，阔阔的，水流急急的，浪头高高的，可广州的珠江，窄窄的，水流得缓缓地，一点儿浪花也没有，一点儿声音也没有，好像个怪害羞的小姑娘。"

养母吹开浮在药汤面上的药渣子，呷了一口，没搭腔。

欧阳山继续说："你看人家的山又高又峻，插到云里看不见顶，可咱们广州的观音山、白云山，就那么一点点的，就像有钱人家里盆景上的小石山。"

"烊，看你怪会说话的。"养母的嘴角掠过一丝笑意。

"还有，广州一年四季到处都是花，冬天也不见下雪，那些个荔枝、菠萝、香蕉、龙眼，外江佬甫想吃到。广州真好，广州的人也顶精、顶鬼、顶机灵的。"说到这里，欧阳山顿了顿，眨了眨眼皮子，继续说，"不过有一点是相同的，怎么广州的叔伯婶母、哥姐弟妹们，也跟别的地方的人一样，都是那样的穷、那样的苦啊？"说完，欧阳山托着小脑袋，像大人似的皱着眉头，流露出迷惘的神色，不再作声了。

养母叹一口气，又呷了一口药汤。

在光孝街，在这社会最底层的角落里，欧阳山生活在贫穷、愚昧、痛苦、屈辱的人们中。他的亲戚朋友，他的左邻右里，是一些拉洋车、抬轿子、拉大板车、做肩挑苦力的贫民，是一些兵工厂工人、邮政工人、柴米店工人、杂货店店员、电话接线生、绣花姐、缝补婆、小商贩、零工杂役和莳田种菜的农民，还有的则是警察、士兵、赌徒、流氓、强盗，以及神婆、媒婆和一些占卦算命的迷信职业者，最不幸的，要数那些当女招待、在酒楼卖唱，甚至沦为娼妓的女人。欧阳山和他们一起发愁，一起悲伤，一起歌，一起哭，一起诅咒这不幸的人生，一起质问那漠漠的苍天。他跟他们一道玩耍，一道说笑，一道吵嘴，一道打架。他会偶尔抽两口他们递过来的生切烟，尽管被呛得咳个不停；会时不时喝两口他们买回来的又苦又涩的廉价渗水米酒，尽管被辣得龇牙咧嘴。这社会底层的生活，使欧阳山初步形成了热爱和同情劳苦大众的思想，也为他日后的文学创作提供了丰富的素材。

第二章

学生时代

第一节　求学

日子一天天过去，家里常常不是没了米，就是缺了油。欧阳山常常提着一个早年在烟台买小石卵时，小贩送给他用以盛货物的小竹篮子，跟在养母后面，到亲戚、朋友家里去借米。然而亲戚、朋友家里也很穷，他们的米缸也常常露出了底，有时就只好从床底下捡起两个红薯，塞进欧阳山的小竹篮里。

有一回到舅父家借米，舅父把养母拉到一旁，说："我看阿烨这孩子怪聪明伶俐的，何不叫他去做点小买卖，帮补帮补家用？"

养母点了点头道："我也这样思量过。都说物价越来越贵，靠鹤俦一个人，怎能填得饱几张嘴？也真难为他，天天早出晚归，歇都不敢歇。为着省下几个钱，他连烟也戒了。烨这孩子是该出来做事了，挣得几块是几块，免得他天天东跑西窜的，像个有尾飞铊。只是，做小买卖，哪来的本钱？"

舅父抬头想了想，说："要不，就让他到大新公司游艺场的影戏院，做个'领位人'，好歹也能挣口饭吃。"

养母回家后跟养父商量，养父却坚决不同意："烨这孩子是长大了，但还不到出来做事的时候，他应该去上学。咱们家穷是穷，孩子的读书钱却省不得，不然，就害了这孩子了。再说，做小买卖，本钱呢？哪来的本钱？"养父摊开双手，在地上踱了几步，接着说，"我也不指望这孩子将来成龙成虎，只望他认得几个字，会写会算，好挣口自在饭吃。他往年在私塾学的那些个《三字经》《千家诗》《幼学琼林》是不顶用的，得学点新式的东西。"

养母想想也是，点头同意了。

于是，一家人勒紧裤腰带，在1915年秋天，把7岁的欧阳山送进了广州光孝街第五国民小学。

欧阳山要上学的消息，一下子传遍了光孝街，这使得那些平日里跟他一起玩耍的小朋友羡慕极了。欧阳山穿着虽然打了补丁，却洗得很干净的衣服，脚上的烂尾木屐换成了布鞋，挟着书本，很高兴，也很神气地走在上学的路上。

在学校里，欧阳山勤奋好学，聪敏过人。由于他童年时代的经历，他显得见多识广，眼光开阔，很快就成了同学中的佼佼者。他小时候就爱听养母讲述各种各样的神话和民间故事，入迷极了，但他不满足，他渴望了解更多的东西，向往着打开人类知识宝库的大门。他凭着刚刚学会的粗浅的文字知识，半懂不懂地啃着《封神榜》《三国演义》《林译丛书》等好几十种中外文学名著，在幼小的心田里播下了文学的种子。他的勤奋好学和优异成绩，使养父母时时投来赞许、欣慰的目光。而每逢他挟着砖头般厚的书本，在狭窄的光孝街上走过的时候，邻人就说："这孩子有出息，将来必是个干大事的人！""这就叫作穷人家出贵子啊！"

1922年9月，欧阳山小学毕业后，考入了广东高等师范附属师范初中，这使一家人十分高兴，因为这是一所很著名的学校，只录取分数高的学生，而在这次有917名考生参加，只录取100人的入学试中，欧阳山名列榜首。已经戒酒多时的养父为了庆祝，兴冲冲地买回两瓶九江双蒸酒，邀来在光孝街教私塾的王老先生和皮鞋匠一家，以及其他几位邻居，在神厅摆上桌子，饮起酒，吃起肉来。但当他被告知新生入学要缴纳差不多一百块钱那么大一笔款子时，他擎着酒杯的手在嘴边僵住了。

这以后一连10多天，养父都是深更半夜才回家。养母很担心，不知道他干什么去了。直到学堂交费限期的前一天晚上，他到了深夜才摸黑回到家里，把欧阳山从床上唤醒，用动情的调子对欧阳山说："烊，你想想看，可以典当的东西都完全典当掉了，这是好玩的事么？各处去借，三块五块，甚至一块！做老子的责任呀。现在，钱总算凑够了，你去睡觉吧……"

在旁的姑妈一手扶住欧阳山瘦削没肉的肩膀，嘱咐道："真要发奋做人才好，烊，要这样才好。"

欧阳山默默地点了点头，他怀着感激的心情，望着动了感情的养父，低声说："爸，你真好，谢谢你……"

他忽然哽咽起来，说不下去。

养父也觉得鼻子发酸，赶忙背过身去，在昏暗的灯光下，只见两颗泪珠涌出他的眼眶，掉落到地上，摔碎了……

第二节　书本与人生

在广东高等师范附属师范初中，欧阳山更加勤奋用功。每天，他穿着白麻帆学生制服，步行10多华里①，从西关的光孝街，穿过整条惠爱路（即现在的中山路），来到位于大东门附近的学校上课。

这所著名的学校，校舍壮观，设备讲究；教室宽敞明亮，排列着整齐的桌椅，挂着绿色的粉板；校园美丽芬芳，各色可爱的花草争妍斗丽，更筑着一座假山，山上面还有个亭子，山脚下的喷水池终日飞溅着水花；此外，还有绿草如茵的运动场，幽雅清静的音乐室，以及最具吸引力的图书馆。

欧阳山刚从小学跑进这种中等学校，周围的一切都给他一种新鲜、活泼、奇异的感觉。他第一次走进这样漂亮的建筑物，觉得自己好像上了天堂。从此，他白天在这天堂里盘桓，晚上就回到光孝街那地狱一般的屋子里。

在念中学的这几年里，欧阳山贪婪地阅读了大量心理学、哲学、文学、美学、生物学等方面的书籍。这其中，他对文学的兴趣益发浓厚了。这种兴趣是怎样形成的？不知道。是自哪里来的？不知道。是孙百龄叔叔在黄鹤楼上教他念"昔人已乘黄鹤去，此地空余黄鹤楼"那首诗时就爱上了文学吗？不知道。是他从小入迷地听养母讲述各种各样的神话和民间故事时，就爱上了文学吗？也不知道。总之，他如饥似渴、如痴如醉地读鲁迅、郭沫若、郁达夫、冰心、叶圣陶、王统照、高尔基、屠格涅夫、陀思妥耶夫斯基、契诃夫、歌德、拜伦、莫泊桑、巴尔扎克、泰戈尔、辛克莱、哈葛德等中外著名作家的作品，这为他日后踏上文学创作的道路，打下了扎实的基础。

欧阳山在书籍的海洋中遨游，书籍为他构成了一个美妙的世界。然而，回到现实生活中，他又感到那样的痛苦。

1923年春夏之交的一天，下课后，欧阳山挟着歌德的《少年维特之烦恼》，兴冲冲地往家里走，准备好好欣赏一下这部由郭沫若翻译的世界文学名著。刚踏进街口，就远远地看到住在自己隔壁家的小朋友阿爰家门口，围满了一大堆人，还传来一阵阵呼天抢地、撕心裂肺的号哭声。欧阳山赶忙拨开人群挤进去，只见阿爰和他的两个妹妹，正趴在他们母亲的尸体上，号啕大哭。邻人们有的叹息，有的陪着掉眼泪，有的在低声商量如何帮助他们兄妹料理后事。原来阿爰的父亲是一个身体病弱的人力车夫，由于家里无钱籴米，他空着肚子上街载客，不巧一个肥大如猪的绅士坐上了他的车。上坡路

---

① 长度单位，1华里=0.5公里。

上，他双腿打战，几乎拉不动车子。那绅士嫌他车子拉得慢，粗言粗语地张口就骂，他忍受不了，顶了两句，绅士举起拐杖朝着他脑袋就重重地敲过来，敲得他眼冒金星，几乎要晕过去，他气不过，抢过拐杖，截成两段。这下可就闯了祸了，绅士叫来警察，诬他打人，要抓他去坐班房。他慌忙逃跑，横过马路时，被一辆疾驰而过的汽车当场压死。消息传来，阿奀的母亲，一位长年累月卧病在床的妇人，用绳子套在自己的脖子上，悬梁自尽了，遗下刚满10岁的阿奀和他的两个妹妹……

这一天晚上，欧阳山在床上翻来覆去地睡不着。这阿奀兄妹三人，平素都跟他很要好，他们常常缠着要他给讲故事，他和他们一起玩耍，一起东跑西窜，有好吃的也与他们分享，他有时还教他们认些简单的字儿呢。如今，一日之间，他们父母双亡，他们今后何以为生？

几天后的一个早上，欧阳山像往常一样去上学，刚出家门，他立即呆住了，只见阿奀和他的两个妹妹，每人手捧一个讨饭钵，衣衫褴褛，打着赤脚，在阴沉的天底下，迈着蹒跚的脚步，相跟着向远处走去，向那茫茫不可测的人世间走去……

欧阳山再也没有心思上课了。

晚上，他在没有路灯的昏暗的光孝街上走过来走过去。头顶上，月亮时而躲进乌云里，时而又露出脸儿来，街上也就忽明忽暗的。忽然，不知从哪个角落传来女人唱粤讴的声音："泉路茫茫啊，你双脚又咁细，风寒露冷啊，你今晚向何处宿……"

歌声如泣如诉，似羔羊哀鸣，又似杜鹃啼血。欧阳山用双手紧紧捂住耳朵，不忍再听下去……

第三节　天问

第二天，欧阳山告了假，没有到学校去。

他独自爬上广州北郊的白云山，坐在天南第一峰上，呆呆地俯瞰着山脚下的都市那一大片黑压压的房屋出神。头上，湛蓝湛蓝的天空中，朵朵白云悠悠飘过；耳畔，沙沙的松涛似低吟浅唱，山雀啁啾的鸣叫仿佛悠扬婉转的乐章；和风吹过，送来阵阵沁人心脾的花香。啊，大自然是多么美好，可是，人世间呢？

他来到珠江河畔，在长堤上踱来踱去。碧绿的江水平静地流淌，涛声轻轻，阳光下，江面闪烁着点点银光，就像一河珍珠在跳动，在欢笑。啊，珠江是那么美丽、温柔，可是，人世间呢？

欧阳山弄不明白，他的亲戚朋友，他的左邻右里，他所碰到的人，为什么都是那样的贫穷痛苦，那样的多灾多难？他们没有钱读书，不识字，没有任何的文化和教养；他们被人折磨、愚弄、斥骂和殴打；他们穿得寒碜、破烂，吃得有一顿、没一顿，住得阴暗而潮湿；他们害着肺痨、伤寒、疟疾和痢疾，孩子们长着疮、癣、疥、癫；他们迷信、酗酒、赌博、打架；他们之中有不少人被投进监狱或被杀死，有不少人上吊、投井、吞烟膏和抹脖子，也有不少人因为饥饿和疾病而静悄悄地死去。

可是这些人又是一些多么善良、勤劳、可爱的人啊！他们有着惊人的智慧和精巧的手艺。男人们会做精致的雕花木刻、精美的食品和各种玩具，会捕捉飞鸟、喂养蟋蟀和繁殖金鱼，会做雅致的家具，会盖漂亮的房屋，会通沟渠、挖渗井，也会治病、扶乩、看相和问亡。女人们会做华美的服饰，会绣鸟兽和鲜花，会用小剪子剪出人物、器具、鲜果和花鸟鱼虫，会用灵巧的双手编织彩灯、花席、篮筐和垫套，又会用丝线编成各种形状的荷包和口袋，还会模拟生活用具做出许多铜的、铁的、纸的、草的桌椅、衣服、鞋子以及其他各种东西。有些妇女还会唱山歌、咸水歌和各地的民歌，有些则特别喜欢唱木鱼、南音、粤讴和龙舟，有时候半夜挑灯，唱起木鱼书来，会唱得如痴如醉，通宵达旦。

特别使欧阳山感动的，是他们之中有许多人，不管是男是女，都有一颗伟大的心。他们能够和别人分享食物，分享钱财，分享衣着和分享快乐。他们即使自己只有一口酒，也可以让别人分享半口；即使自己只有一根烟，也可以大家轮流着抽。他们自己即使忍受着痛苦，也要把快乐让给别人。到了必要的关头，他们可以为了别人而牺牲自己，从牺牲金钱、幸福到牺牲生命。这种伟大的心灵，并不希望得到赞美，也不希望得到报答，甚至不希望让别人晓得。

"这些可敬可爱的人们，为什么却终年生活在痛苦和忧伤之中呢？生活为什么对他们这样不公平呢？"欧阳山想，"他们不知道生活有什么意义，没有办法主宰自己的命运，不能抗拒生活当中他们所不愿意接受的东西，他们没有办法解释自己所遭遇的一切，难道这是命运在主宰他们或者簸弄他们？"

"还有，"欧阳山继续想，"那些头戴瓜皮小帽的地主豪绅们，手拿拐棍的官僚买办们，那些大大小小的老爷、少爷们，却能够骑在咱们头上作威作福，是谁给他们这个权利？那些外国列强的军舰能够终日游弋在珠江上，耀武扬威，炮口对准咱们的胸膛，为什么不能把它们赶出中国去？那些外国兵，在咱们中国的土地上横行霸道，对咱们拳打脚踢，甚至杀人放火，为什么却可以不受惩罚？"

欧阳山痛苦地思索着，却百思不得其解。他徘徊在珠江河畔，踯躅在白云山脚,盘桓在观音山上。他抬起头来,大声质问苍天:"这就是人生吗?人生有什么意义和价值?人生为什么充满着这样多的痛苦?这难道就是我们这一代人的共同命运吗?苍天啊,请给我一个回答吧!"

第四节　密司李之死

欧阳山企图从书本中寻找答案,结果却是失望。虽然那些文学书籍给他指出了许多美好的去处,但他仍然感到茫然不知所措。书中描述的人物其实都没有找到出路。那么,该怎么办呢?

正在这时候,同学中发生的一件事,给欧阳山带来了更大的痛苦。

一天早上,欧阳山像往常一样跨进教室,同学Y君迎上前来,声音颤抖地说:"密司李死了。"

"什么?"欧阳山大吃一惊,两眼睁得大大的,"怎么死的?"

"叫她父亲给害死的,不,是叫这黑暗的封建势力给害死的!"同学Y君的面孔因愤怒而变成了紫酱色。

这密司李是他们学校一位高年级女同学,是一个很有奋斗精神、敢作敢为的女青年。她抱着唤起妇女界和拯救妇女界的大志愿,要在黑暗里奋斗,要想打破恶环境,去改造社会,造福人群。欧阳山平素也听过她的演讲,看到有无限的坚忍和果毅之心从她的神情和眼眶中透出,看到她的演讲使很多热血的女子听了直淌眼泪,因此,对她十分尊敬。万想不到她竟被人害死了。她的死,令欧阳山很难过。他默默地退出教室,在走廊边的栏杆旁伫立着,望着城北郊外,像一头黑熊般坐着的白云山,全身沉浸在悲痛中。他噙着眼泪,心里在说:"唉,开得灿烂的时代之花啊,你是为恶势力而捐躯的啊!你是时代的牺牲品!满盆含蕊的时代之花,只有一朵开着,一阵狂风,却终于把她吹谢了!……"

这以后一连几天,欧阳山都是茶饭不思,呆呆地坐在屋子里发愣。这天晚饭,他胡乱扒了两口,就放下饭碗,端张小板凳,坐到光孝街上。这时,天上正下着毛毛细雨,他却任由雨水往身上洒。养母急了,追出屋来,把他往回拖,嘴里嚷道:"烊,你这是怎么啦?下着雨哪,你怎么还在街上坐?是有什么心事吗?"

欧阳山木然地望着养母,忽地猛抬头,对着苍天质问:"这就是人生吗?人生有什么意义和价值?人生为什么充满着这样多的痛苦?苍天啊,请给我一个回答!"

养母听不懂他嚷些什么,吓了一跳,赶忙用手摸了摸他的额头,看了看他的神色,急急地回到屋子里,慌慌张张地对杨鹤俦说:"你看烊这孩子,莫不是得了神经病吧？"

养父也觉察到欧阳山这几天的神色不对，此刻亦感到事态严重，他忐忑不安地来到欧阳山身边，用从来没有过的柔和声音对欧阳山说："烊，有什么不顺心的事儿你就说出来吧，兴许爸能替你想想办法，可别闷在肚子里呀！"

"这就是人生吗？人生有什么意义和价值？人生为什么充满着这样多的痛苦？"欧阳山的面孔依旧对着苍天，这样子说道。

"到底发生了什么事，回家去细细说给爸听。"养父劝解着。

回到屋子里，欧阳山把这一段日子来，自己的所见、所闻、所思、所想，以及心中的苦闷，一股脑儿全倒了出来。

养父深深地叹了一口气，说："这些事情，我们大人都管不了，你一个小孩子家，想它何益？快别胡思乱想了。把心思都用到读书上，好好读书，多认几个字，会写会算的，将来才有口饭吃。"

养母也接口说："这是命呀。常言道：落地哭三声，好丑命生成。命不好，八字不好，你有什么办法？有的人前世打烂他人斋钵，今世就得受苦。"

欧阳山不死心，回到学校，又把心中的苦闷对班主任，一个瘦瘦的戴深度近视眼镜的老师倾吐。老师听罢，开头露出惊讶的神色，后来就镇定下来，问欧阳山从前过着怎样的生活，接近过什么样的人。等欧阳山告诉了他之后，他就站起来，两眼从镜片后射出两道威严的光，挺直腰板冷冷地教训欧阳山："你这完全是很可怕的胡思乱想。知道吗？你最要紧的就是好好听课，把笔记抄得整整齐齐的，记熟各种典故，解答全部算题，如果还有工夫的话，到运动场去做有益的锻炼。知道吗？"

欧阳山陷入了更大的苦闷之中。

第五节　曙光

在欧阳山极端苦闷的时候，五四运动的影响已经深入广州。五四运动高举民主和科学的大旗，在群众中传播反帝反封建和爱国主义的思想，提倡个性解放、恋爱自由，要打倒"孔家店"，打倒宗法社会，同时鼓吹文学革命，主张用白话文去革文言文的命。一时间，广州和全国各地一样，学生运动风起云涌。

五四运动后的第三年，即1921年，中国共产党成立了。中国共产党成立不久，就在全国各地先后建立起领导工人斗争的各种组织，掀起了1922年1月至1923年2月间轰轰烈烈的中国第一次工人运动高潮。其中尤以1922

年1月香港海员6万多人（后香港其他工人亦参加，人数增至10多万人）持续了8个星期之久的大罢工，湖南安源路矿工人大罢工，以及1923年初爆发的震惊中外的京汉铁路工人"二七"大罢工最具影响。与此同时，在中国共产党的发动下，农民运动的阵阵呐喊也响彻了山村和田野，湖南和广东海陆丰的农民斗争更是一浪高过一浪。

这一切，使欧阳山受到极大的鼓舞，他心情振奋，觉得眼前闪现出希望的曙光，他原先对于现实人生的种种疑惑，仿佛开始有了答案；他所渴求的新思想新认识，也好像一下子来到了跟前。在这种新的启蒙运动的影响下，欧阳山开始用新思想去审视人生。他从自己的切身体验中，觉得社会上的大多数人都在贫苦的生活中挣扎是极不合理的，特别是广大妇女受到双重或多重的压迫，她们的生活非常悲惨。男人的地位虽然比妇女好一些，但在这种贫穷、落后、愚昧、黑暗的社会中生存，在这种被欺负和被压榨的国家中生存，也是很痛苦的。他们不论男女，都是没有出路，没有希望，前途十分渺茫的。因此，改变现状已经是当务之急了。但，当时的欧阳山毕竟只是一个十几岁的少年，在20世纪20年代初那样的年代，他对共产党、对革命不可能有深刻的认识，对如何改变这种贫穷的生活，出路何在，他其实还是看不清楚的，他只是朦朦胧胧地感觉到，这世界的一切快要变了。

是的，这时的广州已经成了大革命的策源地。

为了推翻北洋军阀的统治，早在1922年5月，孙中山就毅然发动了北伐战争。他亲赴韶关督师，发布了总攻击令，北伐军兵分三路，向江西进击，攻克了赣南的南康、赣州、吉安、遂川等地。后因陈炯明叛变，北伐军要回师广东平乱，遂使此次北伐半途夭折。及后，在中国共产党的协助下，孙中山先生提出了"联俄、联共、扶助农工"三大政策，重新解释了三民主义。

1923年11月，中国国民党发表了改组宣言。孙中山决心通过改组，真正推行三大政策，实现新三民主义。

1924年1月20日至30日，中国国民党在广州召开了第一次全国代表大会。在这次代表大会上，李大钊、吴玉章、毛泽东、林伯渠、董必武、谭平山、恽代英等共产党员以个人身份参加了国民党，并被选为国民党中央执行委员和候补执行委员。由此，国共两党合作，揭开了大革命的序幕。

国民党"一大"之后，孙中山积极组织军事力量，筹划军事行动，酝酿再次北伐，誓要推翻北洋军阀的黑暗统治，驱逐帝国主义在中国之势力，实现民主共和之理想，建设自由独立之国家。

1924年9月18日，中国国民党发表《北伐宣言》，申明北伐目的"不仅在覆灭曹吴，尤在曹吴覆灭之后，永无同样继起之人，以持续反革命之势力；换言之，此战之目的，不仅在推倒军阀，尤其推倒军阀所赖以生存之帝国主义。"（曹吴指直系军阀首领曹锟、吴佩孚，当时由此二人所代表的直系军阀控制了北京政府。）

9月20日，孙中山再次亲临韶关，举行声势浩大的誓师典礼，指挥国民革命军向北挺进，湘、赣、豫、滇、粤之北伐各军，分两路向湘、赣出发。一时间，广州的革命气氛非常高涨，大街小巷响彻着"打倒列强、打倒列强，除军阀、除军阀，国民革命成功、国民革命成功，齐欢唱、齐欢唱"的革命歌声。

在欧阳山就读的附师隔壁，就是广东高等师范学校（即后来由孙中山提议改名的广东大学），那是一个革命性比较强烈的地方，政治活动非常频繁，孙中山曾经在这所学校著名的大钟楼的大礼堂里发表过关于三民主义的著名演说，其他很多重要会议，包括国民党的"一大"，也在这个大礼堂里召开。欧阳山和同学们有幸在这里聆听了孙中山先生所做的关于三民主义的著名演说，参加过多次集会，明白了不少革命道理。欧阳山参加大礼堂集会时坐的位子是30号，椅背上贴着"冯自由"三个字，原来是国民党中央委员冯自由开会时坐的专用椅子。

在这大革命的洪流中，欧阳山觉得自己也要有所作为了。

第六节　恰同学少年

欧阳山和同学们沉浸在革命的激情里，他们常常在一起谈革命，谈人生，探索救国救民之道，一个个慷慨激昂，意气风发。

1924年仲夏的一天，欧阳山和黄君、何君、陈君三位同学相约，爬上越秀山，登上了镇海楼。

这越秀山坐落在广州城北，虽称为山，其实其主峰越井冈不过海拔70多米。因明朝永乐年间都指挥使花英在越井冈上筑有观音阁，故又名观音山。越井冈迤北，就是有名的镇海楼，因楼共五层，亦称五层楼，这是越秀山上最为雄伟瑰奇的古建筑，楼高28米，楼身漆成绛红色，造型雄浑，气魄非凡，于明朝洪武十三年（1380）由明将永嘉侯朱亮祖所建，距1924年已有540多年的历史了。

但此时的镇海楼，因饱经风雨侵蚀，屡遭兵燹之灾，早已百孔千疮，摇摇欲坠，行将崩塌，非旧时那般雄姿英发了。

欧阳山一行走进镇海楼，小心翼翼地沿着吱吱作响的朽木楼梯，拨开头上层层蛛网，脚下踢起阵阵尘土，爬上最高层上，凭栏远眺，广州城尽收眼底。

身处危楼，面对破败河山、旧城破屋，年轻人不觉感慨万千。

欧阳山叹曰:"唉,想不到镇海楼破败至此。清人李棣华曾为此楼撰有一联云'万千劫危楼尚存,问谁摘斗摩星,目空今古?五百年故侯安在,只我倚栏看剑,泪洒英雄!'唉,请看今日之中国,饱受列强欺凌,军阀横行霸道,封建礼教吃人,烽火频仍,生灵涂炭,民不聊生,哀鸿遍野,百姓如此不幸,国家如此多难,民族已到了生死存亡、千钧一发之关头。常言道,天下兴亡,匹夫有责。吾辈乃炎黄子孙,热血青年,岂能迟疑消沉,坐视不救?"

黄君接过话头:"长夜漫漫,不知何时破晓?救民水火,君谓计将安出?"

陈君道:"我认为当务之急是多办工厂,多开矿山,多筑铁路,多修船舶。只有振兴实业,方能国富民强;只有国富民强,方能船坚炮利,列强自然畏而却步,则民族有幸,中国有幸。"

黄君又道:"我是主张教育救国、科学救国的。须知教育和科学乃立国之本。引进西方文明,引进先进科技,开发民智,培养人才,化愚昧为灵慧,变落后为先进,唤起才俊之士,唤醒民众之心,则国不愁不强,民不愁不富,胡虏不愁不灭。"

高头大马的何君把手臂一扬,高声说道:"我要从军!要想国家强盛,只有全国皆兵,实行军国军民主义!没有强大的军队,焉能打败强敌?吾辈唯有投笔从戎,血洗沙场,立下马革裹尸、不杀楼兰誓不还之志,方能驱除敌虏,复兴中华!看当年拿破仑横扫欧陆,火烧俄京,直逼亚细亚,何等英雄,何等气概,何等快意!当是时,谁敢小觑它法兰西!"说至此,何君环视众人一眼,"诸君,切莫书生空议论,一道投军去吧!"

最后,众人目光都投向欧阳山,只见欧阳山沉吟片刻,从容说道:"诸君的主张,言之不谬。但我认为最根本的,还是要唤起民众,改变他们的精神,疗治他们的灵魂,正如鲁迅先生所说:'凡是愚弱的国民,即使体格如何健全,如何茁壮,也只能做毫无意义的示众的材料和看客,病死多少是不必以为不幸的。所以我们的第一要著,是在改变他们的精神,而善于改变精神的是,我那时以为当然要推文艺,于是想提倡文艺运动了。'我是极拥护鲁迅先生的这一主张的。鲁迅先生的《呐喊》大家都看过吧,那确是大手笔,第一流的文章,里面的《狂人日记》《故乡》《阿Q正传》,以及先生最近发表的《祝福》,写得何等深刻,何等动人,何等有力。所以我决定拿起笔,把穷人的苦处写出来,把咱们的苦闷表现出来,把社会上的黑暗隐弊揭露出来,唤起民众来改造社会,跟黑暗势力做斗争!"

在这越秀山头、镇海楼上,几位年轻人谈论着、争论着,直到红日西沉,暮色四合,归巢的鸟儿在树顶上空盘旋飞舞,吱喳歌唱……

第七节　笔锋初试

欧阳山立志写作，得到了同窗好友的支持。

这时，五四运动的浪潮虽已渐渐退去，但文学革命的激流却一浪高过一浪，创造社成立了，文学研究会成立了，语丝社成立了，一批又一批观点不同，风格、流派各异的作家，纷纷加入到各自认可的这些文学社团中去；《创造月刊》《创造季刊》《小说月报》《语丝》等文学杂志则吸引着越来越多的文学青年；鲁迅、郭沫若、茅盾、巴金等新文学运动的旗手和大将，以他们的小说、诗歌和散文，激动着全中国广大读者，特别是青年人的心。文坛，好一派热闹景象。

这一切，使欧阳山坐立不安、兴奋不已，他已经按捺不住写作的冲动了。

可是，光孝街那竹筒屋，实在不是写作的环境。神楼底的小房间，闷热、黑暗，夏日像蒸笼，冬天似冰窖。这还罢了，最恼人的是那些左邻右舍，不是大人吵架，就是小孩哭闹；这边在嘻哈调笑，那边在低吟浅唱；有人摔碗砸锅，有人互相厮打；有人呼天抢地，撕心裂肺般地痛哭，有人高一声低一声地召唤亡灵；还有那喝醉酒的、发神经病的、迎亲的、嫁女的、生病呻吟的、办丧事的、搓麻将的，终日乱哄哄、嘈吵吵，叫人不得片刻安宁。为此，欧阳山和黄、何、陈三位同窗好友，在学校附近租了一间小屋子，住了下来。这小屋子虽然阴暗潮湿，但还算清静。他们白天在学校上课，晚上就聚在这小屋子里用功。

欧阳山开始尝试着写些小故事，要把自己在童年和少年时代所接触过的那些社会底层的贫苦的老朋友们，作为他书写的故事中的主人公，写出他们的喜怒哀乐，诉说他们的悲惨遭遇，讴歌他们的善良心灵。他后来曾这样说道：

> 我竭力向比较和我接近的同学诉说他们底重要，他们底世界之广大，他们底可爱，强壮，勇敢，色调之浓厚。恐怕自己没有说话的天才，我就用小小的故事底形式，描写我底经验，给那些人物以较显著的光彩。
>
> ……
>
> 混合文言、白话和广东话，我用自己的语调写了许多短的故事。孤单的寂寞围困住我底心。它们陪伴着我，我为它们而夸傲。①

---

① 欧阳山：《我与文学》，载《欧阳山文集》（第十卷），花城出版社1988年版，第3998—3999页。

然而欧阳山的这些努力,并没有在同学们中引起反响,并没有激发他们阅读的兴趣,学校的国文教师甚至批评他写这样的东西是"没有常识,不懂治者和被治者底关系,缺乏上进心"。

倒是欧阳山的一个在广州石井兵工厂当工人的表哥对他的写作给予了很大的鼓舞。欧阳山曾生动地说起过他的这位表哥:

> 只有一次,我一个在兵工厂造枪膛的表哥来看我,才一篇一篇地读了给他听。他完全高兴起来了,他底肥胖的眼皮时时合成一条细缝,身体像患了疟疾似地抖颤着,末了,就扯住我底蚊帐跳到地上,仿佛猛然忆起甚么要对我说的紧要的事情。"对了对了,"他拧着我底手臂上的肉开始了,"你甚么时候到石井去,我把厂里的东西告诉你,你应该知道那些情形才好!七八千人围住那些机器,整天整夜制造杀人的枪械,多阴暗,多可怕呵!真是活一天害怕一天,做这种事情一定不会有好收场的呀……"后来他说了不少的话,都是关于镟刀、车床怎样损害人们底手指或身躯那一类的。①

欧阳山是一个不会气馁的执着倔强的人,他认准了文学创作这一远大目标,就会毫不停顿地坚持着在这条道路上走到底。

1924年8月的一个晚上,天气闷热,这是广州一年中最热的月份。在小屋子那昏黄的灯光下,欧阳山虽然光着膀子,依旧汗流浃背。他一边摇着大葵扇,驱赶那向他围攻的像轰炸机般嗡嗡作响的花脚蚊子,一边铺开稿纸,拿起了笔。立时,他的脑海像过电影似的,映现出一幕幕悲惨的生活场景,一个个受苦人哭丧着的面孔,浮现在他的眼前,他们那充满痛苦和祈求的眼神,仿佛呆望着欧阳山。这当中,有死去的阿矣的父母,有阿矣三兄妹,有菜贩子熙叔,有泥水匠陈伯,有斗木佬(木匠)邝大哥,有搬运工人咕哩周,有绣花姐惠姑……最后,一个少女妩媚而又坚毅的面孔出现了,这张面孔越来越清晰,慢慢现出了哀愁的表情,她的两只大眼睛噙着热泪,两片小巧的嘴唇在无声地翕动着,仿佛有无尽的幽怨要倾诉。忽然,一阵狂风刮来,少女苍白的面孔倏地消失了,飞沙走石之中,只见一片片花瓣被狂风卷着,飘向远方;忽然,是一支送葬的队伍,人们全身披白,哭声幽幽,一抔黄土,掩埋了少女。这少女,不就是密司李吗?是呀,是她,正是她……

---

① 欧阳山:《我与文学》,载《欧阳山文集》(第十卷),花城出版社1988年版,第3999页。

欧阳山从幻象中惊醒过来,两颗滚烫的泪珠涌出他的眼睛,滴落到稿纸上,把稿纸都打湿了。他在墨砚里把笔蘸了蘸,用力地写下了"那一夜"三个大字。

接着,他笔不停挥,写出了在他那长达76年的漫长而又曲折的文学生涯中,他的真正的处女作《那一夜》的最初的几行字句:

> 叮当——叮当。下自修堂的钟响了。我把我的书本慢慢地整理好,对着黑魆魆的窗外尽望。我的窗向正东面,一阵阵的微风,从窗口送到我的书案上;吹动了我的心弦,把日间种种的烦恼和愁苦,都拨弄起来。这时我的头脑突然发生了许多忧怅的思想,一切可怕而又最难解答的问题,也在我脑子里乱转,……这时月亮从深郁而高远的云层里钻了出来,只是还有一片薄薄的浮云,像面网似的笼罩着月姐的脸儿,大地上由黑暗而转为有些光明了。我还是痴痴地望着依稀可辨的树影儿和离离的青草偃卧在地上。

两天工夫,《那一夜》就写出来了,这是欧阳山写下的第一篇小说,笔名"凡鸟"。

这短短几千字的小说,以他的同学密司李为模特儿,通过描写一个热心从事妇女运动的女学生惨遭迫害致死的故事,沉痛地控诉了旧社会虐杀无辜的暴行,热烈地歌颂了青年的反抗斗争精神,反映出"五四"青年追求个性解放和改革社会的强烈愿望。同时,小说也表现了旧势力压迫的沉重和改革社会的困难,以及青年人找不到光明出路的痛苦心境。作品涂抹着一层相当浓厚的感伤和悲观的色彩,是一曲催人泪下的悲歌,反映出欧阳山在开始探索社会和人生问题时彷徨苦闷的思想情绪。

与此同时,欧阳山还写出了短文《白话文与新文学》。

> (关于这篇短文,著名学者、中山大学教授黄伟宗曾作过说明:
> "这篇短文,据欧阳山本人一九七九年鉴别,认为'这篇短文有可能是我的作品,但也不敢肯定'。这是因为相距时间太长,难以确切回忆;另方面是因为在相近的年代,同有一位署名'凡鸟'的作者发表诗作,现见的这位'凡鸟'发表的几首诗,大都于诗末注明写于'保定育德中学'或'于保定''于保校'等文字。这些诗作,欧阳山已确认非他本人所写,故而也不能确定这篇短文是否出自他的手笔,但认为这篇文章与当时自己的思想实际是相符的。"[①]

[①] 黄伟宗:《欧阳山评传》,花山文艺出版社1993年版,第25页。

黄伟宗认为这篇短文"暂定为欧阳山所作而言,亦可作为窥见其启步时文艺思想的难得资料。"①）

下面,就是这篇短文的基本内容:

现在竟有一部分青年,把用文言所作的作品,都当作旧文学;把白话文所作成的作品,都当作新文学。这是大错而特错的。

我们要知道:白话文言只是文学上一种工具,对于文学本质,不发生什么问题。不过在形势（式）上有些区别,念着或是看着有些差异罢了。旧文学与新文学的本质,是根本不同的,不是因为用白话用文言写出来以后,才不同。所以我们判别旧文学与新文学,不能看他是文言是白话,也就是不能拿作品是文言是白话,他是旧文学是新文学。我们应当看作者的人生正确不正确?思想纯洁不纯洁?情绪真挚不真挚?……换句话说,就是看这篇著作合乎新文学的界说不?要是合乎新文学的界说,那么,就是新文学;不然,就是旧文学无疑了。

我们应当注意一件事。就是现在有一班老顽固,专拿白话作工具,传布他们的顽固思想,还有少数的创作新文学者,仍然是拿文言作工具。我们要是对于旧文学与新文学的界说不彻底明了,只拿作者是用文言是用白话估定那作品的价值,一定是要中骗局了。

青年朋友们,新文学才是新文学,白话文不一定就是新文学;旧文学才是旧文学,文言文不一定就是旧文学。所以我们对于无论哪篇作品,都应当有一种精细的观察力,去考究考究它的内容。然后再去评判它是旧文学,是新文学。不要再作白话文就是新文学,文言文就是旧文学的迷梦,致受他人的欺惑了。

同学们对欧阳山的文章和小说十分欣赏,一致鼓励他拿出去发表。可是,该拿到哪里去发表呢?欧阳山踌躇起来。

当时的广州,商旅云集,店铺林立,货如轮转,生意兴隆,但有商无文,文坛很是寂寞、萧条,能称得上作家的竟没有一个,比较像样的文学杂志亦没有一本,仅有的几家报纸副刊,不是充斥着色情、武侠、仇杀一类荒诞离奇的文字,就是叫鸳鸯蝴蝶派的言情小说霸占着版面,而且都是文言文的天下,这与当时广州的革命气氛很不协调。

"投给上海的《学生杂志》吧!"同学黄君建议道。

---

① 黄伟宗:《欧阳山评传》,花山文艺出版社1993年版,第25页。

"不敢不敢。你知道吗？《学生杂志》是商务印书馆出的权威杂志，而商务印书馆又是中国的权威书局，你有几斤几两，敢在那上面发表文章！"欧阳山回答道。

倒是何君快人快语："生人不生胆。文章拿来，我去寄！"

文章寄出去了。可是，一个月过去了，两个月过去了，如泥牛入海无消息。

第八节 "不朽之盛事"

1924年11月中旬的一天，欧阳山正在学校的图书馆里翻看着郭沫若主编的《创造季刊》和文学研究会的《小说月报》。忽然，黄君像一头梅花鹿般跳了进来，手里舞动着几本杂志，高声嚷道："发表了！发表了！"

欧阳山双手颤抖地打开杂志，只见在11月5日出版的《学生杂志》11卷11期上，赫然印着《那一夜》；在11卷10期上，《白话文与新文学》一文也跳进了他的眼帘。

"走，到东如茶楼去，你该请饮茶了，何君和陈君已经在那里恭候了！"黄君不由分说地拽着欧阳山的胳膊就往外走。

消息很快传到光孝街。这一天，欧阳山回到家里，刚吃罢晚饭，被当作皮鞋作坊的神厅里就挤满了人，有坐着的，有蹲着的，也有站着的。男人们不是抽烟，就是喝茶；女人们则有的做针线，有的奶孩子。大家你一言我一语地议论起来：

"看人家阿烨真了得。我家那阿狗有人家一半聪明，我就谢天谢地了。"

"我家强仔，要他学认字，就好比要他的命，嘿，天生当咕哩（苦力）的命。你看人家阿烨，斯文淡定，一表人才，将来必是人上人！"

"这就叫作同遮（伞）唔同柄，同人唔同命。"

教私塾的王老先生是光孝街除了杨鹤俦之外，第二个穿长衫的人。此刻，他两只细小的眼睛在老花镜后眯成一条缝，笑着对杨鹤俦连连拱手作揖："可喜可贺，可喜可贺！令郎有大出息，为敝街增光不少，真是虎父无犬子，孺子可教也！"

杨鹤俦语气平淡地说："我向来主张阿烨学做生意，那才是正道。写篇把闲文的，不过雕虫小技矣，顶什么用？舞文弄墨当不了饭吃。"

王老先生把面孔拉长，瞪着杨鹤俦说："杨翁此言差矣。古魏文帝曰：'文章者，经国之大业，不朽之盛事。'此是《典论·论文》里的至理名言。文章千古事，大丈夫之所为也。阿烨要是早出生几年，早当上状元，八

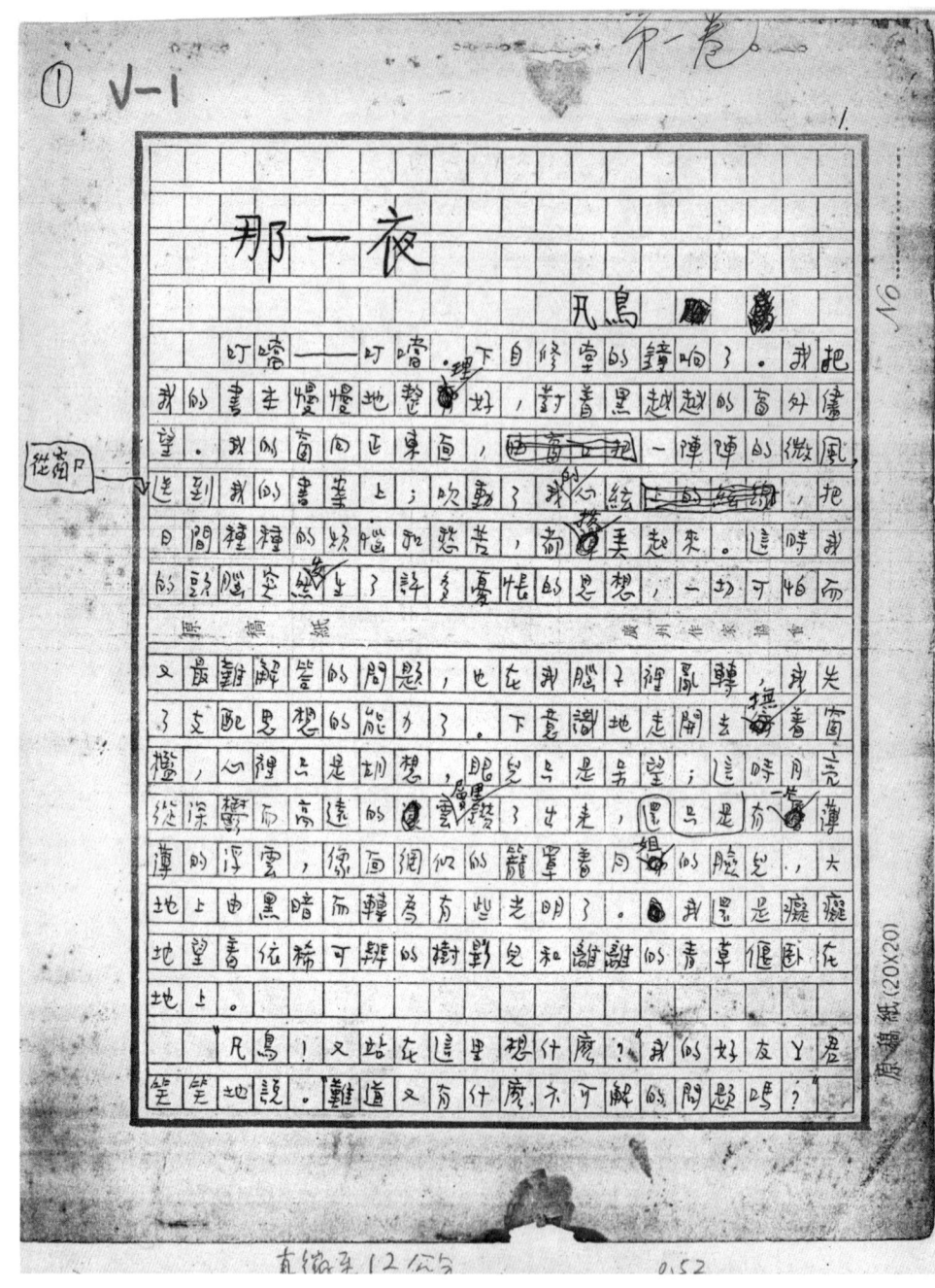

欧阳山的处女作《那一夜》（小说）手稿，署名凡鸟，发表于1924年11月出版的上海《学生杂志》第11卷第11期上。

抬大轿抬着走啦！"说着，王老先生把头转向大伙："你们可知道魏文帝者，谁人也？乃曹操之大公子曹丕是也！此曹丕……"

"曹操者曹丕者，大奸臣是也！"不知哪个调皮鬼学着王老先生的腔调，打断了王老先生滔滔不绝的唠叨。

气得王老先生半晌说不出话来："你……你，真是孺子不可教也！真是唯女子与小人难养也！"

大伙笑起来，转向欧阳山，请他把《那一夜》念一遍听听。欧阳山自穿上白麻帆学生装以后，总觉得好像在自己和光孝街的左邻右里之间隔上了一道墙，慢慢地有些疏远了。此刻，他看见大伙对自己还是那么亲热，便欣然拿起了杂志，但当他刚念完题目和笔名后，又有人问道："什么叫笔名？"

王老先生说："这笔名就是写文章时用的名字。读书人是极讲究的，除了姓名之外，还有字，有号，有笔名。例如孙先生吧，他姓孙名文，字德明，号逸仙，现在又称孙中山。不像你们，随便叫个阿猫阿狗的就是名字了。"

欧阳山继续念下去。可是，《那一夜》那显得欧化的学生腔，叫大伙都听不懂。于是，欧阳山一边念，一边讲解，好让大伙听明白。当念到描写密司李死了的那个段落时，他动了感情，声音颤抖；念到最后，他的眼睛已饱含泪水了：

这时月儿半掩，从云缝中射出蛋白色的弱光，隐约地照着寂寥的世界。我伸头出栏杆外瞧瞧，哪知簌簌的热泪，滴在颤颤震动而带恐怖的花上，这种凄怆的音调，好似上帝正在哪里弹着"死的悲哀"之曲哩。……

小说念完了，男人们唏嘘叹息，女人们擦拭着眼角的泪水，王老先生拍着欧阳山的肩膀，连夸文笔漂亮、含意隽永、哀婉动人。

就这样，欧阳山以《那一夜》这篇小说为开端，踏上了漫长曲折的文学创作道路。这一年，他刚满16岁。

第九节　到北大去

1924年暑假，在广东高等师范附属师范念完初中二年级之后，欧阳山和同窗好友黄觉吾考入广州市立师范学校（后更名为广州市协和中学），从初中二年级跳到了高中一年级。

到了1925年5月，看看快念完高一了，欧阳山又不安分起来，他萌发了到北京大学去读书的念头。

这一天下午，他邀黄觉吾到校园里去。

5月的广州，正是"荔熟蝉鸣"时节。早熟的"三月红"荔枝摆满了大街小巷，红艳艳、甜丝丝的；蝉儿在高高的树枝上"知了、知了"地叫着，既吵耳又热闹；公园里，马路旁，一棵棵挺拔的凤凰树爆满红花，像一团团彩霞。

欧阳山和黄觉吾踏着满地绯红的凤凰花瓣，在校园里踱着。

"黄君，高一快念完了，按本校的水平，是相当于普通中学高中毕业的同等程度的，就是说，可以考大学了。"欧阳山说。

黄觉吾不解其意，沉默着。

"黄君，我想到北京去，投考北京大学。那样，就能念到更多的书，求得更多的知识，就能接触到更多的作家、文学家，特别是，"欧阳山的双眼发出亮光来，继续说，"能接近鲁迅先生。你知道吗？鲁迅先生的思想是多么深刻，文字是多么尖锐、幽默，战斗是多么勇敢顽强。进了北大，我们就能听到他讲课，向他提出文学上的种种疑难，向他请教。啊，鲁迅先生，青年的导师，杰出的文学家。能见到他，实在是平生之大幸也！"

欧阳山仰望着5月广州那白云悠悠、阳光灿烂的蓝天，沉浸在对未来的憧憬之中。

黄觉吾被他打动了，也认为好男儿应该志在四方，便赞成了到北大去的计划。

"不过，"欧阳山的眉头皱了起来，"要考北大，一要有高中毕业的文凭，二要解决路费、学费和生活费的问题。这个……"

欧阳山顿了顿，又说："黄君，不瞒你说，我家是比吕蒙正还穷的，正因为穷，所以念来念去都是念师范……"

黄觉吾拍一下欧阳山的肩膀，爽快地说："路费嘛，由我负责。"

欧阳山拍了拍脑袋，如梦初醒似的说："对对，你看我都忘了，你这个台山人是财神爷啊，你爷爷、你伯父都在美国旧金山开餐馆，钱大大的有！好，那我就不客气，先谢谢你了。"

"还有，文凭也有办法。我两位表兄都有中学毕业文凭，何不借来一用？恰好他们一个姓杨，一个姓黄，我们只需把名字改一下，那就……"黄觉吾狡黠地嘿嘿笑着。

"对对！真是生我者父母，有恩于我者黄君也！"欧阳山高兴得跳了起来。

当晚回到家里，欧阳山便跟养父商量去北京的事。养父这时已在香港的石印铺子打工，刚回到广州休息。养母在一旁听见，马上表示反对：

"不,不,你长这么大,从没有离开过娘,我不放心你一个人这么老远地跑到北京去!"

养父沉吟了一会儿,面无表情地说:"烊,看来,你不是个做生意之人,你没这个兴趣,你是个书迷。好吧,志向不可强求。既然你愿意念书,那就去吧!好好用功,让我们杨家也出一个读书人。"

养父答应每月给五块大洋,堂叔也答应每月给五块大洋,这样,学费和生活费就算解决了。

这以后一连几天,养母都闷闷不乐、忧心忡忡,还不时背过脸去用手帕擦拭眼睛。欧阳山被母亲的慈爱情怀所感动,他搂着母亲的肩膀说:"妈妈,我这又不是去充军,去流放,去受苦,你担心什么呢?好男儿志在四方,要立大志,干大事,闯天下。一辈子不敢离开家里的温暖窝,一辈子由爸妈护着,甚至连吃饭也要由妈妈喂,热了怕烫着,凉了怕冻着,这非大丈夫所为也!妈妈,难道你想儿子是这样的饭桶,这样的孬种吗?"

妈妈说道:"这北京十万八千里的,我是怕你一个人……"

"等我读饱了书,将来成为一个有出息的人,就一辈子不再离开你,给你斟茶盛饭,给你当牛做马,守着你,侍候你,供你使唤。妈妈,你说好吗?"

妈妈扑哧一声笑起来。

第十节 幻灭

5月下旬,出发的日子到了。

这一天中午,欧阳山和黄觉吾提着简单的行李,在前来送行的五六个同学和养母的陪伴下,前往广州白蚬壳太古仓码头,要在那里登上"凉州号"轮船,从水路经香港到上海,再从上海坐"顺天号"轮船到天津,然后从天津坐火车到北京。

蓝蓝的天空明晃晃地亮着,五月的熏风暖洋洋地吹着,珠江里,漫上堤岸的龙舟水哗啦啦地流着。欧阳山心里充满着喜悦,他快步走着,心里说:"再见了,可爱的广州!再见了,美丽的珠江!再见了,慈爱的母亲!"

母亲在他身旁小跑着,勉强跟上他的脚步,一边抹眼泪,一边唠叨着:"说走就走,也不等吃过五月粽,也不等看过赛龙舟。往后,你要自己照顾自己了,走路要小心,冷了要加衣,睡觉不要踢被,热了要喝凉茶。北京那地方燥得很,要多煲白菜猪肺汤,加上几个蜜枣,这汤润肺……"

"凉州号"轮船开出很远了,母亲还在码头上挥动着手帕,欧阳山禁不住两眼一热,再一次在心里说:"再见了,慈爱的母亲!"

轮船当晚到达香港，第二天就航行在大海上了。

欧阳山和黄觉吾站在船舷旁的甲板上，凭栏远眺，只见湛蓝色的大海无边无际，雪白的浪花在翻滚，在跳跃；头顶上的天空也是湛蓝色的，雪白的云块在飘动，在浮游。极目远方，那水天相接处，分不出哪是天空，哪是海洋；哪是云朵，哪是浪花。阳光很耀眼，风越来越大，船身在哗哗的水声中颠簸得很厉害，仿佛每前进一步，都要花很大的力气。欧阳山的心潮随着波浪起伏着，他时而觉得前途充满了希望，时而又觉得这前途就好像船行大海，茫茫无际，分辨不出东南西北，心里很不踏实。

8天后，船到上海，遇上了"五卅惨案"。

惨案的起因是上海一个日本纱厂的日籍大班在老板的指挥下，枪杀了组织工人斗争的中国工人领袖、共产党员顾正红，打伤10余名工人，并无理把一大批工人开除。因这事件，上海的工人和学生在5月30日分几路会合到南京路，举行了声势浩大的示威游行，他们不断高呼"打倒帝国主义"的口号，抗议帝国主义的暴行。当游行队伍来到南京路公共租界的巡捕房门口时，英国巡捕竟对手无寸铁的群众开枪射击，当场打死10余人，打伤多人，鲜血染红了南京路，遂造成"五卅惨案"。5月31日，上海总工会宣告成立，并立即发起了规模更宏大、组织更严密的大游行。6月1日，举行了有20余万工人参加的全上海的大罢工，有5万余学生参加的大罢课和绝大部分商人参加的大罢市。穿蓝布短衣衫、戴薄薄的鸭嘴帽、臂缠红布的工人纠察队和穿学生装的男学生，活跃在斗争的最前列。斗争的影响很快就扩展到全国，得到全国各地的工人、学生及其他阶层群众的声援，形成了全国规模的反帝反封建、反对北洋军阀的怒潮，揭开了大革命高潮到来的序幕。

欧阳山第一次目睹如此伟大的斗争场面，很是兴奋，不住地对黄觉吾说："民众伟大！民众伟大！"

在上海共和旅馆小住数天，待局势稍微平静点之后，欧阳山和黄觉吾便转乘"顺天号"轮继续北上，最后于6月中旬才到达了北京。到北京后，他们住进了皇城根儿城南虎坊桥西边骡马市大街的高升客栈里。

北京，一座气势恢宏、一派皇家气象、遍布文物古迹的帝国首都，它跟充满亚热带风情和南国气息、全年绿树红花永不凋谢的广州是截然不同的两座城市。

但是，这一切对欧阳山和黄觉吾似乎都失去了诱惑力。日间，他们忙着联系报考北京大学的事宜；晚上，就躺在床上大谈理想和抱负。对于近在身旁的紫禁城、颐和园、北海、白塔、天坛，稍远一点的香山、八达岭长城、十三陵，根本无暇顾及。

这样子，约莫到了6月下旬，欧阳山忽然收到了养父从香港寄来的信，展信一看，他不禁怔住了，随即耷拉着脑袋，颓然坐在床沿，信纸从他手中缓缓飘落到地上。黄觉吾见他神色不对，慌忙走过来，捡起地上的信细看了一遍。

第十一节 "难期造就"

养父在信里写道：

吾儿如晤：

自汝离家赴京后，省港忽起事端，为抗夷人横暴剥削，数十万众工友举行罢工罢市，一时间，工厂停工，店铺关门，交通中断。余所服务之石印铺子亦难逃厄运。香港目今已有二十万众工友回穗，加入罢工行列，香港顿成死港矣。现事端越闹越大，恰如草枯火烈，势成燎原。以余观之，半载一年难以收拾，积怨之深，可见一斑。因此之故，余亦遭解雇，他日即行返穗。日后枯坐家中，望天打卦，靠谷种度日，以画饼充饥，人生之不幸，莫过于此。因此之故，汝今后在京之学费、生活费种种，将无可筹措。非余不助吾儿也，实天意也。语云：谋事在人，成事在天。奈何！

……

欧阳山在屋子里踱来踱去，一筹莫展。北大梦，破灭了；理想抱负，全完了。没有经济来源，根本无法生活，遑论读书！黄觉吾虽有侨汇，但要负担两个人的读书费用也是不可能的。

数天后，在天津码头，欧阳山紧握着前来送行的黄觉吾的手，鼓励他努力，争取考入北大。说话间，汽笛一声长鸣，二人互道珍重，欧阳山登上了往香港去的轮船，他站在铁栏杆前，但见愁云惨雾，海水呜咽，遥望天津码头，黄觉吾仍呆立着。想起数年同窗之谊，今后天各一方，欧阳山不禁怆然。

船到香港后，再取道回广州。养父办了几道好菜，一家人吃了顿团圆饭。

席间，养父面有愧色，他只扒了两口饭，就把饭碗一推，深叹一口气道："烊，为父的没有本事，不能供你念大学，你务必谅解。"

欧阳山望着养父日渐苍老的刻满皱纹的面容，望着他日渐花白日渐稀疏的头发，望着他日渐弯曲的脊背，望着他日渐干瘦的身躯，鼻子不由得发酸，忙说道："爸爸，你快别这样说了，要你一个人养活一家子，不是容易，我们大家累你受苦了。"

说罢，欧阳山把身子探前，对养父说："有一件事，我正想跟你商量，我想我白天仍旧去上学，晚上就找点事做，来帮补家用。"

养父摇摇头说："孩子，那太辛苦你了。"

但养父一时也找不到工作，便只好同意了。

这样，1925年秋天，欧阳山重新回到市立师范念高中二年级，晚上就到当时广州最大的一家电影院——明珠映画院（今羊城电影院）当助理编辑，主要负责编《明珠》月刊。这是一本介绍电影故事，报道演员动态，传播电影知识，发表影评文章的小册子。同时，因为这间映画院专门放映外国影片，欧阳山还得负责将影片的外文内容翻译为中文，以制作字幕。欧阳山以自学的英语、法语从事这项工作，并从中使自己的外语程度得到较大的提高，使自己从这些影片中吸取了丰富的西方艺术素养。

欧阳山的工作是很忙的，有时白天也要上班。但因为欧阳山在1923年念初中时，曾获得该映画院关于美学问题的征文一等奖，以后又经常为这家映画院写影评，并多次获奖，颇受映画院老板的赏识，所以工作很顺利，每月可挣20元。

这时，震撼世界的省港大罢工正轰轰烈烈地进行着，大革命亦处于高潮之中。虽然孙中山先生已经逝世，廖仲恺先生亦在国民党中央党部门口惨遭暗害，但在共产党无数优秀党员的带动下，工农的革命情绪日益高涨。蒋介石仍任黄埔军校校长和北伐军总司令，国民党和共产党仍维持着合作的局面，北伐战争节节胜利，广州的气氛仍是很革命的。

欧阳山在学校里坐不住了，他以极大的热情，投身到革命运动中去。他当了市立师范学生会的出版部干事，并由学生会委派到韶关、南雄、新会等地方去做唤起民众的宣传工作，号召民众起来和帝国主义做斗争。另一方面，他和同学们一起，帮助省港罢工工人组织夜校，办识字班，上政治课，宣传革命道理。

与此同时，学生会在市立师范里面掀起了学生对学校的改革运动。大家对旧学制不满，对旧教材不满，对旧教师不满，都起来要求改变现状，开展了选择老师的"择师运动"，要促使学校革命化。欧阳山是这个运动的积极分子。学校当局是由右派控制的，他们对这样的运动当然很讨厌，对欧阳山也就不能容忍了。1926年1月底，市立师范当局以"操行不良，难期造就"的罪名把欧阳山开除出学校。从此，欧阳山结束了学生时代的生活，向着广阔的社会，向着坎坷的人生途程，一步一步走去了。

第三章

踏上征途

第一节　文学加革命

被市立师范当局以"操行不良，难期造就"的罪名开除出学校的欧阳山，无疑是站在了人生的十字路口。

何去何从？路在何方？

不过，此时的欧阳山，虽说才刚刚满17岁，却已经是一个颇有主见、处事果断的年轻人了，只经过片刻的彷徨和犹豫，他就有了主意，并马上付诸行动了。几十年后，他在一篇回忆文章中，对这段峥嵘的人生起步的岁月，曾有过生动的叙述：

> 摆在面前有两条路，一条就是干革命去，一条还是要搞文学。到底怎么办？结果我采取了这样一种办法，希望把这两者都兼起来，这也是一种青年人的幻想吧：我一方面坚持搞文学活动，另一方面也参加一些革命工作。这个参加革命工作实际上也包括解决生活问题在内。因为这个时候的革命是合法的，公开的，参加了革命还有工作可做，有薪水可拿。我心里边实际上还是比较倾向于文学，舍不得文学活动的。由于这样的原因，我就约一些青年朋友，有些原来就是同学的，像中山大学附属师范的赵慕鸿，市立师范的冯慕韩等十几个人，组织了一个广州文学会，希望继续在广州开展文学活动。组织了这个广州文学会以后，就想法子出版《广州文学》这个周刊。这个刊物从写稿、印刷、发行到筹措经费都是我们这些穷青年自己负担起来的。我的第一部长篇小说《玫瑰残了》（按现在的字数标准应该算是中篇小说——笔者注）就用罗西的笔名在这上面开始发表。当时冯慕韩写了一些短篇小说，比如《风雨深宵》，赵慕鸿写了一些世界名著的介绍；其他同学、朋友也写了许多短

文章，创作和翻译了许多短诗。①

《广州文学》创办于1926年4月，由欧阳山任主编，是欧阳山一生中创办的许多杂志中的第一本，这是一份周刊，32开本，每期一万字左右，每期的印数也只有500到1000本。这虽然是一本很小的薄薄的刊物，但在当时的广州，算是唯一的文学刊物了。广州原本也有一些别的文学刊物的，但到了1926年，几乎都没有了，只剩下欧阳山他们这伙年轻人创办的《广州文学》这么一份文学刊物，算是当时广州寂寞荒凉的文坛上，这个文化的"撒哈拉大沙漠"上的一株珍贵的幼小的春苗了。

《广州文学》每月出4期，每期经费要10多块钱，这样一笔经费在当时的广州来说算是不小的了，对创办这份刊物的几个穷青年来说，更是一笔颇为沉重的负担。欧阳山当时在明珠映画院当助理编辑，每个月挣20块钱的工资，扣除父母和自己不得不吃饭等不得不用的钱外，剩下的钱，他几乎全部投入刊物的出版上，虽然清贫，他和几个穷朋友却乐此不疲，每逢刊物印出来，并受到读者的欢迎和赞赏时，他们的高兴劲儿和心中的成就感就甭提了。

这个时期欧阳山的文学创作，通过发表近9万字的中篇小说《玫瑰残了》和长诗《坟歌》，显现出无论是作品的数量和质量，都踏上了一个新台阶。

《玫瑰残了》在《广州文学》连载时，就以其独特的形式和写作手法（即象征主义和意识流的创作手法），以其对主人公追求个性解放和真挚爱情的深切动人的描写，以其哀怨悲切的感情抒发，以其大大有别于当时流行的一般爱情小说，而受到广大读者特别是年轻人的关注和争相阅读，甚至成了不少年轻人的宠爱之物。及后，这部作品又因其在读者中引起的广泛争议，而受到了文学评论界的注意，致使评论家们围绕着这部作品的评价问题争论不休。而这一切，自然引起了嗅觉灵敏、懂得行情、唯利是图的出版商们的高度关注，他们从中嗅到了商机，当《玫瑰残了》刚在《广州文学》上连载完，上海光华书局很快就出版了单行本，一时成了畅销书。

与此同时，香港受匡书店也出版了长诗《坟歌》的单行本。

人们捧着这本诗集，聆听那爱情的悲歌：

> 我比你以湖里的明月，

---

① 欧阳山：《光明的探索》，载《金牛和笑女》，广东人民出版社1979年版，第414页。

因为你和她一样无邪。
可是那明月只是这般冷，
她怎能和你相争？
我比你以天上的明星，
因为你和她一样娉婷。
可是呀明星只是这样痴，
她怎能和我相依？
我比你以苍穹的太阳，
因为你给我的温暖和他一样。
可是呀他距离我那么远，
你却可以用手弹我底心弦。
我再比你以含笑的红花，
因为她们对我都以慰藉相加。
可是呀她们都是有魂无体，
怎当得你亭亭玉立？
……
爱情永不会永远存在，
它当要渐渐自趋毁坏。
悲哀在我可说常惯，
有谁为我汲取些慰安？
……
焦煤和黑炭总是一样玄乌，
爱情和人生也是一样悲苦？
你去，你去，对你我无多别言！
你去，你去，对你我无多系恋！
……

在搞文学活动的同时，欧阳山也积极地参加了到围绕着北伐战争而开展的"打倒列强、除军阀"的国民革命的实际工作中去，先后任国民革命军第一补充师政训处中尉宣传科员、兵工试验厂政治部上尉宣传科员、黄埔军校入伍生部政治部上尉宣传科员、黄埔军校政训处少校编纂股长。

第二节 "找郭沫若去"

1926年5月，正当《广州文学》出版了三四期的时候，"五四"新文学运动的闯将、中国现代新诗（白话诗）的旗手、名声遐迩的大诗人郭沫若到广州来了。跟他同来的还有创造社的中坚人物，著名文学家郁达夫、冯乃超、成仿吾等人。他们是应聘到广州中山大学任教的（中山大学即原广东大学，当时为纪念去世不久的孙中山而改名为中山大学）。郭沫若将出任中山大学文学院院长。

这个消息给广州文学社的青年们带来莫大的欢欣。

《女神》那种狂飙突进式的呐喊，大海怒吼般的感情，奔腾奇伟的想象，浪漫多彩的遐想，波翻浪涌的诗情，宏大的艺术魄力，热情澎湃的革命精神，对封建藩篱的勇猛冲击，对改造社会的强烈要求，追求美好理想的无比热力，多少次震撼着欧阳山那年轻的心弦，多少次给他以前进的勇气和力量。

此刻，这样一位著名人物到广州来了，朋友们都怂恿欧阳山找他去。

"找郭沫若去。兴许他能给你以帮助呢！"

欧阳山也相信，这样一位热情如火的诗人，绝不会把一位文学青年拒之门外，便立即给郭沫若寄去一封信，控诉市立师范学校无理地把他开除的经过，请郭沫若伸出援助之手，并把创刊以来的几期《广州文学》也一并寄去，希望郭沫若给予批评和指导。

郭沫若收到信和杂志后，很快就给欧阳山回了一封热情洋溢的信。

在信中，郭沫若充分肯定了《广州文学》的成绩，对欧阳山在《玫瑰残了》中显露的文学才华表示赞赏，并对欧阳山的遭遇深表同情，希望欧阳山一有空就去看他，详细地面谈一次。

欧阳山收到信后自然很高兴，立即就到中山大学找郭沫若去了。

欧阳山在中山大学图书馆旁边的宿舍里很快就找到了郭沫若。

在一间堆满书籍的明亮的房间里，郭沫若宽阔前额下那双充满热情的眼睛，在眼镜片后朝欧阳山亲切地微笑着。他跟欧阳山谈了差不多有一个钟头，问到了各方面的情况，对欧阳山鼓励有加。

"你还有什么具体的要求吗？尽管提出来，不要紧的。"郭沫若呷了一口茶，问道。

"我想进中山大学学习。郭先生能帮忙吗？"

郭沫若沉吟片刻，点了点头道："好的。那么你愿到哪个学院去？"

欧阳山不假思索地回答道："我当然愿到文学院，在郭先生指导底下学习。"

郭沫若很高兴，爽快地说："好。如果你想进我们学院来，那么你索性进本科，好不好？"

欧阳山知道郭沫若是文学院院长，如果进本科，那是归他管的，他一定有办法。但是……欧阳山踌躇了一下,迟疑着回答:"我高中还未念完,如果一下子就念本科,我怕吃不消,赶不上。"

"那好呀,你要是不进本科的话,那你想怎么样?"郭沫若扶了扶眼镜,问道。

"我想进预科。"

"预科我不能完全做主,不过我可以找校长谈谈。你改天再来吧。"

郭沫若送别欧阳山时,拍着他的肩膀,安慰道:

"不要紧,有办法的。"

欧阳山第二次到郭沫若那里去时,郭沫若带着他到校长室,找到了当时的代理校长褚民谊(留法医学博士,国民党官僚)。

郭沫若跟褚民谊谈了一会儿,介绍说欧阳山是厦门大学的学生,由于闹风潮被驱赶出来,希望转学到中大,进预科学习。

当时厦门大学亦确有风潮,很多学生都跑到广东来了。所以这个说法也可以讲得通,混得过去。

郭沫若为了帮助欧阳山,想出了这个办法。

褚民谊听罢站起来,背着手在房间里踱了几步,最后同意让欧阳山到预科二年级去旁听,学一年后升入本科。

就这样,在郭沫若的帮助下,欧阳山成了中山大学预科的旁听生。

但到了这一年的7月,北伐军誓师出发,挥军北上。郭沫若离开了中山大学,以国民革命军总政治部副主任的身份,投入革命战争的洪流中去了。

文学院的那些名教授也陆陆续续离开,中山大学又被国民党右派和古文学派(一些前清翰林)重新占据了领导和教学岗位。在这种情况下,欧阳山对中大失去了兴趣,在当了半年旁听生之后,就跟中大告别了。

然而郭沫若给予他的帮助,却永远铭记在他心里。

第三节 黄埔歌声

长洲岛位于广州东南20多公里的珠江中,是北通广州、南连虎门、控制珠江口的要地。这里,绿水环绕,绿树葱茏,蜂飞蝶舞,鸟语花香,本是一个远离红尘,幽静闲适,供文人雅士修身静养之处所。可是,近代中国,列强入侵,烽烟四起,广州更是首遭英帝破门而入之地,哪里放得下这样一块净土,容得下这样一个世外桃源?

为强军救国,清光绪十三年(1884),张之洞督粤,在此创办广东水陆师学堂(后改为"陆军学堂"及"海军学堂")。长洲岛从此成为军人习武的天下。

1924年，中国历史揭开了新的一页。

孙中山为了争取北伐战争的胜利，为了国民革命的成功，在这一年1月20日至30日，在广州主持召开了具有重要历史意义的中国国民党第一次全国代表大会。在这次大会上，成功地改组了国民党，确立了"联俄、联共、扶助农工"三大政策，重新解释了三民主义，共产党人李大钊、毛泽东、谭平山、林伯渠、董必武等以个人身份加入了国民党，并当选为国民党中央执行委员和候补执行委员，这标志着以国共合作为基础的反帝反封建的民族民主革命统一战线的正式建立。

会后，孙中山酝酿再次进行北伐，为了尽快培养出大批革命军事人才，他下令创办陆军军官学校，因校址选在位于广州黄埔的长洲岛上，故又称黄埔军校。

1924年6月16日，黄埔军校正式成立，并举行开学典礼。这天凌晨6时，孙中山率胡汉民、汪精卫、谭延闿、林森、许崇智等文武高级官员，从位于广州市区的陆海空军大元帅大本营出发，乘"江固号"军舰于早上7时40分抵达军校，在校长蒋中正、校党代表廖仲恺等人的随侍下，孙中山主持了开学典礼，发表了演说，并阅兵。

孙中山在演说中指出："中国革命13年，一直到今天完全是失败，而失败的原因就是由于只有革命党的奋斗，没有革命军的奋斗。如果没有革命军，中国的革命永远还是要失败。"所以"今天开办这个军官学校，独一无二的希望，就是要创造革命军，来挽救中国的危亡"。他还强调："有和革命党的奋斗相同的军队，才叫作革命军。"他勉励军校的学生们："要革命，便先要立革命的志气，从今天起，立一个志愿，一生一世，都不存升官发财的心理，只知道做救国救民的事业，实行三民主义和五权宪法，一心一意地来革命……"

孙中山的演说长达一个小时，讲毕，军校师生高呼"孙总理万岁！"声如雷动。

从此，"革命军人，国民先锋，以血洒花，以校作家，卧薪尝胆，努力建设中华。……怒潮澎湃，党旗飞舞，这是革命的黄埔！主义须贯彻，纪律莫放松，预备作奋斗的先锋！打条血路，引导被压迫民众，携着手，向前行！"这雄壮嘹亮的黄埔军校校歌的歌声，就回响在长洲岛的上空。

赫赫有名、蜚声中外的黄埔军校，其大门口的一副对联，也留给人以深刻的印象，因而流传至今：

上联：升官发财请往他处
下联：贪生畏死勿入斯门

横批：革命者来

黄埔军校被称为中国将帅的摇篮。在多年的办校过程中，黄埔军校确也为国民党（同时也为共产党）培养出了一大批将才（由于共产党也参与了黄埔军校的创办和教学工作，如周恩来曾任军校政治部主任、叶剑英曾任教授部副主任、聂荣臻曾任政治部秘书兼政治教官，陈毅、董必武等多名共产党人都曾担任过军校的相关职务，黄埔军校因而也为共产党培养出了林彪、徐向前、陈赓、罗瑞卿、许光达、萧克等60多名高级军事干部，这些军事干部后来在土地革命、抗日战争、解放战争中，为中华民族的独立、自由，为中国人民的解放事业，为新中国的成立，战功显赫、功勋卓著、彪炳史册。中华人民共和国成立后，他们分别被授予中国人民解放军元帅、大将、上将等军衔），这些国民党的将军在以北伐战争为主要战役的国民革命中，在长达14年的抗日战争中，确也立下过赫赫战功，做出过重要贡献。但他们在1927年至1937年、1946年至1949年的两次战争中，大多数曾把枪口对准共产党人和人民大众，因而最后都以失败而告终。

在国民革命的滚滚热潮中，在北伐战争的隆隆炮声中，欧阳山并没有只顾着在编辑部里埋头编他的《广州文学》，只顾着下笔千言写他的小说和诗歌，他也"投笔从戎"，积极地参加到革命的实际工作中去。

1926年6月，他担任了国民革命军第一补充师政训处中尉宣传科员。

1926年8月，任兵工试验厂政治部上尉宣传科员。

1926年9月，任黄埔军校入伍生部政治部上尉宣传科员。

1926年11月，任黄埔军校政训处少校编纂股长。

到黄埔军校任职的那一天，欧阳山身穿一套黄卡其布的军装，横直皮带紧束着腰身，头戴大盖帽，脚蹬漆亮的黑皮靴，高额头下是一双明亮的眼睛、笔直的鼻梁和紧紧抿着的厚嘴唇，再配着一副近1.80米高的身躯，显得气宇轩昂、威风凛凛。

在黄埔军校入伍生部政治部，欧阳山结识了著名文学家阳翰笙和著名学者许德珩，和他们有较多的交往。

阳翰笙曾和欧阳山开玩笑："你姓杨，我姓阳，杨阳同音，说不定五百年前还是一家哩！"

阳翰笙当时是入伍生部政治部秘书、中共入伍生部总支书记，同时兼作教官，讲授国际问题，做时事报告；许德珩是教官，讲授世界革命史。

入伍生部分两个团，一个团在广州市郊燕塘，一个团在东莞石龙，总部则设在燕塘。

考进黄埔军校的学生，先到入伍生部学习，接受初步的军事、政治训练。学生上课都在操场上,教官站在一张桌子上讲,学生围在四周席地而坐,专心听讲。夏天,尽管骄阳似火,热浪袭人,把人烤得大汗淋漓,也照样上课,顶着烈日受教育。

在黄埔军校,欧阳山负责编写政治教材,有空时也和学员们一起上课。

在黄埔军校政训处工作时,他见到过周恩来、叶剑英、恽代英、萧楚女、聂荣臻等共产党人,听到过他们的讲课。

行文至此,要说一说欧阳山曾参加过中国国民党的事。

关于这件事,曾任辽宁省鞍山市行政学院中文系主任、欧阳山研究专家的田海蓝教授在其所著的《欧阳山评传》一书中,有过权威的详尽的说明。现照录如下:

> 上个世纪的八十年代中叶,记得我的一位酷爱文学而且毕业论文选的就是评论欧阳山作品的学生,曾经小心翼翼地问过我(当时我正在给他们讲授中国现代文学史),而且至今我也没有忘记我们之间的那段很有意思的对话:
>
> "欧阳老一向是一个态度很坚决、思想很革命的进步的老作家了,可是他年青的时候怎么会去参加国民党呢?而且还在国民党的部队里担任过那么多的职务?"
>
> 我看出了他很不理解,既不好意思问我又急于想知道事实真相的样子,于是我很坦然地告诉他:
>
> "那是因为你还不了解那个时期的国民党,那时候(1923—1925)的国民党还是孙中山先生领导的以国民党的左派为主的国民党,而不是1927年蒋介石搞'四·一二'政变后的以国民党的右派为主的国民党。特别是当时正处在第一次国共两党合作时期,孙中山还特意请求一部分中国共产党党员来加入国民党,他希望通过这样的方式来帮助国民党改组。当时李大钊、毛泽东、周恩来等一大批共产党员都加入了国民党,周恩来同志是国民党的黄埔军校的政治部主任,毛泽东同志当时还是国民党的宣传部代部长呢!"
>
> "那么欧阳山当时还只是一名高中学生,也不是共产党员,怎么也让他加入国民党呀?"
>
> "因为立志于革新的孙中山先生也非常欢迎进步的青年们来参加国民党,从而给国民党增添新的血液,带来新的活力和新的气象。由于孙中山先生崇高的社会声望和国内外的巨大影响,特别是孙中山先生当时还多次到过欧阳山就学的广东高等师范和广州市立师范来演讲,从而让欧阳山受到民主革命思想的教育和巨大的时代精神的鼓舞;也是因为第

一次大革命运动的日益高涨和北伐战争在即的革命斗争形势的需要，当时许多热血青年都纷纷加入甚至是集体加入国民党，欧阳山就是和同学们一起集体加入的。因为参加了国民党，就等于是参加了孙中山先生提出的'誓师讨伐北洋军阀，统一中国'的革命斗争……"

"那么欧阳老怎么还在黄埔军校和国民党的部队里担任了那么多的职务，这又是怎么一回事呢？"

"因为1926年北伐战争终于爆发了，欧阳山才投笔从戎，到国民革命军准备北伐的部队中去做军队的政治宣传工作。你看，他不论是在国民革命军第一补充师的政训部，兵工试验厂的政治部，还是黄埔军校的入伍生部政治部，都是做宣传科员嘛，用我们今天的话来说，就是做部队里的政治思想工作的文化宣传干事。"

"原来是这么一回事，历史真是挺有意思的，这真是不可思议！"他摇摇头，喃喃地说着。

"是的，因为历史的真相就是如此，而且历史也就是这样走过来的！"我点点头，肯定地说着。[①]

欧阳山在国民党里只待了两年，就自动脱离了国民党。

第四节　鲁迅先生来了！

1926年7月9日，国民革命军10万雄师兵分三路，从广东出师北伐。由于得到共产党的参与和广大民众的支持，北伐军节节胜利，所向披靡，数月间，已攻占武昌，拿下南昌，直逼南京。

在这大革命洪流滚滚向前的形势下，欧阳山坐不住了。他不想再写《玫瑰残了》那一类忧郁哀愁的爱情小说，不想再唱《坟歌》那一类令人心碎的悲歌了。他要用他的笔，投身到大革命中去。但是，到底文学跟革命怎样结合，它们之间是一种什么关系，文学要参加到反帝、反封建的大革命中去，要改造整个旧社会，应该做些什么事情？这是欧阳山和广州的文学青年们最关心，争论最多，又始终无法解决的问题。就在这个时候，一个大喜讯传遍了广州文学界："鲁迅先生来了！"

鲁迅先生是应中山大学之聘，怀着对"革命的策源地"广州的向往，于1927年1月16日乘船离开厦门，取道香港，18日中午抵达广州的。他将出任中山大学教务主任兼文学系主任。鲁迅先生是"五四"新文学运动中举旗

[①] 田海蓝：《欧阳山评传》，中国文史出版社2008年版，第92—93页。

呐喊的主将，早已名震全国，他的《狂人日记》《阿Q正传》，国中凡识字者未有不看的。因此，他的到来，在广州各界人士中，引起了很大的轰动，欧阳山和"广州文学会"的青年朋友们更是兴奋不已。就在鲁迅先生抵达广州那天，他们买来烧酒，连连干杯庆祝。到了晚上，欧阳山意犹未尽，提了一瓶九江双蒸酒，斩了半斤叉烧肉，回到家里跟养父对饮起来。

养父好生奇怪：既非年节，又无喜事，何故饮酒？

欧阳山笑着，兴奋地说：

"鲁迅先生来了！"

"鲁迅先生？"

"你真是有眼不识泰山。鲁迅先生乃'五四'新文学运动的伟大旗手，大文学家，大革命家。他来了就好了，我们心中的许多问题，比如革命和文学的关系是怎样的，革命文学又是怎样的，一直弄不清楚。现在好了，鲁迅先生来了，可以当面向他求教，可以把问题弄清楚，可以向他学习到很多东西了。"

欧阳山说罢，滋一口酒，嘴角往两边一咧，吧咂着舌头，再夹一块烤得喷香的叉烧肉在嘴里，慢慢嚼着，微仰起头，闭着双眼，陶醉在一种无限美妙的境界里。

由于鲁迅先生跟封建势力勇敢作战，在北京反对北京的黑暗势力，到厦门又反对厦门的黑暗势力，所以在青年，特别是在革命策源地广东的青年当中享有崇高的威望，他的到来，一下子就把青年们都吸引住了。他的容貌、声音、外表，他的一举一动，他的种种著作，都成了青年人谈论的中心，也成了各家报纸争相报道的内容。青年人由于好奇心的驱使，甚至连他到哪里去吃饭，到哪里去理发，和许广平到什么地方去之类的事情，都喜欢多方打听。在他下榻的大钟楼附近，平时都有很多青年人在那里徘徊张望，流连忘返，希望能一睹先生的丰采。而由于鲁迅先生经常在中大宿舍楼梯四周的墙报区看墙报，边看边和毕磊等中大进步学生交谈，使青年人都觉得他平易随和，不摆架子。

到了鲁迅先生在中大讲课的时候，听众之多，使得讲课无法在教室进行，而要移师大礼堂，也就是孙中山先生做"三民主义"演说的著名的大礼堂里去讲。

鲁迅先生讲课次数不多，但他的课很活跃，很有生气，不像其他人的课那样沉闷，所以吸引了很多学生。一上课，不只大礼堂里坐满了人，连四周的窗台也坐满了人，还有更多的，是站在窗子外、大门口！简直是黑压压的一大片。鲁迅先生讲的都是中国文学史里的问题和知识，是大家闻所未闻的，听了真如获至宝。他讲的课，有时口若悬河，滔滔不绝；有时如清泉入涧，清晰动听；有时又慷慨淋漓，感人肺腑。同时，他非常幽默，常常讲一些引人发笑的话，但他自己表情严肃，一点也不笑，这就更引得学生们哈哈大笑。

在听鲁迅先生讲课的人群中，欧阳山是必到的一个。他这时虽已不是中大的学生，但他从不放过鲁迅先生每一次讲课的机会。他怀着崇敬的心情和求知的渴望，挤在密密的人丛里，一遍遍地聆听着先生的教导。

第五节　初会导师

1927年的春天来得特别早，才阳历一月底，在这南国名城广州，桃花就已一片绯红，柳梢头也已点点翠绿，一对对彩蝶围着杜鹃花丛翩翩起舞。

沐着这早春明媚的阳光，欧阳山代表广州文学会，到中山大学大钟楼拜访鲁迅先生，一来是问候，二来是请教文学与革命的关系问题。

早在中学时代，欧阳山就熟读过鲁迅先生的作品。如今，几个年头过去了，他还能背诵出《狂人日记》《阿Q正传》《伤逝》中那些曾使他激动过的句子。此刻，他一边往中山大学走去，一边不由得在心里又诵读起这些名篇佳句来：

今天晚上，很好的月光。

我不见他，已是三十多年；今天见了，精神分外爽快。才知道以前的三十多年，全是发昏；然而须十分小心。不然，那赵家的狗，何以看我两眼呢？

……

我翻开历史一查，这历史没有年代，歪歪斜斜的每叶上都写着"仁义道德"几个字。我横竖睡不着，仔细看了半夜，才从字缝里看出字来，满本都写着两个字是"吃人"！

……

没有吃过人的孩子，或者还有？

救救孩子……

阿Q要画圆圈了，那手捏着笔却只是抖。于是那人替他将纸铺在地上，阿Q伏下去，使尽了平生的力画圆圈。他生怕被人笑话，立志要画得圆，但这可恶的笔不但很沉重，并且不听话，刚刚一抖一抖的几乎要合缝，却又向外一耸，画成瓜子模样了。

我愿意真有所谓鬼魂,真有所谓地狱,那么,即使在孽风怒吼之中,我也将寻觅子君,当面说出我的悔恨和悲哀,祈求她的饶恕;否则,地狱的毒焰将围绕我,猛烈地烧尽我的悔恨和悲哀。

我将在孽风和毒焰中拥抱子君,乞她宽容,或者使她快意……。

我仍然只有唱歌一般的哭声,给子君送葬,葬在遗忘中。

……

欧阳山继续走着,不多久,中山大学的楼宇在望了。

中山大学位于广州文明路,踏进大门,是一片绿草如茵的宽阔的广场(当时叫革命广场),省港大罢工宣誓仪式大会、公祭沙基惨案死难烈士大会、反对袁世凯与帝国主义签订"二十一条"卖国条约十一周年雪耻大会、欢送国民革命军出征北伐大会等都曾在这广场举行过。而沿着广场中间的石子路往里走,就是庄严瑰丽的大钟楼。此刻,在楼下收发室的桌子上,摆着一堆花花绿绿、印制精美的请帖,欧阳山好奇地走近前去,仔细一看,见是陈公博、甘乃光、孔祥熙、戴季陶等"党国"要人、官僚政客请鲁迅先生吃饭的帖子。再细看,帖子上却附着一张白纸条,上书:"概不赴宴!"这四个苍劲有力的大字,分明是鲁迅先生的手迹。欧阳山看罢,不禁涌起对先生的肃然起敬之情。

依着收发室工友的指点,欧阳山踏着大钟楼那年久失修、格格作响的木板楼梯,走上了二楼。想到马上就要见到名震中外的鲁迅先生了,就要面对面地聆听导师的教诲了,才刚满18岁的欧阳山心里不禁紧张起来。又想到鲁迅先生刚抵广州不几天,自己一个普通的文学青年竟冒昧去打搅他,心里又有点不安。但容不得欧阳山多想,他的两条腿已经快捷地把他带到二楼西侧鲁迅先生的房门前,他迟疑着举起手轻轻敲了一下门,就传出一声低沉的绍兴口音:"进来。"欧阳山跨过门槛,只见一个老人正在房子里翻书。书真多,不光床上桌子上是书,连地上也堆满了一册册的线装书,还有尚未打开的用蓝印花土布包着的行李。老人站起来,不高的个子,身上是蓝布长衫,脚上是"陈嘉庚"牌帆布胶底鞋,朴素得就像是一个乡下老头子。这就是伟大的鲁迅先生吗?欧阳山惊异地想。老人的脸庞干瘪黄瘦,颧骨高起突出,久未修剪的头发长长的,更显出老人一副病态。想到鲁迅先生为着中国的前途,为着劳苦大众的命运,把生命之水都快熬干了,才46岁的年纪,就已经像个60岁的老人,欧阳山心里不禁一阵难过。但看到鲁迅先生那乌黑硬直、像钢针般条条竖起的头发,两道浓眉下闪闪发光的锐利的眼睛,像一片缎子般漆黑的胡须,眼皮上、眼光里,都含蓄着饱满的精神,分明又是一个充满活力,向着敌人冲锋陷阵,永不休战的斗士,欧阳山心里又感到无限欣慰。正在这时,鲁迅先生慈和的眼睛充满笑意,很热情、很平易近人地请欧阳山坐下,请他喝茶。

"我知道你叫罗西①,写过《玫瑰残了》的。"

想不到鲁迅先生连自己的微不足道的作品也知道,欧阳山心头一阵发热。

"抽烟吗?"鲁迅先生掏出烟来,操着一口浓重的绍兴口音问欧阳山。

"不抽。谢谢!"欧阳山摆了摆手。

"不抽烟好。我也不想抽,就是戒不了,一天得抽六七十根。"

"我不是不想抽,是抽不起。"欧阳山说。

"我也抽不起,只好抽这种'彩凤牌',一毛钱二十根,比'美丽牌'便宜一半,又苦又辣,哈哈!"鲁迅先生说毕,仰头大笑。

接着,欧阳山请教鲁迅先生关于文学与革命的关系问题。

鲁迅先生神情严肃起来,谈了他的看法。他很健谈,毫不隐瞒自己的观点。他坚持他一贯的主张,认为文学作品必须要真正地把社会上存在的黑暗势力表现出来,加以痛斥和打击。而不能按照某些政治运动或者政治口号搞那些没有实际生活根据的、空洞的、空喊革命口号的作品。他指出:文学作品的作用在于激发革命的行动。

"大炮响了,文学活动暂时不搞也可以,如果是真正按着革命的要求去行动的话。"鲁迅先生吸一口烟,继续说,"是真正搞文学的话,就必须把现实里面存在的东西表现出来,该打击的就加以打击,该歌颂的就加以歌颂。"

欧阳山频频点头。他忘记了时间,跟鲁迅先生谈了两个多钟头。告别时,鲁迅先生亲自把他送到楼梯口,深情地说:"你还这么年轻,来日方长。努力吧!将来必胜于过去,青年必胜于老人。"

这以后,欧阳山又多次拜访鲁迅先生。到了1927年3月,欧阳山对鲁迅先生说:"我们广州文学会准备联络广东的文学青年,再联络广西、湖南、江西、福建等地的文学青年,成立一个'南中国文学会',还准备出一个刊物,不知先生的意见如何?"

鲁迅先生微笑地望了一眼欧阳山,想起自己当年在日本办《新生》的时候,也是这样的年纪,也是这样充满幻想,但《新生》最后是"胎死腹中",他担心欧阳山他们的杂志会不会也遭逢同样的运命。不过,此刻,他实在不忍心泼欧阳山他们的冷水,想了想,便说:"好,这个想法很好。现

---

① 罗西是欧阳山20世纪20年代写作时使用的笔名。欧阳山当时多称杨仪或杨罗西。现为行文方便,一律以欧阳山称之。

在广州、广东是革命的中心,文学界也应联合起来,助革命以一臂之力。"

"我想请先生莅临我们的成立大会。"

"我一定来。"鲁迅先生毫不迟疑地答应了。

第六节　在东如茶楼上

1927年的雨季提前到来了。

3月14日上午,一场豪雨,使中大广场的草地湿漉漉一片,低洼处都积满了水。

这一天下午2时许[①],鲁迅先生在中大周鼎培、林楚君、邱启勋、倪家祥、赵慕鸿等同学的簇拥下,走下大钟楼,穿过广场草地,朝校门口走去。

鲁迅先生和同学们边走边谈。大家都担心草地的积水会把鲁迅先生脚上的布鞋和裤腿打湿,但是,鲁迅先生毫不在意地昂首前行,根本不理会脚下有无积水。

鲁迅先生今天的心情特别好,他是应邀到东如茶楼参加南中国文学会的成立座谈会的,他很喜欢跟青年人交朋友。

东如茶楼位于广州越秀南路。出了中大校门,横过马路,往东走不远,向右拐个弯,马路对面就是楼高三层的东如茶楼了。

此时,茶楼门口,早有欧阳山率领着广州文学会的冯慕韩、张楼云(女)、黄恩沛、袁昌球、方秋舫、林融之、汪玉亭、汪干亭、李少华、汪干奇、李瑞清(女)等10多位同仁在恭候着鲁迅先生的到来。

在一群年轻人的簇拥下,鲁迅先生登上东如茶楼的二楼,在太白厅里,大家七手八脚地把临窗的几张八仙桌拼拢起来,摆成一张长桌模样,让鲁迅先生在靠着窗口的椅子上落座。20多个文学青年,围坐在桌子四周,由欧阳山宣布"南中国文学会成立",座谈会正式开始,并首先请中山大学教务主任鲁迅先生讲话。鲁迅先生听了后说:"我从厦门来时,原来并没有约好我当教务主任的,到了广州,接待人员错把我的行李搬进大钟楼教务主任住的房子,据说谁在教务主任的房子住下,谁就是教务主任了。这样我就糊里糊涂地当上了这个主任官了。"

大家被鲁迅先生幽默的话语说得笑起来,原先比较拘谨的气氛一扫而光。

欧阳山接着说:"南中国文学会准备办一个刊物,刊名叫《南中国文

---

① 一说是傍晚7时许,现按欧阳山说。

学》①,大家很想请先生为创刊号写篇稿子。"

鲁迅先生说:"文章还是你们自己先写好,我后来才写,免得人说'鲁迅来到广州就找青年来为自己捧场'了。"

大家说:"我们都是穷学生,如果刊物第一期销路不好,我们就不一定有力量出第二期了。"

鲁迅先生听了后很风趣而又严肃地说:"要刊物销路好也很容易,你们可以写文章骂我,骂我的刊物也是销路好的。"

大家听了又笑起来。

接着,大家请鲁迅先生谈谈对广东的看法。

鲁迅先生说:"人家说广东是可怕的地方,我以为一点奇怪都没有。说赤化吧,红的东西有一点,白的东西也有一点,多的是红白相间,红白混杂。我以为广东还是个旧社会,跟其他的旧的社会,并没有两样。新的气象,不大见得。广东报纸所讲的文学,都是旧的,新的很少,也可以证明广东社会没有受革命的影响;没有对新的讴歌,也没有对旧的挽歌,广东仍然是旧的广东。新的文艺出版物的稀少,完全不像革命策源地的样子。"

说到这里,鲁迅先生顿了顿,喝一口茶,猛抽几口烟,把烟蒂撮熄在烟灰缸里,又点上一根烟,原先低沉缓慢的声音忽然变得有点激昂起来:

"广东这地方实在太沉寂了,广东文坛实在太沉寂了。在现在,青年们有声音的,应该喊出来了。有声的发声,有力的出力,现在可以动了,动活的时候了!现在已再不是退让的时代。青年们不要旁观,不要怕幼稚,也不要怕人家的咒骂。大家做做,总不会错,做起来总比睡觉的好。十年、二十年、三十年,这样不间断地做下去,将来一定有收获的。"

鲁迅先生歇一口气,连抽几口烟,继续说:

"文艺这个东西,只要说真话,总可以存在的。幼稚是不要紧的,最初虽然是幼稚,但可以生长起来,发展出去。倘若我们在短期内没有好成绩,也不要失望,我们只管做,做下去。我在广东一天,我有力可以帮忙诸位来研究与创作!"

大家听罢情绪激动,一齐鼓起掌来。

接着,欧阳山请鲁迅先生谈谈文学的意义和作用,也就是文学与革命的关系问题。

欧阳山问:"为艺术而艺术与为人生而艺术,到底哪个对?哪个更正确些?艺术主要是抒写个人主观的思想感情呢,还是应冷静地反映客观生活?文学是为个人鸣不平、争解放呢,还是应为大多数民众鸣不平、争解放?"

---

① 一说是《南中国》,现按欧阳山说。

鲁迅先生回答说，文学应成为社会活动、社会现实的一种真实的反映，通过这种反映，可以把社会上的黑暗隐弊揭露出来，表现出来，引起人们的思索和感情上的共鸣，使人们通过文学作品了解人生，改造社会，跟黑暗势力做斗争。

"我为什么要弃医从文？还是那句话，凡是愚弱的国民，即使体格如何健全，如何茁壮，也只能做毫无意义的示众的材料和看客……医学不能医治中国的社会，惟文学能够医治中国社会于万一。"鲁迅先生接着举了一些例子，主要是《呐喊》《彷徨》里面的作品，特别是《祝福》来说明这个问题。

鲁迅先生又问大家："《阿Q正传》读过没有？"

大家异口同声地回答："这样著名的书，哪能不读，都读过的。"

"读了之后有什么看法？书写得怎么样？"

大家七嘴八舌地谈了各自的看法。

欧阳山告诉鲁迅先生："我们广州真是落后得很呢！还没有铅印的《阿Q正传》，也没有《呐喊》单行本。《阿Q正传》只有油印的六十四开横排本，也不能随便买得到，只有到惠爱中路①昌兴街那间兼卖蚊帐枕头之类的丁卜书店和受匡书店楼上的门市部方能买到，每本售价一角，听说销行了三四千本。先生，在咱们广州，一本作品居然能卖出三四千本，真是破天荒的畅销书啦！"

鲁迅先生听了非常高兴，哈哈地笑起来，说这不算什么，他写的东西，青年人不一定都了解的。他接着问大家能否看懂《阿Q正传》。

对思想内容如此丰富、深刻的作品，当时还很幼稚的文学青年，自然很难真正理解，只能回答说：《阿Q正传》写了中国封建社会所养成的国民性，阿Q是普遍存在的，代表了中国落后、愚昧的一面。作品是对国民劣根性的一种鞭挞。

鲁迅先生听了，也不否认这一点。他说，阿Q确是集合了许多人的特点写出来的，也是我们国民性的弱点。这弱点乃是历朝历代的统治者通过孔孟之道培养起来的。他们搞了个宗法社会、封建社会出来，规定那么多宣扬封建文化、伦理、道德的书籍让青年人和小孩子去阅读，还提倡什么贞节牌坊，尊孔、拜神，所以就造成了这么一种中国的国民性，它同民主、科学是背道而驰的，它使中国变成一个积弱的国家，不能奋发图强。文学把这些东西揭露出来，是会使民众警醒的。

最后，鲁迅先生勉励大家要多接触社会上的各种人物，多读有益的书，

---

① 即现在的广州市中山五路。

多写文章，还介绍了一些外国文学名著让大家看。他支持办好《南中国文学》，答应尽力帮助。

这中间，有一个小插曲，当谈话快结束时，跑堂工友端来了炒面，当时鲁迅先生正边说话边抽着烟，见要吃炒面，便缓缓地、小心地把半截烟头摁熄，放回烟包中，待吃完面食，才又取出燃上。这种异常俭朴而又毫无矫饰的作风，给青年们留下了极其深刻的印象。

座谈会就在这种鲁迅先生同青年们一问一答、无拘无束的热烈气氛中结束，足足谈了三四个钟头①。到了月儿爬上树梢头，广州城慢慢亮起了灯火的时候，青年们才簇拥着鲁迅先生走下楼梯，走出东如茶楼，他们呼吸着茶楼外面清新的空气，心里说不出的兴奋，个个踌躇满志。

关于这个座谈会，1927年3月15日的广州《民国日报》曾做报道：

> 【中华社】自文学巨子鲁迅先生南来后，广州青年对于研究文学的热望，甚为炽盛。中山大学周鼎培、林长卿、倪家祥、邝和欢、祝庚明、邱启勋，广州文学社杨罗西（按：即欧阳山）、赵慕鸿、黄英明、郑仲谟等，拟联同组织南中国文学社，以发扬南中国文化，并定期刊品，名《南中国》，由鲁迅孙伏园诸先生等提挈一切。查该会经筹备就绪，并于昨十四日下午二时，假座东如楼太白厅开茶话会，由鲁迅先生将研究文学之经过，文学途径，研究方法及国内文坛近况，详为解述。同座至为欢洽，多方问难，得益甚丰。闻该刊品《南中国》已集稿，不日可与世人相见云。②

1927年3月28日出版的《国立中山大学校报》第七期，也有内容相同，文字稍有出入的报道。

鲁迅在这个座谈会上的讲话，始终围绕着革命与文学关系的主题，做出了极其深刻、精辟的论述，给在座的文学青年以很大的启迪，对欧阳山后来的文学创作影响尤深。半个世纪后，欧阳山在他的回忆录《光明的探索》中，谈到了他当时听鲁迅讲话后的感受：

> 我当时听了，非常佩服他的这个看法，认为这就是真正的革命文学。它是那样紧密地同我们生活在其中的那个社会现实联系在一起，这里面讲的东西虽然是可怕的，却不是空想出来的。它对这冷酷的现实并

---

① 一说为两个多钟头，现按欧阳山说。
② 黄伟宗：《欧阳山评传》，花山文艺出版社1993年版，第44页。

没有采取置之不理，或者自欺欺人的态度，而是把它揭露出来，和它斗争，所以我认为这就是真正的革命的文学，或者叫做革命的现实主义的文学。当时南中国文学会的朋友们不一定完全同意这种讲法，但也没有谁起来反对这个讲法，至少我感受到鲁迅先生的谈话是很有说服力的。①

就在这群青年人准备在文学上大干一场的时候，他们万万没有想到，一桩骇人听闻、震惊中国与世界的大事变，就要发生了。

第七节　血雨腥风

正当北伐军节节胜利，迅速占领了长江以南大部分地区，马上就要跨过长江，向北挺进的时候，却风云突变，震惊中国与世界的、骇人听闻的大事变，发生了！

1927年4月12日，身兼北伐军总司令的蒋介石和国民党右派在上海发动了政变，他们举起屠刀，成千上万的共产党人、工农大众、进步学生人头落地，鲜血染红了上海街头！

4月15日，广州的国民党举起了屠刀，3000多名共产党人、工农大众、进步学生被逮捕、被杀害，光是中山大学被捕、被杀的进步师生就有300多名，包括鲁迅先生熟悉的毕磊在内。

广州顿时陷入严重的白色恐怖之中。

轰轰烈烈的大革命被葬送了！

欧阳山沉浸在巨大的悲哀和苦闷之中。

南中国文学会还来不及展开活动，就被迫自行解散，20多位同仁作鸟兽散，各奔前程去了。

《南中国文学》一期未出，就胎死腹中，宣告夭折。

怎么办？今后怎么办？革命还革不革，要革，怎么个革法？文学创作还创不创，要创，怎么个创法？

欧阳山苦思冥想，始终找不到答案。

就在这时，鲁迅先生以他大无畏的战斗姿态和高超的斗争艺术，给了欧阳山以巨大的影响。

---

① 欧阳山：《光明的探索》，载《金牛和笑女》，广东人民出版社1979年版，第421页。

鲁迅先生尽管"被血吓得目瞪口呆"①，他其实是对国民党的倒行逆施感到极大的愤慨。当得知中大师生有300多人被捕之后，他激于义愤，不顾个人的安危，于"四一五"当天下午，冒着大雨从白云楼寓所赶赴中大，召开了各主任紧急会议，商量营救被捕学生。会议强烈要求学校当局立即释放被捕者，并阻止军警搜查教授宿舍。当营救无效后，鲁迅先生愤而辞去中大的一切职务，向国民党表示强烈的抗议。4月26日，鲁迅先生在白云楼提笔撰写《野草·题辞》，发出铮铮宣言："地火在地下运行，奔突；熔岩一旦喷出，将烧尽一切野草，以及乔木，于是并且无可朽腐。"表示出对革命前途的坚定信心。

这一切，使欧阳山深受鼓舞，他从悲观、迷惘、消极、困惑中解脱出来，以鲁迅先生为榜样，投入了新的战斗。

1927年7月，在当时的广州市教育局举办的夏期学术讲演会上，鲁迅先生做了题为《魏晋风度及文章与药及酒之关系》的著名讲演。才19岁的欧阳山担任了鲁迅讲演的主要记录人（另一记录人为市立师范的女学生邱桂英）。通过这一活动，欧阳山认识并领会到了鲁迅先生高超的斗争艺术。

当时市教育局举办的这个夏期学术讲演会，目的是进行反共活动，要按照国民党的主张去"研究学术"。为了标榜"学术自由"，他们也请一些非国民党员来讲演，并且把地点定在市立师范的礼堂里。他们邀请鲁迅去讲演，是对鲁迅一种政治上的试探。因为他们只知道鲁迅同情共产党，却不了解鲁迅还在搞什么，想找个借口来迫害他。如果鲁迅不去，或去了说些反对国民党的话，那他的罪名就成立了；如果鲁迅去了，却说些不相干的话，那就等于替国民党粉饰太平。久经战阵，有着丰富斗争经验的鲁迅先生对于他们的试探，应付得非常巧妙。在讲演里，鲁迅先生一方面是讲学术问题，另一方面却痛击了国民党，而又使国民党抓不到什么把柄。这种高超的斗争艺术，使欧阳山十分佩服。正如鲁迅先生在《致陈濬》的信中所说的"弟在广州之谈魏晋事，盖实有慨而言。志大才疏，哀北海之终不免也。迩来南朔奔波，所阅颇众，聚感积虑，发为狂言"。其实，鲁迅先生当时也很明白，这事如稍有疏忽，则可能会变成像孔融骂曹操而为曹操所杀那个样子了。

当鲁迅先生要作讲演的消息甫一传出，全城轰动，青年界、文学界更是奔走相告，非常高兴。因为这是"四一五"之后鲁迅先生的首次公开讲演，引起各界瞩目实属自然。市立师范学生会请欧阳山去给鲁迅先生的讲演做记录，他欣然接受，怕记得不好，欧阳山又找了市师的女学生邱桂英一块做

---

① 鲁迅：《〈三闲集〉序言》，载《鲁迅全集》（第四卷），人民文学出版社1981年版，第4页。

记录。

鲁迅先生的讲演分两次进行，一次是7月23日，一次是7月26日，每次都讲了约莫两个小时。虽然盛夏的广州天气闷热，且经常下雨，但来听讲演的人很多，使最多只能坐三四百人的市师小礼堂坐下了五六百人，还有不少是站着听的。

鲁迅先生讲演的效果极佳，会场很活跃，每讲到精彩之处，都引起哄堂大笑。如讲到曹操杀孔融这个例子时，鲁迅先生说："我虽不是曹操一党，但无论如何，总是非常佩服他。"（大笑）"然而事实上纵使曹操再生，也没人敢问他，我们倘若去问他，恐怕他把我们也杀了！"（大笑）鲁迅先生很明显地指出，曹操是主张有才就行，不忠不孝也不要紧的，后来却借不孝之名把孔融杀掉了。这是指的什么呢？蒋介石不也说过民生主义就是共产主义吗？后来却反对共产党，大杀共产党人。鲁迅先生以曹操做例子，其实是启发大家认识蒋介石的背信弃义，出尔反尔。

鲁迅先生在讲到"究竟何晏搽粉不搽粉"，讲到"吃药"（"五石散"）"喝酒""穿衣"和"扪虱"之类的事情时，也引起全场大笑。他之所以讲这些，是基于当时政治环境险恶，没有言论自由，因此，他只好借讲魏晋文人的风度、文章、吃药、喝酒、装疯、装傻之类的事情，来谈过去历史上的政治斗争，以借古讽今的手法来影射当时的政治黑暗，揭露国民党的反动真面目，达到抗议国民党反革命大屠杀的目的。

在讲演里，鲁迅先生进一步以骂北方军阀的方法，指出国民党所杀的所谓反对三民主义的人，其实是真正主张三民主义的人，而蒋介石才是一个货真价实的假三民主义者。鲁迅先生用精妙的曲笔，指着北方军阀的脸骂蒋介石，正面骂的是北方军阀，实际骂的是蒋介石。

这次讲演是鲁迅先生的一个胜利。他对付了国民党对他的试探，又痛斥了国民党，同时却又使国民党抓不到他的把柄；在文学上也提出了许多新问题，满足了广州青年的要求。

讲演后，欧阳山很快就把记录稿整理好，送去白云楼请鲁迅先生过目，由鲁迅先生修改后发表。文章先是发表于1927年8月11、12、13、15、16、17日广州《民国日报》副刊《现代青年》第173至178期；改定稿发表于1927年11月16日出版的《北新》半月刊二卷二号，最后收入《而已集》，可见鲁迅先生对这篇文章的重视，该文后来更成为鲁迅杂文中的名篇，而欧阳山作为该文的记录者，自然感到无上光荣。当时白云楼的鲁迅先生寓所已成了文学青年心目中的"圣地"，欧阳山之后又多次到白云楼拜访鲁迅先生，听取先生的教诲。

1927年9月27日，一个凉风习习、乌云密布的深秋的日子，鲁迅先生和许广平女士在敌特的监视下，登上太古公司的"山东号"轮船，离开战斗了9个月的广州，取道香港到上海去，进行他生命旅程中最后十年的战绩辉煌的战斗。因为种种原因，欧阳山不能到码头送行，他独自站在珠江岸边，望着滚滚南去的珠江水，遥祝先生一路平安……

第四章

步入文坛

第一节 兰姑

1927年4月，轰轰烈烈的大革命失败了，千百个革命者喋血街头，欧阳山沉浸在巨大的悲痛和苦闷之中。

这一年的仲夏，一个乳名叫兰姑、正名叫杨志明的姑娘，出现在他的面前。

杨志明出生在一个书香之家，父亲是广州当地一所小学的校长，他思想开明，给4个儿女分别取名为杨志文、杨志明、杨志发、杨志达，表达了自己立志要为国家的"文明发达"而奋斗一生的愿望。

杨志明在家里排行老二，是电话局的接线生，她不但人长得俊俏，一副大家闺秀的模样，而且知书达礼、心灵手巧、悟性很高，再加上她谦和善良、不事张扬的性格，识大体、顾大局的人品，实在是百里挑一的好姑娘。

欧阳山是怎样跟杨志明认识的呢？是偶然相遇、一见钟情的吗？不是。是有缘千里来相会的吗？也不是。原来欧阳山的养父与杨志明的父亲都是杨姓旗人，有那么一层亲戚关系，两个家庭平素虽然来往不多，但逢年过节总还是会有走走亲戚的时候。杨志明喜欢文学，空闲在家时总爱捧着书本看上个大半天，对当时因写出了《玫瑰残了》和《坟歌》而小有名气的欧阳山这个"堂兄"十分仰慕，一有机会就向他请教一些文学上的问题，或谈谈自己的读书心得，一来二去的，两个年轻人的心就擦出了火花。

可是他们的自由恋爱却遭到了双方家庭的反对，女方的家庭以及亲戚们认为欧阳山不务正业，特别是因为搞革命活动而被学校开除，弄不好将来还可能人头落地，嫁给这样的人岂不是跳进火坑？男方的家庭则认为这么漂亮的姑娘咱养不起，她怎么可能跟着一个摇笔杆子的穷书生吃苦受罪呢？在众人的一片反对声中，杨志明对欧阳山的爱却益发坚决，毫不动摇。她默默地坚定不移地支持着欧阳山，从物质上、精神上给予欧阳山极大的帮助和鼓励。她立定主意，就是要嫁给欧阳山，哪怕要放弃安定舒适的生活，哪怕要跟着欧阳山一起去过那种穷困的、担惊受怕的、到处流浪的革命者的生活，她也义无反顾，无怨无悔。

这时候，只有一个人支持杨志明，这个人就是杨志明的父亲，一位深明大义、思想进步的小学校长。他以低沉的嗓音柔声对杨志明说：

"兰姑，认定了的事就去做！莫彷徨，莫犹豫。爸爸打心底里祝福你，祝福你啊兰姑，我的好兰姑，我的好女儿！"

1928年1月，欧阳山与杨志明结婚了。

第二节　职业小说家

1927年12月，曾一度让欧阳山从大革命失败后的悲痛、苦闷中摆脱出来，让他兴奋、激动、寄予厚望的广州起义，惨遭反动派镇压，失败了，广州城又一次笼罩在白色恐怖之中。

乌云压顶，空气窒息。白天，一辆辆鸣着刺耳笛声的警车在空无一人的街道上呼啸而过；黑夜，不时响起的一两声枪声，划破死一般的寂静，叫人心惊胆战。

《广州文学》不能出了，写的文章也不能在报刊上发表了，革命活动被严令禁止，文学活动也搞不下去了。

怎么办？欧阳山苦苦地思索着。

一天，他对杨志明说："你看到的，眼下在广州，什么事都不能干了，我想到上海去，去碰碰运气，说不定能寻觅到一片新天地呢！"

杨志明不假思索地说："我跟着你，就是到天涯海角，我也跟着你。"

"上海光华书局刚刚出版了我写的《玫瑰残了》，听说销路还不错，到上海后，我打算继续为他们写书。"

"那就动身吧！"想不到杨志明比欧阳山还要坚决。

1928年初春，新婚燕尔的两个年轻人踏上了北上的旅途。

这其实是一次很冒险的行动。欧阳山当时只不过是一个20岁的小青年，前路茫茫，世事险恶，在号称"东方巴黎"、十里洋场、光怪陆离的大上海能否站稳脚跟，他心里其实也没有底。

果然，到上海后，欧阳山一时写不出稿子，又找不到亲戚朋友帮助，更不认识什么人，只能靠杨志明平时省吃俭用积蓄下的一点点钱，勉强度日。但这终究不是长久之计，于是，他们又辗转到了南京。

在南京，他们暂时借住在欧阳山称他为"二叔"，即欧阳山养父的亲弟弟的家里。欧阳山一边拼命地写作，一边把稿子寄到上海的几家书局去求售。经过一番努力，皇天不负苦心人，上海的光华书局和现代书局都答应接受他的稿子。

听到此好消息，欧阳山和杨志明高兴得跳起来，杨志明甚至流下了激动的泪水，站在一旁的二叔也连声为他们道贺。

两个年轻人又回到了上海。欧阳山开始没日没夜地写作，白天写，晚上写；天天写，月月写，年年写；一本接着一本地写。

1928年，中篇小说《桃君的情人》由光华书局出版了；紧接着，另一部中篇小说《莲蓉月》被现代书局出版；不久后，长篇小说《你去吧》由光华书局印制成书。

1929年，欧阳山的创作势头不减，光华书局接连出版了他的长篇小说《爱之奔流》和中篇小说《蜜丝红》，北新书局则出版了他的短篇小说集《再会吧黑猫》。

1930年，欧阳山把兴趣放到了短篇小说的创作上。《流浪人的笔迹》《钟手》《杂碎集》《光明》等多部短篇小说集分别由上海光华书局、南京拨提书店及南京书店出版，收入在这几部集子中的短篇小说及散文近一百篇。

1928至1930年，欧阳山作品的数量之多，质量之提高，成了他76年创作生涯的第一个高峰。

由于欧阳山的小说广受读者欢迎，大家都喜欢看他的作品，小说出版后销路甚佳，具备一定的市场效益，出版商们从中获利颇丰，因此各书局都争相出版他的作品。

这个时期的欧阳山，笔走龙蛇，写作速度奇快，平均每半年可以写两部长篇，最快的时候，可同时写2至3部长、中篇。这些作品在成书出版之前，都先在报纸上连载，每篇写多少，报纸就连载多少。每天到了下午4点，各连载报纸的编辑便像债主一样上门催稿。由于同时连载几部长篇，又由于写得太快，欧阳山有时连自己也想不起来上一节写到什么地方，要看第二天报纸的连载后才能接着写。

欧阳山由此成了畅销书作家，成了可以靠稿费生活的职业小说家。

而在这段艰辛的日子里，杨志明一直陪伴在欧阳山的身边，在生活上、在起居饮食上，悉心照顾着自己的丈夫，使他能心无旁骛地专心写作。不管是在南京，还是在上海，即使濒临无米下锅的境地，杨志明都能想尽一切办法克服艰难困苦。她无怨无悔，并以自己能嫁给这样的丈夫而自豪。而每当欧阳山的书出版，她甚至比欧阳山本人还高兴。

1930年6月，欧阳山和杨志明在南京生下了大女儿。这个像父亲一样也是一头卷发的漂亮的小女孩的到来，给这个家庭带来了无比的欢乐。欧阳山最初给孩子取名叫千代子，因为他当时正在学习日语，便不加思索地给孩子起了这么一个颇为浪漫的名字。后来大家说，这个名字怎么像个日本女孩的名字？欧阳山也觉得不妥，最后由欧阳山的好友张天翼，一位当时已颇有名气的青年作家，亲自给这个小女孩取名叫代娜。

1932年4月，他们的第二个女儿在广州出生了，这一次还是由张天翼给取的名字，由于事先已有约定，如果再生一个女儿，这个女儿应该算作是张天翼的干女儿，所以名字里有个"天"字，叫天娜。

两个小女儿的到来，在给小家庭带来无限欢乐的同时，也使家庭生活的负担加重了，但杨志明仍一如既往，毅然承担起包括照料两个小女儿在内的全部家务及困难，使欧阳山得以安心创作，而欧阳山也正是在这一时期，成为一位多产的青年作家，步入了他向往多年的文学殿堂。

第三节　参与大论战

在欧阳山潜心于长、中篇小说的创作，并一本接一本地出书的这个时期，随着政治形势的不断发展变化，中国文化界也发生了自"五四"新文化运动以来的又一次震荡和论战。

这场发生在中国几个进步的文学社团之间、并把鲁迅也卷入其中的关于"普罗文学"（无产阶级文学）的大论战轰动了全国文化界，对后来中国一大批作家、艺术家的创作产生了重大而深远的影响。

论战是由郭沫若（其时已因大革命失败而流亡日本）、成仿吾、冯乃超等人组成的创造社以及由蒋光慈、钱杏邨等人组成的太阳社挑起的。

由于1927年蒋介石发动"四一二"政变、国共两党统一战线破裂，导致轰轰烈烈的大革命失败，中国革命进入了由无产阶级（通过共产党）单独领导的新的历史时期。这种形势的重大变化不能不对中国文化界产生重大影响。

文学怎样才能更加适应新的革命形势的需要，这是摆在中国所有革命的和进步的文化人面前不能回避的尖锐问题。

1928年初，一向打着"为艺术而艺术"旗号，创作了大量浪漫主义、小资情调以及充斥着小资产阶级知识分子的革命狂热的作品，并撰写了与此相关的一系列理论文章的创造社和太阳社，这时树起了"革命文学"的旗帜，首先提出了"普罗文学"（无产阶级文学）的口号。

其中冯乃超在《艺术与社会生活》一文中说：

> 现在中国文坛的情况，堕落到无聊与沉滞的深渊，虽是革命文学的

议论嚣张，而无科学的理论的基础，及新人生观和世界观的建设，毕竟问题依然存在，总不能给它一个解决。①

蒋光慈在《关于革命文学》一文中说：

（革命文学）不但要表现时代，并且能够在茫乱的斗争的生活中，寻出创造新生活的元素，面向这种元素表示着充分的同情，并对之有深切的希望和信赖……

（革命文学）不但一方面要暴露旧势力的罪恶，攻击旧社会破产，而并且要促进新势力的发展，视这种发展为自己的文学的生命；

（革命文学）应当是反个人主义的文学，它的主人翁应当是群众，而不是个人；它的倾向应当是集体主义，而不是个人主义。革命文学是要认识现代的生活，而指示出一条改造社会的新路径！

（革命文学）代表被压迫的、被剥削的群众的……以被压迫的群众作出发点……全心灵地渴望着劳苦阶级的解放……

革命文学是要认识现代的生活，而指示出一条改造社会的新路径。②

成仿吾在《从文学革命到革命文学》一文中说：

我们今后的文学运动应该为进一步的前进，前进一步，从文学革命到革命文学。③

作为创造社首屈一指的理论家，成仿吾还在他撰写的多篇文章中，就文学与政治、文学与阶级、作家的世界观与创作等问题做了详尽的论述。他指出作家要"努力获得（无产）阶级意识""把握着唯物的辩证法的方法，明白历史的必然的进展""克服自己的小资产阶级的根性"，作家的创作"要以农工大众为我们的对象"。

应当说，上述创造社和太阳社关于革命文学（普罗文学）的论述，基本上还是正确的，对大革命失败后处于革命低潮时期的中国文学的走向有一定的引导作用。但，当时党的最高领导人瞿秋白犯了"左"倾盲动主义的错误，创造社、太阳社诸君也受了他的思想的影响，在倡导"普罗文学"的时

---

① 冯乃超：《艺术与社会生活》，《文化批判》创刊号，1928年1月15日。
② 蒋光慈：《关于革命文学》，《太阳月刊》2月号，1928年2月1日。
③ 成仿吾：《从文学革命到革命文学》，《创造月刊》第1卷第9期，1928年2月1日。

候,其一贯的急躁、冒进、狂热、偏激、排他、唯我独革、以"革命的化身"自居的老毛病,这时益发突出,他们在大力宣传和倡导革命文学的同时,却把批判的矛头和斗争的锋芒指向了在文学界和社会上有重大影响的主张"为人生而艺术"的进步文学社团——文学研究会,甚至指向了鲁迅先生。

他们指斥文学研究会是"主张提倡自然主义的一派",其中最有代表性的叶圣陶"是一个静观人生的作家",文学研究会是个并不从事革命文学创作且落后于时代的社团。

他们以嘲讽的口吻说:"鲁迅这位老先生……是常从幽暗的酒楼,醉眼陶然地眺望窗外的人生。世人称许他的好处,只是圆熟的手法一点,然而,他常追怀过去的昔日,追悼没落的封建情绪,结果他反映的只是社会变革期中的落伍者的悲哀,无聊赖地跟弟弟说几句人道主义的美丽的谎话。隐遁主义!"①

创造社和太阳社自成立以来,就因文学观点与文学研究会有一些分歧,而跟文学研究会时有矛盾和争论,它们一个主张"为艺术而艺术",一个主张"为人生而艺术",吵得多了,自然合不到一起。现在,又因"革命文学"的问题而论争起来。

面对创造社、太阳社所挑起的错误的批判,特别是无端的人身攻击,鲁迅和文学研究会的茅盾等人不能不起而迎战。

鲁迅于1928年期间先后发表了《"醉眼"中的朦胧》《文艺与革命》《文学的阶级性》等文章和通信,对创造社的理论和批评提出了论争和答辩。

茅盾也于1928年10月10日出版的《小说月报》第19卷第10号上发表了《从牯岭到东京》、1929年7月在《文学周报》第8卷上发表了《读〈倪焕之〉》等文章,对创造社进行了反驳。

一场围绕着什么是革命文学(普罗文学)以及如何进行革命文学创作的有着重大原则意义的讨论乃至大论战由此在全国文化界展开。

鲁迅在他的文章中指出:"各种主义的名称的勃兴,也是必然的现象。世界上时时有革命,自然会有革命文学。世界上的民众很有些觉醒了,虽然有许多在受难,但也有多少占权,那自然也会有民众文学——说得彻底一点,则第四阶级文学。""现在所号称革命文学家者,是斗争和所谓超时代。超时代其实就是逃避,倘自己没有正视现实的勇气,又要挂革命的招牌,便自觉地或不自觉地必然地要走入那一条路的。身在现世,怎么离去?

---

① 冯乃超:《艺术与社会生活》,《文化批判》创刊号,1928年1月15日。

这是和说自己用手提着耳朵,就可以离开地球者一样地欺人。社会停滞着,文艺决不能独自飞跃,若在这停滞的社会里居然滋长了,那倒是为这社会所容,已经离开革命。"①

针对创造社、太阳社把他们所创作的大量公式化、概念化、空洞、抽象、脱离社会生活现实、标语口号式的作品视为革命文学的不良创作倾向,鲁迅深刻分析:"一切文艺,是宣传,只要你一给人看。即使个人主义的作品,一写出,就有宣传的可能,除非你不作文,不开口。那么,用于革命,作为工具的一种,自然也可以的。""但我以为一切文艺固是宣传,而一切宣传却并非全是文艺,这正如一切花皆有色(我将白也算作色),而凡颜色未必都是花一样。革命之所以于口号,标语,布告,电报,教科书……之外,要用文艺者,就因为它是文艺。"②

鲁迅进一步指出:"将个性,共同的人性……(与)个人主义即利己主义混为一谈,……那真是糟糕透顶了""所以(我)不相信有一切超乎阶级,文章如日月的永久的大文豪,也不相信住洋房,喝咖啡,却道'唯我把握住了无产阶级意识,所以我是真的无产者'的革命文学者"。③

这场论战的性质,其实是革命文学阵营内部的理论论争,双方并无根本性的分歧,大家都是在赞同"普罗文学"这一口号的前提下,对什么是革命文学(普罗文学)以及如何进行革命文学的创作有着一些不同的理解和认识,发表了一些不同的意见和看法。只是在讨论的过程中,创造社、太阳社的一些人,摆出唯我独革的姿态,他们所写的文章中,不乏观点偏激、语言刻薄,甚至意气用事的地方,特别是对鲁迅先生进行无端的人身攻击,这就不能不引起对方以及广大的文学青年的油然义愤和坚决反驳,从而酿成一场波及全国文化界的大论战,双方唇枪舌剑,甚至发生一些类似吵架的现象。

革命文学的提倡,招致了新月派等资产阶级文人以及一些反动文人的强烈反对,他们在《新月》《现代文化》《文化战线》等刊物上,发表了一系列文章,对革命文学的倡导及其作品,进行大肆攻击和嘲讽,这引起了论战双方的注意和警惕,也使论战双方觉悟到革命文学队伍内部要加强团结的必要性和重要性。

这场论战,最后收到了很好的效果,通过论战,扩大了无产阶级革命文学的社会影响,深入探讨并广泛传播了马克思主义的文艺理论,统一了革命文学队伍的思想,增强了革命文学队伍的团结,明确了斗争目标,论战双

---

①② 鲁迅:《文艺与革命》,载《鲁迅全集》(第四卷),人民文学出版社1981年版,第82—84页。

③ 见鲁迅:《文学的阶级性》,载《鲁迅全集》(第四卷),人民文学出版社1981年版,第126—127页。

方最后"握手言欢",并于1930年3月2日成立了以鲁迅为旗帜的"中国左翼作家联盟",这就是在中国现代文学史上产生了重大而深远影响的有名的"左联"。从此,蓬勃开展的左翼文艺运动,在共产党的领导下,取得了反对国民党"文化围剿"的胜利,而在中国现代史上写下了光荣的一页。

欧阳山从来就不是一个躲在亭子间,两耳不闻窗外事,一心只写中长篇,置身于社会运动之外的闲适文人。文化界的这场大论战,从一开始了就引起了他的关注,并且他很快就写出文章,提出自己的观点,参与到论战之中。

自步入文坛以来,欧阳山的文学创作一方面受以郭沫若为首的创造社提出的"为艺术而艺术"的主张的影响,以象征主义、浪漫主义的手法写出了《玫瑰残了》《桃君的情人》《爱之奔流》等中长篇小说;另一方面又受鲁迅、茅盾等人提出的"为人生的艺术"的主张的影响,写出了《再会吧黑猫》《最可怜的女人》等反映普通民众真实生活的现实主义作品。他就是这样,在两种文学主张之间摇摆、徘徊。

论战之初,欧阳山觉得创造社提出的"普罗文学"(即革命文学)的口号是正确的、完全可以接受的。但随着论战的深入,创造社等人认为过去的新文学运动都不行了,必须用革命文学代替它。他们进而写出《死去了的阿Q时代》等文章对鲁迅的经典著作《阿Q正传》等新文学运动的作品进行了攻击,认为鲁迅是"时代的落伍者",鲁迅的小说是没落的封建文人的作品。这就使欧阳山产生了疑问,因为他一直认为鲁迅的作品就是革命的文学作品,是他十分喜爱的作品,而现在按照创造社等人的观点,鲁迅的作品,以及"五四"以来新文学运动的作品,都是跟无产阶级革命文学(即普罗文学)完全对立的,必须打下去,一概否定。这就令欧阳山完全无法接受。

后来,鲁迅回击了。他提出几个论点,认为创造社提倡以及写出来的所谓普罗文学实际上是"新才子文学",是小资产阶级作家关在房子里空想出来的,并没有跟中国的现实联系起来,并不是真正的革命文学。要与中国的实际相结合,正是鲁迅一贯的主张,鲁迅的创作活动,从一开始就与中国的现实血肉相连。

欧阳山最后倾向于鲁迅的主张,认为鲁迅的观点是正确的,不容置疑的;鲁迅的作品是革命文学的一部分,不能把它排除在外。那种认为《阿Q正传》以及其他"五四"新文学运动的作品都是消极、不合潮流、跟不上时代,要全盘否定的看法,欧阳山是很不赞成的。

欧阳山坐不住了,他没有当一个旁观者,他先后写出了《洪灵菲的〈归家〉》《浪漫与颓废》《关于〈爱与血〉》《关于〈烟囱〉》《普罗文艺底存在》等多篇文章,积极地参与了这场大论战。欧阳山在这些文章中所表达的看法，深为鲁迅先生所赞许。而鲁迅在论战中提出了正确的革命文学主张，这些主张对欧阳山影响尤深，他在这场论争中是坚决拥护鲁迅的主张，并用以指导自己的创作实践的。

1930年，是欧阳山在思想上和创作上发生重大转变的一年。这一年，论战结束，通过参与这场大论战，欧阳山"在当时中国马克思主义启蒙运动影响下，在郭沫若提倡革命文学，鲁迅参加中国左翼作家联盟的带动下，……决心抛弃小资产阶级知识分子的观点，企图用马克思主义的观点观察世界、人生，从事文学创作"。[①]

在此之前，以象征主义手法创作的中篇小说《玫瑰残了》，是作家同一时期描写知识分子生活的作品中的代表作。这部中篇小说与《桃君的情人》《莲蓉月》《你去吧》《爱之奔流》《密丝红》等五部中长篇，谱成了一曲曲黑暗社会中青年男女婚姻恋爱的悲歌，是小资产阶级知识分子苦闷彷徨的表白，是要求个性解放的呼叫，是对革命的朦胧向往和追求。

而1930年之后，随着中国马克思主义启蒙运动日益深入，欧阳山逐步接受了马克思主义的观点，创作思想和文风为之一变，他把笔触放到描写社会下层人民的苦难生活，尤其是正面讴歌工人的自觉斗争这方面来。《最可怜的女人》《两个没有灵魂的人》《再会吧黑猫》《死尸》《钟手》等篇，把挣扎在社会最底层的工农劳苦大众屈辱、悲惨、贫穷、苦难的生活，血淋淋地呈现在读者的面前。特别是《竹尺和铁锤》，更是一部直接反映工人罢工斗争的、具有革命文学色彩的中篇小说，代表着欧阳山文学创作的一个大的转折。从此，作家的笔触从抒写知识分子的忧郁哀愁、苦闷彷徨，从描写劳苦大众的不幸，完全转移到面向广阔的社会，配合当时现实斗争的形势，既写了工农大众的痛苦生活，更写了他们的奋起、抗争和团结战斗的事迹。《水棚里的清道夫》《杰老叔》《菜贩子佟熙》《七年忌》《姊妹》《粥渣》等一系列小说，便是这样的作品。至于《心的俘虏》，则揭露了反动军队腐败、黑暗、无能的本质，写了士兵群众的逐步觉醒，发表在当时鲁迅主编的《木屑文丛》上，一出版即遭查禁。

第四节 探索与追求

1928年至1930年，欧阳山在南京与上海之间辗转奔波的这个阶段，基本上处于个人奋斗的状态。这一时期，由于国民党背叛了革命，中国仍处于

[①] 欧阳山：《〈欧阳山文集〉自序》，载《欧阳山文集》（第一卷），花城出版社1988年版，第1页。

军阀混战的局面，国民党内部各派系也是纷争不已，甚至与蒋介石的中央军兵戎相见。在这个处处炮声隆隆、子弹横飞，大众流离失所、民不聊生的国度，革命是必然的选择。但革命要怎么个革法？虽然还想继续搞文学，但这样搞下去还有没有出路？这些问题，欧阳山每天都在苦苦思索，迫切想得到答案而又得不到答案。为此，欧阳山决定寻找一批志同道合的朋友，来探索这些问题。

一天，欧阳山从上海转到南京工作，当时南京中央大学的一个学生韩起找上门来，接着又带来了钟潜九、胡楣（关露）等一批中央大学的男女学生给欧阳山认识。不久后，韩起又介绍当时已小有名气的青年作家张天翼与欧阳山结为朋友。后来在上海，欧阳山又通过张天翼认识了陈白尘、刘白羽、冯雪峰、姚蓬子、杜衡、施蛰存、戴望舒等青年作家、诗人和文化人。这些年轻人后来大都变成了革命者，也有的牺牲了，有的却成了革命的叛徒。而刘白羽、冯雪峰、张天翼、陈白尘、施蛰存、戴望舒等人最后成了中国现当代文学史上的一代名家。

在南京，欧阳山和张天翼、韩起以及中央大学的一批男女学生们经常在一起，谈论中国到底怎么办？中国革命有什么出路？中国革命到底要到哪里去这些问题。

他们在苦苦地探索。

为了寻求答案，他们自发地阅读当时公开出版的一些马克思主义的小册子。

他们阅读当时上海刚开始出版的一些介绍苏联社会情况和文学情况、文学理论的书籍，像鲁迅翻译的卢那卡尔斯基的《艺术论》和《文艺与批评》，还有普力汉诺夫的《艺术论》，以及一些进步杂志上有关苏联文艺政策的介绍和评论。他们还阅读英文版的外国共产党出版的杂志如《新群众》等。

此外，他们还从冯雪峰等朋友上海的来信中，知道一些文学活动的情况，一些文坛上的消息，特别是知道了上海方面正在筹备成立中国左翼作家联盟，这使这群年轻人，这群年轻的作家和文学青年十分兴奋，觉得中国的文学有希望了，革命文学有希望了。

1930年1月，欧阳山当上了南京拔提书店编辑。趁着这个有利的出版、印刷条件，同年2月，他和张天翼创办了《幼稚》周刊，这名字是英文"青年"这个词的音译。他们通过这本杂志，传播了一些无产阶级革命的道理和观点，发表了一些他们认为可以算作是无产阶级文学的作品。杂志的稿子都由这群年轻人自己撰写，有创作，也有外国的论文和作品的翻译。这些外国的论文和作品，都是欧阳山和韩起几个人从外国的进步刊物上翻译过来的。

他们学习了卢那卡尔斯基和普力汉诺夫的艺术理论，便在这些理论的指导下，对中国的文艺问题，对一些作品的评价问题，把他们年轻人的见解写成文章，在《幼稚》上发表。

这本小小的刊物，是这群清贫的年轻人，这群穷学生自己掏腰包，托拔提书店代印代售的。欧阳山更是把在书店当编辑的每个月几十块钱薪水，除了必要的生活费之外，全部拿去做印刷费了。

南京城边有个玄武湖，城墙上面有个北极阁，坐在阁中，能看到湖里面的风光，这是个喝茶的好地方，欧阳山和这群年轻人就常常在那儿聚会。或者，租只小艇在秦淮河上摇来摇去。北极阁上，秦淮河中，这群年轻人高谈革命的道理，倾诉自己的抱负，抒发热烈的激情，描绘各种各样的幻想，再加上有了自己的杂志，写成的文章可以在上面发表，欧阳山觉得这样的日子很快活，尽管这只不过是口头上谈谈而已，他也觉得很迷人。当时，大家最大的希望就是赶快离开南京，到上海去参加革命活动。那时候，因为消息都封锁了，他们以为革命活动的中心就在上海，而不知道还有个井冈山，还有个江西苏区。他们只觉得，上海刊物多、书多、报纸多，人也多，工人运动很蓬勃，许多革命活动都是从上海发展起来的，要搞革命，只有到上海去。

"如果能在上海住下来，搞一点革命活动，同时又搞文学活动，这是多么幸福啊！"欧阳山常常一个人，遥望着上海的方向，呆呆地这样子想着。

第五节　领导广州"左联"

"风云突变，军阀重开战。洒向人间都是怨"（毛泽东语）。

1930年前后的中国，新军阀代替旧军阀登上了历史舞台；新军阀混战以其空前的规模和更惨烈的程度代替了旧军阀混战。

1930年5月1日，蒋介石在南京发表《讨伐阎冯誓师词》，称"仗义讨逆，不辞牺牲"。同日，蒋军与冯军在河南砀山激烈交火。6月8日，从广西北上的桂系白崇禧、张发奎部攻陷蒋军控制的岳阳，与北边的阎冯遥相呼应。在津浦线和胶济线上，阎军傅作义部也攻城略地，连连得手。

这就是中国历史上著名的在蒋（介石）阎（锡山）冯（玉祥）李（宗仁）四大军阀巨头之间爆发的、历时近半年、各方投入兵力共达100多万人的中原大战。半个中国由此陷入战争的火海。中华大地，山河破碎，哀鸿遍野。

1930年10月的上海，秋风萧瑟，黄叶遍地。因军阀混战愈演愈烈，致使包括出版界在内，百业凋敝。书稿卖不出去，家庭生计亦成问题，欧阳山只好离开上海回到广州重操"旧业"，任广州永汉电影院和新国民电影院编辑。这期间，欧阳山又曾于1931年4月至11月到上海任正午书局编辑，并主编《每月小说》，但又因日本军队入侵东北，"九一八"事变爆发，出版界又陷入不景气状态，欧阳山最后还是回到了广州，任大德电影院和中华电影院编辑。

在电影院当编辑，主要是为将要放映的外国影片编写、配上中文字幕，编写介绍影片的广告宣传小册子，为报刊写影评，并组织观众写影评。通过这个工作，欧阳山既解决了家庭的温饱问题，又借此吸取了西方国家优秀艺术的营养，了解到世界上最新的艺术动向。据中山大学教授黄伟宗考证，1932年初，大德电影院首次上演一部苏联新出的反特影片，电影院为防止当局禁映，故意不标明是苏联影片，欧阳山大力组织、发动观众，特别是文艺青年观看此影片，并称赞这是一部"新现实主义的新作"。可见在电影院当编辑，对于欧阳山的文艺素养及文艺思想的充实和提高，是不无裨益的。

欧阳山离开了上海、南京的那个小资产阶级知识分子的小圈子，回到了广州，回到了他以前所熟悉的处于社会下层的老朋友们中间，并且还接触到了社会各阶层的民众，这使他兴奋不已。他后来在《我与文学》中说：

> 一九三〇年秋天，我结束了这一切毫无意义的胡闹，回到故乡，在一家电影院里找到一个小小的职业。我底老朋友们中间有了不平常的变化。由于丰富的生活底真切经验，他们很有把握地和我讨论一切生活里的问题，告诉我他们所确信的人生意义。他们底感性的认识证明了许多进步的科学理论，具现了各种光明的文学作品底真实性。他们底粗野和亲热的语句说明了他们对我底需要。我毫不踌躇地用纯粹的，他们所使用的土语，为他们写了一些单纯的题材。我和所有的老朋友们，即使从前有过误解的，在一起喝茶，互相讥笑，争吵；撤去了各种防御工事，猜忌和诈骗；忘记了本有的怀疑和困惑，虽然常常想起文坛上那些令人毛骨悚然的事情，但愉快地呼吸在不怎么清洁的空气里面了。[①]

但在电影院当编辑只不过是欧阳山养家糊口的一种手段，他念兹在兹的仍旧是要搞革命活动，搞文学活动。

1931年，"九一八"事变爆发，日本侵略军的铁蹄踏进了中国东北的大地。

1932年秋，日本军国主义要吞并整个中国的狼子野心已暴露无遗，全

---

① 欧阳山：《我与文学》，载《欧阳山文集》（第十卷），花城出版社1988年版，第4002页。

国人民要求抗日的呼声日益高涨，而国民党仍旧坚持"攘外必先安内"的政策，继续用武力围剿苏区，大打内战，实行白色恐怖，将一切抗日和民主进步活动视为"赤化"，严加镇压。在这种非常紧张的政治形势下，欧阳山苦心焦虑地思考一个问题，就是怎么用一种最好的方式，宣传大众化的革命文学，创作大众化的革命文学作品，来鼓励和支持人民群众的抗日情绪，号召人民群众投身抗日的洪流。

他找来当年的同学、时任广州女子师范学校国文教员的赵慕鸿商量。两人都觉得，"天下兴亡，匹夫有责！"祖国正处内忧外患、危急存亡之秋，年轻人岂能置身事外，只顾着个人和小家庭的小小的悲欢？

欧阳山说："我想来想去，觉得还是办一份刊物好，你认为如何？"

赵慕鸿大表赞同："好，这个主意好！我们当年不是办过《广州文学》吗？"

欧阳山说："现在要办的这个刊物要办得跟当年的《广州文学》不一样。那时在《广州文学》上刊登的作品，只适合青年学生和知识分子看，民众看不懂，也无兴趣看。现在要办一个从内容到形式上都跟过去不同的大众化的刊物，刊登大众化的革命文学作品，使大众都看得懂，喜欢看。"

尽管白色恐怖严重，办刊物的人随时都有被当局认为是"赤化分子"的危险，而且还有人力、经费、印刷、发行等一连串的困难，但两个年轻人还是毫不犹豫，说干就干，他们利用在电影院工作的有利条件，成立了广州文艺社，创办了《广州文艺》周刊。

1932年9月，《广州文艺》第一期出版了。这是一张四开四版、老五号字体直排的报纸，内容有评论、小说、诗歌、杂文、随笔、翻译等。开始几期，发表的作品有用国语（即普通话）写的，也有用广州话（即粤语）写的，不久以后，就全部改成用广州话写了，成为一份地地道道的粤语文艺刊物。

《广州文艺》受到了工人、店员、农民和广大青年学生的欢迎，大量的来稿和民众来信涌向编辑部，刊物销量也迅速地增加到每期两千份，这在当时已经是很可观的数目，算得上是畅销刊物了。

刊物出版了两期之后，欧阳山收到一位读者一封热情洋溢的来信，对《广州文艺》赞誉有加，对粤语文艺运动表示热烈的赞成和支持，并且寄上一篇很长的论文，向刊物投稿。小小的刊物得到这位读者如此热烈的赞成和支持，欧阳山不禁惊喜欲狂，便马上和赵慕鸿商量，决定约这位热心的读者见一次面。

这位读者依约在预定的时间和地点与欧阳山、赵慕鸿会面了。他就是广州市南海中学（今广州市第十一中学）的国文教员龚明（原名龚长照），

1932年9月,欧阳山在广州组织"广州普罗作家同盟"(后改称"中国左翼作家联盟广州分盟"),并主编《广州文艺》周刊。图为《广州文艺》创刊号的影印件。

穿一套白珠帆中山装,24岁(和欧阳山同岁),中等身材,头发从左边分开,嘴巴微微向前突出,戴黑框近视眼镜,两眼炯炯有神,说一口稍微带一点广州西关口音的标准广州话,是一个热情、爽朗、和蔼可亲的年轻人。

三个人在一间茶室的清静的房间里促膝长谈,从时局谈到文艺和教育。龚明十分博学、健谈,非常关心政治,对"五四"新文化运动的方方面面都有着浓厚的兴趣和独到的见解。很快,三个人就成为一见如故的知己朋友。

为了解决人手不足的问题,《广州文艺》出版了几期之后,赵慕鸿介绍广东女子师范的学生吴绚文(草明)和伍乃茵(伍翠云)两人到编辑部工作。龚明不久也加入了进来。

为了培育好《广州文艺》这株革命文学的幼苗,龚明奋不顾身、夜以继日、废寝忘食地工作着。

他忙着写稿、编辑、印刷、出版、发行;

他忙着出席座谈会、辩论会,为粤语大众文艺辩护;

他忙着率领易巩（梁韵松）、胡沥（莫斯明）、唐凌鹰（唐启超）、于城（于绍强）、龙乙（康秉坤）、许介（许自焰）等10多个南海中学的学生，在书店、报摊、学校门房、茶楼酒馆、车站码头以及周围乡村，销售和散发《广州文艺》。

为了更好地开展粤语大众文艺，龚明还从事三种非常重要的巨大工作：

他深入研究广州话的发声，认为广州话不是四声和五声，而是有清有浊的九声或十一声；

他大量搜集民间粤语文学作品班本、木鱼、南音、粤讴、龙舟、山歌、咸水歌、故事、笑话、对联等近五千种，并加以整理和研究；

他还计划编一本粤语辞典，使粤语的书写定型化，这无疑是一件更为艰巨的工作。

龚明、草明、伍乃茵三人的加入，解决了杂志社人手不足的问题，工作开展得更顺畅，《广州文艺》因而办得更受读者欢迎，其影响也一天比一天扩大，不只在广州地区发行，更发行到香港、澳门，甚至南洋及美国的旧金山一带都有不少华侨读者购买、阅读《广州文艺》，并写来信件，对刊物给予好评。这一切，使大家受到鼓舞，干得更起劲，更有信心了。

一直以来，欧阳山都是用"罗西"作为笔名进行创作，到了创办并主编《广州文艺》之后，他开始使用"欧阳山"这个笔名。具体来说，就是1932年9月在《广州文艺》第三期上发表粤语短篇小说《懒理》，从这篇开始用"欧阳山"这个笔名，这个笔名后来竟成为他的正式名字以及他的家族姓氏。

至于为什么要把《广州文艺》办成一份粤语文艺刊物，欧阳山曾经在1932年9月给广州《民国日报》副刊的主编厉厂樵写过一封信，信中明确地阐述了自己为什么想要提倡粤语文学运动的原因：

> 广州的文化落后得实在厉害，这原因很可令我们深思。这里并不是内地，而是交通比较便利的沿海都市。为什么会有这种情形？……我不是故意挑剔自己的同乡——我没有那种毛病。在另外几方面，如做买卖，吃东西，穿衣服，打架，嫖赌，做什么运动，广东人是满讲究，满聪明的，可是讲到"新文学"，广东人就不来，好像没有那种需要。
>
> 有人说，广东人从反正到现在，一路忙着打仗，便忘记了文学。可是打仗会忘记的事情很多，做买卖，办学堂，看电影，都是的。文学不是最容易忘却的东西。而且事实上，广东革命最高潮的时候，文学书是顶好销的时候，那忘记文学的说法显然错了。
>
> 也有人说广东人缺乏创造性，那也不对。中华民国，不严密地

说，是广东人创造出来的。再从其他各方来看，戏剧上有粤剧，语言上有和其他各省差得特别远的粤语，最大的百货商店是广东人创办出来的，……说到艺术，是不是广东人底特短，现在依然未能证明。但对于新文学——普通是用没有标准的国语写出来的——就很明显地，只有欣赏的能力，而没有创造的能力。

约莫在六年以前，我和一班朋友办了一个"广州文学会"，出版过一种《广州文学》周刊。从现在的观点看来，那不论内容和形式两方面，都只能算一种胡闹的东西。但在当时，却颇有人以为过得去。因为在那个时期，能够用国语写出通顺的文章的，已经算可以，写出文学作品则更是很少看到。

那时候，自然也有人写论文、小说和诗，可是除了所谓"外江佬"以外，全是用的文言、官话、土话的三夹语。……去年，我最后一次从上海回来，看见广州还流行着三夹语，也看见文学方面，就停留在六年前那种状态里。不客气地说，所有的广东人里面，能够自信用纯正国语写出文学作品的，有五十个人没有？自然，不必管作品在艺术上的评价了。这问题我想了有整整三个年头，我承认这主要是工具使用的问题。说广东人没有创造文学的能力应该改正为：不会使用工具。有不少朋友用一种上进的态度对我问："我想写小说，意思有了，可是总写不出来，怎么办呢？"我告诉他们那是因为他们底概念没完全确定，观察没经过剪裁，思想没经过整理，情感没经过训练的缘故。不久以后，他们又来了，说我底答案不对。跟着用广州话把那故事讲出来，——虽是很朴素的，但也很动人。他们没法子把它用国语——白话文——写下来。

在这最近三年中，我来往广州上海两地好几次，这问题没有一天离开过我底脑子。我想提出"粤语文学"这个问题。……这问题很大，内容万分复杂，……不是么，光提起国语运动问题，和文艺大众化等题目，已经够我们写许多文章了。我认定这是一个异常重要的问题，所以特地组织一个广州文艺社，出版一种《广州文艺》周刊，来做讨论她的园地。请全广州作家动员。

如果一致，或者较多数的理论走那一边，我们就走那一边。总之，不论结果如何，广州文学界的确应该设法子来推动，来做一种使它加速进步的运动。①

---

① 欧阳山：《关于〈广州文艺〉的通讯》，载《欧阳山文集》（第十卷），花城出版社1988年版，第3989页。

与此同时，鉴于倡导并践行粤语文学运动引发质疑、争议，甚至受到强烈反对和攻击，欧阳山还写了《粤语文学底根据和目的》《一周总答复》等一系列文章，进行辩论，作出答复。

欧阳山在另外一些文章里，明确指出他之所以倡导并践行粤语文学运动，是因为：

> 大概那时候我已经感觉到，企图使新文艺在可能的最短期间内和人民大众，尤其是工农大众结合起来，必须有着使他们了解和爱好的充分的作品，这是最浅显的道理。进步的工人和店员是能够读，而且已经在读着新文艺作品，但大部分的人民大众，还不能够读它们；就是给他们念，一边详细的讲解，也还是不能彻底领悟。新文艺作品不能满足人民大众底文学要求。它底主要的读者还是青年学生和一般知识分子。这事实证明了新文艺作品虽然为了人民大众底利益，却不曾为了人民大众底阅读，是一个很大的缺点。①

因此，欧阳山进一步指出：

> 在现下的白话文里，除去一些术语、科学名词、抽象名词、较复杂的文法、较精密的表现方法，使它成为"非常简单浅白的东西"，——就是大众语，或至少是它底雏形的。不过也经过实验而在事实上办不到。不论将现下的过渡文字——白话文，加以怎样人工的消减，竭力去迎合口语，而归根结蒂，它跟任何地方的大众所使用的口语仍是二重性的东西，既不能成为大众话，而且因为在本身的贫弱和含混里面再加以消减，就变成异常的残缺和幼稚，在文艺制作的使用上完全不可能。……但我们一细心考察中国语言底状况，就可以知道：大众语存在于每一个地方的大众的口头里。它底顽强的程度使得"一元国语"及其相类似的运动者们底笔尖成为腐朽的灰泥。我们所要做的事情就在于怎样把大众口头所说的话经过适当的记录而发挥它们底最精彩、最美妙的特长。在文学方面，我们要求建立中国的多元性的方言土语文学。……我们知道，运用现有的白话文来从事创作是必要的，运用各地原有的土语方言来从事创作是更必要的！②

---

① 欧阳山：《我写大众小说的经过》，载《欧阳山文集》（第十卷），花城出版社1988年版，第4054页。

② 欧阳山：《〈生底烦扰〉序》，载《欧阳山文集》（第十卷），花城出版社1988年版，第4005页—4006页。

对欧阳山倡导并践行粤语文学运动的这一做法，中山大学教授黄伟宗在其写于1989年的《欧阳山评传》中，曾做出公允的评价，他说：

> 可见他倡导粤语文学主要是为促使文艺大众化和弥补普通话语言写作的不足，不是将方言文学与普通话文学对立起来的，而是为文艺与群众结合，为文学语言更丰富作出有益的尝试。……这场运动和欧阳山对此进行的创作实践，进一步体现了他在这时期明确以马克思主义指导创作和与群众结合的决心并为此作出的巨大努力，又为欧阳山的语言道路和以后发展为独辟蹊径的语言大师奠定了基础。①

1932年11月初，虽然赵慕鸿因为生病离开了广州文艺社，伍乃茵也转到一般文化社（即后来的"社联"）去工作，但由于形势有利于革命文学大众化运动的发展，为了组织起来，逐步扩大力量，推动这个运动发展的势头，欧阳山决定把易巩、胡沥、唐凌鹰、于城、龙乙、许介等志同道合的革命青年吸收进广州文艺社，同时成立以广州文艺社为核心的广州普罗作家同盟。同盟成立之后，欧阳山通过已成为翻译家并在上海"左联"工作的老朋友韩起，与鲁迅先生和在上海的中国"左联"取得了联系，得到"左联"在工作方面的悉心指导。

这时的广州普罗作家同盟，人强马壮、生气勃勃。它的第一件工作就是组织广州文艺界的统一战线，鼓吹抗日，鼓吹进步文学。为此，欧阳山约请《民国日报》副刊《黄花》的主编厉厂（汉）樵、广东戏剧讲习所的教师胡春冰，共同发起广州文艺界一个有比较广泛人员参加的座谈会，准备成立"广州作者俱乐部"。

1932年11月中旬，座谈会在广州北郊的园林式酒家北园酒家举行，到会的有差不多200人。龚明和草明在会上表现得非常活跃。会后，龚明还为广州作者俱乐部起草了一份章程，只可惜厉厂樵和胡春冰各有打算，一时联合不起来，这个组织胎死腹中，终于没有成立。龚明为此大发了一通脾气，他骂道："怪不得人家说'秀才造反，三年不成'。我看会上的这些个秀才们，口口声声大谈抗日，个个都慷慨激昂，声调一个比一个高，其实这些人也不过在口头上谈谈罢了，没指望的。哼！"

1933年1月28日，是上海淞沪抗战周年纪念日。广州普罗作家同盟组织了一个文化界的纪念会。因为这样的集会是国民党所不被许可的，会议只能

---

① 黄伟宗：《欧阳山评传》，花山文艺出版社1993年版，第128页。

采取半公开半秘密的形式，在广州珠江南岸漱珠岗一间废置不用的兰苑茶馆旧址召开。到会的有作家、教师、工人、店员、学生和新闻记者等共七八十人。会议由龚明主持。他诉说了日本帝国主义侵略者的强暴罪行，主张全国民众，特别是工人、农民奋起抗击日寇，保卫我中华大好河山。他慷慨激昂的话语，引发了全体与会者的热烈掌声。广东女子师范教员何干之（谭秀峰）讲了帝国主义的性质和侵略手段的问题。欧阳山也在会上讲了话。他讲了日本帝国主义侵略中国的历史，强迫中国签订的屈辱条约，和中国人民历次的抗日运动等。会议在一派同仇敌忾、团结御侮的气氛和坚决抗日的震天口号声中结束。会议促进了广州文艺界和文化界统一战线的形成。

《广州文艺》在社会上产生的影响越来越大，广州普罗作家同盟的活动也吸引越来越多的社会各阶层人士的参加，这自然引起了国民党当局的严重关注，但他们又不能对这样一份抗日刊物明令禁止，就使用了卑鄙的手段进行迫害。

一天，龚明回到编辑部，把欧阳山拉到一旁，神情凝重地把手里拿着的一纸通知书递给欧阳山，原来当局颁布了一个出版法令，规定凡出版报纸、刊物者，务必在近日内一次性缴纳1000元以上的保证金。欧阳山顿时呆住了，他们都是些穷书生，哪来这么大一笔钱？这样，在《广州文艺》出版到20多期的时候，只好被迫停刊了。

停刊以后，广州文艺社没有偃旗息鼓，而是一方面改出小型的不定期的秘密刊物《新地》《大家新闻》（以后又有《大家看》《说真话》），继续揭露社会黑暗，鼓吹全民抗日，由龚明、易巩带领南海中学的胡沥、许介、唐凌鹰等几个同学一起干；另一方面，由欧阳山和草明负责创作和出版粤语中篇小说两部，一部是欧阳山以胡依依为笔名所写的《单眼虎》，一部是草明以褚雅明为笔名所写的《缫丝女失身记》。这些不定期秘密刊物和小说集虽然在发行上受到很大限制，却仍然得到广大民众的热烈支持。

1933年2月，欧阳山向上海的中国左翼作家联盟提出申请，将以广州文艺社为核心的"广州普罗作家同盟"改称为"中国左翼作家联盟广州分盟"；何干之等人向上海的"中国左翼社会科学家联盟"提出申请，将一般文化社改称为"中国左翼社会科学家联盟广州分盟"。

不久，中国左翼文化总同盟派潘皮凡等人来广州，经过考察后，认为广州这支左翼文化青年队伍，人数多、素质好、较坚实。

1933年3月，经中国左翼文化总同盟和中国左翼作家联盟同意，广州文艺社、一般文化社，加上一些戏剧团体，联合组成了"中国左翼文化总同盟广州分盟"。广州文艺社（广州普罗作家同盟）扩大为"中国左翼作家联盟广州分盟"，由欧阳山和龚明负责；一般文化社扩大为"中国左翼社会科学家联盟广州分盟",由何干之、谭国标、温盛刚负责;戏剧团体扩大为"中国左翼戏剧家联盟广州分盟",由胡春冰(后被捕自首)、袁文殊负责。

3月的广州,春临大地,百花盛开。广州这批青年左翼文化人兴奋地在广州郊外以郊游的方式,举行了中国左翼各文化团体广州分盟的成立仪式和宣布负责人选。他们以饱满的热情倾诉了对革命的向往,抒发了对革命事业必胜的信心。晴朗的蓝天以她的光辉和温暖覆盖着大地,轻轻护卫着这批革命文艺的嫩芽。

"左联"广州分盟除了进行文学作品(主要是小说)的创作和刊物的出版工作之外,还在工人、店员、学生当中,组织了好几个读书会,学习马克思列宁主义,研究时事和中国共产党的抗日政策。读书会里面分高级组和初级组,高级组学习《辩证唯物论和历史唯物论教程》《共产党宣言》等;初级组则学习《共产主义ABC》《辩证法入门》《社会科学概论》等。其中龚明所领导的南海中学读书会,成绩尤为显著。

1933年5月1日,"左联"广州分盟在广州北郊白云山麓的凤凰台召集了一次五一国际劳动节的庆祝大会。到会的人有作家、教师、工人、店员、学生和新闻记者约100人,不少是文化界的知名人士。由于是在山麓,没有会场,更无座位,与会者三个一堆、五个一群地零零散散地站着、蹲着或坐着,好像正在做一次轻松愉快的郊游。会议由龚明主持。他叙述了自从"五卅"运动以来,广州工人阶级领导省港大罢工、"六二三"示威游行、广州起义以及历次抗日救亡运动的历程;歌颂了无产阶级的革命性和坚定性,认为抗日救亡必须依靠无产阶级的领导。欧阳山讲了中国无产阶级在中国革命中的重要地位和领导作用,无产阶级和帝国主义斗争的英勇坚强的事迹,抗日救亡必须有无产阶级的领导,将来建设社会主义的新中国更需要无产阶级的领导。何干之讲了五一国际劳动节的起源、意义,各国庆祝国际劳动节的规模和声势,认为国际无产阶级必须团结起来,和帝国主义者进行斗争。会议开得有声有色。因为不被当局允许,这次会议也是采取了半公开半秘密的形式。

到了这一年的六七月间,广州石井兵工厂的工人为了改善生活条件而举行罢工。"左联"广州分盟派人前去慰问,表示同情和支持。广州白蚬壳太古码头工人为了增加工资、改善生活,也举行了长时间的罢工。龚明和易巩,加上当时年方15岁的许介,深入太古码头罢工工人中间,进行慰问。他们在《大家新闻》上发表文章,对罢工工人表示声援,并在罢工工人中散发了《大家新闻》。其时,有一个叫作陈英明的中年人,自称是罢工工人,上门来找龚明,诉说海员工会是一个黄色工会,不能为工人谋利益,工人们极为不满,要求另外组织一个能够代表广大工人利益的新工会,希望能够得到龚明的帮助。龚明看见这位海员这样积极，心里非常高兴，就答应了帮助他们，并马上就替新的海员工会草拟章程。欧阳山和大家都非常支持龚明、易巩、许介去做这样的工作。

1933年的中国，政治和军事局势更加紧张和险恶。蒋介石继1930年10月集结10多万兵力对中央苏区发动第一次"围剿"后，又连续发动第二、三、四次"围剿"，投入的兵力一次比一次多，到1933年下半年，60多万人的国民党军发动了第五次"围剿"，来势汹汹，企图彻底剿灭红军，荡平革命根据地。与此同时，针对革命的和进步的文化人的文化"围剿"，也在残酷地进行。"左联"柔石、胡也频、李伟森、冯铿、殷夫等五位青年作家惨遭杀害，史称"左联五烈士"。鲁迅为此写下《为了忘却的记念》，以抒发悲愤之情，并抗议国民党当局的暴行。

欧阳山领导的广州"左联"（即中国"左联"广州分盟）也不能幸免。国民党广东当局（当时是陈济棠执政）已发觉广州"左联"所进行的种种革命活动绝对不能容忍。1933年8月，广州当局对欧阳山、草明、何干之三名"大逆不道的政治犯"下达了通缉令，尤其要将首犯欧阳山"尽快缉拿归案"。

白色恐怖笼罩着整个"蒋管区"。

在此危急时刻，欧阳山当机立断，迅速处理了广州"左联"的一些事务，与龚明等众战友匆匆话别，便和草明在易巩的带领下，悄悄来到易巩的家乡南海县平洲镇赤冈村住了几天，等风头稍过，两人便秘密乘船转移到上海，投奔中国"左联"去了。

草明在离开广州时，还托可靠的朋友带一封信给她哥哥，说妹妹出远门，今后天涯海角到处漂泊，请勿挂念云云。

第六节　到上海去

1933年8月底的一个黄昏，广州长堤，一艘货轮正停泊在码头旁。欧阳山和草明趁夜色降临，光线朦胧之际，悄悄走到码头上，迅速走过跳板，登上轮船，正四面观看寻觅接头人时，一名水手迎面走来，带着歉意说："开船以前，只好委屈两位在货仓避一避，只要'他们'查过，就可以上来休息了。"

欧阳山见草明一脸茫然，便小声对她说："他指的'他们'是码头的管工，如发现船上搭载私人，要敲一笔钱的，所以我们要躲到货仓里去。"

草明听了欧阳山的解释，才明白过来。她忽然觉得自己太幼稚，缺少社会阅历，而欧阳山只比自己大五岁，却什么都懂。后来草明才逐渐知道欧阳山的经历很丰富，社会上的许多事情他都了解，特别是下层社会、三教九流的生活，他讲起来真是"如数家珍"。

两人钻进货仓，一股恶臭迎面扑来。原来这货仓里，除了在一个角落堆放了一些咸菜、腌果之类的食物外，大部分空间都挤满了一只只又脏又臭的大肥猪，恶臭就是从猪身上，从那些拉满地板的猪屎上散发出来的。

大概两个多小时后，船开了。在轮机的隆隆声和肥猪的哼哼声大合奏中，轮船在大海中劈浪前行，向着上海，前行，前行……

欧阳山在沉思，草明却很兴奋……

草明原名吴绚文，1913年6月出生在珠江三角洲腹地顺德县桂洲乡东村一个破落官僚的家庭。父亲吴腾骧在前清做过官，由于他不是贪官，亦非酷吏，没有劣迹，故而辛亥革命后，尽管改朝换代，他也只是丢了官，没有被革命党人抓去。他回到故乡顺德，赋闲在家。他为官时，忙于捐款疏浚黄河、修桥铺路，没有买田置地，没有积攒下万贯家财，以至晚年只好守着一间早年盖下的破旧房舍，靠典当、借债度日。尽管他时时说："孙中山就要请我出来做官。""孙中山死得早，要不，他会叫我出来做官的。"可是谁也不信他的话。

桂洲乡是典型的鱼米之乡，一大片一大片的蕉林蔗海，一口一口的鱼塘桑基，养蚕业的不断发展，蚕丝的大量生产，促进了生丝产业的兴旺发达，大大小小的缫丝厂在大地上星罗棋布，这些工厂一般都在临江处设有码头，每天早上，水面上都有一艘艘大船、小船，一只只小艇、舢板，争先恐后地抢占靠近码头的有利位置，把码头上堆积的工厂生产的生丝，搬到船上，通过由珠江的无数支流及大大小小的河涌织成的水网，运送到停泊在珠江主流的轮船上，再由轮船把产品输送到广州、香港、上海的工厂及南洋一带进行再加工，制成丝织品出售。

生活在桂洲乡东村的乡下，还没有进学堂的幼小的草明，每天都喜欢和村子里那些调皮捣蛋的小伙伴，在村子内外东跑西颠的，寻找些好玩的事物，或干些惹大人生气的恶作剧。

但他们常去的地方是村子里那座跨踞在桂花溪上、用石头筑成但很结实的白石桥——汶澜桥。这座桥是赋闲在家的草明的父亲吴腾骧和族中的乡绅筹划建设而成的。草明和小伙伴们不懂得这座桥在注视着村中的兴盛和衰落，它和乡下人共命运，并将作为这里世世代代的历史见证者而存在着。他们只知道从桥的这头跳到桥的那一头，又从那一头窜到这一头。他们最喜欢做的一件事是，当船家摇着橹低着头使装满着香蕉或甘蔗的小木船在桥下通过时，他们便在桥中心趴下，伸手去够那些香蕉或甘蔗。噢，差一点，再往下伸一点……小胳膊太短了，怎么也够不着！船远去了，小伙伴们失望之余，只能抓起小石子往船上扔去。

使幼小的草明印象最深刻的莫过于每天早上，当太阳才刚刚露出头顶，天空还只不过是蒙蒙发亮的时候，村子里那座能容纳500名女工的忠信恒缫丝厂的汽笛，就催命似的呜呜地鸣叫了。这时，草明和早起的小伙伴们便趴在汶澜桥的栏杆上，欢送那些迎着汽笛声去上班的女工队伍。只见女工们昂首挺胸地急急忙忙奔向工厂，她们脚上穿着的木屐敲击在白麻石小道上的声音形成一支动听的乐曲，仿佛要抹去她们脸上还没有完全褪去的睡意似的。而到了傍晚，草明和小伙伴们吃罢晚饭，到桥畔迎接放工的人们的时候，红艳艳的彩霞把绿色的芭蕉叶映得通红，深红浓绿构成一幅绝妙的美景，为珠三角的水乡平添一番风采。然而，那支终日被缫丝机里的热水蒸薰得脸孔苍白、疲惫不堪的女工队伍，使草明和小伙伴们快乐的心情瞬间便变得木然：女工们那木屐敲击白麻石的声音，远不如早上有劲，而是拖沓无力了。唉，草明和小伙伴们当然无从知道，也不会懂得，那条白麻石小道，是否每天记录着女工们用脚印写下的辛酸和怨恨的音符？

有时出于好奇，草明和小伙伴们会钻进忠信恒缫丝厂去玩。他们被那神奇的蒸汽机吸引住了。那黄铜的闪亮的家伙不知疲倦地均匀地来回开动，巨大的锅炉喷吐着火焰，发出震耳的呼喊。那位锅炉师傅浑身大汗，像个制服猛兽的勇士似的一铲煤一铲煤地往巨兽的大嘴里送。草明满心崇拜地看得出神。车间里女工们一边工作，一边唱着珠三角水乡流行的咸水歌、木鱼调，歌声抒发着她们胸中的忧郁，唱出她们对命运不公的怨恨。这种雄壮与孱弱的声音混成一体，使人迷醉。不过，草明和小伙伴们那浑浑噩噩的幼稚的心灵，又哪能理解其中复杂的、危机隐伏的人生所包含的意义？

果然，危机真的降临了，不到10年，在草明10岁左右的时候，中国的生丝在国际市场上的地位，被日本生丝占领了。顺德盛产的生丝都堆积在仓库里、码头上，卖不出去了。那些曾经争先恐后抢靠在喧闹的码头旁，抢运着生丝的大船、小船、小艇、舢板，如今都像死去的鱼儿一样，静静地浮在悄无声息的平静的水面上，一动不动。忠信恒缫丝厂在减人、减工资；很多小丝厂都倒闭了，有些也在大减工资。缫丝厂不收购蚕丝了，蚕农也就不养蚕了，没有蚕儿吃桑叶，桑叶自然也卖不出去了，桑农只好把桑叶倒进鱼塘里喂鱼，桑基改种香蕉和甘蔗。没有蚕儿吐的丝，缫丝厂也无丝可缫，这就形成一个恶性循环。年轻小伙都奔南洋谋生去了；有些缫丝女工只好含着眼泪背井离乡，到广州、香港打工去了。往日天未亮就急匆匆跨过汶澜桥，迎着汽笛声去上班的浩浩荡荡的女工队伍，好像一夜之间就消失了，"盛景"不再。每天早上，只有三五个还有班可上的女工，耷拉着脑袋，在微暗的天色中，轻轻闪过汶澜桥，像幽灵似的。

唉，土地肥沃，物产丰盛，号称鱼米之乡的珠江三角洲啊，工农百姓也经常有食不果腹、衣不暖身的时候呀！

这一切，给年幼的草明留下深刻难忘的印象。从小就接触工人，特别是接触女工的草明，对工人有一种说不出的亲切感。她目睹工人流血流汗，辛勤劳动，却仍过着艰辛的生活；她了解工人喜怒哀乐的情绪，她对工人悲欢离合、受苦受难的人生际遇充满同情。参加革命后，她对工人的了解更深刻了。特别是到了1945年11月，中共中央从各解放区抽调了十一万精兵组成的东北民主联军，联同新成立的中共中央东北局所率领的两万名干部队伍，齐头并进，日夜兼程奔赴东北，要在东北打一场大仗，为解放全中国揭开序幕的时候，草明毅然决然地加入到这支队伍中，来到了东北，并且在东北一待就是18年。她深入到镜泊湖发电厂、皇姑屯铁路工厂、鞍山钢铁公司和广大的工人群众中间去了。她真切地感受到推动历史前进的工人阶级是多么的伟大。对于工人，她从早年的同情转变为崇敬和热爱。她用毕生的精力描写、反映和讴歌工人阶级的生活与斗争，写出了《原动力》《火车头》《乘风破浪》等多部深受读者喜爱、得到社会各界很高评价的长篇小说，成为中国文学史上第一位写工人、写工业题材并取得了杰出成就的作家。这是后话。

再回到前面。快乐的、无忧无虑的童年生活结束了，草明到了该要进学堂读书的年龄了。一天，父亲捉着草明的手，发现草明左手的无名指下边有一条笔直的纹，便高兴地说："哦，这是'状元笔'，你至少可以考个秀才。"跟着又摇了摇头道，"可惜你是个女孩。"

草明的母亲李淡如是雇农之女，被卖给广州许家当丫鬟，17岁嫁吴腾骧做妾。吴家破落后，主要靠李淡如做手工维持一家人艰难的生活。草明出生后，正是吴家最穷困潦倒的时期。此刻，为了女儿的前途，每天晚上李淡如都拼命地在煤油灯下做女红，到夜里一两点钟才睡，常常熬红了眼睛，并且不停地咳嗽，这样挣来的钱，把草明送到外村完小去读书。后来，母亲不幸病逝，1927年，草明告别故乡，跟随父亲到广州生活，考进了广东省立女子高中师范学校的附属小学继续读书。当读完小学四年级时，草明提前考上了师范学校的初中一年级，老师高兴，家里人更高兴。父亲捻着山羊胡须，像个哲人似的对草明说："我看过你的手相，早就知道你能考上。"

在学校，草明勤奋地读书，除了体育仅仅及格之外，其余门门功课都很好，连美术、音乐、绣花也贴堂，作文就更不用说了。她对文学的兴趣越来越浓厚，她开始大量阅读五四时期的小说、哲学、美学。在初中一年级至三年级这两年多时间里，她成了书迷，一下课就泡到图书馆里去，着了迷地读鲁迅、茅盾、高尔基、巴尔扎克、契诃夫、莎士比亚、司汤达等中外名家的经典著作。

17岁那年,草明开始学着写起小说来了,一连写了两篇,一篇叫《私奔》,另一篇叫《知音》,都是写男女青年的爱情故事的。她把小说给班主任赵慕鸿和另一位老师看了,得到了他们的赞赏和鼓励。

有一天,赵慕鸿对草明说,他的朋友办了一份用广州话写的给劳苦大众看的刊物,邀草明给刊物写点稿子。草明十分乐意,一口应承下来,很快就把桂洲乡下缫丝女工受苦受难的事情写成小说,给了赵老师。

过了几天,赵老师把那份地下刊物《广州文艺》悄悄塞到草明手中,告诉她,稿子已经用上了,并说刊物主编想见见她。于是在一个星期天,草明跟着赵老师,在一间茶楼见到了《广州文艺》主编欧阳山(当时用罗西做名字,及做笔名)。

在会面中,欧阳山直率地说草明那篇作品是属于普罗文学,很合乎专给工人和穷人看的《广州文艺》的用稿要求,希望草明常常写小说给这个刊物。并约定下次见面的时间和地点,要求草明届时再带一篇文章来。

这次会面无疑是草明人生道路上的重要转折。草明原先的理想是在高中师范毕业后,当个小学教师,安安稳稳地度过一生。她接受欧阳山之邀参加广州文艺社的工作后,由此走上了虽然艰险漫长曲折,但是通往光明未来的革命文学之路,并通过几十年的艰辛努力,终于成为一位在中国现当代文学史上占有重要地位的成就卓著的著名女作家。

草明积极地参与了广州文艺社的工作。她以缫丝女工的生活和斗争为题材,写出一篇又一篇的小说,刊登在《广州文艺》上;她除了要编辑好稿子外,还要去印刷厂对打印出的文稿进行校对;梳着短发、身背书包的她,在广州街头,向工人、市民及小报摊散发、推销违禁的《广州文艺》。

因为草明写的小说都是关于女工受苦、反抗以至罢工的革命文学,发表时绝不能用吴绚文这个在学校用的名字,也不好用英文字母代替,她便给自己取了个笔名叫草明,这是把萌字拆开,宣告自己已萌发了共产主义思想了,而且草是最先迎接太阳光的;另一个意思是"野火烧不尽,春风吹又生",草是象征燎原似的革命的意思。据田海蓝的《草明评传》所述,毛泽东对草明的"草"字也颇感兴趣。那是解放后召开全国政协第二届全体委员大会的休息时间,毛泽东就曾经很好奇地问过草明:"我一直很奇怪,怎么会有人姓草?"草明笑着用上面那段话向毛泽东做了解释,毛泽东听了之后也笑着说:"哦,原来如此啊!"[1]

草明在广州文艺社一年多的过程中,由于工作,与欧阳山接触越来越

---

[1] 田海蓝:《草明评传》,中国文史出版社2013年版,第52页。

多。后来两人发展到每天非见面不可。欧阳山对草明的作品，对草明的工作劲头十分欣赏，甚至对草明的性格、风度也加了许多优美的赞叹。而当两人遭到国民党当局的通缉时，欧阳山原打算他先去上海避一避，让草明留在广州转入地下，与龚明继续从事革命文学的工作。但草明不愿意，她觉得她与欧阳山的关系已经到了这一步，只能患难与共，怎能分开？留，一起留；去上海就一起去。欧阳山最后同意了。

就这样，1933年8月底的一个黄昏，欧阳山与草明在夜色中登上了前往上海的一艘货轮。

经过几天几夜的航行，上海在望了……

第五章
"左联"风雨

第一节　再会导师

1933年9月初，欧阳山和草明终于抵达了上海，临时住在闸北一家小旅馆里。行装甫卸，欧阳山就找韩起去了。韩起是欧阳山1930年在南京认识的一位好朋友，当年是南京中央大学的一位旁听生，欧阳山与他及一群年轻人曾经常在一起，就中国革命何去何从的问题以及如何进行革命文学创作的问题进行过热烈的讨论和深入的探索。如今的韩起早已是"左联"的盟员，并且已经成为一位翻译家，翻译过《列宁回忆录》等书（欧阳山后来和他合译过奥地利女作家黎利·科尔勃的长篇小说《苏联女工日记》）。欧阳山很快就找到了他，并通过他的介绍，加入了中国左翼作家联盟，在小说研究委员会工作；同年10月，欧阳山又参加了中国左翼文化总同盟，任宣传部长。然而热情开朗的年轻人韩起在第二年，即1934年病故了。那一天，欧阳山和他一起到南京看望张天翼。老友相逢免不了上馆子喝酒，而且一杯接一杯地喝得很多，"酒逢知己千杯少"，还吃了不少活虾。从南京回到上海后韩起就突发伤寒病，只22天就去世了。这令欧阳山、张天翼及一众"左联"朋友悲痛不已！

"左联"很少举办如召开大会等的大型活动，日常是以小组为单位开展活动的。每个小组通常由三四个人组成。欧阳山和草明编在不同的小组。欧阳山最初跟艾芜、叶紫一个小组，后来人员又多次变换。草明记得她所在的小组由周钢鸣任组长，组员除了她还有潘皮凡和一位年轻人。他们不时能看到油印的内部刊物，如《群众》《红旗》等。组长经常传达国内革命形势发展的消息，如中央苏区反击国民党"围剿"取得了胜利；红军开始长征等。有时也透露一些国民党对待共产党的策略。他们还被要求参加示威游行、秘密张贴标语、散发传单、参加飞行集会、到工厂中做鼓动工作、帮工人出墙报、办夜校等的活动，但1934年之后这一类活动就停止了。

20世纪30年代的左翼文艺运动在中国现代文学史上有着伟大的功绩。它是中国革命文学的奠基者和播种者。这个运动在共产党的领导下，以鲁迅为旗手，而"左联"则是它的核心。"左联"在继承"五四"文学革命的传统，创建无产阶级革命文学，介绍马克思主义的文艺理论，培养一支坚强的左翼、进步的文艺队伍等方面，都做出了辉煌的成就，有着不可磨灭的功勋。在抗日战争中，以"左联"为核心的这支队伍撒向了全国，成为当时解放区和国统区革命文学运动的中坚力量。全国解放后，这支队伍又成为全国各条文艺战线的骨干和核心。可以说，无视"左联"的作用，就无法理解中国的现代和当代文学史。

当然，"左联"的成就，是在不断地斗争、挫折和牺牲中，经过迂回曲折的道路取得的；是在一方面奋力击破国民党的文化围剿，一方面努力克服自身的错误中，逐渐成长起来的。而在这两方面，鲁迅都是榜样：他既是运筹帷幄的统帅，又是冲锋陷阵的战士。

刚到上海，先得解决住和吃的问题。欧阳山和草明在北四川路一条弄堂里租了一间亭子间住下。上海的亭子间，只有10平方米左右，一般是穷人或单身穷知识分子、下级职员住的，租金每个月在三四元之间。他们还吃五元钱一个月的包饭，饭可以送到家里来。生活是清苦的，但吃有住，他们已很满足了，吃过饭，两人就在皮箱子上面铺开稿纸，开始写作。

后来，白色恐怖日益严重，为了避开敌人的搜捕，"左联"的大多数革命作家经常是一两个月就要搬一趟家。欧阳山和草明也不例外，他们从广州来到上海后，先后在北四川路、武昌路、静安路、卡德路、慕尔明路、舍神甫路、西爱咸斯路、巨籁达路、善钟路等英法租界的亭子间居住。

在这期间，他们还在韩起家认识了青年作家胡风（胡风日后因冤案而名震中外，成为家喻户晓的人物）。后来胡风请他们到他家吃饭，他们也就结识了胡风的妻子屠玘华（即梅志）。

工作安排好后，欧阳山最大的心愿就是跟鲁迅先生见面。

1933年10月的一天，他和草明应邀参加世界反战大同盟战士、英国的马莱爵士和法国共产党《人道报》主编保尔·瓦扬·古久列的欢迎会。这二位先生是去参加世界反战大同盟远东会议后绕道来上海的。他们的主要任务是来调查日本对上海侵犯的实际情况的。上海文化界的知名人士聚集一堂欢迎他们。

在会上，欧阳山远远地见到了陪同着客人的鲁迅先生——还是穿着那熟悉的灰色长袍子，还是那常爱仰着脸的熟悉的神态，那钢针般的头发和胡子仍旧透露出顽强坚韧的性格。欧阳山兴奋地向草明指点说，那就是鲁迅先生！草明是第一次见到鲁迅先生，自然显得更兴奋。

接着,欧阳山又指给草明看,那是茅盾先生,那是蔡元培先生,那是孙夫人宋庆龄。

不过,这次见面,欧阳山没有机会跟鲁迅先生交谈。

不久后的一天傍晚,欧阳山终于在北四川路的内山书店依照约定跟鲁迅先生见面了。他发觉鲁迅先生容颜苍老多了,面孔黄而瘦,好像害着重病的样子,没有变的,是浓眉下面那双闪闪发光的眼睛,依旧充满着斗士的勃勃生机。

鲁迅先生很高兴见到欧阳山,他很有兴致,谈锋甚健,邀欧阳山到内山书店对面的白俄咖啡馆继续交谈。他关心地询问着欧阳山这几年的经历、生活和创作,鼓励欧阳山多写革命文学的作品。

"这几年你的作品甚多,我通过你的作品对广东颇有了认识和了解。"鲁迅先生吸一口烟,继续说,"对于青年,我以前是很敬重的,总以为将来必胜于过去,青年必胜于老人。然而后来我明白我倒是错了。1927年的血把我吓得目瞪口呆,我就知道同是青年,而分成两大阵营,有的就在那里投书告密,助官捕人。但对于你,我是相信的,你非但没有助官捕人,还在给人家追捕,是个钦犯哩。"

鲁迅先生说毕,仰头大笑起来。

1934年4月,《动向》的主编聂绀弩请鲁迅先生吃饭,邀胡风、欧阳山、草明作陪。地点选在豫园,因为鲁迅先生喜欢喝豫园的小米粥。饭后,坐在鲁迅先生身旁的草明拿了根牙签恭敬地递给鲁迅先生。鲁迅先生摆了摆手,然后指指自己的牙齿说:"用勿着,都是假牙。"顿了顿,他又幽默地说:"敌人听见也许高兴,说鲁迅老掉牙了。不过,他们未免高兴得太早了。"

鲁迅先生这句话给欧阳山和草明留下很深刻的印象,他们反复咀嚼着这句话,深为鲁迅先生顽强不屈的韧性战斗精神所感动。

第二节 噩耗

自欧阳山、草明远走上海后,"左联"广州分盟的工作就由龚明、易巩两个人负责,由盟员胡沥负责用秘密通信的办法,和上海"左联"联系。

1933年9月初的一天,刚抵达上海不几天的欧阳山接到"左联"广州分盟的来信,说龚明打算着手帮助广州的海员们成立新工会。欧阳山潜意识里觉得此事有点不妥,便马上把这封信转给中国"左联"领导,要他们向组织上请示一下,这件事能不能做。组织上很快给了回信,说帮助广州海员组织新工会的事情,暂时不要进行。欧阳山立即把组织的指示转告广州分盟。

但是信到之日，已经太迟了，不幸的事情已经发生了，龚明、易巩都已经被捕了。

事后才知道，事件是那个冒充海员的陈英明一手策划的。此人根本不是什么海员，而是一个国民党特务，他是国民党广州公安局长何荦手下的侦缉姚常，化名冒充海员，诱骗一心为工人谋利益的革命青年。他和龚明、易巩、许介来往几次以后，就约定在9月的某一天，在广州珠江南岸的天如茶楼会面，讨论修改由龚明早就草拟好的新海员工会章程。那天只有龚明、易巩两人带着章程底稿赴会，许介因事没有同行，结果还未落座，龚明、易巩二人就被一拥而上的恶狠狠的特务们不由分说地戴上手铐逮捕了。被捕以后，两个人被隔离开，关在公安局特别侦缉部看守所里。凶残狠毒的刑警们对他们严刑拷问，吊打、放飞机、坐老虎凳、灌辣椒水，所有的刑罚都用上了，但是一无所获。刽子手们又强迫遍体鳞伤的龚明带他们出去抓人。

"特别要抓到那个许介！"姚常恶狠狠地挥舞着拳头吼叫。

但是仍然一无所获。最后，恼羞成怒、嗜血成性的当局以"赤匪首要"的罪名，对龚明下了毒手。那是1933年12月26日，才仅仅25岁的龚明为革命文艺事业献出了年轻的生命，他的血和"左联五烈士"的血流在了一起，染红了祖国的山河大地。而同时被捕的易巩，则被判处十年徒刑，投入了狱中。

五十二年后的1985年12月5日，已经77岁高龄的欧阳山，在《忆烈士龚明》一文中这样描述龚明的最后时刻：

> 在他走向刑场的那一个阴暗的黄昏，他正在和难友们下棋。听到执法队呼喊他的名字，他从容自若地站了起来，用手理顺了头发，和难友们一一告别。随后他又把身上穿的棉衣、毛线衣和长裤子都脱下来，分送给难友，自己只穿一件汗衫和一条裤衩，对于隆冬的寒冷一点也不畏惧。最后，他甚至把自己所戴的近视眼镜也摘下来，要送给难友，经大家劝止，才又重新戴上，正义凛然地走出了牢房门口。

欧阳山写这篇文章的时候，笔者正担任他的秘书（创作助手）。这篇文章是欧阳山通过口授，笔者以笔录的方式写下来的。文章写到这一段时，笔者分明看到，欧阳山的双眼已经湿润了，他抬头望向窗外的天空，强忍着才没有让泪水流下来，但他的嗓音已经有点发抖了。

多么情义深长的老人啊！这是对逝去战友的发自内心的深深的怀念。

文章结尾，欧阳山以有力的声调说道：

龚明同志离开我们已经五十二年了，他所播下的火种永远不会熄灭。他所影响的学生后来都继承他的遗志，成了职业的革命家，也有成了烈士的。他在群众当中的巨大深远的影响，更是难以计算。经过半个世纪以后，他的理想正在实现，他用鲜血灌溉的革命文艺的花朵，已经开满羊城。

文章长达6000多字，发表在1985年12月25日的《南方日报》上，占去了大半个版面。除了这篇文章，欧阳山早在1949年6月，新中国即将成立的喜庆日子里，就在《华北文艺》第6期上发表了《忆华南方言文艺先驱——龚明先生》，以表达对战友的深切怀念，并以中国革命胜利的喜讯，告慰战友在天之灵。

第三节　同志加兄弟

在上海，欧阳山和草明靠稿费为生，两个人的稿费合起来只够吃饭、房租、报费、车费和欧阳山抽烟之用，生活是很清贫艰苦的。有时遇上欧阳山写中篇小说等篇幅较长的作品，周期长一些时，稿费会延迟收到，那个月就会发生困难，便只能一杯凉开水就个烧饼充充饥了。这时，沙汀、杨骚等同一小组的"左联"盟员得知后，会毫不犹豫地伸出援手，帮助欧阳山、草明度过生活上的难关。

有一段时期，欧阳山和草明，以及青年作家丘东平夫妇，还有他们两家的三个女儿同住在福履理路一间又小又破的前楼里，面积仅10余平方米。地方太狭小了，摆放床板后已经没有地方走路，另外还要在屋子中央张挂半幅布帘子做洗澡的地方。他们难得有肉吃，常常吃大量的毛豆和南瓜。而且，当时欧阳山和草明已在地下党的领导下，从事秘密工作。为了避开敌人的搜捕，他们经常是一个月要搬好几趟家。在这样居无定所、食不果腹的生活中，欧阳山和草明仍然坚定地从事革命文学的创作。他们精神上很乐观，整天沉浸在文艺的创作、研究和探讨的氛围之中。欧阳山和胡风合译美国作家杰克·伦敦的长篇小说《野性的呼声》时，常常为了用字用句争得面红耳赤，解决之后又高兴得像个小孩子似的。他们觉得这样的工作和生活十分有意义，充满了乐趣，并不以清贫为苦。

"左联"的这些青年作家们，既是志同道合的战友，又像手足情深的兄弟。

在欧阳山眼中，四川人沙汀是位可敬且值得信赖的朋友，人很风趣，创作态度却十分严谨，对字句、段落斟酌来斟酌去，有时觉得这一段放在这里不合适，便把这段剪下来，接在那一段下面。你很难在他的作品里找到多余的字和多余的句子。他对旧社会有透彻的观察和体验，掌握很多素材，因此，讲起地主、老财对农民的残酷剥削和醉生梦死的生活享受时，讲得很细腻；讲起农民的苦难生活时，充满同情，常常打手势，甚至摇着听者的肩膀，表示他的愤慨。他很健谈，讲起这些事情时，往往一讲就是两三个小时。如果碰上他的家乡寄来了熏鱼、腊麂子肉的时候，欧阳山和草明就有口福了，沙汀准会把他俩留下，喝酒、吃肉，但两个女人——草明和沙汀的妻子黄玉顾不喝酒，只顾吃肉，一面看着两个男人——欧阳山和沙汀一杯接一杯地把酒倒进喉咙里，一面聆听两个男人海阔天空的醉话。黄玉顾欣赏着丈夫的快乐模样，偶尔听见他话儿有点出格时，就装作否定的样子说：

"要话说！你看见过？"

沙汀这时就会把微红的醉脸侧过去对妻子笑笑。

欧阳山和沙汀一直保持着交往。即使在"两个口号"论争时，虽然观点不同，欧阳山和他观点归观点，友谊归友谊。对某一个问题的不同观点，并没有妨碍革命的友谊。沙汀后来还和周恩来一起，成为欧阳山的入党介绍人。这是后话。

欧阳山和艾芜共过一个小组，又同在小说研究委员会工作，常见面，彼此从认识到相知、熟悉、了解，最后成为为革命文学事业并肩作战的战友。艾芜是个老实人，虽然不像沙汀那样风趣，但说起他在云南的那段生活经历时，也是滔滔不绝，十分动人的。

杨骚的为人，又是另一个格调。他诗人气质，潇洒娴雅，为人厚道。唱起《四郎探母》来特别好听，被人誉为甜嗓子。

张天翼是个十分有趣的人，早在加入"左联"前，欧阳山和他就是老朋友了。他忠厚又很风趣，爱说笑话，他的笑话常常使听者笑得前仰后翻，他自己也笑得合不拢嘴。他住在南京，一年中来上海两三次，每次到欧阳山家，多半带上蒋牧良、朱凡容。三条大汉把欧阳山家那亭子间挤得水泄不通。话匣子打开，四个人便海阔天空、谈天论地，从政治局势、社会现象、文艺形势、友人消息到文艺作品，一一涉及。说到兴奋处，张天翼就会掏出一包叉烧肉、一包五香花生米之类的食品，草明这时就会适时地递上提早在弄堂口买来的4瓶啤酒。酒落肚，话更多。4瓶喝完，8只眼睛相望，最后，眼光一齐落到草明身上，草明哪能不会意，立刻又到弄堂口再买4瓶。4瓶当然经不住4个酒鬼的海量，8只眼睛又望向草明，草明摊开双手，表示囊空如洗，同时表示出对酒鬼狂饮的不满，这时欧阳山只好"忍痛戒烟"，把本该买烟的钱拿给草明再买4瓶。12瓶喝罢，大事小事也议论得差不多了，笑话也笑过了，酒鬼们这才心满意足地咂着嘴唇，打着饱嗝儿，尽兴而散。

欧阳山和刘白羽有着十分深厚的情谊，准确地说是革命战友之情。解放前，两人在上海、重庆、延安，都曾为革命文学事业的发展而并肩战斗。几十年后，刘白羽曾多次在文章和讲话中深情地回忆起他跟欧阳山初次见面时的情景，这初次见面似乎给他留下了永不磨灭的印象：

> 那是1937年春天，我和天翼、荃麟、葛琴、以群住在太湖畔上的丁山。天翼收到上海来信后告诉我：欧阳山、蒋牧良、凡容都要到这儿来相聚。那是梅雨未来的江南季节，天气还是乍暖还寒时候，但我为这消息振奋得心里都发热起来。谁知当我们涌到公共汽车站去接时，却只来了牧良和凡容。一个多月后，当我自丁山来到上海，才由牧良陪我看望了欧阳山同志。那时一个革命文人的生活是十分清苦的，而且随时冒着坐牢、杀头的危险。可是欧阳山同志给我留下的印象非常深刻，他那坚强的面容、幽默的微笑、锐利的言谈，使我感到他对光明的炽爱和对黑暗的轻蔑。这个印象在以后几十年岁月中从没改变过，而是更加加深了，更加深沉、更加深厚了。①

> 我认识欧阳山是第二次到上海，当时我和张天翼一群人住在太湖之滨一个小镇，天翼要我到上海先见欧阳山。我到了欧阳山家，他那魁梧的身材，幽默的笑语，一见之下，便感亲切。他把我送到他家近旁街角一家白俄的小饭店住下，住房餐饮，清洁如洗。我有很多活动，欧阳山和陈白尘陪我到红房子去吃饭，我第一次发现欧阳山豪饮大度。原来在湖边小村举行一次聚会，说欧阳山也来却没能来，我便更有思慕之情。如今得以了却。②

这些在二十世纪三十年代的白色恐怖中，为中国革命文学事业的发展而浴血奋战的"左联"战士们，这些当年不过是20来岁的青年作家们，他们中的相当一部分人，日后都成为中国文坛的一代名家，以他们得以流传后世的鸿篇巨制，为中国文学增添了绚丽夺目的光彩。如周而复的《上海的早晨》《长城万里图》；如刘白羽的《第二个太阳》《风风雨雨太平洋》《长江三日》《日出》；如沙汀的《淘金记》《困兽记》《还乡记》《在其香居茶馆里》；如艾芜的《南行记》《山野》《百炼成钢》；如张天翼的《华威

---

① 刘白羽：《给欧阳山同志的献辞》，载《热血青史——欧阳山作品研讨论文集》，花城出版社1990年版，第22页。

② 刘白羽：《哭山兄——悼念欧阳山同志》，载《纪念欧阳山》，广东人民出版社2001年版，第46页。

先生》《包氏父子》《大林和小林》《宝葫芦的秘密》《鬼土日记》；如陈白尘的《结婚进行曲》《岁寒图》《升官图》《大风歌》。

当然，这当中也包括欧阳山的《高干大》《三家巷》（又名《一代风流》），草明的《原动力》《火车头》《乘风破浪》。

这是后话。

当然，"左联"这批青年作家的成长，也有着导师鲁迅和茅盾等师长的培育之功和付出的心血。在草明的眼中，茅盾是一位和蔼而严谨，谦逊而又坦诚，对培育后进毫无保留、诲人不倦的长者。草明曾告诉过欧阳山，她虽然和茅盾见面的次数不多，但每逢见面，茅盾对她就像对他多年的学生似的热情地指点她。当草明拿着小说稿子《没有了牙齿的》，像是递交试卷似的，有点胆怯地请教茅盾时，茅盾接过稿子，并没有立刻看，似乎是笑笑地说："你的《倾跌》我看过啦。哦，你才20岁，写得挺老练啊。"茅盾接着又问了草明过去的写作情况和生活经历，草明一一做了回答。最后茅盾说："你熟悉下层人们的生活，这是好事。要多写，但发表一定要严格。看来，你的欧化语言还较少。我们是中国人嘛。有些作品一写劳工，开口闭口就是'他妈的'，不见得这样就像劳工。这是文化较低的人的口头禅，这太表面了。他们的内心呢，他们的感情、他们的希望、他们的痛苦呢？多着呢。……"

茅盾师长的一席话，使草明豁然开朗。虽然草明当时可能没有完全领略，更未能完全付诸实践，但是她脑中总想着：我要努力，有朝一日达到这个目标。

虽然当时"左联"的作家们基本上还处于地下活动的状态，不能自由地深入到劳工下层的生活中去，但要深入到工人的生活中去的教导，影响了草明后来的大半生的创作道路，使她最终成为中国文学史上第一位写工人、写工业题材并取得了杰出成就的作家。

第四节　学生·战友

20世纪30年代的中国，国民党对中央苏区的军事"围剿"一次比一次加剧的同时，在国统区，革命的和进步的文化团体和人士也受到了国民党日益残酷的文化"围剿"，白色恐怖愈加严重。为了避开国民党特务的跟踪和搜捕，"左联"基本上处于地下活动的状态，"左联"会员大会除了成立时开过一次外，就再也没有开过，也没有举办过什么公开的大型活动，日常是以小组为单位开展活动的。每个小组由盟员所在的地区来划分，通常由三四个人组成。小组及个人之间只有纵的联系，没有横的关系，不在一个小组的就互相不知道。这样，跟鲁迅先生的联系就显得非常重要了。

从1933年8月抵达上海，到1936年10月鲁迅先生去世，在这3年多的时间里，欧阳山跟鲁迅先生有过20多次见面交谈、虚心请教的机会，他跟鲁迅先生的交往是颇为密切的。

在这3年多的时间里，欧阳山受到鲁迅先生的许多教诲和关怀爱护，比过去更进一步地接受了鲁迅先生的影响，在思想上更加接近鲁迅先生。他作为鲁迅先生的学生和战友，在重大的斗争和文学活动中，在重大的政治和文艺问题上，都是拥护鲁迅、支持鲁迅，与鲁迅保持一致的。他无论参加和组织什么重大活动，大都先征求鲁迅先生的意见，按鲁迅先生的教导去工作和创作。

在这3年多的时间里，在鲁迅先生的直接指导和帮助下，欧阳山的创作有了长足的进步，他在这期间共出版了《七年忌》《青年男女》《崩决》《鬼巢》《生底烦扰》《梦一样的自由》《失败的失败者》等7部中、短篇小说集，以及大量的杂文、随笔。作品不但数量多，而且思想性和艺术性都高，有着深受鲁迅影响的印迹（胡风则称欧阳山的小说接近高尔基的风格）。其中《七年忌》《崩决》等已成为20世纪30年代中国现代文学中的名篇，被收进《中国新文学大系》这部权威性著作里。著名学者李何林在《中国新文学史研究》一书中，称欧阳山为"'左联'时期小说方面最杰出的代表作家之一。"著名学者、中国社科院文学研究所所长杨义在其所著的由人民文学出版社于1988年出版的《中国现代小说史（三）》第六章《左翼小说主潮（上）》第五节《欧阳山：从写人物情感到绘时代风云》中对欧阳山30年代的作品做出了较高的评价，其中谈到欧阳山在该时期写的《竹尺和铁锤》这部中篇小说时，写道："整部作品的坚实程度不逊于晚数月发表的丁玲的《水》""在欧阳山的创作道路上，《竹尺和铁锤》无疑是一块重要界碑，它代表'罗西时代'社会写实的最高成就"；杨义接着写道，1932年9月，用"欧阳山"作笔名发表的短篇小说《跛老鼠》，"作为左翼作家的更有成就的时期，即'欧阳山时期'开始了"。

在上海这段日子里，鲁迅对欧阳山是信任支持、关怀爱护，悉心扶持他成长，对他颇为器重的。鲁迅对欧阳山的创作很重视，1934年，他和茅盾把欧阳山作为"'左联'成立以后涌现出来的一批有才华的青年作家"之一，介绍到外国去，他们把欧阳山的《水棚里的清道夫》作为反映工人生活的杰作，选进了由他们主编的中国现代短篇小说集《草鞋脚》中，交由美国记者伊罗生拿到美国去出版。1935年，鲁迅又把欧阳山的短篇小说《心的俘虏》拿到由他主编、"左联"出版的秘密刊物《木屑文丛》第一期上发表。1936年5月，鲁迅与美国著名作家、记者埃德加·斯诺会面，在回答斯诺的提问时，把欧阳山列入左翼作家的行列中，与茅盾、沙汀、东平、艾芜、夏征农、胡风、萧红、萧军、蒲风等著名作家并列（其他一些名作家如张天翼、魏金枝、吴组湘、楼适夷、许杰、王统照、曹禺、芦焚、孙席珍、洪深、郑振铎等则被鲁迅列为"左翼倾向"的作家；巴金、靳以、谢冰莹、戴平万、鲁彦等列为"革命浪漫主义"作家）[1]。而更加表明鲁迅对欧阳山的充分信任和支持的，是鲁迅把他写于1936年8月3日—6日的关于"两个口号"论争的十分重要又十分著名的文章《答徐懋庸并关于抗日统一战线问题》，交给欧阳山和张天翼主编的《现实文学》发表（后来欧阳山和张天翼考虑到这篇文章关系重大，才改由影响较大的《作家》月刊发表）。

1934年夏秋之间，"左联"的文艺大众化研究会组织了第三次文艺大众化和欧化的讨论，欧阳山积极地参加了这次讨论，并在论争中针对某些人的错误观点，提出了在大众化的同时，鉴于中国文字的还不够精密准确，因而"文学用语欧化有必要"。当有人不同意欧阳山的这个论点时，鲁迅先生支持了欧阳山，他指出，要警惕那假充"左"方面来的袭击。"中国语拉丁化；到大众中去学习，采用方言；以至要大众自己来写作，都不错。但迫在目前的明后天，怎么办？我想，也必须有一批人，立刻试作浅显的文章，一面是试验，一面看对于将来的大众语有无好处。"但"大众语的起来还不在目前"，还"要支持欧化式的文章，但要区别这种文章，是故意胡闹，还是为了立论的精密，不得不如此"。[2]"精密的所谓'欧化'语文，仍应支持，因为讲话倘要精密，中国原有的语法是不够的，而中国的大众语文，也决不会永久含胡下去。譬如罢，反对欧化者所说的欧化，就不是中国固有字，有些新字眼，新语法，是会有非用不可的时候的。"[3]

1936年7月1日，欧阳山在鲁迅带头发起的敦促抗日的《中国文艺工作者宣言》上签了名，并把这个《宣言》率先在由他和张天翼主编的《现实文学》创刊号上发表。在此期间，国民党更加紧了对革命文艺家的迫害，斗争更加激烈了。在同一期的《现实文学》上，欧阳山还编发了鲁迅的《论现在我们的文学运动》这篇重要文章，接着又在由他和方之中主编的《夜莺》上转载了该文。文章刊出后，国民党特务协同上海租界的法国巡捕房几次窜到杂志编辑部的通信处，企图在那里逮捕欧阳山，都让欧阳山机智地摆脱了。也正是这个时候，托派乘机向鲁迅挑战，一个叫陈仲山的托洛斯基分子给鲁

---

[1] 黄伟宗：《欧阳山评传》，花山文艺出版社1993年版，第130页。
[2] 鲁迅：《致曹聚仁》，载《鲁迅全集》（第十二卷），人民文学出版社1981年版，第496页。
[3] 鲁迅：《答曹聚仁先生信》，载《鲁迅全集》（第六卷），人民文学出版社1981年版，第77页。

迅写信,信中恶毒地诋毁共产党,尽量离间和挑拨鲁迅与共产党的关系。当时鲁迅已重病在身,但他看到这封信后,知道这是托派与国民党合流,企图摧毁革命文化阵营。鲁迅理解到自己首当其冲,他必须揭露反动派的嘴脸,捍卫革命文化。他忍受因愤怒而加重的病痛,写了《答托洛斯基派的信》,用如火般的热情赞颂刚经过二万五千里长征到达陕北的中国共产党,以无比的愤慨怒斥托派配合国民党的进攻。这份讨檄的文献原打算在大报上刊登,但大报不敢登,其他几个左倾刊物也畏惧冒风险。怎么办?这时,欧阳山毫不犹豫地挺身而出,冒着风险,承担了这个光荣的任务,把鲁迅的文章刊登在自己主编的刊物上。对此,草明在她的回忆录里有生动的描写:

> 这两天欧阳山愁眉不展,进进出出地与同志们商量,连饭也吃不下。我的脑子也绷紧,试探地自言自语:"《现实文学》上发表多好。"欧阳山缓缓地摇摇头说,"销路范围小些。没办法也只能豁出去……"大概只有两三天工夫,欧阳山回到家里,面有笑容。我问道:"有办法了?"
>
> 欧阳山没有说话,半开玩笑地唱道:"鬼叫你穷呀,顶硬上哎。"
>
> 这是广东的苦力们在肩上抬百几二百斤时爱吆喝的又是豪迈,又是控诉的号子。所以我一听就懂。他絮絮不休地还在解释:"这篇声讨反动派的檄文决定在《现实文学》第二期刊登,我们不登,谁登!……(登出之后)我们,准备搬搬家吧。"①

《答托洛斯基派的信》虽然决定在《现实文学》第二期刊登,但出版与销售是一个大问题,因为有鲁迅的这篇文章,国民党不用说会查得很紧的。这时,一个叫尹庚的只有二十四五岁的年轻人出现了。尹庚以前在杭州时曾在胡也频手下编过报纸,后来又曾随叶以群到日本东京组织"中国左翼作家联盟东京分盟",受到革命的教育,对革命有火一样的热情,而且办事很灵活,有很多鬼点子。他在上海天马书店任总编辑期间,曾想方设法出版过很多左翼作家的作品,如鲁迅的《门外文谈》、丘东平的《沉郁的梅岭城》、聂绀弩的《邂逅》、荒煤的《刘麻木》、欧阳山的《梦一样的自由》、草明的《女人的故事》等。后来国民党发觉了,立刻查禁。不久,书店老板韩振业突然暴死在街头;有些店员被捕;尹庚幸喜躲避得及时,免于遭殃。

尹庚满腔愤怒,不甘心就此罢手,誓要为革命文艺的发展继续工作。他后来到了中国图书杂志公司,在他的策划和奔走下,出版了由欧阳山和张天

---

① 草明:《只把春来报》,《新文学史料》1996年第2期。

翼主编的《现实文学》杂志,在第一期上,刊登了鲁迅的《论现在我们的文学运动》和田间、胡风、欧阳山、唐弢、罗烽、宋之的、草明等左翼作家的作品。尹庚把这期杂志拿到书摊上(这是他独出心裁的推销渠道),几个小时就全卖光了。尹庚又叫印刷所加印几百份,也很快销售完了,而且,还暂时蒙住了国民党,在他们还没有觉察的时候,杂志已经安全地到达人民大众的手里了。这无疑极大地鼓舞了革命的左翼文艺工作者,大家都称赞尹庚的鬼道道。

《现实文学》第二期,尹庚还是通过报贩销售的渠道发行。尹庚用瞒天过海的办法,先是把鲁迅的稿子《答托洛斯基派的信》抽出来到别的印刷所去印。等到装订时,才把鲁迅的这封信放至杂志的头条,显得特别醒目。等到国民党发觉时,杂志早已经由书报摊处销售一光了。

《答托洛斯基派的信》发表后,犹如一颗扔向托派和国民党反动派的重磅炸弹,反响非常强烈。但《现实文学》立即遭到查封,不能再出了,中国图书杂志公司的经理林秩成被暗杀,公司的几个伙计被抓走,那些国民党的文化特务们自然也受到上峰的一顿痛骂。

《现实文学》不能再出,欧阳山把刊物换了个名字,叫《人民文学》,与周而复合编,但只出一期也被查封了。欧阳山对此毫不在乎,只要能发表鲁迅先生的重要文章,即使被国民党逮捕亦无所惧,只感到无上的光荣。

多年来,鲁迅先生给欧阳山写过20多封信。最令欧阳山感动的,是鲁迅先生在临终前数月,在生命之火行将熄灭的最后时刻,还抱病给他这个"山兄"①写来两封信,表现出对欧阳山(包括草明)的关心爱护、信任支持,和鼓励期望,同时,也表现出这位伟大的革命文学家坚定的不屈不挠的斗争精神。这两封信,欧阳山一直珍藏在身边。解放后,这两封信的原件真品已经被国家永久地保存在中央档案馆里(鲁迅先生给欧阳山写过的20多封信,都因当时斗争环境的艰难和险恶,只有最后的这两封信保留了下来)。笔者在欧阳山家里看到了这两封信的复印件。现抄录如下:

(一)

谢谢你们的来信。

其实我的生活,也不算辛苦。数十年来,不肯给手和眼睛闲空,是真的,但早已成了习惯,不觉得什么了。

这回因为天气骤冷,而自己不小心,受了烈寒,以致气管痉挛,突

---

① 鲁迅的信均称欧阳山为"山兄"。

然剧烈的气喘,幸而医生恰在身边,立刻注射,平复下去了,大约躺了三天,此后逐渐恢复,现在好了不少,每天可以写几百字了,药也已经停止。

中国要做的事很多,而我做得有限,真是不值得说的。不过中国正需要肯做苦工的人,而这种工人很少,我又年纪渐老,体力不济起来,却是一件憾事。这以前,我是不会受大寒或大热的影响的。不料现在不行了,此后会不会复发,也是一个疑问。然而气喘并非死症,发也不妨,只要送给它半个月的时间就够了。

我的娱乐只有看电影,而可惜很少有好的。此外看看"第三种人"之流,一个个的拖出尾巴来,也是一种大娱乐;其实我在作家之中,一直没有失败,要算是很幸福的,没有可说的了,气喘一下,其实也不要紧。

但是,现在是想每天的劳作,有一个限制,不过能否实行,还是说不定,因为作文不比手艺,可以随时开手,随时放下的。

今天译了二千字,这信是夜里写的,你看,不是已经恢复了吗?请放心罢。

专此布复,并颂

(二)

山兄:

信早到,因稍忙,故迟复。画集①早托胡兄②带去,或已到。

"安全周"有许多人说不可靠,但我未曾失败过,所以存疑,现在看来,究竟是不可靠的。妊身之后,肺病能发热;身体不好,胃口不开也能发热,无从悬揣。Hili我不懂,也查不出,Infection则系"传染","传染病"或"流行病",但决非肺病。不过不可存疑,我以为还不如再找一个医生检查一下用别的法子,如分析小便之类,倘系肺不好,则应即将胎儿取下,即使不过胃弱,也该治一下子。

诊我的医生,大约第一次诊察费二元或三元(以后一年内不要),药费每天不过五角,在洋医中,算是便宜的,也肯说明(有翻译者在),不像白色医生的说一句话之后就不开口。我写一张信附上,倘要去看,可用的。

---

① 《画集》,指《凯绥·珂勒惠支版画选集》。
② 胡兄,指胡风。

小说座谈会很好，我也已看见过广告。有人不参加，当然听其自由，但我不懂"恐怕引起误会"的话。怕谁"误会"呢？这样做人，真是可怜得很。

但我也真不懂徐懋庸为什么竟如此昏蛋，忽以文坛皇帝自居，明知我病到不能读，写，却骂上门来，大有抄家之意。我这回的信[1]是箭在弦上，不得不发，但一发表，一批徐派就在小报上哄哄的闹起来，煞是好看，拟收集材料，待一年半载后，再作一文，此辈的嘴脸就更加清楚而有趣了。

我比先前好，但热度仍未安定，所以至今说不定何日可以旅行。

专此布复，即颂

时绥

迅上。八月二十五日。

草明太太均此致候。广附笔问候。

蜜勒路可坐第一路电车，在文路（上海银行分行处）下车，向文路直走，至虹口小菜场，一问，不远了。又及

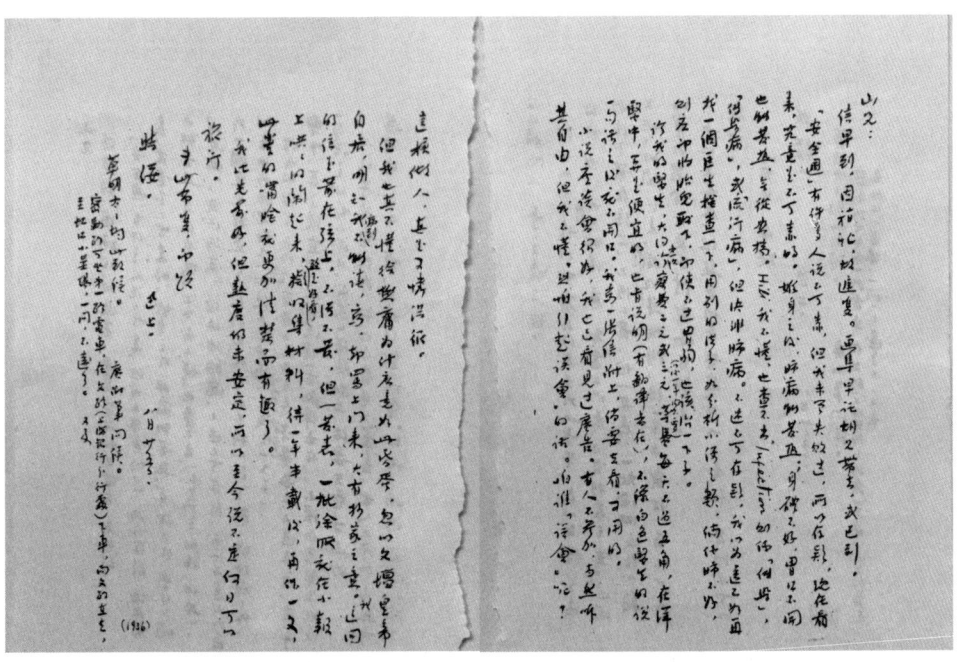

鲁迅于1936年8月25日致欧阳山信的手迹。

---

[1] 指《答徐懋庸并关于抗日统一战线问题》。

上面所录两封信中，第一封信是鲁迅先生于1936年3月18日写给欧阳山和草明两人的，但为什么没有上下称谓及写信时间，而第二封信有上下称谓及写信时间呢？欧阳山曾于1977年4月2日在给北京鲁迅研究室和武汉师范学院中文系的复信中对此做了解释：

> 三月十八日来信，为什么上、下款都裁掉呢？这是因为四十一年前的上海当时，白色恐怖很厉害，我们每个月得搬一两次家，而且得用化名，还得做随时被捕的准备。如果留了上、下款，那就是给敌人留了"罪"证。到了八月二十五日来信时，在中国共产党领导下的抗日群众运动日益高涨，国民党才不敢随便捕人，这封信的上、下款才保留下来了。①

在"文化大革命"中，受江青、叶群指使的红卫兵闯入广州欧阳山的住宅大肆抄家时，翻出了鲁迅给欧阳山的这两封信，同时还发现了毛泽东给欧阳山、草明的三封信和毛泽东给丁玲、欧阳山的一封信，一共是六封书信。因为发现这些信都是毛泽东的手迹和鲁迅的真墨，当时叶群不敢造次，立刻就派人把这些信件送到了中央"文革"小组，后经中央档案馆鉴定确凿无疑，所以马上就被中央档案馆作为革命文物收藏。1976年粉碎"四人帮"之后，欧阳山收到中共中央办公厅的来信，说明这六封信的原件真品已经被国家永久地保存在中央档案馆里了。中央办公厅还将这六封信的复印件随同来信一并寄给了欧阳山。

在上海的这段日子里，欧阳山作为鲁迅的学生和战友，与鲁迅先生互相支持，互相配合，并肩战斗在左翼文学的阵营里，建立了深厚的师生和战友情谊。在反对国民党文化"围剿"的严酷斗争中，鲁迅成了"中国文化革命的伟人"，而欧阳山也在斗争的风雨中经受了种种严峻的考验，锻炼成了坚定的革命文艺战士。

1998年2月16日，年逾九旬的欧阳山仍深情地跟他的大女儿欧阳代娜谈起鲁迅先生，他说："鲁迅对我的影响，也就是鲁迅对我最欣赏的地方有两点：第一，我是比较韧性的，这个工作，也可以说是战斗吧，我这点是学他的，也是使他比较高兴的，这是第一点；第二点，是不但有韧性而且还肯做苦工，这是他在信上（指鲁迅给欧阳山的信——笔者注）也写出来了。他看

---

① 欧阳山：《关于鲁迅的两封信》，载《欧阳山文集》（第十卷），花城出版社1988年版，第4146页。

到当时肯做苦工的人越来越少,自己年纪大了,感觉到无能为力,感到很悲哀,所以在信里就跟我谈这个问题了。所以他对于我们这样肯做苦工的人是很高兴,很喜欢的。这两点就是鲁迅先生对我影响最大的地方。我这一辈子向鲁迅先生学习就是学习这两点,一个是韧性战斗,一个是肯做苦工。"①

第五节　草明的被捕与营救

白色恐怖日甚一日。1935年二三月间,在上海的共产党中央某些机关被敌人破坏,抓走了很多共产党员。不久,田汉、朱今我、许涤新等著名的革命文化人士也被捕了。

形势十分紧张和险恶。

一天,一个穿长袍的男子冲上欧阳山和草明所居住的楼房大力敲门,欧阳山打开门,那人急匆匆地"通知"说:"你们快搬家,田汉也被抓走了。"

欧阳山装着不懂他说什么,破口大骂道:"贼佬,你胡说什么!阿拉住这里关你什么事,你别想敲竹杠!……"

那人鼠头鼠眼地跑了。

草明关好门,忙问欧阳山:"那是什么人,会不会是真的?"

欧阳山解释道:"九成九是特务,来试探的。我只能装老百姓的样子骂他。要是真有情况,另有渠道通知我的。"

草明佩服欧阳山有这许多地下工作的经验。其实欧阳山自参加中国左翼文化总同盟后,基本上是按照地下工作者的守则来工作的。"文总"的夏衍、许涤新曾多次和他联系,每逢他们要来家里,欧阳山就会事前叫草明离开家走出去回避一下。草明这时一边离开,一边就会在心里嘀咕:"真遵守保密工作的纪律啊,连妻子也不能知道啊!"

此刻,那个面目可憎的人走后,欧阳山沉思良久,觉得最近形势紧张,搬个家也是有必要的。

但到了1935年3月,草明最终还是因叛徒出卖而被捕,先后被关押在国民党上海市公安局和龙华警备司令部的牢房,后来被判四年以下有期徒刑,被押往位于苏州的江苏反省院服刑,并接受"洗脑筋"。那里当时已关押了很多政治犯、革命作家、进步文化人士等。

消息传来,鲁迅先生十分焦虑,他不顾自己体弱多病,为营救草明而四处奔走。

---

① 欧阳代娜:《欧阳山访谈录》,中国文史出版社2008年版,第181—182页。

在狱中，敌人对草明百般折磨，进行了多次穷凶极恶的审讯，草明对此毫不畏惧，她有着刚强不屈的性格，是那种外柔内刚的女性。由于她一口咬定自己就叫吴秀梅，敌人始终没有查明她的真实身份。在关押了一年之后，敌人决定："可取保释放，钱一到，就放人。"这真是"钱能通神""有钱能使鬼推磨"啊！

当得知敌人决定让草明的家属拿出200块钱来取保释放，而当时穷得叮当响的欧阳山又拿不出这一大笔钱的时候，鲁迅先生毫不犹豫地立即给了欧阳山200元保草明出狱。当时上海每人每月的伙食费只需5元，200元无疑是一笔"巨款"了。其实鲁迅先生当时也不可能一下子拿得出这么多的钱，他是向茅盾先生现借了一部分；另外，沙汀、胡风、张天翼、杨骚等人也量力而为地各自解囊相助。鲁迅先生还一再叮嘱欧阳山不要亲自去接人，以防敌人有诈，对他下毒手。

鲁迅与欧阳山商量的结果，最后决定由草明那位已在上海多年，并且在高昌庙邮局工作的哥哥出面交保，再请此时一个人带着天娜在上海独居的兰姑（即杨志明）相助前去接人，并且由兰姑亲自把草明护送到鲁迅先生和欧阳山早已安排好的住处。这一切都安排得如此慎重和缜密，没有出一点纰漏就把人平平安安地接回来，这完全是革命斗争经验异常丰富的鲁迅先生考虑得周到周全才得到的结果。

当兰姑把草明领到一家餐馆时，欧阳山和天娜已在那里等候。劫后重逢，大家既高兴却也心酸……

事隔半个多世纪之后，草明回忆起当时的情景，仍然心情激动，她写道：

> 每半个月，允许家属来探监。兰姑总是带着娜妮（按：即天娜，欧阳山和兰姑的女儿）来看我，并带些咸菜炒肉丁之类的东西。那时我哪里知道，这些食物和用品是鲁迅先生和战友们对我的关怀和援助的哩。即便是50多年后的今天回忆起来，我还感到心头发热，喉咙发酸。这也是共产主义的崇高思想把革命者联结在一起的明证。女儿娜妮已三岁半了，长高了一些。她一见我总是扑到我怀里，连续亲吻我两次，并且悄声说："一次是我的，一次是爸爸的。"兰姑总是关心我的身体怎样，炒咸菜合不合口味，还需要些什么？我永远感谢她的热情、温厚；她是典型的富于同情心，富于忍耐力的中国女性！[①]

---

① 草明：《只把春来报》，《新文学史料》1996年第2期。

兰姑（杨志明）自17岁嫁给欧阳山之后，不久就随欧阳山到了南京。那时欧阳山的创作进入了高峰期，连续出版了十多本中长篇小说及短篇小说集，而且销路甚佳，在为书店老板带来丰厚利润的同时，自己也得到了可观的稿费及版税。兰姑在过着较为优裕的生活的时候，又觉着在家里没多少事做，便时时到隔壁打麻将。慢慢地，她和欧阳山的共同语言就越来越少了。

时代在前进，欧阳山的思想逐渐倾向于左翼文化事业。特别是1932年—1933年期间，他组织了广州文艺社，出版了革命文艺刊物——《广州文艺》，并继而发展为"广州普罗作家同盟"（中国左翼作家联盟广州分盟）之后，他的朋友和同志多起来了，大家不畏艰险，同心协力地从事着为挽救危亡中的祖国而斗争的崇高的革命事业的时候，兰姑的思想、世界观没有跟上他，两人之间的感情就慢慢地疏远、淡薄了。

当兰姑第一次看到了在欧阳山身边出现的草明时，她就清楚地感觉到，草明比自己更适合于欧阳山事业的发展，他们俩才是真正的志同道合者。为了支持欧阳山的革命工作，兰姑虽然深爱着自己的丈夫，而且她又是两个孩子的母亲，可她还是深明大义，毅然决然地选择了主动退出、悄悄离去的做法，这并不是所有的中国女性在当时都能够想得开的事情啊。她的这个做法当然令草明很尴尬，特别是兰姑虽然处在后悔、自卑的苦闷中，仍表现出忍让、不爱吵闹的善良性格，使草明在感觉内疚的同时，不由得对她又油然而生出敬意。

而当草明突然有难、欧阳山又无法亲自出面营救的时候，兰姑又一次毅然决然地挺身而出，向草明伸出了无私的温暖的双手，给她鼓励，给她关怀，抱着小天娜去探监，以"大嫂"的名义给她送毛巾，送脸盆，送衣物，送她爱吃的咸菜炒肉丁，并参与营救她出狱，亲自去接，并把她安全地护送到安排好的住处，交到欧阳山的手中。这也不是所有的中国女性在当时都能够做得到的事情啊！因此草明永远感激兰姑。后来，兰姑于1944年在广西桂林，惨死于日本战机的狂轰滥炸之下，从此，草明把兰姑留下的两个女儿——代娜和天娜视为己出，关爱有加甚至超过了自己的亲生女儿欧阳纳嘉。解放后，又通过自己的悉心教育和培养，使欧阳代娜成为全国特级教师、全国"五一劳动奖章"获得者，而欧阳天娜也成为国家金融领域的优秀人才。兰姑泉下有知，亦当含笑矣！

啊，兰姑！啊，草明！两位多么善良真诚的女性，两位有着多么博爱胸怀的伟大母亲！在她们身上，我们能看得到在她们曾生活过的那个时代的封建社会旧式小女人的狭隘心胸和思想印记吗？

草明后来在回忆录中曾这样说：

兰姑是在一九三六年带着娜妮先回广州,后来考上护士学校,只有星期天才来家看看。她有了男朋友了。欧的态度,一向都是听其自然,现在看见她自觉地准备离开他,他是在不无歉疚的心情中,采取默契的态度。对这个问题,我的心情也很复杂。当初我年轻,对欧又并不是采取主动,而且同居不到一个月便被陈济棠下令通缉。欧和我逃亡上海后,我也就安之若素,不去考虑这个问题了。直到后来兰姑到了上海,我才觉茫然。不过我是接受了新思潮的人,不愿意一夫两妻的局面,但我却不愿与兰姑为难,她已经为欧生下两个女儿了,我同情她、尊重她。现在事情既然这样发展,三方都解除了精神上的负担。①

第六节 "两个口号"的论争

1936年,左翼文艺界发生了"两个口号"的论争,即鲁迅提出的"民族革命战争的大众文学"口号与周扬等人提出的"国防文学"口号之间的论争。

欧阳山也参与到这次论争之中。1936年6月,他用"龙贡公"的笔名,写下了《抗日文学阵线》一文,坚决拥护鲁迅提出的"民族革命战争的大众文学"这一主张。他在文章中明确指出:

> 大众文学底特质在于以人民大众底利益做绝对的前提。……其中最重要的(超乎所有的理由之上)是中国人民大众底要求和进步作家底思想信仰底合一。进步作家底思想(他们底现实主义的创作态度紧紧随伴着)能够解剖现实,证明民族革命战争底胜利就是中国人民大众底胜利,由这胜利酿造出来的利益就是中国人民大众底利益,并且这是容易的事。困难的任务在于怎样依据被急迫的民族战争底危机所激发的中国人民大众底要求,由作家底生活的实践和创作的实践来提高他们底力量,使这些力量运用起来成为不可侮的,不能战胜的巨力,并且使大众对自己的巨大确信,追求,不断地产生。
>
> ……"民族革命战争的大众文学"这一口号的提出是有无比的正确性的,愿意一切文化战斗员为着民族的生死存亡集中到这一口号下面努力;但是在一致的目标下,并不绝对拒绝分工合作的道路。因为目前实践比争论重要,只有能够真诚地实际为民族解放斗争做出工作成绩的,才能证明他底发展的前途,不然民众自己会抛弃他。

---

① 草明:《世纪风云中跋涉》,人民文学出版社1997年版,第83—84页。

> ……"民族革命战争的大众文学"这口号底含义中的民族革命战争是人民大众生活上的种种活动底中心。
>
> ……"民族革命战争的大众文学"集中了一切大众生活底主题，这口号把一切为了大众底利益而被处理着的主题集中到自己四周来，说明它们底更高的意义。在民族革命战争的抗战期中，如果我们描写了一个热心新文学运动的脚色，——我们所爱的人物，这主题只有比在平时得到更高的意义和评价，绝不能做汉奸文学看待的。它因为集中在全民族目前最高的要求旁边而发出更大的光辉。①

1936年7月1日，鲁迅带头，并和茅盾、巴金、曹禺、胡风、欧阳山、张天翼等作家一起发起和发表了敦促抗日的《中国文艺工作者宣言》，共有70多位作家在这份《宣言》上签了名，欧阳山并把这个《宣言》率先在由他和张天翼主编的《现实文学》创刊号上发表。

《宣言》不但旗帜鲜明地再次阐述了拥护"民族革命战争的大众文学"口号的坚定立场，而且还表明了要响应中国共产党的号召，尽快地建立起文艺界的抗日民族统一战线的强烈愿望。《宣言》呼吁：

> 在现在，当民族危机达到了最后关头，一只残酷的魔手扼住我们的咽喉，一个窒息的暗夜压在我们的头上，一种伟大悲壮的抗战摆在我们的面前的现在，……本着我们原来的坚定的信仰，沿着过去的路线，加紧我们从事文艺以来就早已开始了的争取民族自由的工作。我们决不忽略或离开现实，反之，我们将更加紧紧把握住现实。我们不敢过大地估计自己的力量，但我们将为着目标的伟大，忘却自身的渺小。我们相信各部门的文化工作在任何时期都没有一刻可以中断的，我们以后将更加沉着而勇敢地在这动乱的大时代中担负起我们的艰巨的任务。我们愿意接受同意我们的工作的人的督促和指导。我们愿意和站在同一战线的一切争取民族自由的斗士热烈地握手！②

欧阳山除了拥护鲁迅提出的"民族革命战争的大众文学"这一主张外，还在他主持的"左联"小说研究会和"文总"宣传部的工作中，做了大量的文艺界统一战线的实际组织工作，在他参加主编的《夜莺》《现实文学》《人民文学》《小说家》等刊物上，组织发表了许多宣传抗日救亡的作品和

---

① 欧阳山：《抗日文学阵线》，载《欧阳山文集》（第十卷），花城出版社1988年版，第3845—3849页。

② 黄伟宗：《欧阳山评传》，花山文艺出版社1993年版，第188页。

文章，为抗日救国奔走、呼号。

关于"两个口号"的问题，文艺界和学术界直到20世纪80年代仍纠缠不清。其实，关于这个问题，早在当年，刘少奇就以"莫文华"这个笔名，在上海的《作家》二卷一号，发表了《我观这次文艺论战的意义》一文，表达了正确的意见。对此，茅盾在他的回忆录中有详细的叙述：

> 有一天冯雪峰问我：你看过最近的一期《作家》吗？我说最近忙得什么杂志都没顾上看。他带点神秘地说，你可以看一看其中一篇评论两个口号的文章。我见雪峰的话中有话，等他一走，就找到那本杂志。这是《作家》二卷一号，上面除了鲁迅的一篇《半夏小集》，还有一篇《我观这次文艺论战的意义》，作者叫莫文华，显然是个假名，我不知道有这样一个人。我匆匆地读了一遍。这是一篇水平很高的带总结性的文章，从文章的笔调和口气，可以猜得出，这是党内一位负责人写的，而且还是地位比较高的负责人。现在已经知道，莫文华就是刘少奇同志的化名，而刘少奇当时是党在白区的领导人。刘少奇这篇文章发表时，正值鲁迅逝世，大家忙于悼念活动，因此没有引起应有的注意，被人们忽略了。当然，他用了个无人知晓的化名也是被人忽略的原因，当时文坛的陋习是看文章先看作者的名字。
>
> 但是我认为这是一篇十分重要的文章，它对于我们今天重新认识这一段历史有着重要的指导意义。……
>
> 刘少奇的文章一开头就指出："这次论战的最大意义，我想，是在克服宗派主义或关门主义一点上罢。文坛上的宗派主义，关门主义，现在似乎还没有完全克服掉，但在论战的发展的过程中，很明白的，已逐渐克服了许多了。""在这次论战的开始和论战以前，在文坛的一角确曾存在着两派，即周扬先生与胡风先生的对立。但因有两个口号的论争以后，形势变了，一边仍是以周扬先生为中心的原来的一些人，而胡风先生等却忽然中途不见了……却有鲁迅先生、茅盾先生……出来给周扬先生等人以重大的批判。……同时也批判了和纠正了胡风、聂绀弩诸人的态度。形势就一变而成为新的两种对照：周扬等是主张用'国防文学'口号为联合战线的口号，反对'民族革命战争的大众文学'的口号，鲁茅等却是主张抗日联合战线应用抗日的政治的口号，而不应以'国防文学'的口号去限制它的扩大，但并不反对'国防文学'为自由提倡的口号，因此'民族革命战争的大众文学'口号也可用，因为和'国防文学'并不对立。这里显然是理论上的两派，而不是口号与口号的两派了。我们也很清楚：鲁先生和茅先生等的意见是正确的，他们

提的办法是正当的,适合于现在实际情形的;同时,论争愈发展下来,周扬先生等的意见的错误和宗派主义与关门主义,也完全暴露了,终于因为理论上站不住而改变态度了。这就是这次论争经过的大概情形。所以,这次的论争的意义决不在争口号,而是在克服文坛上的宗派主义与关门主义。""宗派主义或关门主义在文坛上非常根深蒂固,有着历史性;我们若从新文学运动历史上去看,则如创造社,太阳社,后来的左联,各个时期都有各色各样的宗派主义的浓厚的表现。并且它有着艺术理论上的根源,即机械论,以及还有着客观的原因。——这个宗派主义或关门主义的历史性和客观原因,就证明着我们克服的困难,但同时更证明我们克服的必要了。"①

毛泽东也曾就"两个口号"的问题表达过他的看法。一次是1938年5月,他应约与徐懋庸(就是那位因"两个口号"问题写信攻击鲁迅而名扬天下的人)谈话时,专门谈到了他对"两个口号"问题的看法。徐懋庸后来对此有详细的叙述:

> 到了(1938年)5月中旬之末,我觉得应该解决我自己的问题了,于是写了一封信给毛主席,请求接见,谈谈上海的问题。信里简单地讲了两个口号论争的过程,希望得到他的指示,其中也提到周扬,表示不满,说他"把我作为肥皂,想以我的消灭洗清他的污浊"。情绪有点愤激。第二天就得复,说愿意同我一谈,但目前较忙,待过几天相约,末尾说,不要急,问题总可以弄清楚;前途是光明的。又过了一天,他的两个秘书,和培元和华民来找我,一般地了解了"左联"的情况。然后大约是5月23日左右,下午3点钟,华民来把我带到北门内凤凰山麓毛主席住的窑洞里谈话。
>
> 毛主席刚刚午睡起来。窑洞里还是比较凉的,他披了一件旧棉袄,让我隔着办公桌,和他对面而坐,……然后他说,"现在就谈谈吧。"
>
> 我先简单地讲了自己的履历,然后把我所知道的"左联"的情况,"左联"解散的过程,两个口号的论争,我给鲁迅的那封信,鲁迅的那篇驳斥我的文章,②以及事后上海的舆论,包括周扬他们对我的态度,我来延安要求弄清是非的决心,详细谈了一下。大概讲了一个半钟头。我(还)说到我后来基本上认为鲁迅是正确的。……

---

① 茅盾:《我走过的道路》中册,人民文学出版社1984年版,第345—346页。
② 指鲁迅的《答徐懋庸并关于抗日统一战线问题》。

他听完以后，就给我作了如下的指示：

（1）"关于两个口号的争论的问题，周扬同志他们来延安以后，我们已基本上有所了解。今天听了你们所谈的，有些情况使我们更清楚一些，具体一些。"

（2）"我认为，首先应当肯定，这次争论的性质，是革命阵营内部的争论，不是革命与反革命之间的争论。你们这边不是反革命，鲁迅那边也不是的。"

（3）"这个争论，是在路线政策转变关头发生的。从内战到抗日民族统一战线，是一个重大的转变。在这样的转变过程中，由于革命阵营内部理论水平、政策水平的不平衡，认识有分歧，就要发生争论，这是不可避免的。其实，何尝只有你们在争论呢？我们在延安，也争论得激烈。不过你们是动笔的，一争争到报纸上去，就弄得通国皆知。我们是躲在山沟里面争论，所以外面不知道罢了。"

（4）"这个争论不但是不可避免的，也是有益的。争来争去，真理越争越明，大家认识一致了，事情就好办了。"

（5）"但是你们是有错误的，就是对鲁迅不尊重。鲁迅是中国无产阶级革命文艺运动的旗手，你们应该尊重他。但是你们不尊重他。你的那封信，写得很不好。当然，如你所说，在某些具体问题上，鲁迅可能有误会，有些话也说得不一定恰当。但是，你今天也说，那是因为他当时处境不自由，不能广泛联系群众的缘故。既然如此，你们为什么不对他谅解呢。"

（6）"但错了不要紧，只要知道错了，以后努力学习改正，照正确的道路办事，前途是光明的。"①

另一次是1942年5月，在延安文艺座谈会召开期间，毛泽东在跟作家罗烽的一次谈话中涉及"两个口号"的问题：

"座谈会"期间，罗烽与毛泽东在一次谈话中说到在上海"两个口号"的论争。主席讲：要尊重鲁迅，他是没有拿到党证的布尔什维克。"民族革命战争的大众文学"立意明确，目的鲜明、响亮，颇有引导战斗行列前进的军旗气概。"国防文学"有益于扩大统一战线，明显的缺点是含混不清，不加正确注脚，脚跟不稳，一推就倒。②

---

① 王海平：《回想延安·1942》，江苏文艺出版社2002年版，第366页。
② 金玉良：《罗烽、白朗在延安》，《传记文学》2017年第5期，第36页。

在论战后期，即1936年9月，为了搞好论争双方作家的团结，欧阳山以他主编的《小说家》杂志的名义，邀请双方有关作家如蒋牧良、王任叔、张天翼、李溶华、周而复、聂绀弩、陈白尘、吴奚如、周文、草明等举行了多次座谈会，以消除隔阂，沟通看法，起到了较好的作用，得到了鲁迅先生的赞赏，鲁迅先生在给欧阳山的信中，肯定"小说座谈会很好"，表示了完全的赞同。

欧阳山后来在《关于鲁迅的两封信》中，也谈到了这个事情，他说：

> 鲁迅先生提到的小说家座谈会是当时上海文艺界的一个组织，出版过一种刊物《小说家》。这个组织是两个口号论争以后成立的，包括两派的人。用意有两个：一是团结起来，鼓吹抗日；一是反对当时的文阀。当时上海的大杂志对青年人的投稿是连看都不看的。座谈会里面有许多作家，都分担给青年人看稿的责任，并写回信。但有些国防文学派的人，不肯参加这个组织，怕引起什么的误会。鲁迅先生对这一点是不以为然的。①

第七节　丧我导师

1936年10月19日，一个秋天的阴暗的清晨，凉风嗖嗖，树木瑟瑟。

欧阳山被一阵急促的脚步声和猛烈的打门声所惊醒，门开处，来人上气不接下气地说："快，先生……先生……他，"

欧阳山一把揪住来人的胸口，厉声问："先生，先生怎样了？"

不等来人说清楚，欧阳山早已冲下了楼梯，他顾不上穿戴好衣服，顾不上还在熟睡的草明，他已明白了一切，头脑不禁一片混沌……

此刻，在上海北四川路底的施高塔路（今山阴路）大陆新村9号，鲁迅先生的三弟周建人正候在楼下，接待来客。二楼鲁迅先生的寝室所设置的临时灵堂里，早已挤满了人。

早在1936年初，在严寒的气候中，鲁迅的病情就加重了，肩膀和两肋开始疼痛，气喘，发烧。6月以后，病情更令人担忧。他在日记中追述说，自5月以后，"日渐萎顿，终至艰于坐起，（日记）遂不复记"。连一向坚持的日记都不能记了，来访的客人也不能一一会见。

---

①　欧阳山：《关于鲁迅的两封信》，《欧阳山文集》（第十卷），花城出版社1988年版，第4147页。

1936年10月17日，鲁迅病情急剧加重。18日清晨，他自觉情况危急，强行支撑坐起，给日本友人内山完造写了一封短信，通知他"不能践十点钟的约"，并要他速请医生。内山完造和须藤医生匆忙赶来为其注射服药。但病情仍未有好转，除气喘、咳嗽加剧外，双足冰冷，两手指甲发紫。午后，须藤又请福民医院的松井博士和石井医院的石井医生前来会诊，决定在注射强心针的同时，每隔30分钟给鲁迅吸入酸素，以帮助其呼吸。18日整一天，虽然有医生全力抢救，但鲁迅的病情不断加剧。上午当天的报纸来后，鲁迅仍挣扎着将报上的《译文》广告细细浏览一遍才放下，此后就一直处于时而清醒、时而昏迷的状态。

10月19日凌晨5时许，鲁迅的病情突然恶化，气喘加剧，呼吸急促，经注射强心针后，仍然无效，5时25分，心脏停止了跳动。……

许广平含着泪，首先将鲁迅逝世的消息通知了胡风，紧接着又一一通知了冯雪峰、宋庆龄等人。胡风则通知了一众青年作家。

此刻，在鲁迅先生寝室所设置的临时灵堂里，巴金、黄源、靳以等青年作家在默默地流泪；黄新波、曹天白、力群等青年木刻家在为先生的遗容画速写；许广平伏在先生身边哭泣。

鲁迅先生闭着眼，合上嘴，静静地躺在床上。他眼窝深陷，颧骨高耸，两颊下陷，面孔清癯，表明他跟死神做了最后的搏斗。但他那浓黑的眉毛，唇上威严的短髭，钢针般的头发，却依旧显示着他不屈不挠的战斗性格。

然而，先生毕竟是走了，永远地走了……

在人们的泪眼中，只见张天翼来了，他啜泣着向先生的遗体鞠躬；冯雪峰来了，在先生的额头上轻轻吻了一下；胡风跟着也来了。

忽然，一阵噔噔的脚步声，一个大汉猛扑到先生床前跪下，声音嘶哑地号啕大哭起来，引得众人又一次痛哭失声，一时间，先生的寝室笼罩在一片悲戚的气氛之中。

这个大汉就是与萧红一起从东北流亡到上海，受到鲁迅先生扶持、帮助的青年作家萧军。

而跟着萧军一起前来的萧红，此刻也跪在先生床前，不断地抽泣着。

正在这时，孙夫人宋庆龄女士来了，她悲痛的脸上热泪纵横，她显然在极力克制着自己的感情，在向鲁迅先生遗体致鞠躬礼后，她拥抱着许广平，说了安慰的话，然后冷静地把冯雪峰和胡风叫到楼下，商量着写讣告及治丧事宜。商量后做出了两项决定：

第一，由内山完造联系万国殡仪馆承办出殡事宜；

第二，立即成立治丧委员会，并拟出委员名单。

这时匆匆赶来一位名叫奥田杏花的日本女雕塑家，为鲁迅制作面模。制成后，发现面模上面带有鲁迅的7根胡须，它不仅是鲁迅身体上的遗物，更重要的是保留了鲁迅的DNA。这就是目前陈列在上海鲁迅纪念馆的被定为国家一级文物的鲁迅面模。

早上七八点钟以后，沈钧儒、夏丏尊、赵家璧、孟十还、柯灵等鲁迅的朋友、学生纷纷赶来，瞻仰鲁迅遗容。

下午2时，上海明星电影公司派欧阳予倩、程步高、姚萃农等人，来到鲁迅寓所拍下鲁迅遗体、卧室的镜头。

下午3时，万国殡仪馆开来了一辆黑色的汽车搬运遗体，众人尾随着到了殡仪馆。鲁迅遗体随即安放在殡仪馆大厅二楼。当晚，胡风、黄源、萧军、萧红4人留在遗体前守灵。

这一天时近中午，欧阳山才回到家。正在埋头赶写中篇小说《绝地》的草明抬起头来，见他脸色苍白，眼睑红肿，倚着门不说话，以为他又因为出版上碰到不如意事而发愁，便有意用高兴的调子说："我最难写的一章解决了。我希望尽快把《绝地》写出来，将来，孩子、小说一齐出世和出版，我相信鲁迅先生一定会高兴的……"

没有让草明把话说下去，欧阳山低沉、艰难地说道：

"先生去世了！"

仿佛头上响了个炸雷，草明惊呆了，钢笔从手上掉到地上，泪水簌簌而下……

讣告发出去了，治丧委员会也成立了，由蔡元培、宋庆龄、毛泽东、内山完造、A.史沫特莱、沈钧儒、茅盾、萧三、曹靖华、许季茀、胡愈之、胡风、马相伯、周作人、周建人等人组成。

但治丧委员会名单见报时，除了上海一家日本人办的《上海日日新闻》日文、中文版全文照登外，鉴于当时险恶的政治环境，其他各家报纸都隐去了毛泽东的名字。

鲁迅逝世的噩耗在国内外引起了巨大的反响。社会各界人士、各团体、各学校的唁函、唁电如雪片般飞来。

鲁迅逝世后第四天，即1936年10月22日，由中国共产党中央委员会总书记张闻天起草并以中共中央和苏维埃中央政府的名义，连续发出了3份电函，分别为：

《为追悼鲁迅先生告全国同胞和全世界人士书》；

《致许广平女士的唁电》；

《为追悼与纪念鲁迅先生致中国国民党委员会与南京国民党政府电》。

电函对鲁迅的逝世表示了极大的哀悼，寄予了中共对"民族魂"的鲁迅的崇高敬意和高度评价。电函说：

  本党与苏维埃政府及全苏区人民，尤为我中华民族失去最伟大的文学家，热忱追求光明的导师，献身于抗日救国的非凡领袖，共产主义苏维埃运动之亲爱的战友，而同声哀悼。……

  （鲁迅先生）做了中华民族一切忠实儿女的模范，做了一个为民族解放、社会解放、为世界和平而奋斗的文人的模范。……在无论如何艰苦的环境中，他永远与人民大众一起，与人民的敌人作战，他永远站在前进的一边，永远站在革命的一边。他唤起了无数的人们走上革命的大道，他扶助着青年们，使他们成为像他一样的革命战士，他在中国革命运动中立下了超人一等的功绩。……

中共中央在致国民党的电函中，还强烈要求南京国民党政府给鲁迅以国葬的待遇，并付国史馆列传；强烈要求国民党废止一切禁止言论出版自由的法令等。

为了处理治丧活动过程中种种繁重的具体的工作，在治丧委员会下设立了一个治丧处，欧阳山和一些追随、崇敬鲁迅先生或与鲁迅先生有交往的青年作家、艺术家、学者，包括黄源、鲁彦、张天翼、黎烈文、姚克、巴金、靳以、聂绀弩、草明、周文、周颖、黄慎祥、叶以群、曹天白、萧红、白危、凡容、蒋牧良、赵家璧、黄新波、唐弢、华沙、萧军、契萌、孟十还、张春桥、萧乾、梅志、池田幸子、鹿地亘等人组成了这个治丧处。

治丧处下面又分几个组，各自分担不同的任务，如布置灵堂、接待前来吊唁的人、签名登记、安排国内外新闻记者采访、登记花圈挽联挽幛、引导个人和团体瞻仰遗容，以及安全保卫工作等。

欧阳山因身高体壮，主要负责布置灵堂、接待前来吊唁的人，以及安全保卫等工作。

草明则被分配在灵堂厅前登记花圈挽联。收到挽联挽幛后，她要先打开看看，登记敬挽人的名字，认为没有问题的，便叫人挂上，要是那是鲁迅先生的政敌，例如王平陵之流，便把挽联送到治丧委员会处理，结果是不挂。

徐懋庸也送来了挽联，上联是"敌乎友乎，余唯自问"，下联是"知我罪我，公已无言"。草明觉得徐在联中有悔意，但表示忏悔不那么诚恳，有点俏皮辩解的味道。当然，草明也知道徐不是先生的政敌，这从先生生前回他的那封著名的信《答徐懋庸并关于抗日统一战线问题》中可以看出。但她拿不定主意，便亲自把挽联送到治丧委员会去了。后来黄新波告诉草明，经治丧委员会研究后，徐的挽联还是挂了。

欧阳山常常一有空，就站在躺在灵床上的鲁迅先生的遗体前，默默地掉泪，缅怀着导师一生的伟大业绩，默念着许广平女士用毛笔亲笔书写的摆放在先生遗像下面的《献词》：

鲁迅夫子：
　　悲哀的氛围笼罩了一切，
　　我们对你的死，有什么话说！
　　你曾对我说：
　　　　"我好像一只牛，
　　　　吃的是草，
　　　　挤出的是牛奶，血。"
　　你"不晓得，什么是休息，
　　什么是娱乐。"
　　工作，工作！
　　死的前一日还在执笔。
　　如今……
　　希望我们大众，
　　锲而不舍，跟着你的足迹！

鲁迅先生的遗体移至万国殡仪馆后，每天都有成千上万的人来吊唁、瞻仰，仅第一天统计就有4462人。文艺界、知识界、工商界，甚至政界的人都来了（当中包括孙夫人宋庆龄和廖仲恺夫人何香凝，以及苏联驻华大使），大量的则是青年学生、工人、店员、市民等社会各界的普通人士。不少由团体组织的则列队来凭吊。人们怀着一颗悲痛的心，含着眼泪，静默地、有秩序地向鲁迅先生致最后的敬礼。

最叫人感动的是一大群天真可爱的小学生，列队前来向这位曾经为他们呼吁过"救救孩子"的热心肠的爷爷做永远的告别。领队的老师哭了，小同学们大声地哭了，人们都哭了，整个灵堂哭声震天。

10月21日下午3时，在万国殡仪馆举行大殓。

10月22日下午，启灵前往墓地。

1时30分，为鲁迅举行"启灵仪式"。治丧委员会成员，先生生前战友、学生，先生家属举行了向先生最后致敬的告别仪式。灵堂挤得水泄不通，大家肃立、默哀，向先生行三鞠躬礼，然后绕棺一周。人们控制不住的悲恸的哭声盖过了悲切凄绝的哀乐声。先生的夫人许广平女士站在灵柩旁

1936年10月22日，欧阳山（右一）为鲁迅先生殡仪举幡。

低泣。那个只有6岁大的还不懂事的原来还蹦蹦跳跳的周海婴，似乎被满灵堂的悲恸惊呆了，牵着母亲的手低头肃立。看着这母子俩，人们的心更伤痛了。

孙夫人宋庆龄穿一袭黑色长袍，脚穿布鞋，她显然在极力控制自己的悲痛，然而这就使她的哭声更显痛苦，泪水不断从她的眼里涌出，像珠帘似的遮住她那美丽端庄的脸庞。

出殡的时刻到了。先生的遗体被安放在一具发着光亮的楠木棺材里。这是孙夫人宋庆龄送给先生的最后的礼物。

就在盖棺前5分钟，画家司徒乔为鲁迅先生画了最后一幅速写像。

下午2时，治丧委员会的宋庆龄、蔡元培、内山完造、沈钧儒等拥着安卧着鲁迅先生遗体的楠木棺材走到万国殡仪馆门口。胡风、巴金、黄源、鹿地亘、黎烈文、欧阳山、张天翼、靳以、孟十还、吴朗西、陈白尘、萧乾、萧军、聂绀弩、周文、曹天白等16位青年作家扶柩出礼堂，他们把灵柩扛上了灵车。

治丧委员会原定的送殡路线，法捕房不同意，改动了一下，因此耽搁了一些时间。最后决定沿胶州路、极思菲尔路、地丰路、大西路、红桥路，到达公墓。

送殡的队伍出发了。

一万多人的队伍浩浩荡荡，送别他们的导师——伟大的鲁迅先生。由于沿途不断有小学生、中学生、大学生以及市民群众加入进来，很快就成为一支由数万人组成的没有队尾的队伍了。

这支队伍从头望不到尾。打头的是"鲁迅先生殡仪"横幅，跟着的是由张天翼、胡风、欧阳山、草明、黄源、唐弢、蒋牧良、契萌等20多位青年作家的签名祭联，接着是挽联队、花圈队、挽歌队、遗像、灵车、家属车、执绋队伍、汽车队、群众团体、学生队伍、工人队伍等。其中最引人注目的是一幅异常巨大的鲁迅遗像，这是由画家司徒乔画在一块大白布上的。

草明与萧红二人，奉命坐小轿车陪伴许广平。许广平显然在极力控制自己的悲痛，没有哭出声，只是不时滴下眼泪。草明没有说话，只紧握着许广平冰凉的手，传递着对她的同情和劝慰。草明知道在这时候即便说上千言万语，也不能减轻她那无限的哀伤。周海婴坐在司机旁边，时时回过头来看着母亲，母亲的哀戚使这个还不懂得人生苦涩的孩子也感到了不安。草明看着这对母子，更加深了内心的痛楚，热泪不禁又充盈在眼眶里。

队伍在行进着。

孙夫人宋庆龄和大家一道步行；蔡元培先生年事已高，但也在送殡的行列中执绋缓缓行进。

队伍行进在租界时，骑高头大马的外国巡捕在队列两边监视。

队伍经过中国地界时，则有荷枪实弹插上刺刀的警察在监视。

他们害怕什么呢？

难道他们连一个死去的人都害怕吗？

但民众的队伍根本不理会他们。人们哀痛地唱着悼歌，咽着苦涩的泪水，送别鲁迅先生，送别这苦难民族的伟大灵魂。

欧阳山和蒋牧良一左一右高举着一面上书"鲁迅先生殡仪"六个大字的巨大白布横幅，走在整个送葬队伍的最前面。横幅上那苍劲有力的大字是张天翼用滴进了泪水的墨汁书写的（张天翼的父亲是书法名家，杭州岳王庙的横匾"气壮山河"即出自其手笔；另外，横幅两头要牢牢地固定在竹竿上才能举着行走，巴金事前就蹲在殡仪馆前面的草地上，用针线细心地把横幅缝牢在竹竿上）。

欧阳山迈着沉重的步伐，缓缓走着。他不忍心这么快就把先生送到墓地，他害怕跟先生告别。他朦胧的泪眼望着前方，缓缓地走着。他耳边不断响起"鲁迅先生不死，中华民族万岁！""踏着鲁迅先生的足迹前进！"等震天响的口号声；不断响着宏大的，深沉悲壮、哀痛激越的歌声，那是由周钢鸣作词、任光配曲的《哀悼鲁迅先生》，张庚作词、吕骥配曲的《鲁迅先生挽歌》，冼星海配曲的《安息歌》：

> 哀悼鲁迅先生，
> 他是我们民族的灵魂，
> 他是新时代的号声，
> 他反抗帝国主义，
> 他反抗黑暗势力，
> 一生到老志不屈！

欧阳山也唱起来，加入那响彻云霄的宏大的挽歌声里。

他一边淌着泪，一边在心里说：

先生死了。这犹如地球忽然停止了转动，于是太阳变成躺在天空静静不动了。我们再不能看见这么巨大的一个男人工作和休息，愤怒和笑，斥骂敌人和安慰朋友，好像太阳每天一起一落，有阴有晴一样。这不是痛哭可以尽量泄诉的事。然而我们可以看见临头一个屹然不动的太阳，虽然不动，但它的光明和热力广披着无边的大地、连绵不绝的山岳、无边无涯的海洋，以至于万万年后。而且因为它底抚育，将使天地发出产生了它的千千万万儿女以后的辉煌的荣光。

是呀，先生没有死，先生当然还在。他的低沉的绍兴的口音永远不曾停止过，也将永远不停止。

太阳还在。太阳只有一个。在他底下一切都是渺小的。而他什么地方都照亮，他的能力使最大的天文家的脑子穷于计算，他的庄严和伟大曾经使全世界最伟大的艺术家叹服他们自己无法摹绘。

他的每一个字，每一句话，从他的渊博的学问，崇高的人格，坚强的斗志中结晶起来的，完完全全是我们自身，我们后代，以至世世代代的继承者的毫无疑问的训言。

他怎样无情无畏地攻破了黑暗势力的堡垒，是大家都知道的事情。即令他的疾病不许他劳动的时候，他还是无情无畏地向黑暗的堡垒进攻。

我们劝他休息弄点娱乐的事情玩玩，尤其要完全停笔，做长期的疗养，但对于他，这些只是废话。他对中国人民所负的如山的责任，只有他自己知道得最清楚！

先生，你是光明的象征；是进步、自由、民主的标帜；是最高意味的真正的深厚的革命人道主义的柱石；是中国新科学和新艺术的指路碑。我们要踏着你的足迹，前进不息，为光明、自由、幸福的新中国而不懈奋斗！

鲁迅先生不死，鲁迅先生永在！①

墓地到了。

下午5时，这支数万人的送葬队伍，走了整整3个小时，来到了万国公墓。

公墓门上，迎面挂着"丧我导师"的横联。

灵车从人丛中缓缓驶到坟场上，欧阳山和扶柩的青年作家们一起，在人们的泪眼中，把灵柩扶置到广道上。

5时30分，开始了鲁迅先生的安葬大会，举行致敬的最后仪式。

仪式由沈钧儒主持。

蔡元培、宋庆龄、沈钧儒、邹韬奋、章乃器、萧军、内山完造、胡愈之先后致悼词。

接着，在哀乐声中，上海民众代表献上一面白绸为底，用黑丝绒绣着由沈钧儒亲笔手书的"民族魂"三个大字的长方形旗子。由宋庆龄、沈钧儒以及救国会的王造时、李公朴把这面旗子，轻轻地覆盖在鲁迅先生的灵柩上。

此时，天色灰暗，暮色越来越浓了。在人们抑制不住的痛哭声中，欧阳山、巴金、张天翼、靳以等8位青年作家，把先生的灵柩抬起来，移到靠北院墙的墓穴前，伴着一片悲壮肃穆的《安息歌》歌声，灵柩徐徐轻放进有方丈宽的墓穴中。蔡元培先生铲起了第一坯土，轻洒在棺木上。这时，人们的悲哀达到了顶点，全体民众都失声痛哭起来。

欧阳山的双腿像灌了铅般的沉重、发麻，他的双手剧烈地颤抖着，心脏一阵阵地发痛，他哽咽着从地上抓起一把土，祖国母亲温馨的泥土，轻轻地撒落到鲁迅先生的墓穴里。

人们涌上前来，向墓穴里撒土。

人们的哭声越来越大，哭声和着灰暗的薄暮升上天空，震动天宇……

草明一直陪伴着许广平。等到灵柩下放到墓穴时，心如刀割似的许广平挽着小海婴的手，几乎站立不住，草明顾不上注视灵柩的下沉，赶快伸手扶住她，小海婴也懂事似的搂紧母亲的腰。

草明心头痛楚，泪如雨下。她在心里呼喊：先生呀，你为什么要走，你为什么要撇开你的亲人和战友独自走了呢！

---

① 欧阳山的这一段内心独白，摘自他哀念鲁迅先生的文章《一个够胆的男人》和《怎样纪念我们底巨人》，见《欧阳山文集》（第十卷），花城出版社1988年版。

太阳西沉，黑夜笼罩了一切，天上仿佛有一丝丝冷雨。在悲切哀婉的《安息歌》声中，欧阳山向鲁迅先生行了最后的敬礼，和人们一起喃喃地唱着：

> 愿你安息，安息，
> 愿你安息，安息，
> 安息在土地里……

欧阳山不愿意离去，他守候在鲁迅先生的坟墓旁，呆呆地站立着，8点，9点，10点，一直到深夜12点，才和最后一批送葬的人们恋恋不舍地离去……

从第二天起，欧阳山怀着悲痛的心情，用眼泪写下了《一个够胆的男人》《鲁迅精神底永远的敌人》《一个人静悄悄地》《怎样纪念我们底巨人》等哀念鲁迅先生的文章。

1936年11月，也就是鲁迅先生逝世后一个月，上海良友图书公司出版了欧阳山的中篇力作《鬼巢》，欧阳山特意在这本书的扉页上印上"这本小书献给并永远纪念着我们底伟大的先行者鲁迅先生"。

第八节　无尽的思念

1937年7月7日，卢沟桥事变爆发，中国人民神圣的全国范围内的抗日民族解放战争由此揭开了序幕。

国难当头，全国民众必须团结奋起，万众一心，"把我们的血肉，筑成我们新的长城"，抵抗日本，打败日本，驱除日本侵略军出中国，争取最后胜利！

在隆隆炮声中，欧阳山奉组织之命，要火速赶回广东，从事抗日救亡的宣传和发动工作。

临行之前，在一个初秋的下着微雨的早晨，他买了一束菖兰花，来到万国公墓，向鲁迅先生做最后的告别。

他把那束很好看的，羊齿形的叶子簇拥着细细的枝条，花朵像喇叭一样，红的、黄的、淡紫色的蕊挺立在花瓣中间的美丽的鲜花，献给一个伟大的灵魂。

他凝视着镶在墓碑上的鲁迅先生的遗像，默默地待了很久，想起近一年前先生逝世时的情景，心里仍哀痛不已。

他待了很久很久，直到雨住了，还不愿离去。他望着淡淡的秋阳，望着悠悠的白云，仿佛追随鲁迅先生到了天外一个很远很远的地方，他们在那里吃着带露珠的仙果，喝着用花瓣酿造的散发着淡淡百花香味的、晶莹透亮的甜酒，时而热烈地交谈，时而严肃地讨论，时而又开怀大笑。先生低沉缓慢的绍兴口音和他的标准国语的话音，在这静谧无人的、遥远天外的一个神秘、圣洁的殿堂里回响着……

几天后，欧阳山踏上了南下的轮船。他站在船舷旁的甲板上，凭栏远眺，只见大海茫茫，无边无际，海是深蓝色的，翻滚着雪白的浪花；天空也是深蓝色的，飘动着雪白的云块。水天一色，融为一体，那地脚处的浪花好像在天空上翻滚，那地脚处的白云好像在大海里飘动。欧阳山心潮起伏，他忽然转过身去，向着渐渐远去的上海城，大声喊道：

"再见了，鲁迅先生！再见了，敬爱的导师！"

风吹着，涛声应和着他的喊声。这时，他已经没有了对先生的哀痛之情，有的只是沿着先生足迹前进的高度责任感，他继续说：

"安息吧，导师！我们绝不辜负你的期望，我们一定要打败日本侵略者，一个光明、自由、幸福的新中国，一定要实现！"

轮船在哗哗的涛声中颠簸着前进，向着南方，前进，前进……

回到广东后，欧阳山立即投入到抗日救亡的宣传和发动工作中去。广州沦陷后，他辗转到达重庆。

1941年4月，欧阳山奔赴延安。在窑洞里，他与毛泽东谈鲁迅，谈了一个多小时，两人仍意犹未尽。

从1927年认识鲁迅先生开始，几十年来，欧阳山一直以鲁迅先生的教诲鞭策自己，坚定不移地从事革命文学的创作和活动。他谨记毛泽东说的"鲁迅的方向，就是中华民族新文化的方向"这一至理名言，先后写出了像《高干大》和五卷本共150万字的《一代风流》（后改名为《三家巷》）这样的在国内外有广泛影响的名篇巨制，确立了他在中国现当代文学史上的重要地位。

鲁迅逝世后的半个多世纪的漫长岁月中，欧阳山对鲁迅先生的怀念之情丝毫没有减弱，除了在讲话中经常提到鲁迅先生之外，还不断写出相关纪念文章。

1981年，欧阳山在广州参加了鲁迅百年诞辰纪念会，并代表整个广东文艺界在会上做了充满激情的长达一万多字的报告《伟大的鲁迅》。同年，欧阳山以73岁的高龄，创作出版了长篇巨著《一代风流》的第三卷《柳暗花明》，他在书的内文第一页印上："谨以这本小书，献给鲁迅先生，纪念他的百年生忌。"

1989年12月11日，欧阳山在回答记者问"您一生中感觉到长期遗憾的事情或者说是终身遗憾的是什么？"时，他说："如果说我这一生中感觉到长期遗憾的事情，那就应该说，唯一的一件，就是鲁迅先生死得太早了。"

　　1990年，欧阳山已是82岁高龄了，他针对当时文艺界的现状，写下了《鲁迅真神人也》这篇文章。①文章在针砭时弊的同时，以抑制不住的感情，寄托了对鲁迅先生的绵绵不断的怀念之情。

　　2000年，欧阳山逝世前10天，即2000年9月16日，在医院监护室的病床上，他请秘书朗读当时有关鲁迅问题的争论文章，对其中的不正确言论，显得十分生气和忧心忡忡。其时，他的病情急速恶化，有时昏迷，有时亢奋，但稍一清醒，他就提出要写《广语丝》（欧阳山晚年写的系列杂文）的绝笔，要对当时恶意贬损鲁迅的那么几声杂音加以抨击……

---

① 欧阳山：《广语丝》（第一集），光明日报出版社1990年版，第128页。

第六章

抗日烽火

第一节 以笔为枪写抗战

1937年7月7日夜，枪声震碎了夜的宁静，子弹的火迹撕破了夜的帷幕，日本侵略军在北平西南的卢沟桥附近，以军事演习为名，并借口一名士兵的失踪，突然向当地中国驻军第二十九军发动进攻，第二十九军奋起抵抗，由此揭开了中国人民神圣的全国范围内的抗日民族解放战争的序幕。

日军进攻卢沟桥，标志着日本蓄谋已久的全面侵华战争爆发。这次战争是中国有史以来遭到的一次最大规模的帝国主义侵略战争，是日本军国主义欲置中华民族和中国人民于万劫不复深渊的一次最野蛮的战争。

1937年7月8日，卢沟桥事变发生的第二天，中国共产党中央委员会发出《中国共产党为日军进攻卢沟桥通电》，向全国人民呼吁"平津危急！华北危急！中华民族危急！只有全民族实行抗战，才是我们的出路"；号召"全中国同胞，政府，与军队，团结起来，筑成民族统一战线的坚固长城，抵抗日寇的侵掠！国共两党亲密合作抵抗日寇的新进攻！"

1937年7月底，日军占领北平、天津。

8月，日军进攻上海。

9月，日军南下兵团从海上迂回到广东沿岸，欲南北夹击，灭亡中国。

中华民族到了最危险的时候！

国难当头，全国民众必须团结奋起，万众一心，"把我们的血肉，筑成我们新的长城"，抵抗日本，打败日本，将日本侵略军驱逐出中国，争取最后胜利！

在隆隆的炮声中，欧阳山一方面奉组织之命，要火速返回广东，从事抗日救亡的宣传和发动工作。另一方面，此时的上海已成为日军围困下的孤岛，局势十分危急险恶，市民们纷纷向内地四处撤离疏散，文化界的朋友们大多数也已撤离，加上惨淡经营的出版界早已发不出稿费，这就使得依靠稿费生活的欧阳山一家人顿时陷入了困境。而与此同时，国共两党第二次合作、共赴国难的新局面已经形成，华南地区正掀起抗日救国的高潮，急需大批文化人来从事抗日救亡的宣传和发动工作；三方面，国民党广东陈济棠当局在1933年发出对欧阳山的通缉令，亦因国共两党第二次合作而宣告作废失效了。在此种种形势下，欧阳山便为离开上海返回广东着手做必要的准备了。

早在"七七"卢沟桥事变之前，欧阳山在上海就已投身抗日救亡运动，积极倡导建立文艺界的抗日民族统一战线。

1936年7月1日，欧阳山就参与鲁迅、茅盾、巴金、曹禺、胡风、张天翼等作家发起和发表的敦促抗日的《中国文艺工作者宣言》，并和其他70多位作家一起在这份《宣言》上签了名，欧阳山还把这个《宣言》率先在由他和张天翼主编的《现实文学》创刊号上发表。

此外，欧阳山还在他主持的"左联"小说研究委员会和"文总"宣传部的工作中，做了大量的文艺界统一战线的实际组织工作，在他参加主编的《夜莺》《人民文学》《现实文学》《小说家》等刊物上，组织发表了许多宣传抗日救亡的作品和文章，为挽救祖国的危亡而奔走、呼号！

1937年8月13日，突如其来的密集的枪炮声在上海外围响成一片，中日淞沪大会战终于爆发，大上海危在旦夕！

这一天，欧阳山的朋友、广东海丰人、曾参加过国民党十九路军淞沪抗战的青年军人作家丘东平在听到日本人的炮声后，来到了欧阳山家里，还未落座，就说要去投奔新四军："古人说七尺男儿要血洒沙场，何况我们是革命者，怎能坐在亭子间里听炮响！"

欧阳山接过他的话头说："我们是文艺工作者，大敌当前，我们应当有所作为，在去找新四军之前，我们要写本小说唤醒大家的爱国主义精神，动员和鼓舞老百姓起来支援抗日战争，投身抗日战争。而且，要写就立即写。"

见丘东平频频点头，欧阳山继续说："我们不能让这回的民族抗战发生了而平平过去，也不能让我们抗战时代的文学事业平平过去；残酷的、血腥的战争，现实中发生着惊天动地的史实在震荡着我们的心房；工农劳苦大众、士兵们已经举起了枪杆子在保卫我们的祖国了，新的民族诞生了，新的英雄诞生了！然而我们的文学工作者落后得似乎对这新民族的诞生毫无所知，对以英勇的战士的新姿态出现在东亚战场上的、武装的工农大众的可歌可泣的史绩毫无所知，对工农大众、士兵们的伟大人格毫无所知。这是什么缘故呢？这是应该的、不足惊讶的事情么？在使抗战的文学事业迅速而强有力地展开，在组织、发动工农大众做抗战的中坚队伍，在颂扬、宣传工农大众、士兵们英勇抗敌的事迹,在使全国人民获得应有的飞速进步,在服役于新的全面抗战的文学岗位的任务,此种种方面,我们文学工作者不是肩负重责么?"

正说着,邵子南和于逢两位青年作家也来到欧阳山家里,他们也是在听到日本人的炮声后赶来的,准备与欧阳山商谈局势,商讨对策。当他们得知欧阳山提出写一本抗战小说的这一计划后,都非常赞成,并表示要参加这种有意义的创作。

于是五个人(包括草明)在一起,马上就讨论起怎样创作这本小说。

经过深入讨论,决定由五人集体创作,书名定为《给予者》,篇幅在10万字左右。这部中篇写一个名叫黄伯祥的贫苦农民出身的工人,在抗日战争中当了士兵,手握枪杆上前线英勇杀敌,最后为抗日救国光荣牺牲。这是一个"用了自己的全生命保护祖国,而什么东西也没有收受"的"给予者"形象,是"代表抗战的意志"的"新的英雄"典型(欧阳山语)。

关于人物性格和形象塑造,由欧阳山设计,并由他负责写一篇题为《抗战的意志》的序言;故事结构大家七嘴八舌,由丘东平集中概括,并发挥他善于奇思妙想的长处。为了赶在上海城破前写好,大家推举以"写作快手"著称的丘东平来执笔,他写完一章,大家研究、斟酌、修改,最后分工誊写。

其时,空前残酷、惨烈的淞沪大会战正在激烈地进行,中日双方共投入100多万人的兵力(其中中国军队投入国民党最精锐的中央教导总队及八十七师、八十八师等148个师和62个旅80余万人,日军投入8个师团和2个旅团20余万人)在"白刀子进、红刀子出"地红了眼地厮杀,真可谓"一寸山河一寸血"。在城外不断传来隆隆的炮声中,五位热血青年作家的写作还是比较顺畅的,写作速度也挺快,小说终于在日军攻入上海前完稿。

当然,写作的条件是极端艰苦的,写作过程中也碰到不少困难。

由于战争阴云密布,上海许多报纸、杂志搬迁的搬迁、停办的停办,使依靠稿费生活的作家的经济来源断绝了。为了节省点钱,欧阳山一家三口(其时,草明已于1937年2月诞下女儿欧阳纳嘉)搬到丘东平家打地铺,两家人大大小小合在一起共有7人,就挤在那仅有10余平方米的狭小空间里,加上邵子南和于逢每天都过来讨论小说的写作问题,就更挤得连转身都办不到了。而吃饭就更成问题,每天两顿饭都是碎米煮的干饭,吃后不久肚子又饿得咕咕叫了,后来连这样的干饭都吃不上,便买些南瓜掺着碎米煮粥充饥。这样的伙食大人咬咬牙还可以忍受,最难办的还有两个吃奶的孩子(欧阳山的三女儿欧阳纳嘉和丘东平的小女儿),母亲都吃不饱,哪来足够的奶汁呢。

在这样极端困难的情况下，五位青年作家依旧精神昂扬，埋头创作，绝不放弃，永不言败。

抗战小说《给予者》终于完成了。这部凝聚着五位热血青年心血的作品于1938年由读书生活出版社出版，成为抗日战争初期在中国最早出版的一批抗战文艺作品之一，极大地鼓舞了广大民众积极投身抗战的士气和斗志。

此刻，也到了该撤退、该离开上海的时候了。

丘东平要去找新四军，投笔从戎上战场。临行前，他把妻子和两个女儿托付给欧阳山，请欧阳山把她们带回到广东海丰的老家去；

邵子南决心到延安去，投奔八路军，跟随党中央闹革命；

欧阳山、草明、于逢要回到已成为战争前线的广东家乡参加抗战。

1937年9月的一天，天色阴沉，烽烟弥漫，炮声阵阵，众人在上海街头，在互道"珍重""平安""再见"的声声祝福语中，各自上路了。

欧阳山拿着丘东平不晓得费了多大劲从哪儿弄来的4张难民船票，带领着草明、于逢、丘东平的妻子以及3个小女孩（其中有两个是尚在襁褓中的婴儿，即欧阳纳嘉和丘东平的小女儿），登上了一艘破旧的往广东方向驶去的难民船。这是国际红十字会经过与日军交涉，力争到的专为疏散战争下的难民用的轮船，当天日军只停止炮击半天，让难民上船开走。

与大家分别后，丘东平到汉口找到了叶挺将军，加入了新四军，后来在陈毅将军的领导下参与开辟茅山根据地。在战争间隙，他创作了长篇小说《茅山下》上卷。极其不幸的是，1941年7月24日，他在盐城一役中以身殉国，年仅31岁。1991年，广东文艺界为丘东平烈士召开了"五十年祭"纪念大会，欧阳山在会上讲了话，抒发了对战友深深的缅怀之情，会后并为丘东平立了铜像作为永久的纪念。

邵子南则到了晋察冀敌后根据地，后来又辗转到了延安，创作了《李勇大摆地雷阵》等受到大众好评的小说，并参与创作了现代戏剧史上的名著《白毛女》。

于逢在解放后协助欧阳山在开创、发展、繁荣华南的文艺事业中做了大量工作，并以长篇小说《金沙洲》《金水长流》等引起了文学界及社会的广泛瞩目。

欧阳山、草明更是写出了足以传世的多部名著。

至此，当年在日本侵略者的隆隆炮声中冒死坚持写作的五位青年作家，都为中国现当代文学的发展和繁荣做出了自己应有的贡献。

第二节　华南唱响抗战歌

经过在茫茫大海大风大浪中颠簸了七八天，欧阳山一行终于在1937年9月回到了阔别多年的广州，准备投身到广东轰轰烈烈的抗日救国的洪流中去。

欧阳山找到了昔日在一起战斗过的"左联"广州分盟的战友们。劫后余生，劫后重逢，大家情绪未免激动，有的人甚至流下了热泪。

欧阳山详细了解了龚明被害的经过，当他得知龚明的老母亲因为相依为命的独子逝去，哀伤过度以致双目失明，两年后就去世了时，眼眶不禁湿润起来；又得知易巩仍在佛山监狱，不由得皱起了眉头。

接着，欧阳山号召大家振作起来，"好汉要提当年勇"，立即投入到抗日救亡的工作中去。

自从欧阳山远走上海，龚明遇难，易巩入狱，广州"左联"的战士们在失去领导，又遭遇国民党白色恐怖、政治暴力的高压下，暂时转入了地下，刊物停办了，活动也基本上停止了。到了1935年，留德、留法同学会基本上建成。广州文德路有两幢人称"红楼"的红砖建筑。广州"左联"为摆脱国民党特务的跟踪、盯梢和捣乱，便以开展同学联谊活动为掩护，悄悄地在红楼逐渐恢复了活动，但大家的情绪还是比较低落的。现在经欧阳山一发动，大家的积极性又起来了，情绪又高涨了，表示要在抗击日寇的生死战中"刺刀见红"！

此刻，9月才回到广州，还未把家安顿好的欧阳山，就迫不及待地投入到工作中去，很快地就在10月创办和主编了《光荣》半月刊杂志。杂志的宗旨是唤起民众，抗日救国。由于杂志发表了大量充满激情、极富感染力的宣传爱国主义、宣传抗日救亡的作品，杂志的内容又十分丰富，形式又多样化，有小说、诗歌、杂感、漫画、木刻、地方通讯、人民生活特写、战地速写、地方批评、小翻译以及关于创作、国际现状、政治形势、军事形势等四个问题的讲话，这就使得广大民众争相阅读，很快地就在广州市面上产生了巨大的影响。

同年12月，欧阳山发起和组织了广东文化界抗日救亡协会，被选为这个协会的宣传部长，做了大量的组织和宣传工作，同时又担任了《新战线》周刊编委。

1938年3月，欧阳山领导组织了广东战时文艺工作团，他率领这个工作团的战友，奔走在前线和后方，宣传、鼓动、组织民众和士兵，投入抗战的滚滚洪流。

10月,他担任了广州《救亡日报》的战地记者。他以战地记者的身份,在枪炮声中,采访英勇的抗战军民,撰写悲壮感人的战地通讯。

在这血与火的日子里,欧阳山没有放下手中的笔,他创作了大量宣传抗日、发动民众、鼓舞士气、揭露日寇暴行的小说、诗歌和剧本。

他写出并发表了剧本《我们八百个》;由他执笔,他和战时文艺工作团的战友们集体创作了三幕话剧《敌人》。他与著名音乐家马思聪合作,由他作词,马思聪谱曲,创作了粤语进行曲《武装保卫华南歌》。由于这首歌歌词简洁明了,通俗易唱;曲调铿锵有力,振奋人心,令人唱后无不热血沸腾、慷慨激昂,极大地鼓舞了抗战军民的士气和斗志,因而大受民众欢迎,很快地就从广州传唱到四周的农村去。一时间,在城市、乡村,在街头、巷尾,在山坡、田野,在学校、工厂,在兵营、阵地,到处是高唱《武装保卫华南歌》的人们,歌声响彻云霄,远播大地……

欧阳山于1937年10月10日在写给远在武汉的《七月》主编胡风的信《从广州寄到武汉》中,曾具体地讲述了他这时在广州的生活情景和广州在战争灾难中的景况:

1938年3月,欧阳山、草明(前排左二、左四)与广东战时文艺工作团战友们合影。

今天是双十节，日本飞机在头上飞着，我们底高射炮集中火力向它们射击，我坐在房子里给你写回信。草明到村外的凤凰岗买米、借钱、买小菜去了，还没回来呢。村中寂静得很。现在——上午九点钟了，这样的寂静，没有人声和狗声，没有叫卖猪肠粉和热番薯的，没有挑水的哼声和小孩子底叫闹，反乎寻常，好像在严重地进行着什么大事一样，这是日本飞机向我们空袭的时候。有几十次，正当空袭警报带来恐怖的嗓子响彻云霄的当儿，我在马路上走着。我看见卖零食小贩在街边缓缓走着，行人挨着墙根走，每隔五六丈远的骑楼底下，站着穿白制服的警察和蟹青色的宪兵，而我们底涂了保护色，又矫健又勇武的铁甲车，在马路当中不停梭巡。广东人在这个时候保持镇静，庄重而无所畏惧。不论在街上或在屋里，我从没有想到我会遭遇什么危险，——不是没有那样的可能，只是没有那样的预感。市民们都是一个样，看见十字马路中心的警亭插出红旗，便把谈话声放低一点，照常走路，抽烟，或到铺子里吃点什么。他们只在一个理由之下停止一切活动，那就是我们底防空军以高射炮向敌人的飞机发射的时候，……市民们全停下来，铁青着脸孔，紧张地沉默着，向中国的武器致敬礼。倘广州底天空有中国机和敌人战斗，他们就更加纯洁而虔敬。草明回来的时候，警报还没有解除，已经十点多钟。日本飞机又来袭击，这回是一架重轰炸机，投进一颗炸弹，响声延续到十秒钟以上。前几天我们这里也能听到狠毒的军舰攻打虎门的炮声，我愤怒得几乎发疯了。我手里没有武器，又看不见我底敌人，心里比坐在上海法租界家里听日本飞机轰炸南站时更加难过。我要骂出来了，但是我底周围全是跟我一样愤激的人，他们也铁青着脸孔，沉默着，看样子也跟我一样难过！我走过窗前，窗外是人家荒乱的草园，秋天的微风在园中攀折着芭蕉树和扁豆棚，一群甲虫打窗前飞过，有几只好像落叶似地飘了进来，天空是一泓的海蓝，看不见飞机、炸弹、炮弹炸裂的烟。我坐下来给你写信，无论如何，我们要不被日本炮声扰乱才好。我们底精神的武装是非成为最坚固最犀利的抗战力量不可的。我们自己武装起来，还要把全中国民众的头脑也武装起来，我们应该划出十年时间做着使每一个中国人都成为一个战斗单位的那么一件大事。①

---

① 欧阳山：《从广州寄到武汉》，《七月》1937年第10期。

第三节 "再找郭沫若去"

1937年冬天，上海沦陷，郭沫若、夏衍以及萨空了等从上海南下，来到了广州，茅盾不久也来了。这些文化界大师的莅临，使一向显得比较沉寂的广州文化界顿时热闹起来。

不久，以郭沫若名义办的《救亡日报》也从上海迁来了，并且要在广州继续出版，由夏衍主持。欧阳山和草明后来都担任了《救亡日报》的战地记者。同时，他们还负责协助郭沫若、茅盾与其他人之间传递信息与沟通的工作，十分忙碌。

广州的青年团体、学校的青年学生，都很想请郭沫若、茅盾去做报告，他们知道欧阳山、草明和郭、茅很熟悉，便央求他们邀请二老去讲话，二老也非常乐意到年轻人中间宣传抗日救国。但那时广州完全听得懂普通话的人不多，特别是茅盾的浙江口音比较重，就更难听得懂。因此，二老去做报告时，常常把草明带上，请她负责把他们的讲话翻译成广东话。

有一次，广播电台邀请郭沫若去做广播演讲。广播电台派人来接郭沫若，由欧阳山和草明陪同前往。车子坐得满满的。当车子准备启动时，忽听得有人跑步赶来嚷着要上车，郭沫若探身往外一望，马上打开车门。躬身进来的原来是于立群。于立群看见已无座位，犹豫了一下。郭沫若当机立断地轻轻拍拍自己的双膝，柔声地说："请坐在这上面吧。"于立群欣然微笑着坐到郭沫若的双膝上了。

回家后，草明对欧阳山说："看见了吧，诗人与'女神'的恋爱开始了。"

欧阳山撇撇嘴："你这是少见多怪。"

但草明的判断是正确的，郭沫若后来真的与于立群结婚了。这是题外话。

一天，欧阳山和草明去拜访茅盾先生，茅盾很高兴，夸赞广州人热情、好客。草明把带去的一篇短篇小说稿《梁五的烦恼》请茅盾指教。茅盾立刻就拿过来看了，惊喜地对草明说：

"你的文风有改进，不那么欧化了，也明朗多了。"

欧阳山在旁解释说："她当记者了，整天东跑西闯的，视野广阔多了。"

茅盾点点头，说："这样好，这样好，作家就是要泡到生活中去的。过去在上海不能公开活动，只好困在亭子间里，这是无可奈何的事啊。"

自回到广州后，有一件事常常令欧阳山寝食难安。这一天，他闷头坐着，忽然一拍大腿，高声道：

"有了，有了！再找郭沫若去！"

正在埋头写稿的草明被欧阳山的一惊一乍吓了一跳，她抬起头，一脸茫然地望着欧阳山，继而问：

"什么'有了，有了'的，什么再找郭沫若去？"

原来，如前所述，1926年1月，正在广州市立师范学校读高中二年级的欧阳山因参加学生运动，被学校当局无理开除。同年5月，大诗人郭沫若来到广州，他是应聘到广州中山大学任教的，将出任中山大学文学院院长。欧阳山不甘心就此失学，他多么渴望能够重返校园。朋友们怂恿他：

"找郭沫若去。兴许他能给你以帮助呢！"

欧阳山找到了郭沫若，诉说了自己的遭遇，希望能得到先生的帮助，继续学业。郭沫若很爽快地答应了。经他与校长褚民谊商量后，欧阳山很快就得以按照自己的愿望，转学到中山大学预科二年级学习。

此刻，听完欧阳山的一番话，草明还是弄不明白："那现在为什么又要再找郭沫若去？"

欧阳山说："龚明牺牲了，易巩还在狱中受折磨，我寝食难安啊！谁能救易巩出监狱，我思来想去，还是要靠郭沫若先生。现在是国共第二次合作时期，时机很有利，郭先生又是国民党军事委员会第三厅厅长，他准有办法。所以，要再找郭沫若去。"

找到郭沫若后，欧阳山详细地把当年革命青年龚明遇难，易巩被捕入狱，至今未放人的情况对郭沫若说了，请他想办法营救。郭沫若一听很激动，表示无论如何都要把易巩营救出来，让他重见天日。接着，郭沫若低头苦思了一会儿，抬起头来说：

"我初来不久，情况不太清楚，这件事要弄准从哪儿入手，才能快捷地达到目的，否则不对门路或是哪方权力达不到，拖拖沓沓就麻烦了。"

郭沫若站起身子，在客厅里踱了几步，立在欧阳山和草明面前，说："等我和一些同志商量一下才能行动。你们回去后就写个简要的报告给我。"

回去后，欧阳山跟大家讨论、分析，认为事有可为。因为陈济棠早已下台，现在大权在握的是余汉谋，特别现在是抗日时期，掌管广东军政要务的他就显得更显要了，同时，他也没有必要在国共第二次合作的大背景下，为陈济棠背上迫害进步人士的黑锅。所以，最好是直接找到他。因此，欧阳山很快就把状子写好，当即就交给了郭沫若。郭沫若看了状子后，频频点头，说要把状子拿去找余汉谋。

一个星期左右，郭沫若就拿到了有余汉谋大红印章的亲笔批示，命令立刻释放易巩。

草明在60多年后回忆起此事时，仍按捺不住兴奋的心情，她在文章中写道：

> 天啊，盼望多少年的心愿，一旦实现了，小伙子们狂喜不已，这个去给买一套衣服，当然是典型的八路军式的灰布衣服啰；那个又忙着给他买鞋，关于买什么鞋也有争论，有人说应该买一双顶好的皮鞋，但反对的意见是阿涛（即易巩）出来说不定到前线打仗，穿什么皮鞋，买双球鞋为好。……
>
> 我们一共十来个人吃完早饭，便赶到佛山去。由易巩哥哥带路，很快就走到了监狱大门。开始，狱卒一见这帮人，以为是来劫狱的也说不定。他板起脸孔多方留难，不肯开门放人，易巩哥哥从口袋掏出票子正想交给狱卒的时候，被我们中的阿跛一手挡住。正在这时狱长匆匆忙忙地赶来，一看见余汉谋的亲笔批示和公安机关的证明信时，吓得连忙向我们道歉，并喝令狱卒"提易巩出来"。
>
> 易巩微笑地慢步走来，性急的蟹仔一步扑上前去抱住了他。大家都上前和他握手，看见了阔别近五年的欧阳和我、于逢，他眼睛湿润了，但他显然在控制着泪水不要掉下来。男儿有泪不轻弹呀——这位以共产党员自居的硬汉子。①

易巩出狱后，大家都摩拳擦掌表示要上前线打击日寇，欧阳山此时也考虑成熟了，便提出大家加入战时文艺工作团，到前方去效力。因为那时接到黄谷柳的信（黄谷柳后来成了著名作家，他写于1946年，出版于1948年的长篇小说《虾球传》，曾在省港澳掀起争相阅读的热潮，在全国也有较大的影响；1949年后直到八十年代，该书都曾一版再版，国外也出了外文版，并被拍成电影和电视剧。他在新中国成立后曾协助欧阳山大力开展华南文艺工作），介绍他们认识了他的上级——国民党军队的吴履逊旅长。吴旅长是广东潮州人，紫棠色脸膛，高大壮实，一身军装，是位严肃豪迈的将军。他对欧阳山和草明等几位作家要随他的旅到前线去，十分高兴和欢迎。但后来只由于逢和易巩带领大家到了部队，由黄谷柳指点开展工作。欧阳山因为方方面面的工作多，忙得不可开交；草明因为《救亡日报》的工作分不出身，两人都去不了部队。

这时，由于文艺界的知名人士云集广州，有人便提出有必要成立一个全

---

① 草明：《世纪风云中跋涉》，人民文学出版社1997年版，第85页。

国性的文艺界抗敌救亡协会,这一提议立刻得到大家的赞成,不久,就草拟了一个由郭沫若、茅盾、夏衍等人领头的筹委会名单。欧阳山也参与了筹备工作,协助拟出了筹委会正式名单和协会宗旨。

可是,战争已经逼近,广州已成为敌机威胁下的危城,筹备文艺界抗敌救亡协会的工作被打断了……

第四节 痛别离

1938年10月,局势日渐紧张起来了,炮声开始从远方传到广州城内,日军的侦察机时时在广州的上空低飞、盘旋,甚至用机关枪往下扫射;防空警报一天到晚凄厉地尖叫着,老百姓人心惶惶,小摊小贩一听见警报声就慌张地四处乱跑,找地方躲藏,市面秩序十分混乱;城里的政府机关部门及学校商店都在准备撤离了,整个广州城已进入临战状态。

为了躲避空袭,确保老人小孩的安全,欧阳山把养父杨鹤俦和养母以及八岁的代娜、六岁的天娜、一岁半的纳嘉等三个女儿,一齐迁往广州近郊的凤凰岗,后来又迁到远离广州的南海县大冲乡,而他和草明则仍然留守广州,借住在广州珠江南岸一个老乡的茅草房里,继续着抗战的工作。

而此时,《救亡日报》正准备迁往桂林。但欧阳山和草明都不愿随报社撤退到西南后方去,他们决心跟着部队到抗战的最前线去与日寇作战,哪怕献出自己的热血和生命。可是临出发前,欧阳山冷静下来一想,他们走了,还有两位老人和三个年幼的女儿怎么办,靠谁来养活?他对草明说:

"战争不知打到什么时候,我俩到前线去也生死未卜,战争是没有眼睛的,我俩随时都有可能会牺牲,到那时候,二老三小怎么办?不被打死也得饿死。因此,首先得安置好他们。"

草明也无计可施,只好反问欧阳山:"那你说说怎么个安置法?"

"我去找我的朋友廖承志商量一下,他是中共南方局的负责人,他一定有办法的。"

廖承志是个热情、富于同情心、乐于助人的人,他很了解欧阳山和草明的难处,他告诉他们,他母亲何香凝与孙夫人宋庆龄在香港办了一所保育院,是专门用于收容战争难童的。他安慰他们说:

"这场战争不是三两个月就能结束的,把孩子安置好是个上策。你们不要急,就把孩子放在我母亲办的保育院罢。我写封介绍信,你们去香港见我的母亲,她会解决的……"

就这样,欧阳山和草明带着三个女儿前往香港。

去香港前,欧阳山、草明和三个女儿去照相馆照了个相,然后把孩子

1938年3月，欧阳山（后排站立者）、草明（前排中）夫妇奉命上前线抗日，与三个女儿欧阳代娜（前右一）、欧阳天娜（前左一）、欧阳纳嘉（前排左二）离别前，在广州合影。

的衣服打点成一包，便取道坐轮船去香港。孩子的奶奶当然哭了，爷爷很烦躁，在屋里转来转去，拿起这件东西又放下，拿起那件东西又放下。草明以为代娜离开奶奶一定会哭的，想不到她表现得很懂事、很坚强的样子，处处拉着小纳嘉的手，双眼频频示意天娜不要走得太快。小的以为是上公园玩，天娜虽然知道去香港保育院，但她不知道香港和广州隔了个大海，进了保育院就会见不到亲人，所以她高高兴兴地以为去上学罢了。想到这些，草明喉咙发酸，还装着笑脸给她们讲故事。在船上，做父亲的一时抱抱这个，一时搂住那个。草明恨不得搂住大家，痛哭一场。可她无奈地只能始终装着个笑脸。

到了香港，举目无亲，要住店，钱又不够，想来想去，只好去叩木刻家陈烟桥的门。欧阳山和草明在上海时就认得他，在鲁迅先生治丧委员会下的治丧处工作时常常在一块儿。陈烟桥两夫妇是爽快的人，一听欧阳山说明原因，便要给弄饭，欧阳山说已吃过了，他们就抱歉地说："只好请你们睡地铺了。"这间屋子是一房一厅，他们和孩子全家都住在里间，欧阳山一家五口便在客厅地面睡在席子上。

第二天一早，辞别陈烟桥夫妇，欧阳山一家五口按廖承志写的地址直奔何香凝家去。何香凝立刻写了介绍信给他们。拿了介绍信，五人赶紧坐车到位于元朗的保育院去。

元朗远离闹市，沿途都靠海岸边前进。一路山清水秀，但谁都无心欣赏。途中小纳嘉睡着了，草明紧紧抱着她。这是多珍贵的时刻，此后，什么时候才能抱她呢？到了保育院倒很顺利，其中一位工作人员是女师的毕业生，一提起，原来是草明的同学。草明恳切地拜托她费神照顾三个孩子。她欣然答应了。遇到这位同学，草明心里稍稍高兴一些。

别离的时刻到了，草明把口袋里准备的一包糖交给代娜，代娜拉着纳嘉的手，三姊妹便跟着草明的同学逛"花园"去了。

唉，一包糖，就不知不觉离开父母了！亲爱的孩子，我们何日才能重逢团聚？草明想到这些，禁不住鼻子发酸，差点掉下泪来。

欧阳山和草明乘原车往回走时，两人一句话都没有说。欧阳山坐在车的后座，草明不敢回头看他，他也不敢安慰草明，两人的心情都很难受，要是欧阳山说上一句安慰的话，两人说不定都会相对流泪的。……

送走了三个女儿，把两位老人安置到估计日本人不会去的乡下，两位老人也表示他们能自己照顾好自己，欧阳山便弄来军装、钢盔、挂包，和草明两人踏上征程，准备投军上前线去。

他们离开广州那天，日军的飞机已开始了对广州的轰炸。他们穿过炮火的硝烟，往前方疾步走去。

他们时不时回过头去，只见广州正被熊熊大火燃烧着……火焰舔着高空，席卷了大地，无边际、无休止地燃烧着……火焰所散发的黑烟占领了整个天空，锁闭了白云山和珠江，笼罩了纵横五百平方千米的三角洲，窒息了千千万万的市民！

再见了，可爱的广州，苦难的广州！再见了，可爱的珠江，苦难的珠江！

欧阳山悲愤莫名，一边疾步赶路，一边想：什么时候能回到广州，我那可爱的家乡啊！将来我夹杂在庞大的勇武的队伍里赶回广州去扑灭那场大火，我们在公路上、铁道上、海洋上、天空中乘坐着汽车、火车、轮船、飞机，一直向广州飞驰而去。那是多么痛快，多么值得豪饮的事呀！

他们疾步走着，但一直找不到吴履逊旅长的部队，别的部队又不肯收留这样两个摇笔杆的人，真是希望渺茫，彷徨在歧路啊！

1938年10月21日，日本侵略军在毗邻香港的大鹏湾登陆，广东沿海地区陷于敌手。几天后，日军前锋进逼广州近郊。欧阳山得知这消息后，知道只有往北去一途了。因为铁路已被日军的飞机完全炸毁，火车根本不通；公路也常遭日机轰炸和扫射，挤在公路上的军用车和机关撤退车只能开开停停。坐不上车，欧阳山和草明只好从增城前线经从化步行到粤北的韶关，这里还算是后方，市面还比较平静。他们在韶关买了两张到湖北武汉的火车票，打算到武汉寻找八路军办事处。但当火车快要到达湖南长沙时，车上的广播响了："武汉已经陷落，火车只能开到长沙！"

欧阳山和草明不得已在长沙下了车。这时已是1938年11月了，嗖嗖凉风一阵阵掠过，带来一丝丝寒意，两人站在长沙街头，又一次陷入一筹莫展的状态。

第五节 "我是周恩来，你是欧阳山吧？"

欧阳山和草明在长沙城里盲目地转来拐去，找不到落脚点，也找不到他们急着要找的八路军办事处，正不知如何是好的时候，忽然，路旁一幢带有院子的建筑物大门右侧挂着的一个又长又大的牌子映进他们的眼帘，牌子上书"中华民国国民革命军政治部第三厅"，欧阳山眼前一亮：郭沫若先生不是在这里当第三厅厅长吗？找到了他不就能知道八路军办事处在哪里了吗！欧阳山正高兴地上前向门口的卫兵打听，卫兵请他先到传达室登记时，忽然听见草明惊喜的喊叫声：

"吴奚如，这不是吴奚如吗？"

欧阳山扭过头来一看，只见从第三厅大院里正向外走来两个穿军装的人，卫兵忙不迭地给他们敬礼，而打头的那个十分面熟的人就是吴奚如。欧阳山也惊喜得把正要登记的笔都扔了，扑上前去就紧紧拉住吴奚如的手。

这真是"他乡遇故知"呀！原来吴奚如是20世纪30年代"左联"的盟员，欧阳山当年在上海从事革命文学工作时的战友，现在他是从新四军调到国民革命军政治部，担任政治部副主任周恩来的副官。

此刻，三个人想不到能在长沙碰见，自然喜出望外，问长问短地说个不停。当欧阳山把他们来到这里的经过和希望到延安去的愿望告诉了吴奚如时，吴奚如却笑着说："不忙不忙，工作有的是，回头再谈。"

顿了顿，吴奚如收起笑容，严肃地说："至于去不去延安，这要等周副主席来决定，因为你们不是一般的干部。等他来说对你们工作安排的意见吧。"

说罢，吴奚如带着欧阳山和草明，找到一个招待所临时安顿下来。

几天后，吴奚如来到招待所，一把拉住欧阳山的手，兴冲冲地说："走，我带你去见一个人。"

"谁？"欧阳山问。

"见了面你就知道了。"

他们来到国民革命军政治部一间办公室，一个人从办公桌旁站起来。这人身穿一套灰色旧军装，气宇轩昂，神采奕奕，身躯伟岸，举止沉着；他一张国字脸儿，两道浓眉下一双睿智明亮的眼睛，英气逼人。这人把手向着欧阳山伸过来，热情地自我介绍道：

"我是周恩来，你是欧阳山吧？"

啊，原来是周恩来，中共中央军委副主席，一位极富传奇色彩的红军英雄！欧阳山很激动，他紧紧地握着周恩来的手，说不出话来。

"说起来，我们10多年前还是同事呢！那时，你我都在黄埔军校，我在原先的政治部，你在后来的政训处，都在为北伐革命做工作嘛。"

没想到周恩来会对自己这样一个普通作家了解得这样清楚，欧阳山既感动又敬佩。

"你看来很年轻，还不到30岁吧？"周恩来问。

"到下个月就满30岁了。"欧阳山回答。

"啊，这么年轻就写过不少作品了。我和邓颖超同志都拜读过你的作品，还以为你是一位老先生作家呢，没想到你居然还这么年轻！说起来，我们都应该算是你的忠实读者呢！"周恩来双手抱在胸前，说罢，仰头大笑起来。

想不到周恩来这么风趣，这么随和，欧阳山的拘束感一下子消除了，也跟着笑起来。

笑罢，周恩来神情严肃地跟欧阳山分析了目前抗战的形势，谈到了文艺工作者的责任。他说："目前日寇气焰嚣张，大有一口吞下我中华之势，看来我们在长沙也待不长的。对于国民党，我们当然要联合他抗日，但抱太大的幻想看来也不切合实际。你们文学家肩上的担子很重呀，要宣传民众、动员民众起来进行全面抗战。要多写反映抗战的作品，鼓舞全民的士气。"

说罢，周恩来踱了几步，最后站在欧阳山面前，说："这样吧，我们在长沙有一张报纸《抗战日报》，那里现在最需要有人来写写宣传抗日、教育群众的文章。你和草明就先到《抗战日报》去工作，田汉、夏衍他们都在那里，以后再做什么，再看形势的发展需要吧！"

就这样，欧阳山和草明来到《抗战日报》工作了。

在这期间，他们还听了周恩来所做的一个报告。这是他们有生以来第一次听一位共产党领导人的报告。周恩来的报告解决了他们思想认识上的许多问题，在他们对抗日战争的战略、这场仗到底应该怎么打所知不多的情况下，周恩来的报告给他们指点迷津，犹如一个在沙漠中跋涉的旅行者干渴得要命的时候喝了一捧甘露似的，头脑一阵清凉，精神为之振作。周恩来分析了战争的性质有正义与非正义的区别；我们为反对强暴的侵略而战是正义的，人民会万众一心，团结起来一致抗日；也会得到全世界善良人民的同情与支持；日本侵略者是失道寡助的。周恩来又详细分析了中国的有利条件，说我们虽然武器比日本人差，但战争并不是完全由武器来决定胜负的。我们地大人多，他们兵力不足，进取虽易，守住太难，而且远涉重洋，运输给养困难，东北人民也会在后面牵制他们。周恩来认为只要我们善于运用有利条件，采取持久战的战略，从战争中壮大自己，逐渐战胜和消灭顽敌，胜利一定是属于我们的。周恩来最后建议大家要好好读一读刚刚出版不久的毛泽东写的《论持久战》。……

听了周恩来这番高屋建瓴的深刻的分析，欧阳山觉得有如醍醐灌顶，心里亮堂多了，更增添了努力做好工作、抗战必胜的信心。

1939年1月，长沙告急。周恩来接见了欧阳山、草明、周立波、廖沫沙四人，指示他们随《抗战日报》社撤退到湘西的沅陵去继续办报。周恩来指出现在后方做宣传工作也很重要，特别是像沅陵这样偏僻的地区和少数民族聚居的地方，更须大力宣传抗击日寇的重要性，使全国各族人民把力量献给抗日战争。他还提醒欧阳山等人要有精神准备，因为沅陵那边的生活条件可能差一些，语言也可能比较难懂一点。欧阳山等人表示决不辜负周副主席的期望，坚决克服困难，一定努力把报纸办好，为抗日战争奉献一切。周恩来听罢，频频点头称好。

就这样，欧阳山、草明、周立波、廖沫沙以及报社的有关办事人员带上办报的设备，坐上一辆大卡车，沿着沅江的公路前进。尽管蔚蓝色的沅江澄清见底，远山近岭一片黛绿，景色十分诱人，可谁有心思欣赏？卡车一路颠簸，经益阳、汉寿、常德、桃源，终于到达了沅陵。

在沅陵，《抗战日报》社搬进了一间空荡荡的、有八九间房子的祠堂里。除了放置印刷机器外，其他房子是编辑部的办公室以及办事人员的居室，四位作家则住在楼上。

报纸是小四开，廖沫沙是主编，欧阳山负责国内新闻，周立波负责国际新闻，草明负责副刊。

一天只吃两顿饭，没有工资，但大家倒是齐心协力地干，印刷机的声音冲破了四外的沉寂。

晚上空闲时分，大家就聚在一起谈天说地，谈战争、谈时局、谈文艺创作，或把迟到的由外面转来的报纸翻来覆去地看，几乎把报纸都看穿洞了。周立波是个单纯、直爽的人，又擅长讲故事，不管是地方的神话传说还是旧事回忆，他都说得天花乱坠、有滋有味，而且一说就收不住。有时说得哄堂大笑，即使没人笑，他还是往下说。他浓重的湖南口音，回荡在空寂的祠堂里。他那种乐于为大家服务的憨厚的精神，令人感动，并为单调枯寂的生活增添了不少乐趣（周立波后来以长篇小说《暴风骤雨》一举夺得1951年度斯大林文学奖，又以长篇小说《山乡巨变》赢得了万千读者）。廖沫沙为人严肃，话说得不多，有时说起话来让人敬畏，俨然是一位首长（1966年5月，邓拓、吴晗、廖沫沙三人所组成的写作小组，被冤为"三家村反党集团"，廖沫沙因而成为"文化大革命"爆发后，最早被打倒的"反动学术权威"之一，而为全国甚至全世界所知。"文革"结束后，廖沫沙获得彻底平反昭雪）。

不久后，木刻家张望、江滨夫妇来到沅陵，参加报社的工作；重庆新华社又派来了两位拼版工人、一位搞发行的同志。大家都是年轻人（欧阳山、周立波、廖沫沙年纪稍大，也不过30岁），报社顿时热闹起来，显得生气勃勃的。

在长沙、沅陵的这短短几个月时间，欧阳山学会了一口地道的湖南话，想不到他不是特意去学的这些湖南话，日后竟帮了他的大忙。

但报社在沅陵没有待多久，形势又急剧恶化。1939年2月，湘西前线吃紧，大部分地区被日军占领，报纸办不下去了，欧阳山等报社人员奉命转移。

第六节　雾重庆

　　欧阳山带着怀孕已六个月的草明，踏上了从湖南沅陵途经贵州的贵阳，然后抵达重庆的遥远的路程。

　　这是一段苦难的历程。他们出了湖南不久就进入贵州。贵州是一个"天无三日晴，地无三尺平"的多雨且山高路陡的地方。由于常年都下毛毛雨，导致气压较低，草明一个敏感体质的孕妇，常会喘不过气来；而他们所坐的破旧的汽车，在高山大岭间的陡峭险峻的山路上盘旋颠簸，把人抛上抛下，又叫人几乎止不住要呕吐。就这样，经龙里、镇远、玉屏、施秉、黄坪、贵定，好不容易到达贵阳，刚找了个旅店住下，正想好好休息一阵子的时候，突然头上警报声大作：日本飞机来轰炸了！

　　欧阳山挎起军用皮包，拖着草明就往外跑。但身怀六甲的草明，气喘吁吁的，不要说跑，连走路也走不快，她叫欧阳山先跑，不要等她。欧阳山哪里肯依，扶着草明慢慢走，并说："要死就一家三口死在一块儿。"（这话意谓包括草明腹中的胎儿。）

　　刚出城，就听到城里传来骇人的惨烈的爆炸声，十数架日本军机轮番俯冲投弹，贵阳城陷入一片火海之中。

　　轰炸结束后，欧阳山扶着草明，跟在众百姓后面，慢慢往回走。

　　到了原住地，旅店没有了，所有的楼房商店顷刻间化为一片残垣败瓦……

　　随身所带的仅有的一点点放在旅店的财物都化为灰烬，只剩下一顶烧焦了的钢盔，和一个变黑、穿孔、压扁变形了的洗脸盆。没有了盘缠，何以上路？幸好欧阳山遇到一位朋友，赠予他100元，这才买到车票，告别了战火中的苦难的贵阳城，往四川重庆方向而去。

　　一路经息烽、遵义、桐梓、松坎、石门坎、娄山关、九龙山，过不完的山、壑、沟、谷，总算逐渐下坡，见到了碧绿的綦江水，过了江，便进入四川境内的綦江县了。再经过綦江、巴县、九龙坡之后，历经千山万水、饱尝苦难的长途跋涉告一段落，欧阳山和草明终于于1939年3月到达了战时的大后方——重庆。

　　重庆，一座有3000余年历史的古城，曾三为国都，四次筑城，史称巴渝。抗日战争时期为国民政府陪都。那是民国二十六年（1937）11月，中华民国政府颁布《国民政府移驻重庆宣言》，12月1日正式于重庆办公。在成为"战时首都"之后，重庆成为中国抗战时期大后方的政治、军事、经济、文化中心，抗日民族统一战线的政治舞台；各派政治势力、各色人等，也都在这里上演着一幕幕活剧。

来到重庆后，欧阳山和草明找了个小旅馆暂时住下，很快便联系上文艺界人士，加入了中华全国文艺界抗敌协会（欧阳山在广州时曾参与过这个协会的筹备工作）。那时候，上海、北平、武汉、广州等东、西、南、北的文艺大军云集重庆，又恰逢春节临近，大家便举行了一个隆重、热烈、团结、盛大的文艺晚会。参加晚会的有几百人之多，且不少是名人，如郭沫若、夏衍、曹禺、老舍、胡风、沙汀、曹靖华、王西彦、萨空了、姚雪垠、艾青、白薇、欧阳山、草明、萧军、白朗、罗烽、张仃、力扬、丁聪、葛一虹、陈北鸥、舒群、杨骚、臧云远、陈白尘、凤子、赵清阁等，很多人都发挥自己的特长，表演了拿手的节目，一直闹腾到深夜，才尽欢而散。晚会显示了中国的文化人在敌军压境的险恶形势下，不惧强敌、不屈不挠、坚强乐观、深信抗战必胜的精神风貌，这对前线和后方的广大军民都是一个鼓舞。

　　从这时起，在重庆的两年多时间里，欧阳山在周恩来的直接领导和教诲与培养下，积极从事抗战文艺工作。

　　周恩来多次与"文抗"的同志们开会、座谈，发表重要讲话，指导"文抗"的工作。在一次谈创作的会议上，他语重心长地指出："我们要多创作大众化的、通俗的抗战文艺作品。以往的那种欧化风格、小资情调、学生腔，得彻底改一改。不然，民众读不懂你们的作品，你们的工作就是无效劳动。"说到这里，周恩来表情严肃地扫了大家一眼。

　　欧阳山联系自己的创作实际，觉得自己的作品在风格上的确是欧化的，自己也很不满意。"左联"时期虽然也进行过有关"大众化"问题的讨论，后来又提出过"民族革命战争的大众文学"这一口号，但革命文学家们的创作实践依然没有质的改变，问题始终得不到根本的解决。周恩来的一席话，使欧阳山明确了今后的创作方向，他决心多创作大众化的抗战文艺作品，为神圣的抗日民族解放战争做出自己的贡献。

　　而彼时的重庆，空袭频繁，虽然重庆有许多自然的岩洞，但警报一响，人们都往岩洞跑，仍然挤得很。那时的草明已有七八个月的身孕，哪能时时跑警报、钻岩洞？欧阳山于是跑到离重庆18公里外的南温泉，找了一套用竹片、上泥土和石灰盖起来的简易房子住了下来，租金不贵，环境安静，主要是日本人的飞机不会来空袭。

　　重庆是座山城，周边多山，也多温泉。南温泉，顾名思义就是其中一个温泉的所在地。欧阳山有空时喜欢走出屋子，爬到南温泉的山上去，然后坐在山坡上一面构思作品，一面出神地望着山脚下湍急地流过的花滩溪，和花滩溪对岸山顶上狂泻而下的飞泉。飞泉从山洞中流出之后，就分作两股，好像两匹素绸悬在十几丈高的地方迎风飘荡。素绸的一端时时点着花滩溪水面，有时又被河水反弹起来，在空中摆动不停。飞泉水势非常猛急，周围被它激起阴凉的旋风，而飞沫则飘到半空中，缓缓地落到人的头上、唇上、手上，好像下雪一般。泉水的撞击声好像远雷的鸣声，更像五十具石磨一齐开动，轰隆轰隆日夜不停地响。

在南温泉，欧阳山一面听着哗哗的飞泉水声，一面挥毫不辍，《三水两农夫》《好邻居》《扬旗手》《英烈传》《世代冤仇》《皱眉的射手》《爸爸打仗去了》《长子》《第二次家庭》《课外锦标》《香港菠萝》《湘潭一商人》《流血纪念章》等大量反映抗战军民英勇斗争的大众小说相继面世；《国粹与欧化》《今年元旦》《在飞泉底下》《温泉·冷暖·火城及其他》《散步》《最大的赞美》《南泉风景补遗》《专家底命运》《小的希特拉》《美国人不了解么》《一种托词》等数量很多的散文、杂感纷纷见诸报端。而1939年12月11日完稿于南温泉、1942年分别由重庆生活书店和桂林学艺出版社出版的长篇小说《战果》，更是欧阳山抗战时期所写的抗战小说的扛鼎之作。欧阳山的这些作品，成为中国抗战文艺史诗式大型交响乐中一串闪光的音符，其中多篇还被收入20世纪90年代出版的20卷大型丛书《中国抗日战争时期大后方文艺书系》中，成为传世之作。

1939年7月，草明在南温泉的一所小医院里，在瀑布声中诞下了欧阳山的大儿子欧阳左嘉。这是欧阳山的第一个儿子，也是他父母盼望已久的男孙，高兴得合不拢嘴的欧阳山立即写信回广州向他的父母亲报喜。欧阳山对这个在战火中出生的儿子当然充满了期望，他为此还特意写了一篇取名为《长子》的小说。

1940年5月的一天，沙汀受周恩来委派，来到南温泉，对欧阳山和草明说："周副主席知道你们参加党领导的'左联'多年，做了许多革命工作，又经过长期的考验，组织上认为你们已经具备了成为共产党员的基本条件，因此建议你们申请加入中国共产党。入了党，在复杂的局势下就能够更好地战斗，就可以更好地来为党工作。"

在斗争环境这样险恶的形势下，党在这个关键时刻给予如此高度的信任，周恩来同志又寄予了如此厚望，这使欧阳山和草明心情万分激动，他们很快就分别写好了入党申请书和自传。不久，欧阳山由周恩来同志亲自约到重庆红岩嘴13号（后改称红岩村）八路军办事处去谈话，而草明则与由延安来重庆南温泉养病的中共中央宣传部部长凯丰在南温泉谈话。

1940年7月，由周恩来和沙汀介绍，欧阳山被批准加入中国共产党，草明也同时被批准入党。经过三个月的候补期后，邓颖超同志通知欧阳山和草明：你们同时被转正为中国共产党正式党员。

但在笔者参与编写的《欧阳山年谱》中，分明写着"1940年7月在重庆由沙汀、吴奚如介绍，参加中国共产党"。而这份《年谱》是经过欧阳山本人于1999年（即欧阳山逝世前一年）最后一次亲自审定的。为此，笔者曾问过欧阳山："听说你的入党介绍人是周恩来和沙汀，为什么在《年谱》上写的却是沙汀和吴奚如呢？"欧阳山语气肯定地回答："我的入党介绍人确实是周恩来同志和沙汀同志。至于《年谱》为什么那样写，我日后再找个合适的机会解释吧。"

1998年2月9日，即欧阳山90大寿那一年，他在回答他的大女儿欧阳代娜问的这同一个问题时，坦然又一个字一个字很清楚地说道：

> 周恩来同志确实是我的入党介绍人。我是由周恩来和沙汀两同志介绍入党的。但是在"文化大革命"中，我被打成这个样子，再说他是介绍人，不好啊！这就会连累他了，他就更难处了。你介绍这样一个全国批判的对象入党，就成了"罪名"嘛。所以我改写了由沙汀和周恩来的秘书吴奚如两同志介绍入党。既然这样写了，现在也没有必要再改过来了。而我的真正的入党介绍人是周恩来和沙汀同志！①

在欧阳山加入共产党的前后，由于国民党一再掀起反共高潮，时局急剧恶化。1939年6月13日，国民党二十七集团军杨森率部突然包围了新四军驻湖南平江嘉义留守处，毫无理由地将新四军上校参议涂正坤、八路军少校副官罗梓铭等六人抓去并把他们残酷地活埋，从而制造了震惊中外的"平江惨案"。在这样险恶的环境里工作的共产党人，随时随地都有被捕牺牲的可能，但欧阳山和大家在周恩来及中共中央南方局的领导下，仍毫不畏惧，顽强地在重庆坚持着战斗。

但国民党的反共高潮一波接一波，更加骇人听闻的大事变终于不可避免地爆发了。

第七节　到延安去

1940年10月19日，蒋介石指使何应钦、白崇禧以国民党政府军事委员会正、副参谋总长名义致电八路军朱德、彭德怀和新四军叶挺、项英，强令将在黄河以南的八路军、新四军于一个月内开赴黄河以北。11月9日，朱德、彭德怀、叶挺、项英复电何应钦、白崇禧，据理驳斥了国民党的无理要求，但为顾全大局，仍答应将皖南新四军部队开赴长江以北。而蒋介石对此不予理睬，仍按原定计划密令第三战区司令长官顾祝同、第三十二集团军总

---

① 田海蓝：《欧阳山评传》，中国文史出版社2008年版，第221—222页。

司令上官云相等将江南新四军立即"解决"。

1941年1月4日，皖南新四军军部直属部队等九千余人，在叶挺、项英率领下开始北移。1月6日，当部队到达皖南泾县茂林地区时，遭到国民党7个师约8万人的突然袭击。新四军英勇抗击，激战七昼夜，终因众寡悬殊，弹尽粮绝，除傅秋涛率2000余人分散突围外，其余7000余人少数被俘，大部壮烈牺牲。军长叶挺在和国民党谈判时被扣押，副军长、政委项英和参谋长周子昆突围后遇难，政治部主任袁国平牺牲。这就是震惊中外的皖南事变，是国民党第二次反共高潮的最高峰。

事变发生后，周恩来领导南方局在重庆，立即对国民党从政治上和宣传上进行了猛烈反击。周恩来为在重庆出版的《新华日报》题词："为江南死国难者志哀！"并悲愤题诗："千古奇冤，江南一叶！同室操戈，相煎何急？"对国民党进行了有力的声讨。中共中央军委发布重建新四军军部，整编全军，继续坚持抗战的命令，坚决击退国民党第二次反共高潮。中国共产党的坚定立场和维护抗战大局的态度，得到了社会各界人士、民主党派等多方面的同情和支持，扩大了群众影响，提高了政治地位。

国民党掀起的反共高潮，使重庆的政局更加动荡，形势十分险恶，不少在重庆的进步的和革命的文化界人士不是上了国民党的黑名单，就是被国民党特务盯上了。党决定把这些同志和朋友疏散出去，一部分到香港，一部分到延安。这项工作因为涉及的人员非常多而且十分复杂，于是中央决定由周恩来直接主持实施这项工作。

欧阳山最初被分配到香港去，但他提出要到延安去。周恩来很严肃地对他说："你要下足够的决心。"过了一个月之后，局势更加恶化，国民党当局一个季度只允许八路军有一次汽车队去延安。欧阳山重提去延安的事，周恩来有点严厉地对他说："你要下更大的决心，准备迎接更大的困难。"说罢，把一笔港币交给了欧阳山，准备一旦局势突变，欧阳山和重庆八路军办事处失去了联系，就要他自己撤退到香港。又过了一个月，欧阳山仍然坚持要到延安去，周恩来最后同意了，他在重庆曾家岩50号周公馆（这是周恩来1939年以个人名义租赁的一幢三层楼房，作为中共中央南方局在重庆市内的一个主要办公地点，也是周恩来在重庆的办公和居住之所，人们称为"周公馆"）非常严厉地对欧阳山说："这回你要留长胡子，化装成50多岁的一位军属，还要学会几句湖南话。你不但要有足够的决心，还要有足够的信心。如果你觉得没有信心，或者信心不足，你还可以选择去香港。"

周恩来并要求欧阳山、草明搬到红岩村来住，以便一旦有机会有车辆就可以随时撤到延安去。

就在准备去红岩村的时候，欧阳山到南温泉镇去取信箱上的报纸和信件，突然在信箱里发现了一张明信片，上面的字是用铅笔写成的，而且是小孩子的笔迹。他仔细一看，原来是大女儿代娜写来的。他的心不禁往下一沉，真不知是吉是凶。他细细地看下去，只见代娜在信中说，因为香港已经沦陷，她和天娜已经跟随香港保育院由香港撤回到了贵州的桐梓县，现住在位于桐梓县的中国战时保育院第十分院，希望爸爸快来接她和妹妹出院。

后来才知道，香港保育院撤离香港时，由于是逃难，只能带那些年龄大一点并且能够自己走路、能够长途跋涉的孩子走。这样，才只有三岁半多一点的小妹妹纳嘉便由爷爷专门来香港接回到广州去了。九岁的代娜和七岁的天娜这对苦命的小姐妹，便相依为命地跟随着保育院，踏上了千里迢迢的难童逃亡的悲惨历程。她们所经历的种种苦难，比起她们的父母亲——欧阳山和草明当年从湖南沅陵经贵州贵阳再到四川重庆的那段苦难历程有过之而无不及。

难童们从香港出发时已是初冬，但每人身上只穿着一件单衣，脚下是一双草鞋；没有被子，每人只背着一领破毡子，受不得寒的，难免生病。每天是跋山涉水，风餐露宿；更要命的是天上日军的飞机残忍地往下扔炸弹，地面上不时有日本士兵朝难童的车辆放冷枪，孩子们一天到晚只顾逃命，连顿正经饭也吃不上，更别说能洗个热水澡，因此浑身都长满了虱子和疥疮。

在这样悲惨的逃难路上，有多少难童因掉队而失踪，谁说得清？又有多少难童倒毙在路上，谁又说得清？！

终于有一天，更大的事故不可避免地发生了。

在多山的贵州，公路本来就是修筑在崇山峻岭间的，汽车在这样陡峭险峻的山路上盘旋颠簸，本来就是风险极大的一件事，而万恶的日本鬼子又罔顾人命，丧心病狂地把这样的山路炸得稀巴烂，汽车在被炸得坑坑洼洼的路面上行驶，怎不令人提心吊胆？终于有一天，一辆满载着难童的汽车就在这样的山路上翻车掉到山沟里去了！代娜、天娜小姐妹俩都坐在这辆车上，不幸都被扣在车下，亏得沟壑还不太深，两人从四轮朝天的汽车底下爬出来，总算捡回了一条小命。但妹妹天娜被车上一个油桶砸在腿上，被狠狠地挖去一块肉，顿时鲜血淋漓！此时既无医生又无药物，如果任由血流不止，那后果真是不堪设想。无奈之下，姐姐代娜从地上抓起一把泥土就往妹妹的伤口上糊去。真是老天保佑，这把泥土不但止住了妹妹伤口上的流血，而且居然也没有病菌感染，只是后来伤口愈合后，在腿上留下了一块很大的伤疤。姐妹俩就这样跟着逃难大军，经过九死一生，最后到达了贵州的桐梓县。

不过，事情还远远没有结束。虽说已经到了桐梓，但保育院的经费被当地国民党政府的官员贪污、挪用之后，所剩无几，保育院的运营发生了很大的困难，可怜的孩子们经常吃不饱饭，每人每餐只能分到十几粒煮熟的黄豆来当菜，也没有盐吃。饥肠辘辘的孩子们只好跑到街上去要饭，再加上下着大雪，天寒地冻的，而保育院的住房（实际上是寺庙）没有任何取暖设备，致使不少孩子的手脚都被冻坏了，有的还生了冻疮。

这些可爱而又可怜的孩子们啊，他们不是应该被爷爷、奶奶、爸爸、妈妈怎么疼都疼不够的吗？他们不是应该躺在妈妈的怀抱里撒娇的吗？他们不是应该坐在宽敞、明亮、整洁的教室里听老师讲课的吗？他们为什么会变成难童的呢？为什么？为什么？！

饥寒交迫的代娜、天娜姐妹俩在心里一遍又一遍地呼唤：爸爸，快来救救我们吧，快来救救我们吧！

代娜按照爷爷给的地址，给爸爸寄去了明信片。

欧阳山收到女儿的明信片后，得知两个女儿处于水深火热的危难之中，不禁百般焦虑，忧心如焚。他把情况向组织汇报，经得组织上的同意后，他坐上了前往桐梓的长途汽车，在山路上一路颠簸了三天，才到达了地处偏僻的贵州桐梓县，经过七弯八拐，最后才在桐梓郊外的一座破庙里找到了衣衫褴褛、面黄肌瘦得几乎认不出来的女儿们。

多年后，欧阳代娜这样回忆当年爸爸到桐梓接她们的情景：

> 当时正在吃早饭，我们正在聚精会神地一粒一粒地分着黄豆时，突然院方通知我和天娜到教导处去，原来是爸爸来接我们啦！我们喜出望外，真的高兴得不知道说什么好了。我们立刻把手中分得的黄豆送给了其他的难童们，甚至连那块破毡子也送给了同伴们。因为大家都是广东籍的老乡，大家对我们俩在当时能被父亲接走都羡慕得不得了，一个同学竟然搂着我们大哭起来："我宁愿每天都吃不到黄豆，也希望我的爸爸能来把我接走！"[①]

在桐梓见到分别两年多，已不幸成为难童的两个女儿，性格坚强的欧阳山也禁不住鼻子发酸，他把两个正在放声大哭的女儿紧紧搂在怀里，生怕她们会再度离去似的。他给她们各换了一套新衣服，带她们去吃了一顿饱饭，第二天一早便起程返回重庆了。但当他们回到南温泉的家时，却发现家里的东西被翻得乱七八糟，一片狼藉。有着丰富对敌斗争经验的欧阳山知道，敌人已经来过抄家了。他说了声："不好！赶快走，有坏人来过了！"便赶紧拉着两个女儿的手，从后门跑到房后面山沟的树林里面，看看四处无人，便借着暮色的掩护连夜往重庆城的方向奔去。

---

① 出自欧阳代娜的回忆录，此材料现存于广州梅花村15号欧阳山资料室。

到了重庆，欧阳山马上给徐冰同志（解放后曾任中共中央统战部部长）打电话。徐冰告诉他，现在情况很危急，组织要求他想尽一切办法，尽快带着孩子赶到曾家岩50号周公馆去，组织将有重要安排。欧阳山还得知，草明已带着儿子欧阳左嘉先他到延安去了，同车的有叶剑英的大儿子叶选平（解放后曾任广东省省长、全国政协副主席）、革命烈士李硕勋的儿子李鹏（解放后曾任中华人民共和国总理）、女作家白朗、诗人艾青的妻子韦萤等。欧阳山一听更焦急了，他多么想立刻就有车辆把他和两个女儿送到延安去。

欧阳山带着两个女儿摆脱了特务的盯梢，进入了周公馆。当天，周恩来就派张颖同志（章文晋同志的夫人，是当时我党专门负责联络文化人的秘密党员）前来与欧阳山联系，并把欧阳山父女三人安排到了在猫儿石的重庆国际新闻社隐蔽起来，并告知他们做好准备，等一有机会就立即前往延安。

1941年4月初，组织通知欧阳山立刻带着两个女儿到红岩村八路军办事处集合，——到延安去！可是，国民党掀起反共高潮后，这时候红岩村的外面，已笼罩在一片紧张、恐怖的气氛之中，四处布满了国民党的特务机关和暗哨，连红岩村附近的鞋匠、车夫，以及那些卖香烟、糖果、橘子、甘蔗等的小商贩都是化了装的国民党特务，要避开这些人的耳目进入红岩村已经是一件相当困难的事情了。曾有许多爱国的进步青年想通过进入红岩村，以便找到共产党的同志帮助他们奔赴延安，但他们不认识去红岩村的路，便找人问路，不料被他们问路的人竟是国民党特务，结果这些青年立即遭到逮捕，不是被杀，就是坐牢。

这些情况欧阳山都清楚，那怎么办？欧阳山打算在当天晚上，趁夜色朦朦、夜雾弥漫之际，混在晚饭后出门闲逛的人群中，趁敌特不留神，带着两个年幼的女儿冲进红岩村去！

这实在是十分冒险的做法。但欧阳山异常镇静，他再三叮嘱两个女儿不要害怕、不要紧张，两个女儿也很懂事似的频频点头。就这样，父女三人装作若无其事的样子，在夜色的掩护下，混入人群中，不紧不慢地像是和人们一起在游山玩水似的，往红岩村所在的山坡方向慢慢走去。在离红岩村还有30多米时，父女三人瞅准了机会，简直像是百米冲刺一般，飞快地冲进了红岩村的大门！

很快地，最令欧阳山兴奋的时刻终于来到了，一队去延安的军车已经整装待发。出发前夕，周恩来请欧阳山等几位奔赴延安的同志在红岩村八路军办事处吃饭。他温和地对欧阳山说："延安的生活和工作条件都非常艰苦，你要有克服困难的足够的思想准备。到延安去吧，那里的人民需要你们，那里的工作需要你们，你们要想写出更多更好的作品，也需要到那里去。努力奋斗吧,欧阳山同志,等着读你写延安生活的作品。"临别,周恩来给每位奔赴延安的同志送上一匹足够裁一套军装的灰色斜纹布,作为临别赠礼。

出发那天,是1941年4月。4月的重庆,草木葱翠,天气晴朗,春天已经来到了。早上,周恩来和邓颖超到红岩村八路军办事处跟大家话别。周恩来用力地握住欧阳山的手,炯炯的目光停留在欧阳山的脸上,深情地说:"毛泽东同志在等待着你们。"欧阳山心头一热,不禁心驰神往了……

出发了,汽车咆哮着,呜呜呜地转动着沉重的轮子,缓缓地离开了红岩村。周恩来和邓颖超站在一棵大树下面,向大家挥手送别。汽车慢慢远去了,欧阳山望着周恩来那挺拔的身影,热泪模糊了双眼……

车队在行进。大家都明白,这不是一次轻松愉快的"旅行",通往延安的遥远路途中将会出现种种困难,将会遭遇国民党设置的一道道关卡和障碍。但谁都没有想到,刚来到通往延安的第一关——青木关时,欧阳山就遇到了险情:因为他的护照上写的是一位八路军士兵的父亲,一个50多岁的湖南老头,而欧阳山当时只有33岁,幸亏欧阳山按照周恩来的指示早早地蓄起了胡须,化装得很像,才蒙混过去。不料青木关的国民党检查官竟然是个湖南人,他见欧阳山的护照上写的是湖南人,便立刻用湖南话盘问。正当大家为欧阳山捏一把汗的时候,却见欧阳山镇静地、不紧不慢地用一口地道、流利的湖南话对答如流。由于敌人找不到一丝破绽和毛病,只好无可奈何地将车队放行。事后,领队的同志告诉欧阳山说,没想到他的湖南话会说得这么好,要是答不上来被看出了破绽那就糟了,不但全车人员都会被扣下,而且还要被送到集中营去。大家纷纷对欧阳山竖起了大拇指,称赞他的湖南话说得漂亮。但他们哪里知道,欧阳山在湖南长沙、沅陵当《抗战日报》编辑时,当地热情的老乡教他学会了讲一口地道的湖南话,想不到他学会的这些湖南话,在现在的这个危难时刻,竟帮了他的大忙,也帮了大家的大忙。真该感谢那些善良、热情的湖南老乡!

欧阳山这次去延安,只带了二女儿天娜同去。大女儿代娜一来因为长得与父亲太相像,不便于化装,与父亲同去容易出事;二来受名额限制,所以直到6月,又有了去延安的车队时,她才化装成李克农同志的女儿,由李克农同志的父亲带领三个"孙女"去延安。另外两个"孙女"是化装成代娜的姐姐的罗真理同志(邓力群同志的夫人)和孟启予同志(延安电台,后来中央人民广播电台的著名播音员)。

第七章

延安岁月

第一节 啊,延安!

经过一个多月的长途跋涉,克服了种种困难,通过了国民党设置的一道道关卡和障碍,欧阳山终于于1941年5月初来到了日夜向往的革命圣地延安。

延安,旧称肤施,如果从隋代大业三年(607)设立延安郡算起,已经有一千四百多年的历史了。在漫长的中国历史上,延安一直是一座"扼左衽之喉襟,执西冲之管钥""襟带关陕,控制灵夏"的扼守西北的军事要塞。秦代吴起、蒙恬,汉代李广,宋代范仲淹、沈括、"杨家将"等均在此大展文韬武略,上演了一幕幕金戈铁马的悲壮史剧。

但这座塞上名城真正彪炳史册的历史性时刻是1937年。这一年,经过二万五千里长征的中国共产党领导下的红军终于在陕北恢复了元气。1月13日,中共中央进驻延安。从此,延安成了中共领袖们运筹帷幄、决胜千里的中国革命大本营,成了抗日战争和解放战争的指挥中心和战略总后方,成了举世闻名的革命圣地,成了改变未来中国命运、推动中华民族走向独立自由民主幸福、走向伟大复兴的希望所在。

以延安为中心的陕甘宁边区无疑是当时中国最进步的地方。毛泽东于1940年曾这样概括延安和陕甘宁边区:"这里一没有贪官污吏,二没有土豪劣绅,三没有赌博,四没有娼妓,五没有小老婆,六没有叫花子,七没有结党营私之徒,八没有萎靡不振之气,九没有人吃'摩擦饭',十没有人发国难财。"

啊,延安!一颗镶嵌在祖国西北黄土高原上的璀璨明珠。

巍巍宝塔山,滚滚延河水,多么壮美、多么令人神往的地方。成千上万的热血青年,一批又一批的知识分子、文化人、作家、艺术家,踏破万重山、涉过千道河,从国统区,从沦陷区,从祖国的四面八方,甚至从海外,克服种种艰难险阻，汇成了奔赴延安的洪流……

一时间，宝塔山下，延河之滨，响彻了"黄河之滨，集合着一群中华民族优秀的子孙，……"的嘹亮歌声。

此刻，站在延河畔，仰望宝塔山，欧阳山心情激动，禁不住热血沸腾、热泪盈眶……

此刻，是5月天，春天已经来到了。

是啊，春天已经来到了，和风吹拂着延安的山川和大地，山头的草叶染绿了延安的春天，烂漫的山丹丹花到处开放，红了一片又一片，家家窑洞前，都有簇簇红的、黄的波斯菊在散发着幽香。延河两岸的边上虽然还结着牢固的冰，延河当中，却已露出一条潺潺的、清澈的流水。远处，宝塔山上的宝塔，在朝霞的映照下，分外雄伟壮观。

欧阳山慢慢走着，耳畔仿佛传来隐隐约约的信天游《走西口》的歌声：

　　哥哥你走西口，
　　小妹妹我实难留，
　　手拉着哥哥的手，
　　送哥送到大门口……

一曲未完，又响一曲：

　　羊肚子手巾哟三道道蓝，
　　咱们见面那个容易拉话话难……

　　崖畔上开花崖畔上红，
　　受苦人盼过好光景。
　　青杨柳树长得高，
　　你看上哥哥我哪搭好？

　　马里头挑马不一般高，
　　人里头挑人数上哥哥好。
　　鸡蛋壳壳点灯半炕炕明，
　　烧酒盅盅量米不嫌哥哥穷。

这边厢情歌柔婉，那边厢红歌嘹亮：

> 一道道的山来一道道水，
> 咱们中央红军到陕北。
> 一杆杆红旗一杆杆枪，
> 咱们的队伍势力壮。
>
> 满天的乌云风吹散，
> 毛主席来了晴了天。
>
> 山丹丹开花红满山，
> 红军来了大发展。
>
> 山丹丹开花背洼洼红，
> 我送哥哥当红军。
>
> 山丹丹开花红艳艳，
> 毛主席领导咱们打江山。

欧阳山听着这一曲曲萦绕在黄土高原上、跌宕在山山岭岭间的音调高亢的信天游，听着这一曲曲在广州、在上海、在重庆都根本无法听到的、有着浓郁生活韵味、充满泥土芳香和清新气息、反映老百姓淳朴憨厚感情的陕北民歌，心情越发激动，他也不禁大声地唱起了一首歌。

欧阳山唱的这首歌，是他在重庆时跟延安来的同志学的，但在重庆，他总觉得不能够畅畅快快地引吭高歌，如今来到延安，正是唱这首歌的好地方，于是，他便放开嗓子大声唱了起来。这首歌，就是莫耶作词、郑律成作曲的《延安颂》（这是欧阳山平生最爱唱的一首歌。后来在"文化大革命"期间，在他被关进"牛栏"的险恶日子里，他也不顾红卫兵对他下达的"禁唱令"，一而再地唱起这首歌，让那高亢、激昂的旋律在"牛栏"内外回荡）。

此刻，欧阳山的歌声在延河之滨响起，引得路过的一群年轻同志也跟随着他唱了起来：

> 夕阳辉耀着山头的塔影，
> 月色映照着河边的流萤，
> 春风吹遍了坦平的原野，
> 群山结成了坚固的围屏。

啊，延安！
你这庄严雄伟的古城，
到处传遍了抗战的歌声。
啊，延安！
你这庄严雄伟的古城，
热血在你胸中奔腾。
千万颗青年的心，
埋藏着对敌人的仇恨，
在山野田间长长的行列，
结成了坚固的阵线。
看！
群众已抬起了头，
看！
群众已扬起了手，
无数的人和无数的心，
发出了对敌人的怒吼！
士兵瞄准了枪口，
准备和敌人搏斗。
啊，延安！
你这庄严雄伟的城墙，
筑成了坚固的抗日的阵线，
你的名字将万古流芳，
在历史上灿烂辉煌。

欧阳山带着二女儿欧阳天娜沿着延河慢慢走着，放眼望去，延安的景色使他觉得特别新鲜，特别新奇，特别是四处的山头上，那沿着山坡修建的一排排整齐排列着的窑洞，真是人世奇观。

在蓝家坪的一孔窑洞里，欧阳山和二女儿欧阳天娜终于与离别两个月、先期到达延安的草明和儿子欧阳左嘉重逢了。

蓝家坪是中华全国文艺界抗敌协会延安分会（简称"文抗"）的所在地，也是在该协会工作的30多位作家、艺术家居住的地方。

蓝家坪与中共中央领导人居住的杨家岭隔河（延河）相望，沿着山坡自下而上修建了三四排窑洞，欧阳山和草明就居住在第一排，这儿离延河最近，他们的左邻右舍是白晓光（马加）、师田手、严辰、艾青夫妇、李又然、李雷、王禹夫、柳青等人；从坡上上去是第二排，住着萧军与王德芬夫妇、鲁藜、雷加、高原、高阳；再往上是于黑丁、曾克、刘白羽、周而复、杨朔、方纪；最上一排住着舒群，舒群旁边是丁玲，丁玲旁边依次是罗烽、白朗、张仃，最边上是高长虹，就是年轻时曾跟鲁迅闹翻过脸的那位作家。

草明跟天娜1938年在香港一别后，一晃眼就是三年没见面了。此刻，她看见天娜已长高一头，样子还是那样活泼快活，便很高兴地把她搂进怀里，但心里又很纳闷："怎么不见代娜和纳嘉？"

还只有一岁半多一点的小左嘉对父亲却有点生疏，躲了好一会，才让他抱。

安顿下来后，欧阳山告诉草明，在香港保育院的三个女儿，只出来代娜、天娜两个大的，因她们已能背着小毡子长途行军；小纳嘉太小，还不足4岁，怎能行军，便由爷爷（即杨鹤俦）接回家去了。所以他到桐梓只接到代娜、天娜到重庆。这次来延安因受名额限制，他和天娜先来，代娜大一些，留到下一批再来。

草明听了后，虽然嘴里没有说什么，心却猛地往下一沉。小纳嘉说是说还有祖父、祖母照顾，但两个风烛残年的老人，和一个只有几岁大的孩子怎么过呀！况且还是在被日本鬼子占领着的广州啊。

草明日夜思念着小女儿纳嘉，到了晚上倒在床上时就流泪。

唉，国家蒙难，百姓遭殃，骨肉分离，天各一方，兵荒马乱，何日聚首？

草明做梦也没有想到，她跟小女儿纳嘉重相聚，竟要等到1950年，新中国的阳光照临广州城的那一天。这距离1938年在香港跟当时只有一岁半的小女儿一别，整整相隔了12年。

草明晚年时对这段辛酸的往事仍记忆犹新，并把寻找小女儿的曲折故事写进了她的回忆录《世纪风云中跋涉》一书里。

那是20世纪40年代末，当时广州还未解放，而草明则在已经解放了的东北的沈阳，任东北文化部创作组组长。

一天，三联书店的负责人邵公文从大连来到沈阳，对草明说三联书店出版了欧阳山的《高干大》，因联系不上欧阳山，要把稿费交给她。草明本想不收，但转念一想，如果把这笔钱寄给远在广州的公公、婆婆，虽然是杯水车薪，却也可解燃眉之急，于是便收下了，并且找到当时中共中央东北局负责人之一的李富春，问他有没有办法捎钱去广州。李富春说："真巧，过几天有秘密交通去香港，你把钱换成金戒指交给龙飞虎，你写明地址，他会给你送去。"

草明照李富春说的把自己一点微薄的积蓄和欧阳山的这笔稿费加在一起，换了7枚金戒指，并一封信，请李富春转给龙飞虎去办。李富春看见有

信,笑着说:

"信是不能带的,只要有地址,秘密交通就可以把金戒指送到。"

但草明哪里知道,其时广州的公公、婆婆已经不在人世了。

1949年10月,广州解放,叶剑英参谋长以华南地区党政军最高负责人的身份,南下广州。欧阳山的二女儿欧阳天娜当时任叶剑英的译电员,也随叶剑英南下广州。她到了广州,便把寻找妹妹欧阳纳嘉这件事放在心上。但译电员有很严格的纪律,不能随便自由活动,她只能禀告首长她想去寻找妹妹。

这件事让叶剑英知道了。一天,叶剑英派了几名武装战士跟随欧阳天娜去找妹妹。天娜了解到自爷爷、奶奶死后,妹妹便被送入广州一所意大利孤儿院,便领着那几位战士到孤儿院去。

但这所孤儿院的负责人和修女早已逃走,只剩下一些勤杂人员。她们一看见带枪的战士就害怕。欧阳天娜怒气冲冲地问道:

"你们不要怕,快把纳嘉找出来还给我,不找出来我们就要搜查了。"

那几个老太太战战兢兢地说:"那些修女早就滚蛋回意大利去了。孩子们都解散了,有亲戚的都领回去了。"

天娜说:"你们不要撒谎,不老实把纳嘉还给我可不成。"

那些老妇人慌作一团。其中一个中年女人走出一步,立着正举起手说:"报告长官,纳嘉的确回家去了。"

天娜一听"家"字便心头酸楚,想道:"爷爷、奶奶都死了,她哪里有家?有家也不至于进孤儿院了。"

僵持了一会儿,天娜对战士班长说:

"我看不搜查不行了——"

那几个老妇人听说要搜查,急得不知如何是好,还是那个中年女人大着胆子说:"搜查也查不出来,纳嘉已由她的表姐接回去了,到如今已回家两个月了。……"

那几位战士到处去搜查。

天娜向那中年女人详细询问纳嘉那位表姐的姓名和接走时的情况,大体上符合事实。

班长看了几间屋子,没有看见有孩子,报告了天娜。天娜便对那几位老妇人说:

"我现在就去表姐那里找纳嘉。要是找不着,我还回来向你们要我的妹妹。"

那几位妇女点头弯腰地把欧阳天娜一行人送走。

天娜和战士们坐上吉普车,直往她依稀记得的她表姐家里走。表姐出去了，只有她的老祖母在家。那位老祖母还依稀认得欧阳天娜的模样，一手拉着她的手臂，流下泪来，呜咽着叫天娜的小名说：

"娜妮，我以为这辈子再也见不着你了。"

天娜迫不及待地问老奶奶道："二姨奶，是不是表姐把纳嘉接到你这里来了？"

老奶奶擦着眼泪说："可怜的孩子，自从她爷爷、奶奶过世，我们便把她接到我家来住；可是日子长了，你知道我家穷，养不起她，她表姐便把她送到孤儿院去了。"她掰着手指头算着，说，"算起来，她……她住在那也有四年。"

欧阳天娜心里生气，没等她说完，便道："你们做的好事啊，把她送到'卖断身子'的意大利孤儿院去。要不是解放了，我们打回广东来，我妹妹的命运不知道多惨就是了！算你们有良心，还想到把她接回来。我问你，她现在在哪里？叫她出来见我呀。"

老奶奶又用手擦了擦眼泪，不好意思地说："娜妮，你是知道的，我家穷，养不起几口人，纳嘉在我家住了一个月，就把她送到三姨奶那儿去了。她家好过一些，至少不至于挨饿，有碗饭吃呀……"

欧阳天娜急于见到妹妹，没等二姨奶说完，便辞别了她，赶忙转到三姨奶那边去了。她们两家住得很近，一会儿就找到三姨奶家，刚好，12岁的纳嘉正站在门口。

"纳嘉，我回来了！"天娜激动得泪如雨下，一下子把妹妹搂在怀里。

纳嘉开头有点木然，不知道哭。她抬起头来端详着姐姐的脸，看了半天，才哇地哭起来。

她哭，是因为她认出了这是她的姐姐。

她哭，是因为她想起在意大利孤儿院那无穷无尽的苦日子。

但她又不相信姐姐真的就在眼前，她以为自己在做梦。她想起二姨奶说过，遇到不知道是做梦还是真的时，可咬咬自己的中指，如果中指痛，那就是真的。

纳嘉立刻咬了咬自己的中指，中指痛了。噢，那是真的了。

小纳嘉大声哭着，喊了声："姐姐！"

她举起小手来替姐姐抹眼泪……

姐姐也哭着用手给妹妹抹眼泪……

在一旁的一位年轻战士目睹了这对被战争拆散了的久别的姐妹重逢的景象，也不禁流下泪来了。……

天娜牵着妹妹的手进了屋，对三姨奶说，时局会很快安定下来的，叫她们不要怕，共产党会把广州建设得比旧社会好得多。

临别时，她嘱咐三姨奶好好照顾纳嘉，并说爸爸不久也要回广州的。

就这样，小纳嘉于1949年12月回到了父亲欧阳山的身边。

但直到一年后，小纳嘉才回到远在东北沈阳的母亲草明的怀抱。

因为工作忙，也因为路远，草明先是托她一位在中国妇联工作的同学伍乃茵回广东调查孤儿院情况后，顺便把纳嘉带到北京，交给大女儿欧阳代娜。代娜那时在中央联络部工作。纳嘉便在大姐处住了一段时间。不久，东北文化部的张东川去北京开会，草明又托他开完会后，把纳嘉带到沈阳。

那一天，草明早早地就来到车站接纳嘉。好不容易火车进站了，草明在月台上大声呼叫纳嘉的名字，纳嘉则在车厢里猛喊"妈妈"。

但母女相见时，彼此都不认识了。

小纳嘉下车后，母女两人凭照片上看到过的印象，才认出来。

小纳嘉一下子扑到母亲的怀里，母女两人哭成了泪人儿……

回过头来。再说欧阳山于1941年5月到达延安后不久，艾青、罗烽、张仃、严辰、逯斐等诗人、作家也来了。艾青、罗烽、张仃也是从重庆出发的，但他们不是坐八路军办事处的军车，而是化了装自己想办法来的。当他们于1941年3月到达宝鸡时，遇到严辰、逯斐夫妇。艾青就以国民党绥蒙自治指导长官公署的高级参谋的身份，让严辰做他的秘书，逯斐扮高参太太，罗烽扮勤务兵，张仃扮随员，大摇大摆地闯过沿途47道检查哨卡，进入了延安。

欧阳山、艾青等人来到延安后，"文抗"便更加热闹了。

这时，中国文化界中，进步的和革命的文学家、艺术家的相当一部分，都已经来到了延安。为此，"文抗"的负责人丁玲和吴伯箫张罗着要开个欢迎会。

丁玲当时正在延安县的川口区农村体验生活，她为此特地赶了回来。

欢迎会在杨家岭后山上的一个窑洞里举行。欧阳山和草明进入窑洞时，小会议室里已经坐得满满的，"文抗"的作家几乎都来了，大家席地而坐，有的人垫件破棉袄，有的搬块石头当凳子，有的则用棉鞋垫着坐。而室外那株杏树羞羞答答地开了几朵花，好像在欢迎远方来的客人。

会议开始时，大家引吭高唱《国际歌》。这对欧阳山和草明来说，是件很新鲜而又令人兴奋的事。以前，在国统区，他们哪能这样自由畅快地唱这首全世界劳动人民的歌呢。

接着，在丁玲说了些欢迎和团结的话后，大家就随便而又热烈地交谈起来了。

先到延安的同志亟想知道大后方的情况和战况；刚到延安的人则想了解

延安工作和各方面的情况。

会场呈现一派欢快和热气腾腾的气氛。

欧阳山看着这么多著名的作家、艺术家聚首一堂，看着这一派融洽、团结的景象，更加强了抗战必胜、革命必胜的信心。

在延安，欧阳山欣喜地发现，这是一个崭新的天地，他看见的是新的人物、新的世界和新的时代精神。

特别是延安的天空，那高高的蔚蓝色的天幕，蓝得那样诱人，蓝得连一丝皱褶都没有，跟重庆那老是灰蒙蒙的天空，简直是两个世界两重天。

在延安，欧阳山和毛泽东、朱德、周恩来、刘少奇、张闻天、陈云、任弼时、王稼祥、彭德怀、邓发、董必武、林伯渠、吴玉章、彭真、叶剑英、陆定一、博古（秦邦宪）、李富春、李维汉、习仲勋、杨尚昆、胡乔木等中共中央领导人，和这些被鲁迅先生称誉为"切切实实，足踏在地上，为着现在中国人的生存而流血奋斗者"，这些身上"寄托着中国与人类的将来"的中华民族的伟大儿子生活在同一片蓝天下，居住在同样的窑洞里，吃着同样的小米饭，饮着同样的延河水，感到无上的光荣和幸福。他常常聆听他们的讲话和报告，常常在会议上与他们对谈、讨论；常常在延安的街头，在延河之滨与他们碰面，这时，这些领袖们会停下来，与他聊聊天、拉拉家常，亲密得就像亲兄弟。更妙的是，当这些领袖们偶尔弄来一点"好吃的"的时候，不会忘记欧阳山，会不时招呼他到他们家里"打打牙祭"。

在延安，欧阳山与刘白羽、丁玲、周扬、艾青、萧军、周立波、周而复、罗烽、陈波儿、李伯钊、力群、白朗、艾思奇、胡绩伟、袁文殊、于黑丁、陈企霞、傅钟、肖向荣、陈学昭、吕骥、张庚、罗工柳、曹葆华、欧阳山尊、胡采、马加、杨朔、柳青、周文、曾克、张仃、林默涵、范文澜、于敏、公木、严文井、陈荒煤、何其芳、华君武、柯仲平、严辰、吴印咸、雷加、方纪等著名作家、艺术家日夕相处，共同为建造中华民族新文艺和革命文艺的巍巍大厦而努力奋斗。

在延安，欧阳山和大家一样，过着战时供给制的生活，衣、食、住都由公家提供，不用自己掏钱。

衣服每年两套，一套单的、一套棉的，都是灰色的。

吃的以小米饭为主，伙房就在窑洞的山坡底下。开饭时，总务人员——延安叫"小鬼"的——挑着一桶一桶的饭从山坡底下来到山坡上，喊一声"开饭了"，大家就拿着碗出来打饭，一个人一两勺子饭，再打一勺子菜，各自端回各自的窑洞里吃。

工资是没有的，但每个月有五元边区纸币的津贴费，用来买些牙膏、肥皂之类的日常用品。当时八路军里的津贴费分为五等：士兵一元五角，排级二元，连级三元，营团级四元，师级以上五元。毛泽东、朱德、周恩来、刘少奇等领导人也是拿五元。作家、艺术家的津贴费和领导人一样，也是拿五元，不过有的甚至可以拿到十元，这反映出中国共产党对知识分子的重视，对知识分子在政治和生活上所给予的特别优待。

事实上，毛泽东对大批知识分子，包括作家、艺术家到延安来感到由衷的喜悦，因为他要在根据地建立一支党领导的文化军队的期望将要逐步变为现实。为了最大限度地发挥知识分子和文化人的积极性，毛泽东亲自起草了《大量吸收知识分子》的决定。

延安的物质是匮乏的，生活是清贫的，然而作家们无饿饭之虞，不受国民党的迫害，更不是沦陷区的"顺民"，他们能在延安这样相对安定、自由的环境里从事创作，从事打败日寇、复兴中华民族的伟大事业，于愿足矣！

欧阳山回想起以前靠稿费维持生活的艰辛，对延安这样战时供给制的生活觉得很新鲜，也很满意，心情十分舒畅。

他很快就投入了新的紧张的工作中。

他很认真很努力地工作着。

欧阳山初到延安，中央还没有决定他去哪里工作的时候，周扬曾请他吃了一顿饭，问他愿意到哪里去工作。他当时未正面回答。但其实他内心是不愿意到周扬主持的鲁艺去的。因为30年代他在上海"左联"时，目睹周扬等"四条汉子"攻击、诋毁、排挤鲁迅，他是异常反感的，同时他当时就有这样的感觉，觉得周扬在上海就搞宗派活动，他欧阳山算是接近鲁迅的人，在上海是受到排斥的，如到鲁艺去工作，怕那里工作难办，所以他不愿到周扬主持的鲁艺去。而且那时候在延安的"文抗"中有批人对周扬也有看法，都不大愿意到鲁艺去，如丁玲、萧军、刘白羽等在鲁艺以外的一大批人。后来欧阳山就去和当时的中共中央总书记洛甫（张闻天）、中央组织部部长陈云研究商量，认为还是不要去参加哪一边为好，不采取明显偏向哪一边的态度比较好。所以中央最后决定欧阳山不去鲁艺，也不去"文抗"，而是去中央文委，担任常委的工作。①

就这样，欧阳山于1941年5月担任了中共中央文化工作委员会常委，后来，即同年9月，中央研究院成立了，他又担任了中央研究院文艺研究室主任。

中央研究院当时是延安最高级的研究机关。其前身是中共中央在1938

---

① 欧阳代娜：《欧阳山访谈录》，中国文史出版社2008年版，第149页。

年5月建立的马克思列宁主义学院，这是一所专门负责培养具有较高马列主义理论水平的干部的学院。由洛甫（张闻天）任院长。1941年9月改名为中央研究院后，院长仍由洛甫兼任，副院长为著名历史学家范文澜。下设9个研究室，由党内的高级干部及知名的专家、学者分别担任各研究室主任，如教育、新闻两个研究室由中共中央宣传部副部长李维汉任主任，历史研究室由范文澜任主任，政治研究室由张如心任主任，文艺研究室由欧阳山任主任，哲学研究室由艾思奇任主任，经济研究室由王思华任主任，国际问题研究室由柯柏年任主任，俄文研究室由师哲任主任等。

中央研究院是中共中央在延安时期的最高级的政策研究机构，是为中央制定各项方针政策时提供情况、收集数据、掌握信息、分析理论依据的科学智囊团和重要参谋部。

中央研究院的研究人员和工作人员相当多，是一个可观的集体，比"文抗"大得多，绝大多数是二三十岁的年轻人。

文艺研究室有十几个研究员（包括研究生），他们是邓力群、草明、郭小川、蔡天心、刘雪苇、魏东明、王光震、汪琦、金紫光、董速、江帆、冯兰瑞、金默生等人。这些成员不少是大学生，也有作家和文学研究工作者。

文艺研究室还有一个特殊的研究员叫王实味，但他一直没有来上过班。

文艺研究室研究的范围是：研究中国近、现代文学史及其作家和作品，研究文艺理论。为了与当前的需要结合，又以研究"社会主义的现实主义与社会主义的浪漫主义"为重点。"社会主义的现实主义与社会主义的浪漫主义"是高尔基在苏联作家代表大会上提出的，所以除了研究这个口号的理论问题之外，也关联研究高尔基的作品和苏联其他作家的作品。除此之外，还研究十九世纪批判现实主义和它的代表作。当然，其他流派，也偶有涉及。

文艺研究室的任务和其他研究室一样，主要都是提供资料与研究成果，供中央做决策时参考。

文艺研究室在欧阳山的带领下，制定了相当完备、相当切合写作实际的研究计划。欧阳山和大家一起勤奋工作，在短短一年多时间里，编写出了一部大书《中国新文学史纲》。

欧阳山还经常主持召开学术讨论会。他事前跟大家反复商量，拟定了讨论题目，布置大家阅读有关论著，做了充分准备。讨论时大家争先发言，各抒己见，充满民主气氛。有时也争得面红耳赤。可是谁也没有给别人扣帽子，也没有抓别人的小辫子。

欧阳山的这种民主作风，在领导文艺研究室两年多的工作中，得到了充分表现，特别是在对待王实味的问题上。这是后话。

文艺研究室还为未来的新中国培养了一批优秀的文艺人才，像中国当代著名诗人郭小川、中国昆剧院院长金紫光、辽宁省作协主席蔡天心等,当时都是文艺研究室的研究生。

第二节 《解放日报》发表的第一篇文艺作品

1941年5月15日,毛泽东为中共中央书记处起草了关于创办《解放日报》的通知。16日,原在延安出版的中央机关报《新中华报》与《今日新闻》合并,改出《解放日报》为中共中央机关报,秦邦宪(博古)任社长。

5月19日,欧阳山的《马克思主义和文艺创作——文艺思想和形象性漫谈之一》一文在《解放日报》发表。

据当时在《解放日报》副刊部任编辑的黎辛回忆:

《解放日报》1941年创刊,发表的第一篇文艺作品是欧阳山的《马克思主义和文艺创作——文艺思想和形象性漫谈之一》"。①

在这篇1941年5月13日写于延安窑洞的文章里,欧阳山批评了那种认为马克思主义会妨碍文艺创作的观点:

有一个爱好文艺的青年,当他回答我底"最近写作很多么?"这问话的时候,这样说:

"……最近整个脑子都装满了革命理论,一首短诗也写不出来了。"

由于他底直接并且没有经过思索的答话,使我立刻想起……延安文化协会底文艺小组曾在巡回座谈会上提出过如下的问题:学习马列主义之后,为什么反倒写不出文艺作品?

但是,问题果然是这样的么?假如这不是那写不出作品来的人底一种托词,就是马列主义妨碍了文艺创作:它不该把一个创作家底脑袋装得那么满,以致连容纳十几行新五号字的空隙都没有;它不该像拦路虎似地挡住了创作家底灵感,使他底脑筋僵化到那么可怕的地步;或者说,它不该使创作家过于了解这个世界,使他反不及不了解的时候那么能写;它不该使他清清楚楚看出这世界底去向,以致反不及他在暗中摸索时兴趣那么高。

---

① 黎辛:《深切悼念欧阳山同志》,载《纪念欧阳山》,广东人民出版社2001年版,第71页。

对此，欧阳山提出三点疑问：

> 第一，他在学习马列主义之前，是否写了并且在写着很多很多的作品？第二，他底学习马列主义是否达到了"精通"，或至少"学懂"的地步？第三，他是否在学习了马列主义之后，顺手摘下其中的一二教条，硬想把它们化成他所需要的"事实"，化成用做题材的、现实生活里面可能发生的"事实"？
>
> ……我想起从前"左联"领导着中国的文学运动向黑暗势力进攻时，曾向"左联"要求自由，并曾声言马列主义使他不能创作的杜衡先生来了。其实杜衡先生是自始至终就不能创作，写不出什么文艺作品来的。装做受了思想上的压迫，用意不过掩饰自己的才短。

欧阳山继续分析：

> 对于那爱好文艺的青年朋友，我不至于糊涂到拿杜衡那样的人物去和他相比的。不过我觉得我也有权利向他发问。如果他本来就写不出什么作品，他就不该说学习了马列主义之后"反倒"写不出东西。他对于马列主义还没有学懂——没有最初步的了解，那么在加紧学习，专心研读的当中，自然抽不出时间来写作，这缘故就不在学习马列主义之"后"，而在学习马列主义的"中间"。
>
> 照普通的情形说，越熟悉马列主义越了解现实，越了解现实越能创作。但要了解现实并不能单纯靠着学习马列主义，必须以学习的心得，对现实细心观察，对每一个生活现象研究又研究；要能创作，必须在学习马列主义、观察研究现实之外，把创作技术——创造形象的艺术手腕，练习得非常纯熟才行的。不懂马列主义的作家对现实的认识往往受着"直觉"的愚弄和限制，不能从最根底的地方去了解人物和生活。不是作家的马列主义者也不必练习那特殊的创作技术。可是一个马列主义的文艺创作者必须像普通的马列主义者一样精通马列主义，深入地了解现实，此外他还得具备创造形象的艺术手腕，越纯熟越好。

对于那位爱好文艺的青年，欧阳山认为：

> 假如他不是没有把现实了解得（观察和研究得）很透彻，就一定是没有把创作技术练习得很纯熟。他只是在学习马列主义之后，顺手摘

下其中的一二教条,硬想把它们化成"事实",——他所需要的,用做题材的,企图使人相信为现实生活里面可能发生的"事实",那自然要"反倒写不出文艺作品"了。①

欧阳山这篇文章摆事实、讲道理,充分利用辩证法,令人信服,表明他这时对马克思主义文艺观的掌握已经达到相当的程度。

这是《解放日报》创刊后发表的第一篇文艺作品。

这是欧阳山到达延安后写出的第一篇文章。

鉴于这两个"第一",这篇文章便具有了很特别的意义。

第三节 在毛泽东的窑洞里

欧阳山来到延安后不到两个月,也就是1941年初夏,毛泽东约见了他。

那天早上,在杨家岭一个套窑的前窑里,欧阳山第一次见到了这位领导中国人民翻身求解放的领袖,一位他称之为"中国最伟大的人物"。

毛泽东居住的是坐北面南的接石口土窑洞。前窑是办公室,陈设着简陋的木质办公桌椅、帆布躺椅、木柜等家具;后窑是卧室,前窑和后窑之间有洞相通。工作人员居住的窑洞紧挨在旁边。

毛泽东那时才48岁,高高的身材,刚刚开始有点发胖,披着一件打补丁的棉衣(初夏的延安一早一晚天气还是有点凉的),庄严平静地站在欧阳山的面前,伸出一只又大又柔软的手来。见到这么一位伟大的、闻名已久的人物,欧阳山不免有点紧张,一时显得手足无措,激动得有点发窘。毛泽东见状,不禁笑了起来,他拉过凳子让欧阳山坐下,自己点燃了一支香烟,吸一口,坐下来,风趣地说:"古有欧阳修,今有欧阳山,都是文章大家,敬佩敬佩。"

欧阳山有点不好意思,忙答道:"不敢当,不敢当,主席才真正是文章大家呢!"

正说着,毛泽东的夫人江青从左窑走出来,倒了一杯开水,热情地递给欧阳山,轻声说:"欢迎你来作客,请用茶。"说罢又回到左窑里去了。在毛泽东和欧阳山的整个谈话过程中,江青再也没有出来过。

那时的江青未满30岁,年轻活泼,温文尔雅,与20多年后,"文化大革命"期间那位刁钻、傲慢、刻薄、专横的"老娘",那位掀起狂涛恶浪,

---

① 欧阳山这篇文章收入《文集》时题目改为《马列主义和文艺创作》。见《欧阳山文集》(第十卷),花城出版社1988年版,第3853—3855页。

把中国搅得"周天寒彻"的"红都女皇",形成鲜明的对照。不过,这都是题外话。

此刻,毛泽东抽了几口烟,像一位贤良的兄长一样,用随和的低声,问起欧阳山的文学经历和社会经历,问起当时重庆的文学艺术活动和大家所受到的迫害。他知道欧阳山跟鲁迅先生很熟悉,便特别仔细地问起欧阳山在上海时看到的鲁迅先生的情况。

"我们今天不谈别的,就谈鲁迅。"毛泽东饶有兴味地说。

他显得特别喜欢听欧阳山讲述鲁迅的事情,包括鲁迅的言谈举止、脾气、性格,以及穿衣、吸烟、喝酒等一些生活上的细节。

"鲁迅先生是中国第一等的圣人,人民的大成至圣先师。"毛泽东顿一顿,吸一口烟,继续说,"他是文军的头领,我是武军的头领,我们配合得很好,我的心跟鲁迅先生是相通的。"

"主席文武双全,是文武联军的总司令。"欧阳山插了一句,两人同时笑起来。

"鲁迅的杂文尖锐、泼辣、犀利、幽默,最深刻有力,我们是写不出他那样精妙的文章的,大概今后几十年,写杂文能超过鲁迅者,无有一人。"

"主席的文章是大家手笔,气魄恢宏,写得精彩绝伦,是指导中国革命的,我经常拜读,获益匪浅。读过《论持久战》之后,我增强了抗战必胜的信心。"欧阳山说。

"我对文学颇有兴趣,但只会在马背上哼几句歪诗,小说没有做过,大概这辈子也休想写小说,只能当当读者,《红楼梦》我就看过好几遍。你是写小说的,应该多多学习鲁迅的小说,他的小说也是典范性的作品。鲁迅的小说既不同于外国的,也不同于中国古代的,它是中国现代的。"

毛泽东说毕,走到书桌前,拿起一本紫红漆皮封面、黑色漆皮烫金书脊的精装本《鲁迅全集》,得意地说:"这是鲁迅先生纪念委员会编辑出版的《鲁迅全集》,足足二十大卷,只印了二百套,我有幸得到一套,他们送的,编号是58。你有吗?大概没有吧?"

毛泽东的眼睛里闪着得意、快乐的光芒。他继续说:"我将通读这套全集,有些文章要读三四遍,五六遍。我跟这套全集已结下不解之缘,形影不离了。"

事实也是这样。这套最早出版的《鲁迅全集》,一直陪伴着毛泽东。在那战火纷飞、戎马倥偬、驰骋疆场、血与火交织的岁月里,每逢征战或行军转移,都要精简很多物件,唯独这套《鲁迅全集》,毛泽东坚决不准丢掉。就这样,鲁迅的书跟随着毛泽东行军打仗,南征北战,直到进入北京城,进入中南海,进入丰泽园菊香书屋。

欧阳山当然知道毛泽东很敬重鲁迅先生。他刚在重庆读过毛泽东不久前出版的《新民主主义论》，那里面论述鲁迅先生的句子他都能背得出来：

> 鲁迅，就是这个文化新军的最伟大和最英勇的旗手。鲁迅是中国文化革命的主将，他不但是伟大的文学家，而且是伟大的思想家和伟大的革命家。鲁迅的骨头是最硬的，他没有丝毫的奴颜和媚骨，这是殖民地半殖民地人民最可宝贵的性格。鲁迅是在文化战线上，代表全民族的大多数，向着敌人冲锋陷阵的最正确、最勇敢、最坚决、最忠实、最热忱的空前的民族英雄。鲁迅的方向，就是中华民族新文化的方向。

欧阳山来到延安后，还听说过毛泽东细读鲁迅文章的一个故事：

那是1939年，毛泽东在延安读《鲁迅全集》第四卷，里面的《二心集》中的《唐朝的钉梢》这篇文章里有这样一段文字："那里面有张泌的《浣溪沙》调十首，其九云：晚逐香车入凤城，东风斜揭绣帘轻，慢回娇眼笑盈盈，消息未通何计从，便须伴醉且随行，依稀闻道太狂生。"

这首词中的"消息未通何计从"的"从"字，如果仅从词意来看，看不出是一个错字。从词律的音韵平仄看，则显然是错了。

毛泽东读到这里时，将"从"字改为"是"字。

原词，据中华书局出版的《全唐诗》卷八百九十八所载，确实是"是"字，而不是"从"字。（这个字，1981年版的《鲁迅全集》已改正。）

张泌的词在唐代并不十分引人注目，但毛泽东对他的词记得这样准确，这说明毛泽东对唐诗是下了很大功夫的，他的知识是异常渊博的，他的记忆力是异常惊人的，这也从一个方面说明他读鲁迅书时那种仔细认真的程度。

而此刻，毛泽东把《鲁迅全集》放回到书桌上之后，继续着和欧阳山的谈话。他告诉欧阳山，1936年鲁迅曾托周文捎给他和朱德、恩来、少奇等每人一条火腿，还有六听白锡包香烟和二十条围巾。

"鲁迅先生为此用去了一百元，足足一百元。你知道吗？一百元够我们一个人吃上好几年啦，鲁迅先生比你我阔多了。"毛泽东说毕仰头大笑。

毛泽东的谈话幽默风趣，充满哲人的智慧和真知灼见，令人如坐春风。

欧阳山看着毛泽东那双睿智深沉的眼睛，看着他那著名的温和的微笑，看着他那身打了补丁的衣服，忘记了他是一位伟大的领袖，竟毫无拘束地、高高兴兴地与之谈了起来，把心里的话，把自己对文艺问题的看法，一股脑儿倒了出来。

就这样，毛泽东和欧阳山，在中国西北黄土高原，那延安山上的窑洞里，纵论文艺和国家大事，他们时而严肃地对谈，时而仰起头来开怀大笑，一直谈了两个多小时。

最后，毛泽东留欧阳山在家里吃了一顿饭。

第四节　大风起兮

1939年9月1日，希特勒德国对波兰发动突然袭击，并且迅速占领波兰全境，英、法随即对德宣战，第二次世界大战全面爆发。

接着，德军采用闪电战术，在不到一年的时间里，席卷了包括法国在内的大半个欧洲。

1941年6月22日，德国撕毁《苏德互不侵犯条约》，出动一百多万人的兵力，悍然进攻苏联，苏德战争爆发。

同年10月，日本东条英机组阁，加快了扩大侵略战争的步伐。

1941年12月7日，日本突然偷袭美国在太平洋的海军基地珍珠港，击沉和重创了美军太平洋舰队的几乎所有军舰，美国立即对日宣战，太平洋战争爆发。

此时，日本在亚洲，特别是在中国，展开了更加疯狂的侵略，以配合德、意法西斯在欧洲和非洲的战争，世界反法西斯斗争处境空前艰难。

而国民党在正面战场大面积溃退的同时，连续发起反共高潮，制造了包括皖南事变在内的多起事端。

1941—1942年，日、伪军对我抗日根据地进行了疯狂的扫荡，在日、伪军空前残酷的进攻中，敌后军民伤亡重大，部队减员较多，八路军、新四军由50万人减到约40万人，华北和西北根据地面积急剧缩小，根据地总人口由1亿人减少到不足5000万人。同时，根据地的经济亦陷入极端困难之中。由于国民党动用几十万军队对陕甘宁边区实行军事包围和经济封锁，断绝外界对边区的援助，陕甘宁边区银行最穷的时候，只有边币五元。

抗日战争处于战争爆发以来最困难的时期。

在这样的形势下，以王明为首的右倾投降主义和教条主义给党的组织和思想所带来很大的混乱，无可避免地使党内在指导思想上产生了分歧，这就进一步加剧了困难的程度。

面对国内外和党内外严峻复杂的形势，为了实现全党在思想上政治上的统一和行动上的一致，同心同德地战胜困难，夺取抗日战争的最后胜利，从1942年春天起，中国共产党在全党范围内展开了一次整风运动（全称是"整顿'三风'学习运动"）。

这次整风运动的任务是：反对主观主义以整顿学风，反对宗派主义以整顿党风，反对党八股以整顿文风。方针是：惩前毖后，治病救人，既要弄清思想，又要团结同志。

毛泽东为开展这次整风运动，进行了深入的思索和艰苦的理论探索，先后写出了《改造我们的学习》《整顿党的作风》《反对党八股》等三篇文章，作为整风运动的指导文件，并于1941年5月19日、1942年2月1日、1942年2月8日在延安干部工作会议、中共中央党校开学典礼会、延安干部会议上分别进行了以这三篇文章为稿子的演讲。

欧阳山、草明和"文抗"的作家、艺术家们一道，和延安的全体干部一道，聆听了毛泽东的演讲。

毛泽东的演讲给欧阳山和草明留下了深刻的印象。

欧阳山对草明说："主席的讲话与鲁迅先生的讲话一样，都是深入浅出而又十分风趣。不过鲁迅先生演讲时，很沉静，不做手势，也不笑；主席则姿势很生动，自己也笑，一口道地的湖南话，铿锵有力。"

草明说起来更是眉飞色舞、滔滔不绝：

"听主席做报告从来不觉得枯燥，而是感到生动活泼、妙趣横生。主席善于把深刻的哲理通过浅显的语言说出来，举的例子常常令人发笑，其中有的是民间谚语、俗语。例如形容主观主义者时，他指那种人是'自以为是，老子天下第一，钦差大臣满天飞'。好一个主观主义者的形象就勾画出来了。提到党八股时，就说这是'洋八股加土八股，洋八股开口就是大写的A、B、C、D，然后又是小写的a、b、c、d；土八股哩，是甲、乙、丙、丁，开中药铺（中药铺分许多小抽屉），其实是装腔作势，借以吓人'。这样一形容，谁还会去读那些毫无内容、搞形式主义以吓人的八股式文章？所以主席说，应该把这些八股文章当作'过街老鼠，人人喊打'。最有意思的是主席有一次提到反对官僚主义时，用老百姓形容泥菩萨的话来比喻说：'一貌堂堂，两目无光，三餐不吃，四肢无力，五官端正，六亲不认，七窍不通，八面威风，久坐不动，十足无用。'这样妙趣横生的比喻，引起满堂大笑，有的人甚至笑出眼泪来。主席的话多么深刻中肯，回头琢磨琢磨，味道也挺苦涩的，真该好好用心想一想啊。"

随着整风运动的继续深入，欧阳山调到位于大砭沟（因这里聚集了延安十几个文化单位，人们又称它文化沟）的中共中央党校第三部学习，参加整风和审干，直至1944年4月。

"文抗"的作家、艺术家们，中央研究院各研究室，包括文艺研究室的研究人员也都陆陆续续调到党校三部参加整风学习。1943年，"文抗"和中央研究院完成了各自的历史使命，宣告结束。

延安整风，是一场用马列主义统一全党思想的运动。它锻炼和哺育了一代共产党人，为中国革命的前途和胜利，奠定了不可逆转的基础。

在整风的同时，延安文艺界存在的问题也引起了毛泽东的注意。

中国共产党一向重视文艺。1937年9月，毛泽东、周恩来、林伯渠、吴玉章、徐特立、周扬等九人领衔发起，提出要在延安成立鲁迅艺术学院（后改称鲁迅艺术文学院）时，就在《创立缘起》中强调指出："艺术——戏剧、音乐、美术、文学，是宣传鼓动与组织群众最有力的武器；艺术工作者——这是对于目前抗战不可缺少的力量。"

毛泽东对文艺，尤其是对中国古典文学十分喜爱且有着非常深厚的造诣。据在延安时与毛泽东交往比较多的丁玲回忆，毛泽东"给我的印象是比较喜欢中国古典文学，我很钦佩他的旧学渊博。他常常带着非常欣赏的情趣谈李白，谈李商隐，谈韩愈，谈宋词，谈小说则是《红楼梦》。那时他每周去红军大学讲唯物辩证法，……常常引用《红楼梦》中的人、事为例，深入浅出，通俗生动，听课的人都非常有兴趣"。①

但毛泽东作为一位政治家、军事家和革命领袖，他必然要把文学艺术和革命运动联系起来，他深知文学艺术是整个革命战线不可缺少的一个方面，所以在到达延安后，特别是自西北内战局面基本结束后，他就分出一部分精力来抓文艺工作。延安不少重要的文艺团体和单位，如中国文艺协会、西北战地服务团、鲁迅艺术文学院、边区文化协会、抗战文工团、民众剧团等，都是在他的亲自关怀、大力支持下成立和开展工作的。每当他看到一篇好的作品问世，他都会表现出一种难以抑制的兴奋之情。

毛泽东甚至亲自推荐作家、诗人的作品到刊物上发表。1938年5月，当他得知诗人柯仲平的长篇叙事诗《边区自卫军》受到群众的欢迎时，便立即索要诗稿，看过后，亲自批道："此稿甚好，赶快发表。"《边区自卫军》一诗不久即连载于中共中央机关刊物《解放》上面。

1939年5月，毛泽东和延安群众一起观看了《黄河大合唱》的演出，据冼星海的描述："当我们唱完时，毛主席和几位中央领导同志都站起来，很感动地说了几声'好'。"

这一切，对文艺家们无疑是一种鼓舞。

实际上，当时延安和各根据地的抗日文艺运动的发展是很蓬勃的。

以延安为例，文艺活动一直都很活跃。除了《解放日报》有由丁玲主编的文艺版外，还有文艺月刊《谷雨》，大墙报《轻骑队》；漫画展览、音乐会等则经常举办；戏剧演出更是盛况空前，话剧《带枪的人》《同志，你走错了路》，新编京剧《三打祝家庄》《逼上梁山》，秦腔剧《血泪仇》，眉户戏《十二把镰刀》，新秧歌剧《兄妹开荒》等，吸引了上至毛泽东，下至

---

① 丁玲：《延安文艺座谈会的前前后后》，载《回想延安·1942》，江苏文艺出版社2002年版，第343页。

普通一兵的千百个观众。

但正如丁玲所说,尽管"毛主席以他的文学天才、文学修养以及他的性格,他自然会比较欣赏那些艺术性较高的作品,他甚至也会欣赏一些艺术性高而没有什么政治性的东西。……但毛主席是一个伟大的政治家、革命家,他担负着领导共产党、指挥全国革命的重担,他很自然地要把一切事务、一切工作都纳入革命的政治轨道。在革命的进程中,责任感使他一定会提倡一些什么,甚至他提倡的有时也不一定就是他个人最喜欢的,但他必须提倡它"。①

所以,毛泽东不间断地对文艺工作从根本思想、观念,到文艺工作的服务对象、方向、方针等方面都给予一再的指导。他更重视的是要把文艺工作纳入革命政治的轨道。这在革命斗争的年代是必然的、理所当然的。

据当时在延安担任毛泽东秘书和中共中央政治局秘书的胡乔木回忆,在延安文艺运动兴起之初,毛泽东就多次发表讲话,阐明他的文艺观点。

1936年11月22日,中国文艺协会在保安县(今志丹县)成立时,毛泽东号召文艺家们要"发扬苏维埃的工农大众文艺,发扬民族革命战争的抗日文艺"。②

1938年4月10日,毛泽东在延安鲁迅艺术学院成立典礼上论述"艺术的作用和使命"。他把经过长征到达陕北的原苏区文化工作者称作"山顶上的人",把由上海、北平等城市奔赴延安的文化工作者称作"亭子间的人",说:"亭子间的人弄出来的东西有时不大好吃,山顶上的人弄出来的东西有时不大好看。有些亭子间的人以为'老子是天下第一,至少是天下第二';山顶上的人也有摆老粗架子的,动不动'老子二万五千里'。"他要求这两部分人都不要以过去的工作为满足,都"应该把自大主义除去一点"。"作风应该是统一战线。统一战线同时是艺术的指导方向"。③

他还特别讲道:"亭子间的'大将''中将'"到了延安后,"不要再孤立,要切实。不要以出名为满足,要在大时代在民族解放的时代来发展广大的艺术运动,完成艺术的使命和作用"。④

4月28日,毛泽东再次到鲁艺发表演说,论述怎样做一个艺术家。他认为,一个好的艺术家必须具备三个条件。第一,要有"远大的理想"。"不但要抗日,还要在抗战过程中为建立新的民主共和国而努力,不但要为民主

---

① 丁玲:《延安文艺座谈会的前前后后》,载《回想延安·1942》,江苏文艺出版社2002年版,第350-351页。
② 毛泽东:《红色中华》,《红中副刊》1936年第1期。
③ 在鲁迅艺术学院开学典礼上的讲话(1938年4月10日),《新中华报》1938年第432期。
④ 在鲁迅艺术学院开学典礼上的讲话记录稿。

共和国，还要有实现社会主义以至共产主义的理想"。第二，要有"丰富的生活经验"。艺术家的"大观园"是全中国，"要切实地在这个大观园中生活一番，考察一番"。第三，要有"良好的艺术技巧"。技巧不好，"便不能表现丰富的内容"，"要下一番苦功夫去学习和掌握艺术技巧"。

1939年5月，他为"鲁艺"成立周年题词，提出"抗日的现实主义，革命的浪漫主义"的文学创作主张。

1940年1月，毛泽东在陕甘宁边区文化协会第一次代表大会上讲演，明确规定了"民族的科学的大众的"新民主主义文化方向。他说："这种新民主主义的文化是大众的，因而即是民主的。它应为全民族中百分之九十以上的工农劳苦民众服务，并逐渐成为他们的文化。"

把毛泽东上述主张同他后来在延安文艺座谈会上的讲话联系起来，不难看出，为人民大众服务，为现实的革命斗争服务，作家应深入群众，深入生活，这是他一贯坚持的文艺思想。

那么，当时延安文艺界到底存在着什么问题，引起了毛泽东的高度关注呢？

据胡乔木分析，就当时来到延安的大多数文艺工作者来说，他们尚没有真正完成从小资产阶级到无产阶级的转化。他们的思想感情还需要有一个改造的过程，对革命根据地的生活还需要有一个适应的过程，在文艺为人民大众服务的方向问题上，还需要有一个从口头承认到彻底解决、从"化大众"到"大众化"的发展过程。就是说，在大多数文艺工作者身上还存在着各种各样的弱点。当抗日战争困难时期到来后，随着客观条件的变化，他们之中一些人所具有的思想弱点，就更加突出地表现了出来。

确实，在严酷的军事、政治斗争和农村环境下，由于没有为现实斗争服务的充分思想准备，延安文艺界出现了与艰苦的战争环境不相适应的问题，以培养革命文艺干部为目标的鲁迅艺术文学院在文艺创作和演出中脱离群众的倾向也越来越严重。

除了创作上脱离群众的倾向外，延安有些作家对延安的批评也越来越刺耳，并造成了人们思想上的混乱。

1942年3至4月，《解放日报》副刊、《谷雨》月刊等先后发表了丁玲的《"三八"节有感》，王实味的《野百合花》《政治家·艺术家》，艾青的《了解作家、尊重作家》，罗烽的《还是杂文时代》，萧军的《论同志的"爱"与"耐"》《杂文还废不得说》等文章。这些文章以小资产阶级知识分子的眼光对延安存在的一些落后现象（他们称之为延安的"阴暗面"）进行了尖锐的"批评和揭露"（在此之前，丁玲已发表过的《我在霞村的时候》《在医院里》等也是这一类的文章）；这些文章把延安污蔑成"歌啭玉堂春，舞回金莲步"的骄奢淫逸的地方，主张作家们要枪口对内，"大胆地但适当地揭破一切肮脏和黑暗，清洗它们，这与歌颂光明同样重要，甚至更重要"。其中有些文章还被国民党特务机关印刷、散发，用来攻击解放区，或被国民党编成戏剧演出，说是延安作家自己写的，你们看延安有什么好？延安没什么好，延安很糟糕。这在根据地，在国统区，在国内外都造成了不良的影响。

而在延安北门外文化沟口的大墙报《轻骑队》，也登出了不少写消极现象的文章，所用的笔法都是含沙射影、冷嘲热讽的。有些文章甚至像上海小报上登的"黑幕新闻"，把延安描写得一无是处、一团漆黑。

胡乔木把这种种问题归纳为五点：

首先，是所谓"暴露黑暗"问题。一个时期，"暴露黑暗"、"不歌功颂德"、使用"讽刺笔法"、"还是杂文时代"等主张，几乎成为一种时髦。《解放日报》文艺专栏和一些文艺刊物上，也有宣传这类主张的文字发表。有人在会议上直截了当地说："我是不歌功颂德的。"

其次，是脱离实际、脱离群众的倾向。以鲁迅艺术学院为例，其办学方针也存在着一些问题。比较突出的就是从1939年强调"正规"和"提高"后，脱离实际、脱离群众、"关门提高"的倾向发展起来。大戏、洋戏充满了舞台，而且影响到延安的整个演出界。讲写作，就是契诃夫和莫泊桑的小说。鲁艺的新校址桥儿沟，紧邻农民的场院，但不少教师却关在自己的窑洞里，不与农民往来。前方的文艺工作者对鲁艺提出了这样的批评："堡垒里的作家为什么躲在窑洞里连洞门都不愿意打开去看看外面的世界？""提高是否就是不叫人看懂或'解不了'？"前方缺乏剧本、歌曲，但鲁艺提供出来的就是大、洋、古的东西。（据鲁艺戏剧部整风学习快报第3号，中央档案馆存）这是很尖锐的批评意见。延安整风开始后，鲁艺领导人也主动检查了这方面的问题。

第三，是学习马列主义与文艺创作的关系问题。这在延安一些文艺工作者中也存在着模糊认识。作家欧阳山曾批评过"马列主义妨碍文艺创作"的观点。但也有的作家主张不要把"什么'教育意义'，'合乎什么主义'的绳索"套在文艺上面。

第四，是"小资产阶级的自我表现"。相当多的作家由于出身于小资产阶级，又只在知识分子中找朋友，所以就把注意力放在研究和描写知识分子上面，甚至对知识分子的缺点也加以同情、辩护和鼓吹。反之，对工人农民则缺少接近和了解，不善于描写他们，倘若描写，也是像毛主席所说的："衣服是劳动人民，面孔却是小资产阶级知识分子。"这是文艺界没有真正解决"为什么人"问题的一个重要表现。

第五,是文艺工作者的团结问题。在文艺界发生的数不清的争论中,当然有些是有意义的,但也有许多是没有什么意义的,甚至是彼此攻击,在一些细小的问题上挑起争端。三十年代左翼文艺运动中就存在的宗派主义情绪,又被带到了延安,影响着文艺工作者的团结进步。①

文艺界存在的问题使毛泽东深感忧虑。尽管这些问题并没有成为延安文艺界的主流,但它们对抗战和革命事业是不利的,也阻碍着文艺本身的发展。同时,毛泽东深深地懂得文艺与政治既促进又矛盾的道理。文艺界多年存在的理论纷争及作家们对延安过于尖锐的批评是他不愿意看到的。他更不能允许文艺界这种倾向给正处于困难时期的延安带来任何干扰。因此,在中共中央整风工作会议上,毛泽东主动要求由他自己亲自负责文艺界的整风,提出召开文艺座谈会,通过和风细雨、百家争鸣的方式,从路线斗争、世界观、人生观和审美观的高度,从根本上解决这些问题。

中央政治局迅速做出决定,由毛泽东担任文艺界整风负责人。

1942年4月10日,中共中央书记处专门召开工作会议,决定召开文艺座谈会,以解决文艺界的问题,并系统地制定党的文艺工作的方针政策。

第五节　毛泽东家的常客

如同解决其他重要问题一样,为了召开文艺座谈会,毛泽东本着他一贯的群众路线、集思广益的作风,做了大量调查研究工作。他给许多作家写信,找了许多作家谈话,对有些人,信不止一封,谈话不止一次。他让作家们帮他搜集材料,提供有关文艺工作的意见。与此同时,中央组织部部长陈云、宣传部代部长凯丰(何克全)等也分别找作家谈话。毛泽东约去谈话的文艺家有艾青、萧军、舒群、刘白羽、欧阳山、草明、何其芳、严文井、周立波、曹葆华、姚时晓等。

1942年初,毛泽东单独约见艾青,明确提出要解决文艺界的问题:"现在延安文艺界有很多问题,很多文章大家看了有意见。有的文章像是从日本飞机上撒下来的;有的文章应该登在国民党的《良心话》上……你看怎么办?"

艾青说:"开个会,你出来讲讲话吧。"

毛泽东谨慎地问道:"我说话有人听吗?"

---

① 胡乔木:《胡乔木回忆毛泽东》,人民出版社2003年版,第253—254页。

艾青说："至少我是爱听的。"

接着毛泽东又谈了一些有关文艺方针方面的问题，并请艾青代他收集反面的意见，随时告知他。

跟着，毛泽东又约见刘白羽，说："边区的经济问题我们解决了，现在我们可以腾出手来解决文艺界的问题。"

毛泽东接着说了比较长的一段话，这段话基本上就是后来他在文艺座谈会讲话前面那一段。

毛泽东最后对刘白羽说："你们'文抗'的作家、党员很多，给你一个任务，把我的话传达回去，征求他们的意见，再告知我。"

1942年4月9日，欧阳山收到毛泽东的一封信，是昆仑收发室（中共中央办公厅收发室的代号）送来的。信中说：

欧阳山同志：

　　来信收到。拟面谈一次，如同意，请于今日惠临一叙，并盼与草明同志偕来。

　　此致

敬礼！

毛泽东
四月九日

收信后，欧阳山和草明稍稍梳理了一下头发，扯了扯衣襟，便立即下山朝杨家岭走去。

欧阳山是面对面见过毛泽东，并与毛泽东长谈过的，他曾兴奋地对草明描述过毛泽东的形象。而草明只在开大会时远远地见过毛泽东的身影，尚未面对面见过毛泽东，想到马上就要见到他了，心情分外高兴和紧张。她曾以生动的笔触描述过与毛泽东的第一次见面：

远处的驼铃声划破了晨雾，传来阵阵脚夫口中唱的顺口溜，如歌如梦、或高或低的歌声，好像要越过高山，去寻找他需求的什么似的。路边的早开的马兰花似乎向我们点头招呼，迟放的野百合花还羞答答地擎着露珠儿向我们微笑。我在心中喊道：可爱的黄土高原，神秘莫测的黄土高原，你好！是的，这里的一草一木，每寸土地都会了解我这时去拜会一位伟大导师的喜悦心情。

不觉已走到杨家岭，上坡找到昆仑收发室。我们报上姓名，说明来意，便有人引我们到毛泽东主席的办公窑洞来了。毛泽东主席正在批阅文件，见我们进来，便点头说，"请坐"，并指指对面那张旧的双人木质椅子示意我们坐。我四处观望，窑洞和我们的一样，只是稍稍宽敞一些，窗前摆了张写字台、两把旧椅子罢了。

这时毛主席已放下了笔和卷宗，站起身来走向我们，和我们握手，然后在写字台旁的椅子上坐下。他开门见山地说党中央准备召开一次有关文艺工作的会议，和大家研究一下文艺工作问题。准备提出三个问题：文艺为什么人的问题；再就是如何为工农兵写作的问题等。毛主席关于这个问题，着重说为工农兵写作就得熟悉工农兵，要到工农兵的火热的生产斗争中去。最后他提出学习马列主义的问题。他认为现在来延安的青年是拥护共产党的，但思想水平不高，头脑里还有非无产阶级思想，这就需要学习马列主义，端正立场，改造世界观。

我一听，心灵为之震动，这些问题多新鲜而重要，可又似懂非懂，一面听一面心里想：我参加"左联"后又入了党，我还有没有非无产阶级思想？我家乡顺德桂洲是丝蚕之乡，家家户户都有缫丝女工，我这十年写的都是缫丝女工的苦难生活，算不算熟悉工人呢？我满脑子问号，或者说我还远没有理解毛主席提出的问题，因此我不能剖析与回答自己。

我细细观察毛主席，他的确有个魁梧的体魄，有一双深邃而浑厚的眼睛和宽阔的前额。这是非凡的睿智寓于平凡的躯体内的一副形象啊。毛泽东主席与人谈话时惊人地专注，开始我只以为他仅是出于尊重对方，后来我才理解他一面听的同时，已整理出对方的观点，并且作出了自己的反应，引导对方走向正确的方面。……他和欧阳山滔滔不绝地交换意见，谈了许多，从文艺定义到文艺政策、文艺家的写作对象到文艺家要深入工农兵的火热斗争中去……后来他回过脸来征求我的意见。我提出文艺界有宗派主义，很不好……我只说了几句，却把事前准备好要说的忘得干干净净了。

毛泽东主席听了点点头，随着分析宗派主义的根源并指出解决的办法时说：宗派、行帮，各行各业都有，这是扩大的个人主义，维护小团体的利益；作家、艺术家只有到工农兵中去，全心全意地为他们写作，宗派主义就会消失。他的一席话，使我顿开茅塞，原来到工农兵中去竟有这么多好处啊。

那时服务员已摆开了饭菜，毛主席留我们吃了一顿午饭。他的饭菜很简单，两菜一汤，有我们二人在，加了两个菜。虽然不过是猪肉、猪肚、猪肝，却使我尔后几十年想起来还余甘在舌，硬是比以后大城市的大饭店的宴会更胜一筹。餐后我们就告辞回家了。①

过了几天，欧阳山和草明又接连收到毛泽东的两封信：

欧阳山
　　二同志：
草明
　　前日我们所谈关于文艺方针诸问题，拟请代我搜集反面的意见，如有所得，祈随时赐示为盼！

毛泽东
四月十三日

欧阳山
　　同志：
草明
　　四月十五日来信阅知，我现在尚不能够对你提出的问题作答复，待研究一下罢。如果你们在搜集材料，那很好，正反两面都盼搜集，最好能给我一个简明的说明书，不知文艺室同志有暇为此否？
敬礼！

毛泽东
四月十七日

接信后，草明便和文艺研究室全体同志翻阅解放区内外的杂志和一些西方论文艺的文章，整理后送到欧阳山面前，经过欧阳山的筛选，采用了十几种。欧阳山还每篇都附上简介，然后包扎好，让草明送去给毛泽东。

趁草明去给毛泽东送材料的机会，笔者也来谈谈送材料这个问题。欧阳山、草明及其他一些作家，在延安文艺座谈会召开之前，都曾应毛泽东的要求，给毛泽东送去过有关的材料，那是1942年4至5月间的事。可是事隔60年之后的21世纪初，竟然还有人在上海的一家小报上攻击此事，说这是欧阳山等一些作家在为毛泽东搜集情报，是在做打小报告的事。这除了说明这些人根本就不了解历史，表现出这些人对历史真相的严重歪曲和自己本身浅薄无知之外，这些人还可能有什么其他动机，想达到什么其他目的吗？笔者觉得丝毫不值得、也完全没有必要去对这些人的动机加以揣测了。谣言止于

---
① 草明：《世纪风云中跋涉》，人民文学出版社1997年版，第115—117页。

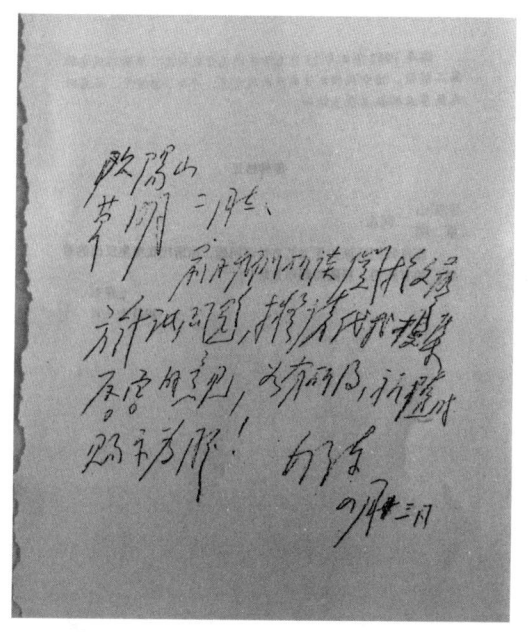

毛泽东于1942年4月13日致欧阳山、草明信的手迹。

毛泽东于1942年4月17日致欧阳山、草明信的手迹。

智者。清者自清，浊者自浊嘛。

在召开延安文艺座谈会之前，毛泽东曾同时请丁玲、艾青、刘白羽、欧阳山等一些著名作家、艺术家搜集正反两方面、特别是反面的意见和材料提供给他。这说明了毛泽东对召开这次会议的高度重视与认真，表明了他虚怀若谷、愿意虚心听取不同意见甚至反对意见的民主态度和重视并勤于、善于调查研究以及在调查研究过程中缜密、扎实、慎重、稳健的工作作风。

其实早在1941年7月，萧军有一次在与毛泽东的谈话中，就曾问党有没有文艺政策？毛泽东说，哪有什么文艺政策，现在忙着打仗、种地，哪顾得上呀！萧军说党应该制定一个文艺政策，以有所依据，有所遵循，以便团结起来，步调一致地开展文艺工作。毛泽东说你这个建议很好，那你就帮我收集收集各方面的情况和意见，好吗？后来，毛泽东为了掌握第一手情况，和中央组织部部长陈云、宣传部代部长凯丰、组织部干部科科长王鹤寿，分别找文艺界很多同志谈话，征求意见，有正面的，也有反面的，经过几个月的调查研究，针对文艺界的种种问题，决定召开文艺座谈会。①

多年后，欧阳山也跟欧阳代娜谈过送材料的事。他是这样说的：

> 毛主席所说的反面意见指的就是人民内部的不同声音和反对的意见，不是指探秘的消息。毛主席当时是很民主的，他什么建议都想听，什么意见都能容纳得下，而且特别愿意听取不同的声音和反对的意见来帮助他做到兼听则明。所以延安文艺座谈会既是有的放矢而且也开得很民主，大家心情愉快，畅所欲言，特别是听完了毛主席和朱老总在会议开幕和闭幕时的两次很有针对性的讲话，大家更是心悦诚服，只觉得作为政治家、军事家的毛主席、朱总司令竟然能把复杂的文艺的诸问题也说得是那样的透辟，让大家心里敞亮了许多，有了新的奋斗目标……②

再回过头来，继续说说草明给毛泽东送材料的事。草明没有想到这次去见毛泽东，却有意外的收获，解决了孩子入托和读书的问题。

事情是这样的：

草明拿着材料来到昆仑收发室，便有人领着她去见毛泽东。毛泽东当时正在窑洞里办公，在批阅文件，见草明进来，便离开座位和草明打招呼。草明把带去的材料打开，送到毛泽东面前，毛泽东浏览了一遍之后，才坐下来，关心地问草明工作和生活的情况。

---

① 参看《延安文艺研究》1988年第4期中登载的《萧军谈延安文艺》一文。
② 见欧阳代娜的回忆录，此材料现存于广州梅花村15号欧阳山资料室。

草明答道："一切都很好，很理想，只是三个孩子缠身，对写作有些妨碍。"

毛泽东对这个问题显得很关切，追问怎么不把孩子送托儿所和学校去？

草明说："中央托儿所需要一个保姆才能让孩子进去，我没有保姆。两个学龄孩子想进八路军干部子弟学校，可我们不是军人，也送不进去。"

毛泽东皱了皱眉头，随即即叫勤务员请傅连暲大夫来。

傅连暲大夫是跟随毛泽东经过二万五千里长征过来的。他是杨家岭中央机关的保健大夫，给毛泽东看过病，也给延安"文抗"的作家看过病，草明认得他。

傅连暲到来后，毛泽东便请他解决欧阳山和草明那只有两岁多的儿子欧阳左嘉的入托问题。因为傅连暲兼管中央托儿所的事。接着，毛泽东又吩咐他的秘书叶子龙，用他的名义给八路军参谋长叶剑英写信，请叶剑英介绍欧阳山的两个女儿欧阳代娜和欧阳天娜到干部子弟学校入学。

信很快就写好了，毛泽东在信上签了名。

这一切使草明既感动又不安。这样的小事，竟惊动那么多领导同志，草明后悔自己刚才真不该提出困难的问题。

这次会见，毛泽东的话虽然不多，但他体谅一个母亲的辛劳、关心作家的工作、关爱后代的精神和行动，使草明深深感动，体会到一位伟大革命家胸怀的宽广深远，令草明终生难忘。

此刻，草明含着热泪谢过毛泽东，便拿着毛泽东签名的信，往总参谋部谒见叶剑英参谋长。

叶剑英正在和吴玉章谈话。叶剑英是广东人，和欧阳山、草明在重庆时常常见面，是老朋友了。此刻，他招呼草明坐下，高兴地说：

"今天我留吴老吃饭，你也参加，有好吃的。"

趁叶剑英和吴玉章谈话告一段落，草明便把毛泽东的信呈递给叶剑英。叶剑英看完后，马上起身到办公桌前给八路军干部子弟学校的校长吴燕生写信，请他收欧阳代娜和欧阳天娜入学。

吴玉章是老教育家，当时正兼任陕北公学校长，他知道草明是广东人，便和草明攀谈起新文字改革的问题来。他说：

"高尔基的基字，你们广东话发音能发出俄语的发音，北方话就发不出来。"

草明点头称是，并补充说："广东的合口音，北方也发不出来。"

草明随口举了几个合口音，吴玉章跟着草明念了一遍。关于新文字改革问题，欧阳山30年代在上海时曾与胡乔木等人研究过，搞过一个汉语拼音方案，也和草明议论过这个问题。

正说着，叶剑英把写好的信交给草明，吩咐她把信带着去找吴燕生校长。接着，便品尝起叶剑英所说的"有好吃的"来，原来是炖老母鸡。

草明回家后把事情的经过对欧阳山说了，两人既感动又感慨。

毛泽东作为一位叱咤风云雄才大略的大政治家，一位指挥千军万马驰骋疆场的大军事家，竟连部下的小孩子入托、入学这样细枝末节的小事都那样关心！

而欧阳山的两个小女儿代娜和天娜知道能上子弟学校读书，高兴得又跳又唱，急着问妈妈什么时候可以去上学。后来，每逢新年，孩子们都自制贺年卡片，给毛爷爷拜年。

第六节　五月的盛会

召开文艺座谈会的日子终于来到了。

一张薄薄的粉红色油光纸请帖，送到了延安的作家、艺术家们手上。上面写着：

> 为着交换对于目前文艺运动各方面的问题的意见起见，特定于5月2日下午一时半在杨家岭办公厅楼下会议室内开座谈会，敬希届时出席为盼。

> 毛泽东
> 凯丰

欧阳山和草明也收到了这样的请帖。

1942年5月2日，匆匆吃过中午饭，欧阳山和草明就走出窑洞，怀着兴奋的心情，向杨家岭方向奔去。

初夏的太阳暖洋洋地照耀着延安的山川，坚冰已经消融的延河水在欢快地流着，红艳艳的山丹丹花在和煦的阳光中露出了笑脸，远方，骆驼队有节奏的铜铃声在隐隐约约地传来。

山路上，三人一群、五人一堆的作家、艺术家们，怀着和欧阳山、草明同样兴奋的心情，奔向杨家岭，有些诗人还挂着经过修饰的栎木拐棍（这不是老人用的拐杖，不过是做装饰用的，是当时延安知识分子的时尚）神采奕奕地走来。他们当中，像刘白羽、丁玲、周扬、艾青、萧军、周立波、周而复、罗烽、陈波儿、李伯钊、力群、白朗、艾思奇、胡绩伟、袁文殊、于黑丁、陈企霞、傅钟、肖向荣、陈学昭、吕骥、张庚、罗工柳、曹葆华、欧阳山尊、胡采、马加、柳青、周文、曾克、张仃、林默涵、范文澜、于敏、公木、严文井、陈荒煤、何其芳、华君武、柯仲平、严辰、吴印咸、雷加、方纪、胡一川等都是当时国内著名的作家、艺术家和学者。

欧阳山和草明行走在这支队伍中,他们兴奋地和大家打着招呼,不时拉上一两句话儿。

座谈会在位于杨家岭的中共中央办公楼举行。

中共中央办公楼是杨家岭这小山村里当年唯一一幢"现代化"建筑。砖石结构,当中三层,两侧一层,从山上往下看,如同一架张开双翅的"飞机",所以延安人称它"飞机楼",是中共中央机关工作人员和军民在1941年建成的。

"飞机楼"底层南厅,是中共中央会议室兼饭堂,面积大约40平方米。这时,里面摆了二十多条、每条长约2米的长板凳,靠中间一些放上一张宽约1.5米、长约2.5米的大板桌,就算是延安文艺座谈会的会场了。大板桌上铺了一块白布,权且作为主席台。

还不到开会时间,一百多位与会者已经把会场坐得满满当当的了。先来的中央政治局领导人,在和文艺家们握手、寒暄、互相问好、说说笑笑。

当时在延安的中共中央政治局委员朱德、陈云、任弼时、王稼祥、博古、康生、杨尚昆、贺龙、李富春等人全数出席了会议,彭真后来也参加了。

下午1时30分,毛泽东准时来到,他穿一身褪了色的灰布衣裤,裤子的膝盖部分补了两块又长又大的蓝布补丁。他走进会场后,从西头开始,转了一圈,由周扬介绍每位与会者的姓名,毛泽东亲切地与大家一一握手,碰上不熟悉、不认识的同志时,他就特意停下来,询问几句。

据公木回忆说:"毛主席对大部分作家艺术家是稔熟的,说说笑笑,气氛很是融洽活跃。可是毛主席并不认识我,周扬介绍说:'公木,《八路军军歌》《八路军大合唱》的词作者。毛主席点头笑一笑说:'写兵好,唱兵好,演兵好!'同时,那只温暖的大手,把一股热流沁进我的心里。"

戏剧家欧阳山尊在召开文艺座谈会前,在晋西北120师战斗剧社,是赶着回来参加座谈会的。当毛主席走近他的时候,他有些紧张。毛主席握着他的手,看着他,非常亲切地说:"欧阳同志,你从前方回来了。"

欧阳山尊真没想到,离开延安三四年了,毛主席的心里,还记得他这么一个人,还知道他上了前线又回来了。他顿时觉得心上涌起一股暖流,眼睛不觉被泪水湿润了。

美术家蔡若虹回忆说:"毛主席走到郑景康跟前,郑站起来自我介绍说:'我是照相的,叫郑景康。'周扬补充介绍说:'这是从重庆国民党总统府来的摄影师,曾给蒋介石照过相。'毛主席很礼貌地与他握手致意。"

问候完毕,毛泽东回到主席台前,大家也都坐好后,会议主持人、中共中央宣传部代部长凯丰宣布会议开始。

毛泽东刚要讲话时,徐特立进来了,老人家虽然迟到了,但因为他是毛泽东的老师,德高望重。大家都赶紧站起来让座。徐老却很随便,挣脱了好几个人伸出的手,一跨腿,一屁股坐在一米多高的窗台上,从口袋里掏出一个小本子,一支铅笔头,在舌头上舔了舔,开始做笔记。

毛泽东的开场白也就从这件事开始了。毛泽东幽默地说,看起来我们的椅子不多,交椅不够,以后要给同志们多做几把交椅坐坐。

会议由5月2日开到23日,当中有三天是全体大会,即5月2日、16日、23日,其余时间则回到各自的单位分小组讨论。毛泽东出席了三次大会。

在5月2日的第一次大会上,首先由毛泽东做《引言》。

他说一口地道的湖南话,铿锵有力:"今天邀集大家来开座谈会,目的是要和大家交换意见,研究文艺工作和一般革命工作的关系,求得革命文艺的正确发展,求得革命文艺对其他革命工作的更好的协助,借以打倒我们民族的敌人,完成民族解放的任务。"

毛泽东接着风趣地说:"我们有两支军队,一支是朱总司令的,一支是鲁总司令的。"(《讲话》正式发表时改成为更有概括性的语言:"手里拿枪的军队"和"文化的军队"。)

当他说到鲁总司令时,大家一下子全笑了,因为知道他指的是鲁迅先生,所以立即热烈地鼓起掌来。

毛泽东进一步论述道:"我们要战胜敌人,首先要依靠手里拿枪的军队。但是仅仅有这支军队是不够的,我们还要有文化的军队,这是团结自己、战胜敌人必不可少的一支军队。"

毛泽东在这一天的讲话中针对延安文艺界存在的思想混乱情况,提出了关于文艺工作的五个问题,即立场问题、态度问题、工作对象问题、工作问题和学习问题,以期引起与会者的讨论。

据刘白羽回忆:"毛泽东发表《引言》后,第一个站起来发言的是欧阳山。"①

欧阳山以自己的创作经历为例,强调要向工农兵学习,彻底改变自己的创作倾向,改变自己作品的欧化的语言和欧化的写作风格。

---

① 刘白羽:《哭山兄——悼念欧阳山同志》,载《纪念欧阳山》,广东人民出版社2001年版,第47页。

但另有一说：第一个发言的是萧军。

据高杰在《延安文艺座谈会片断》一文（见1997年5月23日《人民日报》第十二版）中说：

> （毛泽东讲完《引言》后）大会开始讨论。毛泽东提议让萧军第一个发言。丁玲也说："萧军，你是学炮兵的，你第一个开炮吧！"萧军毫不谦让，站起来挽了挽袖子，滔滔不绝地讲开了。据萧军自己回忆说，他讲的题目是《对当前文艺诸问题之我见》，后来登在《解放日报》上。
>
> 其实，萧军在召开座谈会前考虑到自己秉性耿直，谈锋甚露，为避免在会上因意见不同，再次发生同志之间的争执，打算到三边体验生活，等会开完再回来。是毛泽东几次写信将他挽留住的。因此，他第一个发言时，就直言不讳，将心里想说的话，全部抖了出来。据何其芳的手稿和张仃的回忆说：萧军曾讲道，红莲、白莲、绿叶是一家；儒家、道家、释家也是一家；党内人士、非党人士、进步人士是一家；政治、军事、文艺也是一家。虽说是一家，但它们的辈分是平等的，谁也不能领导谁。我们革命，就要像鲁迅先生一样，将旧世界砸得粉碎，绝不写歌功颂德的文章。像今天这样的会，我就可写出十万字来。我非常欣赏罗曼·罗兰的新英雄主义。我要做中国第一作家，也要做世界第一作家。
>
> 毛泽东一边听，一边迅速地记，有时点头，有时淡淡一笑。其他人有表示赞同者，也有表示反对者。……

会议小休时，坐得离毛泽东很近的白朗打趣地问毛泽东："主席，今天可还要请我们吃一顿了？"毛泽东笑着回答说："小米饭是有的。"白朗和跟他坐在一起的蔡若虹以及其他听到毛泽东答话的人一时难掩失望之色。

但实际上，座谈会期间，毛泽东请大家吃了三顿晚餐，是延安难得见到的大米饭，佐之以红烧肉、红烧鸡，早已"三月不知肉味"的作家、艺术家们大快朵颐，算是解了一点馋。

同样在会议小休时，坐在草明前面一位面生的同志忽然转过身子来问草明："你从西南重庆那边来，对延安的生活过得惯吗？"

草明觉得奇怪，因为已经习惯了白区的秘密工作的生活，从来都是隐姓埋名，不会有人知道自己的行踪，这位生面人怎么会知道自己打重庆来？于是便生硬地反问他说："你怎么知道我从重庆来？"

生面人笑着答道："我是吃这碗饭的嘛。"

1942年5月，毛主席在延安文艺座谈会上与文艺工作者的合影（第二排左起第七人为欧阳山，第一排左起第九人为草明）。

坐在一旁的欧阳山连忙向草明介绍："他是陈云同志。"

大家笑了，陈云也笑了，草明这才明白过来。

陈云当时任中央组织部部长，是管干部的。草明被党的领导同志这种密切联系群众、关心群众的优良作风所深深打动，感到党的领导同志和干部之间是多么亲密融洽、毫无拘束，她心里顿时觉得暖融融的。

在讨论中，文艺家们踊跃发言，各抒己见，提出许多问题，勇敢地亮出自己的观点。有人提出人性论，有人说爱是创作的永恒的主题，还有人主张反映光明与反映黑暗并重，也有人怕学了马列主义会破坏创作情绪。一时之间，议论纷纷，争论激烈，会场气氛煞是热闹。但没有人扣"帽子"，没有人"打棍子"，即使是胡乔木和萧军的争论也是平等进行的。大家畅所欲言，谁也没有紧张或害怕的情绪。

毛泽东参加了三次大会的讨论。大家发言的时候，他做记录，拿着一摞白纸，用铅笔很认真地写，他一边听，一边写，有时点点头，有时微微一笑。

在三次讨论中，毛泽东、朱德、任弼时、陈云、贺龙等中央领导同志也在会上发了言，他们就文艺应该为工农兵服务、如何为工农兵服务等许多重大的文艺原则问题与大家坦诚、深入地交换了意见。

陈云开门见山地指出，文艺家是人民群众欢迎的，但千万不要骄傲。有些作家以为自己有读者，就骄傲起来，其实，先是工农兵做了好事，作家才有得写，工农兵都不骄傲，作家有什么好骄傲的哩。为什么作家硬是比实际做事的人更值得骄傲？群众欢迎作家，是因为他的作品反映了他们的思想感情。一个和工农兵群众在一起的作家，才会得到群众的欢迎。不要以为自己无论拿什么作品出来都会得到群众的欢迎，这就错了。

在23日下午的讨论中，朱德总司令发了言，他用浓重的四川口音说不要怕谈"转变"思想和立场，不但会有转变，而且是"投降"。他说，他自己就是看到共产党能够救中国而由旧军人硬是"投降共产党的"。

朱德接着对某些作家瞧不起工农兵的问题进行了批评。他语重心长地说：一个人不要眼睛长得太高，要看得起工农兵；中国第一也好，世界第一也好，都要由工农兵群众批准才行。共产党、八路军、新四军为国家、为民族流血牺牲，有功有德，为什么不该歌不该颂呢？

朱德接着说，艾青同志引用李白"生不用封万户侯，但愿一识韩荆州"的诗句，现在的"韩荆州"是谁呢？就是工农兵。

朱老总的话朴实无华，言简义重，在与会者心中引起很大震动。

朱德的讲话结束时，已经是下午五点多，西下的太阳把中央办公厅大院和会议室里照耀得一片金黄。出席座谈会的著名摄影家吴印咸一直在寻找着合适的机会给大家留影,因为会议室十分拥挤,且光线不好,就向毛泽东建议到院子里大家照一张合影,毛泽东马上同意。于是,一百多位与会者"排名不分先后",很随意地站在"飞机楼"前,把毛泽东、朱德簇拥在中间,拍下了一张珍贵的历史性合影。欧阳山和草明也参加了合影,草明还坐在距离毛泽东仅隔一个人的位置上。

经过近一个月的讨论、座谈,以至于争论,与会者们在许多问题上达成了共识。座谈会定于5月23日下午由毛泽东做长篇讲话《结论》后,宣告闭幕。但由于发言的人多,毛泽东的讲话安排到了晚上。

听说毛泽东晚上要讲话,中央机关的很多人都赶来了,由于人数大增,会议干脆在"飞机楼"前的广场上举行。

为此,工作人员在广场上用三根木棍搭起一个架子,在架子上悬挂起一盏汽灯,把广场照耀得一片通明。工作人员又在靠近汽灯的地方为毛泽东摆上一张两尺多高的小方桌和一把椅子,但毛泽东没有坐椅子,一直站着讲话。

画家罗工柳当时坐在距离毛泽东很近的地方,他事后回忆了一个鲜为人知的细节:

毛泽东正式讲话前,手里拿着一份毛笔写的提纲,一边看一边自言自语:"哎呀,这个文章很难做啊。"

是的,文艺问题很复杂,意见很多,要说到大家都能够接受,都能够同意,难度确实很大。毛泽东对此是持十分谨慎的态度的。

毛泽东用浓重的湖南话开始了他的讲话。

他用这么几句话作为开场白:"我们这个会已经讨论了几次了,我向大家学习了很多,我在文艺方面是一个小学生、门外汉。现在大家就考我一考,考题就叫作'结论'。"

毛泽东这句话把大家轰的一声逗笑了。

在煤气灯光下,人们专注地听着毛泽东的讲话。毛泽东以深刻的洞察力和高度的概括力,把全部问题归结为一个"为什么人"的问题,即文艺要为工农兵服务和如何服务的问题。在对这个根本问题给以充分的马克思主义阐述的基础上,对座谈会之前和座谈会期间延安文艺界反映出来的思想观点,一一分析、辩驳。他希望文艺工作者积极投入整风运动,划清无产阶级和小资产阶级两种思想、革命根据地和国民党统治区两种区域的界限,毫不迟疑地同新的群众结合起来,克服"唯心论、教条主义、空想、空谈、轻视实践、脱离群众等等的缺点",写出"为人民大众所热烈欢迎的优秀的作品"。

毛泽东以他一贯的幽默和生动的比喻把深刻的理论问题阐述得透彻明

白，人群里不时爆发出阵阵掌声和笑声。

毛泽东的长篇讲话结束了。但他铿锵有力的话语和对文艺家的殷切期望，仍回响在人们的耳畔和心头：

> 中国的革命的文学家艺术家，有出息的文学家艺术家，必须到群众中去，必须长期地无条件地全心全意地到工农兵群众中去，到火热的斗争中去，到唯一的最广大最丰富的源泉中去，观察、体验、研究、分析一切人，一切阶级，一切群众，一切生动的生活形式和斗争形式，一切文学和艺术的原始材料，然后才有可能进入创作过程。

毛泽东的讲话结束时，夜已经很深了，广场的四周十分宁静，但广场里却洋溢着一股热烈与喜悦的气氛。高远的夜空中，一轮皎洁的明月注视着豁然开朗的人们陆续散去。毛泽东那通俗而深刻的思想像一股凉爽的春风，掠过黄土高坡，穿过历史风烟，在半个多世纪后的今天，依然不时从人们的心头掠过……

毛泽东的《讲话》对与会者，对解放区的文艺工作者，产生了巨大的感染力、说服力和影响力。

文艺座谈会以后，解放区的文艺创作与活动最早出现的新气象是1943年春节文艺活动中表演了新的陕北秧歌剧，各文艺团体、学校、机关、部队几十支文艺宣传队都表演秧歌剧与扭秧歌。主要的秧歌剧有王大化和李波合演的《兄妹开荒》、马可的《夫妻识字》以及《牛永贵挂彩》等。其他作品有艾青的口语化叙事长诗《吴满友》、古元的木刻年画《吴满友》（吴满友是当时的劳动模范）。接着又出现了孙犁的散文《荷花淀》、邵子南的故事《李勇大摆地雷阵》、丁玲的报告文学《田保霖》、欧阳山的特写《活在新社会里》以及后来出版的长篇小说《高干大》。太行区发表了赵树理的短篇小说《小二黑结婚》、中篇小说《李有才板话》《李家庄的变迁》。晋绥区发表了马烽、西戎的长篇小说《吕梁英雄传》等等。还有平剧《逼上梁山》《三打祝家庄》，盲艺人韩起祥的说书，等等。而鲁艺的大型新歌剧《白毛女》不但轰动全国，打动了亿万观众的心，后来更产生了世界性的影响。

文艺座谈会以后，出现了"五四"以后从所未有的文艺创作与表演的大繁荣，开创了革命文艺与人民文艺的新时代与新天地，如同中国解放区由人民群众当家作主一样，人民大众走上了文艺舞台，成了主角。

1990年3月10日,欧阳山(右一)在北京与著名诗人艾青(左一)合影。

《讲话》不但在解放区广为传诵和学习,同时,在国统区文艺界也引起了震动和反响。

《讲话》发表后不久,刘白羽、何其芳就从延安来到重庆,根据中共中央的指示专门向国统区的文化工作者宣传《讲话》精神。他们遵照周恩来的安排,先是找到郭沫若、茅盾、夏衍等做了详细介绍,然后由周恩来在红岩村召集重庆党内的文艺界人士学习讨论《讲话》,制定了先党内,后党外,逐步扩大范围的宣传策略,向国统区的文艺工作者们广泛介绍解放区文艺的成就,在国统区引起很大的轰动。《讲话》启发很多文艺家认识到文艺负有重大的历史使命,开始重新思考自己的创作方向。

郭沫若、茅盾、夏衍等率先发表文章或谈话,畅叙体会,表达共鸣。

郭沫若连续发表了《一切为了人民》《向人民大众学习》《走向人民文艺》等多篇文章,号召进步作家"努力接近人民大众,了解他们的生活、希望、言语、习惯,一切喜怒哀乐的外形和内心,用以改造自己的生活,使自己回复到人民的主位"。

夏衍对延安的秧歌剧十分赞赏,他认为三十年来的话剧历史,就是"三十年城市小市民的话剧历史",只有在延安,文化才走上了"重点放在最大多数的工农之上"的道路,"这不单是现阶段文化文艺工作的正确指标,而且也是有了三十年历史的新文化运动划时代的转变,与最正确的解决"。

据当时在国统区的阳翰笙回忆：在重庆，国民党中央宣传部大员张道藩、潘公展只知道毛泽东是共产党头等的政治家、军事家、哲学家，没想到毛泽东居然还是他们在文化上文艺上无敌的对手。他们自己拿不出东西，对毛泽东的《讲话》非常吃惊。说毛泽东的这一套"谬论"很系统，很透彻，很难对付，也无法反驳。毛泽东很可怕，什么都懂，《讲话》一来，把文艺界的人都拉过去了。

在毛泽东文艺思想指引下的中国进步文艺，以她特有的嘹亮奏响了新中国诞生的号角！

然而，这篇重要的讲话直到一年半之后，才借鲁迅逝世七周年纪念日的机会在《解放日报》上以《在延安文艺座谈会上的讲话》为题公开发表。

胡乔木曾分析过这个问题。他说为什么这么晚才发表呢？有两个原因，一个是毛泽东很慎重，一个是毛泽东太忙。

而当时在《解放日报》任编辑、负责编发《讲话》的黎辛则认为主要是慎重，不是忙。

他说，毛泽东是忙的，可是毛泽东的整风报告只经过三四个月就发表了。毛泽东一个礼拜能给报纸写三个社论、三个头条新闻；一个月审看报社社论、重要新闻，审看中央负责同志的文章不知有多少，却从来没有耽误过一分钟。开文艺座谈会的时候，《解放日报》文艺栏的主编是舒群，他跟毛泽东比较熟，见着毛泽东他就催《讲话》的稿子。毛泽东最后说，你不要催了，这个问题我还要考虑考虑，我写好了就送给你们，你们以后不要再催了。一直到1943年10月16日，他才派人把稿子送来。

著名戏剧家欧阳山尊曾回忆说："毛泽东在讲话结束时，最后说了一句，我这个讲话不是最后结论，同志们还是可以提出不同意见，等到中央讨论了，印成正式文件，那才是最后的结论。"

这都说明，毛泽东有着深厚的文学修养，对文艺工作也比较熟悉，但也正因为这样，他才更明白文艺工作的复杂性，认为不可操之过急，因此异常慎重。毛泽东一直不让在报纸上发表有关文艺座谈会的消息，他说这是些新问题，很复杂，他还要认真考虑考虑，也要多听听意见，并且一直在寻找着在合适的时机公开发表。

1943年10月19日，是鲁迅先生逝世七周年的纪念日。毛泽东选择这一天在《解放日报》上发表他在文艺座谈会上的讲话，显然是经过慎重考虑的。毛泽东在送来稿子的同时，还送来了他代写的编者按：

今天是鲁迅先生逝世七周年纪念日。我们特发表毛泽东同志1942

年5月在延安文艺座谈会上的讲话，以纪念这位中国文化革命最伟大最英勇的旗手。

《讲话》分"引言"和"结论"两部分，整篇达两万字，全文在19日这一天登完，占用了头版和第四版全版及第二版的半个版面，头版正中间的位置还配发了毛泽东木刻头像。因为刊登了这样的长篇讲话，这一期的《解放日报》显得异常严肃庄重、气势恢宏。

《讲话》正式发表之际，正是延安整风进入高潮的时候。由于《讲话》论述的为工农兵服务和如何为工农兵服务的问题非常切合整风运动树立马克思主义世界观的需要，《讲话》发表后的第二天，即1943年10月20日，负责延安整风学习的组织机构——中共中央总学习委员会便发出了《关于学习毛泽东〈在延安文艺座谈会上的讲话〉的通知》。《通知》指出：

《解放日报》十月十九日发表的毛泽东同志在一九四二年五月延安文艺座谈会上的讲话，是中国共产党在思想建设理论建设的事业上最重要的文献之一，是毛泽东同志用通俗语言所写成的马列主义中国化的教科书……①

在整风运动中，《讲话》被列为"整风运动二十二个重要文献"之一，号召全党所有同志认真学习，在整个整风运动中发挥了巨大的作用。

第七节　根本性的转折

参加完座谈会，一连几天，欧阳山仍旧沉浸在激动之中。他常常步出窑洞，望着远山，望着那高高的蔚蓝色的天空，望着那只在高空中张开翅膀静静地缓慢滑翔着的兀鹰，深深地思索起来。

忽然，兀鹰快速有力地扇动着双翅，向着东南方向飞去，一会儿就消逝在遥远的天际。

东南方向，不就是广州的方向吗？

此刻，伫立在西北高原上的欧阳山，不由得想起久别了的、那南海之滨的第二故乡广州；不由得想起十八年前，也就是1924年，正是在广州，自

---

① 中央档案馆主编：《中共中央文件选集》（第十四册），中共中央党校出版社1992年版，第102页。

己迈着蹒跚的步伐走上了文坛。但直到参加延安文艺座谈会之前，整整十八年，自己都是在彷徨苦闷之中摸索着前进的。

在广州，作为欧阳山文学创作的土壤，他曾生活在贫困、愚昧、痛苦、屈辱的人们中，和他们一起发愁，一起悲伤。他们当中有兵工厂工人，邮政工人，电话接线工人，"省港大罢工"工人，柴米店工人，刺绣工人，各种小商贩和各种零工、农民、士兵、流氓、赌徒、迷信职业者等。欧阳山也像文学的先辈一样，在他们中发现了高尚的人格、纯洁的心灵、优良的品质，以及见义勇为自我牺牲的义烈行为。欧阳山看见他们一个个的彼此互相怜爱又互相摧残，互相帮助又互相倾轧，互相同情又互相嘲笑，互相关心又互相诋毁。他们酗酒、赌博、盗窃、纵欲、争吵、咒骂、欺诈、殴打，有时候也向侮辱欺压他们的人进行英勇的反抗。他们不知道生活有什么意义，没有办法主宰自己的生活，也不能抗拒生活当中他们所不愿意接受的东西。他们没有办法解释自己所遭遇的一切，相信这是命运在主宰他们或者簸弄他们。他们也有欢乐也有玩笑，也有爱情也有幸福，但是和他们的残酷生活对照起来，那是极不调和的一种悲酸。

欧阳山看到这一切，企图通过文学作品把这些人们真实地表现出来。但这样做的结果，欧阳山又觉得自己好像总在创作一些大大小小的悲剧，总在写一些不可知的东西，不可捉摸的东西，不可理解的东西，谜一样的东西。这些矛盾离奇、错综复杂的生活景象使欧阳山的作品表现得好像对于世界提出一个又一个的疑问，却得不到任何的答复。作为一个作家，欧阳山不能不想到这样一些问题：这就是人生吗？人生有什么意义和价值？这难道是我们这一代人的共同命运吗？个人奋斗的结局就永远是这样的吗？

在欧阳山创作生涯的最初十八年中，这些问题一直在困扰着他，没有解决或者说没有得到彻底的解决。

除此以外，欧阳山在文学创作当中还碰到另外一个问题，这就是他的作品跟他所描写的那些人物存在着一种隔离状态。也就是说，他所描写的那些男女主角实际上看不到或极少看到描写他们自己的作品。这一方面是因为欧阳山成了职业作家以后就离开广州到了上海，在"亭子间"里过着一种脱离工农大众的知识分子生活；另一方面，他由于大量地阅读欧洲和日本的文学作品，深受影响，因而他的作品的语言是欧化的，结构是欧化的，描写手法是欧化的，风格是欧化的。这样欧化的作品只有知识分子能够欣赏和接受，工农大众，特别是生活在下层社会的人民，识字的不多，根本就读不懂这样欧化的作品；再加上当时中国政治黑暗，统治者独裁专制，钳制言论，一般的进步新文学作品的发行受到种种政治上的束缚和限制，因而包括欧阳山在内的进步的新文艺作家的作品只能在知识分子狭隘的小圈子里流传，发行量是很少的。

这样,欧阳山就面临着一个严重的问题,是描写下层人民的生活而使用欧化的知识分子的语言,只在知识分子中寻找读者好呢?还是运用群众的语言描写下层人民的生活,让广大人民能够接受好呢?

这个问题也长期没有得到解决。

虽然30年代中期在上海曾经开展大众语的讨论,但是因为缺乏必要的社会政治条件,这个问题亦只是纸上谈兵而已。

因而,欧阳山的作品仍然按照自己的爱好保持着那种欧化的语言、欧化的结构、欧化的描写手法、欧化的风格,对于民族的风格和群众的语言都吸收得很少。这样的作品自然和广大人民群众长期处在脱离状态之中。

这使欧阳山十分苦恼。

来到延安之后,在和毛泽东的几次谈话中,欧阳山向领袖和盘托出了使自己深感困惑的这些问题。

毛泽东耐心和细心地倾听了他的问题,并说要开一个文艺界的座谈会尝试解决这些问题。

欧阳山是带着欣喜的心情参加文艺座谈会的。

他也是带着问题,并希望问题能得到解决,因而满怀期望地参加这个文艺座谈会的。

多年之后的1979年5月,欧阳山以中国作家代表团副团长的身份访问日本,在东京读卖大礼堂发表演讲时,详细谈到了他是如何带着问题参加延安文艺座谈会的:

> ……一九四二年五月我参加延安文艺座谈会的时候实际上是带着两个问题去的。一个问题是:我曾经接触过一些工人和农民,以及士兵,也了解一些他们的感情和愿望,不过他们都是在半封建半殖民地的社会生活当中,凭着个人的力量,按照个人的方式,过着个人的生活,进行着个人的斗争,经历着个人的悲欢离合,因此他们是痛苦的和没有出路的。这是不是工农兵的全貌,是不是工农兵生活的本质呢?换句话说,我跟他们当中的一部分人有一些接触和了解,是否就等于了解了中国的人民群众呢?如果他们总是那么痛苦和没有出路的,那么中国的问题又如何能解决呢?另一个问题是:如果一方面把文艺活动跟中国革命活动联系起来,一方面又把文学创作跟人民群众隔离开来,那么这个目的怎么能够达到呢?我相信这两个问题不仅存在于我个人的思考之中,也不仅存在于当时参加延安文艺座谈会的许多文艺界朋友之中,实际上,是存在于整个中国的文学艺术界的朋友的思想之中的。按它的性质来说,

是一个长期没有得到解决的中国文学艺术界的共同的根本问题。不过从我个人来说，这两个问题比较更加严重，更加突出罢了。①

参加座谈会时，欧阳山惊奇地发现，毛泽东的《讲话》句句都说到他的痛处，解决了他长期弄不清楚的问题，使他茅塞顿开，心情舒畅。前文提到的他在日本东京读卖大礼堂的那篇演讲中，也谈到了座谈会给他的感受和参加座谈会的收获：

> ……那时候正是五月天气，现在又恰恰是五月，可是时间已经相隔三分之一的世纪了。虽然时间相隔这么久，但是毛泽东同志对我们的亲切的关怀和热情的帮助，以及开会时候的种种情境，至今还是历历在目，记忆犹新。按照我个人的理解，我认为这个会是真正贯彻毛泽东的"百花齐放、百家争鸣"思想的会。虽然他当时还没有明显地提出这个方针，但是实际上他是按照这种思想召集的。因此在会上大家都各抒己见，畅所欲言，不管对的错的都可以无拘无束的讲出来，讲完之后，也没有向任何人追究责任，真正做到文艺方面的事情由文艺界来讨论解决，不带任何一点强迫的性质，发扬了艺术民主，使大家心情非常舒畅。毛泽东同志在会上不仅发扬了艺术民主，并且作了一次著名的讲话，就一系列原则性的问题提出了纲领性的解决办法。他的卓越精辟的见解范围很广，包括了立场、观点、方法的问题，也包括了艺术发展规律方面的问题。在艺术规律方面，像文学创作必须从实际生活出发，必须反映生活的真实；像艺术服从于政治又不能和政治等同起来；像文学艺术在题材、体裁、风格、形式方面必须多样化等等，都有了明确的阐述。大家参加了这个会都感觉到心情舒畅，又都感到中国文学艺术界过去长期没有解决的许多理论问题和实践问题都由于这一个划时代的讲话的发表而得到了解决。大家在会议结束之后都纷纷到全国各个解放区的工农兵斗争生活里面去，锻炼自己，改造自己。同时，深入新的生活，准备新的创作。我也是其中的一个。②

到延安来，无疑是欧阳山漫长人生道路上的根本性的转折。

参加延安文艺座谈会，无疑是欧阳山漫长创作生涯上的根本性的转折。

---

① 欧阳山：《文学生活五十五年》，载《欧阳山文集》（第十卷），花城出版社1988年版，第4092—4093页。

② 欧阳山：《文学生活五十五年》，载《欧阳山文集》（第十卷），花城出版社1988年版，第4093—4094页。

因此，欧阳山对延安，对延安文艺座谈会怀有的深厚感情，始终不渝。

1977年3月，已经69岁的欧阳山为参加庆祝延安南区合作社建立40周年的集会重回延安。当他乘坐的车子快要驶近延安时，他的双眼湿润了，耳旁仿佛响起老战友贺敬之的诗篇《回延安》：

> 心口呀莫要这么厉害的跳，
> 灰尘呀莫把我眼睛挡住了……。
>
> 手抓黄土我不放，
> 紧紧儿贴在心窝上。
>
> ……几回回梦里回延安，
> 双手搂定宝塔山。
>
> 千声万声呼喊你，
> ——母亲延安就在这里！
> ……

3月，是陕北冬末春初的季节，延安的天空还是银灰色的，延河的冰还没有完全融化，但是，嫩芽已经从枝头上冒了出来，杨家岭上寒冷的春风已经把人吹得心旷神怡，延河两岸的载重汽车络绎不绝，一派繁忙。

3月5日早上，欧阳山迎着春寒回到了"飞机楼"，回到了当年毛泽东召开文艺座谈会的大厅。35年过去了，当年召开盛会的情景依旧历历在目。欧阳山在大厅里坐了一会儿，又在"飞机楼"周围徘徊了好一阵子之后，便怀着恋栈不舍的心情，登上大楼，走过天桥，来到毛泽东的故居。

当欧阳山走进毛泽东居住过的窑洞时，忽然觉得鼻子发酸，想到毛泽东已经不在了，再也不能跟他促膝谈心，开怀畅饮了，心里不禁悲凉起来。他含着热泪，站在当年第一次见到毛泽东时自己呆呆地站过的地方，喃喃自语："毛主席，你不在了，毛主席，你人是不在了，但你的《讲话》和其他巨著永世长存。我们一定努力，多写出好的作品，多写出无愧于伟大时代的作品。毛主席，你放心吧！"

在这窑洞里，欧阳山呆呆地站着，呆呆地出了神，呆呆地……

到了80年代，欧阳山亲手创办了广东省作家协会文学院，悉心培养了30多名青年专业作家。文学院每年的年会之后，这30多名青年作家都要前往拜访欧阳山，把他家的客厅挤得满满的。每逢这时候，欧阳山就会带上毛泽东的《在延安文艺座谈会上的讲话》的单行本,放在沙发前的茶几上,满怀喜悦地望着眼前这一群风华正茂的年轻人,和他们谈生活,谈学习,谈创作,谈延安文艺座谈会,谈《讲话》的精髓,谈提高作品的质量。他说:

"要提高作品的艺术质量,不能凭捏造离奇的情节,不能凭色情、侦探、打斗、凶杀、恐怖、残忍来制造刺激品和麻醉品;不能关门提高。唯一正确的办法,就是深入到改革开放和现代化建设的现实斗争生活里面去,和工、农、兵、知识分子一起战斗,认真观察、体验、研究、分析现实生活里面的人,从而塑造出典型性格来。这才是普及基础上的提高,为广大人民群众所喜爱的提高,沿着工农兵的水平和工农兵的方向的提高。"

这是欧阳山在改革开放新时期对《讲话》精神的坚持和发展。

欧阳山(中)与著名诗人、新歌剧《白毛女》的作者贺敬之(左)以及余飘(右)亲切交谈。

随着时间的推移,《讲话》产生的影响越来越大,成为毛泽东的主要著作之一。直至1992年5月,中共中央还隆重纪念《讲话》发表50周年。

在《讲话》发表50周年时,胡乔木是这样评价《讲话》的:

> 历史已经过去了半个世纪。五十年来中国文学艺术的整个历程与毛主席的讲话密切相关。《白毛女》《王贵与李香香》《李有才板话》《李家庄的变迁》《种谷记》《高干大》《太阳照在桑干河上》《暴风骤雨》《原动力》……这一部部为人熟知的作品的名字和全国解放后众多的优秀文艺作品的问世以及它们创作的过程,说明了《讲话》对中国文艺事业的伟大推动作用。

《讲话》的根本精神，不但在历史上起了重大的作用，指导了抗日战争后期到新中国成立期间解放区的文学创作和建国以后文学事业的发展，而且我们在今后任何时候都必须坚持。《讲话》主要有这样两个基本点：一是文艺与生活的关系，二是文艺与人民的关系，在这两个基本点上，《讲话》的原则是不可动摇的。

当然，对《讲话》也不能搞"句句是真理""句句照办"那一套，因为《讲话》也是一定历史条件的产物，也必然带有其历史局限的一面。对此，应采取科学分析的态度。

《讲话》正式发表后不久，毛主席说：郭沫若和茅盾发表意见了，郭说："凡事有经有权"。毛主席很欣赏这个说法，认为是得到了一个知音。"有经有权"，即有经常的道理和权宜之计。毛主席之所以欣赏这个说法，大概是他也确实认为他的"讲话"有些是经常的道理、普遍的规律，有些则是适应一定环境和条件的权宜之计。

……

五十年后的今天重读《讲话》，它的深刻的思想性和说理性，仍使我们每一个相信真理的人感到折服。它的具有普遍真理性的基本内容，将使我们长久地受到教益。①

当然，随着时间的推移以及社会环境的不断变化，文艺界乃至社会上不可避免地有一些人针对《讲话》发出了一些杂音，有的认为《讲话》所讲的道理和原则已经过时了，有的认为《讲话》妨碍和束缚了作家的创作，有的认为《讲话》与改革开放的新时代和创作自由不相协调，更有的认为《讲话》是悬在作家头上的一把达摩克利斯利剑，如此等等，不一而足。

诚然，作为一定历史条件下的产物，《讲话》带有一定的历史局限性，但这并不能成为否定《讲话》的理由。由于受当时战争环境和农村环境的影响，今天看来，有些观点显得过于绝对化。但《讲话》奠定了中国共产党文艺理论的基石。此后，党领导文艺工作几十年的方针，都是在《讲话》的基础上发展起来的。直到今天，生活是文艺唯一的源泉，文艺应该为最广大的读者——人民服务。这两条原则，依然是党的文艺政策的基础，也是颠扑不破的真理。

2007年，《讲话》发表65周年之际，《人民日报》在《红色记忆·永远的丰碑》专栏上发表了新华社题为《延安文艺座谈会》的重要文章。文章表明了现在我们的党中央对当年的延安文艺座谈会高度的历史评价和鲜明的

---

① 胡乔木：《胡乔木回忆毛泽东》，人民出版社2003年版，第266—268页。

政治立场，这无疑是对当今社会中一些人对延安文艺座谈会及《讲话》的误解、歪曲乃至贬低诽谤的清楚提醒和严肃的批评。文章说：

> 1942年5月2日至23日，在延安整风期间，毛泽东亲自主持召开了有文艺工作者、中央各部门负责人共100多人参加的延安文艺座谈会，中央政治局委员朱德、陈云、任弼时、王稼祥、博古等出席了会议。这次会议，对后来党的文艺政策的制定和文艺工作的健康发展产生了非常深远的影响。
>
> 抗战爆发后，全国各地大批文艺工作者奔赴延安和各敌后抗日根据地。他们运用美术、舞蹈、音乐、戏剧等各种形式，热情讴歌抗日根据地的对敌斗争，创作了一批优秀作品，极大地鼓舞了根据地军民的抗日斗争。
>
> 但是，各抗日根据地特别是陕甘宁边区的文艺界，仍然存在着一些问题，一些人主张文艺脱离政治，艺术高于政治，作家可以不要马列主义的立场、观点，认为这些会妨碍创作。因此，一些作品要么脱离实际、脱离群众，要么就是所谓"暴露"文艺。一些群众看不懂、脱离根据地现实、甚至不适应抗战需要的作品，在延安文艺界也时常出现。同时，文艺界长期积累的宗派主义等问题也带到了根据地。
>
> 为了纠正文艺界的各种非无产阶级思想，解决文艺为什么人服务的问题，毛泽东用了几个月的时间调查研究，深入了解情况，为开好文艺座谈会做了充分准备。
>
> 座谈会于5月2日、16日和23日共举行过三次全体大会，讨论得十分热烈，在充满民主的气氛中，先后有几十位作家发言。毛泽东自始至终参加了会议，他一面仔细听大家发言，一面认真做笔记。在5月2日的第一次大会上，毛泽东首先做了"引言"的发言。在5月23日的最后一次大会上，毛泽东又做了"结论"的总结发言。
>
> 面对文艺界存在的错综复杂的种种问题，毛泽东高屋建瓴，抓住问题的核心和实质，不纠缠具体问题，不就事论事。他指出：我们的问题基本上是一个为群众的问题和一个如何为群众的问题。文艺"为什么人的问题，是一个根本的问题，原则的问题"，"我们的文艺必须是为人民大众的，首先是为工农兵的"。这个问题不解决，其他许多问题也就不容易解决。他希望文艺工作者积极投入整风运动，克服唯心论、教条主义、空想、空谈、轻视实践、脱离群众等等缺点，创作出为人民大众欢迎的优秀作品。
>
> 在如何为工农兵服务的问题上，毛泽东着重谈了普及和提高的关

系。他认为：我们的提高，是在普及基础上的提高；我们的普及，是在提高指导下的普及。在目前条件下，普及工作的任务更为迫切。"所谓普及，也就是向工农兵普及，所谓提高，也就是从工农兵提高。"之前就需要解决向工农兵学习的问题，和新的时代相结合的问题。

关于文艺批评，毛泽东说：我们要求的是"政治和艺术的统一，内容和形式的统一，革命的政治内容和尽可能完美的艺术形式的统一"。

会后，毛泽东将两次讲话整理为《在延安文艺座谈会上的讲话》。延安文艺座谈会和毛泽东这篇著名的《讲话》，总结了中国革命文艺运动的基本历史经验，明确提出了文艺为人民大众首先是为工农兵服务的方向，解决了长期以来没有解决好的文艺的革命方向问题，不仅对中国革命文艺运动的发展具有重要的指导意义，也是对马列主义文艺理论的丰富和发展，有力地推动了文艺界的整风运动，推动了各抗日根据地文艺运动的发展。广大的文艺工作者按照《讲话》的精神，坚持文艺为人民大众、为工农兵服务的方向，创作出一大批适应抗战需要、深受广大群众欢迎的优秀文艺作品。比如，戏剧方面鲁艺的大型新歌剧《白毛女》，以及1943年春节开始的"新秧歌"运动中的王大化和李波合演的《兄妹开荒》、马可的《夫妻识字》、平剧《逼上梁山》和《三打祝家庄》等；小说方面有赵树理的《小二黑结婚》、《李有才板话》、《李家庄的变迁》以及欧阳山的《高干大》，等等。这些文艺作品为坚持抗战，为创造"民主的科学的大众的"新民主主义文化做出了重要贡献。①

这就是历史对包括欧阳山及其《高干大》在内的所有革命的、进步的文艺家及他们的作品的高度评价和充分肯定。

第八节　延河浪涌

1943年的春天到来了，延河上的冰已经融化，延河水在慢慢流着，显得那样的温柔、文静，她清澈见底，流水潺潺，发出轻微的声响，好像在唱着春之歌。这时，延安的知识分子，特别是"文抗"的作家、艺术家们，每到傍晚时分就喜欢到延河边漫步。他们在西沉的红日或初升的新月的映照下，有的高谈阔论，有的轻声细语，有的引吭高歌；年轻的恋人则躲到一边说悄悄话。

---

① 新华社：《延安文艺座谈会》，《人民日报》2007年1月19日。

然而，延河也有暴怒的时候。特别是到了夏天，经过雷霆暴雨之夜，无定河、渭河的水，和远山上急速泻下的山洪汇合奔腾而来，延河顷刻间就浊浪滚滚，呼啸澎湃。这时，到延河边漫步的人就少了。

但1943年4月间，延安虽然还是山丹丹开花红艳艳的春天，延河水虽然还是照样静静地流淌，到延河边漫步的知识分子，那些作家、艺术家们，却忽然几乎绝了迹。

这是因为，在延安整风期间，曾一度出现"抢救失足者运动"的错误，误伤了不少知识分子。

> 1943年4月3日，中共中央发布《关于继续开展整风运动的决定》，要求在整顿党的作风的同时，对全党干部进行一次认真的组织审查。《决定》对敌情作了过分的估计。7月15日，总学习委员会副主任、中共中央社会部部长康生在延安干部会上作了《抢救失足者》的动员报告，掀起了所谓"抢救运动"，大搞"逼、供、信"的过火斗争，在十余天中造成了大批冤假错案。这是在整风运动中不应该发生的错误。由于抗日根据地处于与外界隔绝的状况，对干部历史状况的调查研究十分困难，所花的力气又不多，所以在开展肃反工作中，未能准确地认识敌情，实事求是地从各个单位的实际情况出发，实行区别对待的政策。①

草明在她的回忆录中这样写道：

> 由于康生的捣乱，审查干部迅速扩大化了，被审查的人多起来。搞得群情抑郁，大有朝不保夕的危机感。不久，我的积极分子的称号被撤了。最后支部书记也被撤了。全部只由长征的老干部来做审查工作。凡是从外面来的年轻的知识分子，几乎没有一个不被审查的。我是有生以来第一次遇到这种现象，想不通。既不知道事情是怎么发生的，也不知道什么时候才能结束；只是静静地等着。②

欧阳山在所谓的"抢救运动"中，"对一度出现的'左'倾偏向，他是有所意识并有所抵制的。据当时同在中央党校第三部学习的作家王汶石和胡采同志的记忆，他们见到欧阳山在每次全校性的所谓'抢救'（实际是批

---

① 中共中央党史研究室：《中国共产党的七十年》，中共党史出版社1991年版，第196页。

② 草明：《世纪风云中跋涉》，人民文学出版社1997年版，第130—131页。

斗）大会中，都是坐在会场边角，显出不以为然的姿态"。①

随着"抢救运动"的进一步进行，欧阳山益发表现出立场坚定、疾恶如仇、坚持原则、毫不妥协的鲜明个性和韧性的斗争精神。

有一次，有一个作家在胡乱承认自己是托派分子之后，居然还在大会上向欧阳山提出挑战："我都承认自己是托派分子、红旗特务了，你敢不敢接受我的挑战，承认你也是托派分子，看看我们谁交代的问题多？"欧阳山立刻拍案而起，指着他的鼻子怒斥道："你是什么东西我不知道！但是我知道我没有问题，我不是托派分子，我是共产党员！我跟你没什么战可挑的，你纯粹是在胡说八道，血口喷人！"

又有一次，欧阳山对那些欲置同志于死地的所谓"批判"发言实在听不下去了，只见他突然站起来，大吼一声："放屁！我就不信有这么多的特务、奸细和托派！"然后昂首走出"批斗"会场，不再参会，弄得满座皆惊，为他捏一把汗！

这里有必要说一说王实味。

王实味当时是中央研究院文艺研究室研究员，因1942年发表了《野百合花》《政治家·艺术家》《硬骨头与软骨病》等有一定片面性甚至是有严重错误的文章，而在"抢救运动"中受到猛烈批判。其中周扬的批判文章最厉害，骂王实味是文痞，托洛茨基是他的老祖宗等。

黎辛亲历过"抢救运动"，他说：

> 1942年春，延安整风开始，中央研究院批判文艺研究室的研究员王实味写的《野百合花》与《政治家·艺术家》，一般文艺家头脑发热，口诛笔伐，无限上纲，个别理论家破口大骂，中央研究院作了王实味是"反革命托派奸细分子"的错误结论，1943年由中央社会部逮捕，并擅自错误处决。欧阳山、李伯钊与周文是极少数摆事实讲道理的文艺家，而欧阳山是王实味的顶头上司，本应带头批判，可是他表现冷静。这是欧阳山又一次高度马克思主义水平的表现。②

事实正如黎辛所言。在延安文艺界声讨批判王实味的大会上，群情激愤，不少人发言时声震屋宇、声色俱厉、声嘶力竭，但欧阳山坚持实事求是的态度，以自己独特的方式非常冷静地沉默着。这倒不是欧阳山在袒护王实味，而是他认为对王实味的错误问题应该是治病救人而不是一棍子打死。他

---

① 黄伟宗：《欧阳山评传》，花山文艺出版社1993年版，第227—228页。
② 黎辛：《深切悼念欧阳山同志》，载《纪念欧阳山》，广东人民出版社2001年版，第72页。

认为王实味的问题性质严重，确实有错误，但是错不至死。

欧阳山虽然严于解剖自己但从不整人，更不会落井下石。这一点在延安文艺界中给人们留下的印象是极其深刻的。其实岂止在延安，解放后，1957年反右运动时，当有人要给著名散文作家秦牧戴上"右派分子"的帽子，前来征求广东省作协主席欧阳山的意见时，欧阳山一句"秦牧爱党爱国，这样的人是右派吗？"从而保护了秦牧，不致被划为"右派"。这是后话。

王实味最后死得很惨烈，他是"抢救运动"中蒙冤受屈最大的受害者。他由于性格高傲孤独，面对批判，态度抵触，有时冷然木然，以示拒绝。后来听说他在蒋管区曾与一些托派分子过往较多，于是开始审查他的历史，怀疑他是托派，但始终找不到证据。就是这样一个本属于思想认识范围的问题，却被康生定性为反革命。1943年4月，王实味被边区政府司法机关逮捕，1946年被定为"反革命托派奸细分子"。后来在解放战争时期，由于战争环境的恶劣与辗转动荡，他被误杀了。大家对他的死是感到惋惜的。

毛泽东在得知王实味被处决后，勃然大怒："还我王实味！"

多年后，曾参加过延安整风、经历过"抢救运动"的著名戏剧家欧阳山尊在接受记者采访时详细谈到了王实味之死这件事：

> ……后来有人说他（指王实味）是托派，谁说的呢？是康生说的，毛主席并没有下这个结论。胡宗南进攻延安的时候，他被押起来。行军过黄河时，王实味被枪毙了。枪毙王实味，不是毛主席下的命令。有的刊物上说是贺龙下的命令，也不对。我借这个机会在这里说明一下真实的情况。当时押他的是警卫队，负责的叫杨浩然。后来在东北，我当汽车总厂的副厂长兼总支书记，他当建委，我们整天在一起。他就跟我说过。他说，当时王实味是我下命令枪毙的，主要是因为带着他行军太麻烦。要给他戴上头套，只露出两只眼睛，影响队伍行军，我就把他枪毙了。后来毛主席知道了还批判了我。所以说下令枪毙王实味的不是毛主席也不是贺龙，是杨浩然。①

由于中共中央和毛泽东及时发现并纠正了"抢救失足者运动"的错误，这个错误在延安整风中只是一个支流。

草明的回忆录这样写道：

---

① 欧阳山尊：《主席握你的手是真心实意的》，载《回想延安·1942》，江苏文艺出版社2002年版，第247—248页。

事情总有终结的时候。党中央严肃地批评了康生的审干扩大化的做法。毛泽东同志在党校宣布审干结束,承认有扩大化的大错误,伤害了很多好同志,因此在一次大会上,他正式道歉,并摘下帽子,深深地向全体同志鞠了一个躬,向同志们赔礼道歉!

伟人的鞠躬,平息了千百干部心中的郁结。①

大家又来到延河边漫步,歌声又响起来了:

> 啊,延安!
> 你这庄严雄伟的古城,
> 热血在你胸中奔腾。
> ……
> 啊,延安!
> ……
> 你的名字将万古流芳,
> 在历史上灿烂辉煌。

1991年,国家公安部对王实味给予平反昭雪。死者的灵魂得到安息了。

历史证明,欧阳山在"抢救运动"中的表现,在对待王实味问题上的态度,是正确的。

第九节 毛泽东问草明:"你同欧阳山离婚了?"

"抢救运动"过后不久,欧阳山和草明的家庭生活出了问题,由于越来越觉得双方性格不合,犹如针尖对麦芒,再加上其他种种原因,1943年7月,欧阳山和草明这对曾经携手并肩战斗的伴侣分手了。

曾经有些人对他们的突然分手出于好奇而妄加猜测。其实,"清官难断家务事",还是让他们的外孙女田海蓝来解释最为靠谱。她说:

> 原因主要有两个:一是两个人在性格上的明显差异较大,因而长时间以来在情感上早有了摩擦与裂痕;二是因为两个人在工作与家庭的关系问题上一直有着深刻的矛盾:草明不愿意把自己沉浸到家庭琐碎的事

---

① 草明:《世纪风云中跋涉》,人民文学出版社1997年版,第131页。

务中去，她渴望女性独立自主的成功，急于要把自己投入到社会实践的第一线中去追求自己的事业。这确实也是广东顺德女性特有的独立自主的个性在草明身上的又一次体现。这一观点在当时说来有很多人是不理解的，可是从妇女解放运动的历史发展来看，这一思想观念无疑是正确的但是又很前卫。所以要想让大多数人接受它、认同它，还需要一段很长的历史时间的过程。确实，很多朋友为他们的分手而感到惋惜，然而我以为他们之间的矛盾不是哪个个人的问题，而是那个时代那种社会环境里暂时无法解决的一个属于全社会性的问题，矛盾提前爆发了，因而对于家庭来说也只能是无奈和不幸的。然而令我们感到宽慰的是，在几十年后，欧阳山和草明在中国文坛上双双都取得了他们事业上的成功，他们均以自己深受读者喜爱的创作成就，成为中国现、当代文坛中较有影响的重要作家。而且更难得的是，从1943年他们分手到本世纪初的近60年的时间里，欧阳山和草明却仍然始终保持着革命文学老战友的深厚友谊：他们虽然一个在广州，一个在北京，但是在文学创作上从来都是互相支持和鼓励对方的，而且在坚持党的无产阶级文艺方针路线上，在捍卫鲁迅先生光辉形象的斗争中，两位耄耋老人更是互相声援和互勉斗志的。①

草明不想再留在延安了。但要到哪里去好呢？

正在这时，中国国内形势的急剧变化彻底改变了草明的人生道路。

1945年8月15日，日本宣布无条件投降，抗日战争胜利结束。为了保卫人民抗战的胜利成果，壮大人民革命力量，9月19日，中共中央向各中央局发出指示，明确规定"向北发展，向南防御"是党的一项"全国战略方针"。它的主要内容是：在南方做出让步，收缩南部防线；巩固华北以及华东、华中解放区；控制热河、察哈尔两省，特别是要集中力量争取控制具有重要战略地位的东北地区。

为了贯彻这一重要方针，中共中央从各解放区抽调了十一万精兵组成东北民主联军，由林彪任总司令；成立了以彭真为书记、陈云为副书记的中共中央东北局，率领两万名干部，与林彪率领的十一万大军齐头并进，日夜兼程奔赴东北。

草明经过反复考虑，决定到东北去，并很快就得到中央党校秘书长黄火青（解放后曾任最高人民检察院检察长）的批准，编入古大存的小分队一起走。

---

① 田海蓝：《欧阳山评传》，中国文史出版社2008年11月版，第251页。

古大存也是广东人，当年曾和农民运动领袖彭湃一起在广东海陆丰干革命。他很高兴和草明这样一位广东老乡到东北去。

要离别延安了，草明说不清心里是什么滋味。一个念头马上涌上她的心头：今后，远走东北，不知何年何月才能见到毛主席、见到邓颖超大姐呢？一焦急，她立即做出决定：到枣园去（其时毛泽东已从杨家岭搬到枣园居住），跟毛主席、邓大姐辞行。

走到枣园，来到邓大姐的石窑门前，已是下午4点多钟了。

邓大姐关心地问起草明的身体，问得很细致。她知道草明要到东北去，又详细地分析了东北的情况。两人谈了很久，邓大姐留草明吃了晚饭。

吃罢晚饭，草明说很快就要离开延安了，想见见毛主席。

邓大姐便请江青带草明到毛主席的窑洞去。

毛泽东正在批阅文件，见草明进来，打了个招呼，仍埋头继续批阅文件。批完了，放下笔，问草明吃晚饭了没有。草明回答说在邓大姐那里吃了。毛泽东便一边和江青吃饭，一边和草明谈话。

毛泽东草草吃过晚饭，听草明谈到自己过去不懂得要到工农兵中去，所以作品写得不深。

毛泽东说："你过去的工作是有意义的。现在到前方去，看见工农兵就更高兴了。"

草明说："可惜我懂得已晚了，我都33岁了。"

毛泽东呵呵笑着，说："33岁算不了什么，66岁还可以为党工作好多年嘛。"接着又问草明，"整风中受委屈了没有？"

草明摇了摇脑袋。

毛泽东说："受委屈也不要紧，审查者和被审查者彼此都可以从中取得经验教训。"

毛泽东忽然问草明："听说你和欧阳山离婚了？"

草明没有想到毛泽东竟然连干部这样微细的问题都了解，忙慌乱地回答道："是的。我今后没有感情了。"

毛泽东说："怎么会没有感情呢？应该说感情更洗练了，今后更能把精力集中到写作中去了。"

草明怕耽误毛泽东的工作，便站起身来告辞。

毛泽东也站起身，关切地问草明："到前方去，带孩子吗？"

草明回答说："前方工作可能很紧张，我身体又不太好，大的孩子已工作，小的还在托儿所，我不准备带了。"

毛泽东说："那好，交给党。"

说罢，毛泽东把草明送到窑洞门口，紧紧地和草明握手告别。

1945年11月下旬，北风刮起来的时候，草明上路了。

别了，延安！

别了，延安！！

草明一步三回头。

再望一眼宝塔山……

再望一眼延河水……

忽然想起了欧阳山，草明的心不禁隐隐作痛起来……

从此，草明这位南国热带的弱女子，就来到了气候严寒、并与国民党军队爆发了空前残酷战争的东北。

并且她在东北一待就是18年。

她没有再结婚，如她对毛泽东说的"我今后没有感情了"。

她把全部精力用到写作上。

她深入镜泊湖发电厂、皇姑屯铁路工厂、鞍山钢铁公司和广大的工人群众中间去了。

她写出了《原动力》《火车头》《乘风破浪》《神州儿女》等多部深受读者喜爱、得到社会各界很高评价的长篇小说。

她成为新中国第一位写工人并取得了杰出成就的作家。

欧阳山也到工农群众中去了。

他写出了广受赞誉的新中国文艺的代表作之一——长篇小说《高干大》，写出了五卷本、150万字的长篇巨著《一代风流》（后改名《三家巷》），成了享誉中外的著名作家。

欧阳山、草明，以各自杰出的思想艺术成就，在中国现当代文学史上占有了重要的地位。

欧阳山解放后回到了广州。他与草明一南一北，天各一方。

草明其实在心里还是牵挂着欧阳山的。她在晚年时写的回忆录中，曾说到，1964年，当欧阳山的《三家巷》遭到全国范围的大批判时，她曾这样想："一本书，充其量不过是思想问题。""《三家巷》只是在一些研究人员和读者在讨论中的意见有分歧而已。"①

在回忆录中，她继续提到欧阳山和《三家巷》，她写道："文革"结束后，"《三家巷》也恢复了名誉。作者欧阳山根本没有理会极'左'的言论。他被解除软禁以后，一个劲儿继续把《三家巷》写下去。一共写了五本，命名为《一代风流》。以后，这套书被誉为近代社会生活的史诗"。她

---

① 草明：《世纪风云中跋涉》，人民文学出版社1997年版，第255页。

心里是在替欧阳山高兴。①

在他们离婚半个世纪后的1992年夏天的一个早上，草明来到了广州梅花村36号欧阳山的寓所，她和欧阳山两个人在客厅里谈了一个上午。

他们谈了些什么呢？不知道。只知道他们分别时，笔者（时为欧阳山秘书、创作助手）亲眼见到欧阳山一直把草明从客厅送到院子里，欧阳山目送着草明坐上了小车，目送着小车开出了院子，直到小车已经消失在街道的拐弯处，欧阳山还站在院子门口挥手；而草明在上车前，不断回头望着欧阳山，眼睛里分明流露出依恋不舍的神情……

其时，欧阳山84岁，草明79岁。

这是不是两位老人最后的一次见面呢？

唉，人世间的恩恩怨怨啊！

2000年9月26日，欧阳山逝世，病中的草明挣扎着写下了一行字：

要让一位老战友轻易地忘却那些悠悠的往事是不可能的，而我现在唯有的是深深的缅怀。

2002年2月16日下午4时50分，草明辞世。

第十节　欧阳山的文章使得毛泽东"一口气读完"

文艺座谈会后的一周内，毛泽东又两次发表关于文艺问题的讲话，进一步申述了座谈会讲话的内容。

第一次是1942年5月28日在整风高级学习组的会议上。

毛泽东指出：召开文艺座谈会的目的，就是要解决一个"结合"问题，"文学家、艺术家、文艺工作者和我们党的结合问题，与工人农民结合、与军队结合的问题"。这是一个"长期的过程"。而为了实现这几个"结合"，又必须"解决思想上的问题"，即"要把资产阶级思想、小资产阶级思想加以破坏，转变为无产阶级思想"，这是"结合的基础"。党的政策就是"要小心好好引导小资产阶级出身的艺术家，自觉地不是勉强地、慢慢地和工农打成一片"，"以工农的思想为思想，以工农的习惯为习惯"，如此才能写好工农，教育工农。

毛泽东把文艺界存在的问题区别为两种，一种是某些作家发表了含有错误内容的文章、作品、言论，他认为这"不是什么严重问题"，原因在于这

---

① 草明：《世纪风云中跋涉》，人民文学出版社1997年版，第255页。

些作家"根本都是革命的""某些时候或某次说话写文章没有弄好,这是部分的性质"。另一种是作家"头脑中间还保存着资产阶级的思想,小资产阶级的思想。这个东西如果不破除,让它发展下去,那是相当危险的"。这后一种是"最基本的问题""把这个问题解决,文学艺术为工农,服务于工农大众,向工农大众普及,再从向他们普及中间来提高他们,这些问题也都可以解决。"

总之,毛泽东这次讲话所强调的文艺界的基本问题,就是一个克服资产阶级、小资产阶级思想影响的问题,这同全党整风精神是完全一致的。

在这次讲话中,毛泽东还指出,在文艺创作上,不仅要反对只讲艺术性而抹杀革命性的倾向,也要反对只讲革命性而忽视艺术性的倾向,应该把革命性与"艺术形态"这两者很好结合起来。

毛泽东的第二次讲话是1942年5月30日在鲁迅艺术文学院发表的。

毛泽东在这次讲话中提出了著名的"小鲁艺"与"大鲁艺"的观点,提出现在学习的地方是小鲁艺,只在小鲁艺学习是不够的,还要到大鲁艺学习,这个大鲁艺就是工农兵群众的生活和斗争。鉴于鲁艺曾有过的片面强调提高的倾向,毛泽东说,长征经过的毛儿盖地方有许多又高又大的树,那些树也是从豆芽菜一样矮小的树苗长起来的。提高要以普及为基础,不要把"豆芽菜"随便踩掉了。①

毛泽东的这两次讲话,使欧阳山进一步明确了今后创作的方向。

1943年3月,延安整顿三风学习基本结束。

3月10日,中共中央文委和中共中央组织部召开了有50多人参加的党的文艺工作者会议,动员文艺界遵照毛泽东在延安文艺座谈会上的讲话精神,深入群众、深入生活。

凯丰、陈云、刘少奇、博古等领导人都在会上讲了话。其中尤以陈云关于"文化人是以什么资格作党员的"讲话,给作家们留下深刻的印象。陈云指出:绝不应抱着"基本上是文化人,附带是党员"的态度,而应树立首先是党员,"文化工作只是党内分工"的观念,一不要特殊,二不要自大。

动员会后,延安文艺界掀起了下乡的热潮。

欧阳山也参加了这次会议。会后,他做好了尽快下乡的准备。

1944年5月,欧阳山从中央党校三部调到陕甘宁边区文协,从事专业创作,并任陕甘宁边区政府文化工作委员会委员,边区文化协会理事。

不久以后,丁玲也调来了。

他们都住在延安南门外边区文协的宿舍里。

---

① 胡乔木:《胡乔木回忆毛泽东》,人民出版社2003年版,第259—260页。

紧接着，欧阳山和丁玲一起参加了边区合作社模范工作者会议。

在会上，通过对模范人物深入细致的采访，丁玲写了一篇报告文学《田保霖》，欧阳山写了一篇速写《活在新社会里》。

两篇文章很快就同时发表在1944年6月30日的《解放日报》上。

令两位作者丝毫没有料到的是，这两篇反映边区农村现实斗争生活中两个小小的侧面的短文，竟然会引起毛泽东这样一位肩负着领导抗战重任、日理万机的革命领袖的兴趣和重视。

1944年7月1日上午，丁玲兴冲冲地跑来找欧阳山，递给他一封信，欧阳山打开一看，是毛泽东那潇洒的笔迹：

丁　玲
　　二同志：
欧阳山
　　快要天亮了，你们的文章引得我在洗澡后睡觉前一口气读完，我替中国人民庆祝，替你们两位的新写作作风庆祝！合作社会议要我讲一次话，毫无材料，不知从何讲起，除了谢谢你们的文章之外，我还想多知道一点，如果可能的话，今天下午或傍晚拟请你们来我处一叙，不知是否可以？

　　敬礼！

毛泽东
七月一日早

看完信，两人都十分兴奋，立即约定下午去见毛泽东。

当天下午，欧阳山便和丁玲策马应约前往延安枣园毛泽东住处，抵达时已近黄昏，天上一钩新月，夏夜的风送来枣花的余香。他们在毛泽东住处的小院子里跟毛泽东谈了整整一个晚上，毛泽东的笑语，他那雍容大方、温和典雅的仪态，虚怀若谷、平等待人、平易近人的作风，再一次给欧阳山留下美好的印象。

毛泽东详细地询问了边区合作社及群众工作情况，询问了文艺座谈会后解放区的文艺工作情况。他鼓励欧阳山："这是你真正写工农兵的开始，希望你继续写下去。我为你走上新的文学道路而庆祝。"

毛泽东也对丁玲说了许多鼓励的话。丁玲因在延安文艺座谈会前写了《"三八"节有感》《我在霞村的时候》《在医院里》等不够好的文章，造成了一些消极的影响，受到了一些批评，情绪一度有些低落。她明白毛泽东把她和欧阳山找去长谈，不只是为他们今后写文、做人铺平一条平坦宽广的

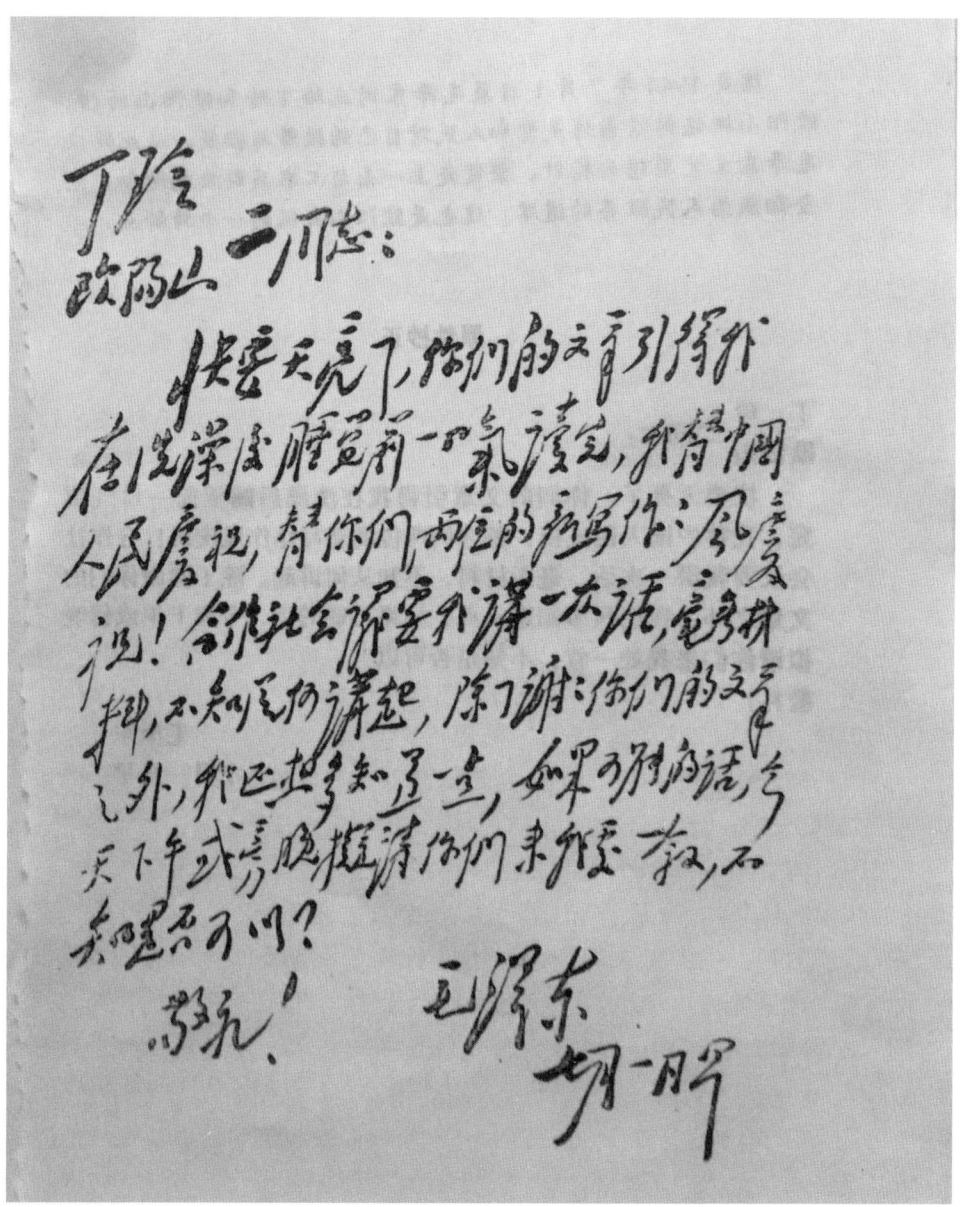

毛泽东于1944年7月1日晨致丁玲、欧阳山信的手迹。

路，也有为她个人在群众中恢复声誉的意思。

到了吃晚饭时分，谈话告一段落，毛泽东请丁玲和欧阳山吃饭。

饭后，告别毛泽东，欧阳山沿着延河边策马缓行。淡淡的月色照着清清的延河水，照着远处朦胧的宝塔山。夜，是那样的宁静，四处是那样的安谧，但欧阳山内心翻腾着波澜：一个反映延安地区斗争生活，描述农村经济建设壮丽图景的长篇小说的写作计划，在他心里慢慢成熟了。

丁玲后来回顾说："毛泽东同志在延安时期给我的印象是一个最能平等待人的党的领导人，他总能吸引你在他的面前无拘无束地畅所欲言，把自己的心里话坦率地倾吐出来。你不必担心什么，也不会把他当成一个指挥千军万马、神圣不可侵犯的最高领袖、统帅、舵手或什么的。他确有一副礼贤下士的风度，既谈笑风生，又常常一语中的，使人心服。他讲你的长处，也指出你的缺点。当讲你的缺点的时候，也是用商量的口吻，甚至用幽默诙谐的语言，使你不觉得难受，但发人深省，促使你仔细回味。"①

对此，欧阳山也深有同感。

而且，事隔38年之后的1982年，欧阳山仍然激动地想起毛泽东的这封信和跟毛泽东的这次长谈。他感到毛泽东重视《活在新社会里》这篇文章的原因，"并不是这篇短文的本身，而是它所显示出来的某种倾向、意图、道路和方向"。这是因为这篇文章"是我一九四一年到延安以后，第一次接触无产阶级领导下的新社会、新生活、新的主人翁工农兵群众，同时又是第一次试用某种文学样式描写、表现和反映他们。可以说，这是我初次投身到火热的新斗争生活中的一种学步，一种练习，一种尝试。尽管作品不成熟，很单薄，但毕竟是走在这条大路上。是否恰恰在这一点上，也仅仅在这一点上，毛泽东同志就分出他宝贵的精力的一部分，来对它加以肯定、支持和鼓励呢？我想，这有可能比较接近他的本意。"②

欧阳山体会到毛泽东所肯定、支持和鼓励的，就是文艺的工农兵方向。

他认为毛泽东"所以能指出这个工农兵方向，是由于当时的新社会里已经存在着新的社会主人工农兵这个具体的事实。可惜远非当时延安的青年文学家、艺术家都知道这个事实，接触过这个事实，真心承认这个事实，并为这个事实所感动，因而总不能排除那种今天看来十分可笑的怀才不遇、怨天尤人的情绪，在文学艺术的唯一源泉旁边徘徊不前。我也就是这种年轻人当中的一个。当然，在参加了延安文艺座谈会和伟大的整风运动以后，情况开始有了变化，我个人也开始起步。令人无论如何都料想不到的，是在刚刚迈出第一步的时候，却受到如此郑重的关怀和爱护。……四十年来，中国的现实生活发生了翻天覆地的变化。《在延安文艺座谈会上的讲话》所展现的光辉思想已经得到了四十年的历史实践的严格检验，证明了是一个威力巨大的真理。现在进一步由为工农兵服务的方向发展成为更加宽广的为人民服务、

---

① 杨桂欣：《丁玲与周扬的恩怨》，湖北人民出版社2006年版，第259—260页。
② 欧阳山：《想起毛泽东同志这封信》，载《欧阳山文集》（第十卷），花城出版社1988年版，第4195—4196页。

为社会主义服务的方向"。①

《活在新社会里》是一篇发表在1944年6月30日延安出版的《解放日报》上的文章，因年代久远，现在已很难找来看了。为了使有兴趣的读者能看到这篇使得毛泽东"一口气读完"、代表了欧阳山新写作作风的开始的文章，笔者特把它全文抄录如下：

活在新社会里

田保霖先生是靖边新城区民办合作总社的主任，又是三边的合作英雄，同时又是靖边县参议会的常驻议员。他从民间来，正在用全力替人民办事。

谈起他们合作社发展妇纺的情形，他告诉我有邹老婆儿那么一个人。

她原来是蒲城人，现在年纪五十七八岁，有一个三十六七岁的儿子和一个十九岁的孙子，一家三口住在靖边新城区五乡百计台一口公窑里。她身材有四尺多高，很壮健。做事快，走路快，说话也很快，带着蒲城那种高低分明的响亮调子，把蒲城说做pukeng。她的脸是圆的，左眼下长了一颗黑痣子，因为上了年纪，脸上有些地方已经突出来，有些地方已经陷下去，抬头纹纹自然也很深了。不过你看见她穿着白布衫子，蓝布裤子，白布袜子，黑蓝鞋子满山跑，从下王渠子、上王渠子、破山、王家峁子，到石家屹子、麻黄峁子、天峁子，到处说边区好，劝人不要懒惰，一个庄子又一个庄子的教妇女纺纱，你就会想着她是一个精神饱满、精力旺盛的老太婆，是一个能干的老年人。

不错的，她正是那样的一个老太婆。不过，你要是以为她一向就是那么快活，那么幸福，那就错了。不，她不是一辈子都那么平稳顺利，却是从艰难困苦里面熬过来，从那里面突围出来的。她正像许多别的穷苦人一样，听说边区好，听说边区是天堂，是福地，就抛弃了自己的家乡，讨吃讨到边区来。随后，她就在这天堂，这福地里生下了根子。

一九四一年冬十月，她已经做了两三年叫化子，经过洛川、甘泉，到处漂着漂到长渠沟，田保霖先生一手开辟，并且给它起了名字的那达地方，自己寻一个破窑，要一点糜子草，就在那庄子盛下了。那阵子她才好看哩：穿一件破羊皮袄，弯着腰，眼睛半开半闭的，看来既没吃的，又有病，是只有一半活着，另外一半已经死了的人。儿子长得一点

---

① 欧阳山：《想起毛泽东同志这封信》，载《欧阳山文集》（第十卷），花城出版社1988年版，第4195—4196页。

也不像她,是一个长马脸,因为饿,脸就拉得更长,脸上有一种灰灰的苍苍的哑光。他只替老太婆扛着一架破旧纺车,却让那十六七岁的小孩子背着比纺车更沉重,也更破烂的锅子呀,罐罐呀,早该拿去做狗窝的棉絮呀,那些杂里古董的东西。这小孙子虽跟他父亲一般瘦,一般破烂,但脸孔长得又精伶又端正,圆圆的,不像他父亲,像他nerner。

开头,他们还是靠讨饭过活。这家给她几碗米,那家给她半筐菜。过年时,田保霖先生给她豆腐、豆芽、洋芋、菜、馍馍、软米糕、肉。过年后,她向田保霖借一百块钱,答应每日给他二两线。田先生给了她一斤棉花,——那时一斤棉花值五百块——她就纺起线来。一天纺五六两,纺出纱来合成线卖给大家,卖了又买花。虽然她的儿子不中用,她的孙子却种了五垧公地,还打短工。因此到一九四二年冬天她就买了一头小毛驴。到一九四三年一月,她拿驴跟田保霖倒一头生牛,本来要找十个工的,田先生也没要她找。后来田保霖又和区上的人说明她家情形,政府就按条例免了她家种的那五垧地的租谷。她受了边区这许多好处,就到处自动宣传边区好。在区里乡里住惯了的人,天天过着好光景,有时反而忘了自己是盛在那么好的地方上。给她这一说,才想起边区真正好。她那打皱的圆脸整天笑着,左眼下那颗小小的黑痣子也整天笑着。这时她自己生活过美了,乡里的妇女也不用到外边去买线了,不过她的作用还不如后来那么大。

一九四三年生产运动,区上的人到那里订生产计划。田保霖先生除在其他方面订了计划之外,还计划发展八个小媳妇的妇纺。他已经注意到了邹老婆儿这门长处,就请她来教庄上的妇女纺纱。

六月,新城区五乡民办合作社成立,田保霖当了主任,住在下王渠子办事,不大回长渠沟。到十二月,田保霖先生到三边开了劳动英雄大会回家,便在庄上召开会议,讨论妇纺的工作。他自己穿着一条毛呢裤子,手里拿着三斤棉花,两丈五尺白布,和庄上的妇女们说明白,羊毛是可以纺织的,布匹也要自己动手,不然就很可能没有衣服穿。

邹老婆儿也在会上讲了纺纱织布的好处,又用她响亮的尖声对大家念出两句话:

描云绣花不算能,
纺线织布不受穷!

田主任当场又把三斤棉花、二丈五尺布都送了给她。经过这样一推动,当场报名的妇女就有十三个人。到今年二三月,她已经在五乡六七个庄子上教会三十五个纺妇了。这真是一件大事。以前,除了邹老婆儿以外,全乡——哪怕就是全区都没有一个妇女会耍玩车子的。

五乡合作社后来成为新城区的合作总社,本区的其他五个乡都成立了分社。今年三月间开各分社联席会议,邹老婆儿又指导七八个妇女,排成一列,在下王渠子合作总社门前纺给各分社主任和纺妇看。后来便决定每个分社发展三十个纺妇,全区一共二百人,还是由邹老婆儿担任到各处宣传,一户一户的教。

"现在她忙得不得了,"田主任说,"这个乡请她去;那个乡也请她去,都争取她,——她变成一个红人啦!起了很大的作用啦!这回我到延安开会,又决定今年妇纺要发展到四百人,或者五百人。她更要比以前忙啦!……因为大家都说到她,我就给她起了一个名字,叫做邹兰英。她说,'我老了,还叫什么兰英!'不过我也没叫她这个名字,总是叫她老干妈。"

他说完,很得意的微笑着。后来他又告诉我,这邹兰英真是一个好老太婆。她说她要报答边区,因此即使自己吃一点苦,六十岁的人还满山跑,那么热心教人纺纱,自己的生活好坏都顾不上。不过合作社还是不让她吃亏的。合作社帮助她七块麻坨(榨麻油的渣子,每块值一千五百元),一大斗(五十四桶)糜子,一大斗荞麦,借给她一副"菜地犁"和一面大锅。区上奖她三斗代耕粮。县上又奖她一匹四八布。

邹兰英的事情使我很惊奇。第一惊奇的是,在旧社会里,一个叫化子的道路是不难想到的,那就是她大概逃不出那三道大关:饥饿——疾病——死亡。但是在新社会里,邹兰英也丰衣足食,建立起家务来了。第二惊奇的是,在旧社会里,像她这样的人,谁还去关心她?谁还能想起她会有什么用处?但是在新社会里,她不但解决了自己的问题,还能够热心帮助大家,发挥自己的一技之长,使别人得到富足,得到进步。也许这样的事情,在新社会里已经住久了的人们,会觉得早已看惯了,不觉稀奇,而我这个离开旧社会不久的人,才会少见多怪的吧?总之,一个人活在这样的社会里,才算没白活;才能不只获得本身的幸福,而且能尽量发展自己的特长,变成一个对人类有点贡献的人物。

田主任最后又告诉我,邹老婆儿的孙娃儿今年更努力了。他要参加变工队,种地二十亩,五、六、八、九这四个月做短工,七月还要运两回盐。大家都看得起他。邹老婆儿的儿子也变好了,今年要种西瓜,参加变工队,要求人家再也不要叫他做二流子。听到这里,我问田保霖先生:

"她的儿子和孙子叫个什么名字呢?"

"儿子叫邹焕章,"他回答我,"孙子叫邹宗扬。"

我想了一想,开头想不通,总觉得这两个名字不大对。后来想通了,我就再问道:

"这两个名字很奇怪,这位老干妈和她的儿子、孙子都是同姓的呀!"

田主任一下子也想清楚了,从炕上跳了下来,大声说道:

"我错了。还怕是——弄错了!她本身并不姓邹。那怎么能叫邹兰英呵!"

一边说,一边他非常豪爽的哈哈大笑起来。

第十一节 在南区合作社

新来的"助理会计"

1944年秋天,欧阳山和刚结婚两个月的新婚妻子虞迅,提着简单的行李,一起到延安县南区合作社去。

阳历8月刚过,9月就随着一阵一阵的凉风来到陕甘宁边区。淡淡的云,红红的霞,高高的天空;梨儿香,枣儿脆,满山坡的谷子颗粒饱满,在微风中摇曳着沉甸甸的硕大的穗子,成熟的庄稼使大地泛出一片金黄。边区人民用勤劳的双手,迎来了又一个五谷丰登的好年成。这秋高气爽的季节,真是边区一年中最好的时候啊!

欧阳山满怀喜悦,一边走一边看,只见一路上人来人往,老乡们穿新衣服,包白头巾,骑大骡子,有说有笑,一片快乐富足的气象。

欧阳山知道老乡们正在抓紧时间走亲戚、串门子、赶集市。因为再过几天,就要收割庄稼了,那时候大家可就得在庄稼地里收哇,割哇,打啊,送啊,忙得团团转,连揩汗的工夫也没有了。

此刻,不知道迈过几道沟,拐过几道弯,转过几座山头,欧阳山终于来到了南区合作社。

边区劳动模范、南区合作社主任刘建章热情地拉着欧阳山和虞迅的手,把他们带进办公室。

办公室早已坐满了人,显得非常热闹。

刘建章高兴地向大家说:"同志们,我向大家介绍一下,这位同志就是从边区文协调来南区合作社工作的作家欧阳山同志,这位是他的爱人虞迅同志。欧阳山同志来咱们这里有两个任务,第一是担任合作社的助理会计,帮助我工作;第二是体验生活。虞迅同志则担任合作社的文书。大家欢迎。"

大家伙听罢，都站起来，使劲儿拍打着手掌，发出热烈的掌声，而且很自然地对这位来自毛主席身边的著名作家同志端详起来：只见欧阳山30多岁，个子高高的，穿着一身用草木灰染成的衣裤，脚踏一双平底布鞋，头发很短，卷卷的，很有特色，是陕北人所说的那种天然的"羊毛卷"。

刘建章接着请欧阳山讲话。欧阳山便用一种通俗易懂的、十分标准的普通话（时不时夹上几个陕北话的词汇）说：

"感谢大家的欢迎，我是响应毛主席的号召，来向你们学习的。南区合作社就是我的家。迩刻（陕北话，即指现在）我们就住在一达里啦（陕北话，即指一起）！"

欧阳山幽默风趣的话语，一下子就缩短了他与大家的距离，博得了大家对他的喜爱，很快地大家就把他看作是合作社的一员，是自家人，亲热地叫他"老欧"，不把他看作是客人，更不把他看作是高不可攀的作家、文化人了。

一两个月后，欧阳山学会了陕北话，他便如鱼得水，可以运用自如地去深入生活，和合作社的社员群众拉话（聊天），了解他们的愿望与要求，帮助他们解决困难和问题，帮助他们破除迷信，给他们讲革命政策和革命道理，教他们认字，替他们写字、写信，帮他们记账，帮他们算工分、算分红，什么活都替他们干，很快地他在群众中便有了很多朋友：年长的老汉，年轻的小伙，赶牲口的运输队员，操持家务的婆姨等。他与他们一起看郿鄠戏（陕北地方戏曲）；和他们一起讨论发展生产大计；和他们一起为牲口有病、牛羊不肯吃草而担忧得夜不能寐；为他们的庄稼获得丰收、谷仓满满而高兴；甚至跟合作社的骡马大队一起跑运输，走遍了整个延安地区。他与什么人都谈得来，谈得知心。群众大小事都爱找他商量，甚至于连小孩子过满月，给娃娃起名字这些事都来找他。他们什么话都告诉他，哪个是土霸，哪个是私娼，哪个是"破鞋"，哪个是巫神，都给他讲，带他去看，他们都很真诚地把他看成是他们自己的人一样。他也热心地接待和回答大家提出的请求与疑难。年轻人更喜欢听他讲故事，讲文学创作中的趣闻轶事。所以他那不到10平方米的小土房里，经常挤得满满的，地下炕头都挤满了人，来找他办事，来听他讲故事，来与他话家常……合作社的什么活动，他都参加，都有他的一份，提建议、出点子、搞评比、闹改革……哪儿都有他瘦瘦高高的身影。

1977年3月，欧阳山（左一）应邀返回延安，参加南区合作社建社40周年纪念活动，欧阳山当年在南区合作社体验生活后，写出名著《高干大》。

这一段生活经历，使欧阳山获益匪浅，极大地丰富了他的生活体验和创作素材的积累，使他能从陕甘宁边区群众生活的最基层了解人民群众，为他的《高干大》这本著名的长篇小说，这本自延安文艺座谈会以后、新中国成立以来，迄今为止，唯一一本反映陕甘宁边区人民在抗日战争时期从事经济建设、大力发展合作社事业的长篇小说的问世奠定了坚实的生活基础；更为他日后文风的转变，为他有更多好作品的问世积累下丰富的创作素材。

同时，在南区合作社的这一段经历，也使他了解到了当时延安农村的各个阶层各种人物的活动，社会中的种种现象和矛盾，好的坏的，各方面，他都了解到了，所以他能写出《高干大》来。由此，他进一步深刻地认识到，如果只了解一个阶级，只了解一种社会现象，只了解一个问题，那样是不行的，无论如何都是写不出能反映整个时代的好作品来的。

首创"供销社"一词

冬去春来，冰化雪消，秃秃的黄土高坡上，慢慢泛出了嫩绿的颜色。庄稼地里，谷子、糜子、玉米、高粱、瓜果豆类，眨眼间就长得又绿又壮。

欧阳山打从来到南区合作社，不知不觉已半年光景了。他满腔热情地和大伙一起出工，一起吃饭，一起帮厨，一起过组织生活，日夜为合作社的发展出谋划策，核计操劳。慢慢地，他发现"消费合作社"这个名称有点名实不符了。他不由得琢磨了起来。

关于这"消费合作社"，得从头说起。

1942年以来，打了五年的抗日战争已进入战略相持阶段，在我抗日军民的铜墙铁壁面前，日军已不敢对我抗日根据地冒险进犯，这就使得根据地有了一个相对稳定的日子，生产得以逐步恢复，特别是延安革命老区的生产更是日益发展，经济日渐繁荣。在这样的形势下，大大小小的消费合作社，便如雨后春笋般成立起来。由刘建章主持的延安县南区消费合作社更是首屈一指，成为延安经济战线上的一面旗帜。尤其是到了1943—1944年，南区合作社办得更加蒸蒸日上，名声大噪。

欧阳山来到南区合作社后，经过调查研究和一段时间的实践，他发现南区消费合作社的作用已大大超出了"消费"的范畴，除了完成老百姓日常消费品如油盐酱醋、针头线尾供需之外，还更不失时机地为社员群众供应犁铧、锄头、镢头、铁锨，甚至牛、骡、驴马、鞍架、挽套等生产工具；同时还考虑安排组织社员参加织布、榨油、烧炭和食品加工等生产行业中来，以发展生产，增加社员的经济收入；另外，不论干部、群众，均可入股分红。针对这个发展趋势，欧阳山在合作社的一次会议上提出了建设性的意见：把消费合作社改名为供销合作社。

欧阳山的意见得到大家的一致赞同。

合作社的领导刘建章、王耀明等也都很赞成这个名称。

至此，一个崭新的牌子挂出去了——延安县南区供销合作社——一种生产、生活、供销三位一体的新型群众性集体互助的经济组织形式诞生了。它带动了全延安、全陕甘宁边区的合作社事业的发展。

新中国建立后，供销社的名字，更为全国各地所广泛采用。后来更成立了中华全国供销总社这个供销系统的最高领导机构。

而欧阳山，就是"供销社"这个名称的首创者。

"换工互助"

在南区合作社,"助理会计"欧阳山和会计靳尚君是很要好的朋友。

靳尚君喜欢读文学作品,有空时也写点小文章。现在来了个大作家,不啻天赐良机,使他有了个文学上的好老师。于是,他便经常拿文学上的问题请教欧阳山,在欧阳山的指点教诲和所营造的文学氛围的熏陶下,他耳濡目染,文学知识与写作能力都大有长进。

当然,他有"求"欧阳山的时候,欧阳山也有"求"他的时候呢。

这里说的是靳尚君和欧阳山"换工互助"的故事。

在延安时期,全体干部和工作人员都实行供给制,不发工资。南区合作社的干部和工作人员亦如此。

而且,在边区全民大生产运动中,每个干部、职工都要按规定上交一定数目的生产任务,以保证边区机关和部队等脱产人员的生活供应。

南区合作社的干部、职工每年就须上交五斗小米(或等值的物品、勤务与货币)的任务。

有一个时期,他们的上交任务是纺线。靳尚君会纺线,且技术不错。而欧阳山的纺车不灵,不好使,靳尚君便常常帮助他,使他甚为感激。

当靳尚君提出一个会计业务上的问题求欧阳山帮助时,欧阳山十分爽快地答应了。

当时南区合作社对群众存贷款执行复利计算办法。一笔一笔地计算起来十分复杂麻烦,花费时间长,用户等待的时间也长,有时还容易出差错。欧阳山多次查看到这种情况后,便暗暗地设计出一个方案——万元复利计算表。这个表非常方便、快捷、准确,一下子减轻了靳尚君的工作负担。后来靳尚君又将万元复利计算表用手抄了若干份,分发到下级信用社去,获得了极大的赞誉。靳尚君因而也得到了奖励(折合计算为五升小米的上交任务)。

当然,大家又都感到十分惊讶和钦佩——这"老欧"同志不但是一位著名作家,而且还这样精通经济,擅长计算,真是"能文能武"啊!

"毛主席派来的人就是了得,个个都是'天兵天将'!"人们交口称赞。

不过,靳尚君的工作负担减轻了,工作效率提高了,欧阳山的生产任务却落下了。

原来欧阳山的上交任务是为陕甘宁边区延安造纸厂(在延安东郊飞机场旁的罗家坪造纸厂,专供延安解放日报社用纸)交割马莲草(造纸原料)。而他为了研究"万元复利计算表"耽误了时间,一下子哪能割到足够上交任务的马莲草呢？眼看着上交任务的期限到了，马连草却还只有那么的几小捆，欧阳山不禁愁容满面。正当欧阳山一筹莫展的时候，一片谈笑声传来，只见靳尚君和老乡们把大捆大捆的马莲草驮到了院子里，原来这是大伙帮他割下的，欧阳山见状，不禁喜上眉梢，脸上露出了灿烂的笑容。

"禁止摊派"以后

1944年年底，中共中央西北局和陕甘宁边区政府出了布告，合作社股金，绝对禁止强迫摊派，也就是入股自由、退股自由的意思。这项法令，对老百姓的利益无疑是一个保障。但这样一来，对于有些"照庙主义"（看庙主义）的合作社，一向都习惯了"坐吃山空"的，以后的股金来源，就失去了"保障"。对于这样的合作社，这不能不是一个威胁。而且受威胁的还不仅仅在于以后的股金来源，连以前摊派来的旧股金，也有点朝不保夕。因为既然是入股自由，退股自由，大家就会老老实实地来把它抽走。说不叫抽吧，又违反了法令，说叫抽吧，合作社难免垮台，事情真不大好办。

当然，对于边区劳动模范刘建章办的南区合作社，这样的威胁似乎不会存在。因为南区合作社办得好，给老百姓带来的利益是实实在在，看得见、摸得着的。但刘建章还是不无担忧，万一老百姓受别处人们的影响，也来闹着退股，就有点不妙了。

一天，刘建章来找欧阳山商量。他把情况说了一遍之后，便问欧阳山：

"照你看，那个合作社该怎么办？"

对于这个问题，欧阳山也认真地调查和思考，觉得这是一个难题。此刻，见刘建章问起，便想了想，回答说：

"这一方面要取消本位主义，叫合作社多赚几个钱，又把赚下的钱都分给社员们；一方面恐怕还得把官僚主义，也取消一下，赶快办两件事：一件是调查研究，了解老百姓需要什么，对合作社有什么意见；一件是宣传解释，使老百姓明白合作社的作用和好处。是不是照这么办呢？"

刘建章听罢，只微微笑了笑，没有说什么。

但欧阳山了解刘建章的脾性和习惯，刘建章听了别人说的意见后，从来不会大吵大嚷，说"你的意见好极了！"也不会说"你简直是胡说八道"这一类的话，要是他微笑着不说话，就说明你的意见还有几分沾了边。

结果，刘建章觉着欧阳山的建议顶用，便采纳了欧阳山的建议，并与自己的想法结合起来，采取了大分红利，扩大股金的做法，谁爱取红利，就让他取；谁要连红利、股金一道抽走，就叫他抽；谁愿意入股，就给他割股票，一点也不勉强。在大分红之前，先做宣传的工作，每一个庄子宣传他一两户人家入股，每一户人家入股多少都可以，也不一定要多入；然而要普遍,最好能做到每一庄子都有。并且宣传入股的对象不在干部,而在一般的老百姓。

这样做了之后,一经过大分红,老百姓真正得到了利益,特别是分布在每一个庄子的入了股的老百姓,都因为分了红,喜滋滋地都成了合作社最好的宣传员。结果,不但基本上没有人来合作社闹着要抽走股金,相反,入股的老百姓越来越多,越来越普遍。刘建章估计,照这样子做下去,莫说扩大八千万元股金,就是扩大两万万元也不成问题。

因为老百姓信的是事实,事实的宣传,比口头的宣传强得多。

欧阳山的心里也喜滋滋的,因为这南区合作社的大发展,也有他的一份功劳呢。

巧诗妙联助喜庆

"延安南区供销合作社"这块新牌子挂出去之后,合作社益发兵强马壮,人才济济,机构健全,制度完善,工作有序,成绩显著,蒸蒸日上。这时的合作社有监事、理事会,下设社务股(股长张和堂)、业务股(股长侯亲国)、财务股(股长王耀明)、秘书魏林。

一日举社庆贺,众人到齐。欧阳山知道靳尚君喜爱文学,时常练写诗词,便笑着对靳尚君说:

"今日喜庆,不可无诗。小靳,有兴致作一诗歌否?"

靳尚君一时没转过弯来,只见欧阳山指着鱼贯而入的众位股长,口占一绝云:

吉日张和堂,
众披英雄装。
位临(魏林)国亲侯,
南区明耀王。

这首诗把众人的名字都巧妙地嵌了进去,显得贴切生动有趣。众人思忖片刻,不禁拊掌赞曰:"好诗,妙喻!"

此时的南区合作社已进入了鼎盛时期,便通告扩股,不仅南区群众可入股分红,而且不限地区均可入股分红,直至范围扩大到陕甘宁边区机关、中央机关、中央党校、西北党校等各个单位。

1945年春节,边区万众欢腾,普天同庆这中华民族的传统佳节,再加上日本侵略军节节败退,胜利的曙光已映照中华大地,人们更是喜上加喜。

一日,张和堂请欧阳山为南区合作社写一副对联。

欧阳山构思良久，说："横批两个字'都来'如何？"

张和堂说："我先来，左联是：门空无石砖垒墙（即'團'）。你对下联。"

欧阳山脱口而出："吉期良缘丝为裳（即'结'字）。"

全联意思是"團结都来"（"團"为繁体字，即"团"字）。

上述欧阳山在南区合作社为喜庆而作的一诗一联给靳尚君留下了深刻的印象。事隔半个多世纪后，2001年1月，远在新疆乌鲁木齐的他，一位80岁的老人，在一篇纪念欧阳山的文章中，仍记忆犹新地默写出这一诗一联，并生动地描述了欧阳山当年和大家伙一起"吟诗作对"的热闹情景。

高干大的原型——高海贵

1945年8月，又是一年的秋天来到了陕北。

欧阳山快要结束在南区合作社的工作和生活了。当时他已开始构思长篇小说《高干大》。在此之前，他写的短篇小说《黑女儿和他的牛》发表在1944年11月25日—26日的延安《解放日报》上。这篇万把字的小说，是他到延安后写的第一篇小说，散发着浓郁的陕北黄土高坡的泥土气息，作品用朴素生动带着陕北风味的群众语言，把陕北农村和农民的生活描述得活灵活现，是又一篇毛泽东称之为"新写作作风"的典型之作。

在南区合作社仅仅一年多的时间里，欧阳山积累了大量丰富的生活素材。他越来越熟悉他身边的陕北老乡，并且深深地热爱着他们。而解放区那种崭新的社会生活，"活在新社会里"的全新的人民为建设新生活而战天斗地、奋斗不息的精神风貌，又时时使他内心翻腾着波澜，令他激动不已。终于，创作一部反映延安地区斗争生活、描述农村经济建设壮丽图景、刻画新的社会新的人物的长篇小说《高干大》的计划，在他心里完全成熟了。

在创作这部小说之前，欧阳山曾把自己的写作意图编成提纲，分别去征求当地几十名干部、群众的意见。老乡们看到自己的作家来向他们请教，自然高兴万分，因此也就热情地、毫不客气地提了许多宝贵的意见和建议。欧阳山又根据这些意见和建议做了认真的修改，再去征求大家的意见，然后再次改动。就这样，书还没有写出来，可是书中的各个人物早已经成为老乡们评头论足、家喻户晓的熟悉话题，特别是主人公高生亮的形象更是大家议论的中心：大家都希望他能够更像自己生活中见到过的某某农村干部，更有和自己一样的性格、情感、脾气，甚至最好就像自己家里的或亲友中的某个人似的。而这样反复修改的过程，也使欧阳山进一步懂得了什么样的作品才是人民大众喜闻乐见的，作品中塑造什么样的人物形象才是人民大众喜爱的；这使欧阳山更加明确了今后的创作方向，也使他更加深了对毛泽东在延安文

艺座谈会上讲的那句至理名言的理解,那就是:

> 中国的革命的文学家艺术家,有出息的文学家艺术家,必须到群众中去,必须长期地无条件地全心全意地到工农兵群众中去,到火热的斗争中去,到唯一的最广大最丰富的源泉中去,观察、体验、研究、分析一切人,一切阶级,一切群众,一切生动的生活形式和斗争形式,一切文学和艺术的原始材料,然后才有可能进入创作过程。

而在给《高干大》这本书设想书名时,欧阳山曾经征求过很多人的意见,但人们七嘴八舌的,莫衷一是。

一天,他问靳尚君:"小靳啊,你说'高干大'是什么意思?"

原来《高干大》中的主人公高生亮的生活原型叫高海贵,是南区合作社的职工,村子里人人叫他"高干大"。

靳尚君回答说:"我们陕北人,自古以来统称自己的父亲为'大'(第二声),如父亲有弟弟,则称为'二大''三大''四大'等。"

欧阳山接着又问:"那么高海贵为什么又叫高干大呢?"

靳尚君答:"'干大'就是'干爸'的意思。高海贵五十来岁,是我们南区合作社的顶梁柱,人人都叫他'高干大',就是有尊贤敬老的意思。"

靳尚君的话音刚落,欧阳山一拍大腿,高兴地说:"小靳,你说这本书就用'高干大'这个名字作书名好不好?"

靳尚君当然不太懂得起书名的奥妙,但总觉得这个书名有亲切感,就回答道:"好,当然好!"

后来小说问世,《高干大》一书名声响震延安山川,妇孺皆知。这部描写延安和陕甘宁边区人民斗争和生活的作品深受人民的喜爱。人们传诵着:"欧阳山为咱们陕甘宁边区老百姓写了一本好书!"

《高干大》后来更被译成俄、捷、匈、英、日等国文字,在国外出版。

一部传世名著,就是这样在陕北黄土高原的一个小山村里孕育出来的;而名扬四海的这本书的书名,却是援用了"土"得掉渣的陕北口语"高干大"三个字来命名的,这也正是中国现代文学史上的一段奇缘佳话。①

第十二节 "我们胜利了!"

1945年8月,欧阳山依依不舍地告别了南区合作社的干部、职工和乡

---

① 本节部分资料由靳尚君提供。

亲，回到了阔别一年的延安，回到了边区文协，继续从事专业创作。

8月15日的夜晚，欧阳山刚吃过晚饭，大约八点钟的样子，忽然窑洞外锣鼓喧天，爆竹齐鸣，人们像发了狂似的高声呼喊着。欧阳山赶忙走出窑洞外想看个究竟。一看，只见山下走来长长一列高举着火把游行的队伍，人们狂喜地高喊着：

"我们胜利了，日本投降了！"

"我们胜利了，日本投降了！"

"中国人民万岁！中华民族万岁！"

"战无不胜的中国共产党万岁！"

原来，在中国人民和世界反法西斯力量的沉重打击下，日本帝国主义的人力、物力、财力均消耗殆尽，侵略战争再也无法继续下去了。1945年8月15日中午，日本天皇裕仁以广播《停战诏书》的形式，宣布正式接受《波茨坦公告》所规定的各项条件，无条件投降。

日本侵略军插在中国领土上的"太阳"旗，降下来，拖走了。

日本从19世纪下半叶开始的长达七十年之久的侵华历史，彻底终结了。

自1895年甲午海战后，被日本占领了五十年的台湾，也回到了祖国母亲的怀抱。

十四年抗战，终于以中国人民的伟大胜利而宣告结束。

十四年，这是多么不同寻常的十四年。

十四年，这是中华民族历史上世世代代永远不能忘记的十四年。

十四年的艰辛岁月，十四年的血与火，十四年的生死搏斗，十四年的血战与牺牲，中国人民谱写了一曲惊天地、泣鬼神、气吞山河的伟大乐章，以血肉长城战胜了万恶的灭绝人性的日本侵略军。

这是光明与正义的胜利。

这是黑暗与邪恶的失败。

抗日战争的胜利，是中国各族人民经过极其艰苦的斗争，付出了极大的代价后取得的。在这场残酷的战争中，中国军民伤亡人数达3500万人；财产损失和战争消耗达1000亿美元（其中财产损失约650亿美元）。

抗日战争的胜利，是中国一百多年来，第一次真正的、完全意义上的打败外敌入侵的胜利。它打破了近代中国在抵抗外国武装侵略作战中屡战屡败的向例，洗雪了自十九世纪四十年代以来的民族耻辱，成为中华民族由衰败到重新振兴的转折点，为中国的独立和解放奠定了基础。中国各族人民因抗日战争的胜利，而在精神上受到了巨大的鼓舞，极大地提高了民族自信心。

延安人民欣喜若狂，到处敲锣打鼓、载歌载舞，整整狂欢了三天三夜。爆竹的轰鸣响彻天地间，那火药的硝烟弥漫在空气中……

欧阳山以极大的狂喜加入到游行的队伍中。

他噙着欣喜而又痛苦的泪水，想起了被日军飞机炸死的妻子杨志明……

他想起了自己写的《七年忌》这篇小说中，那在1925年6月23日广州沙基惨案中，被帝国主义"蓝眼珠鬼子"开枪打死的年轻工人倪大德，和那日夜思念儿子、已经哭干了眼泪的倪三太老妈妈……

如今，我们战胜帝国主义了！

我们胜利了！

第十三节 《高干大》——新的里程碑

窑洞里，一灯如豆。

欧阳山摊开稿纸，写下了"高干大"三个大字。

这是1945年8月，在抗战胜利的欢呼声中。

自打南区合作社回来后，欧阳山发现，自己投身进去的这种社会生活是一种全新的社会生活。自己所接触的人民群众是一种全新的人民群众。这里面大量的是新型的农民、士兵和农民干部，跟自己以前所接触过的工人、店员、小商贩、流氓、城市贫民等，有很大的不同，就是跟自己以前所接触过的旧社会的农民和旧军队的士兵，也完全不一样。他们生活在一个为了他们的利益而建立起来的社会之中，他们正逐步地被吸收进各种组织起来的集体之中。

欧阳山看到，边区农村的经济生活正在逐步地进行合作化。因为生产关系改变了，农民的生活和人与人之间的关系都产生了一种新的根本的变化。在共产党和人民自己所组织的政府的领导之下，农民的生活跟旧社会的生活迥然不同了。他们不再是以个人的身份和剥削压迫他们的人进行斗争。因此，在旧社会里发生的那种互相倾轧、互相嘲笑、互相诋毁以及酗酒、赌博、盗窃、纵欲、争吵、咒骂、欺诈、殴打等现象基本上都不存在了。

当然，欧阳山也知道，旧社会遗留下来的影响还是有的。像封建、迷信、贫穷、落后、缺乏文化等，都不会马上消失，但是都在逐步克服之中。

多年后，他回忆这段往事时，这样说道：

> 对我来说，不但这个社会是陌生的，连这些人们也是陌生的。我看不到我过去熟悉的那些被命运簸弄的不幸者，也听不到人们嘴里发出哀叹和悲伤，也没有发现任何或大或小的悲剧。于是我根据在座谈会里面形成的共同的信念决心投入到这种新的生活里面，从这种新的生活出发，反映这种新的生活的真实，努力创作出新的作品来。我以为这样做

就是继承鲁迅先生所开辟的革命现实主义的传统,而这种传统又是在座谈会里面由毛泽东同志重新加以肯定的。①

欧阳山于是拿起了笔,"从这种新的生活出发,反映这种新的生活的真实,努力创作出新的作品来"。

这"新的作品"就是《高干大》。

欧阳山决心继续沿着《活在新社会里》那样的被毛泽东称之为"新写作作风"的创作方向前进。他要以"新写作作风"来写作长篇小说《高干大》。

他清楚地认识到:

……我过去心爱的欧化语言和欧化风格也必须重新接受新的农民和新的农民干部的考验。很显然,由于他们的文化水平不能一下子提得很高,所以我的文学创作跟他们的阅读爱好就存在着很大的距离。这样子我就不得不面临着一种选择:是保持我原来的风格,使他们无法接受我的作品呢?还是改变我自己的风格,使我的作品尽量做到使他们喜闻乐见呢?结果我选择了后者。虽然文学语言和风格的改变是麻烦的并且是痛苦的,也并非轻而易举的,但是为了把自己的作品送到读者的手里,我决心这样做了。②

在延安窑洞那昏黄的豆油灯下,欧阳山一笔一笔地写了起来:

这故事出在任家沟合作社里面。那时候,是公历一千九百四十一年。……任家沟虽然不算一个大村庄,也有二三十户人家,光景都过得不错。……在附近一二十里,这村庄因为树木多,牲畜多,没出嫁的姑娘多,很有名气。一出沟口,便是一条大车路,人来人往很热闹。和大车路平排,从南向北流着的,是一条水清见底的小河。从庄子上往下望,这些树木呀,出没在草坡上的牛羊呀,大车路上的驮骡和毛驴子呀,把两只脚浸在河里洗衣服的红脸姑娘呀,都配搭衬托得那么好看,简直是一幅风景画儿。人们编了一首歌子给任家沟:

任家沟,任家沟,

---

① 欧阳山:《文学生活五十五年》,载《欧阳山文集》(第十卷),花城出版社1988年版,第4095页。

② 同上。

树大草肥喂牲口；
年轻姑娘人人爱，
就是讨厌任常有！①

欧阳山写作《高干大》颇为顺畅，到1946年1月，还不到半年工夫，这部16万字的长篇小说就完成初稿了。

《高干大》讲述了陕甘宁边区一个叫任家沟的农村合作社通过艰苦奋斗，克服种种困难，战胜了主观主义、教条主义和官僚主义的干扰，战胜了封建迷信、愚昧落后、自私保守的羁绊，不断兴旺发达的故事；展现了一幅陕北人民努力生产、发展经济的动人图景；描绘了一幅淳厚多彩的陕北边区的人情风俗画；散发着浓郁的黄土高原的泥土芬芳、生活气息和地方色彩。

翻开《高干大》，一个活生生的典型人物——高生亮，仿佛在向我们走来。这是"一个很奇特的人。他原来是一个十足的农民，后来逐渐变成一个共产党员，但是还没有变完。现在他大半个是共产党员了，小半个还仍然是农民。你单看他那庞大的身躯，那弯曲的膝部，那猩猩似的走路样儿，就可以知道。他识字不多，他的革命知识，他的农业、工业、商业的知识，可是渊博得很。他个儿很大，可是野心很小。他面貌丑陋，可是心地和善。他脾气暴躁，可是办事细心。他说话粗鲁，爱顶撞人，可是有时心软像婆姨家，听话像小娃娃。有些事情很激进，有些事情很保守。他不信没有看见过的东西，但是对于鬼神却不能彻底否定。……"②

就是这样一个高生亮，在任家沟是被人尊称为"高干大"的。时隔十多年后，欧阳山在《高干大》的《再版序言》中，仍然深情地写道：

但是我仍然非常爱我描写过的那个主要人物高干大。他不是一个凭空想象出来的人，也不是一个实实在在、真有其人的人。他不是一个负了很重要的责任的人，也不是一个十全十美的人。然而他是一个真实的人，一个可爱可敬的人，一个从贫瘠的土壤生长起来的英雄人物。他的关心群众、联系群众、处处为群众打算的思想性格是永远不会过时，永远不会成为历史的陈迹的。

这位英雄人物的毕生的理想，就是要改变家乡贫穷、多病和落后的现象。这就不仅要组织起人民群众的经济生活，而且要战胜脑子里的自私保守思想和封建迷信观念，同时还要和自己的落后思想作斗争。……

---

① 欧阳山：《高干大》，载《欧阳山文集》（第四卷），花城出版社1988年版，第1481—1482页。

② 同上书，第1487—1488页。

……虽然他所做过的事情已经成了历史的陈迹，但是他所具有的一种精神上的特质是永远不会过时的，是万古犹新的。甚至在此刻我还能看见他精神奕奕地站在我的面前，像一株苍劲的松树一样。①

　　特别值得一提的是，与欧阳山过去作品的欧化语言、欧化风格截然不同，欧阳山在《高干大》里，完全是以群众喜闻乐见的民族形式和大众化的、有浓郁乡土气息、适当采用陕北方言、颇具文采和韵味的语言来进行写作的。

　　下面试摘录欧阳山1939年写于重庆的带有欧化风格的长篇小说《战果》和《高干大》的片段，就可清晰地看到欧阳山的文学风格从欧化向"新写作作风"演变的脉络，这大概是饶有意义的。

　　先看《战果》是如何描画人物的：

　　　　这时候丁泰已经长成一个皮肤棕黑、大脸、短头发的大孩子，远比他底真实年龄苍老，好像一个快要成熟的青年了。赤着脚，穿着短的上衣和牛头裤，——一种农民穿的短裤子，遮不过膝盖的，颜色是黑的或蓝的，但因为洗得太多和补钉打得太多，早已混合成为暧昧的、复杂的色彩，原来的颜色无从辨认了。他强壮而不肥胖，粗野而骄傲，时时显出北部山地居民那种强悍、负气、无所谓的样子。坚实的胸膛向前挺出，两条赤裸的小腿也是坚实而有力，满是伤痕和大大小小的黑色的斑点。整个脸微向左偏，脸骨越长越大，好像以后还要无限度地大起来，脸上的肌肉薄而紧张，透明的，露出营养不良的青色，——在这脸孔很高的部位上，一对细长的眼睛柔和而忧郁，永远那么热情，那么感慨，那么怜悯地望着一切；在两只深黑的瞳仁之间，一个鼻子小而狡猾地悬挂着。他底眼盖皮经常跳动不停，好像表示他底灵魂在永远的不宁静之中奔突徘徊。当他感觉不舒适的时候就使力把眉心钳得通红，——这是母亲传授给他的治病法。他老是那么弄着，那两边眼盖皮就跳动得更加厉害了。他说话或唱山歌，那声音空洞而不响亮，代表一种快成熟的，富于空想、倔强、挣扎的性格。②

---

　　① 欧阳山：《高干大·再版前言》，载《高干大》，人民文学出版社1960年版，第1—2页。

　　② 欧阳山：《战果》，载《欧阳山文集》（第四卷），花城出版社1988年版，第1283页。

《高干大》则是这样写人物的:

　　……副主任高生亮独自坐在铺面的门槛上,歪着脸,歪着嘴,望着路北。他用手指轻轻揪着自己那几根又稀又硬的胡须,气得说不出话来。过了一袋烟工夫,他就不声不响地担起货郎担子,下了土台,跟着大车路朝南,往上川走去了。你看他那五尺以上的高大身材,担起一副担子像挑起一对空箱子一样不费力,两条胳膊一前一后地甩得那么有劲,两脚踏在地上登登、登登地那么响亮,你会想不到他已经是个四十六岁的人了。你听他说话响亮像铜钟,说话口气也一点不圆滑,不世故;你看他一下子生气生得那么厉害,简直一点也不老练,不深沉,……你从背面看他,穿着破旧的黑市布短衣裤,背上挂了一顶破草帽,脚上穿着扎花青布鞋,走路的时候两边膝盖都往外弯,小腿又粗又大,……脑袋也是大的,正好和身体相衬,不过整个头向左歪得很厉害。耳朵很大,很薄。头发又短又稀,可是又粗又硬。——这整个身段,举动,语言,相貌,你一看就晓得那不是一个和善的,容易欺负的脚色。自然这样的脚色又往往是过于直率,过于表露,——没有肠肚。真的,咱们这受人尊称为"高干大"的高生亮老同志,是一个很奇特的人。①

再看《战果》描写景物的笔法:

　　黑夜以一个远地归来的旅客底笑脸吹开黄昏的嘈音和飞扬的尘土,好像满天乌黑的羽毛似地纷纷降落在泥螺河畔的洼谷里。洞穴、森林和卑湿的地方最先隐去,以后禾田、村庄、坟场、动脉一般的山径也被遮蔽起来了。高山的尖顶仍然用全力伸出黑夜的罗网之外,——它们是一些最后的反抗者。到处弥漫着焦臭的气息,泥螺河底响声逐渐钝重而且逐渐微渺,好像一步一步走远了的鼓声一样。

　　……

　　典型的广东底清静的夏夜,乌云一层比一层更加浓厚地向下张开,凉风在荒野里寂寞地游荡着。每一座气势傲慢的山峰都被纯黑的毛毡覆盖着,在夜露中无声地倾塌、溶化,服帖而疲软。

　　……

　　太阳吐着火焰,被太阳烧焦了的云层底碎片带着红色的火苗一块

---

① 欧阳山:《高干大》,人民文学出版社1960年版,第7页。

一块地落到地面上,没有一点声音,地上的森林也燃烧起来了。懒惰的斑鸠被火光威胁着从森林逃避到阴暗的山坳里,照常在那里打盹。盆地内部到处冒着烟,无声的蒸郁的酷热窒息了所有的生物。山岳底汗毛似的野草到处滋生,也一齐受了灼伤而卷缩着和倒垂着。丁二底茅屋嘹叫着,屋内充满了灿烂的阳光,——这使得人们更加疲倦。坐在那里恰像浸在一坛热烧酒里面,昏昏沉沉地,不久,丁泰也频频打起呵欠来。外面,被烈火灼伤的还有泥螺河,——它全身起着可怕的火泡。①

《高干大》描写景物的笔法则明显不同:

高拴儿往回走不上十里,就刮起大风沙来。陕甘宁边区的春天真是来到了。这风最先穿过什么地方的远远的峡谷,好像千千万万的野兽在那里咆哮,往后它就拥进了平川,像拖着一里长的尾巴的列车,在平川里用最高的速度辗过。虎虎的声音像闪电那么快地飞远了。山上、墕里、沟里、川里,冒起一股一股的烟柱,你会疑心什么地方全着了火。这些烟柱立刻又你卷着我,我卷着你地变成红色的尘土,像海似地,像雾似地,弥漫了山谷,弥漫了天空。这样的风一阵又一阵地吹过。红色的尘土就包围了一座接连一座,一座高过一座的山,包围了山脚下纵横交错的河沟,包围了山坡上的羊群和牛群,包围了疏疏落落的,位置在半山腰上或者沟汊上的村庄,最后,还包围了天空中那光辉灿烂的太阳。地面上的什么东西都看不见了,太阳像一个大血盆似地,黯然无光;整个宇宙都变了颜色,变得十分灰哑,十分愁惨。高拴儿低着头走,不行就横着走,再不行就后退着走,眼睛不能睁开,连呼吸都闭住,好容易才走到豹子沟,全身都变成一个土人儿了。②

欧阳山二三十年代的作品基本上是欧化语言、欧化风格的。他喜欢写很长的句子,而且句中有句,修饰词很多。这种句式,同外国语句式很相似。这种欧化的语言和句式,对所描写的人和物应该说是很精确而有较强的艺术表现力和效果的。但朗读起来(包括阅读)是拗口而吃力的,不太符合中国老百姓的阅读习惯,即欠缺中国老百姓所喜欢的那种民族形式和中国作风、中国气派。

延安文艺座谈会后,欧阳山决心做一个根本的转变。

---

① 欧阳山:《战果》,载《欧阳山文集》(第四卷),花城出版社1988年版,第1269页、1271页、1288页。

② 欧阳山:《高干大》,人民文学出版社1960年版,第179—180页。

从欧化语言、欧化风格到民族形式、大众化语言（经过加工、提炼）的演变，欧阳山是经历过长期、艰苦、深入的探索和不断实践的。

欧阳山有极高的语言天赋。他从童年起，几十年走南闯北，每到一个地方，他都能很快地熟悉当地的方言土语。他在广州长大，会讲广州粤语，自不用说；三十年代在上海，又学会了讲上海话；抗战期间短期在长沙、沅陵逗留，又学会了地道的湖南话；后来到重庆，不多久就能讲一口流利的四川话；来到延安以后，特别是到南区合作社与群众"三同"后，他很快就能用陕北话与群众交谈，为合作社干部们开会做记录时，竟能把那种浓重难懂的陕北土语一字不漏地记录下来。

基于此，欧阳山在完成了向"新写作作风"的转变后，他逐渐摸索着使用一种经过千锤百炼的文学语言来进行创作。

他把这种文学语言称为"东西南北调"。

1992年，为纪念《在延安文艺座谈会上的讲话》发表50周年，欧阳山一口气写下了《杨家岭往事初忆》《杨家岭往事再忆》《杨家岭往事三忆》《杨家岭往事四忆》《杨家岭往事五忆》等五篇文章，其中《五忆》专门谈到了文学语言的问题。

他说：

> 中国是一个伟大的国家，拥有十一亿以上的人口，各个地方的现实生活又纷繁复杂、多彩多姿，应该拥有一种巨大的，世界上无与伦比的，最丰富、最生动、最精辟、最深刻的文学语言。只有这样一种文学语言，才能够绘声绘色地描写出全国各地的异彩纷呈的现实生活。咱们作家的任务就是要把各个地方的群众语言加以选择、改造、加工、提炼，把别处群众不能了解的本地群众语言提炼成全国群众都能理解的共同语言，并且使全国的文学语言把这种提炼过的群众语言吸收进去，让全国的文学语言一天比一天更加丰富起来。这是一个巨大的工程，也是一个全国文学语言发展的过程，咱们也许一辈子干不完，得由下一辈子的人接手干，一代又一代地接手干。
>
> ……
>
> 我研究了上海话、南京话、浙江话、四川语、广州话、台山话、客家话、东北话、陕北话、河北话，其中最主要的还是广州话和河北话，不断地对它们加以选择、改造、加工、提炼，尽可能吸收进自己的文学语言当中。我把这种方法叫做"东西南北调"。……
>
> 最优秀、最美妙、最动人、最完善的创作，需要最丰富、最生动、

最精辟、最深刻的文学语言。①

《高干大》就是使用这种文学语言的最初的实践，也是成功的实践。

而到了写作长篇巨著《三家巷》时，欧阳山的文学语言已经达到一种炉火纯青的程度，与《高干大》相比无疑是更上一层楼了。

无怪乎鸿篇巨制《李自成》的作者姚雪垠有一次在北京开会见到欧阳山时，对欧阳山竖起大拇指说："《三家巷》文字一流，令人钦佩。"

这是后话。

《高干大》——欧阳山创作历程中具有转折性意义的新的里程碑。

《高干大》——欧阳山在遵循民族的、科学的、大众的文化方向，开始创作具有中国作风和中国气派、为中国老百姓所喜闻乐见的文学作品时的成功起步和重要收获。

《高干大》——中国现代文学史上第一部反映农村经济改革和建设的长篇小说。

它以其题材的独创性，为中国现代文学开辟了崭新的领域。

它写了与"左"的教条主义、官僚主义和主观主义的斗争，在文学史上第一次直接地描写了"左"的思想的严重危害，在民主革命时期就触及了带社会主义性质的矛盾和斗争，并借助艺术形象，提出了破除这种"左"的思想的正确途径和方法。

它成功地塑造了中国文学史上第一个农村经济改革者高生亮的典型形象。

这一切，使《高干大》成为中国现代文学史上少见的作品。

特别难能可贵的是，这部写于半个多世纪前的作品，由于成功而生动地描绘了农村的经济改革，竟在今天产生了重大的现实意义，有着长远的艺术生命力。

作品中的一句话：

> 咱们先让少数人发一点财，随后多数人才会把钱拿出来交给合作社，随后多数人才会发财。多数人发了财，合作社才会有力量，……才能够办工厂，才能够办生产事业。……②

---

① 欧阳山：《杨家岭往事五忆》，载《广语丝》（第三集），文心出版社2001年版，第18—19页。

② 欧阳山：《高干大》，人民文学出版社1960年版，第40页。

与1984年中共中央《关于经济体制改革的决定》中的一句话：

> 只有允许和鼓励一部分地区、一部分企业和一部分人依靠勤奋劳动先富起来，才能对大多数人产生强烈的吸引和鼓舞作用，并带动越来越多的人一浪接一浪地走向富裕。

竟在思想上有着惊人的相似之处。这不仅仅是巧合吧！当然，这都是后话。

此刻，正当延安瓦窑堡印刷厂要印刷出版这部小说，重庆的《新华日报》要连载这部小说的时候，风云突变，中国的大地又响起了惊天裂地般的隆隆的炮声。

一场大决战开始了！

这是光明的中国和黑暗的中国的大决战！

这是民主进步的中国和专制落后的中国的大决战！

这是中国之命运的大决战！

历史称这场战争为"解放战争"。

因为这场战争解放了中国，解放了四万万七千五百万中国人民。

历史称这场战争为"第三次国内革命战争"。

因为这场战争缔造了中华人民共和国。

在战争爆发后的1947年3月，欧阳山离开了他工作、战斗和生活了六年、在他整个漫长的人生历程中有着特殊意义的地方——延安，跟随党中央、毛泽东，踏上了转战陕北的征途（他被具体安排在西北局机关，主要工作是任战地记者）。

这是新的征途，迎接新中国诞生的新的征途。

就如毛泽东早在《新民主主义论》中所说的：

> 新中国航船的桅顶已经冒出地平线了，我们应该拍掌欢迎它。
>
> 举起你的双手吧，新中国是我们的。

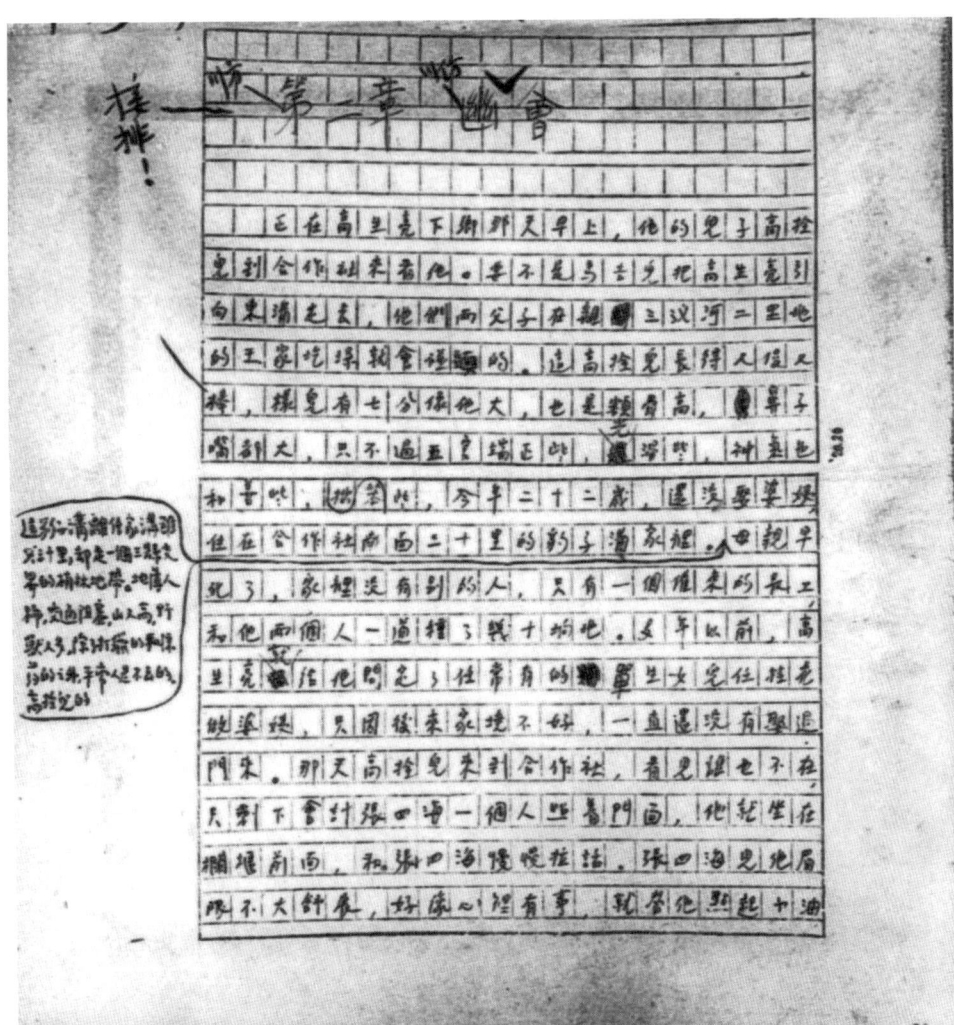

欧阳山写于1946年的《高干大》的手稿。

第八章

迎着朝阳

第一节 《高干大》的波折

1946年1月，欧阳山写出了《高干大》的初稿。

2月，开始修改《高干大》。

5月，修改完毕。

党组织经过审阅，批准《高干大》付印出版。

为防原稿遗失，欧阳山和妻子虞迅把稿件重抄了两份。

1946年10月，欧阳山带着一份《高干大》的抄写稿，带着干粮，走了三天，赶到离延安200多里地的当时延安唯一的印刷厂——瓦窑堡中央印刷厂，把《高干大》交付印刷。书稿的清样出来后，又再走200里地去校对。

在《高干大》准备在延安付印出版的同时，重庆的《新华日报》也准备连载这部小说。

当时，抗日战争胜利不久，1945年8月28日，毛泽东亲自到重庆与蒋介石举行和平谈判，并准备召开国共合作的政治协商会议，延安解放区也已选出参加政协会议的代表，欧阳山是其中之一。为体现解放区的文艺成果和向全国人民宣传解放区新社会的新生活，共产党在重庆主办的《新华日报》拟发表一批解放区的新文艺作品，其中拟连载《高干大》，这是周恩来亲自定下来的。于是，欧阳山就托八路军参谋长、又是国共和谈的中共代表之一的叶剑英亲自把《高干大》书稿带到重庆。而带走的是欧阳山亲手写的原稿。

然而，正当《高干大》要在瓦窑堡中央印刷厂开机印刷时，国共和谈却宣告破裂，国民党蒋介石撕毁了和谈的成果——"双十协定"，打响了内战的第一枪。1947年3月，国民党胡宗南25万军队大举进攻延安，延安军民被迫疏散、撤退。欧阳山将留存的另一份《高干大》抄稿同其他行李书籍，埋藏（当时叫"坚壁"）起来，只带着《高干大》的清样离开了延安。

胡宗南军队进延安后，一把火烧了印刷厂，厂内的设备连同留在厂内的

《高干大》的抄稿都在大火中化为灰烬。

另一方面，托叶剑英带到重庆并已交给《新华日报》的《高干大》书稿，还未来得及在《新华日报》上登载，就因国共和谈破裂，蒋介石悍然发动内战，中国上空战云翻滚，《新华日报》被国民党查封，中共驻重庆代表处和八路军办事处，以及《新华日报》的工作人员全部撤离重庆，《高干大》原稿在一片混乱中遗失了。

这样，《高干大》的出版和发表就被拖延了下来。

1947年3月，欧阳山跟随党中央和毛泽东离开了延安，踏上了转战陕北的征途。

1947年6月，欧阳山调晋冀鲁豫边区工作。

1948年8月，调晋察冀边区工作。

直到这时，随着华北一片一片的解放区基本上连成一大片，随着解放区内局势的日趋稳定，《高干大》的出版再次提到日程上来了。

但意想不到的波折又出现了。

此时，解放区正在开展轰轰烈烈的土地改革运动。

欧阳山作为中央局土改团团员也参加到土改运动中去。

然而，土改运动的初期，一度发生了"左"的严重偏差，推行了一条所谓的"贫雇农路线"，侵犯了一部分中农的利益，制定和执行了"打击富农、消灭地主"的政策。

欧阳山所在的土改工作团集中在河北武安县冶陶镇进行整队的时候，当时边区文艺部门的领导审阅了准备付印出版的《高干大》以后，认为小说写高生亮在办合作社时请雇工，就是"富农路线"，不符合党的方针政策，决定停止印刷出版。

不久，党中央纠正了土改运动中的极"左"做法，制止了侵犯中农利益及"打击富农"的"左"的偏向。

政策变了，《高干大》才得以出版。

1948年7月，《高干大》由太岳新华书店出版。

9月，华北新华书店也出版了《高干大》。

《高干大》两个版本的印刷，都是依照欧阳山从延安带出来的清样。

欧阳山当时认为，幸好身上带着这份清样，不然的话，《高干大》的出版就根本不可能了。因为原稿已在重庆遗失，一份抄稿毁于战火中，另一份抄稿在"坚壁"后也已不知去向。

令欧阳山惊喜的是，事隔30年之后的1977年3月，他重回延安参加庆祝延安南区合作社建立40周年的集会时，当地领导陪同他到延安革命纪念馆参观，并请他辨认作为革命历史文物在纪念馆珍藏和陈列的《高干大》手

欧阳山著《高干大》，1948年7月由晋冀鲁豫边区太岳新华书店首次出版。

稿，他一眼就认出这是《高干大》的两份抄稿之一，只缺开篇几页，其余全部完好，这显然是自己"坚壁"起来的那一份抄稿，在边区人民的精心保护下，得以基本完好无损地保存下来。

《高干大》出版后，即从华北发行到所有解放区，又通过种种渠道（包括香港），发行到"蒋管区"，产生很大的影响。"蒋管区"的知识分子，特别是青年，对这样一部来自解放区的、充满泥土芳香（或曰"土"得要命）的，所写的又是他们闻所未闻、见所未见的人和事的长篇小说，产生了浓厚的兴趣，一时间争相阅读起来。

《高干大》出版后，在不长的时间里，版本多至十几种。解放后，更由人民文学出版社等多家重要出版社出版及多次重印，累计印数达100万册以上，还被列为区级干部的读物，对我国农村的革命和建设，产生过有力的推动作用。后来，《高干大》还先后被译成俄、捷、匈、英、日等国文字，在国外出版。

其中日本的多田正子女士因为要研究欧阳山的创作，以及因为要将《高干大》翻译成日文在日本出版，而与欧阳山进行了多年的交往，更成了中日两国人民及两国文化交流中的一段佳话。这在后面将有详述。

《高干大》出版后，除了受到读者的欢迎外，文艺界本身，如丁玲、冯雪峰等人都给予很高评价，其中尤其是赵树理。

赵树理在当时已经是相当著名的作家，他因为创作了《小二黑结婚》

《李有才板话》《李家庄的变迁》等大量优秀的作品，而被认为是延安文艺座谈会之后最早取得最丰硕成果的作家，解放区最有代表性的作家之一。

在《高干大》出版之初，曾有人对这部作品产生不同看法之时，赵树理在1948年10月7日的《人民日报》上发表了专文——《介绍一本好小说——〈高干大〉》①。

赵树理在文章中充分肯定《高干大》"是一部揭露主观主义和官僚主义的成功之作"。

赵树理对《高干大》进行了深入的分析。

赵树理显然是在《高干大》甫一出版时，马上就读了这本书的，他不但读了，而且是细读、精读，所以才能写出如此深入分析又讲到点子上的评论文章。

赵树理指出：这是"一本反主观主义和官僚主义的小说。……主观主义、官僚主义，在1944至1945年，虽在解放区到处遭到反对，可是据我所见，还没有任何一个作品能像本书揭发得那样彻底。……主观主义和官僚主义曾经大家反对了好几年，可是只能说比过去少了些，却没有彻底肃清。在目前大生产中（连农业生产在内），尚遇到只有花样和数字的工作，并未深入研究其实效，这恐怕也是程浩明、任常有②式的思想方法作怪，我觉着大家都读一读这本书，可以避免走任家沟的弯路。主观主义和官僚主义是本书的中心主题，此外还附带提出了两个问题，一是对新民主主义经济的了解问题，一是对反封建迷信的重视问题。这两个问题在本书中都得到合理的解决。虽然有团总式的（地主武装领导人）财主也给合作社入了点股，但他们并不能起到什么操纵作用，合作社还是群众的。"

赵树理由衷地赞叹："在写法上，我特别赞成作者描写现实的本领。像写程浩明，一方面写出他是主观主义和官僚主义者，另一方面又写出他主观上是诚心诚意在那里为革命。同样，写高生亮，一方面写出他用全副精力为人民服务，另一方面又写出他的事务主义和迷信。他把这两个人的特长和特短，常常表现在同样事件中，使人感觉到缺了哪一方面也不像个真人，两个人都是好心好意但却都坏了点事。只有这样才不是伪造，也只有这样才使人感到改造自己之重要性。至于结构的完整、描摹的细致、行文的优美等，也只有读了原书才能享受到，我也就不多作介绍了。"

好个赵树理，他在1948年就说出了这样的话。这样的话是关系到文学创作必须"真"这样一个重大的原则问题啊！

---

① 赵树理：《赵树理文集》（第四卷），人民文学出版社2005年版，第1388—1391页。
② 皆为《高干大》中的人物。

而此后的几十年，我们的一些文艺理论家和评论家们，却仍在这个"真"字上争论不休、纠缠不清，甚至有人还发明了"三突出""高大全"这样的所谓"理论"。

而欧阳山，他在1946年就塑造出了程浩明、高生亮这样的"真"人，这样的有"特长和特短""好心好意但却都坏了点事""不是伪造"的"真"人。

他们笔下的人物，"好人"则是"十全十美"的好，"坏人"则是"彻头彻尾、彻里彻外"的坏，无可救药的坏。

这符合生活实际吗？

联想到几十年前欧阳山所写的《高干大》及其所塑造的人物，联想到几十年前赵树理所说的那些话，真令人感慨系之！

第二节　跟随中共中央西北局转战陕北

中国人民经过艰苦卓绝的十四年浴血奋战，付出巨大的民族牺牲，终于迎来了抗日战争的最后胜利。

抗战胜利后，中国将向何处去？

这是摆在四万万七千五百万中国人民面前的一个极其严重的问题。

经过长达十四年的残酷战争，人民极度渴望和平，希望"化剑为犁"，过上再也没有战火的和平安定的生活。

中国共产党也力图避免内战，希望通过和平的道路来建设一个新中国，逐步实现中国的社会政治改革，发展中国的民族经济。这是符合饱受战争之苦的中国人民的普遍愿望的。

但蒋介石坚持独裁和内战的方针。他想通过发动内战，消灭共产党，消灭共产党所领导的解放区和人民军队。

早在1945年5月，蒋介石在国民党第六次全国代表大会上就说："今天的中心工作，在于消灭共产党！日本是我们国外的敌人，中共是我们国内的敌人！只有消灭中共，才能达成我们的任务。"[①]

因此，随着抗战的结束，另一场战争——内战的危险立即空前严重地威胁着全体中国人民。

但由于蒋介石还没有做好立即发动战争的充分准备。为了蒙蔽人心，并争取时间调兵遣将，部署内战，蒋介石于1945年8月14日、20日、23日向延安连发三次电报，邀请毛泽东去重庆"共同商讨""目前各种重要

---

① 程思远：《政坛回忆》，广西人民出版社1983年版，第158页。

问题"。

为了尽最大的努力避免内战，争取和平民主的局面，1945年8月28日，毛泽东毅然偕同周恩来、王若飞从延安飞赴重庆同国民党进行谈判。

在重庆期间，毛泽东就和平建国等问题直接同蒋介石进行了七次商谈。

重庆谈判前后历时43天。1945年10月10日，国共双方正式签署《政府与中共代表会谈纪要》，即"双十协定"。

然而，国民党蒋介石在完成发动战争的各项准备后，悍然撕毁了墨迹未干的以促进和平建国为目标的"双十协定"，发动了全面内战。

中国共产党在竭尽全力挽救和平无望之后，毅然决然地接受了这一严重挑战，拿起武器，坚决地以革命的战争战胜反革命的战争。

中国共产党与中国国民党各自投入了几百万人的兵力，在中国大地上展开了中国之命运的大决战。

战争之初，国民党先发制人，以22万人的兵力，于1946年6月，气势汹汹地首先围攻鄂豫边境的中原解放区，揭开了战争的序幕。

接着，多达160万人的国民党军队大举进攻华东、晋冀鲁豫、晋绥、东北以及海南岛等解放区，全面内战由此爆发。

1947年3月，国民党胡宗南军队以25万人的兵力，向中共中央和人民解放军总部所在地延安发动突然袭击。

当时陕北的人民军队仅有2万多人，兵力只有敌军的十分之一，处于绝对劣势。

但毛泽东异常镇定。在胡宗南军队已逼近延安，枪炮声已隐隐传来时，他接见了新编第四旅旅长张贤约、政委徐立清等指挥员。

他对大家说，我们在延安住了十年，挖了窑洞，吃了小米，学了马列主义，培养了干部，指导了中国革命，全中国全世界都知道有个延安，延安不能不保，但是延安又不可保。

"我们要拿一个延安，换一个中国。"毛泽东指出放弃延安的必要性，继续说，"延安是世界名城，也是一个包袱，我们撤出延安，就是把这个包袱扔给蒋介石。"

毛泽东豪气万丈地说，你蒋介石既然可以打到延安来，我毛泽东也可以打到南京去，来而不往非礼也。你可以"打到延安去，活捉毛泽东！"我也可以"打到南京去，活捉蒋介石！"

毛泽东预言："少则一年，多则两年，我们还要回到延安来的。"

谈话结束后，他送大家到门口，笑着说："好啊！我们下次在哪里见面呢？可能不会在延安了，也许是南京、上海，或是北平吧！"

胡宗南已兵临城下了，大批飞机侵入延安上空轰炸。

毛泽东镇定地坐在窑洞里工作，警卫员请他到防空洞里去，他说："不打紧，窑洞这么厚。"这时，警卫员石国瑞拣了一块弹片拿给毛泽东看，毛泽东接过弹片在手里掂了掂，说："噢，这个很好啊！可以打两把菜刀用。"

在危急的形势下，彭德怀主动请缨，要求暂时指挥在陕北的两万军队，保卫党中央。毛泽东说："很好！"

1947年3月16日，中共中央决定组成西北野战兵团（后来改称西北野战军），人民解放军副总司令彭德怀任西北野战兵团司令员兼政委，习仲勋任副政委。

3月18日，延安城里已能清楚地听到机枪声。彭德怀几次催毛泽东撤离，他仍不动。下午，他还接见了从山西回援的西北野战兵团二纵司令员王震。

周恩来再次请毛泽东动身，毛泽东说："好吧！吃罢晚饭再走！敌人要来就请他来吧！我们把窑洞打扫干净，桌椅放端正，茶壶茶杯摆整齐，告诉胡宗南，延安是我们的，我们还要回来的。"

下午6点多，毛泽东、周恩来等离开延安，踏上转战陕北之路。

彭德怀指挥西北野战兵团打了七天七夜的延安保卫战，掩护中共中央和群众安全转移。

《彭德怀自述》中写道："十八日黄昏，主席离开延安，我们悄悄地送到飞机场。敌进迫离城约七里处，也即是教导旅的最后掩护阵地。主席经飞机场、桥儿沟、拐峁向青化砭前进时，沿途都可以听到延河南岸敌之枪声。在主席离开王家坪后，我即到西北局、联防司令部、杨家岭等地检查：房屋都按照主席吩咐打扫得还干净，家具也摆好了。"

中共中央撤离延安后，决定由刘少奇、朱德以及一部分中央委员组成中央工作委员会，东渡黄河，到华北（最后落脚在河北平山县西柏坡村）进行中央委托的工作；毛泽东、周恩来、任弼时则率中共中央和人民解放军总部的精干机关，转战陕北，指挥全国各战场的作战。

毛泽东在转战陕北时，取名"李德胜"，"李"离也，即离开就能得胜。

欧阳山一家则"兵分三路"：

大女儿欧阳代娜和二女儿欧阳天娜已长大，此时随刘少奇、朱德率领的中央机关到华北工作；

妻子虞迅和儿子欧阳左嘉暂时隐藏在陕北老乡的家中，后来到华北与欧阳山会合；

欧阳山随中共中央西北局转战陕北，具体安排在西北局机关，主要工作是任战地记者。

在转战陕北的数月间,欧阳山写下了《你们是这个》《三个对二十八个》《打那和我作对的人》等多篇战地速写,发表在1947年4月25日出版的陕甘宁边区《战地生活报》上。

这几篇战地速写以独特的视角,从一个侧面生动地描写了西北野战军是如何打败胡宗南军队的,有力地配合了解放战争的胜利进军,因而远在万里之外的《东北日报》很快就于1947年5月14日全文转载了这几篇文章。

第三节　流水落花春去也

战争打了三年。

在战争的三年间,在国民党统治区,政治越发黑暗,官员极度腐败,通货恶性膨胀,物价狂升暴涨,法币比抗战前贬值400万倍,农村破产、工厂倒闭、店铺关门,财政经济已陷于全面崩溃。

美联社曾于1947年7月24日的电讯中形象地描写道:法币100元可购买的物品,1940年为一口猪,1943年为一只鸡,1945年为一条鱼,1946年为一个鸡蛋,1947年为三分之一盒火柴。

在广西柳州,物价变化之巨尤具戏剧性:100元法币的购买力,在1937年为2头大牛,至1948年仅为五十分之一个烧饼。由于商店已拒收400元以下的小钞,持币者只得用一斤小钞同菜农换一斤蔬菜。以致清明节时,到郊外上坟的人都不烧冥钱纸,改烧千元钞票,因为一张千元钞票买不到一张冥钱纸,烧钞票自然更合算。曾有一位旅客在饭馆吃饭,米饭2万元一碗,当他要盛第二碗时,已涨至2.5万元了。

1948年国民政府发行金圆券后,物价更如洪水决堤,腾飞猛涨,一发不可收拾。1949年4月时,上海每担大米为金圆券40万元,几天后就涨至120万元,令人胆战心惊。

尽管国民党政府继颁布《财政经济紧急处分令》后,又制订《改善经济管制补充办法》,但于事无补,回天乏术了。

于是,有文人墨客提笔赋写《虞美人·寄调金圆券》,词曰:

> 法币金圆贬值了,物价涨多少!小民日夜忧涨风,
> 币制不堪回首改革中。
> 金圆标准应犹在,只是价格改。问君能有几多愁,
> 恰似一簇乱箭钻心头。

这阕词于讽刺幽默之中,又包含多少哀愁与无奈。

在这种情况下,国统区民族工商业日益走向破产,近于奄奄一息。从1946年10月至1947年2月,上海、武汉、广州等20个城市工厂商店倒闭的达二万七千家。

失业人数陡增。

广大工人、市民乃至商人濒临无法生存的境地。

农村中,饥民遍地,饿殍载道。

公教人员和学生群众的生活也陷入极度的困境。

人们食不果腹,在饥饿和死亡线上挣扎。

1947年夏秋之间,华北大旱,华南大涝,农田颗粒无收。

人祸加上天灾,使形势更如雪上加霜。

民不聊生,民怨沸腾,社会骚动,继京沪等大城市发生了大批市民参与的抢米风潮之后,又在国统区的各大城市爆发了由广大学生和市民参加的声势浩大的反饥饿、反内战、反迫害的示威游行。

到后来,广大学生都把中国的希望寄托在人民解放战争的胜利上,因而不再提"反内战"的口号,而是在"反迫害"的旗帜下展开斗争。

1947年10月,浙江大学学生自治会主席于子三遭到非法逮捕,惨死狱中。杭州、南京、上海、北平等十二个城市的十万余名学生掀起一场"反对非法逮捕、反对特务、反对屠杀青年"的反迫害斗争。

1948年初,国民党当局制造同济大学血案,上海、北平等地学生的反迫害斗争再次出现高潮。

同年4月,华北学生为抗议当局取缔华北学生联合会而开展"反对迫害,保卫学联"的斗争,并同平津地区教职员工为要求调整待遇而举行的罢教、罢职、罢工、罢研、罢诊斗争相结合,形成声势浩大的"四月风暴"。

而国民党当局竟然在光天化日之下杀害了著名民主人士李公朴、闻一多,更激起了人民反抗的浪潮。

国民党的统治已处于风雨飘摇之中。

人皆曰:蒋家王朝气数已尽了。

文人不觉吟诵起李后主的《浪淘沙》来:

> 帘外雨潺潺,春意阑珊。罗衾不耐五更寒,
> 梦里不知身是客,一晌贪欢。
> 独自莫凭栏,无限江山,别时容易见时难。
> 流水落花春去也,天上人间。

在战争的三年间，欧阳山一直在紧张而兴奋地工作、生活和战斗着。

他一直工作在党中央的周围，随着革命的前进和发展的步伐，辗转于陕北、华北的农村和战场，为着新的中国，不知疲倦地工作和战斗着。

就像毛泽东说的：

> 曙光就在前面，我们应当努力。

在战争的隆隆炮声中，欧阳山清楚地知道，他曾在其间生活过几十年的那个旧的中国，行将灭亡了。他忽然想起鲁迅先生在《野草·题辞》中说的话：

> 过去的生命已经死亡。我对于这死亡有大欢喜，……
> 死亡的生命已经朽腐。我对于这朽腐有大欢喜，……
> 地火在地下运行，奔突；熔岩一旦喷出，将烧尽一切野草，以及乔木，于是并且无可朽腐。

是的，对于旧世界的灭亡，欧阳山是毫不足惜的，他和鲁迅先生一样，"对于这死亡有大欢喜"。

在战争的隆隆炮声中，欧阳山欣喜地感到，一个新的中国，行将诞生了；一个鲁迅先生曾热切盼望过的"中国历史上未曾有过的第三样时代"，行将出现了。对此，他也如鲁迅先生在《野草·题辞》中说的一样：

> 我将大笑，我将歌唱。

第四节　大决战

如前所述，在战争的三年间，欧阳山是在紧张、忙碌和兴奋中度过的。

1947年3月，欧阳山跟随中共中央西北局转战陕北，任战地记者，写出多篇战地速写。

1947年6月，欧阳山调晋冀鲁豫边区工作，任晋冀鲁豫边区文化协会副理事长。

1947年7月—1948年7月，欧阳山以中央局土改工作团团员的身份到河北武安县参加土地改革运动。

历时一年的土改，令欧阳山积累了十分丰富的有关土地改革运动的生活素材，构成了他36年后，即1984年8月完稿的长篇巨著《一代风流》第五卷

《万年春》的基本内容。

1948年8月，欧阳山调晋察冀边区工作。后晋察冀边区改为华北区，欧阳山任华北政府文化工作委员会委员、华北文艺协会常务理事（至1949年8月）。

同年9月，创办《华北文艺》，并任主编（至1949年8月），著名作家康濯、秦兆阳、陈企霞、王燎荧等也在该杂志编辑部工作。

在这一年的时间里，欧阳山的主要工作地点是在河北省平山县离中共中央所在地西柏坡不远的农村。

在这期间，即1949年1月，欧阳山的小儿子出生了。因小儿子出生地在河北，河北古称燕，出生时间是在满天星星的晚上，欧阳山遂为小儿子取名为欧阳燕星。

在主编《华北文艺》的一年岁月里，欧阳山按照延安文艺座谈会确立的方针，编发了大量体现"新写作作风"的文艺作品，培养和团结了一批年轻的作者，为即将成立的新中国的新文艺事业做出一定的贡献。

在这期间，欧阳山也在繁忙工作的间隙，写出了《华北八月文会》《从更多的角度反映战争》《我们的希望》等多篇文章。

《华北文艺》出版到1949年6月后，迁至北平（中华人民共和国成立时改为北京）。在上级指示下，欧阳山以原编辑部为基础，筹办《人民文学》。

《人民文学》正式创刊出版后，成为中华全国文学工作者协会（1953年9月更名为中国作家协会）的机关刊物，并请毛泽东题写刊名，毛泽东同时题词："希望有更多好作品出世"。

其时，欧阳山已南下广东，开始新的工作了。这是后话。

在欧阳山参加完土改，调晋察冀边区工作的1948年秋，人民解放战争进入了夺取全国胜利的决定性阶段。

其时，人民解放军已由战争开始时的120万人发展到280万人，其中野战军149万人。装备亦有很大改善，多为从国民党军队缴获来的美式装备。

各解放区相继连成一片，面积达235.5万平方千米，占全国总面积的24.5%。人口达1亿多，占全国总人口的35.3%。

与此相反，国民党军队则由战争开始时的430万人下降到365万人，且军心浮动，士气低落，不得不从"全面进攻"改为"全面防御"，最后只能"重点防御"。

情况表明，人民解放军同国民党军队进行战略决战的时机已经到来。

中共中央对战争形势进行了科学的分析，毛泽东当机立断，决定大打。

他在河北西柏坡的土房子里运筹帷幄，直接指挥了辽沈、淮海、平津三大战役。

1948年9月12日，辽沈战役首先打响。东北野战军在林彪、罗荣桓指挥下，集中主力70万人，与50多万人的国民党军队展开激战。战役历时52天，歼敌47万多人，解放了东北全境。

辽沈战役刚刚结束，由刘伯承、邓小平、陈毅、粟裕、谭震林指挥的中原野战军和华东野战军60万人，就在以徐州为中心的广阔疆场，发起了规模空前的淮海战役。战役于1948年11月6日打响，至1949年1月10日结束，历时66天，共歼敌55.5万人。经此一役，南线国民党军队精锐尽丧，长江中下游以北的广大地区获得解放，并同华北解放区连成一片。

此时，解放军百万雄师压到长江北岸。国民政府首都南京直接暴露在解放军的大炮射程之下，国民党的统治已陷入土崩瓦解的状态了。

在淮海战役激战方酣之际，毛泽东命林彪、罗荣桓率东北野战军迅速入关，和聂荣臻率领的华北军区第二、第三兵团合共100万人，联合发动平津战役。战役历时64天，攻陷天津，和平解放北平，于1949年1月13日结束，共歼灭和改编国民党军队52万余人，华北全境基本解放。

辽沈、淮海、平津三大战役历时141天，国共双方共投入兵力500多万人，在大半个中国的广阔原野上进行激战，无论是战争的规模还是取得的战果，在中国战争史上都是空前的，在世界战争史上也是罕见的。

三大战役共歼灭国民党军队154万人，至此，国民党的主要军事力量基本上被摧毁了，国民党在长江以北的力量已全线崩溃，在长江以南也难以依靠长江天堑构筑起所谓"固若金汤"的防线了。

1949年3月25日，毛泽东率中共中央机关及人民解放军总部离开西柏坡，进入北平。

打倒蒋介石，解放全中国的伟大历史性时刻到来了。

1949年4月21日，毛泽东主席和朱德总司令发布向全国进军的命令。

百万雄师过大江。由总前委书记邓小平统一指挥的第二、第三野战军在中原军区部队配合下，得到江北人民的支援和江南游击队的策应，发起渡江战役。在西起湖口、东至江阴的千里战线上，百万雄师分三路强渡长江，一举摧毁了国民党苦心经营三个半月的长江防线。

1949年4月23日，人民解放军占领国民党的统治中心南京，在总统府上扯下了"青天白日满地红"的国民党的"国旗"，宣告延续了22年的国民党统治的最后终结。

第五节　参加文代大会

三大战役的胜利，南京的解放，使欧阳山无比兴奋，他高兴地看到，一个新的中国，马上就要诞生了。

1949年6月，欧阳山带领《华北文艺》编辑部人员迁至北平，参与筹办《人民文学》的工作。

与此同时，筹备召开中华全国文学艺术工作者代表大会的工作也正在紧锣密鼓地进行。

文代大会的筹备工作是在刚解放的北平进行的。

1949年2月北平解放之后，包括欧阳山在内的大批华北解放区的革命文艺工作者来到北平，国统区众多进步的作家、艺术家也陆续到达这个新生的文化古都，加上原来在北平坚持进步文艺工作的人员，形成了中国新文艺大军的胜利大会师。

1949年3月22日，欧阳山从平山来到北平，出席了在北平召开的华北文化工作委员会和华北文协举行的茶话会。

茶话会洋溢着一派庆祝中国革命胜利的欢乐气氛。

郭沫若在会上抑制不住兴奋激动的心情，大声提议：发起召开中华全国文学艺术工作者代表大会，成立新的全国文艺界的组织。

全场报以热烈的掌声，一致赞同郭沫若的这一倡议。

经过三个多月的筹备，文代大会于6月30日召开了预备会议。

1949年7月2日，中华全国文学艺术工作者第一次代表大会在北平隆重开幕。

这次代表大会的召开，标志着中国新民主主义革命时期的文艺完成了它光荣的历史使命；标志着崭新的社会主义时期的文艺开始了它光辉灿烂的征程。

来自全国各地各民族的文艺家824人（大大超过了筹委会原定的753人的代表名额）参加了大会，他们代表着全国7万多新文艺工作者以及数以万计的分散在广大城乡的旧戏曲和曲艺工作者。

欧阳山以华南解放区代表团团长的身份参加了这次大会，并在大会上当选为新成立的中华全国文学艺术界联合会委员（中华全国文学艺术界联合会于1953年9月改称中国文学艺术界联合会，简称"中国文联"）。

欧阳山随后还参加了于1949年7月23日召开的中华全国文学工作者第一次会员代表大会，并在大会上当选为新成立的中华全国文学工作者协会理事（中华全国文学工作者协会于1953年9月改称中国作家协会，简称"中国作协"）。

　　草明以东北代表团副团长的身份率领东北的文艺家代表们也来到北平参加了文代大会（团长成仿吾因事耽搁了几天才赴会）。她在北平见到了随中央机关进城的女儿欧阳代娜和欧阳天娜，数年未见，母女三人哭成了一团。

　　在欧阳山的北平居住地——多福巷的一幢房子里，草明见到了她曾深爱过的欧阳山，见到了随欧阳山进城的儿子欧阳左嘉，她把儿子带到她开会期间的住处翠鸣庄，母子俩一起在那里住了两天。

　　文代大会召开前，草明参加了大会的党组会议。会议由周扬主持。

　　周恩来及中央宣传部部长陆定一也来参加了这次会议。

　　周恩来要看大会主席团的名单，周扬便把名单递给他。周恩来接过名单后还没有看，先问道："这上头有周立波同志和草明同志没有？"

　　周扬回答道："有周立波，草明同志还没有放上去。"

　　周恩来说："人家深入生活，要把他们摆上去。"

　　周恩来接着一面仔细地看名单，一面抬起头来说："像柳亚子先生历来关心文化事业，也写过很多诗和文章，毛主席说是否应让柳亚子先生他们也摆上去？你们考虑一下。"

　　陆定一、周扬同声答道："应该安排柳亚子先生进文联。这对文艺界大有好处。"

　　由于周恩来的提议，以后周扬在每届文代会上都没有忘记安排草明在大会的主席团名单上。

　　欧阳山也是历届文代会的大会主席团成员。

　　自步入文坛25年来，欧阳山还是第一次参加这样隆重的全国性文艺界大会，他兴奋的心情自不待言。

　　其实，这样大规模的文艺界盛会，在中国数千年的文学史上也还是头一遭。

　　在大会开幕式上，欧阳山高兴地看到，朱总司令来了。

　　朱总司令代表中共中央和人民解放军总部热烈祝贺会议的召开，他在《贺词》中高度评价了中国新文艺运动的成就和经验，赞扬中国广大文艺家所取得的优异成绩，他特别强调指出新文艺运动为中国革命做出了重要的贡献：

　　　　中国的新文艺运动有各种不同的派别和倾向，但是它的主流，从一九一九年的"五四"运动以来，始终是和中国人民民主革命运动相联系的。……

　　　　三十年来新的文学艺术吸引了大群的青年走上进步和革命的道路，

不少的文学艺术工作者自己参加革命斗争或者牺牲在革命斗争中。……文学艺术和革命斗争，有这样一个不可分离的关系，这是中国新文艺的光荣。

7月6日，毛泽东来了，周恩来也来了。

在大海波涛般热烈的掌声中，毛泽东讲了话。

欧阳山又听到了毛泽东那熟悉的铿锵有力的湖南话，听到了他给予新文艺工作者的十分亲切而崇高的评价：

……你们都是人民所需要的人，你们是人民的文学家，人民的艺术家，或者是人民的文学艺术工作的组织者。你们对于革命有好处，对于人民有好处。因为人民需要你们，我们就有理由欢迎你们。

周恩来向大会做了《政治报告》，他说：

这次大会既是大革命失败以来被迫分离在国民党统治区与革命根据地的两支文艺工作者队伍的会师，也是新文艺部队的代表与赞成改造的旧文艺的代表的会师，又是在农村中的，在城市中的，在部队中的这三部分文艺军队的会师。这些情形都说明了这次团结的局面的宽广，也说明了这次团结是在新民主主义旗帜之下，在毛泽东同志新文艺方向之下的胜利的大团结、大会师。

周恩来又说——

抗日战争期间在国民党统治区成立的中华全国文艺协会，也就是今天的大会发起团体之一，除了很少几个反动分子被淘汰以外，那个团体的文艺工作者几乎全部都团结在新民主主义的旗帜之下，并且他们的主要代表人物也几乎全部都来参加了这个大会。

周恩来充分肯定了新文艺运动三十年来所取得的成绩，他指出：

从"五四"运动以后，我们的新文艺大军在跟敌人作战上，曾经取得很多的胜利。我们打败过封建文艺，二十年来我们又打败过国民党反动派的法西斯文艺和为帝国主义服务的汉奸文艺。在毛主席的新民主主义的文艺方向下，我们建立了广泛的文艺战线。在解放区，许多文艺工作者进入了部队，进入了农村，最近又进入了工厂，深入到工农兵的群众中去为他们服务，在这方面我们已看到初步的成绩。

周恩来进一步指出：

一切进步的文艺工作者应努力认识中国共产党，因为中国共产党已经与中国人民的生活和斗争形成了不可分离的联系，不认识中国共产党，也就不能够正确地认识和表现今天的中国人民的生活和斗争的主要部分。

周恩来还特别强调指出文艺工作者：

应该首先去熟悉工农兵；因为工农兵是人民的主体，而工农兵又是今天在场的绝大多数所不熟悉或不完全熟悉的。
……我们主张文艺为工农兵服务，当然不是说文艺作品只能写工农兵，……但是主要力量应该放在哪里，必须弄清楚，不然就不可能反映出这个伟大的时代，不可能反映出创造这个伟大时代的伟大的劳动人民。

周恩来号召广大文艺工作者要增强团结；要贯彻普及与提高相结合的方针；要改造旧文艺；要有全局观念。

在全场一片热烈的掌声中，周恩来最后号召全国广大的文学家、艺术家们要多多创作好的作品，为最广大的人民、为即将成立的人民共和国奉献自己的厚礼。

聆听着周恩来的讲话，欧阳山心情激动，深有同感。

他环顾会场，高兴地看到，这次文代大会的确是各路文艺大军的一次大会师。

他知道，中国新文学运动长期来都是无产阶级领导的统一战线的运动。在"五四"以后长期的民族民主革命过程中，虽然也有一些人经不住考验而被淘汰，但不断有成批新的分子参加进来，使新文学队伍得到发展壮大。

欧阳山看到，参加这次文代大会的，不仅有历来进步的文学工作者，也有不同倾向、不同阶级、不同方面的文艺家。

他惊喜地看到，曾被新文学阵营作为对立面批评的鸳鸯蝴蝶派的几位代表作家，也来参加大会了。这些作家在现实斗争的推动下投入了统一战线，并写出了具有进步意义的作品。

特别是，在一些国家里，无产阶级革命的胜利曾使不少作家流亡到国外，而在中国，革命的胜利使广大文艺家感到无比欢欣鼓舞，连一些多年远居国外的作家也纷纷归来。

这真是中国文艺界一次空前广泛的团结与交流的盛会。

这次文代大会又是中国新文艺成就的一次大检阅。

"五四"以来的新文艺，虽然只有短短30年的历史，却取得了重大成就，涌现了许多优秀的或相当优秀的作品，有力地配合了各个阶段的革命斗争，影响了千千万万青年走上革命的道路，对历史发展尽了自己应尽的责任。革命的文艺工作者与人民大众经历着共同的苦难和战斗，有着共同的命运和悲欢。

大会总主席郭沫若在会上做的《为建设新中国的人民文艺而奋斗》的报告中，对此做了感人的描述：

>……在各个历史时期，中国新文艺运动的主流都是当时的革命政治运动的一个重要的战斗单位。为了取得新民主主义的政治革命和文艺革命的胜利，曾经有许多文学艺术工作者和英勇的中国人民一起献出了他们的血和生命。在土地革命时期，有一些左翼文学家艺术家为国民党反动派所杀害。在抗日战争和人民解放战争时期，有更多的文学艺术工作者牺牲在战场上，牺牲在监狱中，牺牲在特务的手里。

这就正如朱德总司令在致大会的《贺词》中所指出的：

>文学艺术和革命斗争，有这样一个不可分离的关系，这是中国新文艺的光荣。

欧阳山为自己是这支新文艺队伍中的一员而感到光荣，同时更深深感到肩上责任的重大。

他知道，在自己20多年的文学生涯中，虽然自觉追随革命，紧跟着时代的步伐不断前进，写出过一些作品，但还很不够，还必须写出更多为人民群众欢迎的、无愧于伟大时代的好作品、大作品。

他坚信自己能实现这个宏大的目标。

这次文代大会也是"五四"以来新文艺基本经验的一次大总结、大交流。

新文学30年的发展过程，可以说一方面是向世界进步文学学习，从文学内容到表现形式无不进行现代化变革的过程，另一方面又是文学同人民群众日益结合，同民族传统日益结合，逐步走向民族化、群众化的过程。

"五四"文学革命是中国文学现代化的真正起点。经过这场革命，中国文学才开始有了称得上是现代的民主与科学的内容，才开始有了科学社会主义的思想因素，才开始与世界进步文学取得共同的语言。

然而，30年的历史经验特别是延安文艺座谈会后的历史经验证明，文学的现代化又必须与文学的民族化、群众化相结合。只有实现这两者的结合，新文学才能具有鲜明的民族特点，才能受到人民群众的欢迎，才能在人民群众中生根，真正为广大人民群众服务。

正如大会闭幕时所发表的《大会宣言》所说——

> 这些年的经验证明了毛泽东同志文艺方针的卓越的预见与正确。文艺工作者和劳动人民结合的结果，使中国的文学艺术的面貌焕然一新。

在这次文代大会上，大会副总主席茅盾、周扬分别做了《在反动派压迫下斗争和发展的革命文艺》（国统区）和《新的人民的文艺》（解放区）的报告。

各方面代表做了一系列的报告和专题发言。

大会进行了热烈的讨论和交流。

欧阳山在会议的发言中，结合自己的经历，讲述了自己参加延安文艺座谈会之后，深入生活，与人民群众相结合，写出受到人民群众欢迎的《高干大》等作品的过程和经验体会，讲述了自己的创作所发生的深刻变化。

他的发言，引起了与会代表，特别是从国统区来的代表的浓厚兴趣和热烈欢迎。

这次文代大会在产生了"全国文联"和文学、戏剧、电影、音乐、舞蹈、美术等各部门协会以及戏曲改革协会、曲艺改进会等组织，并一致通过了《大会宣言》后，于7月19日胜利闭幕。

在新中国诞生前夕举行的这次文代大会，是中国现代文学史上继往开来的重要会议。它总结、发扬了新文学30年中积累的成绩和经验，确认了毛泽东文艺思想为文艺界遵循的"共同纲领"，组织起一支规模宏大的建设社会主义新文艺的队伍，开创了新民主主义革命胜利以后文艺工作的新局面，将我国革命文艺推进到一个前程更为远大的新时期。

文代大会之后，即1949年8月，欧阳山接受新的任务，随南下工作团到了汉口。

第六节　喷薄欲出的朝阳

欧阳山到汉口，其实是为最终南下广州做准备。

广州，是他的第二故乡，是他魂牵梦绕的地方，这华南的大都会，很快就要解放了。

党组织给欧阳山的新任务，就是南下广州，担负起领导华南地区文艺工作的重任。

但1949年9月，欧阳山又回到了北平，他以华南解放区代表的身份，参加了第一届中国人民政治协商会议，参与了筹建新中国政权的工作。

南京既已解放，大片国土既已解放，国民党政权既已被推翻，成立中华人民共和国的条件就已经成熟了。

1949年6月，在北平召开了新政治协商会议筹备会第一次全体会议，成立了以毛泽东为主任的政协筹备会常务委员会，负责起草共同纲领、拟定政府组成方案等，全面展开了筹建新中国政权的工作。

1949年9月21日，中国人民政治协商会议在北平隆重开幕。

毛泽东致开幕词。

他以洪亮的嗓音豪迈地向全世界宣告：

> 占人类总数四分之一的中国人从此站立起来了。
>
> ……
>
> 我们团结起来，以人民解放战争和人民大革命打倒了内外压迫者，宣布中华人民共和国的成立了。我们的民族将从此列入爱好和平自由的世界各民族的大家庭，以勇敢而勤劳的姿态工作着，创造自己的文明和幸福，同时也促进世界的和平和自由。我们的民族将再也不是一个被人侮辱的民族了，我们已经站起来了。我们的革命已经获得全世界广大人民的同情和欢呼，我们的朋友遍于全世界。
>
> ……
>
> 让那些内外反动派在我们面前发抖罢，让他们去说我们这也不行那也不行罢，中国人民的不屈不挠的努力必将稳步地达到自己的目的。

欧阳山和全体与会者站起来，对毛泽东的讲话报以长时间的、经久不息的、雷鸣般的掌声。

欧阳山和来自中国共产党、各民主党派、无党派人士、各人民团体、人民解放军、各地区、各民族以及国外华侨的代表一起，听取了各位领导人的报告，进行了深入的思考和热烈的讨论，提出了各种各样的建议，审议了多项提案，度过了紧张繁忙的10天会期，圆满完成了会议的各项议程。

会议通过了《中国人民政治协商会议组织法》，选出由毛泽东任主席的政协全国委员会。在普选的全国人民代表大会召开前，政协全体会议代行全国人民代表大会的职权；

会议通过了《中国人民政治协商会议共同纲领》；

会议通过了中央人民政府组织法，一致选举毛泽东为中央人民政府主席，朱德、刘少奇、宋庆龄、李济深、张澜、高岗为副主席，陈毅等56人为中央人民政府委员。随后，由中央人民政府委员会任命周恩来为政务院总理兼外交部长；

会议通过北平为中华人民共和国首都，并将北平改名为北京；决定采用公元纪年；以《义勇军进行曲》为代国歌；国旗为五星红旗，象征全国人民在共产党领导下的大团结。

1949年9月30日，中国人民政治协商会议第一次全体会议胜利闭幕。

当晚，欧阳山和全体代表一起，参加了在天安门广场举行的人民英雄纪念碑奠基礼。

毛泽东为人民英雄纪念碑起草了碑文：

> 三年以来，在人民解放战争和人民革命中牺牲的人民英雄们永垂不朽！
>
> 三十年以来，在人民解放战争和人民革命中牺牲的人民英雄们永垂不朽！
>
> 由此上溯到一千八百四十年，从那时起，为了反对内外敌人，争取民族独立和人民自由幸福，在历次斗争中牺牲的人民英雄们永垂不朽！

周恩来书写了碑文。

在这欢庆革命胜利的日子里，欧阳山和代表们怀着崇敬的心情，在纪念碑奠基礼上，向在长期的艰苦卓绝的斗争中为中国的民族独立和人民解放而英勇献身的革命先烈们致以默默哀悼。

这天晚上，欧阳山无法入睡。

因为第二天，就是1949年10月1日，中华人民共和国将在这一天，宣告成立了！

因为，等了多少年，终于等来了这一天，中华复兴的号角，吹响在天地间。

欧阳山站在住房的窗前，仰望夜空，虽然天色还是漆黑一片，但他分明看到了——

东方地平线上，一轮朝阳，正光芒四射、喷薄欲出。

他分明看到了——

东方地平线上，一轮朝阳，正气势磅礴、冉冉升起。

第九章

巨著传世

第一节　参加千年盛典

这是中国五千年历史上第一次这样盛大的开国大典，欧阳山参加了。

这是中国五千年历史上第一次真正由人民当家作主的共和国的成立盛典，欧阳山参加了。

这一天是1949年10月1日。北京天安门广场，30万人手持红旗，一片红色的海洋。

欧阳山兴奋地站在天安门第一观礼台上，参加了中华人民共和国成立的盛大庆典。

这天下午3时，林伯渠宣布典礼开始后，欧阳山又听到了伟人那熟悉的铿锵有力的湖南口音——毛泽东在天安门城楼上，以洪亮的嗓音向全世界庄严宣告："中华人民共和国中央人民政府今天成立了！"

顿时，广场上欢声雷动，群情激昂，30万人挥动手中的红旗，如大海波涛翻滚。

在《义勇军进行曲》的雄壮旋律中，毛泽东按动电钮，新中国第一面鲜艳的五星红旗冉冉升起。全场肃立，欧阳山和30万人一起，向国旗行注目礼。

与此同时，军乐声中，炮群长啸，大地震动，108门礼炮（分为两组，每组54门，轮替着开炮）齐鸣28响。礼炮声如同报春的惊雷，在天宇间回响激荡，震动着每一个人的心，把开国大典上伟大、庄严、团结的气氛进一步推向了高潮。礼炮鸣28响，比国际上盛行的鸣21响为最高礼仪要多，是因为要对自1921年中国共产党成立以来，走过28年艰苦卓绝的战斗历程，终于取得了新民主主义革命的胜利的赞礼。54门礼炮则象征着中国当时的54个民族。

随即，毛泽东向全世界宣读《中华人民共和国中央人民政府第一号公告》。

接着,朱德总司令在阅兵总指挥聂荣臻将军陪同下,乘敞篷汽车检阅各兵种受阅部队,然后健步回到天安门城楼主席台。此时,欧阳山激动地听到了朱总司令用浑厚有力的四川话音,宣读了《中国人民解放军总部命令》:"我命令中国人民解放军的全体指战员、工作员,坚决执行中央人民政府和伟大的人民领袖毛主席的一切命令,迅速肃清国民党反动军队的残余,解放一切尚未解放的国土,同时肃清土匪和其他一切反革命匪徒,镇压他们的一切反抗和捣乱行为……"

在雄壮洪亮的中国人民解放军的军歌声中,阅兵式开始了。人民解放军的步兵、骑兵、坦克、大炮、军车,以连为单位,列成方阵,迈着威武雄壮的步伐,从东向西分列式通过天安门广场。与此同时,刚刚组建的人民解放军空军17架战机、轰炸机,凌空掠过天安门广场上空,接受检阅。

最后是群众游行。获得了翻身解放的人们欢呼雀跃、载歌载舞,万众欢腾地走过天安门广场。直到晚上9时多,开国大典才结束。

中华人民共和国的成立,是中国有史以来最伟大的事件,也是20世纪世界最伟大的事件之一。中国从此结束了一百多年来被侵略、被奴役的屈辱历史,真正成为独立自主的国家;中华民族的发展从此开启了新的历史纪元。

欧阳山这一天兴奋、激动的心情,是无法用笔墨来形容的。

这一天和他肩并肩站立在天安门第一观礼台上的,是他30年代在上海认识、40年代在延安战斗的亲密战友刘白羽。

事隔51年后,刘白羽在一篇纪念欧阳山的文章中仍难掩激动地这样写道:

> 再见面是在第一届政协会上,共同携手,宏论开国。我们在第一个10月1日一起站在第一面飘扬的五星红旗之下。①

第二节 被叶剑英点将

1949年9月3日,位于江西赣州的省立师范学校里,中国人民解放军总参谋长叶剑英将军,正与第四野战军第4兵团、第15兵团及两广纵队负责人陈赓、邓华、郭天民、刘志坚、洪学智、赖传珠、曾生等同志召开作战会

---

① 刘白羽:《哭山兄——悼念欧阳山同志》,载《纪念欧阳山》,广东人民出版社2001年版,第47页。

议，研究解放广东的问题，制订作战方案。

1949年10月2日，叶剑英下达作战命令，命陈赓兵团（即第4兵团）、邓华兵团（即第15兵团）及各路军按照预定部署，立即向盘踞在广东的国民党余汉谋集团发起进攻，一举解放广东全境。

广东战役正式打响。

左、右、南三路大军合力推进，占曲江，克翁源，攻龙川，直逼广州……

余汉谋集团被迅速击溃。

1949年10月14日上午，陈赓电告：第4兵团先头部队接近广州市郊，守城的国民党刘安琪21兵团向南逃窜，他已命令第4兵团不进广州，直接向佛山、三水、四会、高要方向追击……

叶剑英宽慰地把电报纸放下，笑着说："他这是把进入广州城的光荣任务留给邓华的15兵团。好个陈赓，虚怀若谷，大将风度！"

1949年10月14日下午，中国人民解放军第四野战军邓华兵团（即15兵团）的军车、坦克、大炮和队伍，从广州城东北郊的沙河，庄严地和步伐整齐地开进了广州城，占领了国民党政府南迁广州的总统府、行政院以及广州绥靖公署、省政府、市政府等机关……

不久前才从南京迁来广州的国民党中央政府，只好再迁重庆。

广州解放了！

1949年11月11日，广州举行了大规模的庆祝解放大游行和人民解放军入城式，叶剑英、陈赓、赖传珠、邓华、方方等检阅了部队。入城部队威武雄壮，游行群众载歌载舞，高呼胜利的口号声响彻天宇。

解放后的广州，蓝天白云下，五星红旗迎风飘扬；

大街小巷，到处响彻着"解放区的天是明朗的天"的欢快歌声；

在响成一片的鞭炮声中，人们扭起了秧歌，打起了腰鼓……

1949年11月，欧阳山奉组织调令，日夜兼程回到了广州。

广州，是欧阳山的第二故乡，是他魂牵梦绕的地方。他在这里长大，在这里求学，在这里走上了文学创作和革命的道路。自抗日战争爆发，广州沦陷，他离开这座华南大都会，已经11年了。此刻，重新踏上这片土地，欧阳山禁不住思绪翻腾，感慨万千！

他忘不了1938年10月离开广州那天，日军的飞机已开始了对广州的狂轰滥炸。当他和草明穿过炮火的硝烟，疾步走到城外，回过头去看时，只见广州正被熊熊大火燃烧着……火焰舔着高空，席卷了大地，无边际、无休止地燃烧着……火焰所散发的黑烟占领了整个天空，锁闭了白云山和珠江，笼罩了纵横五百平方千米的三角洲，窒息了千千万万的市民！

欧阳山悲愤莫名，一边疾步赶路，一边想："什么时候，能回到广州，我可爱的家乡啊！将来我夹杂在庞大的勇武的队伍里赶回广州去扑灭那场大火，我们在公路上、铁道上、海洋上、天空中乘坐着汽车、火车、轮船、飞机，一直向广州飞驰而去。那是多么痛快，多么值得豪饮的事呀！"

如今，欧阳山终于回到广州来了，他是跟随着威武雄壮、百战百胜的人民解放军回到广州来的。这不正是他当年渴望过的："将来我夹杂在庞大的勇武的队伍里赶回广州去扑灭那场大火，我们……一直向广州飞驰而去。那是多么痛快，多么值得豪饮的事呀！"现在，他终于回到广州来了。

他是被叶剑英将军点将调来广州的。

那是叶剑英受命将要主政华南之后，毛泽东找他谈话，说了解放广东、广西的部署，领导机构组成、各级干部配备等的问题。叶剑英正为缺少南下干部而着急，便说："我们是'水尾田'，没有水了。"毛泽东先是一愣，接着便笑了。他知道叶剑英是客家人，客家人把分田分到最后的稻田叫"水尾田"，即缺水的田。是呀，全国解放了，百废待兴，工业、农业、商业、科教文卫事业、城市建设和管理等，各项生产和建设事业都要上马了，这得要配备多少干部呀，所以到处都争抢着要干部，叶剑英显然是以此比喻干部都被别处抢走了，他那里没有干部了。毛泽东于是应允叶剑英点将，点着谁就是谁。①

刚解放的广州，百废待兴。时任中共中央华南分局第一书记、广东军区司令员兼政治委员、广东省政府主席兼广州市市长、广州市军事管制委员会主任的叶剑英，在抓肃清匪特、整顿治安、恢复经济、巩固政权，及至后来在领导华南地区政治、经济、军事建设的同时，对教育、文化、科学、卫生事业同样十分重视，并倾注了大量心血。他说："抛开文艺建设、思想建设、文化建设，单纯地搞经济建设、物质建设，是不可能搞好的。"②基于这样深刻的认识，这位儒将在领导广东省的全盘工作中，始终把文化事业看作是整个建设事业的一个不可或缺的重要的组成部分，并且不遗余力地推动其发展。

也正是基于这样的认识，叶剑英在受中央之命南下主政广东之前进行点将时，其中之一就是点中了欧阳山，准备委任欧阳山为广州市军事管制委员会文教接管委员会文艺处处长，然后就要欧阳山担负起领导华南地区文艺工作的重任，作为他准备大力发展华南地区文艺事业的最得力助手。

而同时，中央也有意识地准备把欧阳山这位来自延安，参加过延安文艺

---

① 纪学：《叶剑英元帅》，解放军文艺出版社2007年第2版，第206页。
② 丁家昕：《中国元帅叶剑英》，甘肃人民出版社2003年版，第423页。

座谈会，写出过新中国新文艺的著名代表作《活在新社会里》《高干大》的卓有成就的作家，树立为华南文艺界的一面旗帜。

再说欧阳山回到广州不多久的一天，百忙之中的叶剑英就把他找来了。其时，欧阳山已出任广州市军事管制委员会文教接管委员会文艺处处长。

1950年1月，欧阳山任广州市军管会文教接管委员会文艺处处长。

"怎么样，家安顿好了吗？"叶剑英问欧阳山。

"也没什么好安顿的，简简单单安排一下就是了。"欧阳山回答了一句，接着又马上请缨，"叶总参，我现在浑身是劲，希望能马上投入工作。"

叶剑英笑了起来："有得你干的。我要你来广州，不是要你来游山玩水，也不是给你机会衣锦荣归的。你跟着我干工作，无得安逸饭吃的，无得安乐觉睡的，无得安闲自在的。"

一连几个"无得"，是叶剑英用他的家乡广东梅县的客家话口音说的。

叶剑英接着收起了笑容，神情严肃起来："欧阳山同志，你要承担起组织和领导整个华南地区文艺工作的重任。全国文联成立了，咱们华南地区也要成立文联。另外，还要办一所文艺学院，以培养咱们自己的作家、艺术家和革命文艺干部。目前，你就先把这两项任务牵头办起来。"

欧阳山说:"我还想增加一项工作,就是粤剧的改造工作。在广州乃至两广的广大城乡,以及香港、澳门、南洋一带,粤剧的戏迷很多,粤剧的影响很大。但旧粤剧有不少落后乃至不像样的地方,必须从思想上和艺术上两方面来加以改造。"

叶剑英:"任务很重也很复杂,有什么困难吗?"

欧阳山:"困难当然有,但办法更多。"

叶剑英:"说说看。"

欧阳山:"这几天我都在四处调查。广州刚解放,可谓百废待兴,文艺界的状况同样复杂和严重。自1848年鸦片战争后,广州就是中国第一个遭受帝国主义武装入侵继而文化入侵的地方。100多年来,西方文化中那些反动、腐朽、没落、颓废的东西,像鸦片毒素一样,长期侵蚀、毒害着我们百姓的心灵,再加上最近20多年来蒋介石国民党以及日本鬼子的几番摧残,广州30年代初诞生的那么几株进步文艺的幼芽已被扼杀殆尽。因此可以说,文艺方面情况的严重性和复杂性,广州比中国的其他城市更甚。放眼望去,广州目前出版的文艺杂志、报纸上的文艺副刊、文化市场上的文艺书籍,无一例外地充斥着渲染色情、暴力、迷信、强奸、乱伦、武侠打斗、江湖血浪、豪门恩怨、兄弟相残等乱七八糟的东西,以及鸳鸯蝴蝶派那些才子佳人、卿卿我我、叫人肉麻的所谓文艺。音乐和戏剧也好不到哪里去,靡靡之音灌满人的耳朵,下流污浊的演出坏人眼目。长此下去,怎生了得?"

叶剑英静静地听着,神色慢慢凝重起来。

欧阳山继续说下去:"目前我打算先做这么几项工作:一是打一场宣传战,把我党有关文艺的方针政策宣传出去,尽可能讲深讲透讲明白,以释除人们心中的疑虑。我们将于近日举办一场青年文艺讲座,我将在讲座上做题为《新文艺应当为谁服务?》的演讲,咱们华南分局刚创刊的机关报《南方日报》将刊登这篇演讲的文字稿;二是遵照叶总参您的指示,我们正在紧锣密鼓地筹备将由华南分局主持召开的华南地区文艺工作座谈会,将邀请广东、广西和港澳地区各方面的文艺家前来参会;三是华南文联成立后,将尽快创办几种文艺刊物,发动一批革命的和进步的文艺家创作出一批新文艺作品,包括文学、音乐、美术、戏剧等各方面的作品,刊登在我们的刊物上、报纸副刊上,或在电台播放、在美术展览会展出、在舞台上演出。总之,要让革命的、进步的新文艺作品迅速、全面地占领一切宣传阵地。这就是目前我们打算做的几项工作。待将来条件和时机成熟了,我们还打算创办一所电影制片厂呢,因为电影对群众的影响力也是很大的。我就简单汇报这么几点,请叶总参、叶书记作指示。"

叶剑英对欧阳山的工作汇报显然很满意,他高兴地说:"好啊,就这么干！看来我点你的将点得太对了，我没有看错人呀！"

叶剑英接着从椅子上站起来，把手用力一挥："不要贻误战机，马上出击！"

欧阳山与叶剑英是延安时期的老战友了。前文曾述，1946年，欧阳山的长篇小说《高干大》脱稿后，就曾托叶剑英带到重庆给《新华日报》连载。后因国共分裂，内战爆发，作为共产党报纸的《新华日报》被国民党查封，《高干大》因而未能在报上连载。

此刻，欧阳山接受了叶剑英下达的任务后，很快就组织起同志们把工作开展起来了。

第三节　华南文艺开历史新篇

1949年11月的一天，广州一所中学的礼堂里，一大群青年学生、文学青年以及文艺界、报纸杂志的编辑记者等各方面人士，把礼堂挤得满满的，可谓座无虚席。一场由欧阳山主讲的青年文艺讲座将要在这里举办。人们一方面抱着要急着了解共产党有关文艺工作的方针政策、共产党要怎样繁荣发展广州的文艺这样的心情，一方面又对演讲者是一位来自延安的、曾受到过毛泽东高度赞扬的、又是广州本地人的著名作家，抱着十分新鲜和好奇的心情，所以讲座还未开讲，人们早早地就把礼堂的凳子坐满了。

欧阳山在演讲中说：

今天的人民民主专政是工人、农民、小资产阶级和民族资产阶级四个阶级的联合政权。今天的文艺也应当是为这四个阶级服务，也就是为人民服务。

欧阳山强调指出：

为人民服务的新文艺，首先要为工、农、兵服务。为什么呢？第一是因为工农兵是人民革命斗争的主力，他们负担着生产和战斗的重任。在政协共同纲领中亦曾明确规定出现在的联合政权是以无产阶级为领导，工农联盟为基础的政权。这个原则已得到国内各阶级、各党派团体、海外华侨和少数民族的赞同。第二是因为工农兵的文化要求最为迫切。其他的阶级多少总有些文化生活。……而工农兵过去却很少享受到文化生活。以前的统治阶级只为自己着想，造成了工农兵在文化上的贫乏。

……为人民,首先为工农兵服务的文艺,是要为最大多数人民的最高最长远的利益服务。同时新文艺必须要有无产阶级的领导才能保证其思想上和艺术上的更高的成就。

欧阳山接着对新社会的文艺工作者提出了具体的要求:

……(至于)为人民服务应有的准备和态度,首先要与工农兵一齐参加实际斗争,参加社会里的种种革命活动。例如目前的反对赌博、抢劫和黄色报刊等。只有这样,文艺工作才会有价值,有前途。

其次要以甘心做小学生的态度向工农兵请教和学习。不要抱着比工农兵优越的态度。毛泽东说过,工农兵"有战斗的知识,有生产的知识"。这些我们都不及他们。只有向工农兵虚心学习才能和他们一同战斗,新文艺也才能有生命。

新文艺的工作者还必须学习马列主义。……同时更要学习毛泽东思想。这是马列主义与中国革命实践的结合。只有掌握了光辉、博大的毛泽东思想,进步才有保证。

欧阳山最后提出:

……广州新文艺当前的任务,第一是要发动群众,为彻底消灭反动势力残余而斗争,以巩固人民政府。第二是要紧紧团结一切反对封建主义、反对帝国主义和官僚资本主义,愿意为新民主主义奋斗的文艺工作者。第三是要执行和宣传政协共同纲领,建设科学的、民族的和大众的,也就是新民主主义的华南文艺。

在演讲的末尾,欧阳山充满信心地说:

……相信新文艺在大家的努力之下,在广州,在全国,一定会有空前的光辉成就。

在一片热烈的掌声中,欧阳山结束了他的讲话。
1949年11月21日,欧阳山在青年文艺讲座所作的题为《新文艺应当为谁服务?》的演讲文字稿的详细摘要刊登在当天的《南方日报》上。
欧阳山的这次演讲以及发表在《南方日报》上的文章在广州的广大青年学生、文学青年、文艺界以及社会人士中引起了热烈的议论,大家对新社会的文艺工作有了初步明确和较为正确的认识，初步消除了心中的一些疑虑，初步纠正了一些错误的观点和澄清了一些模糊的看法，收到了较好的效果。

1949年12月，中共中央华南分局在位于广州市西濠口的新亚酒店"九重天"召开华南地区文艺工作座谈会。

这天一大早，欧阳山就来到了会场，宽阔的大厅里，还没有几个人。欧阳山走到窗子旁，眺望着楼下不远处静静流淌的珠江水，心潮却翻滚起来。

欧阳山想起30年代初，自己和一群文学青年创办《广州文艺》，成立广州文艺社，后发展为广州普罗作家同盟，又称中国左翼作家联盟广州分盟，目的只不过是要为发展广州的文艺事业做点事，写点为老百姓喜欢看的小说、故事等，却要像地下工作者一样，时刻都要留神、警惕，要切实注意摆脱国民党敌特的跟踪、盯梢，一切活动都要秘密地进行。但即使这样，还是免不了被国民党当局通缉、逮捕，甚至枪杀。那时的珠江水也是这样静静地流淌，它不像黄河那样，经常是浊流翻滚、浊浪滔天、倒海翻江卷巨澜，像冼星海唱的那样"黄河在咆哮，黄河在咆哮"！那时的珠江，平静的江水下面，却是暗流汹涌，时时有革命者的鲜血，染红了碧绿的珠江水……现在，这一切终于过去了，永远地结束了。天亮了，雨过天晴了，丽日蓝天，朗朗乾坤，人民已经是国家的主人，我们文艺工作者可以大张旗鼓、大显身手，为人民、为广大工农兵创作出更多更好的作品了。

欧阳山又想到，这矗立在珠江北岸的新亚酒店，是广州闻名遐迩的豪华高档酒店，以前都是达官贵人、老爷太太、富豪暴发户出入的场所，现在我们的党却要在这里的"九重天"召开华南地区文艺工作座谈会，商讨和研究如何使文艺更好地为人民服务，特别是为工农兵服务，这真是换了天地、换了人间啊！

就在欧阳山还在思绪万千的时候，开会的时刻到了。来自广东、广西和港澳地区的文艺家100多人陆陆续续走进了会场。欧阳山欣喜地看到，这个座谈会又是三路文艺大军（来自延安的文艺家和国统区的文艺家以及从海外与港澳地区归来的文艺家）会师的大会。

座谈会组织到会的文艺家学习党的文艺政策，学习毛泽东《在延安文艺座谈会上的讲话》，认真确立文艺为工农兵服务的思想和交流新、老解放区文艺工作的情况与经验，共商如何建立文艺组织和发展革命文艺事业。

欧阳山在会上介绍了自己参加延安整风和延安文艺座谈会的情况和心得体会，特别是自己按照毛泽东《在延安文艺座谈会上的讲话》的教导，深入工农兵生活，改造世界观，改变欧化的写作风格与欧化的文风，写出了受到人民大众欢迎的长篇小说《高干大》。

与会者饶有兴趣地听着欧阳山生动、幽默的讲话，不时点头，不时会心地微笑，不时热烈地鼓掌，特别是那些从海外与港澳地区来的文艺家，他们对欧阳山所讲的一切，都是见所未见、闻所未闻的，因而更加听得全神贯注、津津有味，他们发出的笑声和掌声就分外热烈。

大家听罢欧阳山的讲话后，都深受启发，有的人沉思起来，不少人联系自己的创作实际，热烈地讨论起来。

会上，根据华南分局和叶剑英的指示，成立了华南文学艺术界联合会筹备委员会。会上，还根据华南分局和叶剑英的建议，并取得与会者一致同意，选举欧阳山任华南文学艺术界联合会筹备委员会主任。

1950年1月，欧阳山正式出任华南文学艺术界联合会筹备委员会主任，同时又任中共中央华南分局宣传部文艺工作委员会副书记。

1950年9月，中共中央华南分局第一书记叶剑英同志（左）参加华南文学艺术工作者第一次代表会议并与欧阳山（右）亲切交谈。

根据华南分局宣传部和分局宣传部文艺工作委员会以及华南地区文艺工作座谈会的精神和意见,华南文学艺术界联合会筹备委员会决议于1950年9月在广州召开华南文艺工作者第一届代表会议,正式成立华南文学艺术界联合会。

华南文联筹备委员会成立后,在广州文德北路69号之一开始办公。这是原留德、留法同学会旧址,两幢虽破旧但仍显优雅余韵的三层红砖德式洋房,人称"红楼"。现在,红楼一幢用作办公,一幢用作宿舍。

走进红楼,欧阳山不禁感慨系之。他想起30年代中期,广州"左联"曾在这里开展过活动;1937年9月,他和草明自上海回到广州后,也曾在红楼开展过抗日救亡活动,他的不少宣传抗日救国的诗歌、剧本和文章,就是在红楼写成的。如今,新中国成立了,在新的时代,红楼又成为广东文学大

1950年9月,在华南文学艺术工作者第一次代表会议上,叶剑英同志(左一)签到(左二为欧阳山)。

展宏图的地方，因此，欧阳山笑称红楼为"广东文学的根据地"。

欧阳山一家在用作宿舍的红楼二楼住下了。韩北屏、杨骚、司马文森、陈残云、华嘉、周钢鸣、洪遒、周国瑾等华南文艺界的著名作家、艺术家和业务骨干及他们的家属也都陆陆续续住了进来。

华南文联筹备委员会下设秘书处，以及文学部、音乐部、美术部、戏剧部等。

黄新波、李门、周钢鸣、符公望、陈残云、谭林等老文艺家，分别担任各部门的领导。

经过大半年紧张繁忙的筹备工作，1950年9月25日，华南文学艺术工作者第一届代表会议在广州开幕了。

叶剑英出席开幕式并作了重要讲话。他指出："文艺工作者要用自己的作品去教育人民、鼓舞人民，为创造新生活服务。文艺工作者队伍要加强团结，向着共同的革命目标，齐心协力地向前迈进。"

欧阳山在会上致《开幕词》和做了《华南文学艺术工作者第一届代表会议总结》。

为祝贺华南文学艺术工作者第一届代表会议胜利召开，华南分局机关报《南方日报》于会议开幕的当日，特意发表了题为《文艺工作者的任务和文艺工作领导者的任务》的社论。

会议宣告华南文学艺术界联合会正式成立，并选举欧阳山为华南文学艺术界联合会主席。

欧阳山同时又任中共中央华南分局宣传部总支部华南文联分总支部书记。

在这个时期内，由华南文联和随后成立的作家协会、音乐家协会、美术家协会、戏剧家协会等陆陆续续创办的文艺刊物《华南文艺》《文艺快报》《华南画报》《华南歌声》《作品》《广东文艺》《南国演唱》《南国戏剧》《岭南音乐》等，在坚持文艺为工农兵服务、为广大人民服务的方向，贯彻"百花齐放、百家争鸣"的方针，推动文艺创作、文艺评论和培养文艺新人等方面，都做了大量的卓有成效的工作，取得很好的成绩。而其中，《华南文艺》和稍后创办的《作品》更成为两份在当时有很大影响力的杂志，特别是《作品》，后来发表了很多产生全国性影响、吸引广大读者关注的文学作品，成为全国的名刊之一。

在华南文联的领导和大家的共同努力下，广州市的文艺状况很快地就有了明显的改进和提高：工作逐渐走上了正轨，正气终于占据了上风，那些曾经横行街市的黄色书刊、靡靡之音、封建迷信、污浊下流的演出节目和活动被一扫而空。广大革命的和进步的作家、艺术家辛勤努力、不懈奋斗，创作出大量思想性、艺术性俱佳的优秀的文艺作品，给人民大众提供了丰富多彩、清新健康、鼓舞人心、"好睇有益"（欧阳山语）的精神食粮。

华南文艺从此翻开了历史的新篇章，大步跨进了新时代的人民文艺的历史新阶段。

1953年5月，广州市作家协会成立（后改称中国作家协会广东分会），欧阳山当选协会主席。

后来，为适应形势和文艺事业更大发展的需要，1960年11月，召开了广东省第一次文学艺术工作者代表大会。华南文学艺术界联合会更名为广东省文学艺术界联合会，简称"广东省文联"。欧阳山当选为广东省文联主席，同时，继续担任中国作家协会广东分会主席（中国作家协会广东分会在"文革"结束后改称广东省作家协会）。

从华南文联到广东省文联及中国作家协会广东分会，一直到1966年"文化大革命"爆发，广东省文联、中国作家协会广东分会被迫停止活动时为止，短短的17年时间里，广东的文艺事业有了长足的发展，呈现出繁荣兴旺的局面，产生了不少在全国叫得响、甚至在国外也有很大影响的精品力作。

在文学方面，主要有欧阳山的鸿篇巨制《一代风流》第一卷《三家巷》、第二卷《苦斗》，陈残云的长篇小说《香飘四季》、电影文学剧本《羊城暗哨》和诗歌集《粤海新诗》，秦牧的散文集《花城》《艺海拾贝》和中篇小说《黄金海岸》，吴有恒的长篇小说《山乡风云录》《北山记》《滨海传》，于逢的长篇小说《金沙洲》，韩北屏的长篇小说《高山大峒》，黄谷柳的长篇小说《虾球传》（新版）、电影文学剧本《七十二家房客》和散文集《战友的爱》，司马文森的长篇小说《风雨桐江》，梵杨的长篇小说《瑶家寨》、中篇小说《罗屋村》和诗集《不落的星辰》，杜埃的《丛林曲》《乡情曲》《花尾渡》，杨应彬的《岭南春》《山颂》《水的赞歌》，萧殷的《桃子又熟了……》，韦丘的《不算坎坷的道路》《沙田夜话》，贺青的《挑灯集》《故乡的榕树》，林遐的《山水阳光》《撑渡阿婷》，华嘉的《冬去春来》，易巩的《在风雪来到之前》《杉寮村》，岑桑的《当你还是一朵花》，楼栖的《柏林啊，柏林》，曾炜的《宽广的道路》，林林的《冬祭颂歌》，芦荻的《田园新歌》，黄庆云的《奇异的红星》，郁茹的《曾大惠和周小惠》，仇智杰的《新雨催春》《留在记忆中的早晨》，何求的《新局长到来之前》，汉水的《勇往直前》，等等。真可谓群星璀璨，盛极一时。

文学理论与评论方面主要有萧殷的《论文学与现实》《谈谈写作》《形象与构思》，周钢鸣的《论文艺改造》，杜埃的《论生活与创作》，易征、张绰的《谈〈三家巷〉》，刘逸生的《唐诗小扎》，黄海章的《中国文学批评简史》等。

一批青年作者崭露头角，他们在报刊上发表的佳作，引起文坛注目，受到读者欢迎。如陈国凯的《部长下棋》，杨干华的《石头奶奶》，杨干华与程贤章等四人合集的《俏妹子联姻》，王杏元的《"铁笔御史"》等。这批青年作者日后都成长为广东文坛的栋梁之材。

青年学者饶芃子、黄伟宗、黄树森等则写出了他们在文学理论和评论方面的试笔之作。

与此同时，欧阳山对部队的文艺创作也十分关心与支持。

广州部队的著名诗人、以《一把炒面一把雪》等多部诗集享誉国内外的柯原曾充满敬意地回忆起欧阳山：

> 也许是欧阳山同志曾在黄埔军校从事过革命军队的政治工作的缘故吧，他对部队文学创作一直是十分关心与支持的。当时，部队为了培养青年作者，不断举办创作讲习班，数次请欧阳山同志来部队为初学写作者讲课。欧阳山同志工作很忙，自己还要坚持写作，但只要请到他，总是欣然应允，到部队来为青年作者讲课，不仅讲创作思想和写作方法，自己的创作体会，也谈创作与做人的道理，使我们深受启发教育。
>
> 欧阳山同志在主持广东作协的工作中十分关心部队作家，要求作协的刊物注意组织发表与评论广州军区作家的作品，有重要的报告和文学活动时，都及时通知部队作家参加，注意发展部队作家的会员，等等。因此，广州军区作家和广东省作家协会的关系，一直是十分团结、融洽与和谐的。在欧阳山同志离开作协的工作后，这种良好的传统也一直保持了下来。
>
> 省作协组织青年作家培训班时，也都注意给部队留出名额，邀请部队的青年作者参加。在一次培训班结业庆祝宴会上，欧阳山同志还特别举杯和几个与会的青年战士干杯，祝他们写出反映部队生活的好作品，使这些青年战士们非常感动，深深感到老一辈革命作家对青年一代的厚爱和期望。
>
> ……
>
> 欧阳山同志多年来在广东从事文艺界的领导工作，对部队的文学创作事业也倾注了大量心血，对部队的作家有着深刻的影响，也建立了深厚的感情，这些都使部队的作家们铭记于心。[①]

---

① 柯原：《深深的思念》，载《纪念欧阳山》，广东人民出版社2001年版，第176—178页。

除柯原外，广州部队的军旅作家、诗人如张永枚、金敬迈、梁信、韩笑、西中扬、肖玉、周万诚等，也各自以他们杰出、优秀的小说、诗歌创作在全国产生较大影响，也为华南文坛增添光彩。其中以金敬迈的长篇小说《欧阳海之歌》，张永枚的诗歌《人民军队忠于党》《骑马挎枪走天下》，梁信的电影文学剧本《红色娘子军》，肖玉的长篇小说《当乌云密布的时候》，周万诚的电影文学剧本《逆风千里》等为主要代表。

华南文艺界除文学创作取得重大成就外，美术方面，美术家们也不甘人后，以方人定、关山月、黎雄才等为代表的岭南画派画作，黄新波的木刻力作，胡一川、赖少其、王肇民、杨之光、蔡迪支、黄笃维等人的国画和油画佳作，潘鹤的《艰苦岁月》和曹崇恩的《孙中山》等雕塑作品以及廖冰兄的漫画作品等，都成绩卓著，产生全国性影响。

书法方面，容庚、吴子复、秦咢生、商承祚、麦华三、朱庸斋、李曲斋等，名家林立，名作纷呈。

戏剧方面，同样佳作迭出、好戏连场，其中马师曾、红线女主演的粤剧

1962年3月，欧阳山与郭沫若在广州诗歌创作座谈会上（左起：岑桑、柯原、陈芦荻、欧外鸥、郭沫若秘书、欧阳山、张永枚、郭沫若、韩笑、萧殷、韦丘、梵杨、沈仁康、野曼、欧阳翎）。

《关汉卿》《搜书院》风靡一时；红线女主演的革命现代粤剧《山乡风云》观众场场爆满；罗家宝和林小群主演的粤剧《柳毅传书》最令女观众着迷；红线女的一曲《昭君出塞》更在港、澳及旅居美、加、东南亚的华侨同胞中引起轰动，令他们百听不厌。

音乐方面，1962年3月在广州中山纪念堂开幕的羊城音乐花会，演出了题材多样、风格各异、精彩纷呈，有较高思想、艺术性的音乐作品，深受广大人民群众的喜爱和欢迎，并产生了全国性的影响。

舞蹈方面，《三月三》《喜送粮》《远方的客人请你留下来》堪称经典。

第四节 "尽得天下英才而教之"

在筹备成立华南文联的同时，欧阳山还为创办华南人民文学艺术学院，以培育文艺新人、"尽得天下英才而教之"，倾注了大量的心血。他对创办华南人民文学艺术学院十分重视。他说："社会主义建设事业是最需要人才的，而且需要很多的人才，尤其是文艺事业。文艺工作比较复杂，专业性很强，有其艺术的特殊性，这就更需要我们有专业的，懂得其艺术规律的人才去领导它，管理它。可是我们现在还没有现成的这类人才，那么我们就要自己来培养这类人才，而且还要越快越好，时不我待呀。"

其时，战争的硝烟刚刚消散，广州刚刚才解放两个多月，但在叶剑英的关怀下，广州市军管会于1950年1月下达由军管会主任叶剑英签发的命令，将民国时期的广东省立艺术专科学校和广州市立艺术专科学校两校合并改组为华南人民文学艺术学院；任命欧阳山为华南人民文学艺术学院院长。

1950年3月15日，华南人民文学艺术学院宣告成立。校址设在广州市光孝路光孝寺内。

除了欧阳山任院长外，华南人民文学艺术学院秘书长为陈残云。学院设文学、音乐、美术、戏剧4个部，及附属于学院的人民剧团，全部聘请华南地区著名的文艺家就任各部的主任和教授。他们是：黄新波、关山月、杨秋人、黎雄才、廖冰兄、黄笃维、阳太阳、杜埃、华嘉、叶素、陆仲任、韩北屏、陈芦荻、李育中、林林、李迪生、张江明、黄秋耘、李门、王为一、黄宁婴、王起、楼栖、易巩、于逢、陈雨田、王益伦、蔡迪支、谢功成、谭雪生、徐坚白、丁波、梁伦、陈卓猷、何飘民、俞薇、黄容赞、谭林、黄锦培、黄遵源、马孟平、徐严、兰谷、红冰等共44人，阵容鼎盛，集华南地区包括当时港澳地区回来从事文学艺术教育和创作的文艺精英于一炉。

1988年10月,欧阳山同志(右)在关山月的画展上与关山月(左)合影。

一天,穿一套洗得褪了色的布军装的欧阳山来到华南人民文艺学院视察,他参观过课室和学生宿舍后,眉头不禁皱了起来。

他对师生们说:"虽然我是个无神论者,但我对党的宗教信仰自由的政策是坚决拥护的。光孝寺是名寺,是广州地区不可多得的佛教圣地。不过,文艺学院设在这里,确实不太合适。你看,课室、宿舍都安排在这些大殿、小殿里,而这些大殿、小殿里摆满了佛像,使得课室、宿舍显得拥挤不堪,而且光线不足。"

顿了顿,欧阳山接着说:"现在国家新建,百废待兴,暂时还拿不出钱来修建新校舍,只好委屈同学们了。但我相信,国家将来一定会建很多又好又漂亮的新校舍的。现在,我建议发动一批身体壮实力气大的同学,组成搬运队,把这些大大小小的佛像请出殿堂去,以腾出地方来给同学们上课和住宿。"

很快地,由同学们组成的"搬运队"就把那些大大小小的佛像请出了殿堂,课室和宿舍自然就显得宽敞、亮堂多了。

光孝寺是华南名寺,已有2000多年的历史。初为公元前二世纪南越王赵建德之故宅。三国时代,吴国虞翻谪居于此,辟为苑囿,世称虞苑。虞翻死后,家人舍宅作寺。

平心而论,古树参天、殿堂遍布、环境幽静的光孝寺,确实是传教说法释经、参禅悟道修行的好处所，但用来作为进行现代艺术教育的课室，无论是采光、通风，或者其他方面，都有不够合适的地方。

这天中午，欧阳山和同学们围坐在一棵百年古榕的宽大树荫下，手捧饭盒和同学们一边吃饭一边聊天，征询大家对学校的意见。只听一个身材比较瘦弱的男同学说：

"我是美术系的学生，我们上人体骨骼素描课时用的教具是一具真的死人头颅骨。课后，这具头颅骨就摆放在我的床边，我有时半夜醒来，在昏暗的光线中乍一看见那具头颅骨，会给吓个半死……"

同学们都哈哈大笑起来，纷纷取笑那位同学"胆小如鼠""弱不禁风""男性林黛玉"。欧阳山摆了摆手，止住了同学们的玩笑话，他对大家说：

"现在国家还很穷，暂时还拿不出钱来修建新校舍，所以我们的学习条件、学习环境都是很艰苦的。由于场地不足，很多教具都要存放在宿舍里，只好委屈同学们了，也请同学们谅解。"

欧阳山转过头来对那位同学说："请你相信，我们的国家将来一定会建设得繁荣富强，我们一定会建很多又好又漂亮的新校舍的。至于那具头颅骨，我马上跟你们的系主任说一说，请他叫人搬放到合适的地方去。"

欧阳山最后祝同学们克服困难、勤奋学习、早日成才，为新生的共和国做出自己应有的贡献。

为了培养出合格的为人民服务的文艺家，当时华南地区党政军的领导对文艺学院学员的思想政治教育抓得很紧。文艺学院成立不久，1950年的仲春，光孝寺的菩提树一片新绿的时候，叶剑英在欧阳山的陪同下来到学院，他号召同学们踊跃到珠江三角洲去参加清匪反霸运动，努力在斗争中锻炼自己。

欧阳山也对学员们讲了话，他说：

"同学们，这是一次很难得的机会，一次为写出好作品而打下基础的机会来了。我的《高干大》也是参加了实际斗争积累大量素材后才写出来的。"

欧阳山的身影常常出现在文艺学院，出现在学生膳堂、宿舍，有时还和同学们一起吃"八格菜"。在校园的大榕树下，也时时看到他和同学们热烈地讨论有关文艺创作的种种疑难问题。当然，同学们最欢迎的还是聆听欧阳山院长主讲的多场学术报告。

1950年11月，同学们在各部主任、教授、老师的带领下，分批到广东各地参加土改，在农村接受锻炼、体验生活，并协助当地党政部门宣传发动农民群众投身土改斗争。

1951年3月30日，欧阳山为华南文艺学院参加土改的师生，在《土改纪念册》上题词：

> 我们到工厂，到农村，到部队中去，学习一个时期，然后回来整理一下，练习一下制作，解决一两个理论问题；过一些时候，我们又到那文艺的唯一的源泉里面去，学习一个时期，然后又回来整理一下，练习一下制作，解决更多的理论问题。只有这样反复地做，我们才有可能写出为人民所喜爱的散文和韵文，谱出大家都唱的歌曲，画出工农兵所珍贵的图片，演出工农兵所欢迎的戏来。

1953年春天，华南人民文学艺术学院的同学们毕业了。毕业礼上，欧阳山依依不舍地和同学们道别，他语重心长地对同学们说：

> 现在表面看来，你们是毕业了。但实际上是新的人生历程的开始。你们要记住：只有深入到社会生活中，向工农兵学习，为人民服务，为社会主义事业服务，才有可能成为一个真正的文学家、艺术家……我也和你们一样，以后我还会到农村去，到火热的斗争中去，写一部反映新民主主义30年革命历程的作品……

欧阳山后来果然写出了这部反映新民主主义30年革命历程的作品，这就是包括脍炙人口的《三家巷》《苦斗》在内的、足以传世的五卷本长篇巨著《一代风流》。这在后面将有详述。

此刻，同学们毕业的同时，国家开始了国民经济建设的第一个五年计划。为了适应新的形势，建立自己全新的教育体系，国家在全国范围内采取了一个规模宏大的步骤——高等院校的院系调整。按照国务院文化部的规划，要把中南地区的三所艺术院校——中南文艺学院、华南人民文学艺术学院、广西艺专合并起来，做一次大的调整。这就是后来设在武汉的中南美术专科学校和中南音乐专科学校。中南美术专科学校后来又南迁广州，改名为广州美术学院。

虽然只存在短短的三年多时间，但华南人民文学艺术学院培养了大批的作家、美术家、音乐家、戏剧家、文艺理论家和大批的文艺工作干部。著名雕塑艺术家、中国当代雕塑艺术史上的经典之作《艰苦岁月》的作者潘鹤，就是其中的佼佼者。

2000年3月15日，纪念华南人民文学艺术学院建校50周年合影（前排左起为：梁伦、王为一、陈残云、黄新娥、虞迅、欧阳山、陈雨田、黄炽铭、蔡迪支、李育中、黄蓉赞、苏克、俞薇）。

2000年3月15日，92岁高龄的欧阳山以体弱多病之躯，出席了在新校区举办的华南人民文学艺术学院建校50周年纪念会。在一片热烈的掌声中，欧阳山对当年的老学生和在读的青年学生殷殷寄语：

> 在思想明确，方向坚定之后，便有一个操守问题。如果一个人不能够把富贵和贫穷一概置之度外，那么，他要成为一个真正的为人民服务的、有用的人才，将是十分困难的。

想不到半年之后欧阳山就与世长辞了，这段话竟成了他留给同学们的遗嘱。

在改革开放新时期，当年由华南文联主管的华南人民文学艺术学院又以"华南文艺业余大学""广东文艺成人学院"等名称复办了。而今天位于广州番禺新校区，颇具规模，有着一幢幢漂亮、整洁、现代化的教学大楼和绿树成荫、百花盛开、香气袭人的美丽校园的广东文艺职业学院，就是当年位于广州光孝寺的华南人民文学艺术学院的继承和新的更大的发展。

第五节 "南国红豆发新枝"

华南文联成立前后，欧阳山还亲自主持开展了粤剧的改造工作，参与了新粤剧的改编和创作。

粤剧是流传在华南广大城乡以及港澳地区和南洋（东南亚）一带，深受社会各阶层观众喜爱和欢迎、有着十分广泛和深刻影响力的一个剧种。甚至远在美国、加拿大的华侨、华人社会中，也有为数不少的粤剧爱好者。

粤剧源自南戏，广东人又称"大戏"，萌芽于明朝嘉靖年间。其时，弋阳腔、昆腔相继流传到广东，经过不断发展，弋阳腔和昆腔与珠江三角洲流行的南音、龙舟、木鱼、粤讴、咸水歌、板眼等民间曲调以及广东器乐乐曲逐渐结合，至清朝雍正年间，基本成型。最后至清末民初，演变成为融合南北、中外唱腔音乐，以白话（广州话）演唱的具有鲜明岭南特色的地方戏剧——粤剧。

粤剧有别于外省戏曲的独特之处在于，它既属于中国写意派戏剧范畴，又具有轻快流畅、新款善变的个性，粤剧迷由此遍布华南地区广大城乡。

但随着时间的推移，粤剧一直停留在宣扬历代王朝帝王将相的丰功伟绩或者表现才子佳人爱恨缠绵的老段旧戏上，鲜有革新和改进，甚至有的剧团为了牟取暴利，竟然演出一些庸俗下流、低级趣味，满场都是男女主人公插科打诨、不堪入目的肉麻色情的表演，或者宣传冤冤相报、因果报应、封建迷信意识，以此招揽观众。

这样的戏剧，自然跟解放后人民努力建设社会主义新社会的形势不相协调、很不适应。

欧阳山对粤剧有着特殊的感情和爱好，也深知在新社会，粤剧必须改造、必须进步的重要性。1950年7月31日，他在粤剧座谈会上做了题为《我们对粤剧改进的意见》的讲话，讲话的第一句就明确指出：

> 我们对粤剧改进的意见，主要的只有一点，就是：希望做到粤剧又好看又有益。

这就是后来在文艺界广为流传，被大家广泛认同、接受，尤其受到粤剧界和广大粤剧观众所十分赞成、非常拥护，而遭到批评，特别是在"文革"中遭到错误大批判的"好睇有益"论。对此，著名粤剧理论家郭秉箴曾就此问题说了句公道话："戏剧艺术的政治功能必须寓于娱乐之中，不好看的戏，没有娱乐性的戏，观众不看，还有什么'有益'可言！把'好看'和'有益'完全结合起来,正是粤剧改革所要达到又不容易瞬即达到的目标。"

欧阳山在这篇讲话中,着重谈了对"有益"的看法:

> 过去,大家着重"好看"这一面,只想人多买票。……至于有益这一方面,没有想得很多。而且在封建社会认为有益的,在今天新社会却未必有益,甚至是有害的。但,是不是只求有益,不管好看不好看,闭着眼睛,硬说没有人看也不要紧?这也是不行的。……
>
> 怎样叫做有益呢?有益不光是修身课本,也不一定是机械教训,或者是几个新的名词、理论、标语、口号等。……有益的范围是广大无边的,总之从共同纲领出发,符合共同纲领便是有益。例如共同纲领其中的一条,说明要爱祖国、爱人民、爱劳动、爱科学、爱护公共财物。只拿这一条便可以写出无数的剧本。以共同纲领做标准,也就是以为人民服务做标准。

怎样才能编撰出又好看又有益的剧本呢?欧阳山根据当时粤剧界不可能一下子创作出大量新剧本的实际情况,认为首先是修改现有的无益的剧本,再编撰有益的。为此,他对怎样叫作"无益",谈了三个方面的问题,一个剧本凡是有这三个方面或其中之一、之二个方面的问题的,就是无益甚至是有害的,就一定要修改好,如果改无可改,便由得它停演好了。这三个方面的问题,欧阳山认为是:

> 一、宣扬麻醉与恐吓人民的封建道德与迷信者;
> 二、宣扬淫毒奸杀者;
> 三、丑化和侮辱劳动人民的语言和动作。

为了指导编撰者修改好剧本,欧阳山又提出了修改剧本要注意的三个地方:

> 一、要区别迷信和神话;
> 二、区别恋爱与淫乱;
> 三、不要把历史人物现代化,保持旧剧原有特点和优点。

欧阳山的这篇讲话立场鲜明,界限清楚,特别是"三个方面"和"三个注意"讲得通俗易懂,以理服人,充满辩证法和唯物史观,是共产党戏改政策的具体化，因而对粤剧的改造工作起到了指导性的作用。

接着，欧阳山又陆续发表了《粤剧的出路》《关于粤剧批评的座谈发言》《关于粤剧的创作问题》《送粤剧团去汉会演》《谁改造谁》等文章和讲话，对粤剧的改造工作进行直接具体的指导。

华南文联在欧阳山的领导下，设立了戏剧部剧目组和粤剧编剧组，前者负责审改所接收的戏院上演的1700多个剧目，后者编写了如《愁龙苦凤两翻身》等一批新粤剧。欧阳山不仅关心新粤剧的编写，亲自审定每个剧本的提纲，还参与到剧本创作中去。他与编剧家们一道集体改编、创作了新粤剧《白毛女》和《刘永福》。其中《白毛女》剧中喜儿梦会大春那场戏载歌载舞，便是欧阳山出的点子。欧阳山还不顾工作的繁忙，天气的酷热，专门领

1979年12月，欧阳山（左一）在招待香港AMA乐团会上与著名粤剧艺术大师红线女（中）、音乐艺术家周国瑾（右）合影。

着演、编、导人员边排练边修改,边修改边上演,终于使新粤剧登上了广州的戏剧舞台,而且受到广大粤剧观众,特别是农村粤剧迷的欢迎。

欧阳山还与众多粤剧艺人建立了亲密无间的良好关系,尤其是与那些大老倌——薛觉先、唐雪卿、马师曾、红线女、靓少佳、郎筠玉、吕玉郎、黄君武、罗家宝、梁荫棠、紫兰女等有密切交往,经常与他们探讨粤剧的进步和改造工作,共同为繁荣发展粤剧而奋斗。

由于欧阳山在新中国成立初期与薛觉先交上朋友,并很尊崇"薛派"艺术,1986年,广州地区粤剧同仁筹办纪念薛觉先先生逝世30周年活动,请他出任筹备委员会主任时,他尽管写作繁忙,又是78岁高龄,视力不佳,仍很乐意出任,绝不推辞。他多次主持筹委会,亲自过问演出工作,令薛觉先遗孀——香港张德颐女士深为感动,使整个纪念活动超出预期效果,在粤剧界、文艺界和社会上产生了良好的影响。

红线女是享誉中外的著名的粤剧表演艺术大师,她所创立的"红腔"把粤剧艺术提高到一个新的高度,她为发展粤剧艺术所做出的贡献是重大的,她的观众可谓遍布海内外。她在"文革"期间受迫害被关进"牛栏"时,欧阳山曾给过她鼓励、力量和信心。她在一篇纪念欧阳山的文章中这样说:

> 欧阳老给过我永远忘不了的一点眼神:
>
> 在一次珠影牛栏里劳动时,我突然看到欧阳老正蹲低,俯首用双手托着一根木方。欧阳老把木方托起来的时候,目光和我接触一起,四目交投,欧阳老的眼睛很有力量和神气地注视着我。当时我的感觉是这位老前辈对我的尊重,给我以力量,又是期待我坚持下去,这种眼神给了我十分有力的关怀和爱护,我永远都忘不了的。①

罗家宝是粤剧界的后起之秀,他集各家之长,并结合个人的声音条件,创造了独树一帜好听好唱的"虾腔"。由他和林小群主演的《柳毅传书》久演不衰,他也因此名重一时。"文革"期间他被"下放"到一个远离广州的村庄。但"文革"结束已经五六年了,人们喜爱的"大戏"——粤剧,又锣鼓喧天地开场了,但他仍待在村庄里没有落实政策。欧阳山得知此情况后,焦急万分,他立即向有关部门反映。因为他深知罗家宝是粤剧艺术不可多得的人才,特别是"文革"之后,粤剧艺人老的老,小的小,青黄不接,罗家宝就更成为粤剧界承前启后的关键人物。有关部门对欧阳山反映的问题十分重视,很快就对罗家宝落实了政策,罗家宝又得以在粤剧舞台上大放异

---

① 红线女:《送欧阳老远行》,《羊城晚报》2000年10月4日。

彩了。

在欧阳山的悉心关怀和具体指导下，50年代粤剧的改造工作取得了很大的成功。粤剧舞台繁花似锦，一派繁荣兴旺景象，受到广大观众的热烈欢迎和喜爱，并被周恩来总理给予"南国红豆"的美誉。

马师曾、红线女主演的粤剧《搜书院》《关汉卿》，红线女主演的《山乡风云》，罗家宝、林小群主演的《柳毅传书》，以及《十奏严嵩》《红花冈》《刘胡兰》，等等，不但在广东深受广大群众欢迎，甚至在全国都产生了影响，其中《搜书院》《关汉卿》两剧皆被拍成电影在全国上映，大量不懂粤语的外省观众也踊跃走进电影院观看；《山乡风云》在全国被移植成20多种戏曲剧目，这在粤剧艺术发展史上是少有的；1965年7月16日，周恩来总理和陈毅副总理在广东迎宾馆观看了《山乡风云》的演出。演出结束后，周总理、陈毅副总理接见了红线女、罗品超、文觉非、罗家宝等全体演员，祝贺他们演出成功。这些戏都已成为粤剧史上的经典之作。人们把此番可喜的景象比拟为"南国红豆发新枝"。

"文革"结束后，粤剧迎来又一次新的辉煌。其中罗家宝主演的《血溅乌纱》《袁崇焕》《梦断香销四十年》等，成为他艺术事业的巅峰之作。他被广东省授予"粤剧突出成就奖"。

罗家宝没有辜负欧阳山的厚望。

欧阳山为粤剧的改造、进步、振兴和辉煌所付出的心血没有白费。

第六节　写在新社会里[①]

解放了，在新社会里，欧阳山可以大展身手，为人民、为广大工农兵创作更多更好的作品了。

然而在解放后最初的那几年，他却连一篇小说也没有写。

因为他当了很多的"官"。

也许欧阳山一生中从来没有像在广州解放后最初的那几年里当过那么多的"官"。

有一次，其时已任欧阳山创作助手的笔者问他：

"欧阳老，有人说你刚解放不久就当上了广东省政府文教厅副厅长，要是你愿意的话，你可以当很大的官的。是这样的吗？"

[①] 1944年6月，欧阳山曾写过一篇散文《活在新社会里》，获得毛泽东的高度赞扬："我替中国人民庆祝，替你们两位（指丁玲、欧阳山——笔者注）的新写作作风庆祝！"此节的标题特参照《活在新社会里》而写为《写在新社会里》，喻在解放后的新社会里，欧阳山的创作从此迈上了新阶段，将会获得新的更大的成就。

欧阳山笑着问笔者："那你愿意我当很大的官，还是愿意我写《三家巷》。"

笔者毫不思索地回答："当然是愿意你写《三家巷》了。"

欧阳山听罢哈哈笑了起来。

确实，欧阳山在全国解放后最初的那几年，当过一连串的官，列出如下：

广州市军管会文教接管委员会文艺处处长、华南文学艺术界联合会筹备委员会主任、广州市多届政协委员及人大代表、广州市总工会文艺工会主席、中共广东省历届代表会议及代表大会代表、中共中央华南分局宣传部文艺工作委员会副书记、华南（后改为广东）中苏友好协会总干事、中共中央华南分局宣传部总支部华南文联分总支部书记、华南人民文学艺术学院院长、珠江电影制片厂筹备委员会主任、华南文学艺术界联合会主席、广东省人民政府文教厅副厅长、华南文联电影剧本创作小组组长、广东省历届政协委员及常委、广东省历届人民代表大会代表、广州作协及其后的中国作协广东分会主席、《作品》主编、中共广东省委文教部（后并入宣传部）副部长、广州市对外文协副主任、广东文字改革委员会副主任、中共广东省历届委员会委员……

而在此之前，即新中国成立前夕的1949年9月，欧阳山作为华南解放区的代表，参加了为成立中华人民共和国而召开的第一届中国人民政治协商会议；新中国成立后，他又历任各届全国文代会代表、中国文联委员，各届中国作家代表大会代表、作家协会理事（后被选为中国作家协会副主席）。

这些职务，说明欧阳山在这期间被推为华南文艺界的主要代表和主要领导人，担负着重大的责任。

需要指出的是，欧阳山担任这么多的职务，都不是挂名的，而是实打实、干实事的。

欧阳山在这一阶段的工作，主要体现在政治活动、文艺活动和社会活动三个方面，他要担负广东省人民政府赋予的文化行政事务性质的领导工作；担负华南文艺界的领导工作，开创文艺事业和组织文艺活动，主持文艺刊物和文艺教育，开展文艺理论研究与批评。他还要组织和参加大量的社会活动，可以说是集政治家、文艺家与社会活动家于一身，在新中国成立时期和进入社会主义建设时期的政治、社会和文艺舞台上，特别是在华南社会主义文艺事业的开拓、建设和发展上，发挥了重要的作用，做出了重大的建树。

这个时期担任这么多重要职务的欧阳山，从事着大量、频繁的政治活动、社会活动、对外文化交流活动和文艺活动，在政治生活中发挥着很大的作用和影响。

由于工作的需要，他写了大量的会议开幕词、工作报告、总结、发言、讲话、欢迎词、对重大政治运动表态性的文章和谈话等等。而其中《在广州文艺青年欢迎世界青年代表团大会上的欢迎词》《欢迎罗马尼亚人民共和国部队歌舞团宴会上致辞》《欢送捷克斯洛伐克"维特·尼耶德利军队文艺工作团"》《岭南文物宫中苏文化馆开幕致辞》《欢迎英中友好协会访华团》《欢迎冰岛访问团宴会上致辞》《欢迎苏联艺术工作团》《楚拉基专题报告会致辞》《欢迎苏联电影艺术工作者代表团》《欢迎朝鲜铁道艺术团座谈会致辞》《欢迎蒙古人民共和国艺术团》《欢迎苏尔科夫座谈会致辞》《日本歌舞伎剧团在中国演出的闭幕词》等大量热情洋溢、充满激情的讲话，赢得了与会外宾一阵阵的掌声，说明他在开展中外文化交流活动、促进中国人民与世界人民的友谊中发挥了积极的作用，做出了重要的贡献。

1955年，欧阳山参加了中国人民解放军总政治部长征沿线地区访问团；同年，担任了中国民间艺术团团长，领队去澳门演出。1956年，又率领中国民间艺术团赴香港，在香港北角新光戏院表演了歌舞、杂技、曲艺等丰富多彩的节目。其中女高音歌唱家周小燕领唱的《远方的客人请你留下来》，民族歌手黄虹演唱的《我来说你来猜》得到最热烈的掌声。中国民间艺术团的演出非常成功，在港澳同胞和海外华人中产生了很好的影响。这是新中国成立后第一次以国家级艺术团体的名义访问港澳，给港澳同胞和海外华人带去了祖国的关怀和问候，带去了艺术的享受和欢乐。

在华南社会主义文艺事业的开拓、建设和发展上，欧阳山做了大量卓有成效的工作，其中如上文所述的创办华南人民文学艺术学院和促进粤剧的改造与振兴等方面最为人所称道。

欧阳山深知开展文艺理论研究及开展文艺评论的重要性，他对此给予高度重视，并且身体力行，执笔撰写了不少有关的文章及讲话，如：《展开普及创作运动》《和华南师院附中同学座谈》《对李碧云所改作小说的意见》《对华嘉作〈滨江风云〉的意见》《对司马文森作〈故乡〉纪录片的意见》《〈高干大〉英译本序》《有关广州工人文艺创作的几个问题》（收进《欧阳山文集》时改为《有关文艺创作的两个问题》）《〈高山大峒〉读后及二次稿的意见》《改造自己，教育人民，是作家的天职》《对〈开花时节〉的意见》《在中山大学座谈会上的发言》《作家的立场》《和中山大学中文系一年级同学座谈的问题》《迅速反映社会主义的革命运动》《答广雅中学文艺组》《关于工人文学创作的一些问题》《在广东省青年文学创作者会议上的发言》等等。这对华南文艺界确立社会主义的文艺思想和促进社会主义现实主义的文艺创作的发展，起到了不可忽视的作用。

新中国成立后最初的那几年，新生的人民共和国为了巩固这付出了重大牺牲、来之不易的人民政权，进行了清匪反霸、抗美援朝、土地改革、镇压反革命、恢复国民经济和"三反、五反"等全国性的重大斗争。1953年又开始了国民经济建设的第一个五年计划，进行了社会主义工业化，以及农业、手工业和资本主义工商业的社会主义改造，农业集体化运动更是在全国铺开，各地农村纷纷从互助组转变为农业合作社。整个国家的政治形势，尤其是这些重大的政治运动，要求思想文化战线必须适应和紧密配合，对文艺的要求更为迫切。最主要的就是要尽快确立和发展与新社会相适应的新的文艺体制。为此，就必须改造旧文艺，创造新文艺；改造旧的文艺思想，确立新的文艺思想；改造旧的文艺队伍，确立和发展新的文艺队伍。也正是出于这些要求，在文艺界开展了一系列运动，如知识分子的思想改造、批判电影《武训传》、批判俞平伯《红楼梦》研究的资产阶级唯心主义倾向、批判胡适派资产阶级唯心主义学术思想、批判胡风文艺思想等等；同时又以毛泽东《在延安文艺座谈会上的讲话》为指针，以延安解放区文艺运动的经验和模式，建立新的文艺体制，确立和发展新的文艺创作与文艺理论批评。

在这样的形势下，欧阳山身为一个共产党员作家、华南文艺界的领导人，自然是义不容辞地，为确立和发展新社会的文艺体制而竭尽全力；他作为当年延安文艺座谈会的参加者和解放区新文艺运动的开创者之一，自然更会在全国解放后努力贯彻和推广这个里程碑意义的会议精神和新文艺运动的做法与经验。

欧阳山在这时期的文艺思想和行动（包括他的行政领导工作与文艺创作），与当时形势下的党的政治要求是相一致的，他并以此组织和领导华南文艺界的创作与理论批评的展开，组织和领导华南文艺界的队伍改造和建设，组织和领导华南文艺界投身正在全国范围内进行的一系列政治运动和文艺运动。他自己也积极地参加到各项政治运动，特别是文艺界的各项运动中去，写出了《华南文化界批判〈武训传〉座谈会上的讲话》《武训和〈武训传〉的批判提纲》《文艺整风发言要点》《改造自己，教育人民，是作家的天职》等文章和讲话。毋庸讳言，这些文章和讲话中有些是表态性的文章，是因应运动的需要而写的。但这是特定历史时期的产物，要历史地看待和分析这个问题。

正如中共中央党史研究室著、胡绳主编的《中国共产党的七十年》一书中所正确指出的那样："这两次批判（指批判电影《武训传》、批判俞平伯《红楼梦》研究的资产阶级唯心主义倾向以及由此而引致对胡适派资产阶级唯心主义学术思想的批判——笔者注），对学习和宣传历史唯物主义和辩证唯物主义起了好的作用，有其积极的方面。但是，思想问题和学术问题是属于精神世界的很复杂的问题，采取批判运动的办法来解决，容易流于简单和片面，学术上的不同意见难以展开争论。这两次批判已经有把学术文化问题当作政治斗争并加以尖锐化的倾向，因而有其消极的方面。"①

《中国共产党的七十年》一书也谈到了批判胡风文艺思想的问题：

> 1955年，又展开了一场对胡风的文艺思想的批判。胡风是长期参加左翼文艺运动的进步的文艺理论家。对胡风的文艺思想，在进步文艺界中历来有不同意见和批评。这时，针对胡风向党中央提出的关于文艺问题的三十万言意见书，批判猛烈展开，并且迅速变为对"胡风反革命集团"的揭露和镇压。这种把文艺思想争论当作政治斗争来进行的做法，特别是并没有经过核实的根据就把胡风和同他有联系的一批文艺工作者（其中有共产党员和党外进步作家）当作"反革命集团"来斗争的做法，完全混淆了敌我、敌友的界限，混淆了两类不同性质的矛盾，造成了建国以后思想文化领域的一大冤案。②

笔者曾参与过20卷本《欧阳山全集》作品的搜集和目录的编写工作。这套《全集》收进了欧阳山几乎全部的文章和作品（除个别解放前写的作品因年代久远暂时未能找到外），但并没有发现欧阳山在1955年那场运动中有写过批判胡风的文章，哪怕是表态性的。这使笔者想起上文曾写到过的1943年4月在延安整风期间，发生过的"抢救运动"，其中重点批判王实味。

当时在延安文艺界声讨批判王实味的大会上，群情激愤，不少人发言时声震屋宇、声色俱厉、声嘶力竭，但欧阳山始终坚持实事求是的态度，以自己独特的方式非常冷静地沉默着。这倒不是欧阳山在袒护着王实味，而是他认为对王实味的错误问题应该是治病救人而不是一棍子打死。王实味的问题性质严重，确实有错误，但是错不至死。欧阳山虽然严于解剖自己但从不整人，更不会落井下石。这一点在延安文艺界中给人们留下的印象是极其深刻的。

联想到在这场对胡风的文艺思想的批判运动并进而发展到对"胡风反革命集团"的揭露和镇压中，欧阳山仍旧是"以自己独特的方式非常冷静地沉默着"，不由得对参加过延安整风运动以及经历过"抢救运动"的老革命文

---

① 中共中央党史研究室：《中国共产党的七十年》，中共党史出版社1991年版，第302页。

② 同上。

艺家黎辛针对欧阳山在当年"抢救运动"中的表现所说的那句话表示完全赞同。那句话是:"这是欧阳山又一次高度马克思主义水平的表现"。

由于欧阳山从事着大量频繁的政治活动、社会活动、对外文化交流活动,肩负着领导华南文艺界的重大责任,有着大量的行政工作和事务性工作需要他亲自动手去做,因而,从1949年11月他回到解放了的广州,直至1953年夏天,在这长达三年半的日子里,他没有写过一篇小说,没有写过一篇短短的哪怕是"千字文"一样的文艺性散文。这个时期,他写了大量的会议开幕词、工作报告、总结、发言、讲话、欢迎词、对重大政治运动表态性的文章和谈话等等,也写过不少文艺理论研究及文艺批评的文章和讲话。这是党的工作的需要,是党交给他的重要任务,他必须而且他也确确实实竭尽全力把党交给他的工作和任务完成得很好。但作为一个有社会责任感和历史使命感的作家,几年时间都没有一篇文学作品问世,他内心的焦灼可想而知。但繁忙的工作又使他实在挤不出时间来从事创作。而要写出思想性和艺术性俱佳的力作,特别是要写出反映中国新民主主义革命整个历程的史诗式鸿篇巨制,没有专业的时间,不能以"十年磨一剑"的精神,专心致志、心无旁骛地苦干,是根本不可能的。因此,欧阳山觉得已经到了要从繁杂的行政领导工作中摆脱出来的时候了。

其时,从欧阳山担负的华南和广东文艺事业的组织和行政工作上来说,这时已完成了文联和作家协会的组建工作,各种文艺机构已建立起来,各种干部和文艺人才已各就各位,正努力地工作着。欧阳山欣喜地看到,通过他和同志们几年来的努力奋斗和辛勤耕耘,华南文艺这片广阔无边的园地里鲜花正含苞欲放,有的已经盛开,初显繁荣兴旺的景象,正在社会主义文艺的康庄大道上迈出坚定有力的步伐。

在这样的情况下,经组织同意,欧阳山开始慢慢地从行政事务中抽出身来,由其他同志负责具体的工作,比如后来虽仍挂《作品》主编的名,但实际工作先后由韩北屏、周钢鸣负责;1959年后又由萧殷、韦丘负责;"文革"结束后又先后由秦牧、萧殷、易巩、黄培亮等同志负责。

1953年5月,广州作家协会(即后来的中国作家协会广东分会)成立之后,广东省委才批准欧阳山搞专业创作。

这样,经组织批准,有了创作假,从行政事务中摆脱出来,欧阳山就得以专心从事创作,又写起小说来了。

1953年5月,由欧阳山任组长的华南文联电影剧本创作小组,遵照华南分局的指示,组织作家深入生活,创作反映海南岛人民长期坚持革命斗争"红旗不倒"的斗争生活以及渔区、侨乡生活的作品。这个创作小组除欧阳山任组长外,成员有杨骚、陈残云、司马文森、华嘉、韩北屏、李英敏、卢珏等,都是一些著名的作家、艺术家。创作组兵分三路,分别到海南岛、珠海渔区和侨乡深入生活。其中欧阳山、陈残云、李英敏去海南岛,杨骚、司马文森、卢珏去侨乡,华嘉、韩北屏去珠海渔区。

就这样,欧阳山于1953年5月至8月到海南岛访问,他深入五指山区等革命老根据地,访问了原琼崖纵队司令员冯白驹将军等各级指战员和战斗英雄,特别是与后来写成的中篇小说《英雄三生》里所描写的主要人物符琼的生活原型接触过多次,掌握和积累了琼崖纵队和海南人民在土地革命、抗日战争、解放战争中的斗争生活的丰富素材。与此同时,欧阳山还对完全有别于祖国大陆的海南岛那椰风海韵的热带风光和风土人情有了真切的体验,这些也是写出生活真实的有地方特色的文学作品所必不可少的要素。

从海南岛回来后,仅用了半年时间,欧阳山就于1954年3月写出了一部8万多字的,以革命英雄符琼为主人公并以符琼几十年的斗争经历贯穿全书的,反映海南人民和琼崖纵队在土地革命、抗日战争、解放战争中的斗争生活的中篇小说《英雄三生》。

《英雄三生》通过主人公符琼"虎口余生""死里求生""险处逢生"的传奇经历,描述了符琼从一个贫苦的孤儿,在党的教导下,在革命斗争中

1954年3月,欧阳山(中)在广东南海县东二乡南新村体验生活时,与当地农民一起踏水车灌溉农田。

成长为战斗英雄的故事，形象地描绘了海南岛从土地革命时期直到最后解放的几十年间的革命历程。

《英雄三生》在描写海南岛的自然景物方面，也给大陆的读者以新奇之感，如下面这一段描绘：

> 冬天了。在海南岛，这冬天是青葱可爱的。橡胶树的叶子变成深绿色，在暖和的阳光下好像油漆过似地闪着光。枫叶变红了，在深蓝色的天空下，看来好像盛开着的花朵一样。海桐树已经结了果实。它们熟透了就自己掉下来，悄悄地藏在那些野生的菊花和芍药中间，等待明年的春天。海上的风浪也平息了，大群的季候鸟在广阔的沙滩上飞舞着，歌唱着。……①

《英雄三生》是中国现代文学史上第一部描写海南岛故事的文学作品，同时，也是欧阳山在解放后写出的第一部文学作品，是他实践社会主义现实主义创作方法（后来毛泽东结合中国革命文学的实际，倡议为革命的现实主义与革命的浪漫主义相结合的创作方法）的第一部文学作品，表明欧阳山的文学创作从民主革命阶段进入了社会主义的新阶段，在他1924年至1954年刚好30年的文学生涯中，这部作品具有开辟他新的创作天地的意义。

与此同时，与欧阳山同去海南岛访问的陈残云、李英敏，则写出了电影文学剧本《南岛风云》。

1954年，与苏联作家吉洪诺夫合影（第一排左起：欧阳山、吉洪诺夫、陈残云；第二排左起：苏怡、周国瑾、司马文森；第三排左起：秦牧、黄谷柳、华嘉、于逢；第四排左起：符公望、谢国因、欧外鸥）。

---

① 欧阳山：《金牛和笑女》，广东人民出版社1979年版，第89页。

《英雄三生》刚脱稿，1954年4月，欧阳山又到广东省南海县东二乡农业生产合作社深入生活，担任该合作社的助理会计（可谓"重操旧业"，因为欧阳山1944年9月到延安县南区合作社深入生活时，也是任合作社的助理会计），直至1955年4月，达一年之久。他在这段生活的基础上，创作了一部5.5万字的中篇小说《前途似锦》。这部小说，写的是一个叫朝阳村的华南农村在1954年春天刚办起农业生产合作社时发生的故事。当时，全国农村正掀起大办农业生产合作社的高潮，这部小说正是配合农业集体化运动而写的，是我国写农业集体化运动的小说中最早出现且较为优秀的一部，因而受到上级的重视，小说才在1954年11月7日写出初稿，仅仅4个月之后，华南人民出版社很快就于1955年3月印制成书出版了。

为了配合农业集体化运动，急需作家尽快写出这类题材的小说供发表和出版，所以《前途似锦》这部书可谓是"急就章"，作者不可能对作品进行精雕细琢，不可能做到"慢工出细活"，但全书仍充满着浓郁的广东农村的生活气息，书中仍不乏精彩之处，如书的结尾处，就展现出一幅广大农村前

1954年3月，欧阳山在广东南海县东二乡南新村体验生活，任农业合作社助理会计。图为欧阳山（左一）与当地农民一起插秧。后写出反映农村生活的中篇小说《前途似锦》。

途似锦的生动画卷：

> 在大涌尾那块田里，第一生产队的劳动妇女中间，有一个十五六岁的小女孩子叫了梁树坚（书中主人公——笔者附注）一声，大家就停住手，直起腰杆歇一歇。那是梁满的妹妹。她说她不会插小科密植，要社长插给大家看。大家笑着，高声嚷着。梁树坚把竹帽一扔，跳进田里，带头插起来。大家跟着他插，转眼就插了一大片。大地上好像铺了一层美妙的、巧夺天工的、花花绿绿的织锦，把梁树坚和那些妇女们都织到花纹里面去了。①

接下来，欧阳山写了《慧眼》及其续篇《亲疏》《比赛》《信任》，这是一组描写农村少年儿童生活的带有童话色彩，又不太像童话却有现实生活寓意的系列短篇，发表后曾引起广泛争议。

而以敌我双方上层人物为主角，全景式地正面描写1927年12月爆发的广州起义全过程的中篇小说《红花冈畔》，是中国当代文学中描写这一事件迄今为止仅有的一部。

《红花冈畔》以赞颂和艺术的笔触，把张太雷、叶挺、叶剑英、恽代英、周文雍、聂荣臻、徐向前、陈赓等领导广州起义的英雄人物的形象刻画得栩栩如生；也对张发奎、陈公博、黄琪翔、冯肇铭、朱晖日、谢婴白、李福林等国民党阵营的敌方人物形象，做了成功的刻画。

《红花冈畔》于1957年12月10日起在《羊城晚报》连载，工人出版社于1959年2月出版了单行本，受到读者欢迎。

《红花冈畔》可以说是欧阳山创作史诗式巨著《一代风流》第一卷《三家巷》前的一次试笔，一次"演习"。因为《三家巷》的后半部分，就是通过小说主人公周炳参加广州起义的战斗经历，浓墨重彩地、艺术地再现了这场撼天动地的革命战争的。

而这时，一个在欧阳山漫长的文学创作生涯中非常重要的日子——1957年2月14日，来到了。

第七节　红楼开笔写巨著

1957年2月14日深夜，一个极其普通的日子，一个非常安静的夜晚，在广州闹市区文德路省作协所在地红楼的二楼，欧阳山一家人居住的一间房子

---

① 欧阳山：《金牛和笑女》，广东人民出版社1979年版，第190—191页。

里，欧阳山一个人静静地坐在书桌前，陷入了沉思。城市特有的那种喧嚣声已暂时远去，人们都进入了梦乡，包括虞迅和燕星。此刻，欧阳山的目光穿过窗户，望向了黑沉沉的夜空。忽然，他好像回到了延安，回到了那水流激荡的延水之滨，那难以忘怀的一件往事又浮现在脑海里——

1942年的冬季，在一个"残阳如血"的傍晚，欧阳山和周而复这两位30年代上海"左联"的战友、40年代延安的革命文艺战士，并肩漫步在冰水凛冽的延河旁。忽然，欧阳山一脚把路边的一颗小石子踢到延河里去，大声说："而复，我与你相约，我们俩每人都要为未来的新中国写出一部大书来，就像托尔斯泰的《战争与和平》那样，要多卷本的。你敢发誓吗？"

两个热血沸腾、踌躇满志的年轻人举起拳头，发誓了。

欧阳山当时是设想写一部反映中国革命艰苦、壮丽历程的大书的，书名就定为《革命与反革命》，但当时革命尚未成功，一切都还只是一个设想。

1949年，中国革命胜利了，新中国成立了，中国新民主主义革命30年的战斗历程常常清晰地、反反复复地浮现在欧阳山的脑海里，他决定写一部多卷本的长篇小说，艺术地反映和再现这30年的历程，写出"中国革命的来龙去脉"。

从那时起，欧阳山经过8年时间的酝酿和准备，整部大书的人物、故事、场景、结构等等都在慢慢考虑并构思成熟了，所需要的材料和资料也搜集了很多，书中人物的典型性格，特别是主要人物的典型性格都基本成型了。欧阳山于是花了很多时间制定了一个详尽的写作计划，写了一份很详细的故事提纲。大书题为《一代风流》，共分5卷，每卷30万字左右，人物要写一两百个，故事发生地点从广州到上海，到广东乡下，到重庆，到延安，到华北平原，再回到广州。全书要以150万字的宏伟规模和气势，描写中国革命从1919年五四运动至1949年全国解放这30年间轰轰烈烈的战斗历程，再现"中国革命的来龙去脉"，以为后世留下一部以艺术笔法写就的"史记"。具体落墨时，就是以周炳这样一个出身铁匠家庭的小资产阶级知识分子，经过艰难、曲折、漫长的战斗历程，最后成长为无产阶级的革命战士的"这一个"为贯穿全书的主人公，通过写三家巷三个家族三代人30年间兴衰沉浮、悲欢离合的故事，艺术地展现出一幅波澜壮阔、色彩斑斓的中国革命的巨型画卷。

书的第一卷叫《三家巷》。

此刻，是1957年2月14日深夜，欧阳山提起了笔，用力地在稿纸上写下了"三家巷"三个大字，然后一笔一笔地写起来：

一　长得很俊的傻孩子

　　公历一千八百九十年，那时候还是前清光绪年间。铁匠周大和他老婆，带着一个儿子，搬到广州市三家巷来住。周大为人和顺，手艺精良，打出来的剪刀又好使，样子又好，真是人人称赞。他自从出师以后，就在西门口一间旗下人开的正岐利剪刀铺子里当伙计，几十年没换过东家。他老婆也贤德勤俭，会绣金线，手艺也很巧。夫妇俩省吃俭用，慢慢就积攒下几个钱来，日子倒也过得满欢喜。后来生了一个儿子，取名叫周铁，日过一日，这孩子也慢慢长大了。……

　　《三家巷》的写作颇为顺利，很快地，写满《三家巷》文字的原稿纸就在欧阳山的书桌上一摞一摞地越堆越高。
　　但就在《三家巷》的写作渐入佳境的当口，中国的政治形势和思想文化战线却发生了急剧的变化。
　　1957年2月27日，毛泽东在最高国务会议第十一次（扩大）会议上做了题为《关于正确处理人民内部矛盾的问题》的讲话；1957年3月12日，毛泽东又作了《在中国共产党全国宣传工作会议上的讲话》，提出了"百花齐放，百家争鸣"的方针，广大知识分子，特别是文艺界的知识分子如沐春风，深受鼓舞。岂料两个月后，即1957年6月，却开展了"反右派运动"，很多知识分子被卷入其中。
　　事情缘起于1956年秋冬，受国际上波匈事件和国内社会主义改造深刻变化等的影响，中国社会出现了一些新的矛盾，这些矛盾造成了一定的不安定。为解决这些矛盾，就需要克服共产党内部分同志中间存在的主观主义、官僚主义等思想作风。为此，中共中央决定在1957年展开一次全党整风运动。1957年4月27日，中共中央正式发出《关于整风运动的指示》。指示发布后，全国各级党政机关和高等院校、文化艺术团体等单位的党组织纷纷召开各种形式的座谈会，听取党内外群众的意见。广大干部群众也积极响应党的号召，对党和政府的工作提出了大量的意见和建议，有的意见甚至相当尖锐。但有极少数人乘机鼓吹所谓"大鸣大放"，对中国共产党的领导地位和社会主义制度进行攻击，这引起了毛泽东的警惕。5月15日，毛泽东发表《事情正在起变化》一文，指出最近一个时期，右派表现得最坚决猖狂，他们想要在中国这块大地上刮起一阵七级以上的台风，妄图消灭共产党。5月25日，毛泽东在接见中国新民主主义青年团第三次全国代表大会的代表时指出："一切离开社会主义的言论和行动是完全错误的。"6月8日，中共中央发出《关于组织力量准备反击右派分子的进攻的指示》。一场全国规模的群众性的疾风暴雨式的反右派运动猛烈开展起来了。而且运动很快就扩大化了。

反右派运动的风暴当然也刮到了广东,刮到了广东文艺界。

欧阳山不得不放下手中的笔,投入运动中去。《三家巷》的创作因而中断了。

欧阳山在反右派运动中没有受到冲击。关于这个问题,他曾于1998年2月16日回答他的大女儿欧阳代娜的提问时说起过:"我在广东遇到两位好领导,一位是参座(指叶剑英同志),这没有问题的;一位是陶铸。陶铸是相当支持我的。没有陶铸支持,我也顶不到今天的。好几次运动都要免我的职,要没有叶剑英同志保护,也就不知把我弄到哪里去了。后来又要把我的广东省文联的职务撤下来,但陶铸同志不同意,还是要我担任。在反右时,差一点也被打倒了。还是陶铸同志顶住了。他出来说:'欧阳山还是好的,原则还是对的。'那些要打倒我的人,也就没有办法了。"①

欧阳山在反右派运动中没有受到冲击,但他却保护了一些人,其中一个是秦牧。

秦牧是与杨朔、刘白羽齐名的中国当代三大著名散文家之一(曾有散文界"南秦北杨"之说),一位从海外归来的爱国华侨作家,一位与共产党"肝胆相照"的民主人士(秦牧1944年加入中国民主同盟,1963年加入中国共产党)。

但就是这样一个人,有人却要置他于死地。一天,正是反右派运动进行到高潮之时,有关人士来找欧阳山,说要给秦牧戴上"右派分子"的帽子,征求作为省作协主席的欧阳山的意见。他们知道欧阳山与秦牧在一些文艺问题上有不同的看法,曾有过争论,以为欧阳山会借此机会整秦牧。其实欧阳山和秦牧一个来自延安,一个来自海外,经历不同,所受的教育也不一样,在一些文艺问题上有不同看法是正常的,很自然的,不足为奇。此刻,欧阳山本着实事求是的原则,也本着他一贯从不整人,更不会落井下石的精神,语气坚定地对来人说了一句"秦牧爱党爱国,这样的人怎么可能是右派!我决不相信!"从而保护了秦牧,使秦牧不致被划为"右派"。

在当时那样一种险恶的情势下,欧阳山能排除各种私心杂念,敢于为秦牧说公道话,是很不容易的,是需要有很大的勇气的。

而秦牧逃过这一劫之后,得以继续享有写作的权利,他更加珍惜手中的笔。1958年春,他到广东揭阳县棋盘大队体验生活。当时那里正在进行迁移坟墓、平整土地的工作,而这项工作又牵涉到千千万万人对祖先的孝敬

---

① 欧阳代娜:《欧阳山访谈录》,中国文史出版社2008年版,第184页。

和尊重，不容易展开。于是，秦牧就以此为题材，写了一篇《迁坟记》的散文。他在文章中说，由于平整土地是在中国共产党领导下，有组织有计划地进行，把分散的骨殖收集起来，合筑公墓，做到了"一方面坚决平整土地，一方面也珍重着先人的遗骨"，所以得到群众拥护，集体主义思想也得到了发扬。"因而这事情不但具有巨大的物质上的意义，还具有更大的精神上的意义"，"集体主义这样一种威力无比巨大的思想，正像春风一样，吹绿了万里江山，吹亮了万人的心"。

秦牧的这篇《迁坟记》在《羊城晚报》刊登时，正巧毛泽东在广州视察。毛泽东一向有在哪里视察就要阅读一下哪里的报纸的习惯，他立刻注意并阅读了秦牧的这篇散文，称赞这是一篇宣传实事求是精神和集体主义思想的好文章。

由于得到了毛泽东的称赞，《人民日报》很快就转载了《迁坟记》。于是，秦牧又被人尊称为"马列主义者"。对此，秦牧说："我差点被打成右派，但我并不是右派；现在又说我是马列主义者，其实我还够不上马列主义者的水平。一个革命者只有在党的领导和教育下才能成长。"①

当欧阳山得知秦牧不但没有被打成右派，还能够继续写文章，而且得到毛泽东的称赞时，欣慰地笑了。从此，两人的友谊得到了增进。

1989年12月11日至14日，广东省文联在广州召开了"庆贺欧阳山同志从事文学创作65周年暨《欧阳山文集》研讨会"，秦牧以广东省文联主席的身份主持了研讨会，并做了题为《衷心的祝贺》的热情洋溢的开幕词。

1992年10月14日，73岁的秦牧因突发心脏病去世。其时刚从北京开会回来的欧阳山惊悉此噩耗，悲痛不已，并深为惋惜。那天早上上班时，他对笔者说的第一句话就是："秦牧同志逝世了，真可惜啊！秦牧同志这样的年纪，本来应该还可以写作许多年的。"说罢，深深地叹了一口气。

再回过头来。反右派运动在1957年底结束后，1958年全国又开始了高举"总路线、大跃进、人民公社"三面红旗的运动。在这期间，为了腾出房子给文联、作协办公用，欧阳山一家三口（两夫妇加上小儿子燕星。其时小女儿纳嘉和大儿子左嘉已先后回到居住在北京的他们的母亲草明处了）于1957年底搬出了文德路69号之一红楼二楼的居室，住进了中山医学院的宿舍区，竹丝村9号西二楼，一个50多平方米的小套间。因为虞迅是中山医学院的宣传部长兼统战部长，得以分配到房子。房子所在的竹丝村离红花冈很近。红花冈就是当年广州起义失败后，埋葬死难烈士的一个小山冈。解放后这里建成为广州起义烈士陵园。

---

① 孙琴安：《毛泽东与中国文学》，重庆出版社2000年版，第233—234页。

欧阳山同志：

十九日信都收到。你有意把长篇小说写完，你为明年国庆献礼，当然很好。

正在什么时候回广州，请自酌定。

敬礼

山治

陶铸

十月廿一日

1958年10月21日，中共中央中南局第一书记兼广东省委第一书记陶铸致信欧阳山，支持他返回广州，把《三家巷》写完。

搬家后不久，欧阳山又因右眼患中心性视网膜炎而住入医院治疗了好几个月。一波又一波的运动加上搬家和眼疾，使《三家巷》的写作处于"停停打打"的状态。虽然已经写出了十五六万字，但与三十万字的计划仍有很大的距离。

1958年8月，欧阳山挂职下放任中共新会县委书记，繁忙的党务及行政工作使《三家巷》的写作彻底停顿了下来。万般无奈之下，欧阳山于1958年10月19日写信给中共中央中南局第一书记兼广东省委第一书记陶铸，述说《三家巷》写作过程中碰到的困难，主要是写作时间没有保障。陶铸接信后，十分重视欧阳山提出的问题，很快就于两天后给欧阳山回了信，解决了欧阳山面临的问题。信如下：

欧阳山同志：

　　十九日信敬悉。你有意把长篇小说写完，作为明年国庆献礼，当然很好。至于什么时候回广州，请自酌定。

　　此致

　　敬礼

陶铸

十月廿一日

《三家巷》的写作得到陶铸同志的支持，欧阳山喜出望外。1958年11月，他从新会回到广州后，决心排除一切干扰，集中时间和精力尽快把《三家巷》写完。

写作进行得很顺利，写作速度也出奇地快。从1958年11月算起（以前的写作是断断续续、写写停停、停停写写），到1959年6月下旬，仅仅七个月的功夫，《一代风流》的第一卷、30万字的《三家巷》就写到了最后一章《茫茫大海》：

　　周炳乘坐的这只轮船叫做"苏州号"。三天之后，它经过了香港、汕头、厦门，贡隆、贡隆地摇摆着笨重的尾巴，向着上海游去。那天下午，天阴刮风，周炳……爬上船尾的甲板上去看海。这真是一个茫茫大海，无岸无边。海是深蓝色的，天空是灰白色的。风浪很大，那远处的浪花好像在天空上翻滚着。船身在沙沙的水声中颠簸得很厉害……

　　……无意之中，他掏出区桃那张旧照片来，呆呆地看了半天。他对区桃请求道：

　　"给我一点希望！给我一点勇气！笑一个吧，小桃子，笑一个吧!"

区桃虽然没有说话,但是真的笑了。这样子,周炳慢慢想到另外一些事情。他想到上海是一个大地方……如今中国共产党的中央委员会也在上海,中国共产党办的《布尔塞维克》杂志也在上海出版,……这样子,周炳觉着自己又有了希望,又有了前程,浑身也充满了劲头。他吻了一下他心爱的区桃,对着广阔无边的海洋叫嚷道:

"再见了!可爱的家乡呵!"

写完全书这最后一句,欧阳山在稿子末端写下:

一九五九年七月一日,脱稿于广州红花岗畔。

红花岗畔,是欧阳山居住的地方。

《红花岗畔》,是欧阳山一本小说的名字,这本小说讴歌了广州起义悲壮的历程,讴歌了那英勇起义的千百个英雄……

红花岗畔,是欧阳山完成鸿篇巨制《一代风流》第一卷《三家巷》的地方。

红花岗畔,是对欧阳山有着多么特殊重要价值的地方啊!

第八节　满城争说《三家巷》

1959年的一天,《羊城晚报》副刊《花地》的编辑贺朗(原名王有钦,著名传记文学作家)被叫到副刊部主任杨家文的办公室,杨家文告诉他,著名作家欧阳山同志正在创作长篇小说《三家巷》,要他立即去拜访欧阳山,请求欧阳山将《三家巷》先交给《羊城晚报》副刊《花地》连载发表。

贺朗领命后,年轻的他觉得要去见一位大作家,不禁既兴奋又紧张。他骑上自行车就直奔欧阳山位于红花岗畔竹丝村的家,走上二楼敲门。给他开门的正是欧阳山。进门后,贺朗环视不到10平方米的小客厅,发现最令人注目的是客厅里摆着的一张低矮的茶几式的小饭桌,上面摆放着资料、原稿纸和一支钢笔。看得出来,欧阳山正在伏案写作,听到贺朗的敲门声才放下笔起来开门的。看到《三家巷》这样一本巨著就是在这样一张小饭桌上创作出来的,贺朗不禁感慨系之。

寒暄几句,并自我介绍后,贺朗接着说明了来意,转达了报社领导的意见,希望欧阳山同志的《三家巷》写出来后就先交给《羊城晚报》副刊《花地》连载发表。

欧阳山有点为难地说:"书还未完全写出来呢,就是写出来后,还得广泛征求意见才好拿去发表呀。"

贺朗说:"现在晚报有广大读者,他们都知道你老人家正在写《三家巷》,巴不得能够很快读到。你一边写一边先在《花地》上发表,征求他们的意见,不是更好吗?"

经过一番亲切的交谈和贺朗诚恳的请求,欧阳山终于点头答应了。

从此,贺朗就经常往欧阳山家里跑,时刻注意欧阳山创作《三家巷》的进度。每当欧阳山写好一章,贺朗就去拿一章回来发表。

1959年7月底,《羊城晚报》连续几天发布了醒目的告示:著名作家欧阳山的长篇力作《三家巷》,将于1959年8月3日在本报《花地》副刊正式开始连载,敬请读者垂注。

广大读者知此信息,纷纷奔走相告。

1959年8月3日,下午4时。当时正是中学生的笔者和几位早已相约好的同学,连奔带跑地冲出位于广州市环市路天胜岗的广东师范学院附属中学("文革"后恢复原校名广州市第二十一中学,2018年改名为广东实验中学越秀学校)的大门,往大约一公里开外的区庄邮局奔去,去购买当天出版的《羊城晚报》。

还未跑到邮局,远远地就看到已经有几十个人在排队,估计也是来买晚报的。我们最终还是如愿买到了当天的《羊城晚报》,在举行了两秒钟简短的"开报仪式"后,笔者立即打开第二版,只见《花地》副刊几乎用了一个整版的篇幅登载了《三家巷》的第一章《长得很俊的傻孩子》,几个同学都迫不及待地互相挤着,争抢着要看《三家巷》,最后围成一圈,由笔者大声朗读起来:

> 公历一千八百九十年,那时候还是前清光绪年间。铁匠周大和他老婆,带着一个儿子,搬到广州市三家巷来住。周大为人和顺,手艺精良,打出来的剪刀又好使,样子又好,真是人人称赞。……他老婆也贤德勤俭,会绣金线,手艺也很巧。……

笔者越读越来劲,同学们也越听越有滋味,竟不觉得暮色四合,天色已晚,直到华灯初上,才把这《三家巷》第一章念完。大家相约明天再来买报纸读第二章,才意犹未尽地各自回家。

笔者的这段经历其实是当年广州街头的一个缩影。《三家巷》在《羊城晚报》《花地》副刊连载后,受到广大读者的热烈欢迎。那时候每天下午3

时左右,当《羊城晚报》出报时,广州街头巷尾的书报摊、各间邮局门前都出现争相购买《晚报》的人龙,人们一报在手,首先打开第二版,以看《花地》连载的《三家巷》为一大快事。

消息很快传到外省,全国各地的读者为了看《三家巷》,也开始争相订阅《羊城晚报》。

《羊城晚报》的印数因而直线上升。

41年后的2000年10月9日,为悼念当时刚辞世的欧阳山,《羊城晚报》的副刊《花地》当天刊登了一组纪念文章,并在这组文章前面加了个《编者的话》,寥寥数语道尽了当年的盛况:

> 41年前——1959年8月3日,《羊城晚报》《花地》版开始连载一部叫《三家巷》的长篇小说,这部小说在一个特定的年代里仍然坚持叙述美好的人性,并以老百姓所喜欢的传奇故事的讲法而为读者所关注,一时间,《羊城晚报》被广大市民所争相购买和传阅。好小说因好报纸而广为传播,好报纸因好小说而一纸风行——这也是中国报业史和文学史上的一段传奇。在以后的岁月里,尽管对于诸多文学作品和文学问题的评价和争议还会延续,《三家巷》却始终在文学史上占据着重要的一页,它成为新中国文学的可喜收获。而《三家巷》的作者——欧阳山先生也因为这部作品而广为人知。……

1959年9月,人民文学出版社和广东人民出版社同时分别出版了封面不同的《三家巷》的单行本,很快地就不但在广州,而且在全国各地,都掀起了购买《三家巷》的热潮。以笔者当时所亲见,单是在广州的新华书店各门市部,每天都有购买《三家巷》的长长的人龙,这就使《三家巷》在各地新华书店很快就售罄、脱销,催书的电报和订单如雪片般从各地新华书店飞往出版社,出版社的印刷厂只好日夜加班,赶印、加印《三家巷》,仍满足不了需要。有的新华书店只得把店里最后一本《三家巷》留住不卖,挂在一条绳子上,称为"挂书",让读者排队轮流翻阅,以暂时应付天天来询问"书到了没有"的读者,一时传为佳话。

可以毫不夸张地说,《三家巷》在报上连载时,即引起轰动;成书出版后,更在全国范围内引起了热烈的反响,华南地区更是家喻户晓,知识界中几乎人手一册,从党政最高领导,到广大群众,很多人都读过这本书。

笔者当时在广州居住、生活和上学,亲见亲闻,当时的广州,从街头巷尾,到家庭饭桌;从机关办公室,到工厂车间;从酒楼饭店,到课室校园;从百货商店,到文学社团,人们一有空,就会聚在一起,谈论起《三家巷》来。

年轻小伙子喜欢谈周炳（当时广州人称周炳为"靓仔炳"）；姑娘们喜欢谈区桃，谈陈文婷，说周炳和区桃真是天生一对，令人羡慕，说到区桃在"沙基惨案"中牺牲时，个个泪水盈眶。至于陈文婷对爱情的疯狂、执着以及背叛，姑娘们都表示又理解又不理解。成年人则喜欢谈陈万利、陈文雄、何应元、何守仁，又认为书中真实再现了省港大罢工和"中山舰事件""沙基惨案"以及北伐战争、国民党"四一二""四一五"大屠杀等重大历史事件，对广州起义的描写尤为精彩。

人们尤其津津乐道于《三家巷》对岭南的风土人情、风俗习惯、民居建筑，特别是对诸如除夕、花街、人日、端午、七夕、中秋，以及穿衣打扮、婚礼庆典、岭南饮食、西关风情、珠江景观等等，那样生动、出色、传神和全面的描绘，展现了一幅"百科全书"式的岭南生活风情长卷，塑造了独特而鲜活的广州形象。

人们一致认为，《三家巷》确实是一本难得的"好睇（好看）有益"的书。

这真是"满城争说《三家巷》"，极一时之盛。

而且这个"城"不单单局限于广州。

2000年10月9日的《羊城晚报》发表了上海复旦大学陈思和教授的一篇文章：《难忘〈三家巷〉》，文章写道：

> 在我还不知小说为何物的时候，就依稀听家父讲起小说《三家巷》的故事。记得那时的《羊城晚报》正在连载那部小说，家父看得津津有味，他很激动地说，他回上海探亲的路上，乘火车的旅客一路都在说《三家巷》的故事，尤其是广东来的朋友，熟悉《三家巷》的程度就好像是熟悉《三国演义》和《水浒》一样。家父是广东人，又是个爱好新文学的知识分子，他自己并不懂创作，可是讲起现代小说话剧如数家珍。……我的原籍虽是番禺，却生在上海，既不会粤语也不解粤风，但这部小说的民间场景描写处处让我感到亲切，似曾回到了血缘之地。过去常听家父自得其乐地说，当代的广东文化有三样代表：一位是唱粤剧的红线女，一部是欧阳山的《三家巷》，还有一份老少皆宜的《羊城晚报》。远游的广东人的思乡切切，可见一斑。……

人民艺术家、国家荣誉称号（奖章）获得者王蒙在接受《南方日报》记者黄楚旋采访时，谈到了《三家巷》。他说，1959年8月，"当时《三家巷》在报刊上连载的时候，就引起了我的巨大的兴趣"。正值青春年华的王蒙,成了全国千千万万个这本书的忠实读者之一。王蒙自述,革命、爱情、文学与苏联,是他青年时代的四个关键词。"写得非常生动、非常感人,既写了革命,又写了爱情"的《三家巷》,给他留下了深刻的印象,对他产生了深远的影响。王蒙进一步指出:"反映中国共产党所领导、所参与的第一次国内革命战争的书籍并不多见,《三家巷》的意义非比寻常。""《三家巷》写了震惊世界的省港大罢工,写了北伐战争,写了广州起义等波澜壮阔的、悲壮的重大革命斗争故事,是一部反映中国共产党历史和中国革命历史的一部很重要的书。""书中的故事读起来栩栩如生,令人永远难忘。"

令人欣喜的是,2019年,王蒙的《青春万岁》与欧阳山的《三家巷》同被收入"新中国70年70部长篇小说典藏"丛书中;2021年,这两部书又同被收入向建党100周年献礼的《红色经典初版本影印文库》中。

曾任广东省作家协会副主席的著名诗人杨克,当他还是家乡广西的一个小学生时,就读过《三家巷》。他发表于1998年第一期《作品》上的《何处寻觅三家巷》一文中写道:

> 在孩提时代遥远的眺望里,"广州"的概念完全得自于一本叫《三家巷》的小说,……我独自躲在空空荡荡的教室里,读这些描写大革命时期广州一群青少年男女的文字,外面的世界"文化大革命"正如火如荼地进行。……
>
> ……除了几本《今古奇观》之类的书,以及十九世纪之前的外国文学,我们当时能接触到的,其实不外乎"社会主义现实主义"的作品。在众多同类主题的小说中,《三家巷》给我留下了较深的印象,……南方特有的潮湿气息,那种脉脉温情,像白玉兰馥郁香味弥漫在这本书的字里行间,历史时间因而注入了生命情感。……

而直到2014年,学界名人——华南师范大学教授、著名文艺评论家陈剑晖和广东技术师范学院教授、著名作家兼评论家郭小东在他们题为《岭南现代小说的南方书写》的讲座中,仍把重点放在对《三家巷》的评述上。

陈剑晖认为:

> 岭南现当代小说在建国以后"17年"这个时期,应该说取得了很大的成就。这时期的岭南小说以其独特的风采,不仅受到广大读者的欢迎,在当代文学史上也占有重要的地位。当时的岭南小说影响较大的是欧阳山的《三家巷》《苦斗》,陈残云的《香飘四季》。
>
> ……

我觉得像欧阳山的作品之所以有这么大的影响,主要是三个方面有其独特性。一是把岭南日常生活很细腻地写出来;二是写出岭南独特的风俗习惯;三是把岭南的乡土人情习俗和时代风云结合起来。所以欧阳山的作品既细腻又很大气,他也就成为岭南文学的代表人物,而我们今天很多作家缺少的正是这些东西。

郭小东说:

真正能表达广东都市的演变,都市从农村文化到都市文化的转折,还是欧阳山的《三家巷》。

……

我们看一下欧阳山的作品,他的《三家巷》为什么能让我们在文学上喋喋不休地言说它,刚才陈教授说这三个方面的原因,非常准确。但我想,我们后代的作家为什么不能起码做到像欧阳山那样,一个湖北人来到广东,写出比广东本土作家对本土的认知和本土体验更为真实、更为逼真,而且更为艺术的效果。我觉得他们对广东有太多诗意的理解,而缺少神性的理解。

……

在不同的时代和不同的时段里,它有不同的代表性人物。……欧阳山所塑造的人物就是一代人的青春偶像。女孩子就是区桃,既美丽又漂亮,而且是那个时代的时尚,非常时髦,男孩子就是周炳,周炳是一个长得很俊的傻孩子。这两个人物基本上就是一代青年的偶像。

参加讲座的文学研究生张灵英问:

刚才郭老师和陈老师一直在谈欧阳山的作品,它的影响力和那个时代小说创作的大气与深厚的气度。他确实也在广东甚至在全国都产生了很大的影响。……我想问一下,像欧阳山这样的作家,他能够在当时甚至现在都有这样的文学地位,为陈老师和郭老师所推崇,包括有网友认为他作为广东文学的代表最令人信服,原因何在?为什么那么多的本地作家做不到这一点?

郭小东回答道:

欧阳山这位作家是一个时代的经典,也可以说他在走向永恒经典的道路上。……欧阳山这代作家为什么能做到这一点？我想他们是把文学当成自己生命的一种表达。尽管我们现在对他们很多观点和立场，可以做这样那样的评点，但是他们是有信仰的一代人。一个作家有没有信仰，是决定他的作品可不可能成为经典的先决条件，而且起到决定性的作用。①

  由于受到广大读者的热烈欢迎，要买书的人越来越多，《三家巷》一印再印，连续印刷达8次之多（"文革"后又多次重印），印数共达百万册以上（包括"文革"后的印数），以致印书的纸张一时供应不上。这真用得上那句话："洛阳纸贵"。至于不同出版社、不同封面、不同版本（包括插图本）的《三家巷》更多达8种（包括"文革"后的版本）。

  《三家巷》后来又由广播部门以"小说连播"的形式在电台播出，又被改编成连环画大量发行。

  "文化大革命"后，《三家巷》先后被改编成电影上映，改编成电视连续剧在荧屏播放，改编成粤剧及大型岭南民族舞剧在舞台演出。

  2012年11月，中国青年出版社出版了由著名画家梅汉珍、邵增虎作10幅精美插图、著名书法家欧阳中石题写书名的最新版本的《三家巷》。这时，距离初版的《三家巷》已有53年之久，距离作者欧阳山辞世也有12年。笔者生活所在的广州市，其最大型的广州购书中心连续一个月把该版本的《三家巷》摆放在畅销书排行榜的书架上。笔者问过该购书中心的经理，都有些什么人来买《三家巷》？他回答说什么阶层的人都有，什么年龄段的人都有。笔者又问，年轻人来买的多吗？他说，以年轻人来买的居多。

  已经是21世纪前10年的年代了，商业化浪潮汹涌澎湃，异常丰富多彩的娱乐节目、看不完的电影连续剧、听不完的歌曲乐曲、到处摆卖的音碟影碟、永远看不到结尾的一部又一部网络文学、令人沉迷其间不能自拔的网络游戏、在人手一部手机里的移动互联网上数量之多达到惊人地步的五花八门、各种各样的信息和各种各样的视频、低着头夜以继日地刷微信、刷朋友圈等等等等，对读者、观众、听众，特别是对年轻人的吸引力几乎是不可抗拒的。在这样的年代，《三家巷》居然还能成为畅销书，居然还受到年轻人的欢迎，欧阳山泉下有知，当必欣慰矣！

  而更令泉下的欧阳山欣慰的是，2019年，为庆祝中华人民共和国成立70周年，全面展现中华民族的文化创造力和新中国文学发展水平，学习出版社、人民文学出版社、中国青年出版社、北京十月文艺出版社等10家中

---

  ① 广东省作家协会主办：《新世纪文坛》2014年第9期。

国最权威的出版机构决定联合推出"新中国70年70部长篇小说典藏"丛书。这是中宣部2019年主题出版重点图书。为将该丛书打造成思想精深、艺术精湛、制作精良的精品图书，学习出版社、人民文学出版社成立了由中国作家协会副主席、著名文学评论家李敬泽担任主任，丁帆、白烨、朱向前、吴义勤、何向阳、应红、张柠、张清华、陆文虎、陈思和、孟繁华、胡平、南帆、贺绍俊、梁鸿鹰、董保生、董俊山、谢有顺、臧永清、潘凯雄等著名的资深评论家担任委员的评审专家委员会。他们长期以来密切关注和深刻了解我国长篇小说创作动态，从历史评价、专家意见和读者喜好等方面对新中国成立70年来众多优秀长篇小说进行了综合评定，评选出从1949年至今发表和出版的，描写我国人民斗争生活图景、展现社会全方位变革、反映社会丰富复杂现实以及绘画中国几千年历史中精彩篇章的70部原创长篇小说精品力作。它们在艺术形式、叙述方式上具备独特的创造性，在题材、内容、形式、手法上也均有独到之处，都是有筋骨、有道德、有温度的优秀作品。入选作品做到了政治性、思想性和艺术性的高度统一，代表了中国文坛70年间长篇小说创作发展的最高成就，具有很高的审美价值和收藏价值。2019年9月23日上午，丛书在北京图书大厦首发，引起了社会各阶层的广泛关注。而《三家巷》，就是这套丛书中的一种。

2021年，为庆祝中国共产党成立100周年，中国作家协会策划并推出了再现60部红色经典原貌的《红色经典初版本影印文库》，欧阳山的《三家巷》被收入这套文库。

在欧阳山生前，《三家巷》就曾在不同年代，多次被中国文学出版界最高权威的人民文学出版社以不同的典藏版本的形式出版过，受到广大读者争相阅读和永久收藏。

近年来，除了继续有多家出版社出版《三家巷》的单行本外，更有中国作家协会下属的数字传媒公司把《三家巷》（包括《苦斗》）改编、演播、录制为音频作品；广东省影视部门准备将《三家巷》改编成电视连续剧《三家巷往事》；广州市委宣传部和广州粤剧团、广州电视台联合将《三家巷》改编为粤剧及拍成粤剧电影；武汉出版社更是投入巨资，正在打造近千万字、20卷本的《欧阳山全集》这一宏大的文学工程。

《三家巷》——一部传世巨著。

《三家巷》——一部传世经典。

《三家巷》创作的极大成功，标志着欧阳山已经攀登上了他几十年文学创作生涯的最高峰。

不由得想起欧阳山的一位学生，当年华南人民文学艺术学院的一位学生李前忠的一段话来。李前忠在《菩提树下——忆文学家欧阳山》一文中这样说：

> 半个世纪过去，光孝寺（当年华南人民文学艺术学院曾在此办学——笔者注）依然是我佛圣地，人们可以忘却这里曾有一位堂堂的院长欧阳山，但不少的人，一谈起《一代风流》，就记住一个作家欧阳山。
>
> 秋天来了，该脱落的树叶无声落下，菩提树依旧绿如春，我在这菩提树下，忽想起哲人之言：一个人的价值，应该看他贡献什么，而不应该看他取得什么。
>
> 欧阳山一生取得的诸多头衔，可随风而去，但他留下的作品，却可传世，欧阳山走了，他还活着。①

信哉斯言！

第九节　邓小平向周恩来推荐《三家巷》

如果说长篇小说是文艺这一顶皇冠上最耀眼的明珠，代表了一个国家、一个民族的文学的最高水平，那么在《三家巷》出版的1959年前后，所涌现出来的一批如《青春之歌》《红旗谱》《红日》《红岩》《创业史》《林海雪原》《野火春风斗古城》《保卫延安》《铁道游击队》《烈火金刚》等深受全国读者喜爱和欢迎的长篇小说，就和《三家巷》一道，成了镶嵌在文艺这顶皇冠上一串熠熠生辉的耀眼明珠。它们和电影《北国江南》《早春二月》《舞台姐妹》《林家铺子》，以及大量优秀的美术、音乐、戏剧作品等，构成了一幅新中国成立10年后，文艺大花园里百花齐放、色彩斑斓、繁荣兴旺的巨型画卷。

而其中，《三家巷》无疑是这串熠熠生辉的明珠中发出的光彩最为独特的一颗。

《三家巷》出版后能够受到广大读者如此热烈的欢迎，能够引起如此巨大的社会反响，的确是一种不可多见的特殊的文化现象，有着其深刻的社会、政治、历史原因。

由于反右派运动以后，"左"的倾向已日趋严重，"左"的错误很自然地对文艺战线产生影响。由于越来越过分地强调文艺从属于政治，越来越

---

① 李前忠：《菩提树下——忆文学家欧阳山》，载《纪念欧阳山》，广东人民出版社2001年版，第273页。

过分地强调文艺为政治服务、为中心工作服务，因而逐渐地背离了文艺创作的规律，再加上这个时期连续不断地发生了几次大的政治运动，文艺界也开展了几次大的批判运动，如批判"胡风反革命集团"，批判"丁、陈反党集团"，批判"写真实论""人性论""写中间人物论"，以及全国范围内的"反右派运动""大跃进运动""反右倾运动""四清运动"等等，都对文艺界产生了一定程度的干扰和破坏，导致文艺创作的路子越走越窄，千部一腔、千人一面、题材单调、故事雷同、图解政策、主题先行、公式化、概念化、写中心、演中心、唱中心，成了那个时期文艺作品的通病。那种写形势就是"东风吹、红旗飘、战鼓擂"，写群众就是"意气风发、斗志昂扬"的公式化、概念化、枯燥无味的语言；那种正面人物的语言"社论化"，反面人物的语言"地痞化"，丝毫没有写出人物的性格和身份的语言，已经到了令广大读者严重生厌的地步。就是那些受到读者欢迎的佳作，如果用"文学是人学"（高尔基语）这一尺度来衡量，也存在不少毛病，这主要是作品的政治性强于艺术性，人物形象大都有概念化的痕迹，未能真正艺术地塑造出富于人性的人的形象来。

因此之故，广大人民群众渴望能够看到更多的、有创新形式的，突破公式主义和僵化的"左"倾思想禁锢的，为人民群众所喜闻乐见的文艺作品的出现。

正是在这样的时候，《三家巷》出来了。

从题材上说，《三家巷》与当时为数众多的长篇小说一样，都是描写革命斗争、反映中国新民主主义革命艰苦历程的，是正统、严肃的主旋律作品。然而《三家巷》跟很多同类题材的作品不同，它竟然是以微观人性味十足、风情万种，宏观包罗万象、气势磅礴的盛世奇葩的模样出现在广大读者面前，不但轻松自如得让你耳目一新，而且生动传神得促你拍案叫绝。

《三家巷》从正面或侧面描写了20年代发生的省港大罢工和"中山舰事件""沙基惨案"以及北伐战争，特别是重点描写了广州起义。但它不像一些反映革命斗争的作品那样，以粗疏、空洞、抽象、公式化、概念化，甚至标语、口号式的手法来描写革命斗争，而是以委婉纡徐的风格来透视历史风云的变幻，是一幅以地方风情画为底色来描绘风起云涌的革命斗争的壮丽社会画卷。小说的每一章节，无论是着重写日常生活的，还是主要写重大斗争情景的，无不是地方风情与时代风云的描绘紧密联系、交相辉映的，完全有别于那种把革命斗争写得干巴巴、枯燥无味的乏人问津的小说。

特别是《三家巷》的主角周炳，他不是人们在一些革命文学作品中所见惯的那种叱咤风云、高大完美、不食人间烟火、令人望而生畏、不敢接近的所谓革命英雄人物，而是一个出身铁匠家庭的小资产阶级知识分子，他憨直，不能容忍在他面前出现邪恶的现象。但他又耽于幻想，痴情，而且也为许多少女所爱，有点像贾宝玉的模样。他追求正义，向往革命，勇敢地投身到广州起义的惨烈战争中，敢于拿起枪杆子跟敌人"刺刀见红"。经过艰难、曲折、漫长的战斗历程，他逐步克服和纠正了身上的缺点、弱点和错误，最后成长为一个无产阶级的革命战士。

正如1980年北京大学出版社出版的《当代文学概观》一书所说，周炳这《一代风流》的主角，在新中国成立以来优秀长篇小说的人物形象中，是"独特的，罕见的"，"具有普遍意义的"。

《三家巷》里不仅有善良、纯洁、聪慧、彩虹般眨眼就逝去的美人儿区桃，还有陈文婷——一个娇气、任性、爱使小性子的资产阶级小姐。在天天讲阶级斗争的大背景下，在一个崇尚"铁姑娘"精神的大环境里，陈文婷明显属于异类。这有点类似于《钢铁是怎样炼成的》里的冬妮娅，一位林务官的女儿，另一个阶级阵营的小姐。

《三家巷》对众多人物的描绘和塑造，都是生动的，活灵活现的，成功的，来自现实生活的，而不是概念化、脸谱化的。

总之，《三家巷》在50年代末的中国文学创作中，是具有多方面甚至是全方位的突破意义的，它开拓了中国革命历史题材作品创作的新的艺术途径，给广大读者带来了一种全新的精神陶冶、独特的审美认知和愉悦的艺术享受。

欧阳山就是这样一位既能坚持党的文艺路线方针，又能开拓创新，并且在20世纪50年代末，让自己的作品《三家巷》成为我国文艺战线上思想解放先声的作家。

1960年，周扬在全国第三次文代会的工作报告中，把《三家巷》列为新中国成立后十部最优秀的长篇小说之一。

这一切，都使欧阳山内心十分高兴。他知道《三家巷》受到读者的热烈欢迎，他知道《三家巷》成了畅销书。他想起他在1928—1930年期间，写了五六部中、长篇小说，也很畅销。但他清醒地知道，那时候他的书只能在知识分子和青年学生这个小圈子里拥有读者，人数众多的工农大众根本无法读懂、因而也不甚欢迎他的书。而现在，数以万计的工人、农民，广大的人民群众都是他写的《三家巷》的忠实读者，他觉得自己真正走上了文艺为人民大众、首先为工农兵服务的宽广大道，从此可以大有作为了。

欧阳山不是那种喜则大笑，悲则大哭的人。他心情高兴的一个重要表现就是——喝酒！他说过，不喝酒的，那叫文人吗？

现在已无法考证欧阳山当年为《三家巷》的成功而喝过多少酒，喝过多少瓶那种叫作"九江双蒸"的广东名酒。

他会不会像诗仙李太白那样,"会须一饮三百杯"呢?现在也无必要去考究了。

总之,他无负刘白羽称他"出名的大酒家"这一"盛名"。

而最令欧阳山终生难忘的,是1960年7月他到北京参加全国文学艺术工作者第三次代表大会时,周恩来在人民大会堂宴请与会代表,举着酒杯走到他面前,祝贺《三家巷》的出版,并说:"你送给我的《三家巷》收到了,邓小平同志也收到了,他读书是很快的,他已经挤时间把《三家巷》读完了,并向我推荐。我正在读,写得不错。"

当时作为中南党政首脑的陶铸也十分关注《三家巷》的写作,《三家巷》出版后,他马上就读了,并鼓励作者把以后各卷继续写好。

人民群众的热情,领导同志的关心,给了欧阳山极大的激励。《三家巷》写完后,经过半年时间的间歇和准备,1960年1月,欧阳山就以更大的热情投入《一代风流》第二卷《苦斗》的创作中去了。

但其时,"左"的倾向已日益严重,知识分子被诬为"大多数仍然是资产阶级知识分子"。这严重挫伤了知识分子的积极性。有鉴于此,周恩来1961年6月19日做了《在文艺工作座谈会和故事片创作会议上的讲话》;1962年3月2日又在广州向出席全国科学工作会议及全国话剧、歌剧和儿童剧创作座谈会的代表作了《论知识分子问题》的报告;1963年12月8日在接见广东文艺工作者时,周恩来又发表了谈话。周恩来的这几次讲话,其最重要的一点就是,充分肯定"我国大多数知识分子已有了根本的转变和极大的进步",重新肯定了我国知识分子的绝大多数已经是劳动人民的知识分子,而不是属于资产阶级的知识分子,强调在社会主义建设中要充分发挥知识分子的作用(陈毅元帅也在"全国话剧、歌剧和儿童剧创作座谈会"上提出要摘掉知识分子头上的"资产阶级知识分子"的帽子)。这给包括欧阳山在内的在"左"的迷雾中感到茫然的文艺家们以极大的鼓舞,使他们头脑清醒了,心情舒畅了,工作积极性调动起来了。

欧阳山日夜赶写《苦斗》,除参加了一些必要的重要会议和活动之外,几乎到了闭门谢客的地步。

1961年1月31日至3月31日,《羊城晚报》副刊《花地》连载了《苦斗》的前五章;《作品》杂志也紧随着连载了接下来的五章。

看过《三家巷》的读者,在焦急地等待了年把两年之后,很高兴地看到周炳又回来了。

他们看到周炳从上海回到了广州,接着又到了广州的乡下震南村,带领陶华、关杰、马有、邵煜、丘照、马明、王通、区细、胡树、胡松等"十大寇"组成第一赤卫队,干起了革命;

他们高兴地看到三家巷里何家的丫头胡杏，已经长成一个"逗人喜欢的大姑娘"，有着"天生的一副美丽的相貌"，被人称为"翻生区桃"；

他们原本为周炳与"黑观音"胡柳的爱情深深祝福，为周炳与胡柳已经订婚并将于七夕那天结婚而深深祝福，但瞬间又惊悉胡柳为抢救妹妹胡杏而被国民党匪兵枪杀身亡，他们禁不住泪水盈眶……

这就是《苦斗》，一本传世经典，继《三家巷》之后，带给读者的无穷魅力和感染力。

1962年9月25日，即鲁迅诞辰81周年之日，30万6千字的《苦斗》脱稿于广州红花冈畔。同年12月，人民文学出版社与广东人民出版社同时分别出版了《苦斗》的单行本。由于受到读者的热烈欢迎，以后又多次重印，印数共达百万册以上（包括"文革"后的印数）。

在创作《苦斗》的同时，欧阳山仍然时时刻刻关注着现实生活的发展，没有忘记现实题材作品的写作。

其时，由于"大跃进"运动背离了经济发展规律，缺乏严谨的科学态度，丝毫不考虑客观条件的可能性，过分夸大了人的主观能动性和主观意志的"威力"，提出了"人有多大胆，地有多高产"的错误口号，指导思想的失误再加上"连续三年"的困难时期，使中国的经济陷入了极度的困难，党的实事求是的优良传统和作风受到了严重的破坏。接着又因为"彭德怀反党集团"事件而在全国范围内开展了"反右倾"运动，带来了一系列社会问题。

此时的欧阳山，出于一个党员作家的责任心和勇气，不惜暂时放下《苦斗》的创作，在较短的时间里，连续写出了《乡下奇人》《在软席卧车里》《骄傲的姑娘》《金牛和笑女》这四篇针砭时弊、直面现实、敢于批判的脍炙人口的短篇力作。

这四篇分别刊登在中国作协主办的《人民文学》和巴金主编的《上海文学》上的作品，在发表之初即在文艺界和广大读者中引起强烈反响，《文艺报》《羊城晚报》等报刊均先后发表了多篇评论，认为是难得的警世之作，在艺术性方面也是上乘的，而且至今仍不失其艺术魅力和现实意义，令人回味无穷。

其中《乡下奇人》发表的年代，正是大多数人头脑发热、亩产稻谷几万斤的高产"卫星"满天飞的狂热的、浮夸的"大跃进"年代，这个短篇却敢于逆潮流而动，写了一位实事求是，有着科学头脑的清醒的农村生产队小组长赵奇，他坚持从实际出发，反对浮夸风，坚持合理的生产指标，因而招致上级的批评。《乡下奇人》原题为《天下奇人》，《人民文学》编辑部认为"天下"这个词太过刺眼，遂于发表时改为《乡下奇人》。作品发表后，即引起广泛争议。在"左"倾的年代敢于写出这样的作品,足见作家的胆识和卓见。茅盾后来在《一九六〇年短篇小说欣赏》一文中,对《乡下奇人》给予了热情的肯定和中肯的评价,认为它"部分地满足了""我们总希望我们作品的新人物的风貌能够日新月异"的要求,"在赵奇这个人物身上,体现了鼓足干劲和实事求是相结合的思想作风,而通过徐清(赵奇的对立面),作者相当尖锐地批判了浮夸作风和命令主义。"

在这期间,欧阳山还写了《懂事·知人·善于假设》《应该有浪漫主义精神》等重要的谈文艺创作问题的文章。

在《苦斗》脱稿仅仅3个月后,即1963年1月,踌躇满志的欧阳山便开始了《一代风流》第三卷《柳暗花明》的创作,并且一写就是整整一年。在这一年中,其他的文章他只写过《关于提高问题》和《红陵旭日赞》两篇短文,可见他在《柳暗花明》的创作上是"全力冲刺"的。

然而,令欧阳山预料不到的是,此时,一场风暴正在逼近……

第十节 风云突变

中共中央中南局第一书记兼广东省委第一书记陶铸酷爱文学,他自己也写过诸如《松树的风格》《太阳的光辉》《理想·情操·精神生活》等脍炙人口的名篇佳作。他关心、爱护知识分子,关心、爱护文艺家是尽人皆知、有口皆碑的。他不但在精神上给知识分子以鼓励、支持,而且尽量克服经济困难所造成的物质短缺,尽一切可能改善知识分子的生活条件。这在60年代那日益"左"倾,知识分子日益受到不公正对待的年头,真是难能可贵啊!他曾公开说过,广东文艺界有三位国宝级的人物:一位是大作家欧阳山,一位是粤剧艺术家红线女,一位是美术大师关山月。因此,当他得知文艺家们的居住条件普遍都不尽如人意,特别是欧阳山连个书房都没有,一家人窝在50平方米的小套间里,在一张小饭桌上写巨著《三家巷》时,他不禁眉头紧锁,动起了脑筋。

1964年,在陶铸的亲自过问下,在广州流花湖畔德坭路的河涌边上,划出了一块地,专为改善知识分子的居住条件而盖起了两幢六层高的宿舍楼和两座三层洋楼。宿舍楼安排了《广州日报》和《羊城晚报》的各部门主任及众多编辑、记者入住。两座三层洋楼均为一层一户,住进了知识界和文艺界的知名人士,如中山医学院著名血吸虫专家陈心陶,广东歌舞团团长、著名舞蹈家梁伦,著名粤剧演员陈绮绮等。欧阳山一家搬进了东面那座三层洋楼的二楼,面积很大,有四房两厅,在临街一面有一条长达15米的大阳台,坐在阳台上,美丽的流花湖几乎尽收眼底。

然而，欧阳山住进这花园别墅般的洋楼没多久，还没有过上几天舒心日子，风暴就向他袭来了。

1957年的"反右派运动"，由于进展到后期时，出现了扩大化的问题，误伤了不少人，好些著名的作家、艺术家、文艺评论家不是被划为"右派"，就是被打成"反党集团"，好些优秀的文艺作品被判为"毒草"，好些文艺理论观点被作为"反动的"或"修正主义的"理论而遭到批判。

1958年的"大跃进"运动，不但经济建设要"大跃进"，文艺也要"大跃进"，开展"人人写诗"的"新民歌"运动，要求一村出一个"郭沫若"。

然而，"大跃进"的失误加上严重的自然灾害，使中国的经济从1959年至1961年陷入了极度困难的境地。党中央及时采取措施，遏止了经济的继续恶化，继而制定并实施了"调整、巩固、充实、提高"的正确的方针、政策，使经济慢慢恢复，并开始有了起色，初显繁荣局面。文艺政策也有了调整，出现了包括《三家巷》《青春之歌》《红旗谱》《创业史》等在内的长篇小说创作的繁荣，又提出创作题材可以多样化，出现了"写中间人物"和"现实主义深化"等理论。可惜好景不长。因为庐山会议出了"彭德怀反党集团"事件，开始了"反右倾"运动，并波及全国各行业，这种调整与繁荣，便戛然而止了。

1962年9月，毛泽东在党的八届十中全会上发出了"千万不要忘记阶级斗争"和"阶级斗争要天天讲、月月讲、年年讲"的号召。

1963年和1964年，在全国范围内开展了"社会主义教育"运动（即"四清"运动），第一次提出了要整那些共产党内的"走资本主义道路的当权派"。

1963年11月，毛泽东对《戏剧报》和文化部提出了尖锐批评，他说："一个时期《戏剧报》尽宣传牛鬼蛇神。文化部不管文化，封建的、帝王将相的、才子佳人的东西很多，文化部不管。要好好检查一下，认真改正。如不改变，就改名'帝王将相部''才子佳人部'，或'外国死人部'。"

1963年12月12日和1964年6月27日，毛泽东连续做出两个关于文艺工作的批示。其中1963年12月12日的批示指出："各种艺术形式——戏剧、曲艺、音乐、美术、舞蹈、电影、诗和文学等等，问题不少，人数很多，社会主义改造在许多部门中，至今收效甚微。许多部门至今还是死人统治着。……"

1964年6月27日的批示指出："这些协会和他们所掌握的刊物的大多数（据说有少数几个好的），十五年来，基本上（不是一切人）不执行党的政策，做官当老爷，不去接近工农兵，不去反映社会主义的革命和建设，最近几年，竟然跌到了修正主义的边缘。如不认真改造，势必在将来的某一天，要变成像匈牙利裴多菲俱乐部那样的团体。……"

遵照毛泽东的指示，从1964年夏天开始了文艺整风和思想文化战线的"大批判"，批判邵荃麟的"写中间人物论"，批判电影《北国江南》《早春二月》《舞台姐妹》《林家铺子》《不夜城》，批判一些美术、音乐、戏剧中的所谓坏作品。小说当然也不能幸免，《三家巷》《苦斗》首当其冲；而周而复的《上海的早晨》及其他一些作家的小说也未能逃过一劫，紧接着便受到了与《三家巷》《苦斗》同样的"待遇"。

本来，在1964年之前，对《三家巷》《苦斗》的评价在文艺评论界就有分歧、有争论，但那完全是文艺批评的正常现象，是学术研究范畴的事情。到了1964年之后，随着文艺整风和思想文化战线"大批判"的激烈开展，充满火药味的、无限上纲上线的、有组织的、围攻式的"批判"《三家巷》《苦斗》的文章便铺天盖地而来，直把人压得喘不过气来。

与此同时，欧阳山写的《乡下奇人》《在软席卧车里》《骄傲的姑娘》《金牛和笑女》这四篇小说，尤其是《乡下奇人》和《在软席卧车里》，也被列入"有问题的错误作品"，遭到批判。有关部门还特地将这四篇小说和有关的评论文章汇集印出专册，作为组织批判之用。

从1964年开始的对《三家巷》《苦斗》的"大批判"，持续到1965年，整整批了两年。

欧阳山是个性格倔强、意志坚定、毫不动摇、坚守共产党的信念的人。1964、1965那两年，尽管对他的批判使他如置身于狂风恶浪之中，随时都有灭顶之灾，他却"咬定青山不放松，立根原在破岩中。千磨万击还坚劲，任尔东西南北风"，你批你的，我写我的，只要不把我手中的笔夺走，我就会写、写、写，一直写下去。

在风云变幻中，中共中央中南局第一书记兼广东省委第一书记陶铸顶住如山的压力，给了欧阳山最大的支持。20多年后，欧阳山在回答记者的提问时说：

> 实际上，陶铸是支持我的，这可从一些地方看出来。好几次开会，他都告诉我，可以继续往下写，不要紧！如果写不好，可以修改嘛！由于他的决定，书店中的《三家巷》没有被禁止，还可以卖。在政治上就更明显了，他还让我当全国人大代表，这就很不简单了，他能让刚挨过全国批判的人当全国人大代表，是很少有的。当时，我已经搞了一年的"四清"，至少算是接受过锻炼吧！他还跟我开玩笑说："好啊！这些

事情怎么样啊？"我说："很有收获，体重掉了12公斤。"①

1963年，欧阳山用了整整一年时间创作《一代风流》第三卷《柳暗花明》。

1964年1月至7月，欧阳山继续写《柳暗花明》。这一年8月，他任广东阳江县社会主义教育运动（即"四清"运动）工作队总团海陵分团团委，参加"四清"运动，至1965年8月。后调回广州，他马上又拿起笔继续写《柳暗花明》。

1965年10月，《柳暗花明》脱稿。

1964年，正是《三家巷》《苦斗》遭到大规模批判之时，《羊城晚报》却敢于顶住压力，于同年的3月9日至4月18日连载了《柳暗花明》开头的前五章。但到了1965年10月，《柳暗花明》完稿之日，没有一家出版社敢出版《柳暗花明》。欧阳山只好把书稿放在家里。

欧阳山没有气馁，他按照既定计划，一步一个脚印地稳步前进。1966年1月，他开始创作《一代风流》第四卷《圣地》。但书稿只写了半年，到了1966年6月，欧阳山万万没有想到，他被剥夺了写作的权利，被迫搁笔了。而且这一搁笔就是十年。

这是因为，震惊中国和世界的史无前例的"无产阶级文化大革命"爆发了！

---

① 李世涛：《欧阳山先生访谈》，《新文学史料》2004年第4期。

第十章

大山之歌

第一节 十年空白

山雨欲来风满楼。

树欲静而风不止。

在江青、张春桥的策划下，1965年11月10日，上海《文汇报》发表了姚文元写的《评新编历史剧〈海瑞罢官〉》。文章发表后，成为"文化大革命"的导火索。

1966年初，北京市委的邓拓、吴晗、廖沫沙三人写作小组被打成"三家村反党集团"，受到严厉批判和残酷迫害，邓拓、吴晗先后被迫害致死，廖沫沙被长期监禁。江青一伙由此打响了借文化大革命之机迫害、摧残老干部和知识分子的第一枪。

1966年5月，《五一六通知》发出，宣告文化大革命正式开始；8月，又发出《关于无产阶级文化大革命的决定》，使文化大革命掀起了第一波高潮。

这场"革命"被林彪、江青两个反革命集团充分利用，成为他们实施篡党夺权阴谋的千载难逢的机会，使一场大灾难降临到了神州大地，降临到了全国人民头上。

人们通常称"文化大革命"的十年为"十年内乱"，但对于欧阳山来说，毋宁称"十年空白"更为贴切。

试想，一个作家，一个以创作为党的事业做贡献，以创作为人民服务，以创作报效祖国和社会，以创作为终身职业，视创作为生命的作家，在整整十年漫长的岁月里，他手中的笔，那种被鲁迅先生称之为"金不换"的写作用的笔，被夺走了，连一个字都不准他写，连一个文句、一部小说、一篇散文、一首诗歌都不准他写，整整十年他在创作上就是一片空白，就是一片"白茫茫大地真干净"，这不是比要他的命更令他难受的事吗？这不是一个作家最大的悲哀吗？

何况这白白浪费掉的十年，却是欧阳山思想与创作能力臻于成熟高峰的十年！

但这对于当时的欧阳山，对于当时的中国作家来说，又是多么无可奈何的事啊！他们只能无言对苍天，他们只能仰天长叹！

因为，这是革文化命的十年呀！

1981年6月，中国共产党中央委员会做出的《关于建国以来党的若干历史问题的决议》无比正确地指出："文化大革命是一场由领导者错误发动，被反革命集团利用，给党、国家和各族人民带来严重灾难的内乱。"

关于"文化大革命"，关于这不堪回首的十年"文革"，欧阳山在写于1986年1月24日的《〈欧阳山文集〉自序》中，有过痛心的回顾：

> ……终于不可避免地降临人间。在极"左"路线向政治、经济、军事、文化各个领域肆虐之前，文艺界首当其冲。在打倒了《海瑞罢官》，打倒了"三家村"之后，接着来砸烂《三家巷》，自然是顺理成章的事儿。果然，《三家巷》《苦斗》遭到了更大规模的、来势更凶猛的、包括人身侵犯在内的批判和斗争。三年之后，到一千九百六十九年，《一代风流》前两卷被判决为"专替错误路线树碑立传"，《一代风流》的主要人物周炳被判决为"叛徒、工贼"，全书在政治上被宣判了死刑。区区一个周炳竟被推上了和国家主席刘少奇差不多同等高度的地位，真令人哭笑不得！
>
> 这种现象使人感到奇怪么？不！这在当时一点也不奇怪。不但不奇怪，而且可以说是天经地义的事儿。不是后来有人说么？"八亿人口在八年中间看了八个样板戏。""写中心"和"高大全"的主观要求被推上了极"左"的高度，发展到了"历史为政治路线服务"和塑造"样板人"的地步。说不定有些人当真相信，只要每个人从早到晚看样板戏，都变成李玉和、杨子荣、阿庆嫂、江水英，那么，下个星期也许可以实现共产主义。还得声明一句，我并没有当真看过样板戏，只是在后来的电影中看到，因为当时像我这样的人，是没有资格，也不许可去看真人的演出的。看演出必须在烧完炮仗以后，手举小红书进场，而像我这样的人根本不具备举小红书的荣誉。
>
> 最令我痛心的是《一代风流》第三卷《柳暗花明》全卷的原稿，第四卷《圣地》半卷的原稿，……此外，还有我历年所存的原稿、材料、笔记、报纸、书刊、图表、照片、日记、书信、写作计划和新中国成立前的全部旧作品，包括一千九百三十三年用广州方言出版的中篇小说

《单眼虎》,都一齐在劫难逃,云散烟消!我当真没有想到,"文化大革命"会革得这么彻底,连一张小纸片也没有给我留下。这些东西如果别人当作废纸,拿到纸厂去化浆,也许还不值一块钱。可是在我个人,却是几十年含辛茹苦的心血结晶!

  此外,令我十分惋惜的,……剥夺了我十年的时间。自然,这不是我一个人的事儿。小学生失去了上中学的机会,中学生失去了上大学的机会,大学生等于没有念书,政治家、军事家、科学家、艺术家,工、农、兵、学、商,每一个中国人都失去了十年的时间。其中有几年,我被送往英德县茶山文艺"五七干校",由学员群众监督劳动。这一间干校原来是一个劳改场。后来听人说,当时高级领导曾经训示正式学员,要他们"生在茶山,死在茶山,埋在茶山!"我不是一个正式学员,没有职务,没有工资,没有人身自由,也没有任何政治权利。林彪的自我爆炸,不让我知道;全国人大代表的候选人名单,也不让我知道。在接受监督劳动当中,我得到了长年长月的休息,也做了一些轻微的体力劳动,对于一个六十岁以上的人来说,无疑是有好处的。然而十年毕竟是十年,当我决心重写《柳暗花明》的时候,我已经七十一岁了,我的眼睛已经看不见写字,不得不使用录音机来从事创作了。[①]

欧阳山这十年是怎样熬过来的呢?笔者参与编撰、由欧阳山本人审定的《欧阳山年谱》这样写道:

1966年　58岁

  6月　参加"无产阶级文化大革命"。在此期间,一切职务消失了,一切工作停止了;虽然按月交纳党费,但党的组织生活没有了。

  7月　参加广东文艺集训队,进了"牛栏"。

  8月30日　被抄家,所有稿件、书籍、提纲、资料、衣服、财物、房屋、家具,均被抢光。以后被轮番批斗,侮辱殴打,游街示众,强迫劳动,家人失散,株连亲友。

  9月　被押到广州中山纪念堂,由五六千人进行批斗。

  11月　集训队结束,押回中国作协广东分会"牛栏"。

[①] 欧阳山:《〈欧阳山文集〉自序》,载《欧阳山文集》(第一卷),花城出版社1988年版,第21—23页。

1967年　59岁

　　1月　全年关在中国作协广东分会"牛栏"里，被继续批斗，强迫劳动，同时受到社会上武斗风的种种迫害。

1968年　60岁

　　1月　被押到中山大学批斗，10多天后方被押回原"牛栏"。

　　5月　先在华南人民文学艺术学院旧址光孝寺内和广州文化公园里批斗，后被押到华南师范学院、暨南大学等处进行"喷气式放飞机"批斗，共八九天。以后又押回原"牛栏"批斗，并被殴打。

　　7月13日　被广州警备司令部以"监护"名义逮捕，先解往广州西村监狱，后解往白云山梅花园营房关押，强迫劳动。

　　11月　从梅花园解往广州二沙头，继续关押。

　　12月11日　解往广东英德县茶山劳改场文艺"五七干校"，监督劳动。临走前，爱人要求见一次面，也不允许。

1969年　61岁

　　1月　全年在茶山茶场被监督劳动，并被训示"活在茶山，死在茶山，埋在茶山"。

　　6月　江青在北京人民大会堂河北厅接见5个样板团讲话时宣布："欧阳山不能解放，他是反鲁迅的，他是胡风分子。"

　　11月　《红旗》杂志发表"上海革命大批判写作小组"的文章，题为《为错误路线树碑立传的反动作品》，副题为《评欧阳山的〈一代风流〉及其"来龙去脉"》。

　　12月　患高血压病。

1970年　62岁

　　1月　全年在茶山茶场被监督劳动。

　　12月　第一次允许爱人和儿子来茶山探望，但谈话时有管教队成员在旁监视，晚上分别住在男、女集体宿舍里，只准住一宿。

1971年　63岁

　　1月　全年在茶山茶场被监督劳动。

　　5月　爱人再来探望，住在茶山劳改场一个没有灯火的碉堡里，同样只准住一宿。

　　9月　林彪叛国案发生的消息，也被封锁。

　　从1966年以来，一切公民权利全被剥夺，连全国人大代表名单也不让知道。

1972年　64岁

　　1月　继续在茶山茶场被监督劳动（至同年8月）。

8月　因患多种疾病，被允许监外就医，由爱人接回广州，住文艺招待所一个8平方米的平房里，达4年之久。

1973年　65岁

1月　全年在广州治病。

6月　宣布"解放"，结束了7年"牛栏"和监督劳动的生活。

1974年　66岁

1月　全年在广州治病。

4月　恢复工作，任广东省文艺创作室文学组成员。

1975年　67岁

1月　全年在广州治病。

1976年　68岁

1月　全年在广州治病。

2月　恢复党的组织生活。①

第二节　"第二世也不服"

从1964年开始的对《三家巷》《苦斗》的"大批判"，持续到1965年，整整批了两年。在人们以为可以告一段落的时候，1966年，史无前例的"无产阶级文化大革命"爆发了！《三家巷》《苦斗》更加难逃厄运，遭到了更大规模的、来势更凶猛的、包括人身侵犯在内的批判和斗争。这种天天批、月月批、年年批，一浪高过一浪的"革命大批判"，到1969年时达到了高潮。那一年的11月，由江青下令以"上海革命大批判写作小组"的名义，在《红旗》杂志上刊登了题为《为错误路线树碑立传的反动作品——评欧阳山的〈一代风流〉及其"来龙去脉"》的"战斗檄文"，从而在政治上宣判了《三家巷》《苦斗》的"死刑"。

对《三家巷》《苦斗》的这种所谓"革命大批判"，前前后后竟持续了十多年之久。批判的范围之大，来势之猛，时间之长，在整部中国文学史里面，恐怕亦无先例。有人做过这样的统计：一部《三家巷》不过30万字，批判《三家巷》的文章竟有300万字之多，达三四百篇，这真乃文学史上的"奇观"，同时亦足证《三家巷》《苦斗》的巨大价值。

其实批来批去，《三家巷》《苦斗》的"罪状"不外乎两点：一个是说它宣扬了阶级调和、阶级合作、阶级投降，一个是说它赞美了小资产阶级人

---

① 欧阳山：《欧阳山年谱》，载《欧阳山文集》（第十卷），花城出版社1988年版，第4415—4416页。

物，宣扬恋爱至上。这样的批判完全脱离了作品的实际，完全脱离了作品所反映的那个时代的历史环境，不过是当时"写中心"和"高大全"两种要求的具体运用。那年头正提倡"以阶级斗争为纲"，《三家巷》《苦斗》却写了各个阶级之间的复杂关系；那年头"高大全"的"英雄人物"正在风行，《三家巷》《苦斗》却写了一个当时还不能够彻底革命的年轻人周炳，焉能不挨批？

"文革"初期对欧阳山的批判，是与全国对"三家村"（邓拓、吴晗、廖沫沙）和对周扬的批判同步进行的。这个时期的批判已经从文艺思想批判升格为政治批判。这次批判，不仅给欧阳山戴上了"罪大恶极"的政治帽子，而且格调"升级"，发表文章的报刊也升级。以前的批判最多不过是"混淆阶级界线""政治倾向问题""歪曲革命""歪曲党的领导"，而"文革"开始后，光是批判文章的题目就十分惊人，如《从政治上重新批判〈三家巷〉〈苦斗〉》《欧阳山是周扬文艺黑线的一员悍将》《彻底清算欧阳山的反党罪行》等；以前的批判虽然全国有29个报刊发表批判文章，但作为党中央的机关报《人民日报》则没有发表，而"文革"开始后，仅在1966年，《人民日报》就接连发表了多篇"火力"强大的批判文章。而且，从1966年到1972年，报刊上对欧阳山的批判几乎没有停止过。

特别是1969年11月，《红旗》杂志刊登了题为《为错误路线树碑立传的反动作品——评欧阳山的〈一代风流〉及其"来龙去脉"》的"战斗檄文"后，广东和上海又一次组织了对欧阳山的大批判，《南方日报》《解放日报》《文汇报》均在1969年至1972年间，不间断地发表了更为气势汹汹、更为杀气腾腾的批判文章，诸如《反革命的个人"苦斗"》《阶级投降与奴隶主义哲学的破产》《打击贫农就是打击革命》《不许欧阳山丑化工农妇女》《叛徒嘴脸，欲盖弥彰》《联系当前斗争实际，彻底戳穿"人性论"的虚伪性、欺骗性、反动性》《叛徒的诡辩》《良心是假，野心是真》《锄毒草，批黑书》等，这简直就像一群疯狗在狂吠。

在大批判的同时，对欧阳山的迫害也步步升级了。

1966年7月，欧阳山被押送关进了设在原广东政法干校旧址的"牛栏"（关押"牛鬼蛇神"之地的简称，北方称"牛棚"）。这里集中了广东文艺界的重要人物和著名作家，称"集训队"。

"造反派"向"集训队"宣布砸烂文联和各协会，并进行犁庭扫穴。因此，该校的所有地方都贴满了大字报，对这些关进"牛栏"的所谓走资派、反动学术权威、漏网右派等进行批斗和强迫劳动。据曾参加过延安文艺座谈会的原广东省音乐家协会主席周国瑾回忆："有一天，一群红卫兵冲进来，见人就打。不久，发现欧阳山，叫他低头，他却昂头，骂他打他，他动也不动。要他跪下，他当作听不见，依旧昂首挺立。他就是这么一个硬汉子！"①

自此，欧阳山便被各种"红卫兵""造反派"押至广州中山纪念堂、中山大学、广州光孝寺、广州文化公园、华南师范学院、暨南大学、珠江电影制片厂等处召开的千人大会上轮番批斗、侮辱殴打、游街示众、强迫劳动。

面对这种残酷的侮辱人格的批斗、殴打和游街示众，性格倔强、耿直的硬汉子欧阳山对暴徒怒目而视、铮铮有声："第二世也不服！"（"第二世"是广州话，即下一辈子的意思。）

1968年初，欧阳山被中山大学"八三一红卫兵团"押走，关在该校的"广寒宫"（即女生宿舍）四楼一间小房子里，要他写自己的"罪行"，写揭发他人的材料，他一字不写，"抗拒"到底，红卫兵、造反派都拿他没办法。

1968年7月13日，欧阳山被广州警备司令部以"监护"的名义逮捕，解往广州西村监狱。

这是监禁犯人的正式的监仓。每8人挤进只有10平方米的狭长的牢房，睡觉分上下床铺。供犯人小便的尿桶就摆在床边，散发出一股呛鼻的异样难闻的气味。

不过欧阳山在这里只关了3天，就被解往位于广州城北的白云山梅花园营房关押。这是白云山脚一处叫鸡颈坑的偏僻地方的一幢小楼，原来曾是广州防空指挥部。欧阳山在这里要继续交代问题、认罪、强迫劳动。同年11月，又从梅花园解往广州二沙头，继续关押。

1968年12月，广东全面实行军事管制，成立革命委员会，并按照毛泽东于5月7日发布的干部下放劳动的指示（即"五七"指示），在全省的边远农场、牧场或劳改场，开办了"五七干校"。广东文艺界的"五七干校"设在粤北的英德县茶山，原是劳改场。1968年12月11日，恰好60岁生日的、作为广东文艺界头号"反党反革命反社会主义"的"三反"分子和头号"走资本主义道路当权派"的欧阳山，被解往此处，和广东著名作家周钢鸣、陈残云、李门、苏怡等人编入"特别队"（人们戏称为"牛队"，即"牛鬼蛇神队"的简称），监督劳动，并被训示"活在茶山，死在茶山，埋在茶山"。从此时开始，直至1972年8月，欧阳山在这所劳改场里，从事着种茶、采茶、插秧、收割、晒谷、刘草、拾牛粪、补织畚箕、打麻绳等各种各样繁重的劳动，同时还要不停地接受审查、批判、写检查（欧阳山仍旧是

---

① 周国瑾：《无尽的思念》，载《纪念欧阳山》，广东人民出版社2001年版，第123页。

一字不写）等的折磨，共达4年之久。

当年曾组织《三家巷》在《羊城晚报》副刊《花地》连载的编辑贺朗，也于1968年12月与欧阳山一起被解往英德县茶山劳改场，同样编进"特别队"，即"牛队"，跟欧阳山住同一个房间。他因为"罪行"较轻，被指定为牛队的班长。他后来在一篇回忆录中详述了他和欧阳山在茶山劳改场的苦难岁月：

> 欧阳老沉默寡言，很少跟人说话，习惯自己一个人在床上盘腿打坐，抽烟沉思。从他的脸色看出，他正在思索着眼前出现的无法理解的问题。当他被扫地出门时，爱人虞迅也被"红卫兵"拉到什么地方批斗去了，儿子星星上山下乡到了海南岛。他们家散了。他承受着多么沉重的苦难啊，在他内心里正是风雷激荡！
>
> ……
>
> 当我带着愤愤不平的心情回到房间时，欧阳老见我被批斗回来，就以同情的目光迎着我，并安慰地说："喝口水吧！何必这么劳气呢。"
>
> 我得到欧阳老的同情和安慰，心情开朗了。我看到全国都批判他的《三家巷》《苦斗》，但他泰然自若，不当一回事，……我从欧阳老身上得到了力量，坚决不写检讨，……
>
> ……
>
> 我和欧阳老被关在一起，相处很好，互相照顾。他知道自己有打呼噜的毛病，而且很响的。为了不影响我的睡觉，他就盘腿坐在床上抽烟，一直等到我睡着了，他才上床睡觉。
>
> ……
>
> 当时牛队的人，大都有家属来探望照顾的，惟独欧阳老没有。欧阳老被扫地出门时，空身出来，身无一物。当年从家里出来时只穿这套中山服，穿了多年没有衣服替换，由灰色变成黑色，裤腿也断了两截。他每月只发35元，仅够伙食费和抽烟，没有钱买新衣服。衣服破了，他只好戴着老花眼镜，自己用针线缝补，继续穿了。看了令人十分同情可怜！这位为新中国文学事业作出重要贡献的作家，竟遭受到如此悲惨的生活……
>
> 幸好，欧阳老以坚强的共产主义信念，顽强的革命意志，保持延安的革命精神，克服"文化大革命"带来的各种灾难，他顽强地挺过来了。①

---

① 贺朗：《送欧阳山同志远行》，载《纪念欧阳山》，广东人民出版社2001年版，第181—184页。

1970年12月，欧阳山自关进"牛栏"与家人分别整整4年后，第一次允许他的妻子和儿子来茶山劳改场探望他，但谈话时有管教队成员在旁监视、监听（此人还不时插话），也就只能说些一般的问候、了解各人的身体状况等家常话，如此而已，显得既陌生又不自然，但能够探视和见面本身，就已经使欧阳山非常高兴，极感安慰了。

面对施加在身体和精神上的种种折磨，欧阳山都能泰然自若，忍受下来，最令他痛心的，是他放在家里的《柳暗花明》全卷手稿和《圣地》半卷手稿，被疯狂抄家的红卫兵抄走，从此一直下落不明，再也找不到了！辛辛苦苦写下的近50万字的手稿就这样永远地消失了，真令人欲哭无泪！苍天啊苍天！

1972年，从"文革"开始之后就受到轮番批斗、侮辱殴打、游街示众、关进监狱、强迫劳动等炼狱般的身心折磨和摧残达6年之久，年已64岁的欧阳山，由于在茶山劳改场，每天几乎都在40多度的高温下，汗流浃背地劳动，他苦撑着、煎熬着，原本身体很强健的他，终于被疾病击垮，患上了高血压、脑动脉硬化、中心性视网膜炎、白内障等病。尤其是严重的浮肿让他的脸就像熟透了的芒果一样，一碰就流水……在这病情恶化的紧急关头，周恩来终于知道了欧阳山的处境，他亲自下令批准欧阳山可以回广州监外就医。

1972年8月，欧阳山终于重获"自由"了。他穿上在劳改场陪伴了他多年的唯一的一双旧鞋，但还未走出茶山劳改场的大门，鞋底便已完全脱落……

回到广州后，欧阳山和虞迅住进文德路文艺招待所（即红楼）一间8平方米的、由走廊临时间隔成的叫作"廊四号"的阴暗潮湿的小平房里，达4年之久。

回到广州后，虞迅第一时间就马上陪欧阳山到中山医学院附属医院治病，医院里的大夫悄悄对她说："好险啊，如果再晚来几个月，欧阳老恐怕就没命啦！"

1973年6月，欧阳山被宣布"解放"，从而结束了长达7年的"牛栏"和监督劳动的生活。但这所谓的"解放"，并没有恢复欧阳山过党的组织生活的权利，也没有恢复他工作的权利，他还是被严厉禁止用他的"金不换"从事写作，特别是不准他写《一代风流》的后三卷。他只能长年累月地在中山医学院附属医院治病、养病；养病、治病，无所事事地达3年之久。

直到1976年10月，平地一声雷，"四人帮"被扫进了历史的垃圾堆，那些打着"革命大批判"旗号的大大小小的以害人、乱世、祸党、祸国为职业的"棍子""文痞"们,也就偃旗息鼓,灰溜溜地滚到了该他们滚去的地方。

直到这时候,《三家巷》《苦斗》才"翻身得解放",用广州话来说就是"守得云开见月明"。

直到这时候,欧阳山才获得了真正的解放!

直到这时候,才从揭发江青的许多材料中得知,1966年和1967年初,江青为了掩盖她30年代在上海做"电影明星"时的丑闻,特地要对曾于这时期在上海工作过的文艺界知名人士,特别是那些与她有过密切交往或者对她的底细了解甚多的知情人进行残酷的迫害——抄家、殴打、批斗、关押、劳改,以彻底清除掉这些人士可能收藏着的她当年丑闻的报刊资料,并企图将这些人士置之死地,以绝后患。郑君里、王莹、上官云珠、舒绣文等著名电影艺术家,都在江青的残酷迫害下含冤而死,赵丹则受到严重摧残。欧阳山是广东文艺界中唯一当年在上海与江青有过一定接触的人,自然难逃厄运。1966年8月30日,受江青驱使的一帮来自北方的红卫兵,杀气腾腾地冲进欧阳山的住宅,进行彻里彻外的大抄家,欧阳山的所有稿件、书籍、写作提纲、资料、往来信件、衣服、财物、房屋、家具,均被抢光。《柳暗花明》全卷的手稿和《圣地》半卷的手稿就是在这次大抄家中被抄走的。欧阳山紧接着便被轮番批斗,侮辱殴打,游街示众,关进"牛栏",强迫劳动,以致家人失散,株连亲友。

1989年2月11日,欧阳山在一次与他的大女儿欧阳代娜的谈话中,谈到了江青为什么要对他下毒手:

> 在延安时,我跟江青没有单独见过面,也没有单独讲过话。只是在毛主席接见我们的时候,有两次在毛主席那里见到过江青。就是这样的一种情况,没有什么更多的接触,也没有什么工作关系。因为江青那时候在延安,没有做任何的工作,也不对外来往,她只是好像帮助毛主席处理一些信件、文件这一类的东西。据我们所知道的,她是不对外出来工作的。至于她为什么会在"文革"中对我如此的怀恨不放过呢?那倒不是在延安的事情,而是在上海的事情。在上海"左联"时,我参加了一个叫做"电影戏剧评论小组"的工作(按:是"左联"下属的一个革命组织),在一起工作的有十几个人。这些人当中,不幸得很,有三四个人都是跟她过去关系比较好的。所谓比较好就是说当时江青是个新演员,不大为人所知,而这些人都是电影戏剧界中有名的人物,如像唐纳、赵丹、郑君里、章泯等人,都是著名导演、著名演员。这些人组成了一个电影戏剧评论小组。当时对她演出的所谓成名的戏,即俄国奥斯

特罗夫斯基的《大雷雨》的演出，做过评论工作。《大雷雨》的演出，是章泯任导演，郑君里、赵丹主演，蓝苹（即江青）当时是一个不大有名的女演员，把她找去与这些大演员一起演戏，就把她捧了起来啦。当时就是这样的一个情况。这时候我参加了这个评论小组的工作，所以就认识了她和跟她要好的这几个影坛、剧坛上有名的人物。她跟这些人物有过什么关系，外面传说很多，也可能她怕我手头上有她的什么书信照片之类的东西，可能是她怕这个东西，所以她就对我可以说是下毒手吧。"文化大革命"一开始，就对我抄家，把我们家的东西，连一个纸片都不留地拿走了。后来又这样污蔑我，不让解放我，等等，恐怕就是这样的原因了。①

但是，通过片纸不留地查抄欧阳山的家，并没有找到让江青担惊受怕的东西，江青还是对欧阳山恨之入骨、揪住不放。

1969年6月，江青在北京人民大会堂河北厅接见5个样板团讲话时，恶狠狠地宣布："欧阳山不能解放，他是反鲁迅的，他是胡风分子。"

同年11月，又在江青的策划下，以"上海革命大批判写作小组"的名义，在《红旗》杂志上刊登了题为《为错误路线树碑立传的反动作品——评欧阳山的〈一代风流〉及其"来龙去脉"》的"战斗檄文"，从而在政治上宣判了《三家巷》《苦斗》的"死刑"。

既然通过片纸不留地查抄欧阳山的家，并没有找到让江青担惊受怕的东西，那么江青为什么还是对欧阳山恨之入骨，要死死揪住欧阳山不放，非要置他于死地呢？

原来，1969年春天，英德茶山劳改场的负责人组织欧阳山等广东文艺界的"牛鬼蛇神"召开座谈会来学习八个样板戏，要求每个人都要对这八个样板戏做发言表态。性格倔强、耿直、不识时务、敢于实话实说，并对社会主义文艺事业持特别认真负责态度的欧阳山，直言不讳地在会上说出了他的意见：

> 我们无产阶级对文艺问题还是没有经验的，所以我们的文艺工作还在摸索当中。这几个样板戏当作一种艺术的先行者，当作无产阶级革命艺术的先行者是可以的，但是还有许多问题没有解决，恐怕还要研究。……②

---

① 欧阳代娜：《欧阳山访谈录》，中国文史出版社2008年版，第153—154页。
② 同上书，第126页。

欧阳山话音未落，就已经引得满座皆惊。他当年华南人民文学艺术学院的学生、著名文艺评论家、当时也参加这个座谈会的牛队成员易准，出于保护他的目的，直给他递眼色，劝他不要再讲了，少给自己惹一些麻烦，有时弄得不好，甚至还会带来杀身之祸。可是欧阳山全然不顾，还是滔滔不绝地讲出了作为一个革命的文艺工作者应该说的勇敢的大实话来。

欧阳山的话自然很快就被层层汇报给了江青。

其实，八个样板戏已经不是一般的文艺作品，早已变成为江青吹捧自己的政治工具，甚至是她及其集团篡党夺权的重要的政治资本和撒手锏。而欧阳山对八个样板戏说出如此"大逆大道""犯上作乱"的"胡话"，又怎能不令"红都女皇"江青气急败坏、勃然大怒呢？

于是，全国性的对欧阳山的批判又一次掀起高潮，江青"四人帮"对欧阳山的迫害，也变本加厉地增温升级了。

"文革"结束后，欧阳山的外孙女、从事文艺研究与教学工作的田海蓝（欧阳代娜的女儿）曾问欧阳山："您在'文化大革命'中遭受了那么多的苦难和折磨，难道您不觉得有许多的怨恨和委屈吗？"

欧阳山回答：

> 这难道仅仅是我个人才可能有的怨恨和委屈吗？这是咱们整个国家，整个中华民族的大怨恨和大委屈呀！林彪、"四人帮"两个反革命集团可真的是罪大恶极，把咱们一个好端端的国家给搞惨了。李先念同志不是说过，他们已经把国民经济搞到了几乎崩溃的边缘，国家存亡已经到了最危险的关键时刻吗？现在我们为国家前途考虑、为民族命运担忧，所要去做的亡羊补牢的工作还多得很，忙都忙不过来，哪里还有时间、哪里还有精力去考虑什么个人的怨恨和委屈呢？也不应该的！你说是不是？[①]

田海蓝根据自己对欧阳山的深入接触、了解和研究，认为欧阳山有三件事情是永远不会改变的：

一、尽管在"文化大革命"中遭受到了那么多的苦难和不公正的待遇，欧阳山对共产主义事业的坚定信念是始终不会改变的。

二、欧阳山对毛主席的敬仰、热爱的情感是始终不会改变的。欧阳山曾跟她说过，对于这场"文化大革命"，他根据历史的经验也估计到了群众运

---

① 田海蓝：《欧阳山评传》，中国文史出版社2008年版，第410页。

动会有过激的时候。但是过去的运动到了最后毛主席总会出来去甄别和拨乱反正，会很好地收尾的。但是没有想到的是这一次他年纪大了，还没有来得及处理好就去世了⋯⋯

三、欧阳山坚信自己所走的道路是正确的，是忠实执行毛主席所倡导的社会主义的文艺路线的。他更坚信自己的作品不是毒草，而是具有中国作风和中国气派、为中国老百姓所喜闻乐见的香花。为此，他心地坦然、问心无愧。他始终是坚强而乐观地去面对"文化大革命"这场疾风暴雨的袭击，去面对几乎是炼狱般的磨难和对一个共产党员的信仰和意志的严峻考验。①

第三节　1976：大悲大喜

每年一月，南国广州的天气就慢慢暖和起来了，特别是那种广州人不分男女老少、在除夕逛花街时都喜欢买的、据说能带来"桃花运"或"好运"的粉红色的桃花，此时在明媚阳光的抚摸下，都会一朵接一朵地在枝头上，绽开她们漂亮的笑脸，再衬上蓝天白云，真是好一番南国春来早的景象！

但1976年1月的广州，不知怎的，与往年相比，天气格外寒冷，太阳一直不肯露出头来，老是阴阴沉沉的天空上，会不时飘洒下一阵冷雨。一向不畏严寒的欧阳山，此时虽然穿着厚厚的棉衣，也会时不时打起哆嗦来。

"许是人老了，就怕冷了吧。"欧阳山这样嘀咕着，不由得把脖子往衣领里缩了缩。

突然，收音机里传来一阵令人悲痛欲绝的哀乐声：人民的好总理周恩来于1976年1月8日不幸逝世。噩耗传来，欧阳山站立不稳，一下子跌坐在椅子上，失声痛哭起来。

泪眼蒙眬中，往事一幕幕涌上心头：

欧阳山想到，他第一次见到周恩来，是在那抗日战争烽火岁月中的长沙，通过上海"左联"时期的朋友吴奚如介绍，他认识了周恩来。从此，他就在周恩来的直接领导下，来到重庆，从事抗战的革命文学的工作。

欧阳山想到，1940年7月，他由周恩来和沙汀介绍，加入了中国共产党。

欧阳山想到，1941年1月，震惊中外的皖南事变发生后，是周恩来安排他来到革命圣地到延安。从此，他的人生和创作道路就出现了根本性的转折。

欧阳山想到，他到延安后，不负毛泽东和周恩来的期望，写出了《高干

---

① 田海蓝：《欧阳山评传》，中国文史出版社2008年版，第412页。

大》这部反映延安地区斗争生活的、在中国现代文学史上占有重要地位的优秀长篇小说。1946年，中国共产党在重庆主办的《新华日报》拟发表一批解放区的新文艺作品，其中拟连载《高干大》，就是周恩来亲自定下来的。

欧阳山想到，解放后，他南下广州，领导华南文艺界的工作，与远在北京日理万机的周恩来见面的机会少了，但周恩来仍关心着他的创作，关心着全国文艺界的工作。他每到北京开会，或周恩来到广东视察，他都有不少机会受到周恩来的接见，得到总理的教诲。特别是在60年代那"左"倾的岁月，周恩来1962年3月2日在广州出席全国话剧、歌剧和儿童剧创作会议上所做的《论知识分子问题》的报告以及1963年12月8日周恩来接见广东文艺工作者时的谈话，给包括他在内的在"左"的迷雾中感到茫然的文艺家们以极大的鼓舞，使他们头脑觉得清醒了。而最令他终生难忘的，是1960年7月到北京参加全国第三次文代会，周恩来在人民大会堂宴请与会代表时，举着酒杯走到他面前，祝贺《三家巷》的出版，并说："你送给我的《三家巷》收到了，我正在读，写得不错。"周恩来的话，给了他极大的激励，他以更大的热情投入到第二卷《苦斗》的创作中去了。

欧阳山想到，从1964年开始，《三家巷》《苦斗》遭到全国范围的"大批判"。"文化大革命"开始后，更遭到了在江青直接指挥下的长达数年的围攻，最后竟被《红旗》杂志宣布为"反动作品"。在那最险恶的日子里，他的脑际不断回响着周恩来对他鼓励的话语，这给他以极大的力量，他没有向恶势力低头，他对批判他的人说："第二世也不服！"

欧阳山还想到，1972年8月，在他病情恶化的紧急关头，周恩来终于知道了他的处境，立即亲自下令批准他可以回广州监外就医。这使他得以离开茶山劳改场，结束了长达6年多的被监禁在"牛栏"和劳改场的与世隔绝的日子，终于重新获得了一定程度上的自由，而且，他的重病得到医治，挽救了他的生命。

而如今，人民的好总理周恩来逝世了，欧阳山在巨大悲痛之余，不禁为党和国家的前途命运，为全国人民的前途命运，深深地担忧起来。

他多么想参加周恩来的追悼会，或者参加悼念活动，可是，他当时还没有恢复党的组织生活，没有资格参加，他把这视为一生中最大的憾事。

多年后，回忆当年情景，他还觉得心酸；读柯岩的《周总理，你在哪里？》一诗时的那种悲怆情绪，至今还没有在他心头消失。

1992年，笔者曾陪同欧阳山观看电影《周恩来》，我发觉他自始至终都沉浸在十分激动的情绪中，当影片放映到周恩来逝世及十里长街送总理的情景时，我发觉欧阳山不断用手帕擦拭双眼，在电影院微弱的光线中，我看到这位80多岁的老人，这位一生敬重总理的老作家，早已满脸热泪纵横了……

　　欧阳山曾多次深情地对笔者谈起周恩来，他认为周恩来是中国历史上罕见的伟大的政治家，难得的总理之材。他不止一次地对笔者说："如果没有周总理在'文化大革命'中忍辱负重，力挽狂澜，我们恐怕早就亡党亡国了；如果没有周总理挺身而出，坚定而又巧妙地保护了一大批老同志，这批老同志恐怕早就沦为江青的刀下鬼了。周恩来同志对中国革命的伟大贡献，是无论怎样评价都不为过的。"

　　在一篇纪念周恩来的文章中，欧阳山以深刻的笔触表达了他对周恩来的崇敬之情：

　　　　恩来同志究竟是一位什么样的人物，使得大家这样爱戴？有人说，他是一位军事家；有人说，他是咱们的总理、外交部部长、政府的首脑；有人说，他是咱们党的一位领袖；也有人说，他是一位诗人、哲学家、文艺理论家和文艺组织家。这都是对的。可我还要补充一句，他是一位最爱人，——最能爱人，也最会爱人的人。为什么这样说呢？因为跟他接触过的人都一致承认，他是一位最严厉的人，同时又是一位最使人感到温暖的人。恩来同志对工作的要求是非常严格的，非常严肃的，有时候严到了严厉的地步。不论在工作时间上、工作作风上、工作情绪上、工作效果上，他都是非常严格的。可是跟他一起工作的人，丝毫都没有害怕的念头，反而觉得他可敬可亲。有时候受到了他的责备，也不觉得难过，反而觉得舒服和感激。①

　　在《关于繁荣文艺创作的一些意见》一文中，欧阳山这样说起周恩来：

　　　　……周恩来是很忙的，但他还是拿出很多时间来接见文艺工作者。他经常对文艺工作者提出严格的要求，每次开全国文代大会他都讲话，提出政治方向，帮助大家正确认识现实，确立无产阶级世界观，开会时讲，个别谈话时也讲，从政治上关心，从生活上关怀。有的人在同他谈话时无意间透露一些问题，他过后就帮你解决。他要处理那么多国家大事，连一个文艺工作者的一点小事他也去操心，及时解决，真使人佩服得五体投地。他对大家的政治、思想的要求是很严的，有的同志开会时打瞌睡，他毫不客气地批评。大家都感到他的批评使人心服，使人温

---

① 欧阳山：《思念恩来同志并想到所谓爱心》，载《广语丝》（第一集），光明日报出版社1990年版，第74—75页。

暖。他从来不会对人板起脸孔，而是平易近人，热情相待。所以他逝世之后，很多文艺工作者一想起他，就流眼泪。因为在大家的心里，他不单是领导，是总理，而且是朋友。①

欧阳山半个多世纪来对周恩来的敬重之情，是发自内心，溢于言表的。

再回到1976年，在哀悼周恩来的眼泪还没有完全擦干之际，收音机里又传来哀乐声，1976年7月6日，朱德委员长不幸逝世。

欧阳山又一次陷入极度的悲痛之中。

他任由眼泪在脸上纵横，耳边仿佛响起当年朱总司令在延安文艺座谈会上发言时那浓重的四川口音。他记得朱总司令说：文艺家不要怕谈"转变"思想和立场，不但会有转变，而且是"投降"。朱总司令说，他自己就是看到共产党能够救中国而由旧军人硬是"投降共产党的"。

他还记得，朱总司令对某些作家瞧不起工农兵的问题进行了批评。朱总司令语重心长地说：一个人不要眼睛长得太高，要看得起工农兵；中国第一也好，世界第一也好，都要由工农兵群众批准才行。共产党、八路军、新四军为国家为民族流血牺牲，有功有德，为什么不该歌不该颂呢？

朱德总司令的话朴实无华，言简义重，对革命文艺的创作有着重要的指导意义，欧阳山一直谨记在心。

然而，朱德委员长逝世后不几天，7月28日，唐山发生7.8级大地震，24万群众失去了生命。多灾多难的1976年啊！

事情还没有完呀！

1976年9月9日，中国人民的哭声震撼了神州大地：继周总理和朱委员长之后，毛泽东主席不幸逝世了。

欧阳山又一次让悲痛的眼泪横流。

他深切地缅怀起毛泽东来。

他永远不会忘记，他跟毛泽东是在延安的窑洞里认识的。

那是1941年初夏，欧阳山来到日夜向往的革命圣地延安后不到两个月，毛泽东约见了他。

那天早上，在杨家岭一个套窑的前窑里，欧阳山第一次见到了这位领导中国人民翻身求解放的领袖，一位他称之为"中国最伟大的人物"。在这简陋的窑洞里，他和毛泽东谈鲁迅、谈文艺，纵论革命和国家大事，一直谈了

---

① 欧阳山：《关于繁荣文艺创作的一些意见》，载《欧阳山文集》（第十卷），花城出版社1988年版，第3899页。

两个多小时。

最后,毛泽东留欧阳山在他家里吃了一顿饭。

欧阳山永远不会忘记,1942年春天,为了筹备召开延安文艺座谈会,毛泽东本着他一贯的群众路线、集思广益的作风,做了大量的调查研究工作。他给许多作家写信,找了许多作家谈话,这其中就有欧阳山。毛泽东多次在家里约见欧阳山,向他了解延安文艺界的情况:有什么思想上的糊涂观念,对文艺工作有什么意见,团结方面有些什么问题,等等;又跟欧阳山谈了文艺工作的方向、方针,作家要深入生活等多方面的问题。

欧阳山永远不会忘记,1942年5月23日,在杨家岭的山坡上,他参加了由毛泽东亲自召开的延安文艺座谈会。毛泽东在会上做了著名的《在延安文艺座谈会上的讲话》。欧阳山感到这个《讲话》解决了他长期弄不清楚的问题,使他茅塞顿开。毛泽东讲话时那带着浓重的湖南口音的铿锵话语,至今仍在他脑际回响。

欧阳山永远不会忘记,延安文艺座谈会之后,他投身到新的工农兵的斗争生活中去,写出了《人山人海》《活在新社会里》等一系列全新的作品,受到人民的欢迎。而特别令他难忘的是,他的《活在新社会里》和丁玲的《田保霖》,在1944年6月30日的《解放日报》上发表后,毛泽东当晚就"一口气读完",并在第二天一早十分高兴地给丁玲和他写去贺信,同时约他们于当日下午前往延安枣园毛泽东住处见面一谈。毛泽东在谈话中一再勉励欧阳山:"这是你真正写工农兵的开始,希望你继续写下去。我为你走上新的文学道路而庆祝。"

欧阳山永远不会忘记,在毛泽东的鼓励下,他写出了反映延安地区斗争生活的长篇小说《高干大》,成为与丁玲的《太阳照在桑干河上》、周立波的《暴风骤雨》齐名的优秀作品,并先后被译成俄、捷、匈、英、日等国文字,在国外出版,从而奠定了他在中国现代文学史上的重要地位。

欧阳永远不会忘记,1949年6月,他到北京参加全国第一次文代大会,又一次聆听了毛泽东在大会上的讲话。

欧阳山永远不会忘记,新中国成立后,虽然他与毛泽东见面的机会不多,个人间的交谈更是没有,但毛泽东仍然关心着他的创作,托人传话给他:如果有了作品就给他寄去。有一次艾青应约到北京毛泽东家做客,毛泽东对艾青说:"你们怎么都不来看我了,何其芳、欧阳山、丁玲怎么都不来看我了?"

欧阳山永远不会忘记,《三家巷》《苦斗》出版后,他恭恭敬敬地给毛泽东寄去这两本书,向毛泽东汇报自己的创作成绩。

现在,毛泽东不幸辞世,欧阳山内心十分悲痛,同时又深深地为党和国家的前途，为人民的命运担忧。

欧阳山在"文化大革命"中吃尽苦头，几乎性命不保，但他对毛泽东没有丝毫的埋怨之情，他把罪责归于林彪、江青两个反革命集团。

欧阳山同时又曾多次对笔者说："不管怎样，我们都要按照党《关于建国以来若干历史问题的决议》，给毛泽东同志以崇高的历史地位，他的功劳是第一位的，错误是次要的。他对中国革命的贡献，他的丰功伟绩是不能抹杀，也抹杀不了的。"

欧阳山又曾神色凝重地对笔者说："这几年国际上非毛化的声浪甚嚣尘上。我们必须立场坚定。非毛化这扇大门决不能开，此门一开，中国共产党就会分裂，中国就会天下大乱，人民就会遭殃。所以我们无论在什么情况下，都要维护毛泽东同志崇高的历史地位，坚持他的正确思想。说到底，毛泽东是和列宁并列的深深地影响了20世纪人类历史发展进程的两位世界级的伟人。"

田海蓝有一次问欧阳山："在您一生中，您认为最痛苦的事是什么？"欧阳山很沉痛地回答："我一生中最大的痛苦是我所最敬爱的毛泽东同志晚年犯了错误。"①

1977年3月5日的早上，欧阳山以69岁的高龄，回到了阔别30年的延安。他在当年举办延安文艺座谈会的大厅里面坐了一会儿，又在那周围徘徊了一阵子之后，便怀着恋恋不舍的心情，登上了当年中央办公厅的大楼，走过天桥，去瞻仰毛泽东同志的故居。他走进窑洞，忽然觉得鼻子有点发酸，想到毛泽东同志已经不在了，再也不能跟他促膝谈心，心里不禁悲凉起来。他含着热泪，站在当年第一次见到毛泽东同志时自己站过的地方，喃喃自语："毛主席，你不在了，但你的《讲话》和其他巨著永世长存。我们一定努力，一定要把中国建设成为强大、富裕、文明的社会主义现代化国家，实现你老人家的遗愿。毛主席，你放心吧！"

欧阳山呆呆地站着，呆呆地出了神，呆呆地……

1976年10月6日，在党和国家面临生死关头的紧急时刻，担任中共中央副主席、中央军委副主席、主持军委日常工作的叶剑英元帅和党中央政治局其他同志一道，代表党和人民的意志，一举抓获了王洪文、张春桥、江青、姚文元，毅然粉碎了这个祸国殃民的"四人帮"反革命集团，从危难中挽救了党，挽救了国家，挽救了中华民族。在这场关系到党、国家和民族前途命

---

① 中共广东省委宣传部、广东省文学艺术界联合会主编：《纪念欧阳山》，广东人民出版社2001年版，第302页。

运的斗争中，大智大勇的叶剑英元帅起到了决定性的作用。

特大喜讯瞬间传遍神州大地。

中国沸腾了！

人民沸腾了！

从城市到乡村，全国人民中，凡是能上街的都涌上街头，敲锣打鼓、载歌载舞、狂喜狂呼，到处红旗招展，鞭炮的轰鸣响彻霄汉！

人们纷纷涌进市场抢购那横行的螃蟹，三公一母，用绳子捆在一起招摇过市，然后提回家，用火烤、用油炸、用水烫，端上桌，吃进肚。这一幕，足可写进历史教科书。

1978年12月18日—22日，党的十一届三中全会在北京举行。

这次全会前，召开了历时36天的中央工作会议。在12月13日的会议闭幕会上，第三次复出的邓小平做了题为《解放思想，实事求是，团结一致向前看》的重要讲话。这篇讲话实际上成了十一届三中全会的主题报告。

三中全会实现了新中国成立以来党的历史的伟大转折，这个伟大转折，是全局性的、根本性的、起决定性作用的。

全会做出了停止使用"以阶级斗争为纲"这个口号、把党和国家的工作重心迅速转移到经济建设上来、实行改革开放的伟大决策。

伟大的中国从此迈进了改革开放的历史新时期。

三中全会的春风吹遍了神州大地，五彩缤纷的鲜花到处盛开，我们伟大的祖国，从今走向繁荣富强。

欧阳山忘记了自己已是70岁高龄的老人，他只觉得自己像个年轻人，热血沸腾，浑身是劲，他决心在改革开放的历史新时期大干一场。

第四节　春风又绿珠江岸

随着"四人帮"的垮台，持续了10年之久的"文化大革命"结束了，中国进入了改革开放的历史新时期。

春来了，春来了！

古人云："春风又绿江南岸"。今日广州人曰："春风又绿珠江岸"。

是啊，春风吹绿了白云山，春风染绿了珠江水，花城广州在春风的轻拂之下，又是一番姹紫嫣红、百花争妍、花团锦簇的美好景象……

在这春风吹遍大地，春天降临人间的美好日子里，获得真正解放、终得复出的欧阳山，又重新"披挂上阵"了。

1977年5月23日，广东省委召开《在延安文艺座谈会上的讲话》发表35周年纪念座谈会。欧阳山怀着兴奋的心情，在"赋闲"十年后，第一次出席这么重要的会议。他在会上做了题为《沿着正确的方向前进》的发言。

他在发言中深情地说：

> 毛泽东《在延安文艺座谈会上的讲话》发表三十五年了。我有幸在三十五年前，在杨家岭上亲聆过毛泽东的教诲，更有幸在今年有机会回延安住了几天，重温了毛泽东的教诲，回想毛泽东语重心长的音容风度，真是历久犹新。

他接着又说：

> 《讲话》是伟大的马克思列宁主义的历史文献，是马克思列宁主义科学文艺理论的经典著作，是我们党的最正确、最全面、最经得起客观实际检查和时间考验的文艺政策。……（因此）毛泽东的《讲话》是无产阶级革命文艺的纲领，它指导着整个无产阶级革命和建设时期的文学艺术活动，过去是这样，现在是这样，将来也是这样，永远不存在过时的问题。

在这个发言中，欧阳山表达了他的坚定信念：

> 毛泽东在《讲话》中所提出来的无产阶级革命文艺的纲领是一个有机的整体，我们必须全面地而不是片面地，深入地而不是停留在表面地，从实际出发地而不是从概念出发地，辩证地而不是形而上学地贯彻执行它。[①]

1977年6月下旬，年初才恢复工作的主管宣传文教工作的广东省委副书记吴南生，在广州越秀宾馆召开文艺工作会议。这是广东文艺界在"文革"后的第一次盛会，到会的人很多，除了省、市的文艺工作者，还有来自地区文化教育部门的干部。会议一连开了好几天，直到7月4日才结束。欧阳山也参加了这个会议。

1977年9月21日至28日，广东省委在广州沙面胜利宾馆召开了广东省文艺创作会议，980多人参加，盛况空前。会议头两天，按惯例仍是省、地市文化官员端坐台上。会场气氛压抑郁闷，让人感到寒流远未散去。会议的

[①] 欧阳山：《沿着正确的方向前进》，载《欧阳山文集》（第十卷），花城出版社1988年版，第3887—3889页。

第三天,省委副书记吴南生从北京回来。他一到会场,看到诸多名家散坐四周,主席台上几乎都是官员,心里很不是滋味。会议开始时,他大声问道:"欧阳山同志来了没有?"欧阳山在台下应道:"来了。"吴南生立即招手道:"请欧阳山同志到台上来就座,坐主席台第一排,也请周钢鸣同志、陈残云同志、萧殷同志、秦牧同志、黄新波同志、关山月同志、李门同志(都是名震中外的文艺大家——笔者注)都到台上来就座,和我们一起来共同商议批判'四人帮'错误文艺路线、促进广东文艺创作繁荣发展的大事!"

1979年6月,欧阳山(左二)在京出席第五届第二次全国人民代表大会时,与著名国画大师关山月(左三)、新中国第一个打破世界纪录的举重运动员陈镜开(右一)等广东省人大代表在一起。

吴南生请这些著名作家、艺术家上主席台坐在第一、第二排,请文化官员退位后面。此举引得会场爆发出经久不息的雷鸣般的掌声,人们一边鼓掌一边忍不住热泪盈眶,感人场面持续了20分钟。这种久违的尊重让人心回归,如暖流灌注。此情此景感动了老诗人、时任广东省文史研究馆馆长的胡希明先生,他悄悄地取出"大前门"牌香烟盒里剩下的两根卷烟,把香烟盒纸展开,在上面笔走龙蛇,激情顿时化为四行诗句:

> 旱云犹自掩尘埃，
> 岭上寒梅尚未开。
> 闻道北京春汛早，
> 谢君带得雨丝来。

诗后写上"1977年9月25日危坐会场听报告急就赠吴南生同志。"

欧阳山在一片热烈的掌声中走上主席台，并在这个重要的会议上做了题为《关于繁荣文艺创作的一些意见》的长篇讲话。

欧阳山首先说：

> 参加这个会，我非常高兴，受到很大鼓舞，也受到很大鞭策。这样一个盛会，在我省无产阶级文艺运动史上是空前的，过去没有过，特别最近这十几年，说能开这样的会是不可想像的。在过去十几年中，如果有人说我能参加这个会，我也不敢相信。

欧阳山接着就繁荣文艺创作这个问题很详尽地谈了五点意见：

> 第一，对"四人帮"还要更进一步地揭批，他们的流毒还须进一步肃清；
> 第二，必须切实地按毛泽东的革命文艺的方针、政策去做；
> 第三，应该对建国以来的文艺工作作一个科学的总结；
> 第四，要重视文艺队伍的建设；
> 第五，要加强领导。①

欧阳山在这篇讲话中所表达的观点和看法，得到与会者的一致赞同。

吴南生代表省委在这次会议上郑重宣布：要为"文革"中受批判的文学艺术家及其作品平反；要恢复省文联、省作家协会、省美术家协会等各个文化协会；恢复广东画院，粤、潮、琼、汉四个剧院和广州美术学院、音乐专科学校、舞蹈学校等院校。如此突然的喜讯从天而降，人们的掌声、欢呼声几乎把整个会场淹没在欢乐的气氛中。这次会议，是一次最得人心、最有成效、最令人欢欣鼓舞的会议。

不久后，欧阳山向省委提出了早日恢复广东省文联和广东省作家协会

---

① 欧阳山：《关于繁荣文艺创作的一些意见》，载《欧阳山文集》（第十卷），花城出版社1988年版，第3892—3898页。

（当时称中国作家协会广东分会）活动的建议，得到省委的完全赞同。

1977年12月，在省委的大力支持下，在欧阳山的具体策划下，广东省文联和广东省作家协会在全国率先恢复了活动，率先恢复了文学、电影、戏剧等文艺作品的出版及演出活动，成为当时我国文艺界拨乱反正的前沿阵地，最先接受解放思想第一缕阳光、迎来百花齐放的文艺春天的地方。

欧阳山并大力促成了省作协文学院的建立，他亲自出面找省委领导同志，为文学院争取到了35个专业作家的编制。文学院的建立，当时在全国也属首创（下文将有详述）。

欧阳山在率领广东文艺界冲破禁锢、解放思想、先走一步、领跑全国的开创性工作中，起到了别人无法替代的作用。

1977年12月6日至7日，恢复活动后的省文联一届二次会议在广州东方宾馆召开。已于同月恢复广东省文联主席和中国作协广东分会主席职务的欧阳山主持会议，吴南生出席会议并讲话。这次会议有300多位文艺工作者参加，著名画家、95岁的省文史馆副馆长冯钢百和86岁的胡根天先生以及生病住院的胡希明先生等老一辈文艺工作者由始至终坚持参加了会议。与会同志以亲身经历的大量事实，揭批了"四人帮"的"文艺黑线专政"论对广东文艺界的严重危害。吴南生在会上要求文艺工作者解放思想，做到思想活跃、创作活跃、演出活跃这"三个活跃"，为繁荣广东的文化生活多做贡献。会后，著名诗人陈芦荻挥笔写下："东风送暖聚东方，队伍今朝壮又强。大治一年心共热，相逢此际泪盈眶。第三战役穷追打，'双百'方针永不忘。老树新枝齐竞发，满园花势动春光！"的诗句，表达其激动兴奋的心情。

1977年12月11日，《南方日报》在头版显要位置发表了《揭批"黑线专政论"迅速把我省文艺活跃起来》的文章和图片，对会议进行了详细的报道，并在第二版刊载了《砸碎精神枷锁　繁荣文艺创作》的长篇社论。

12月24日，《人民日报》在第二版转载了《南方日报》的报道，副标题为"广东省文联和各协会恢复活动"，同一版还刊登了《把文艺活跃起来》的短评，并表示"我们向广东文艺界的同志们致以热烈的祝贺"。中央电视台也向全国进行了报道，产生了巨大的社会反响。从此以后，全国文艺界开始了平反冤假错案、恢复文联及各协会的工作。

1978年春，中央委任杨尚昆负责文艺界的整顿工作。为了全面了解当时整个文艺界的基本情况，杨尚昆首先找到了"文革"前曾任中宣部副部长、中国作协党组书记的林默涵来了解。林默涵向杨尚昆表示："这件事情事关重大，我一定要竭尽全力去把它做好。但是我还是首先要和在广州的欧阳山同志互通一下情况、交换一下意见，再和其他有关同志互通一下情况、交换一下意见之后，再向中央做汇报。"

林默涵与欧阳山通了三次电话，做了长时间的交谈。由此可以看出欧阳山在我国文艺界所发挥的重要作用。

1978年4月，"文革"结束后刚获得"解放"的习仲勋调任广东省委第一书记、广东省省长（后任中共中央政治局委员、全国人大常委会副委员长）。欧阳山参与了接机。在机场上，欧阳山与习仲勋这两位延安时期的老战友，这两位曾在解放战争时期一起转战陕北、生死与共的老战友，激动地拥抱在一起。

1978年12月，杨尚昆也调到广东任广东省委第二书记、广东省副省长、广州市委第一书记（后任国家主席）。欧阳山与杨尚昆也是在延安时期就认识的老战友了。

习仲勋和杨尚昆团结省委"一班人"，坚决贯彻执行党中央关于把工作重点转移到经济建设上来的重大决策，率先向党中央提出充分利用国内外的有利形势，发挥广东的特点和毗邻港澳的人文地缘优势，让广东在改革开放中先走一步的请求，得到了邓小平同志的赞同。1979年7月，党中央、国务院正式批准广东在改革开放中实行特殊政策、灵活措施和创办经济特区，为广东的改革开放奠定了基础，使广东成为中国改革开放的窗口、综合改革的试验区和排头兵。习仲勋和杨尚昆在这个历史进程中，表现出了解放思想、实事求是、开拓创新的革命胆略，为广东的改革开放事业和经济特区建设做出了重大贡献。

与此同时，习仲勋和杨尚昆对广东文艺事业的发展也十分关心和重视。早在1952年9月，习仲勋就在毛泽东的提议下，担任了中共中央宣传部部长兼政务院文化教育委员会副主任、党组书记，领导了新中国成立初期的文教工作。杨尚昆的夫人李伯钊是著名的戏剧家。因此，习仲勋和杨尚昆两人对文艺工作都是很熟悉和了解的。在他们的领导下，在欧阳山的具体组织下，广东的文艺事业在改革开放的历史新时期走上了大发展大繁荣的康庄大道。

1978年12月5日至16日，在广东省委书记吴南生领导下，由广东省作协主办的广东省文学创作座谈会（包括海南岛的文艺界也来参加）在广州沙面胜利宾馆（主会场）召开。这次华南文艺界的大集会，也是当时居全国文艺界之首的大事。会议由省文联主席兼省作协主席欧阳山主持。吴南生到会作了讲话，由他力主邀请的我国文艺界老前辈、曾提出"希望广州跟北京、上海一道成为全国三大文化中心"的周扬和夏衍、林默涵、张光年等四大文化权威以及著名诗人李季等到会并讲话，其中周扬在9日和12日两天的上午，在广州人民北路的友谊剧院做报告；张光年于13日在大会上讲话；林默涵于14日在大会上讲话。原定安排好时间讲话的夏衍，因为身体不适，延至22日上午在广州市教育路的南方戏院讲话。老前辈精彩的讲话,受到与会者的热烈欢迎和赞扬。广东150多名老中青作家、湖南省文联领导以及人民文学出版社、《人民文学》等各文艺刊物的代表参加了会议。会议开得生动活泼,大家畅所欲言、各抒己见,与会同志对文艺界中的"长官意志"进行了批评,提出了要"发扬艺术民主,尊重艺术规律,保证作家自由创作的民主权利"。这次座谈会极大地鼓舞了广东文艺界的创作热情,开创了广东文艺创作的新局面。周扬在大会上所做的题为《关于社会主义新时期文学艺术问题》的长篇报告,提出了"新时期文艺"这个概念,谈了六个问题:一、社会主义新时期文学艺术的任务;二、歌颂和暴露问题;三、社会主义文学和它的同盟军;四、艺术的形式和风格问题;五、学术上的自由讨论问题;六、文学艺术的领导问题。"文革"后复出的周扬此时在广州发出的声音广受关注,讲话随后在1979年2月23日—24日的《人民日报》上刊发,产生了全国性影响。

1984年7月,广东文艺界人士与周扬(前左一)、李铁映(三排左一)会见后合影(一排中为欧阳山、二排左二为关山月、三排左二起为周国瑾、陈残云、秦牧等)。

在大会期间的14日晚上，欧阳山和陈残云还在他们的会议住房，召集了20多位与会者，商谈如何壮大文艺队伍的问题，这实际上就是为半年多后组建广东作协文学院而做的准备工作。

1978年12月29日，《南方日报》于头版头条位置刊登了题为《推倒"文艺黑线"论　坚决贯彻"双百"方针》的文章，同时在该版下半版刊载了"特约评论员"题为《砸烂"文艺黑线"论　为实现四个现代化而创作》的文章，对会议给予高度评价。

这次盛会的消息见报后，在全国文艺界引起非常强烈的反应。大会闭幕后不几天，即1978年12月底，省作协副主席陈残云到了上海，时在上海的文化名人巴金、陈白尘、孔罗荪、杜宣、吴强等三四十人，对广东这次会议十分关心，先后两次会晤陈残云，询问大会的具体情况。当得知广东省文联及各个协会早在一年前就恢复了活动，最近又开了那么盛大的会议后，他们赞叹不已，巴金更是高兴，过了几天，即1979年1月8日上午，他还专门请陈残云到他家里细谈，他十分感慨地说：广东的领导真了不起，敢作敢为，一马当先。

广东文坛这一系列解放思想，肃清流毒，落实繁荣文艺的措施，大大激发了广大文艺工作者的创作热情。

在改革开放新时期的20世纪80至90年代，在欧阳山的领导和影响下，广东文学界以其傲人的成绩和一大批优秀作品，特别是涌现出标志性作家和产生标志性作品，走在全国文学界的前列，重现光彩，再领风骚，可圈可点。这中间，老作家宝刀未老、笔耕不辍、大作迭出；中青年作家挑起大梁，以其一批批精品力作，产生全国性影响。

老作家的作品中，欧阳山的鸿篇巨制《一代风流》第三卷《柳暗花明》、第四卷《圣地》、第五卷《万年春》，陈残云的长篇小说《山谷风烟》《热带惊涛录》，秦牧的长篇小说《愤怒的海》、散文集《长河浪花集》《花城》（增订本）《花街十里》，杜埃的长篇小说《风雨太平洋》（三部曲），于逢的长篇小说《金水长流》，萧玉的长篇小说《大风口》，韩笑的《松江浪》《军颂》，黄秋耘的散文集《往事并不如烟》《雾失楼台》《丁香花下》，关振东的《情满关山——关山月传》，岑桑的散文集《美丽的忧伤》《在大海那边》《噩梦及其它》，紫风的散文集《船家姑娘》《我和秦牧》《锦绣山河赋》，韦丘的诗集《青春和爱情的故事》《红花集》，野曼的诗集《花的诱惑》，欧阳翎的诗集《上弦月集》，李汝伦的《紫玉箫集》，西彤的《青春的彩翼》，仇智杰的《躁动的珠江》，等等，都受到广大读者的热烈欢迎。

中青年作家快速成长，他们阵容鼎盛、人强马壮、声势浩大，他们作为广东文学界的主力兵团,创作出数量繁多、题材丰富、形式多样、风格各异、质量上乘的一大批作品,傲视群雄,为广大读者所争相阅读。

其中,陈国凯的短篇小说《我应该怎么办》、长篇小说《代价》,杨干华的长篇小说《天堂众生录》,刘斯奋的长篇历史小说《白门柳》(三部曲),吕雷的短篇小说《海风轻轻吹》《火红的云霞》、中篇小说《眩目的海区》等,获得全国性大奖,引起全国读者广泛瞩目,甚至引发轰动效应,在全国产生了比较大的影响。

与此同时,章以武、黄锦鸿的《雅玛哈鱼档》,王俊康的《小酒窝》,程贤章、廖红球的《彩色的大地》,伊始的《在那日出的地方》,洪三泰的《中国高第街》《孔雀泉》,何卓琼的《总工程师的日常生活》,杨羽仪的《水乡茶居》,余松岩的《地火侠魂》,张培忠的《人比月光美》,沈仁康的《江南小镇》,杨克的《陌生的十字路口》,廖红球的《南来的热风》《苍天厚土》,郭小东的《中国知青部落》,金岱的《精神隧道》三部曲,郭玉山的《南方甜甜的爱》,张欣的《不要问我从哪里来》《九歌风云》,周西篱的《昼的紫夜的白》,高小莉的《热血热泪热土》,梁凤莲的《西关吟》,李兰妮的《人在深圳》《旷野无人》,筱敏的《喑哑群山》《瑶山女》《成年礼》,徐南铁的《大道苍茫》《"非典"的典型报告》《蝙蝠的意象》,陈中秋的《魂牵珠玑巷》《羊城故事》,谢仲馀的《人海人》《了富贵浮沉》《灵魂》,彭名燕的《世纪贵族》《黄山来的姑娘》《公关小姐外传》,郑心伶的《鲁迅诗浅析》《鲁迅学论稿》,林贤治的《人间鲁迅》,贺朗的《蔡廷锴》《冯白驹传》,廖琪的《庄世平传》,邹月照的《告别残冬》,雷铎的《子民们》,张雄辉的《挣脱了十字架的耶稣》,钱石昌、欧伟雄的《商界》,张梅的《殊途同归》《破碎的激情》,熊育群的《三只眼睛》《路上的祖先》,张波的《太阳方队》,赖海晏的《青春梦痕》《翠痕集》,胡子明的《绿叶集》《奋斗人生》,林经嘉的《急流》,李晴的《天国兴亡录》,李士非的《热血男儿》,郭光豹、向明的《爱情的凯歌》,黄天源的《溜冰恋曲》《骚动》,杜峻的《志气歌》,戴胜德的《魂归》《插云天都》,范若丁的《暖雪》,史光柱的《我恋》,江静波的《师姐》,曹征路的《那儿》,罗沙的《东方女性》,瞿琮的《摇滚岁月》,陈秉安、胡戈、梁兆松的《深圳的斯芬克思之谜》,程贤章、廖红球主编的《当代风流》,黄爱东西的《老广州:屐声帆影》《西关花月夜》,黄茵的《咸淡人生》《1951—1953,中国的军人与中国的文人》,艾云的《艾云随笔——女人自述》,林坚的《深夜,海边有一个人》,张伟明的《下一站》,安子的《青春的驿站》,等等,构成了一幅"百花渐欲迷人眼,万紫千红春满园"的绚丽多彩图景。

文学理论与评论方面，除了老一辈的萧殷、黄秋耘、楼栖等仍在全国评论界占有重要地位外，饶芃子、蔡运桂、黄伟宗、黄树森、谢望新、李钟声、张培忠、蒋述卓、郭小东、程文超、陈剑晖、张振金、游焜炳、谢有顺、于爱成、梁凤莲、陈志红、钟晓毅、艾云等人数众多、实力雄厚的一大批中青年评论家，已迅速崛起，发挥了中坚和骨干的作用。其中，饶芃子的《文学批评与比较文学》《艺术的心镜》，蔡运桂的《艺术情感学》《文学探索与争鸣》，黄伟宗的《创作方法论》《欧阳山创作论》《欧阳山评传》《珠江文化论》，黄树森的《手记·叩问》《黄说》，谢望新的《欧阳山及其创作断论》《落潮之后是涨潮》《谢望新文集》，李钟声的《漫论特区文学及其他》《李钟声报告文学选》，谢望新、李钟声的《岭南作家漫评》，张培忠的《批评的实验》，蒋述卓的《宗教艺术论》《文化视野中的文艺存在》《二十世纪中国古典文论学术研究史》，郭小东的《诸神的合唱》《转型期文学风度》，程文超的《意义的诱惑》《百年追寻》，陈剑晖的《新时期文学思潮》《海外华文文学史初编》《文学的本体世界》，金岱的《世纪之交：长篇小说与文化解读》，张振金的《岭南现代文学史》《秦牧的散文艺术》《作家与时代》，游焜炳的《文学思考录》，谢有顺的《活在真实中》《重构中国小说的叙事伦理》《中国散文二十讲》，于爱成的《深圳，以小说之名》《狂欢季节》，梁凤莲的《乱云飞渡——中国传统文化的坚守之途》《容度之间——岭南文化与文学的内省及互证》等，堪称厚重的学术大著，在全国学术界产生了较大的影响。

由郑心伶、黄新康、邓国伟、林贤治、胡子明等专家、教授组成的广东鲁迅研究学会及其编辑出版的《鲁迅世界》杂志和《广东鲁迅研究丛书》等，在鲁迅研究方面取得了丰硕的学术成果，成为与北京、上海鼎足而立的中国三大鲁迅研究中心之一。

而由欧阳山于1953年5月创办，并担任首任主编的《作品》杂志，在这改革开放的历史新时期，发行量每期高达70万份，为全国文艺刊物之冠，使广东文坛除了具有标志性作家和标志性作品之外，又具有了标志性刊物。而别的地方不敢刊发的王蒙创作的爱情小说《最宝贵的》，也由《作品》杂志拿过来发表了，这不能不令全国为之瞩目，对全国文艺界和文学创作事业产生了很大的影响。

这一切，欧阳山看在眼里，自然感到十分高兴，感到无比欣慰。同时，他不顾已经"发苍苍、视茫茫"，毅然以70多岁高龄，以年老多病之躯，暗下决心，要跟青年作家们赛一把，一定要把《一代风流》后三卷，共90万字的《柳暗花明》《圣地》《万年春》写出来。真可谓"老骥伏枥，志在千里"。

在这期间，为了配合揭批"四人帮"，为了促进广东文艺创作事业的繁荣发展，欧阳山在创作长篇巨著的同时，还写下了《沿着正确的方向前进》《关于繁荣文艺创作的一些意见》《怒斥"四人帮"的"文艺黑线专政"论》《题材多样化与人物多样化》《提倡批评和反批评》《剥去假左的外衣》《为恢复革命现实主义的传统而斗争》《关于作家的立场及其他》《关于描写人民内部矛盾》《我们的展望》《生活与艺术》等10多篇论文，真可谓笔耕不辍，奋斗不息！

1979年10月，欧阳山（右二）参加第四次中国文学艺术工作者代表大会时与著名作家丁玲（右一）等代表合影。

而这时的欧阳山，早已过了"七十大寿"，且视力不济，身体患病，但他的工作劲头，与年轻力壮者比，不遑多让，甚或过之。岂能不赞之，颂之，歌之，咏之！

1979年10月，欧阳山赴北京参加第四次中国文学艺术工作者代表大会，并于11月当选中国文联全国委员会委员，同时当选中国作家协会副主席。

1980年4月，广东省第二次文学艺术工作者代表大会在广州召开。习仲勋、杨尚昆出席了大会开幕式并做了重要讲话。欧阳山在会上再次当选广东省文联主席，同时当选广东省作家协会主席。

72岁的文坛老将欧阳山，又踏上了新的征程。

第五节　在全国首创文学院

欧阳山对中青年作家的关怀、爱护、培养和扶掖，是令广东的中青年作家们永远铭感于心的。

欧阳山一向把培养中青年作家这个工作放在十分重要的位置，作为关乎社会主义文艺事业能否后继有人、能否繁荣兴旺的战略措施来抓。

解放初的1950年1月，他就在中共中央华南分局第一书记叶剑英的支持下，创办了华南人民文学艺术学院，并亲任院长，培养了一大批年轻的作家、艺术家和文艺工作干部。

1962年秋，广东省作协举办了一期文学创作讲习班。欧阳山当时正在创作《一代风流》第二卷《苦斗》，忙得不可开交，但他还是抽时间到讲习班讲课，一口气讲了三个钟头，并耐心地回答了学员们提出的许多问题。当时的学员陈国凯、杨干华、程贤章、谭日超等，在"文革"后都成了广东文坛的中坚力量。

"文革"一结束，欧阳山就亲自奔走，找省委领导习仲勋、李坚贞、吴南生同志，请示创办文学院事宜，得到省委领导同志对创办文学院的大力支持；然后又亲自与省委宣传部副部长陈越平一起，到组织部门给文学院要来了35个编制。

1979年7月，广东省作家协会文学院正式成立，担负起培养中青年专业作家的重任，一批改革开放新时期在广东文坛上崭露头角的年轻人进入了文学院，这在全国还是首例。

欧阳山对文学院十分重视。他经常参加文学院召开的各种创作会议，并发表言辞恳切又有针对性的讲话，使大批中青年作家获益匪浅，促进了他们的创作。如1981年6月，欧阳山在文学院创作座谈会上就深入生活问题作了讲话。他说：

> 如何以最快的速度和最有效的办法来提高我们的创作水平呢？当务之急是要解决好深入生活问题。我们特别强调深入生活，是否就是不关心大家艺术质量的提高呢？在我看来，深入生活问题，对于大家真是一种紧迫的需要，提出这个问题，恰恰体现了对大家提高艺术质量的关心。技巧问题、园地问题当然也要设法解决，但比较起来，生活问题对于我们更重要更迫切。现实主义文学最根本的任务是塑造典型人物，表现和刻划典型性格；通过典型人物，形象地表达主题，反映社会现实生活，达到教育人民的目的。而要做到这点，除了深入到生活之中进行艰

苦的工作和探索之外，别无他法。①

欧阳山退出一线后，广东文学院每年开完年会，文学院的中青年作家们都要在陈国凯、杨干华的带领下，来到欧阳山家里，几十个人把欧阳山家的客厅挤得满满的。

每逢这时候，笔者（时任欧阳山创作助手）就发现欧阳山心里特别高兴，精神特别好，笑容特别灿烂。

每逢这时候，欧阳山就会带上毛泽东的《在延安文艺座谈会上的讲话》的单行本，放在沙发前的茶几上，满怀喜悦地望着眼前这一群风华正茂的年轻人，发表热情洋溢的讲话，和他们谈生活，谈学习，谈创作，谈延安文艺座谈会，谈《讲话》的精髓，谈提高作品的质量。他说：

"要提高作品的艺术质量，不能凭捏造离奇的情节，不能凭色情、侦探、打斗、凶杀、恐怖、残忍来制造刺激品和麻醉品；不能关门提高。唯一正确的办法，就是深入改革开放和现代化建设的现实斗争生活里面去，和工、农、兵、知识分子一起战斗，认真观察、体验、研究、分析现实生活里面的人，从而塑造出典型性格来。这才是普及基础上的提高，为广大人民群众所喜爱的提高，沿着工农兵的水平和工农兵的方向的提高。"

我在欧阳山身边工作的八年岁月里，发现他经常念叨着广东的中青年作家，几乎达到无日无之的地步。他对中青年作家的关爱之情，溢于言表。他把中青年作家的事当作自己的事，永远放在心里，关心着他们的创作，他们的生活，乃至他们的身体。

欧阳山十分关注陈国凯的创作。陈国凯的长篇小说《好人阿通》出版后，他马上叫我拿来念给他听。记得那段日子欧阳山基本上不干别的，就集中时间听我念《好人阿通》，每天上午念3小时，下午念3小时，直到把全书念完，他才去做其他工作。在听读的过程中，遇到书中的精彩部分，欧阳山会击节叹赏，说上一两句评语；遇到笔调幽默讽刺处，欧阳山会哈哈大笑，乐不可支。听读完毕，欧阳山马上给陈国凯写信，给予鼓励，并说《好人阿通》是广东文学的"拳头产品"。后来陈国凯的《摩登阿Q》在《广州日报》连载时，欧阳山也叫我把每天的《广州日报》找来，念《摩登阿Q》给他听，一天不落。陈国凯的身体十分瘦弱，欧阳山很担心，常嘱咐他要好好注意身体，切莫熬夜。记得有一次陈国凯住院留医，80多岁的欧阳山和夫人虞迅特意到医院探望他，令人感动。

---

① 欧阳山：《欧阳山同志在文学院创作座谈会上谈深入生活问题》，载《广东革命文艺史料》（第六辑），广东省文化厅1992年12月编，第38—39页。

欧阳山对杨干华的创作同样十分关注。1988年盛夏,尽管天气很热,欧阳山家里当时还未装空调,他仍冒着酷暑,要我每天花6小时把杨干华的长篇小说《天堂众生录》念给他听。他边听边评论,给予很高的评价,认为这样描写农村的好作品只有杨干华才能写得出来。听读完毕,欧阳山特意嘱笔者写信给杨干华,转达他对杨干华写出《天堂众生录》的祝贺和对杨干华的勉励。

欧阳山对陈国凯、杨干华寄以很高的期望,希望他们刻苦努力,写出传世之作,能在中国当代文学史上占有一席之地。

吕雷也是欧阳山十分关注的文学院作家。吕雷在《敬仰高山》一文中回忆了欧阳山对他的教诲:

> 我记得,早在1979年,刚从"文化大革命"的残酷迫害中被解放出来的欧阳老就大声疾呼要培养文学新人,在广东省委的支持下,他在全国率先创建了广东文学院,我这个一直在文学大门外张头探脑的新丁,才得以和一批新时期广东文坛上崭露头角的同辈一起当上了专业作家。在他的关爱下,1981年初春,我正在茂名石油基地深入生活。一天深夜,一个长途电话把我召回广州。原来,我的短篇小说《海风轻轻吹》获得全国奖,要我赶去北京参加颁奖会。
>
> 回广州第二天,在作协见到欧阳老,他很高兴,勉励了我一番,最记得的是那一句:"你还得深入生活,没有生活,写不出什么好东西来。"当时,去北京时间紧迫,他以省文联、省作协主席的身份,特别让我坐飞机去。这是我有生以来第一次坐飞机,也是第一次上北京。
>
> 在颁奖会上,获奖的青年作家们见到敬仰已久的几位文坛泰斗,兴奋之余,同室的外省作家京夫说:"你们广东也有中国文坛的一座高山——欧阳山。"他对我们能经常得到欧阳老的耳提面命钦羡不已。
>
> ……
>
> 为了创建广东文学院,培养中青年作家,他倾注了炽热的感情和心血,他任作协主席期间,文学院逢会他必来,来则必讲话,教我辈做人为文,关切之情,溢于言表,谆谆教诲,令人动容。①

文学院作家、后来任文学院院长的程贤章在《欧阳山——我们心中不灭的灯》一文中回忆说:

---

① 吕雷:《敬仰高山》,载《纪念欧阳山》,广东人民出版社2001年版,第190—191页。

欧阳山在退出岗位前，每次年会必到并讲话，还和大家参加讨论。他谆谆教导我们，我们搞的是社会主义文学，大潮涌来，才不会迷失方向。要迈开双脚，到基层去，到群众中去，到改革开放的第一线去。要讲技巧，但更要讲思想。谁能离开人民群众呢？他还主张南方作家要到北方去生活一段，更全面了解劳动人民，尤其是农民，解决南方作家语言文字不统一的问题。有一次，欧阳山问我："广东作家要成功，要过语言关。请问：客家作家（按：程贤章是广东梅州客家人）语言文字关困难会不会小一些？"我答："客家是由中原迁徙过来的，比潮汕、粤语相对困难小一点。"欧阳山说："这就是优势，要好好珍惜发扬。"①

何卓琼是欧阳山颇为赞赏的一位文学院女作家。何卓琼当年先后出版的《电流越过边境》《总工程师的日常生活》《祸水》《西关人家》等，欧阳山都叫我把一些重点章节念给他听。他特别欣赏何卓琼写西关风情的文章，认为写得很像。"真正写出了西关味。"他说，"何卓琼如果不是西关人，也肯定在西关住过很长时间，不然写不出那样真正有西关味的小说和散文，可见作家深入生活的重要性。"

陈国凯、杨干华、吕雷、刘斯奋、王俊康、张培忠、蒋述卓、程贤章、何卓琼、伊始、杨克、沈仁康、廖红球、洪三泰、王杏元、余松岩、廖琪、杨羽仪、郭玉山、周西篱、高小莉、金岱、梁凤莲、筱敏、黄天源、杜峻、戴胜德、邹月照等文学院和省作协的一大批中青年作家，在欧阳山等老前辈的悉心培养下，在他们自己的努力奋斗下，后来都成大器，以他们创作的优秀作品，产生全国性影响。

其中，陈国凯1979年以获全国第二届优秀短篇小说奖的成名作《我应该怎么办》而为全国读者所熟知，及后又写出《代价》《好人阿通》《都市的黄昏》《大风起兮》等多部长篇小说及《摩登阿Q》《文坛志异》等多部中篇小说，其中不少都获全国及省级的重要文学奖，并成为国家一级作家，享受国务院特殊津贴专家。

陈国凯后来当选中国作家协会全国委员会委员，并任广东省作家协会主席达18年之久，是继欧阳山、陈残云之后的第三任广东省作家协会主席，顺利完成了广东文学界的新老交替，开启了新生代接班之后广东文学继续繁

---

① 程贤章：《欧阳山——我们心中不灭的灯》，载《纪念欧阳山》，广东人民出版社2001年版，第198—199页。

荣发展的新时期。

杨干华早年以《石头奶奶》崭露头角，获《羊城晚报》二等奖，被选为全国业余创作积极分子代表大会的代表到北京开会，并与其他代表一起受到周恩来的接见。"文革"后，他进入欧阳山创办的广东文学院，写出了《惊蛰雷》《被蹂躏的灵魂》《冬夜备忘录》等大量广受赞誉的中短篇小说。而奠定他在全国，特别是在广东文坛占有重要地位的则是他计划以90万字篇幅创作的反映粤西农村农民生活、斗争及创业艰难历程的《天堂三部曲》，其第一部《天堂众生录》除获广东鲁迅文学奖之"长篇小说大奖"外，1989年更被提名全国茅盾奖候选长篇小说，进入前20部佳作；第二部《天堂挣扎录》同样获广东鲁迅文学奖之"长篇小说大奖"。第三部《天堂蹒跚录》尚未完稿，杨干华便英年早逝，殊为憾事，亦广东文坛之重大损失。杨干华系国家一级作家，曾任中国作家协会全国委员会委员，广东省作家协会专职副主席。

吕雷以《海风轻轻吹》《火红的云霞》这两篇获全国优秀短篇小说奖的成名作而广为人知，后又写出中篇《眩目的海区》，长篇《大江月圆》《大江沉重》《澳门雨》，《国运——南方记事》（合作）等多部获全国及省级重要文学奖的优秀作品。其中50万字的鸿篇巨制《大江沉重》2003年获中宣部"五个一工程"入选作品奖，被誉为近年来表现现实生活题材的"扛鼎之作"，具有某种突破性。吕雷系国家一级作家，享受国务院特殊津贴专家。曾任中国作家协会全国委员会委员，广东省作家协会副主席。

刘斯奋以三卷本长篇历史小说《白门柳》一举夺得茅盾文学奖，为广东文坛获此殊荣者第一人。《白门柳》开创了长篇小说一个新的范式，作者用现实主义的方法写作长篇历史小说，强调小说结构的逻辑性，并尝试探索"心态史写作"范式，获得较大成功。1998年1月7日，欧阳山以90岁高龄和抱病之身，不惧严冬的寒冷，出席了庆贺《白门柳》获奖座谈会，并发表了热情洋溢的讲话。除了创作小说之外，刘斯奋在中国古典文学的研究方面亦颇有建树，出版了《岭南三家诗选》《苏曼殊诗笺注》《梁启超诗文选》《周邦彦词选》《辛弃疾词选》《唐宋诗词彩图辞典》等多部专著。同时，刘斯奋在诗书画方面亦有很高造诣，多有佳作问世，特别是其绘画作品，被誉为"新文人画"，受到画界赞赏，可谓多才多艺，堪称通才。

张培忠非专业作家，但在繁忙的公务之余，他写出了大量的文学作品，出版了报告文学集《人比月光美》、文学评论集《批评的实验》、长篇纪实文学《海权战略——郑芝龙、郑成功海商集团纪事》及其姐妹篇《海权1662：郑成功收复台湾》等，特别是他"念兹在兹近30年，积累考证近20年，研究写作近10年"，踏破铁鞋、广收博取、矻矻终日、笔耕不辍，而终于完稿出版的40多万字的长篇传记文学《文妖与先知——张竞生传》，使他的创作跃上了一个新的台阶，奠定了他在文学界和学术界的重要地位。张竞生是一个十分复杂、饱受争议的历史人物。他早年追随孙中山，加入同盟会，参与了辛亥革命；后又跟共产党人李大钊过从甚密，曾萌生过要加入共产党的念头；他曾与胡适并列，是当年北大最年轻的两位教授，是20世纪20年代中国思想文化界的风云人物，一位卓有成就的哲学家、美学家、文学家和教育家。然而就是这样一个人，因为敢于超越世俗、超越时代，在20年代末编撰、出版了一本探索和研究两性生理科学的性学著作《性史》，而遭到千夫指、万民骂，被口诛笔伐、开除教籍、断绝生路，使其陷入灭顶之灾，从此被掩埋在历史的尘埃里，仿佛世上已无此人。直到抗战爆发后，沉寂多年的张竞生毅然投身抗日救亡洪流，战后又大力从事乡村建设，修公路、育苗圃、创办农校。但他当年的冤案似乎已"盖棺定论"，他只能低头做人，终老乡间。张培忠敢于拨开历史的烟云，释放出被遮蔽的潜德幽光，写出《文妖与先知》这样一部史料丰富、资料翔实、立论正确、文采斐然的张竞生传记。作者以实事求是的科学精神和客观公允的态度，把一个长期以来被妖魔化、湮没在历史尘埃中的蒙冤受屈者，还其为一个曾经在学术上做出创新之功、在多个领域引领风骚的历史文化名人、一个爱国知识分子的真实面目。由于张竞生丰富曲折、站立在历史潮头的经历，他跟孙中山、李大钊、胡适之、梁启超、蔡元培、鲁迅、周作人等众多历史名人的交往，因此，《文妖与先知》既是张竞生的传记，也是现代中国革命史、学术史中许多重大事件的形象记录，许多过去鲜为人知或若明若暗的事件，都在书中得以翔实的披露，蕴含着巨大的信息量，重现了精彩的变幻莫测的现代历史风云。作者以精微的辨析，生动细腻的文笔描写了张竞生惊世骇俗的人生际遇和浴火重生的心路历程，使《文妖与先知》不仅具有较高的文学价值，也具有较高的历史文献价值和学术价值。因此，《文妖与先知》一经推出，就受到广大读者和专家学者的欢迎，占据畅销书排行榜前列，并获第八届广东省鲁迅文学艺术奖，入围第五届中国作家协会鲁迅文学奖，被改编为30集电视连续剧《铁血兄弟》在央视首播。而《海权战略》一书则获广东省第九届精神文明建设"五个一工程"优秀作品奖，入选"2013年中国报告文学优秀作品排行榜"十佳作品、"新浪历史好书榜"2013年月度十佳作品，并得到中国海军原司令员、海军上将石云生，中山大学管理学院原院长、杰出特聘教授、全球商务研究第一人陆亚东分别为之作序，产生很大影响。

蒋述卓是继萧殷、饶芃子、黄树森、黄伟宗等老一辈文艺理论家之后，迅速崛起的新一代著名的文艺理论家。他在文艺理论研究领域较早提出"文化诗学批评",提倡将文学放到文化背景中去考察研究,深入揭示文学的文化内涵与文化价值,是国内最早倡导"文化诗学"的学者之一。在宗教与艺术关系的研究方面,蒋述卓运用人类学方法对宗教艺术的起源、宗教艺术的传达媒介等做了别开生面的探讨,其《宗教艺术论》与研究佛教与中国文艺美学的著作受到国内外学界的关注与好评,被纳入国家社科基金"中国学术著作外译"项目,对外翻译出版。宗教与文艺的关系问题,国内鲜有学者做这方面的研究,蒋述卓是在这方面的研究中独具特色、成果丰硕的少数专家之一。在城市文学与诗学、文化产业等研究领域,蒋述卓亦颇有建树,是广东省文化产业研究领域的著名学者之一,主持过多项建设文化强省的专家论证项目。蒋述卓的著作主要有《宗教艺术论》《佛经传译与中古文学思潮》《佛教与中国文艺美学》《在文化的关照下》,《二十世纪中国古代文论学术研究史》(合著)、《城市的想象与呈现》(合著),《诗词小札》《传媒时代的文学存在方式》《宗教文艺与审美创造》《文化诗学:理论与实践》等近30种,学术论文200余篇。著作获多种奖项。学术研究之暇,蒋述卓喜写散文,有《戒台读松》《生命是一部书》《不饮而醉》等30多名篇面世,显示其散文家的天赋。蒋述卓是暨南大学教授、博士生导师,已指导博士生、硕士生100余名。先后任暨南大学党委书记、副校长,广东省作家协会主席。

程贤章以长篇力作《围龙》《神仙·老虎·狗》获广东鲁迅文学奖,长篇《胭脂河》被改编成六集电视剧并获全国"松蕾杯"奖,后又写出独具特色的反映当年广东客家地区土改运动的长篇小说《仙人洞》,被学界称为"广东客家文学的标志性作家"。曾任广东文学院院长,系国家一级作家。

何卓琼的长篇小说《蓝蓝的大亚湾》广获好评,曾获广东省"五个一"工程奖;小说集《总工程师的日常生活》获广东鲁迅文学奖;《电流越过边境》《祸水》《西关人家》等小说、散文亦广受赞誉。曾任广东省作家协会主席团成员,系国家一级作家。她是受到欧阳山赞赏的一位广东女作家。

伊始擅长小说及报告文学的创作,其长篇报告文学《大转移》获全国百家期刊"中国潮"征文奖,《天地良心》《冰点燃烧》获广东鲁迅文学奖;小说《黑三点》《男人地带》,散文《落草集》等以题材独特、厚重大气、风格诡异、别具一格而广受瞩目。曾任中国作协全国委员会委员、广东省作协副主席、党组成员、文学院院长,系国家一级作家。

杨克,中国"第三代实力派诗人","民间写作"代表性诗人之一。其作品《陌生的十字路口》《笨拙的手指》《杨克诗歌集》《石头上的史诗》等获较高评价。其诗文收入《中国新文学大系(1976—2000)》《中华诗歌百年精华》《中国新诗总系》《新中国60年文学大系诗歌卷》《中国当代诗歌经典》等各种文选共260种以上。曾主编1998—2010年每个年度《中国新诗年鉴》《60年中国青春诗歌经典》等大型书系。作品被西班牙、日本、美国、英国等多国译成外文出版。曾多次到德国、日本、新加坡、澳大利亚等国家参加诗歌节活动，为促进中外文化交流做出了积极贡献。杨克曾任中国作协全委会委员、广东省作协副主席、《作品》杂志社社长，系国家一级作家。作品曾获多种奖项。

沈仁康曾任广东文学院副院长，国家一级作家。少聪慧，17岁即考上北京大学中文系。在校期间曾在当时的文史哲权威刊物《新建设》上发表《西游记试论》一文，文中新颖特立的论点令时人瞩目，视为大家手笔，乃至毛泽东读到此文时亦大加赞赏，并在其读书札记中提到这篇文章，一时传为佳话。沈仁康大学毕业后，即从事文学创作，多有佳作问世。20世纪50年代末他与丛维熙、房树民等青年作家一起被誉为"京津四才子"。有《记忆里的一片落叶》《尘世》《江南小镇》《黄金大道上的舞步》《秋天的白桦林》《延安道上》《彩贝与山桃花》《爱情圆舞曲》《敦煌的晚霞》《荒原上的少男少女》等多部长篇小说、诗集、散文集行世。作品曾获多种奖项。

洪三泰的诗、散文、纪实文学、小说均有佳作问世，诗集《天涯花》《孔雀泉》，4500行之长诗《神州魂》，散文集《心海没有落日》《祝福珠江》，纪实文学《中国高第街》，小说《爱的翅膀》《大漠狼烟》等都获好评。但真正奠定其在广东文坛重要地位的，是长篇小说《闹市》《风流时代三部曲》及《血族》。洪三泰曾任广东省作协党组成员、文学院副院长，系国家一级作家。作品获多种奖项。

王杏元的长篇小说《绿竹村风云》当年发表时，就以其浓郁的泥土芳香和乡土气息以及质朴而又别具一格的写作方法而引来好评如潮，《铁笔御史》也是当时不可多得的佳作。他曾任广东省作家协会副主席，系国家一级作家。

余松岩以长篇小说《地火侠魂》《虹霓》获广东鲁迅文学奖，他获评国家一级作家乃实至名归。余松岩弥留之际，仍问医生他还能活几日，他要争分夺秒把该写的文章写完。闻者无不动容！

廖琪著有长篇小说《燃情经历》《东方玛利亚》《小镇纪事》及报告文学集《南粤之春》等多部作品，但使其声名鹊起的则是长篇传记文学《庄世平传》。该书连续出版六次，在国内外产生较大影响，特别是在港澳及海外华人社会中，拥有不少读者。2004年以该书为蓝本摄制的五集电视专题片《庄世平》，除在广东电视台播出外，又在香港及海外华人电视台播出。另外，廖琪的长篇小说《茶道无道》被中国作协列为国家重点扶持项目，并于

2009年8月作为广东文学向新中国成立60周年献礼重点作品出版。湖南电视台拍摄的介绍廖琪创作历程的纪录片《碑石》，曾于中央电视台、广东电视台、湖南电视台播出。廖琪曾任广东省作协党组成员、专职副主席、报告文学创作委员会主任，系国家一级作家。作品获多种奖项。

杨羽仪一生痴迷于散文创作，他除了散文，别的体裁的作品似乎甚少涉猎。为了写出上乘之作，他曾两次到广东的水乡深入生活各一年，三次到远方艰险之地"漂泊"。一次是沿丝路西出阳关，走完北线霍尔果斯城、阿拉山口，然后折回南线经博斯腾湖直达米兰、罗布泊，后又转向西南到达喀什、帕米尔高原。第二次是从山东黄河入海口处沿河西行，途经鲁、豫、晋、陕、内蒙古、宁、甘、青等八省，直溯青海黄河之源。第三次是直奔西藏的珠穆朗玛峰海拔6000米雪线。功夫不负有心人，付出辛劳，必有所获。三次漫游，使杨羽仪眼界大开，得以吸天地之大气，聚人间之正气，使其散文创作有较大的突破。其散文集《水乡茶居》先后获全国1977年—1989年散文优秀作品奖和中国新时期优秀散文奖，其中单篇《水乡茶居》被选入中学语文课本。杨羽仪的散文集还有《古海里的北斗星》《南风的微笑》《香港众生相》《啊，桂山岛》《洋城的彩翼》《大漠惊魂》《浮生偶遇》《又去漂泊》等10多种，曾获多种奖项。杨羽仪曾任广东省作协副主席、散文创作委员会主任，系国家一级作家。

郭玉山以诗名世，其所著诗文集《南方甜甜的爱》《绿岸》《真诚拥抱》《黎明之根》《在花朵与刀刃上梦游》《至高迎护》等因具较高思想艺术水平，而受到广大读者欢迎。郭玉山曾任广东省作协主席团成员、诗歌创作委员会主任、《作品》杂志常务副主编。作品曾获广东鲁迅文艺奖等多种奖项。系国家一级作家。

周西篱创作甚丰，具备多副笔墨，其作品体裁多样、形式各异，无论小说、诗歌、散文、随笔、剧本都有佳作问世。其诗集《谁在窗外》《西篱的梦歌》《一朵玫瑰》《西篱香》，散文集《迷惘的女性》《逆境求生》，长篇小说《东方极限主义或皮鞋尖尖》《夜郎情觞》《造梦女人》，《雪袍子》（中国作协重点选题作品，广东文学向新中国成立60周年献礼重点出版物）、《昼的紫夜的白》（中国作协重点选题作品，获南国书香节首届"广东最美的书"）等大量作品，在读者中产生了广泛的影响。此外，周西篱发表在《人民文学》的组诗《西篱的梦歌》获得首届"金筑文艺奖"，还为《十月》杂志撰写了多篇科学家传记，连续获得第四届和第五届中国传记文学优秀作品奖以及首届有为杯报告文学奖；又发表了电影剧本《苹果园》《我不是坏小孩》等，电影剧本《十二重天》获贵州少数民族影视文学剧本奖，音乐剧《南天雷神》获第二届老舍青年戏剧文学奖入围奖，为全国唯一音乐剧入围。周西篱本质是诗人,除诗之外,其小说、散文也大都笼罩在一片浓浓的诗情画意的抒情气氛中,无一不具备诗的"气质",有一种对真实人生、人性的细腻体味。2019年1月27日,周西篱以广东省政协委员的身份,在省政协十二届二次会议的"委员通道"上,就粤港澳大湾区文化发展问题向媒体发言,引起各方瞩目。周西篱现任广东省作家协会主席团成员、创研部主任,系国家一级作家。

高小莉1994年进入文学院从事专业创作。不久后,即主动要求下乡,到佛冈县和东莞农村深入生活,达8年之久。在这期间,也就是1998年4月8日,高小莉在佛冈巧遇当时到农村调研的时任广东省委书记李长春,当李长春得悉高小莉是一个下乡体验生活的作家时,语重心长地说:"小高,我们广东的作家,应该多关注广东农村,到基层来,到老百姓中间来,真正地沉下去,静下心,好好写写广东农村的改革开放。这是一个大时代,一个大题材,作家就应该关注这样的时代,这样的题材。"这不也就是文学院的创始人欧阳山对青年作家一而再,再而三地强调的"作家要深入生活"的谆谆教诲吗?高小莉回答说:"我下乡的目的,正是这个。我会努力!等我把作品写出来,一定送上给李书记,请李书记批评。"高小莉没有食言,几年后,经过无数个日日夜夜的辛苦笔耕,一部近40万字的反映农村改革开放斗争生活的长篇力作《热血热泪热土》问世了。高小莉还著有《瞬间柔情》《永远的漂泊》《城市爱情》《天劫》等长篇小说以及散文集《为今天喝彩》《乡情如酒》等多部佳作。特别值得一提的是,从2002年开始,她用朗诵文体的形式来写作散文,这种散文有别于传统的散文、诗歌,充分考虑到诵读时二度创作的需要,因而独具特色,是高小莉在文体上的一个创造,具有创新意义。后来,高小莉把写下的几百篇这样的散文结集为《野白菊》《轻轻叩响你的心扉》《快乐行走》《那些沧海桑田的事》等集子出版,引起文坛瞩目,受到读者喜爱。高小莉系国家一级作家,作品曾获多种奖项。

梁凤莲是学者型作家,其创作的《西关小姐》《东山大少》《羊城烟雨》等长篇小说,书写着广州的沧桑、传奇和粤味记忆,特别是《羊城烟雨》一书,围绕三家人60多年的悲欢离合和坎坷历程而铺建故事的结构,颇有《三家巷》的神韵,是新时期的"三家巷"。梁凤莲的著作还有《西关吟》《走进亘古的梦乡》,以及学术论著《文化的原乡》等多部。纵观梁凤莲的作品,堪称是广州这座有着两千多年历史却又尽显年轻时尚的华南大都会的本土文学符号。梁凤莲系国家一级作家,作品曾获多种奖项。

筱敏写过长篇小说《幸存者手记》,也写过论著《女性的天空》以及诗集《米色花》《瓶中船》等,但其主要成就是散文,迄今已出版散文集《喑哑群山》《我们的时代》《女神之名》《风中行走》《捕蝶者》《成年礼》等20多种。其散文所具有的思想深度、思辨性和哲理性,使其文章显得厚重大气,非一些现代女性作家矫揉造作、轻飘浅薄的文笔可比。有论者认为筱敏散文"语言抽象,冷静又饱满热情,像是冰封的火山","可以看出知识的沉淀,看出她在思考,在求索"。此乃知人知文之论。《新编大学语文》一书在开篇的《通古今之变》一栏里,将筱敏的《1789年原则》一文,与孔子的《大同》、柳宗元的《封建论》、王安石的《本朝百年无事札子》、茨威格的《滑铁卢的一分钟》等四篇千古名篇并列编排在一起,饶有深意。筱敏系国家一级作家,作品曾获多种奖项,入选多种选本。

金岱,华南师范大学教授,博士生导师,曾任广东省作协主席团成员。在眼疾严重,双眼几近失明的情况下,他以惊人和超常的毅力,奋力工作,在教学、科研与文学创作上取得了突出的成就,主编和写下了46万字的学术专著《世纪之交:长篇小说与文化解读》,70万字的长篇小说《精神隧道》三部曲以及其他多部著作。

(对郭小东、陈剑晖、谢有顺的评述见本章第十二节《长征接力有来人》。)

笔者之所以不厌其烦地一一列出广东文学院和省作协这一大批中青年作家的创作成就,一方面,是想说明这些中青年作家创作成就的取得,是他们赶上了一个好时代,一个改革开放、十分有利于文学创作的好时代;同时,他们得到了以欧阳山为代表的老一辈文学大师倾注了炽热的感情和心血的对他们悉心的关怀、爱护、培养和扶掖,再加上他们自己的努力奋斗,所以终成大器。

另一方面,欧阳山在20世纪30年代初,就已经是广东革命文学事业的开拓者、领导者、组织者和实践者;新中国成立后,他又一直是广东社会主义文学事业的开拓者、领导者、组织者和实践者,并且长达51年之久,他的文学生涯和创作历程,是和广东现当代文学紧紧联系在一起的,因此,写他的传记,在某种意义上说,也是写一部广东现当代文学史。所以,笔者便以一定的篇幅,在这部传记中,一一展示了广东现当代老中青三代作家在文学创作及其他方面所取得的重大成就,展示了他们在建设文化强省、实现中华民族伟大复兴的漫漫征程上所做出的重大贡献。应该说,这些成就的取得,是有着欧阳山的领导和组织之功的,是有着他倾注的心血的。同时,笔者相信,广东作家这种努力奋斗的精神,将会给正迈步在实现中华民族伟大复兴新征程上的广大人民群众以巨大的鼓舞和激励的,这是肯定无疑的。因此,把广东作家的精神风貌和业绩一一展示出来,不亦宜乎!

欧阳山生前已基本上见到了他的这些文学院的学生、这些他寄予厚望的中青年作家,在创作上都取得了成就,都为祖国的社会主义文学事业做出了贡献，都没有走上创作上的歪路，都没有搞资产阶级自由化，他心里是多么高兴啊！他是感到多么的欣慰啊！用广州话说，那就是"饮得杯落"（即心里高兴，可以喝得下一杯酒，以示庆祝之意）。

第六节 "广东的儿童文学一定要'报户口'"

1985年，欧阳山开始10卷本《欧阳山文集》的选编工作。当选编进行到第三卷时，有几篇拟收进该卷的短篇小说引起了笔者的注意（笔者当时正协助欧阳山选编这套《文集》），这是由题为《慧眼》及其续篇《亲疏》《比赛》《信任》等4个短篇构成的约5万字的系列小说，先后发表在1956—1957年的《作品》杂志上。这4个短篇之所以引起笔者的注意，是因为这4个短篇写一个名叫周邦的小孩子，长有一双具有"特异功能"的慧眼，能透过皮肤，看清一个人的心脏是红色的还是黑色的，并且可以据此判断这个人是好人还是坏人。这几篇小说，说它像童话又不太像童话，说它不像童话它又有点像童话，真有点怪怪的。欧阳山大概看出了我的疑惑，呵呵笑道：

"《慧眼》这几个短篇发表之后，曾引起一场争论，有很多儿童文学家说我这个不像是儿童文学，其中有一个儿童文学家说'你这个欧阳山还没有到儿童文学的派出所去报户口呢！'其实《慧眼》这几个短篇，我虽然标的是童话，但实际上不是给小孩看的，而是给大人看的，不过是借用了童话的形式来写罢了，当然，小孩子要看这几个短篇也可以，不过他们不一定看得懂其中的寓意。"

说到这里，欧阳山话锋一转：

"对于真正的儿童文学创作，我们当然要给予足够的重视。大人需要精神食粮，小孩子其实更需要精神食粮，因为他们正处于长身体、长知识的人生重要阶段。我的老朋友张天翼是著名的儿童文学家，他写的儿童文学《大灰狼》《宝葫芦的秘密》有全国性影响，深受孩子们的喜爱。另一位著名的儿童文学家严文井写的《丁丁的一次奇怪旅行》《三只骄傲的小猫》《丁小西在下一次开船港》也同样深受孩子们的喜爱。外国的《安徒生童话》《格林童话》等更有国际性的影响，受到世界上孩子们的喜爱。"

我插嘴说："我读小学时，语文课本里就有安徒生的《卖火柴的小女孩》，还有普希金的《渔夫和金鱼的故事》，这么多年过去了，这些童话的内容我还记忆犹新呢！"

欧阳山接着严肃地说："所以我们广东的儿童文学一定要像那位儿童文学家说的，要到儿童文学的派出所去报户口。"

其实这个"户口"已经报了。进入改革开放历史新时期之后，欧阳山在抓广东"成人文学"创作的繁荣发展、大力创办广东文学院的同时，对繁荣发展广东的儿童文学也给予了高度的重视。他和省作协副主席黄庆云、郁茹两位老大姐，这两位广东著名的儿童文学作家经过深入研究后，决定创办一份《少年文艺报》，并以此为阵地，团结一批中青年儿童文学作家，为繁荣发展广东的儿童文学而奋斗。黄庆云并向欧阳山推荐一位非常热心儿童文学的年轻人，说最好能把他调到广东作协来，这对开展儿童文学工作是非常必要的，因为有很多具体事务只能依靠有志于文学的年轻人去办。

这位年轻的儿童文学家叫王俊康，他原先是广州一位小学老师，1978年调到广州市越秀区少年宫工作。远在1962年他读师范时，就根据刚刚出版的《红岩》小说，改编成《红岩》话剧文学剧本，并搬上校园舞台。他自编、自导、自演红色题材话剧的新闻，还在广州许多中学广为传播，成为佳话。他后来专注于儿童文学的创作，并长期深入校园、少年宫、少儿图书馆等地开展丰富多彩的校园文化活动和文学活动，深受孩子们的欢迎。他1978年到广州市越秀区少年宫工作后，目睹因"文革"造成的文学后继乏人的现状，创办了"广州少年文学讲习所"，从中小学生中招收学员，培养文学创作后备力量，并邀请秦牧、黄庆云、郁茹等著名作家来讲学辅导。其时，打倒"四人帮"没多久，这种开创性举措在全国还是首创，并且产生了积极的影响，培养了一批又一批文学新苗苗，因而引起了团中央的重视，请他去北京，向全国儿童文学工作者介绍经验。这样的人才，越秀区少年宫当然是紧抓不放的。为此，欧阳山和黄庆云想尽办法，千方百计，花大力气，硬是把王俊康给"抢"了过来，网罗至广东作协旗下。

王俊康到作协后，如鱼得水，以更大的干劲投入工作中去了。

1981年6月1日，广东省作协主办的《少年文艺报》创刊，黄庆云任主编，关夕芝、王俊康任副主编。

从1981年6月至1987年底，《少年文艺报》共发行19279646份，平均每月发行247172份。

1987年6月，广东省作协主办的《少男少女》杂志创刊，黄庆云任主编，关夕芝、王俊康任副主编。欧阳山、秦牧、黄庆云等著名作家在创刊号上著文表示祝贺。

《少男少女》杂志主编后来先后由关夕芝、蔡玉明、李国伟、刘春和陈蕾担任。

《少男少女》杂志创办后，曾长期每期的发行量都达到几十万份。

为了办好广东儿童文学的这"一报一刊"，王俊康倾注了大量的心血，从写稿、约稿、组稿、编辑、校对、跑印刷厂、跑发行，他都撸起袖子加油干。

　　与此同时，王俊康还写出了大量的儿童文学佳作，尤其是脍炙人口的校园朗诵诗。王俊康的校园朗诵诗不但在广东文坛独树一帜，而且在全国也有广泛影响，他的多首校园朗诵诗在全国各地的中小学广为传诵，影响深远，并入选多种选本，其中中国作协儿童文学委员会选编的《全国五十年儿童朗诵诗精品集》，入选了他的十多首儿童朗诵诗。他创作的《小酒窝》更获中央宣传部、中央文明办、教育部、共青团中央、全国妇联颁发的全国优秀童谣一等奖，并先后被江苏、吉林、湖南、河北、辽宁、广东等地出版社，收入十种优秀选本中。凡此种种，使王俊康成为全国儿童文学界颇具影响力的作家，使他在中国当代儿童文学史上，占有重要的地位。王俊康是个多面手，除儿童文学外，"成人文学"如小说、散文、随笔、报告文学、文艺论文、话剧、诗剧、电视台本、书评等，亦多有精品问世。2003年，在"非典"病魔肆虐的严峻时刻，年届花甲的王俊康毅然深入抗击"非典"第一线采访，用饱蘸情感的笔墨，写出了《涌动的生命激情》这样一篇感人至深的、讴歌以钟南山为代表的抗击"非典"的时代英雄的报告文学，一篇献给我们这个时代的英雄的颂歌。该文在《光明日报》《人民日报》发表后，入选《守护生命——来自广东抗击"非典"第一线的报告》一书，该书获国家图书奖特别奖。王俊康的著作有诗集《校园朗诵诗》《又是三月春风来》，报告文学集《承诺》，综合类专著《王俊康文集》等多种，主编（编著）儿童文学读物约20种。中国作协副主席高洪波称王俊康："他以其澎湃的激情、诚挚的真情和烂漫的童心，赢得了广大小读者的青睐。"王俊康的文学作品获省级和国家级奖共18次，全国不少优秀儿童文学选本，都选用他的作品，达163篇之多。《中国少数民族当代史》《中国回族通史·当代卷（上册）》《中国文艺家传集》，对他的文学成就都有详细介绍。自广东省委任命王俊康为广东省作协党组副书记后，王俊康为促进广东省文学艺术的繁荣发展，做出了重要贡献。

　　作为广东儿童文学的领军人物，王俊康继黄庆云之后，团结了关夕芝、蔡玉明、李国伟、饶远、邝金鼻、谢继贤、赵小敏、陈子典、谭元亨、曾应枫、苏曼华、陈庆祥、蔡宗周、刘小玲、吴晓惠、谢丹雅、吕程、陈耀城、曹鉴彪、缪德良、陈明、冬莹、黎俊生、芳草、肖存玉、陈秉汉、柯焕德、马忠等一大批中青年儿童文学作家，共同用爱心书写广东儿童文学烂漫的春色，用真情撑起广东儿童文学那一片广阔的天地。王俊康或为他们写书序、撰书评，或策划、主持和参加他们的作品研讨会，成为他们儿童文学事业上的知心朋友。

　　如今，在广东社会主义文艺的大花园里，儿童文学园地那一朵朵带着露珠盛开的鲜花,正迎着明媚的阳光,绽开着笑脸,摇摆着腰肢,在向人们招手呢!

当然,人们决不会忘记,正是欧阳山亲自到儿童文学的"派出所"去,为广东儿童文学报了"户口",这才迎来广东儿童文学花团锦簇、流光溢彩、姹紫嫣红的无限春光。

第七节 中日文化交流的一段佳话

一天,笔者(时任欧阳山创作助手)无意间在助手办公室的书柜里发现一本颇为奇特的日文书,拿出来一看,原来是《高干大》的日文译本,译者是日本友人多田正子女士。

精致的装帧,奶黄色的封面和书页,格调清新高雅。著名画家古元所作的封面版画及插图,欧阳山用墨浓重、笔力浑厚的日文题字,使该书更显得气派不凡。除原著的译文外,书里还收集有欧阳山写的《致日本读者》、多田正子写的《延安南区合作社简史》,以及译注、译者后记等,内容丰富详尽。

多田正子女士是什么人?她为什么要翻译《高干大》?她是怎样弄懂《高干大》那以普通话为基调又夹杂着一些陕北的方言、土语的文字语言的?《高干大》里面大量写到具有独特地方特色的生产工具、生活用具、各种器具、各种庆典仪式、风俗习惯、风土人情,以及只有陕北才有的各式食品,她又是如何弄明白的?带着这一连串问题,笔者采访了欧阳山。

这是一个美好的故事,一段将会永留史册的中日人民友好交往、中日文化交流互动的佳话。

多田正子女士1939年生于日本长崎县一个农民的家庭。她自幼酷爱文学,由于懂中文,尤其喜爱中国文学。考入东京大学文学部中国文学专业后,1963年的一天,她在学校图书馆第一次读到欧阳山写的《高干大》。农村出身的她,马上就被这本有着浓郁中国陕北黄土地生活气息、异常生动地描写农村农民生活的中国现代文学名著所吸引,特别是被书中的主人公高生亮,一个质朴坚强的中国农村干部的典型形象深深吸引住了。她开始关注起欧阳山来,渴望认识"写出这样感人作品的作者",于是给欧阳山写了信(欧阳山没有收到这封信),同时大量阅读欧阳山的作品,写出题为《关于欧阳山》的毕业论文。

大学毕业后,多田正子到千曲产业株式会社东京营业所做英文打字员。除了本职工作之外,还要兼顾打扫卫生、接电话、翻译、招待客人等杂活,什么都得干。结婚后,她生了三个孩子,为纪念她所挚爱的《高干大》主人公高生亮,她给第一个男孩取名"亮一"。"希望他生长为高生亮那样的人。"她这样子说。后来她还亲自把亮一送到北京大学学习中文。

生活是艰辛的,但多田正子并没有放弃对文学的追求。她常常想:"什么时候能够见到我所崇敬的欧阳山先生呢?能够这样描写人物和场面的欧阳山,到底是什么样的人呢?"她立志要把《高干大》翻译成日文,介绍给她的日本同胞们。于是,1965年,多田正子随日中友好访问团到中国来访问,曾到过广州,希望能见到欧阳山先生。但不巧得很,欧阳山当时下乡体验生活去了,因而他们失之交臂。

1966年,中国爆发了"文化大革命",欧阳山的名字顿时在报章上、媒体中消失了。多田正子与欧阳山联系的一切渠道从此完全被割断了,而且这种割断整整持续了10年!这10年中,多田正子时时刻刻都在关心着她所崇敬的中国作家欧阳山命运的沉浮。然而她得到的消息都是欧阳山如何被批斗,如何被关进"牛栏",如何被强迫劳动,她不禁隔海相望为欧阳山命运的安危暗暗担心着。

1976年,祸国殃民的"四人帮"终于被打倒了!但多田正子还是没有从报章上看到欧阳山的名字。

1978年6月7日,多田正子在《人民日报》上看到《老舍先生骨灰安放仪式在京隆重举行》一文,她在参加者的名单中终于发现了"欧阳山"三个字。"欧阳山还健在!"她高兴得把眼睛擦了又擦,恐怕看错了,又反复看了好几遍,最后确信无疑了后,立即就在当天写信给欧阳山:

欧阳山先生:

你还记得我吗?

我是个日本人,很喜欢看你的小说的。十三年前左右我在大学时曾给你写过信,……

十三年过去了,中国有了很大的变化,"文化大革命"、林彪事件,伟大领袖毛主席、周恩来总理的逝去,"四人帮"打倒了,现在展开了百花齐放、百家争鸣,日中两国之间建立了邦交。在我个人也有变化很大,大学毕业(我毕业论文题目为《关于欧阳山》),结婚、生三个孩子〔我给老大取了"亮一"的名字,从你的小说《高干大》(高生亮)取的,我希望他生长为高生亮那样的人〕,生第三个孩子时,丈夫死了,以后我每天拼命地干活,已经过了三年了。

……

今天,人民日报上看了《老舍先生骨灰安放仪式在京隆重举行》的一文,参加这仪式人中,欧阳山的名字有没有,我又心跳着读下去。

有了！倒数第二行有了"欧阳山"的三个字。这时我真不能相信！我擦了眼睛看了好几次也有"欧阳山"三个字。……欧阳山还在！我非常高兴，马上不能不给你写信。

欧阳山先生！我过去写的那笨拙的信、那用木头作的小娃娃都收到了吗？《高干大》里的高生亮、《三家巷》里的各位朋友们现在怎么了？我很想看看他们。尽管简单的信也可以，给我写信吧。我并不是什么中国文学研究家，只是三十九岁的，为了养活三个孩子每天拼命干活的寡妇，先生，写一封信鼓励我吧。①

欧阳山很快就给多田正子回了信：

多田正子女士：

首先，请你接受我隔着大海，向你和你的三个可爱的孩子真诚地问好！

我十分感谢你对我的作品和我本人的关心和爱护。我把你的好意，理解为对中国的文学艺术和对中国的文学家和艺术家的关心和爱护。你的老大取名"亮一"，这就给他带上了延安的味道，也就是中日两国人民友谊的象征。有了这种精神的纽带，发展这种精神的纽带，一定可以保证中日两国人民世代友好下去。你这种心意是很崇高的，值得敬佩的。

……你那样为中国担心，那样为我的作品和我个人担心，你的热忱真使我深受感动。要不是英明果断的党中央领导全中国人民粉碎了"四人帮"，我这七十岁的老人也许活不到今天，既谈不到恢复在广东省文学艺术界联合会和中国作家协会广东分会的工作，更谈不到恢复创作活动了，你以前所感到的焦急不安是完全有理由的。

……

现在"四人帮"被粉碎了快两年，党中央提出拨乱反正，中国的文艺界又逐渐繁荣起来，文艺方面对人和对作品的政策都逐渐落实了。蒙你关心的拙作《高干大》已经由北京人民文学出版社再版，《前途似锦》《三家巷》《苦斗》等已经由广东人民出版社再版，有些已经发行，有些就要发行了。你听见这些消息，一定会很高兴的吧！

最后，我对你的不幸的遭遇表示深切的同情和惋惜。祝愿你在困

---

① 多田正子：《多田正子给欧阳山的信》，载《欧阳山文集》（第十卷），花城出版社1988年版，第4382—4383页。

难的处境中保持坚强的意志,祝愿你和你的三个孩子都能过着美好的生活,祝愿你和你的三个孩子都能为中日两国人民的共同利益做出自己的贡献!①

收到信后,多田正子切实感受到了欧阳山对她的极大鼓舞。1979年,她终于鼓起勇气,把久藏于心的要把《高干大》翻译成日文,让她的日本同胞们都能读到这本中国现代文学名著的想法,通过书信,正式向欧阳山提了出来。欧阳山被多田正子热爱中国文学的真情深深地打动了,他立刻回信,向多田女士表示敬意,感谢她对中国革命文学的关注,感谢她为增进中日两国文化的交流和中日两国人民的友谊所做的努力,完全同意由她来翻译《高干大》,并且表示自己将尽一切努力帮助她来完成这个多年的夙愿。

1979年5月,欧阳山以中国作家代表团副团长的身份访问日本时,曾特意到多田正子家中,对多田一家致以亲切的慰问和祝福,当面表达对多田正子女士从事翻译工作的支持,并与多田正子及其三个子女:亮一、拓二、畅子合影留念,这给予多田正子女士极大的鼓舞和激励。

1979年欧阳山访问日本时,在东京与日本友人、《高干大》一书日文版的翻译者多田正子女士及其子女的合影(左起:多田拓二、欧阳山、多田亮一、多田正子女士、多田畅子)。

---

① 欧阳山:《异国的关怀》,见《欧阳山文集》(第十卷),花城出版社1988年版,第4380—4381页。

翻译工作开始了，但巨大的困难也随之而来。

翻译《高干大》，并不是简单地把原著的中文逐字、逐句翻译成日文就可以了，别的不说，就像前文所提到的，如果你对延安解放区的政治、历史、生活、人物和各方面的情况一无所知；如果你弄不懂《高干大》那以普通话为基调又夹杂着一些陕北的方言、土语的文字语言；如果你弄不明白《高干大》里面大量写到的具有独特地方特色的生产工具，生活用具，各种器具，各种庆典仪式、风俗习惯、风土人情，以及只有陕北才有的各式食品等等这一连串问题，你就难以把《高干大》翻译好，就翻译不出这本书独有的神韵和气息。而这一切，都是摆在多田正子面前不能回避、必须解决的问题。

更何况，多田正子不是一个专业翻译家，她跟日本其他职业妇女一样，承受着工作与经济的负担。每天清早起床，就得做好全天的饭菜，分放在各人的饭盒里，然后跟孩子们告别，各奔东西。她从千叶县家里乘电气火车飞驰一个半小时，到东京上班。直到傍晚时分，才拖着疲乏的身体踏进家门。马上又得为孩子们洗刷和辅导功课……光完成这样的日程就足以把人累得半死！夜深了，该歇息啦！可她不允许自己歇息，一天中只有这点时间真正属于她和《高干大》，太值得珍惜了。于是，完成了职员和主妇的工作的多田正子，又开始进修中文、查阅资料、整理笔记、翻译原著、修改译稿……真难想象，一个弱女子，究竟怎样去平衡这许多超重的负荷！并且，她36岁那年，命运使她遭受了中年丧夫的无情创伤，她不得不在比一般人艰难几倍的环境下，为自己以及三个半大孩子的温饱而疲于奔命！

还有不可避免的，就是对她的冷嘲热讽也随之而来。

"你，多田正子，不过是一个普通的打工妇女而已，想要翻译一本中国名著，简直就是痴心妄想、白日作梦！"

"那是专家、教授、翻译家做的事，你多田正子配吗？"……

当时还有一位名叫立间祥介的日本庆应大学的教授也正在翻译《高干大》，并且听说要在1980年年底时由东方书店出版。这时，有一位叫阿部幸夫的大学教授看了多田正子1980年6月翻译《高干大》的初稿后，善意地对她说：

> 立间是个翻译家，翻过许多小说，很有才能。他的稿子恐怕比你的好，比你的顺利些吧。……你不是专家恐怕找不到出版社，我帮助你，你就自费出版吧。①

---

① 引自多田正子1981年6月4日给欧阳山的信。原件现存于广州梅花村欧阳山资料馆，编号为49号。

由此可见，多田正子当时承受着多么大的心理压力！

多田正子有时在给欧阳山的信中也谈及一下苦衷，然而，更多的是这样的誓言："无论如何，到了现在决不能后退。既有中国朋友的热情帮助，又有我对高生亮的爱，一定要完成这个工作。"

她后来在日文译本《高干大·译者后记》中这样说：

> 很久一直憧憬的大作家给我信，我的生活中点亮了一盏灯火。我想，如果我能够把自己最喜欢的这个作品译为日文介绍给日本人民的话，那该是多么好！当时我的丈夫早已去世，一个人抚养着三个小孩，白天工作晚上抽出时间来搞翻译是很困难的。不过，你看：欧阳山本人熬过"文化大革命"的悲惨十年，现在身体并不好，还由口述笔记努力完成《一代风流》！我的能力很差，但至少我比他年轻又健康，怎么能不翻呢？

多田正子没有向逆境低头。

诚如一位叫杨中美的中国留日学生所言：

> （多田正子）也多少具有类似高生亮式的那种疾恶如仇的气质、品性。……在这样艰难困苦的人生道路上，是什么使多田女士鼓起与世奋争的勇气，一边尽着母亲的职责，毅然挑起生活的重担；一边每天拼命抢挤时间，一字字地翻译着《高干大》，一步步顽强地朝前走的呢？这就是延安时代新中国农民高生亮那种为着人民利益不屈不挠战斗的形象，给了她巨大的精神鼓舞；是中国颇享盛名的欧阳山等文艺家及众多的友人对一个普通的日本妇女的理解、关怀、支持的深情，从而萌起其为中日文化交流而献身的信念。①

多田正子，这位平凡而又不平凡的日本妇女就是这般坚韧、执着，坚韧、执着到令人难以置信的程度！她说："《高干大》是我生活中的一盏灯火。"高生亮这个人物对于她，绝非一个虚幻的小说形象，而是一种人格的吸引。正是高生亮这个正直人形象，支撑着在生活漩流中抗争的多田正子的精神世界！《高干大》为她充实了生活内容，使她有足够的勇气去面对生

---

① 引自中国留学生杨中美：《华章和译话深情》。原件现存于广州梅花村欧阳山资料馆，编号为21号。

活，开拓人生。

在翻译《高干大》的这整个过程中，欧阳山始终给予了多田正子最大的鼓励和最有力的支持。欧阳山不但旗帜鲜明地表示了他的态度："将来有人出来要翻译《高干大》，我不答应。这是多田正子的工作，她有稿子，请让她做吧。"而且还在自己的工作和写作都很忙的情况下，不厌其烦地回复了多田正子28封信，并且一一认真地答复了多田正子在翻译过程中提出的300多个各种各样困惑而琐碎的问题。

据看过多田正子来信原稿的欧阳山的另一位助手谭方明女士透露：多田正子女士给欧阳山的来信总是很长，一沓薄薄的透明白纸，写满行气工整的小字。她是个认真的人，钢笔写信文，铅笔写问题，还有许多分类符号。中文虽欠华丽，但语言实在；不善修饰，倒显得清纯质朴。提问方式有点执拗，不但要求对方逐条作答，答案还得符合她的理解。她问场景、位置、方言、土语、形象特征、道具款式，还挥笔作画，图文对照。她甚至画了一朵牵牛花，问道："延安的牵牛花跟日本的牵牛花有何区别？"欧阳山被她这股钻劲儿感动了，于是欣然作答，力求满足她："是你画的那样。不过，陕北的牵牛花花朵小一点，颜色深一点，最早的牵牛花一到春天就开，盛开的时候是在夏天。"

多田正子并没有满足。她一边钻原著，一边又涉猎了大量有关《高干大》的评论文章。她发现欧阳山的作品总会引起截然相反的争议，极少偏于一种评价。她提出作品以外问题来了："你是如何看待批评的？"

"对于任何人的批评文章，我都愿意拜读并且要认真加以考虑。"欧阳山依然耐心地坦率作答，"但是，我自己在创作当中的见解和方法，如果我没有发觉不对的地方，我是想加以坚持的。"

就这样，多田正子关于原著和超出原著之外的问题提了300多条。在频繁、仔细的问答中，原作者与翻译者之间形成了友好而默契的合作关系。多田正子对原著精神理解得十分深透，颇有些真知灼见，这令欧阳山很满意，也是她能够成功翻译出《高干大》的基础。

多田正子后来在一篇文章中这样说：

> 如果没有他的帮助，我的译书是根本不会出世的。因为我不是职业的翻译家，生来第一次译书，中文水平也不高，所以在翻译中遇到了一系列的难题，如陕北的地形（沟、沟掌、窑洞、墙畔）、方言、生活习惯问题，以及当时的社会情况（公粮、公债、公盐、变工队）等我都弄不明白，只好硬着头皮向欧阳山先生请教。但他每次都给我作了认真的答复。有时一次问不明白，还要问第二次，甚至第三次，直至完全明

白为止（特别是公盐和延安的地形）。他总是很详细地解释当时的社会情况，如我就"请了一个瞎子来说一回书"问他"瞎子说书"和"安庄子"有什么关系？他回答说"说书是一种民间说唱故事的形式。说唱人从前都是瞎子，弹着三弦，用一只腿踏着打板和摇着小铃铛，边说边唱。也有根据当时的实际情况马上编成说唱词句来演唱的。说唱技术高的艺人很受群众欢迎，给他钱，给他米，甚至还留他吃饭、住宿。这种艺人，一方面是艺术家，一方面也兼做一点迷信职业，像替群众请神、送鬼、卜算、治病之类，所以也是一种夹杂着封建迷信的艺术活动。边区政府成立后，由于艺术工作者的努力，才把他们改造成为纯粹的演唱艺术家……"三年来，欧阳山先生就这样解答了我提出的一共三百多个疑难问题。由于口述笔记，助手谭方明先生很辛苦。我想，在中国原著作家这样亲手帮助翻译出版日译本的作品，在日本没有听说过的。这使我感到无上的骄傲和幸福。①

多田正子是个工作很认真，考虑问题十分周到、细致的人，为了更准确地翻译好《高干大》这本书，为了让日本人民能够更好地读懂这本书，更准确地了解作者、了解延安、了解南区合作社，她提出了希望能到中国的延安和广州来访问一下，希望能够和欧阳山本人及其家属们见见面，希望能够由欧阳山的夫人亲自陪同到南区合作社去见见那些还活着的当事人等一连串的要求；她还特别提出想看看曾经展放在延安革命纪念馆的已经列为国家一级文物的《高干大》原稿，并且还想拍摄这张珍贵的照片；希望欧阳山能够帮助她，请非常熟悉南区合作社的中央美术学院院长古元先生，为她翻译的《高干大》画几幅插图；希望能够住在延安南区合作社的窑洞里，能够亲眼看看沟、峁畔、湾、塌等地形，尝尝拌汤、面片、煎鸡蛋、红糖姜汤，看看扎花青布鞋、坪台、水烟、羊腿巴子、麻纸、牲口的鞍架和把粮食撒在上面的驮、牲口的头戴、巫神用过的三山刀等等《高干大》所描写过的事物。

上述要求有些是不容易做到的事情，例如像来华访问是需要通过我国的外事部门的审批，才能被允许的事情；像拍摄国家一级文物的相片，是需要通过文化部门的特殊批准，才可以拍照的；而现在的陕北农村早就没有了巫神，因此当年巫神用过的器具现在就很难寻找得到；特别是想请德高望重而多田又与之素不相识的古元先生，在百忙之中来画插图，他肯不肯来帮忙谁也没有把握……但和多田正子一样，欧阳山同样是个工作很认真，考虑问题

---

① 引自多田正子1984年8月10日给欧阳山的信中所附文章。原件现存于广州梅花村欧阳山资料馆，编号为26号。

十分周到、细致的人,他同时还是个热心肠、乐于助人的人,尽管多田提出的这些要求都是难度很高的事情,他还是一口应承下来,并积极想办法去尽量帮助多田女士解决。

1979年5月,欧阳山任中国作家代表团副团长访问日本(左第二人起为杨沫、冯牧、欧阳山、周扬、周扬夫人苏灵扬、姚雪垠、梁斌、柯岩)。

多田正子尽管经济十分困难,家庭负担又重,但为了实现访华的心愿,她甚至准备自费进行。欧阳山得知这一情况后,建议多田正子向中国驻日本国大使符浩先生和中国文学艺术界联合会主席周扬先生正式提出访华的要求,看看是不是能够争取到由中国作家协会出面邀请她来访华。对于多田正子来说,这是她想也不敢想的事情,可是在欧阳山的热心帮助和协调下,事情居然办成功了:多田正子终于得到了中国作家协会受周扬主席的委托写给她的复信,同意了她的访华要求。信如下:

多田正子女士:
　　您给周扬先生的信,他已经收到了,并委托我们给您复信。
　　关于您希望今年秋天(8月)自费访华一事,我们认为这是您对日中文化交流事业所作贡献的继续,因此我们表示热烈欢迎。我们建议,您在中国访问期间的住宿、交通事宜,可由中国作家协会来安排、接待。

关于访华的时间以及具体事项，请同中国作家协会对外联络部通信联系。我们也将把这一情况告知欧阳山先生，相信他定会十分欢迎的。

顺致

安好！

中国作家协会
一九八〇年四月十一日

1980年7月28日，在阳光灿烂的盛夏日子里，多田正子女士身穿条子布衫裙，戴一顶草帽，跨过太平洋，踏上了殷勤好客的中国的土地。她不涉足名胜美景，她带着使命和责任，不顾舟车劳顿、千里跋涉，奔忙于陕北的延安与南国的广州之间。短短10天，她做了很多事，见了很多人，一一实现了自己多年的愿望。

她看了延安，参观了南区合作社，看了沟、垴畔、湾、塌、坪台等地形；她特别细心地观察了延安南区合作社的职工们专门为她征集的货郎担、水烟袋、小油灯、扎花青布鞋、羊腿巴子、麻纸、牲口的鞍架、牲口的头戴以及巫神用过的三山刀、香、表等许多《高干大》里所描写过的地方和事物，并且一一拍了照，询问了它们的构造和使用方法；她品尝了延安的米汤、泮汤、油馍、米茶；她向农民请教了农家常用的囤、篓、筐的用途；她接受了当年南区合作社的老运输队长赠给她的驼铃，拍摄了成为一级革命文物并保存在延安档案馆的《高干大》的原稿……

多田正子还接触了跟欧阳山其他作品密切相关的珠江三角洲农村，"看涌，看高颧骨、大眼窝的真正的珠江三角洲的人，看龙眼树、榕树、荔枝树、盲公饼，还要看在小说后面常见的'黄花岗畔'和'红花冈畔'"。

多田正子虽然是只身访华，但她并不孤独。中国处处张开臂膀，热情拥抱这位对中国文化一往情深的日本女子。她在产生《高干大》的中国土地上与原作者交谈，又亲眼看到作家在古稀之年，为完成《一代风流》全书艰苦创作的情景……她既得益于原作者的热情帮助，还跟原作者建立起亲密的友情，无怪乎她感到幸福了。她深有感触地说："在中国，到处看到的是热情的笑脸，遇到的是友好的接待，我一辈子也忘不了。"

多田正子离开延安时，一位延安老人临别赠诗：

千里迢迢来访华，

远隔重洋似一家。

多田翻译《高干大》，

中日盛开友谊花。

关于多田正子来华访问的这一段经历，中国作家协会对外联络部主编的1980年8月28日的《作协外事活动简报》第9期曾有详细报道，引起各方的关注：

接待日本业余翻译工作者多田正子工作简报

日本千曲产业株式会社东京营业所打字员、业余翻译工作者多田正子女士，应我会邀请，于7月28日起访问了北京、延安、广州，于8月8日自上海出境。我会对外部谢素娟同志全程陪同。

她此次访华的目的是为了正确理解并翻译欧阳山同志的小说《高干大》，要求亲自去延安访问小说中描写的南区供销合作社，去广州访问原作者。多田正子访问前，就向延安提出了许多要求：如书面回答有关南区社的69个问题；要会见原合作社的老会计王耀明同志；要亲眼看一看《高》书中描写到的三十多种物种（如货担、拨浪鼓、羊腿巴子、烟袋、三山刀、扎花鞋等）；亲口尝一尝十多种具有陕北风味的饭菜（如粉条炖肉、小米粥、熟米茶、拌汤、荞面、油糕）；此外还要求拍摄《高干大》手稿、拓印四种银圆的图案，等等。

延安外办对这次接待工作十分重视，组织了以延安报社编辑部主任苏若望同志为首的接待班子，翻阅了大量材料，走访了许多老同志，做了大量的调查、征集和准备工作。由于准备工作做得扎实，客人到延安后，满足了她所有的要求，此外还安排她参观了杨家岭、枣园、凤凰山麓、王家坪等革命旧址，游览了宝塔山。……

多田正子在广州时，受到欧阳山同志全家和作协分会同志们的热情接待。她在欧阳山同志家里访问了三个半天，主要是请教《高》书中她不太理解的问题。此外，谈到对毛主席和"延安文艺座谈会"的评价问题……欧阳山同志对此谈了自己的看法，告诉她，毛主席是伟大的马克思主义者，在中国革命中创立了丰功伟绩，他的成就是否定不了的……欧阳山同志劝她不要轻信香港、日本的一些报纸，其中有谣言。……访穗期间，多田正子在欧阳山夫妇、作家黄庆云同志等陪同下访问了南海县平洲公社东二大队（是当年欧阳山同志进行创作的生活基地）；广东作协分会为她举行了中型规模的作家座谈会，欧阳山同志一家在泮溪酒家请她饮茶；并游览了黄花岗、红花冈等名胜。……

多田正子在沪停留了一天，会见了作家艾明之同志，于8月8日飞返东京。

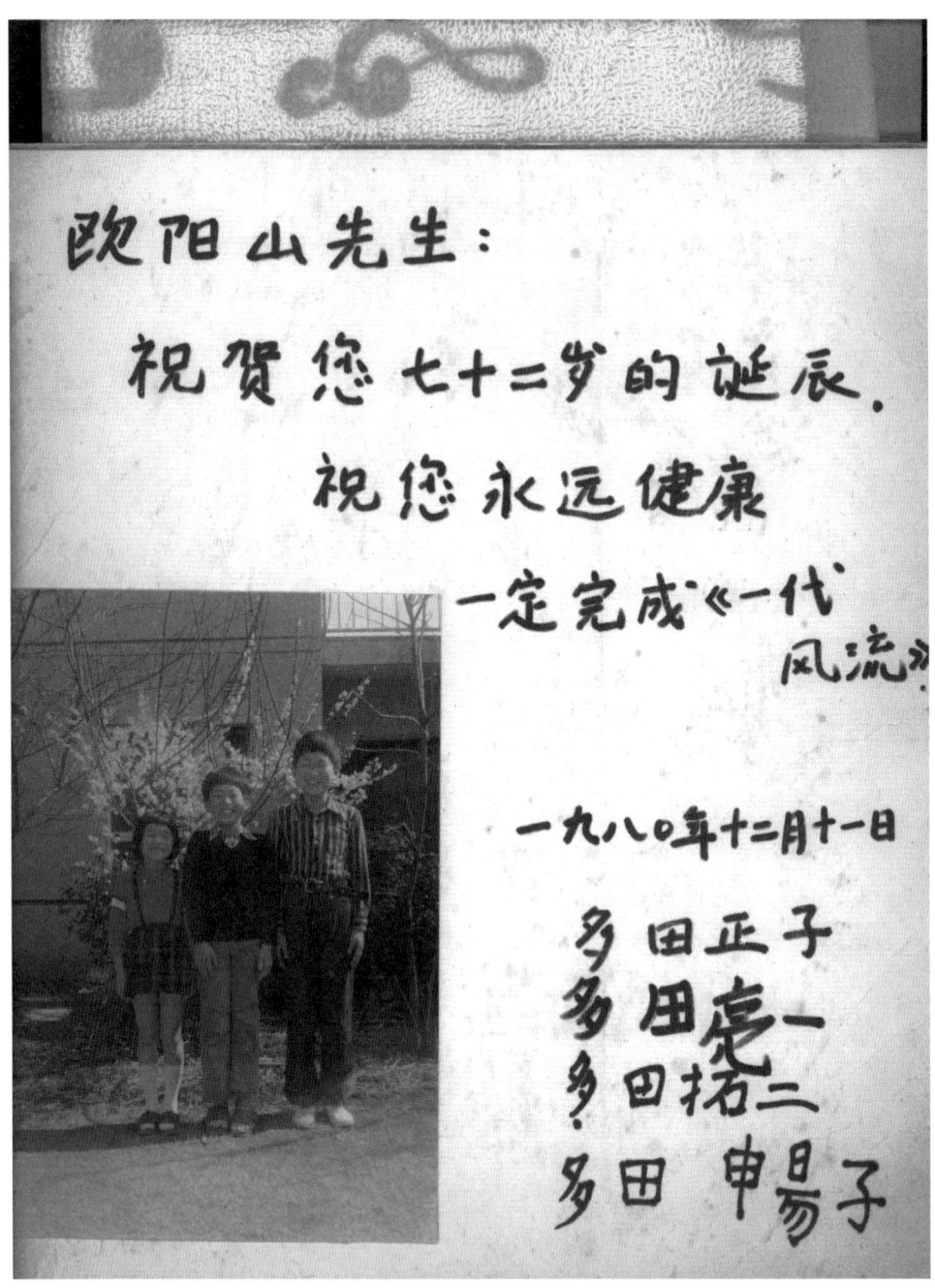

1980年12月1日，多田正子女士一家人，为欧阳山的72岁诞辰寄来他们亲手写的中文贺卡（左起：幼女多田畅子、次子多田拓二、长子多田亮一）。

为了使多田正子的这次访问活动能取得圆满成功，达到预期的目的，特别是使她能更好地参观访问和深入了解延安，欧阳山曾建议由自己的二女儿天娜陪同她前往延安。天娜是在延安长大和上学念书的，曾在延安生活多年，是当时党培养起来的年轻干部，对延安有着特殊的感情（最后因天娜工作上安排不过来，结果由中国作家协会对外部的谢素娟在多田正子访华期间全程陪同）。像这样对一位因为要翻译《高干大》而来华访问的普通日本妇女的体贴入微的关怀和照顾，在我国的外事工作中还是不多见的。为了使多田能如愿得到著名画家古元为她的译作画插图，欧阳山亲自出面，代多田正子向古元先生提出了这个要求，古元先生爽快地答应了，并且一画就是七幅插图和一幅封面图，这无疑使多田正子意想不到、喜出望外，她禁不住地说："我高兴得几乎要手舞足蹈了！"这又是一件她认为是奢望，想都不敢想的事情。这一桩桩、一件件，让多田正子充分感受到了中国的文学家和艺术家们对日本人民深厚的友好情谊。

1984年7月2日，多田正子在给欧阳山的信中写道："《高干大》问题解决了。他觉得如果他一辈子能做成这么一件事，那么他也就算很满意他自己。——这是在《高干大》中您说的话。我的'这么一件事'快要完成了。我还是很满意我自己。"

1984年8月，几经磨难的《高干大》日译本终于出版了。消息传到中国

日本诚文堂新光社1984年8月出版的日文译本《高干大》（插图本），多田正子女士翻译。

后，朋友们纷纷写信给多田正子，表示热烈的祝贺。多田正子在回信中谦虚而真诚地说道："是中国朋友帮助的结果，是友谊的结晶。""由著名作家亲手帮助翻译，又由著名画家特意插图，这种情况在日本是想也不敢想的！"

1994年5月10日，在广州孙逸仙纪念医院（即著名的中山医科大学附属第二医院）病房中的欧阳山，给多田正子写了一封信，以热情的笔触，表达了他对多田正子女士的敬意。这封信欧阳山后来以《向高尚的作者致意》为题，收录进他晚年的力作《广语丝》系列杂文中（为《广语丝》第一百篇）。信中说：

> 在近十年中，我经常都在想，你为什么会采取这样一种形式，千辛万苦地去介绍高生亮这个典型性格。你不是认为高生亮这个典型性格包含着人民生活中某种非常珍贵、非常有价值的东西需要向你心爱的读者介绍、传递，使他们激动、感染、崇敬和热爱，以至于把自己变得和他一样么？我想是这样的。一切高尚的作者都是这样的。他们为了这样做，不怕万般劳累，不怕万般艰苦，不怕万般阻挠，不怕万般牺牲，总要达到为读者谋幸福的目的。人们恰恰为了这一点，尊称他们为高尚的作者。
>
> ……
>
> 我向高尚的作者致意！[①]

第八节　耄期踊跃未离鞍

砥柱中流的"左王"

1978年，《三家巷》《苦斗》由多家出版社再版。

当散发着墨香的再版新书《三家巷》《苦斗》送到欧阳山面前时，他像看到两个失散多年、饱尝人间辛酸、重新回到父母怀抱的孩子似的，不断抚摸着两本书的封面，心里说不出的高兴。但高兴之余，他又陷入了沉思。

他高兴，是因为《三家巷》《苦斗》在这个时候再版，表明从1964年开始，10多年来，强加在《三家巷》《苦斗》这两本书头上的所有诬陷不实之词已被一扫而光，《三家巷》《苦斗》所蒙受的不白之冤，所造成的冤假错案，已得到纠正，已得到平反昭雪，已还《三家巷》《苦斗》以清白。

---

① 欧阳山：《向高尚的作者致意》，载《广语丝》（第三集），文心出版社2001年版，第66页。

他又深深地思索起来，是因为，按照1957年的计划，《一代风流》要写五卷，每卷30万字，合共150万字。第一卷《三家巷》、第二卷《苦斗》已分别于1959年和1962年出版；第三卷《柳暗花明》于1965年写就，正等待出版，第四卷《圣地》于1966年6月写出半卷。但就在此时，"文化大革命"爆发了，《柳暗花明》全卷30万字的书稿以及《圣地》半卷15万字的书稿均被"革命小将"红卫兵在抄家时掳走，至今下落不明，想来早已灰飞烟灭，不在人间了。那么，《一代风流》的后三卷，即第三卷《柳暗花明》、第四卷《圣地》、第五卷《万年春》共90万字，要不要写，能不能写出来？

其实，"文革"结束后，欧阳山最最盼望、最最想做的一件事情就是抓紧时间赶快把《一代风流》的后三卷写出来。但是，正如他在写于1978年5月23日的《〈三家巷〉〈苦斗〉再版前记》一文中所言：

> 我今年已经七十岁，虽然不算稀奇，但血压已经高了，脑动脉已经硬化了，两眼也有了白内障，不可避免地"发苍苍，视茫茫"起来。要不是"四人帮"非法剥夺了我十年工作时间，我肯定能把《一代风流》这本书写完的，如今我不能不怀疑自己是否有足够的体力来做完这件事，甚至我原来曾经估量过自己已经没有完成这个工作的力量了。①

不过，欧阳山也清楚地知道，"倘若我完不成这个工作，不免会有一些关心爱护的读者觉着惋惜和遗憾。"②

这种令万千读者惋惜和遗憾的事情，在古今中外的文学史上，并不鲜见。君不见一些本来可以作为鸿篇巨制而流传后世的作品，却因为种种原因未能完稿，只留下残篇断简，徒令后人唏嘘！

这种事情欧阳山当然是知晓的，他是个不肯轻言放弃的人，他绝不会在困难面前低头，不能在有生之年把《一代风流》写完，他是"第二世也不服"的。因此，在《〈三家巷〉〈苦斗〉再版前记》一文的结尾，他写道：

> 感谢英明的党中央，带领咱们一举粉碎了"四人帮"，挽救了革命，挽救了党，挽救了民族，也挽救了文学艺术。最近，党中央又向咱们提出了新时期的总任务。我也和全国人民一道，感到精神振奋，心情舒畅；同时，我个人私下也想跟"四人帮"赌一赌气；所以我现在下决

---

① 欧阳山：《〈三家巷〉〈苦斗〉再版前记》，载《三家巷》，广东人民出版社1978年版，第5页。

② 同上书。

心写下去，对剩下的一百一十五章（《一代风流》全书共二百章，除《三家巷》四十章，《苦斗》四十章，以及《柳暗花明》前五章当年已在《羊城晚报》上发表，共八十五章不用写之外，剩下的一百一十五章共90万字要逐字逐句写出来——笔者注）做不自量力的尝试。这是知其不可为而为之，成败利钝，我现在都置之度外了。①

这不禁令人想起明末清初的一位史学家谈迁。谈迁花二十年心血，从30多岁写到50多岁，六易其稿写就的上百万字史学著作的手稿，在一个月黑风高夜被贼人盗走。其实贼人本意不在盗书稿，而在盗宝物，但谈迁一介穷书生，哪来的宝物？贼人便误认为柜子里的一包书稿为宝物，而把它盗走。谈迁发现呕心沥血写就的书稿被盗，遍寻不获后，乃放声大哭，撕心裂肺般大哭，哭罢，抹干眼泪，咬紧牙关，以53岁的年纪，凭着记忆重写，历时四年，终成就一部编年体多卷本百万字的明史巨著——《国榷》。

再说欧阳山决心已下，但他还不能腾出时间来立即动手写"后三卷"，因为此时他"官职加身"，而且是多项"官职"：广东省文联主席、中国作家协会广东分会（后改称广东省作家协会）主席、中国文联全国委员会委员、中国作家协会副主席、中共广东省委委员、全国人大代表、广东省人大常委会副主任、国际笔会中国中心理事、国际笔会中国广州中心主席、中共中央顾问委员会委员等。

"官职"多，表明欧阳山肩上的担子更沉重了，工作更忙碌了。"文革"结束后，百废待兴，所有事情都要重新做起，重新理顺，重新出发。出于历史使命感和社会责任感，欧阳山觉得不能只顾着自己个人的创作，他要暂时放下"后三卷"，他要在这历史转折的关键时刻，主动挑起工作重担，他义不容辞地承担起大量繁重的行政组织工作，做着大量繁杂的行政事务性工作，他参加了一系列重要的会议，他主持了一系列重要的会议。特别是中国进入了历史发展的新时期，面对着当时中国文艺界各种文艺思潮异军突起、针锋相对、思想混乱、鱼龙混杂、风起云涌的复杂局面，他始终保持着一个老党员、一个老革命作家应有的政治嗅觉和坚定立场；始终和党中央在思想上、行动上保持着一致。在这一历史时期，他和中国文艺界的革命老同志们一起，克服重重困难和各种阻碍，率先在全国旗帜鲜明地开展了揭批"四人帮"的严峻斗争；向流毒甚广的极"左"的错误思想路线发起了猛烈的冲击；在明辨是非、坚持毛泽东文艺思想和恢复革命现实主义传统的文艺

---

① 欧阳山：《〈三家巷〉〈苦斗〉再版前记》，载《三家巷》，广东人民出版社1978年版，第5页。

思想大讨论中，在广东省文艺界拨乱反正、重建各路文艺大军和繁荣发展华南社会主义文艺事业的艰辛历程中，欧阳山起到了别人不能替代的"砥柱中流"的重要的历史作用。

从1977年起，欧阳山一口气写出了《一个个的拖出尾巴来》《沿着毛主席〈在延安文艺座谈会上的讲话〉的方向前进》《热烈拥护党的十一大和一中全会胜利召开》《终生难忘的盛会》《广阔的胸怀，坚强的斗志》《关于繁荣文艺创作的一些意见》《怒斥"四人帮"的"文艺黑线专政"论》等多篇文章，在各报刊上发表，同些还在各种会议上做报告或发表谈话，这些文章、报告和谈话深入而系统地揭批了"四人帮"的反动本质、历史根源、思想体系和罪恶事实，这对于当时全国文艺界团结教育人民、揭露打击敌人起到了相当大的重要作用。

欧阳山没有停下脚步，1978年，人们在全国的各种报刊上又看到他连续发表了《从初见成效到大见成效》《关于闯禁区》《谁反对前途似锦》《读〈捣鬼心传〉有感》《广东文艺的春天》《为什么花会开》《谈小说的创作》《提倡批评和反批评》《题材多样化与人物多样化》《剥去假左的外衣》《欧阳山谈写作技巧问题》等更多的文章，这些文章除了继续更深入地揭批"四人帮"之外，还热情支持和积极鼓励文艺创作和文艺批评要解放思想，要敢于"闯禁区"，争取文艺发展的更大繁荣。

从1979年开始，欧阳山又在全国率先提出了要"恢复革命现实主义传统"的积极主张，并写出了《为恢复革命现实主义的传统而斗争》《光明的探索》《依依惜别的时刻》《三年文艺大见成效》《文学生活五十五年》《关于作家的立场及其他》《团结与繁荣》《迎春漫话》《挑起人类灵魂工程师的担子，为祖国社会主义文艺的繁荣作出贡献》《关于描写人民内部矛盾》《我们的展望》《悼念倡导革命现实主义的茅盾同志》《生活和艺术的关系》《伟大的鲁迅》《坚定不移地执行"双百"方针》《想起毛泽东同志这封信》《努力开创文艺工作的新局面》等一系列文章，从不同角度，反复强调这一文学主张对中国文艺界的重要性和必要性。由于这些文章写得非常及时，贴近实际，富于针对性，既指出问题，又提出解决问题的方法和途径，真实而生动地反映出广大文艺工作者共同的心愿和心声，因而在文艺界和读者中产生了广泛的共鸣，受到大多数人的赞同，收到良好的效果。

时间来到了1983年。

此时的中国已进入了一个前所未有的大时代。这个大时代，是一个在摆脱了半封建半殖民地社会的悲惨状况，确立了社会主义制度之后，正通过深刻的改革开放和宏伟的现代化建设而向着富强民主文明和谐的现代化社会主义国家这一伟大目标进军的这样一个中华民族历史性大变革、大发展、大创造、大振兴的大时代，一个呼唤非凡作为，从农业文明向现代工业文明进行质的历史性飞跃、从计划经济体制向社会主义市场经济体制转型的大时代。

在这个大时代，由于社会在转型，整个国家和社会生活处于空前活跃和深刻变动之中，人们的世界观、人生观、价值观、审美观、人际关系、生活方式都在发生巨大变化；各种思想的交锋未尝稍歇，包括人们文化层次上、心理层次上、观念意识上以及灵魂深处在内的各种矛盾、各种冲突，异常尖锐、异常激烈、异常复杂地交织、碰撞、纠缠在一起，上演着一部威武雄壮、惊心动魄、异彩纷呈的话剧。

同时，由于我国的四个现代化建设确实需要而且十分必要大量地引进西方的资金、科学、技术、经营管理方法以及其他一切对我们有益的知识、文化和各种先进的事物，但与此同时，西方的生活方式，西方各种哲学的、经济学的、社会政治的和文学艺术的思潮、学派，特别是其中的文化艺术等精神方面的不健康或不够健康的作品也随之大量涌进中国，国内各种思潮也竞相登台，各领风骚，发展到后来，出现了资产阶级自由化和精神污染的现象，而且愈演愈烈。表现在文化层面，出现了彻底否定民族文化传统，主张"全盘西化"的逆流，一种对待民族传统文化和党领导下的革命文学运动及其进步作品完全采取了历史虚无主义的彻底否定态度的思潮，一时间竟然在中国大地上走红，在知识界、文艺界、各高校和青年学生中引发强烈反响，产生恶劣影响，而且在国际上也有所呼应。同时，渲染暴力、色情、秘闻、黑幕、乱伦、迷信、恐怖等乌七八糟东西的所谓作品大量涌现，鼓吹宿命论、悲观论、感伤论的人生哲学在社会上流行。这是一种发生在我们社会主义国家中的很不正常的社会现象。党及时发现了这一严重事态。在1983年10月召开的十二届二中全会上，邓小平旗帜鲜明地指出，思想战线不能搞精神污染。精神污染的实质是散布形形色色的资产阶级和其他剥削阶级腐朽没落的思想，散布对于社会主义、共产主义事业和对于共产党领导的不信任情绪。精神污染的危害很大，足以祸国误民。他尖锐地揭露了思想战线上出现的混乱现象，会把青年引入歧途；指出对于现代西方资产阶级文化，一定要用马克思主义对它们的思想内容和表现方式进行分析、鉴别和批判，不能一窝蜂地盲目推崇。"这种用西方资产阶级没落文化来腐蚀青年的状况，再也不能容忍了。"[①]

1986年9月，党的十二届六中全会作出《关于社会主义精神文明建设指导方针的决议》。《决议》强调，搞资产阶级自由化，就是否定社会主义

---

① 邓小平：《党在组织战线和思想战线上的迫切任务》，载《邓小平文选》（第三卷），人民出版社1993年版，第36—48页。

制度、主张资本主义制度，是根本违背人民利益和历史潮流，为广大人民所坚决反对的。邓小平在会上明确指出，搞自由化就是要把我们引导到资本主义道路上去。"这个思潮不顶住，加上开放必然进来许多乌七八糟的东西，一结合起来，是一种不可忽视的、对我们社会主义四个现代化的冲击"。所以，"反对自由化，不仅这次要讲，还要讲十年二十年。"①1987年3月，邓小平又说，不仅要讲十年二十年，还要"加上五十年"。②

在此形势下，党中央向全党同志和全国人民发出了"反对资产阶级自由化""反对精神污染"的号召，并且采取了坚决有力的相应措施，来遏制这些错误倾向的蔓延和发展。

在这场严峻的思想斗争中，欧阳山始终坚决地拥护和响应党中央的号召。早在1983年9月，他就向新华社记者发表了反对资产阶级自由化的谈话，题为《当前文艺界资产阶级自由化是以"现代派"思潮为代表》。紧接着同月，欧阳山又发表了题为《借鉴·民族化及其他》的讲话。在这些讲话中，欧阳山一针见血地指出："反对'现代派'主要是反对其资产阶级思想，但在方法上可以借鉴""中国的文艺不能与西方现代派亦步亦趋，要坚持民族化和社会主义的现代化，不是资产阶级、资本主义的现代化"。

1987年，社会上"全盘西化"的思想主张甚嚣尘上，欧阳山在《南国》杂志第4期上发表了长达7000多字的重要文章《论"全盘西化"应该缓行》，表明了他旗帜鲜明反对资产阶级自由化的态度。他在文章中说：

>"全盘西化"论就是资产阶级自由化思潮的一个主要论点。
>……
>大家上了年纪的人，想必都还记得在"假洋鬼子"横行同里的时代，有过"全盘西化"论；后来在国际帝国主义者欺压霸占中国，拼命掠夺中国财富的时代，也有过"全盘西化"论。
>……
>在"假洋鬼子"已经打倒，侵略我们的帝国主义者已经被赶出神州大地，中国开始社会主义革命和建设已经三十七年的今天，居然重新发生这种"高"论，实在令人不能不发生"今日何日"之感！
>……
>现在的"全盘西化"论者们……要求（中国的文学艺术）化到现

---

① 邓小平：《在党的十二届六中全会上的讲话》，载《邓小平文选》（第三卷），人民出版社1993年版，第36—48页。

② 邓小平：《邓小平同志重要谈话》（一九八七年二月—七月），中央文献出版社1987年版，第10页。

代主义的象征主义、未来主义、存在主义、弗洛伊德主义、魔幻现实主义、先锋派、恶魔派、荒诞派、抽象派、意识流派、黑色幽默派……等等那里去。

……

西方现代主义文艺中存在大量有毒的成分，如思想上的社会悲观主义、民族虚无主义、极端个人主义、非理性主义、颓废主义、神秘主义、原始本能主义、性放纵思想，文艺上的艺术至上主义、绝对形式主义、艺术虚无主义以及蔑视群众的贵族化倾向等等。这些都是西方资本主义腐朽没落的精神产物，为什么我们还要向他们化过去呢？难道我们不考虑我们的文学艺术使广大的读者、观众中毒，使他们丧失了信心，对我们的社会，对我们的党和政府产生不信任感，从而阻碍"四化"建设，阻碍改革、开放的进程么？

……

从八十年代开始，中国的文学艺术界刮起了两股不正之风，一股是以"自我表现"为中心的现代主义，一股是"一切向钱儿看"的奇谈怪论。这些都是"全盘西化"论所带来的恶果。到了一九八五年初，这种资产阶级自由化的错误思潮已经泛滥到空前的程度：因为受了社会悲观主义的影响，对我们美好的社会主义社会感到悲观和失望了；因为受了民族虚无主义的影响，反传统，反民族，要求民族忏悔，说中华民族充满了劣根性的思想出现了；因为受了极端个人主义的影响，自我表现，自我扩张，不顾集体，不顾国家，要求绝对自由，蔑视任何纪律的主张出现了；因为受了非理性主义的影响，只讲感情，不讲理智，只顾个人享乐，不顾远大理想，成了时髦的东西；因为受了颓废主义的影响，对人生和社会漠不关心，完全丧失了建设社会主义的振作、进取精神；因为受了神秘主义的影响，整天沉迷在朦胧、荒诞、撕裂、扭曲、失落、阵痛种种不正常情绪之中；因为受了原始本能主义的影响，把人还原成为动物，把人性还原成为兽性，对本能作了无限的夸张；因为受了性放纵思想的影响，性行为、性觉醒、性放纵、性疯狂种种描写，充斥在我们的文学作品中间。这些腐朽、堕落的东西，多半打着西方资产阶级名流、学者、教授、作家等等动人的漂亮的旗号，标榜的是这个主义，那个主义，使青年人心甘情愿去上当受骗。凡此种种，不过仅仅提到"全盘西化"的一小部分，甚至仅仅是文艺上的现代主义的内容的一小部分。光看这些，已经足够令人触目惊心的了。

当然，不是所有的文学艺术工作者都陷入现代主义的迷惑之中。有许多头脑清醒的马克思主义的作家、艺术家和理论家，在一九七六年到一九八六年这十年当中，顶着"全盘西化"和现代主义的泛滥的思潮，举行了许多成功的演出，写出了许多杰出的作品和正确的理论批评文章。虽然这部分文学艺术工作者长期受到排斥、歧视、冷落和讥笑，优秀的节目不能演出，精美的作品和严肃的理论不能发表和出版，有些文章虽然勉强发表，但也被放在一个不引人注目的角落里，或被删节得体无完肤。他们坚持《在延安文艺座谈会上的讲话》所指出的方向，坚持马克思主义的观点和革命现实主义的创作方法，却经常被嘲笑和奚落为过"左"、保守、教条和僵化，但他们在实践中坚持真理，岿然不动。①

1988年7月，为反对资产阶级自由化思潮，广东省文艺界的一些同志召开了关于文艺改革问题的座谈会，欧阳山在会上提出了关于当前文艺创作的七条意见：

  1.赞成和现实生活相结合。不赞成主观唯心倾向。
  2.赞成和人民大众相结合。不赞成狭隘的"自我表现"的小圈子。
  3.赞成为人民服务，为社会主义服务；赞成思想解放、创作自由、批评自由和反批评自由。不赞成思想僵化，不赞成土教条和洋教条，不赞成古代教条和现代教条。
  4.赞成文艺改革、开放；赞成批判地吸收古今中外一切文艺的有益成分。不赞成资产阶级自由化，不赞成生搬硬套、因袭模仿和全盘西化。
  5.赞成创造各阶层的正面和反面的，有血有肉的，丰富多彩的典型性格。不赞成从概念出发的"高、大、全"（假、大、空）论；不赞成"非英雄化"论。
  6.赞成反映生活的主流；赞成题材多样化，古代、近代、现代生活，从历史画卷到静物素描，都应该写；赞成从广阔的社会生活的多侧面反映伟大的改革开放的成就。不赞成图解政策的"写中心"论。
  7.赞成崇高、鼓舞、积极、向上的精神境界和健康的、目前利益和长远利益统一的社会效果。不赞成消极、悲观、怀疑、迷惘的情绪；不赞成卑鄙、低劣、污秽、下流的格调。②

---

  ① 欧阳山：《论"全盘西化"应该缓行》，载《欧阳山文集》（第十卷），花城出版社1988年版，第3972—3980页。
  ② 欧阳山：《文艺改革的摸索和经验》，《广州日报》1988年8月3日。

欧阳山的这文艺七条意见在报上发表前，曾征求林默涵、贺敬之、刘白羽、马烽、陈涌、杜埃、雷加、黎辛、程代熙、黄伟宗、蔡运桂、杨干华、杨奎章、罗源文、易准、梵杨、李天平、仇志杰、龙乙、林经嘉、朱帆等21位同志的意见，得到他们的赞同。

欧阳山在反对资产阶级自由化的斗争中所发表的一系列文章和讲话，使一些人很不高兴，一顶"左王"的帽子，便扣到了欧阳山的头上。

横空出世的巨著

时光荏苒，到了要写《一代风流》后三卷的时候了。广东省委对此非常重视，给予大力支持，批准给欧阳山配备助手。

此时，欧阳山的视力更差了，在患白内障的同时，又发生中心性视网膜黄斑病变。但在助手的协助下，他觉得自己一定可以把"后三卷"写出来。

助手谭方明是一个悟性颇高、勤奋好学的文学青年，欧阳山对她的工作很满意。

1981年10月，欧阳山因眼疾严重，视力很差，已不能用笔写作，便开始用口述录音的方式，进行《一代风流》第三卷《柳暗花明》的创作，所用的录音机为日本友人多田正子女士赠送。

因为眼疾严重,视力模糊,欧阳山不能提笔书写,他采取了通过口述、灌录音带,助手根据录音整理成文,再念给他听,他一边听一边进行修改的方式进行创作。这样的创作方式不但速度慢,而且口述与亲笔书写有很大的差别,小说中的诸多故事情节,众多人物及其性格特征以及语言对话均凭脑中构想,然后口述。这样的创作方式,没有细密的头脑及细腻准确的口语表达能力,是很难驾驭像《一代风流》这样100多万字的宏大复杂的创作题材的,这对作者的思维方式和几十年形成的用笔直书的写作习惯都是一个很大的挑战。更何况这时的欧阳山已是一个年逾七十、体弱多病的老人了。

困难重重,欧阳山凭着异常坚强的意志和顽强的毅力,一个个攻克着难关。

1979年9月的一天,71岁高龄的欧阳山打开录音机,开始了《一代风流》第三卷《柳暗花明》的录音工作。只听他对着录音机,一字一句、语速均匀、不快不慢、声音清晰、字正腔圆、出口成章地念了起来:

> 在广东各界抗日爱国示威游行的第二天早上,古滔、洪伟带着从震南村来的何兴、何旺、胡养、胡怜四个女孩子,来到振华纺织厂。这些女孩子都是十八九岁的年纪,都长得秀丽苗条,活泼天真。……

就这样,到了1981年5月23日,用了一年零八个月的时间,30万字的《柳暗花明》就写出来了,并于同年8月由人民文学出版社和花城出版社同时出版。其时,欧阳山73岁。

1982年,《柳暗花明》被评选为全国十大畅销书之一,并于同年获广东"鲁迅文学奖"。

《柳暗花明》写完不到两个月,即1981年7月,没有顾得上稍事休息,欧阳山又开始了《一代风流》第四卷《圣地》的录音工作。

1983年3月,30万字的《圣地》完稿,同样用了一年零八个月的时间,并同样于同年由人民文学出版社和花城出版社出版。其时,欧阳山75岁。

《一代风流》第五卷《万年春》的写作速度可以用"奇快"两个字来形容:1983年5月才开始录音工作,到1984年8月1日,只用了一年零三个月的时间,欧阳山便写下了《万年春》结尾处的一行句子,也就是《一代风流》全书最后的一行句子:

> 过去的已经过去了。未来的不久将要来到。三家巷的恩恩怨怨,总算告一个段落。世界将要不断地往前走去。……

花城出版社1985年3月出版的欧阳山著五卷本《一代风流》。

至此，欧阳山以76岁高龄、体弱多病之躯，克服重重困难，终于使150万字的五卷本史诗式巨著《一代风流》整体呈现在读者面前。

《一代风流》以150万字的宏伟规模和气势，以独特的角度，以与众不同的、但又具有普遍意义的典型人物形象，描写了中国革命从1919年五四运动至1949年全国解放这30年间轰轰烈烈的战斗历程，勾勒出中国革命的"来龙去脉"。

《一代风流》以广州三家巷为背景，通过三个家庭及其亲朋好友之间的相互关系，以及这三个家族三代人30年间兴衰沉浮、悲欢离合的故事，反映了革命势力与反革命势力的尖锐斗争、各个阶级力量的对比和消长。小说还以磅礴的气势真实地描写了省港大罢工、北伐军出征、沙基惨案和广州起义等震惊世界的事变，使这些历史斗争画面第一次在当代小说创作中得到生动的展现。小说还写了土地革命、抗日战争、延安岁月、华北土改。与此同时，小说还成功地塑造了周炳、区桃、胡杏、何守礼等正直、勇敢的革命青年的形象，也刻画了陈文雄、陈文娣、陈文婷等反面人物的丑陋灵魂。

《一代风流》展现出一幅波澜壮阔、色彩斑斓的中国革命长幅画卷，成为迄今为止，以如此大的气魄和规模描绘中国新民主主义革命全过程的第一部作品，是我国社会主义文学的重要收获，在我国当代文学史上占有重要的地位。

1985年12月11日至13日,广东省文联、广东省作家协会在广州南湖宾馆联合举办了"欧阳山《一代风流》讨论会"。图为与会者合影(前排左四为于逢、左五为虞迅(欧阳山夫人)、左六为欧阳山、左七为杜埃)。

1985年12月11日至13日,广东省文联、中国作家协会广东分会在广州南湖宾馆联合主办了"欧阳山《一代风流》讨论会"。来自全省各地的专家、学者、作家、评论家、高校学生、工人代表等共50多人参加了会议。

在会上,大家一致给予《一代风流》以高度评价。

中山大学中文系教授、著名文艺理论评论家黄伟宗指出,无论从题材的重要性和反映生活的广度深度,或是从艺术工程规模之宏大上说,《一代风流》在中国当今文学以至中国的文学史上,都是具有重要地位和意义的,它的思想艺术是有杰出成就也是很有特色的。这主要表现在:

一、以长河与大厦结合的宏大结构,创造了波澜壮阔的艺术历史形象;

二、以纵横辩证的典型创造艺术,创造独特的"奇人"形象和众多人物;

三、以色彩斑斓的风俗画描写,强化革命史诗的民族特色和地方色彩;

四、以"古今中外法,东西南北调"的语言艺术途径,创造了独特艺术风格。

著名文艺评论家谢望新虽然没有来参会,但他写的《欧阳山及其创作断论》一文,高度评价了《一代风流》的思想艺术成就。文中第五节《没有争议的艺术才华》这样说:"《三家巷》的创作,证明作家的艺术才华已经

1989年12月，欧阳山（左）在广州与著名作家刘白羽（右）亲切交谈。

发展到了巅峰。过去有的评论文章曾正确指出：《三家巷》等作品在描写起义、战斗场面得益于《三国演义》《水浒传》等优秀古典小说；而在人与人的关系，特别是深入人性、人情描写时，又常常使你联想到《红楼梦》的某些章节。我们认为，从整体来看，小说中正面斗争描写，只有少数章节写得有声有色；而写人情世态，处处妙笔生花，色彩缤纷。有不少章节的描写，简直可与《红楼梦》中最精致的描写媲美。如《三家巷》第三节《鲁莽的学徒》中七夕乞巧，第十二节《人日皇后》中郊游，第十三节《迷人的岁月》中周炳与区桃同台演《孔雀东南飞》，第十四节《画像》中周炳为区桃绘肖像，第三十九节《夜祭红花岗》中周炳祭英灵；《苦斗》第四十二节《翻生区桃》中胡杏与白兰花对话，第六十三节《西水图》中胡杏水底捞簪、剪纸；《柳暗花明》第一百零二节《知名知情和知心》中的陈文婷三次致函周炳等章节，状物写人，简直就是一篇篇深情绵邈、绰约绮丽的散文。这里，思想与生活的融汇，几近极致的艺术境界。"

中国作协广东分会主席、著名作家陈国凯和中国作协广东分会副主席、著名作家杨干华则从作家的角度，而不是从评论家的角度；以作家的语言，而不是以评论家的语言，所分别作的发言，引起了与会者的共鸣。

陈国凯说："欧阳山同志是我国著名的作家，他的名字是跟广东文学史、中国文学史联系在一起的。我认为：巨著《一代风流》将载入中国文学

1989年12月，欧阳山（右）在广州与著名作家秦牧（左）合影。

史册。在我的印象中，在现代和当代的广东作家中，还没有一位作家以如此恢宏的气势和长达二十余年的韧力，建造了如此巨大的文学工程。迄今为止在广东的文学工地上建筑结构如此大工程者，欧阳山同志是第一人。……他的成功经验影响了几辈人……在广东文学史上，欧阳山同志的地位是别人不能代替的。"

杨干华说："《一代风流》不但是岭南奇书，也是中国奇书，它要磅礴有磅礴，要细腻有细腻，要多层次有多层次，要多侧面有多侧面，纵横交错、色彩斑斓。……如果拳头作品的说法准确的话，《一代风流》已经远非一般的拳头。"

《欧阳山文集》——史诗式长卷

1984年9月，当北方已经刮起阵阵秋风，华南广州的天气还是热辣辣的、叫人汗流浃背的时候，刚刚写完《一代风流》最后一卷《万年春》才过去一个月，不知休息为何物的欧阳山又着手选编十卷本的《欧阳山文集》了。

由于在"文化大革命"中被红卫兵抄家，欧阳山保存多年比较齐全的他创作、出版的所有书稿，全部被红卫兵没收，付之一炬。而要选编《文集》，就必须把发表、出版过的所有作品，尽量找回来。但欧阳山发表、出版过的作品，据估计有1000万字之多，数量大，分布广，要重新收集，谈何容易。幸而他前前后后的几位助手吴绍醒、欧阳燕星、谭方明、胡子明到广东省立中山图书馆、广州图书馆、上海等地的图书馆以及中山大学图书馆和中文系资料室等处多方寻找，做出许多努力，付出很大辛劳，收获甚大，除个别篇章外，欧阳山发表、出版过的作品基本上都收集到了。

1985年1月，欧阳山正式开始了《文集》的选编、修订工作。

要从1000万字的作品中选出一套300万字、十卷本的《文集》，如此繁杂的工作对于任何一个作家来说都不是一件轻松的事情，而年近八旬的欧阳山以顽强的毅力和执着的精神，迎接了这一对一个高龄老人的精神和体力来说是十分重大的挑战。就这样，从1985年至1986年底，用了两年的时间，欧阳山硬是把这套文集选编好了。

花城出版社1988年8月出版的十卷本《欧阳山文集》。

1988年8月，《欧阳山文集》的一至十卷由花城出版社全部出齐。第一卷收入1924年到1935年发表的比较重要的中短篇小说，如《玫瑰残了》《竹尺和铁锤》《七年忌》等；第二卷收入1936年到1949年发表的比较重要的中短篇小说，如《崩决》《鬼巢》《流血纪念章》《黑女儿和他的牛》等；第三卷收入1954年到1982年发表的比较重要的中短篇小说，如《英雄三生》《前途似锦》《慧眼》《红花冈畔》《乡下奇人》《在软席卧车里》《金牛和笑女》《成功者的悲哀》等；第四卷收入《战果》和《高干大》两部长篇；第五卷至第九卷收入《一代风流》（一至五卷）；第十卷收入

1930年到1987年发表的比较重要的论文、创作漫谈、回忆琐记、速写、杂感等，并附录《欧阳山小传》和《欧阳山年谱》等。

为配合文集的出版，欧阳山还于1986年1月24日写出2万多字的《〈欧阳山文集〉自序》，这篇长文是研究欧阳山创作思想和创作道路的比较重要的文章，受到研究者的广泛关注，曾于1986年5月至7月在上海《文学报》以《我的文学生涯》为题连载。

盛会

煌煌十大卷、洋洋三百余万言的《欧阳山文集》终于呈现在读者面前了。这套由花城出版社出版的《文集》，是欧阳山六十余年文学生涯心血的结晶，是作家以年近八旬的高龄，穷数年之功，从其创作的一千万字各类作品中，一字一句精选出来的。

《欧阳山文集》是中国革命和建设事业长达半个多世纪艰苦曲折历程的真实、生动、形象和史诗式的记录。它浓墨重彩地描绘了一卷卷波澜壮阔的人民斗争风云图；它委婉有致地精绣出一幅幅色彩斑斓的社会生活民情风俗画；它把中国社会那多姿多彩的形态和风貌，多层次多侧面地呈现了出来；它所塑造的一个个各阶级各阶层典型人物的形象和典型性格，栩栩如生，呼之欲出；它既有枪林弹雨万马千军的战争场面的大笔写意，又有充满柔情蜜意的爱情生活抒情小景的工笔细描；它对劳动人民美好心灵纯真爱情和人性、人性美热烈地歌颂，又对卑劣小人丑恶灵魂无耻行径无情地鞭挞；它既雄奇瑰丽、云蒸霞蔚，又委婉抒情、牧歌悠扬；而它对广东城乡风俗习惯生活风尚如关于除夕、花市、人日、端午、七夕、中秋、婚礼乃至服饰、吃喝、玩赏等的精雕细琢的刻画，简直就是广东生活的百科全书。这一切，使《欧阳山文集》具有很高的历史价值、认识价值、审美价值和娱乐教育功能，为广大读者提供了丰富的精神食粮和精美的艺术享受。

因此，《欧阳山文集》出版后，自然引起了广泛关注。

为此，1989年12月11日至14日，中共广东省委宣传部、广东省文联在位于广东省委大院的珠岛宾馆举办了"庆贺欧阳山同志从事文学创作65周年暨《欧阳山文集》研讨会"。

研讨会就欧阳山的创作道路、创作成就、创作特点、文学地位，《欧阳山文集》的思想、艺术、风格以及当前的文艺斗争、文艺走向、文学创作如何反映时代精神，如何同人民大众相结合和若干带倾向性的问题，进行了严肃、认真、深入而热烈的讨论。

这是继1985年12月在广州南湖召开的《一代风流》研讨会之后，又一次更为大规模的研讨欧阳山创作的全国性的学术盛会，是一次有较高学术水平和有较强的导向性的文艺盛会，是欧阳山创作道路上，同时也是中国当代文学发展史上的一件大事。

原中国作家协会党组书记、著名文艺理论家林默涵，原中国人民解放军文化部长、著名作家刘白羽，原人民日报总编辑、中国记者协会主席吴冷西，原广东省委书记、中顾委委员任仲夷，广东省委书记林若，广东省其他领导同志王宁、吴南生、陈越平，省委宣传部副部长张岳强，以及秦牧、杜埃、黄钢、黎辛、刘金、华嘉、于逢、易巩、黄焕秋、罗源文、陈国凯、郑达、陈迅之、陆梅林、程代熙、徐非光、蔡运桂、易准、刘帜、梵杨、田海蓝、罗家宝、陈敏才、马自力等来自京、沪、辽、陕、粤的作家、评论家、艺术家、专家、教授、学者共计80多人参加了盛会。大会收到中共中央宣传部副部长、文化部党组书记、文化部代部长贺敬之，著名文艺理论、评论家陈涌，著名作家周而复、孟伟哉以及中山大学校友会、海南师院蓝田玉等同志和单位发来的贺电、贺信，纷纷预祝大会圆满成功，强调这次研讨会的重大意义，给予欧阳山以高度的评价。

在四天的研讨会上，共有38人做了发言，收到论文20多篇。大家一致认为，这次研讨会开得及时，开得成功，是当前我国思想战线、文艺战线上一次拨乱反正的盛会，具有重大的现实意义。这次盛会将为发扬人民文学的优良传统，提高文学创作水平和科学研究水平，证实《在延安文艺座谈会上的讲话》与毛泽东文艺思想的正确性、科学性，对坚持四项基本原则、坚持

1995年12月，欧阳山（右）与广东省文联主席刘斯奋（左）合影。

改革开放、批判资产阶级自由化文艺思想、繁荣社会主义文学创作，起到巨大的促进作用。大家一致认为，欧阳山一贯坚持四项基本原则，坚持社会主义文艺方向，旗帜鲜明地反对资产阶级自由化的战斗精神与革命实践值得敬佩，值得学习。大家对欧阳山几十年来在文学创作上取得的巨大成就给予高度评价，对他在中国现、当代文学史上占有的重要地位给予充分肯定。

广东省文联主席、著名散文大师秦牧首先在研讨会上致题为《衷心的祝贺》的开幕词，他说：

> 欧阳山同志已发表上千万的文字，以其卓著成就充分显示一个作家和着时代脉搏前进，和内外反动势力斗争，全心全意为人民为社会主义服务的不懈努力与不倦探求。《欧阳山文集》正是他在创作上巨大成就的缩影，是他坚持学习马列主义、毛泽东思想，沿着鲁迅所开创的新文学道路，执着地把握时代主旋律、鞭挞反动腐朽的事物、讴歌社会新事物、塑造典型性格、发扬民族文化优良传统的丰硕成果。此外，欧阳山同志在艺术探索过程中倡导的"古今中外法，东西南北调"，也是值得借鉴的成功经验。

广东省委书记林若在讲话中说：

> 欧阳山同志在60多年的文学创作生涯中，坚持正确的方向，以文艺为武器，激励广大人民群众从事革命斗争，从事生产建设，从事祖国"四化"建设，这是难能可贵的。我在青年时期，拜读过他的作品。……我感到，他的许多作品，对于广大青年是很有激励作用的。

贺敬之在贺信中写道：

> ……《欧阳山文集》的出版和欧阳山文学作品研讨会的召开，是文艺战线上一件有重要意义的盛事，它对我们坚持马克思主义和毛泽东思想，正确认识我国革命文学和社会主义文学的历史，反驳资产阶级自由化的各种谬论，肯定和学习成功经验，继承和发扬优良传统，使我国文学事业在新的发展阶段坚定地沿着社会主义道路前进，将会起到重要的促进作用。
>
> 欧阳山同志，是经历了五四以来中国现代文学史大部历程，至今仍勤奋耕耘在文学创作第一线的少数在世的前辈作家之一，是创作了在我国革命文学发展史上占有重要地位的一系列成功作品的大作家之一。

他个人的整个文学创作生涯,与中国共产党所领导的革命,与中国人民的历史命运,是始终紧密联系在一起的。他早在二十年代,就参加了以鲁迅为首的左翼文学运动,开始了自己的文学生涯。从四十年代起,他以参加延安文艺座谈会和整风运动为转折点,完成了一个革命作家必然要经历的思想上和生活实践上的重大转变和提高。他是在无产阶级世界观引导下自觉地与工农相结合的那一代作家中的突出代表之一。正是在《讲话》之后,他创作的思想内容、感情、风格,以至于语言和形式,都焕然一新,发生了巨大变化,以此作为一个崭新的起点,他写出了像《高干大》《一代风流》这样具有重大影响,反映我们时代精神和革命历史进程的重要作品。这个事实,也为《讲话》的正确性及其对文艺实践的长期指导作用,提供了有力的证明。欧阳山同志从未讳言,他的最主要的文学成就,是在毛泽东文艺思想的旗帜下获得的,是身体力行实践、贯彻《讲话》精神的产物。尽管经历了历史的变化、曲折,甚至反复,他对此始终坚持不渝,数十年如一日,坚定不移地走自己所选定的道路。这是一条已经被证明并将继续被证明是正确的道路。是所有愿意为社会主义文学献身的人们都应当走的一条共同的康庄大道。

……

欧阳山同志是我数十年来一直崇敬的前辈,是我始终倾心学习的师长。我相信,通过对欧阳山创作道路的深入讨论,通过对从鲁迅开始的一系列有重大成就的革命作家的认真研究和学习,一定会坚定我们在马克思主义文艺观和毛泽东文艺思想指引下继续前进的决心和信心,一定会使我们对这些年来文艺界被搞乱的许多思想和理论是非,作出澄清和回答,从而为文艺战线的进一步团结和新生力量的健康成长,作出积极有益的贡献。

刘白羽在会上热情洋溢地宣读了《给欧阳山同志的献辞》:

欧阳山同志创作的一生,就是他战斗的一生。欧阳山可贵的文品,来源于欧阳山可贵的人品。他作为无产阶级革命作家登上历史舞台后,随着时代的更迭、历史的演变,在他身上鲜明地贯穿着"五四"以来从左翼作家联盟到解放区文学一直到建国以后的新文学的整个社会主义文学的一条红线,上升的红线。一个时代接着一个时代,他不避艰危、不顾生死,一直战斗在最前列,忠心耿耿、坚贞不屈、有始有终、旗帜鲜明地为革命人民而放声歌唱。到八十高龄、目力欠佳的情况下,他还为社会主义文学倾注了一腔热血。因为他有铮铮铁骨,为文才能掷地有声。

……

《七年忌》时代的欧阳山是卓越的追求的欧阳山。

……

《高干大》时代的欧阳山是伟大转折的欧阳山。

……

《一代风流》时代的欧阳山,是创造丰硕成果的欧阳山。解放以后四十年间,是欧阳山沿着《七年忌》《高干大》的道路,坚持不懈、勇往直前、创造欧阳山的世界、攀上欧阳山的高峰的四十年,这四十年他用自己的创作成就给自己作了一个合格的结论,他完成了一部中华民族巍巍神魄凝聚的史诗。……《一代风流》是我们社会主义文学中的一部大书。作者通过人物的命运,涉及到从广州到重庆、到延安、到晋冀鲁豫而后最终回到广州的种种坎坷斗争,概括了从二十年代初中国共产党诞生之日起,经历了广州起义、延安整风、土地改革到新中国的建立。这一幅中国人民在中国共产党领导下,在亚细亚东方这片神奇国土上,粉碎一个旧世界创造一个新世界的雄伟的、神圣的画卷,有着《战争与和平》的广阔,有着《红楼梦》的旖旎。这时,欧阳山同志对人生阅历更深、剖析更深,因而显示他的大手笔是如何不凡。他现实主义地作了大胆的尝试与发掘,在更广阔的幅度上、在更深刻的内涵上,把历史创造了人物、人物创造了历史这两者紧密结合,随着社会阶级斗争的发展和变幻,写出人物的成长、成熟,从而瞩目于创造既有中国革命特征而又不是千篇一律的有血有肉的人物形象。……欧阳山同志的65年是苦斗的65年,他所以取得成就,由于他是一个老老实实、切切实实工作的人。鲁迅1936年3月18日给欧阳山的一封信上说过:"中国要做的事很多,……中国正需要做苦工的人……"只要想一想,在目力不济的情况下,他依旧锲而不舍,孜孜以求地完成《一代风流》这一巨著,就明白他是以怎样一种胸怀在为社会主义文学而苦苦搏斗的了。

最后,颇具诗人气质的刘白羽向欧阳山献诗一首,以表敬意:

南天壮志谱春秋,
百万征帆奋上游。
风扫沉霾明皓月,
鸡鸣如晦砥中流。
拼将热血书青史,
留得冰心净玉壶。
大雅文章天地重,

歌声浩荡唱神州。

欧阳山在这次研讨会上做了三次发言，一次是在研讨会开幕式上，一次是在研讨会中间，一次是在研讨会闭幕式上。他的发言，给大家留下了深刻的印象。其中谈到作家跟风向的问题，很有他的特点，很有发人深省的意义。他说：

>一个人，不要说作家了，做任何事情都想顺风。……作家是不是顺风就好呢？按我的体验，不一定。长远的不谈，就从1946年的《高干大》算起，到"四人帮"垮台、"文革"正式宣告结束的时候，30年的时间，我都可以说是顶着风干，顶着风写。人家喜欢别的写法，我的不太讨人喜欢。逆风而行，也算叫反"左"。……一个作家处在逆风的位置上，是相当辛苦的。虽然自己认为拥护真理，自己认为跟客观事物的发展一致，可是别的不少人并不这么看，或者别人处的位置比你的更有利，那时你就辛苦了。他采取许多办法，令你动弹不得。……作家逆风困难，可否随大流呢？即想象中有一个作家，你要左，他有，你要右，他还有。随时拿出东西来，看你的需要，像一个真正的商人，要什么货色有什么货色，这样做行么？我看不行。

在研讨会闭幕式上，欧阳山难掩兴奋的心情，他说：

>这次会有一个原来没有预料到的显著的成果，就是它实际上开成了思想战线、文艺战线上一个拨乱反正的大会。这是会议自然而然发展起来的。……粉碎"四人帮"后，我们也经过一次拨乱反正，因此正气昂扬，引发了以后连续五年之久的文艺初步繁荣。文学艺术部门呈现兴旺发达的景象，动力在于那次拨乱反正。这一次文艺思想存在许多矛盾，许多东西被搞乱了，这是大家都承认的，中央也承认的，整个乱了套。应不应该把乱了的东西纠正过来啊？我认为很应该，而且非这样做不可。这主要靠大家努力，把文艺方面被搞乱、被颠倒、被扭曲的东西纠正过来，扶正祛邪。这个会实际上开始做这个工作，大家众口一词，想到一起去了，这是非常显著的收获。……希望今后这样的会，在本省外省和北京开得更多、更好。①

---

① 以上所引秦牧、林若、贺敬之、刘白羽、欧阳山的讲话，详见《热血青史——欧阳山作品研讨论文集》一书，花城出版社1990年10月版。

1996年，著名作家周而复（左）来广州拜访欧阳山同志（右）。

四天的研讨会在取得丰硕的思想和学术成果后，圆满落幕了。

会后出版了《热血青史——欧阳山作品研讨论文集》（花城出版社1990年10月出版）。

会议结束的那一刻，当与会者簇拥着欧阳山，缓缓步出会场时，想不到欧阳山临别时说的、回响在人们心头的那句话："会议就要结束，我心里还是依依不舍，……期望将来还能再一次聚会……"在数年后，竟真的实现了。

人们期望的又一次盛会召开了。

1995年12月13日至16日，中国作家协会、中国社会主义文艺学会、广东省文联、广东省作家协会和广东现代革命作家研究学会联合在广州举办了"欧阳山《一代风流》的典型性格座谈会"。

原广东省政协副主席、著名散文家杨应彬，广东省委宣传部副部长、广东省文联主席刘斯奋，广东省作协主席陈国凯，原《光明日报》社长张常海，《文艺理论与批评》主编程代熙，著名作家、艺术家、文艺理论评论家徐非光、杨柄、涂途、柯原、罗源文、梵杨、欧阳翎、周国瑾、郑达、张绰、贺朗、胡玉萍、陶良华，来自中山大学、华南师范大学、暨南大学、广东师范学院、广东民族学院、广东教育学院、陕西省委党校、辽宁鞍山行政学院的专家、学者、教授黄伟宗、郭正元、李天平、谭志图、赵士聪、邝邦

1995年12月13日,欧阳山《一代风流》典型性格座谈会在广州湖滨宾馆举行。图为与会者合影(前排左六陈国凯、左七杨应彬、左八欧阳山、左九虞迅)。

洪、吴锡河、陈衡、田海蓝、陈敏才、黄树红、施汝香、李慧云,这些高校的一些青年教师和一批年轻的研究生,以及国际广州造船厂的工人代表林英兰等,共100多人出席了座谈会。

中宣部副部长、中国作家协会党组书记翟泰丰,中国作家协会,中华文学基金会,中国社会主义文艺学会,马克思主义文艺理论研究所,《文艺理论与批评》编辑部,以及林默涵、刘白羽、李尔重、周而复、魏巍、黎辛、易准、何启治等分别给座谈会和欧阳山发来了热情洋溢的贺电或贺信。

贺敬之、陈涌因事未能到会,特地请专人来转达了他们对座谈会的祝贺。

中国作家协会书记处常务书记张锲等在会前还代表中宣部、翟泰丰同志和中宣部文艺局、《文艺报》等单位,专程来到欧阳山家里看望了欧阳山。

座谈会由中国作家协会党组成员、《文艺报》主编、著名文艺理论评论家郑伯农主持。

在四天的座谈会中,专家们指出,在马克思主义的文艺理论和文艺实践中,典型人物和典型性格的塑造,是一个非常重要的问题。典型塑造成功与否,是衡量叙事文学,特别是长篇小说得失的重要标尺。文学创作的方法尽管多种多样,而典型化则是一条普遍的创作规律。恩格斯提出塑造典型环境中的典型性格,毛泽东要求作家把自然状态和社会生活典型化,邓小平号召作家大力塑造社会主义新人形象。这些理论现在没有过时,将来也不会过时,只要文学存在一天,典型形象的塑造就不可避免地成了文艺创作中的中心课题。

专家们联系欧阳山的创作实际指出,欧阳山在创作实践和理论阐述中都十分重视典型的问题,进行了富有真知灼见的探索和思考。他在《一代风流》中，塑造了周炳、区桃、胡杏、何守礼、陈文雄、陈文婷等一大批有血有肉、个性鲜明的典型性格，为我国文学的人物画廊增添了栩栩如生的、达到了相当高度的典型化的人物形象。因此，研讨《一代风流》典型性格塑造问题，会深化我们对于艺术规律的认识，不但有助于总结过去，也有助于开拓未来，不但对广东的文学创作，也会对全国的文学创作产生积极的推动作用。认真总结《一代风流》典型性格塑造的成功经验，其意义已远远超出了小说本身，而是涉及马克思主义美学理论的重要课题，同时也触及当前文艺运动的核心问题，因此，今天召开这样的座谈会是非常必要的。

欧阳山在座谈会结束时做了讲话。他说：

>……这次关于典型性格的讨论，使得这个典型性格的问题，在我们整个文学界、文艺界来说都弄明白了和弄清楚了许多问题。不但对于我本身有益，恐怕对整个文学创作，对于整个作家群都很有好处，都可以得到一定的提高。此外，还对整个读者群，也会产生一定的提高作用。所以，这个会是开得好的。大家过去都希望繁荣文艺、提高质量，但从哪里去提高？用什么方法去提高？除了思想意识形态方面、政治方面的提高以外，我看很重要的是从审美角度上去提高，而审美角度上的提高，又无疑是与创造典型性格密切联系在一起的。所以这个会开得很好，开得及时。这个会跟那种一般的，仅仅是庆贺性质的、纪念性质的或者说礼节性质的会都不一样，这是真正的一个学术性质的，但也不偏重于学究式、学院式的会议，而是对整个文学运动、文艺运动有密切联系、密切相关的学术性质的讨论会，这是比较少有的。

欧阳山最后说：

>认真地深入地研究典型性格的创造，更好地在文艺创作中塑造更多更生动的有时代精神的能给广大人民群众强烈吸引力和引导人们向上的各类艺术典型人物，无疑是繁荣发展文学艺术的重要的也是根本性的途径和任务，也是时代的要求。我期待有更多的文学创作精品出现，有更多的各具典型性格的人物塑造出来，我相信一定会出现这一光辉灿烂的景象。

座谈会原定从12月13日开至15日，但由于贯彻了百家争鸣的方针，要求发言的同志十分踊跃，欲罢不能，最后延迟至16日才结束，其中很多青年学生主动上台发言，为以往的学术研讨会所少见，令人欣喜。

这样的座谈会，特别是这样专题性质的座谈会，而且达到100多人参加这样的规模，在广东省来说，不论过去或现在，都是绝无仅有的。在全国来说，也恐怕还不多见。

座谈会的论文在会后汇集成《〈一代风流〉的典型性格》一书，由人民文学出版社于1996年12月出版。

最后的力作——《广语丝》

1988年12月11日，欧阳山八十大寿。

欧阳山能喝酒，且酒量很大，颇具"三碗敢过冈"的豪气，这在文艺界是出了名的，刘白羽公开封他"大酒家"的称号，也是大家都知道的。但到了晚年，他的曾在中山医科大学任职、接触过很多名医、名教授的夫人虞迅，遵从医嘱，对他实行"戒烟限酒"的"政策"，规定每天只准喝小半杯酒。"政策"实施后，欧阳山烟是戒了，但每天只准喝小半杯酒使他很觉难受，不过又无可奈何。毕竟夫人也是为了他好，为他的健康着想啊！

这天八十大寿，夫人特准他喝酒两杯，这使欧阳山像孩子作业写得好，获父母奖励朱古力糖一样，高兴得什么似的。

酒足饭饱，欧阳山乘着酒兴与大家愉快地闲聊起来。但当家人说，你五卷本的《一代风流》也写完了，十卷本的《欧阳山文集》也出版了，1985年1月，你又因年事已高，主动辞去了广东省文联主席和广东省作协主席的职务。你现在都满80岁了，大可以"解甲归田""告老还乡"以及悠闲度日、颐养天年了吧的时候，未等家人说完，只见欧阳山站起身来，一脸不高兴地走出了客厅……

他们哪里知道，欧阳山绝不会放下他的笔，那种鲁迅先生称之为"金不换"的作家手上的笔！

每年的1月份，都是广州最寒冷的日子。虽然广州的冬天不下雪，广州的冬天，花儿照样红，树叶照样绿，但广州的冬天冷起来的时候也是够呛的。1989年1月3日清早，时任欧阳山创作助手的笔者裹着大衣，顶着凛冽的北风，冒着严寒，像往常一样到欧阳山家里上班。当笔者踏进助手办公室时，却见欧阳山不畏严寒，一大早就起了床，早已端坐在办公桌旁边的一把藤椅上了。他以略带兴奋的口吻对笔者说："快拿出原稿纸和笔来，今天咱们要写新文章了，不止写一篇、两篇，也不止写十篇、八篇，而是要写很多篇。"顿了一下，他继续说："总题目叫《广语丝》，今天写第一篇，叫《破题儿》。"

"《广语丝》？"

见笔者满脸不解的神情，欧阳山微笑着说："你一定是想到鲁迅先生所写的《语丝》了吧？的确，《语丝》是20年代鲁迅先生和周作人他们在北京办的一个杂志，上面登的大多是杂文，是用讽刺、幽默等手法写的小品文。我采用这个名字，也想写一点杂文，加上一个'广'字，就是指广东的意思，即既不是北京的'语丝'，不是京货；也不是上海的'语丝'，不是申货；而是广东的'语丝'，是广货。其实也就是采取幽默、讽刺的笔法，写点杂文，用这个来针对那些搞自由化的人，去跟他们做斗争。"

由于欧阳山习惯在写作前先打好腹稿，因此他口授时可以说是出口成章，只用了不到两个钟头，连笔录加修改，一篇千把字的杂文《破题儿》便写成了：

闲下无事，有时对于世道人心，不免产生一些杂乱无章的感想，记录下来，就成了《广语丝》。

三天后，即1989年1月6日，第二篇《广语丝》——《争鸣苦》又写出来了：

不久以前，有出书难、卖书难、买书难的说法，其实还不止这些。除了这些难以外，写书难、印书难，以至于争鸣难，都是实际存在的。其中的争鸣难——不，应该说争鸣苦，尤其显著。

很快便是第三篇《不便明说》：

有人说，目前文坛上的争端，是流派之争，即社会主义派跟西方现代派之争。如果是这样，事情本来好办。按照"双百"方针的要求，也就是按照权威人士的要求和正式文件的要求，让双方自由讨论——展开争论就是了。但是不然。这种争论迟迟不能展开，好像其中有什么难言之隐。什么难言之隐呢？大概是"不便明说"。

《广语丝》就这样很快地、源源不断地、每篇千把字地，一篇一篇地写出来了。当那些题为《倒退的探索》《黄金梦呓》《创作自由考》《代沟议》《观念更新辨》《谨防晕浪》《精英意识补》……的《广语丝》杂文一篇一篇地在《人民日报》《求是》《文艺报》《中国文化报》《光明日报》《中国教育报》《文学报》《文艺理论与批评》《杂文界》《南方日报》《羊城晚报》《广州日报》《作品》《粤海风》《党风》《今晚报》《南国》《第二课堂》等各种报纸、杂志上大量发表时，很快就引起了人们的注意。

《广语丝》对同志、对朋友、对青年，那是敞开心扉的语重心长的诤言，而对一些人，则幽默、讽刺了一下。因此，有的人看了《广语丝》感到很亲切，备受鼓舞，欣喜之至；有的人看了《广语丝》却觉得很不是滋味、很不舒服。

在《广语丝》陆陆续续发表之际，1989年11月，欧阳山收到一封号称"青年读者"的、极富挑衅意味的匿名信，引发他写了《三十年的媳妇熬成婆注》（《广语丝》第18篇）一文。文如下：

最近接到一封匿名信，全文如下：
欧阳山同志：
您好！
近来拜读了您发表的一系列火药味浓浓的革命大批判文章后，得知您老尚健在，广大读者都很关心您，您在极"左"路线横行的年代曾惨遭口诛笔伐，心上、身上都伤痕累累，您在当年留下的伤疤，现在还疼吗？
我和一些初学写作的文学青年近日探讨问题时，对"三十年的媳妇熬成婆"这句话的深刻含义尚不大理解，想向您请教，希望您能在报刊上发表文章，谈谈您对"三十年的媳妇熬成婆"这句话的理解和感受，不胜感激！
致以火红年代的战斗敬礼！

郑州市一青年读者
一九八九年十一月六日

读了这封信，我不免有点儿心花怒放。回想从今年一月起，我开始写《广语丝》以来，差不多过了一年了。其中也经过不少波折，小小的杂感差点儿胎死腹中，但终于还能够陆续发表。看到这封信，又知道这些小文章还能得到年轻朋友的关怀，真是万幸，真使人安慰。可惜不知道，那些中年朋友和老年朋友是不是也给予关怀就是了。

三十年的媳妇熬成婆，是一句古老话，也是一句封建话。意思是说一位妇道人家，受婆婆欺负了三十年之后，自己也变成了婆婆，去欺负别的后生女人。现在这种事儿已经不时兴了。现在有婆婆爱媳妇的，也有媳妇爱婆婆的，至于媳妇受婆婆欺负的，恐怕还没有婆婆受媳妇欺负的那样多。

拿我自己来说，当了三十年媳妇，是受"三座大山"那位婆婆的欺负；熬了三十年，自己当了婆婆之后，对媳妇只有支持、爱护、帮助、提携，倒是运动一来，不免有些媳妇就起来造反，和别家的婆婆一起，来欺负自己；最后，自己变成太婆了，又不断受到媳妇、别家的婆婆、别家的太婆，甚至孙媳妇的欺负。可见，当了婆婆或太婆就一定能够欺负别人一说，也不是天经地义，十分保险的。

至于说我曾经受过极"左"路线的迫害，那是事实，——不过那仅仅是"四人帮"统治时期的事实。说到建国以来的种种文艺工作，当然有带引号的"左"的干扰，但我不认为那是极左。相反，我倒认为不带引号的左，像三十年代上海左翼作家联盟的左，也是鲁迅所说的左翼作家很容易变成右翼作家的左，一直都是正确的。我参加过上海左翼作家联盟，到现在也并不觉得后悔。

在打倒"四人帮"以后，咱们大家一起都来反对过极"左"。咱们当中有带引号的"左"的，有不带引号的左的，有中间的，也有右的。到拨乱反正把极左打掉以后，咱们的思想、步骤都有所不同，就开始逐渐分化，出现了后来那种种景象。这里暂不多说，留待文学史家去慢慢研究吧。

单说我自己，为什么会写起《广语丝》来呢？我本来不想攻击任何人，也不想得罪任何人。况且按我这个当太婆的年纪，大可以默尔而息，颐养天年，徜徉山水，与世无争。别人也不会对我有什么苛刻的要求。但是到了一千九百八十九年初，我看见文艺界变成了一家独鸣，万"马"齐喑的局面，不少自封的精英先生大言不惭，盗名欺世，刀光剑影，锣鼓喧天，使资本主义的腐朽毒汁漫天飞扬，大有山雨欲来之势。无可奈何，才不得已借《广语丝》的题目，低声说几句老实话，借以呼呼"双百"方针仍然健在。这既说不上有什么火药味，也说不上好了疮疤忘了疼，无非是不忍心瞧着年轻朋友上当受骗而已。

余岂好斗哉？余不得已也！

欧阳山的《三十年的媳妇熬成婆注》这篇文章，表明《广语丝》在社会上确实产生了广泛的影响，也表明有些人很不喜欢《广语丝》这一类的文章，对其中所表达的观点，他们是不赞同的。不过，广大读者群众是欢迎《广语丝》的，特别是知识界、文艺界的一些专家、学者、教授、作家、艺术家，他们在报刊上撰文，对《广语丝》发表的观点表示赞同和支持，对《广语丝》所取得的思想艺术成就给予高度评价，他们称《广语丝》是"社会主义杂文""当代鲁迅风"。

其中关山月于1991年8月15日在《广州日报》上发表的《文艺杂想——读〈广语丝〉想到的》一文尤其引人注目。盖关山月是久负盛名、名震国内外的中国画大师,其与傅抱石合作的、毛泽东为之题款的、9米×6.5米的巨幅国画《江山如此多娇》悬挂在人民大会堂迎宾厅,为世人所瞩目。如此重量级的人物撰文肯定《广语丝》,足见《广语丝》的价值。

中山大学教授、著名文艺理论评论家黄伟宗把《广语丝》的思想艺术成就和独具的特点概括、归纳为现实针对性、战斗深刻性、系列性、理性的幽默性、理论性等五个方面。这是颇为确切、精到的。①

1991年3月,广东省文联召开了《广语丝》座谈会,广东省委宣传部副部长邹启宇,原广东省委宣传部副部长、著名作家杜埃,文艺界知名人士关山月、易巩、于逢、罗源文、易准、梵杨等以及欧阳山本人出席了座谈会。座谈会对《广语丝》的思想艺术成就和战斗性给予了充分肯定。

中共中央宣传部副部长、文化部党组书记、文化部代部长贺敬之于1989年12月9日在给"庆贺欧阳山同志从事文学创作65周年暨《欧阳山文集》研讨会"的一封信中,对欧阳山及其《广语丝》给予了高度评价。信中说:

> 我想特别要提到的是,欧阳山同志在年届八旬的晚年,在中国社会急剧变化的极端复杂的历史条件下,他表现了无产阶级作家可贵的坚定性和鲜明、清醒的马克思主义的是非观念,从而为文学界树立了榜样。作为一个被"左"的错误所打击的受害者,他坚决反对文艺方面的一切真正的"左"的表现。而与此同时,他对近年来文艺界在反"左"的名义下泛滥起来的资产阶级自由化思潮及其在创作上、理论上的表现,同样采取了十分鲜明和坚定的反对立场,并与之进行了始终不懈的斗争。他不仅以德高望重的革命前辈及党中央顾问委员会委员的身份,对文艺界的思想斗争和发展趋势,不断提供积极的、建设性的意见,而且在丧失大部分视力的情况下,毅然拿起杂文这个尖利的武器,投入了思想领域第一线的斗争,写出了数十篇以《广语丝》为总题的脍炙人口的佳作,出现了以杂文为主的他的又一个旺盛创作期。②

从1989年1月3日写出第一篇《广语丝》——《破题儿》,到2000年5月12日,最后一篇《广语丝》——《〈伟人周恩来〉首发式贺信》完稿,11年间,欧阳山从81岁的高龄写到92岁的超高龄,共写出117篇《广语丝》。

1990年10月,光明日报出版社把第1—40篇的《广语丝》结集出版;

---

① 黄伟宗:《欧阳山评传》,花山文艺出版社1993年版,第406—410页。
② 贺敬之:《给欧阳山作品研讨会的一封信》,载《热血青史——欧阳山作品研讨论文集》,花城出版社1990年版,第8—9页。

1992年10月,收进第41—80篇的《广语丝》(第二集)由光明日报出版社出版;

2001年9月,河南文心出版社出版了《广语丝》(第三集),收进了最后37篇《广语丝》,即《广语丝》第81—117篇。

这是欧阳山留给人民、留给世界的最后三部艺术精品。

从五卷本《一代风流》到四卷本《三家巷》

1996年,欧阳山似乎忘记自己已经是一个88岁高龄的耄耋老人了,他非但没有"解甲归田""告老还乡"以及悠闲度日、颐养天年,相反,他制定了一个宏大的、叫人吃惊的计划:要在一年左右的时间内,把150万字的五卷本《一代风流》从头至尾做一次全面的修改订正,并把书名改为《三家巷》,共分四卷,每卷不再设书名,原先的第一卷《三家巷》、第二卷《苦斗》、第三卷《柳暗花明》、第四卷《圣地》、第五卷《万年春》的书名不再使用,全书字数仍旧是150万字。

这无疑是一项十分艰巨、繁重、浩大的工程,对于一位体弱多病的88岁老人来说,根本是不可能完成的任务。况且,《一代风流》已出版多年,早就广获好评,已经是传世经典了,还有全面修改订正的必要吗?

但欧阳山把一切艰难、困苦和不可能都置之度外,他不顾年老体弱多

人民文学出版社1999年8月出版的经欧阳山校改全书的四卷本《三家巷》(又名《一代风流》)。

病,不知老之已至,以不畏艰辛、孜孜不倦、劳作不息、为艺术献身的精神;以对艺术工作一丝不苟,精益求精,千锤百炼铸丰碑的精神,毅然投入了"战斗"!

1996年8月26日,修改订正《一代风流》的工作正式开始。

经过逐字逐句,逐章逐段的校正,1997年7月29日,修改订正工作结束。全书校改、增删达1039处之多。有的章节,如原书第三卷《柳暗花明》的《清明会》一章,就删去15大段,又补写了13大段,共增1552个字;在各个章节里面对典型性格增加了一些心理描写,使他们的性格更加固定,更加成型,更加准确,更加明朗,也更加提高他们的真实性。

1999年7月,中国文学出版界最高权威的人民文学出版社出版了由五卷本《一代风流》经全面修改订正而成的新版四卷本《三家巷》(又名《一代风流》)。

虽说欧阳山已于1985年1月因年事已高主动辞去了广东省文联主席和广东省作协主席的职务,但他并没有舒舒服服地躺在沙发椅上"叹世界"(粤语,享清福的意思),他没有一天放下过手中的笔。1985年之后,他除了完成五卷本《一代风流》的创作,选编了十卷本《欧阳山文集》之外,从1987年至2000年5月14日,也即是从79岁至92岁这极其高龄的阶段,欧阳山竟写出了包括政论、文艺论文、文艺评论、《广语丝》、回忆琐记以及讲话、发言在内的140多篇文章。另外,他还完成了把150万字的五卷本《一代风流》从头至尾做一次全面的修改订正,改为150万字的四卷本《三家巷》这一十分艰巨、繁重、浩大的工程。

这是否就是曹操所说的"老骥伏枥,志在千里"?

是,但又不完全是。因为欧阳山的"志"与曹操所说的"志",有着本质的不同。

这是否就是欧阳山的老朋友周而复所说的"落日心犹壮"?

是,是的。

这是否就是张汉青所说的"耄期踊跃未离鞍"?

是,是的。

张汉青曾当过陶铸的秘书,后任广东省人大常委会副主任,同时又是广东颇有名气的作家,他以贺青为笔名,写过不少脍炙人口的杂文、散文和古体诗词。"耄期踊跃未离鞍"这个句子出自他的一首诗,诗云:

怀念欧阳山同志

人民文学家欧阳山同志于2000年9月26日辞世,享年92岁。古人以八十九十曰耄，百年曰期颐。欧阳老活了90多岁，年在耄期之间。高寿固属难得，更可贵的是他毕生为中国文学事业不倦地努力。他的思考没有停止，他手中的笔也一直没有放下。爰作小诗一首，作为纪念。

耄期踊跃未离鞍，
十卷华章献艺坛。
一纸风行《三家巷》，
羊城共话欧阳山。

在1989年1月召开的广东省第三次文代会上，欧阳山受聘为广东省文联名誉主席。

在1995年12月召开的广东省第四次文代会上，欧阳山再受聘为广东省文联名誉主席。

在1996年12月召开的中国作家协会第五次全国代表大会上，欧阳山受聘为中国作家协会名誉副主席。

1999年12月，欧阳山获中国文艺界最高荣誉"中国文联荣誉委员"金质勋章。

1980年4月，广东省第三次文代会期间，欧阳山与广东中青年作家合影（左起：杨干华、欧阳山、王杏元、陈国凯、仇智杰）。

第九节　胡锦涛："你的作品影响了整整几代人"

广州市梅花村36号

"文化大革命"结束后,欧阳山一家人被组织上安排到广州市梅花村36号居住。

梅花村坐落在广州老城区的最东边——广州东山区(后并入广州越秀区)中山一路旁,是一个绿树成荫,环境幽雅,由一幢幢别墅式的楼房组成的小区。

梅花村有"岭南第一村"的显赫称谓,是一个很有来头的地方。据《梅花村街志》记载,20世纪30年代,曾有20多位国民党的军政要员,包括陈济棠、孙科、陈维周等人,在此兴建起一幢幢款式各异、别具情趣的西洋式别墅;别墅群之间筑有小区马路,马路两边广植梅花,每逢隆冬腊月,梅花吐艳,香味飘溢,把这原先是广州东郊的一片荒地,点缀成一个清幽雅致的去处。从此,人们称它为梅花村,后并成为正式地名,一直沿用至今。

梅花村的楼房中,最为气派的当数建于1930年的广东军阀陈济棠的公馆。

1949年7—9月,解放军渡江以后,蒋介石曾在此召开一连串的国民党中常会,决议成立国民党非常委员会,并与李宗仁密商策划坚守大陆的大计。①

1949年9月29日,蒋介石在梅花村主持国民党中常会及中政、中监会议,呼吁国民党党员支持李宗仁、阎锡山领导"为国服务"。10月1日上午,李宗仁在东山梅花村会见蒋介石。②

解放后,梅花村回到了人民的手中。中共中央中南局曾在此办公,陈济棠公馆成了广东省妇女联合会的办公楼,广东省委机关的干部后来大都居住于此。

如今,欧阳山也来到了昔日被陈济棠占据的梅花村居住。联想起1933年8月,自己因从事革命活动被陈济棠以"要犯"通缉,不得已离开广州,秘密远赴上海。而如今,有"南天王"之称的陈济棠也早就随国民党逃亡到

---

① 田海蓝:《欧阳山评传》,中国文史出版社2008年版,第552—553页。
② 同上书。

弹丸小岛台湾，并且客死他乡，而自己却昂首挺胸地来到了人民的梅花村。想到这一切，欧阳山不禁感慨万千：梅花花香如故，但换了人间！

欧阳山晚年的最后24个年头一直居住在梅花村。同时在梅花村居住的还有著名作家吴有恒及黄秋耘。

吴有恒是军人出身的作家，曾任中国人民解放军粤桂边纵队司令员，后从事专业创作，任广东省作协副主席、《羊城晚报》总编辑，以长篇小说《山乡风云录》《北山记》《滨海传》名世。其中《山乡风云录》被改编为革命现代粤剧《山乡风云》，由红线女主演，轰动一时，颇受观众欢迎，成为久演不衰的粤剧保留剧目。

黄秋耘则以《雾失楼台》《丁香花下》等散文名篇为世人所知。

欧阳山加上吴有恒、黄秋耘两位，就使得梅花村的花香之中，又添上了浓浓的文化气息和书香气息。

梅花村36号的"百花园"

1984年12月，一个隆冬的早晨，笔者作为创作助手第一天到广州梅花村欧阳山家里上班。这天，天色阴沉，冷风扑面，太阳已有一个多月没有露面了，真是"春无踪迹谁知？除非问取黄鹂"。对着如此天气，不能不令人产生莫名的抑郁。

来到一幢带庭院的两层楼房前，我按响了门铃，门开处，我眼前猛然一亮：只见院子里，四棵盛开着绯红色花朵的桃树扑进眼帘；这边，巴黎玫瑰绽开笑脸；那边，盆盆菊花向人招手；金旦果压弯枝头，墨兰发出阵阵幽香；院子中央的水池里，一座太湖石假山耸立着，尾尾金鱼穿行在睡莲的叶片之间，时而又钻进石假山的山洞里；院子四周，还有很多叫不出名字的或种在地上，或栽在盆子里的花木。这小小的院子，真个是花团锦簇、流光溢彩、姹紫嫣红，好一派春天的景色。笔者不禁心旷神怡，只觉得天上的阴云仿佛已一扫而光，明媚春光就在眼前。

这带院子的二层楼房，就是梅花村36号——欧阳山的住宅。而鲜花盛开的院子，就是笔者称之为欧阳山精心培育的"百花园"。

欧阳山喜爱花卉由来已久。早在40年代艰苦的延安时期，他也没有忘记用鲜花美化生活。他在窑洞前的土坪上种植了一簇簇红的、黄的波斯菊，在花丛前他构思了长篇名著《高干大》。在《三家巷》里，他细致生动地描绘了广州热闹的除夕花市，描写了主人公周炳和区桃种植白兰花树的温馨情景……

欧阳山喜欢香味特浓、颜色特艳的花。在这梅花村36号，每天清晨，他都要在院子里的花丛中徜徉，要把院子里的花从头到尾看一遍，借以消除疲劳，调节脑力，甚至把栽花看作是一种很好的体育锻炼，这使他能够一直保持着旺盛的精力和体力，得以写作到92岁的耄期之年。

1988年春节，欧阳山在广州梅花村36号住宅的庭院中浇花。

在长期的实践中，欧阳山摸索和掌握了一整套栽种花木的技术和规律，并上升到理论层面。笔者曾向他请教过如何栽花植草的知识，与他深入"研讨"过这方面的问题，他不厌其烦地告诉笔者，赏花容易种花难。而种与管之中，管的功夫更大。对什么时候该松土换泥，怎样浇水施肥，怎样杀虫灭病，怎样剪枝造型，都大有讲究，大有技术。从欧阳山的栽花实践使人领悟到，凡历史上有成就的人，都是非常热爱生活的人。刘白羽从北京来到欧阳山家里做客时，就十分赞赏欧阳山的"百花园"，他风趣地说："广州的花朵特别香，我将来退休后，也要到广州落户。"这正是：羊城佳花赏不尽，不辞长作岭南人！

欧阳山非常喜欢他的"百花园"，他绝大部分时间都在这个"百花园"里活动。每天工作时，他就和助手坐在花前树下，一个口述，一个笔录，写下篇篇佳作；或者在树上叽叽喳喳的鸟语声中，听助手读报、念杂志、念大部头作品。工作之余，他就在"百花园"里晒太阳、散步、浇花、种草，甚至在"百花园"里与来访的客人一边闻着花香，一边谈事情或者聊天……

梅花村36号，是欧阳山居住时间最长、倾注了最深厚感情的地方。

1998年12月11日，欧阳山九十寿辰时在广州梅花村36号留影。

  他在这里写出了90万字的《一代风流》后三卷，即《柳暗花明》《圣地》《万年春》，连同前二卷，即《三家巷》《苦斗》，成为一部长达150万字的史诗式巨著，是奉献给中华民族的传世经典；

  他在这里选编、校改了300万字的十卷本《欧阳山文集》，成为耸立在中国现当代文学史上的一座丰碑；

  他在这里以耄耋之年，以不畏艰辛、孜孜不倦、劳作不息、为艺术献身的精神，以对艺术工作一丝不苟，精益求精，千锤百炼铸丰碑的精神，把150万字的五卷本《一代风流》从头至尾做了一次全面的修改订正，把五卷本《一代风流》修改为四卷本《三家巷》，完成了一项十分艰巨、繁重、浩大的工程；

他在这里写出了包括政论、文艺论文、文艺评论、随笔、回忆琐记以及大会报告、讲话、发言在内的200多篇文章；

他在这里写出了117篇《广语丝》杂文，结集为三卷出版，成为他留给人民、留给世界的最后的艺术精品。

他不懂得休息，他不知道退休为何物。他笔耕不辍，直到92岁高龄，直到临终前4个月，他还在写、写、写！

这一切，人民可以做证；梅花村36号的花草树木以及树上的小鸟可以做证。

所以，中共中央组织部批准他为"人民文学家"。

宾客盈门

梅花村36号是一个宾客盈门的地方。

1992年10月，与来华访问的苏联汉学家费德林在梅花村36号庭院中合影。左起：俄语译员、欧阳山、费德林、虞迅、本书作者。

党和国家领导人习仲勋、杨尚昆、胡乔木、李铁映、叶选平等同志，林若等广东省委领导同志，都曾经到梅花村36号看望欧阳山，关心他的身体健康、生活和工作；国内外知名人士、专家学者、作家、艺术大师、战友周扬、林默涵、刘白羽、周而复、吴冷西、张光年、关山月、红线女、王蒙、张锲、陆文夫、邵燕祥、周国瑾、于逢、易巩、黄伟宗、李天平、程代熙、潘鹤、罗源文、梵杨、易准等，以及国际友人苏联汉学家费德林、日本的多田正子女士等都曾经到过梅花村36号与欧阳山交流学术思想、切磋艺术经验；而新中国成立初期华南人民文学艺术学院的莘莘学子，如今已经成为文艺战线的栋梁骨干，他们也是梅花村36号络绎不绝的常客，经常来向他们的老院长汇报思想、总结经验、探索真理、研究工作；而广东文学院的几十名中青年作家，每年开完年会后，都要在陈国凯、杨干华的带领下，到梅花村36号聆听老主席的教诲；这里，曾经举办过许多次重要的不拘一格的文学作品研讨会；这里，曾经是20世纪80至90年代广东省文学艺术思想交流的中心。还有，广州一些重点中小学校，如执信中学、东风东路小学的小记者们，也曾怀着崇敬的心情，来到梅花村36号，采访这位慈祥的、平易近人的老爷爷，这位享誉中外的大作家；梅花村小区的群众，在不影响欧阳山工作的情况下，也不时会上门问候这位老作家，这位以他的传世巨著，以他的周炳、区桃、胡杏陪伴他们成长的老作家。

1994年11月15日，时任中共中央政治局常委、中央书记处书记的胡锦涛同志在南方考察工作时，专门来到梅花村36号看望欧阳山同志。会见是

1990年，广州市东风东路小学的小记者们采访欧阳山（前左二）后合影。前左一为本书作者。

在亲切友好、无拘无束的气氛中进行的,一直持续了一个多小时。胡锦涛同志深情地向欧阳山回忆道:"我在中学时代就读过您的《三家巷》《苦斗》,这些作品影响了整整几代人!"

会见结束时,胡锦涛同志紧紧地握着欧阳山的手,祝愿老人家健康长寿,为人民群众写出更多的好作品来!欧阳山被党中央领导同志的热情关怀深深地感动了,虽然他的视力不好,没有看清楚胡锦涛同志的脸,可是他清楚地感觉到了胡锦涛同志那双手的温暖与厚重!欧阳山激动地向胡锦涛同志表示他要活到老,为社会主义文艺事业的繁荣发展奋斗到老。胡锦涛同志频频点头致谢,他的眼睛也湿润了。(按:以上情景是欧阳山后来向他的亲人们回忆和讲述的,时间是在1995年冬)①

九十大寿

1998年12月11日,欧阳山九十大寿。这一天,梅花村36号欢声笑语、喜气洋洋、人来人往、高朋满座、热闹非凡。

广东省委常委、宣传部长于幼军受中共中央政治局委员、广东省委书记李长春的委托,来到梅花村36号,向欧阳山表示热烈的庆祝和衷心的问候。他高度赞扬了欧阳山从16岁开始,74年来一直笔耕不辍,一直关心中国的社会主义文化事业,一直坚持与人民同呼吸共命运,一直紧紧地把握着时代的脉搏,与时共进,为深刻地反映社会历史的变革与变迁,在中国文坛上不断地贡献着自己的精品与力作,这是最最值得祝贺的。

于幼军进一步指出,欧阳山同志一直坚持的方向,也是全省文艺工作者努力的共同目标。

欧阳山谦虚地说:"我没有做很多事。如果说有什么经验,就是感谢党的培养。大家在党的培养下,成绩一定会超过我,这是一定的。"

前来祝寿的人们纷纷送上生日蛋糕和花篮,祝老人家"福如东海,寿比南山"!

最不甘人后的是《南方日报》《羊城晚报》《广州日报》以及广东省、广州市电台、电视台等各路媒体的记者和摄影师们,他们带着录音笔、录音器、照相机、摄影机等全套设备,一大早就赶来梅花村36号,抢占有利地形和最佳位置,进行采访、拍照、摄影、要资料。

当天晚上,电视台就播出了庆祝欧阳山90大寿的新闻报道,报纸因为出版周期的关系,第二天才在头版刊登了有关的消息和文章。其中《南方日报》在12月12日头版二条位置刊登了记者陈志的文章《"我要争作跨世纪

---

① 田海蓝:《欧阳山评传》,中国文史出版社2008年版,第486页。

作家"》,文章写道:"《一代风流》里那个坚强的小伙子周炳仍生动地留存在许多人的记忆里。而创造他的作者——我国著名作家欧阳山昨天迎来了他的九十华诞。……人们向您致敬,是因为您的一生,不仅是战斗的一生、革命的一生,而且是笔耕不辍、硕果累累的一生。自16岁的《那一夜》,到在延安毛主席因此与您作彻夜长谈的《活在新社会里》,到《高干大》,到新中国文学的重大成就《一代风流》,再到晚年述作的《广语丝》,都在现代文学史上留下了浓墨重彩的一笔。"而《羊城晚报》同样在12月12日头版刊登的记者何龙的文章:《欧阳山九秩犹言跨世纪》,则因其生动有趣的内容,吸引着读者争相阅读。文章摘要如下:

  这几年,欧阳山不再写小说了,但是写了很多随笔,统称"广语丝"。
  "广语丝"的观点常引来争议,记者小心翼翼地说出不同观点,不料欧阳山毫不介意:"过去《三家巷》出来时,有人说我右;现在《广语丝》出来时,有人说我'左'。我是左右不逢源啊!不过我欢迎有人反驳我。但不知道为什么,很少看到反驳。"
  "是不是有人见您地位高,怕您以势压人?"记者问。
  "我不会以势压制不同观点的讨论。"欧阳山说,"可能是他们怕我老了,承受不起。"
  问到亲人中间有没有与他观点相左的,欧阳山说:"不一致的不少,不同看法可以共存,一家两制嘛。"
  作为90岁的老人,欧阳山每晚大约只睡6小时。他早上听广播,晚上听电视。在听足球赛时,他的孙子叫进球了,他就相信进球了。他偶尔也听流行歌,但他说不喜欢,更喜欢民族音乐。
  采访结束时,记者笑称等到2008年,也就是他百岁寿辰时再来与他争论,看会不会有点统一。欧阳山说:"会的,不过不是你统一我,而是我统一你。向我统一你就进步了。再不一致,我们3008年再来争。"
  "不管怎么说,我们都必须认可有利于国家富强人民幸福的理论和观念。"记者说。
  "对啦,我们统一了。"欧阳山风趣地说,"我们提前进入2008年!"

  这一天,欧阳山怀着无比喜悦的心情,与他的五个子女以及儿媳、女婿、孙子、孙女、曾孙等来了一张四代同堂大合照。他的笑容很灿烂,他感到自己无比幸福。

1998年12月11日,欧阳山九十大寿,与子女、孙儿、重外孙女四代同堂合影。这是全家人第二次大团聚(部分家人)。

第十节 他听到了国歌声

进入20世纪末叶,欧阳山的身体开始出现问题,病魔悄悄地向他靠近。

1996年时他曾患上结肠癌,为此三次住院,两次动手术,这对于一个88岁的老人来说是非常痛苦和可怕的。正当大家都在为他的身体健康而担忧的时候,他却奇迹般地挺过来了,而且一出院就精神百倍地马上继续写他的《广语丝》,还参加了各种各样的会议和活动,把家人和身边工作人员劝他要注意身体、注意休息的话当作耳边风。

时间来到了2000年。

这一年的3月15日,92岁的欧阳山参加了华南人民文学艺术学院建校50周年纪念会,并做了即席讲话。这篇讲话后来整理成《一悲一喜》一文,作为《广语丝》第115篇。

5月9日,欧阳山写出《杨骚是中国人民的忠诚儿子》(《广语丝》第116篇)。

5月14日,欧阳山写出《〈伟人周恩来〉首发式贺信》(《广语丝》第

117篇）。但谁也没有料到，这篇文章竟成为欧阳山的绝笔，成为他告别人世前，写下的最后一篇文章（当时有人写文章恶意贬损鲁迅，欧阳山原计划写几篇《广语丝》给予驳斥，无奈病魔已经无情地夺走了他手中的笔）。

8月28日早上8时30分，欧阳山来到广东省委大院二号楼，参加广东组原中顾委委员讨论会。他和同为原中顾委委员的任仲夷同志很认真地学习和讨论了中央文件，积极地发表了自己的意见，直到中午12时20分。这是欧阳山一生中所参加过的最后一次会议。

（以下有关欧阳山入住广东省人民医院治病直至去世的情况描述，资料由田海蓝提供）

2000年9月7日

秘书王志8时05分来上班，发现欧阳山并没有起床。而在平日的这个时候，欧阳山不但已经起床，而且已经吃过早餐，在散步和活动了。王志觉得有点儿不对劲。

8时20分，欧阳山把王志叫到他的房间，说他感觉到有点儿头晕，很不舒服。王志动员他到医院去检查一下身体，看看是什么病。但欧阳山有点若无其事地说："没关系，可能是感冒吧，等一下再说。"

等了一会儿，欧阳山仍旧觉得不舒服，可是他还是不肯去医院，并且说："也可能是今天天气转冷，血压有变化，休息一下会好的。"

但欧阳山的精神越来越差了，说话都有气无力的。在众人的劝说下，这位固执的老人终于同意去医院了。

上午11时，王志陪着欧阳山赶到了广东省人民医院。此时的欧阳山面色苍白，头晕加剧，并且出现了呕吐现象。院方的单主任初步判断是贫血，她要求欧阳山马上住院，先抽血检查后再说。

11时25分，欧阳山住进了医院，但他自信自己不过是一次小恙而已，过几天就会康复出院，又可以继续写他的《广语丝》了。

下午2时25分，王志和司机霍汉鸿赶到医院陪护欧阳山，此时欧阳山还在睡觉，直到3时才醒过来，但因头晕不能起坐。经检查老人的血压、体温都正常，王志他们才暗暗松了口气。欧阳山觉得肚子很饿，想吃碗云吞面，于是小霍赶紧开车去买。但买来后刚吃两口，检查结果出来了，怀疑是急性胰腺炎。医生要求欧阳山马上要禁食，不能再吃任何一点东西了。接着又再次抽血检查，最后确诊为：急性胰腺炎，淀粉酶达到760u/L，需要立即打吊针来治疗，并且要求家属或者找护工24小时陪护。

当天晚上，欧阳山的大儿媳邹敏及孙子小广、小益围坐在老人身边问候。

2000年9月8日

欧阳山的体温升高到38.5℃，而且心跳加快，肺部也有炎症。

下午3时，院方的单主任提出，要将欧阳山转入监护室。

下午5时10分，欧阳山的86岁患有轻度阿尔茨海默病的夫人虞迅赶到医院。

5时20分，大儿子左嘉从南海县赶到医院。

单主任向老人的家人报告了病情：欧阳山患的是急性胰腺炎，现在他的肺部又有了感染，体温已经升到38.8℃，很危险了。所以院方决定要把欧阳山转入重病监护室来加强护理。最后单主任神情凝重地告诉大家："欧阳老90多岁了，这些病一发作就是'台风'，现在加上发热就等于是'龙卷风'！他现在就处在十字路口上，往好处发展会拉回来，往坏处发展就完了！"

5时40分，欧阳山转入13楼的重病监护室。

2000年9月9日

由于医院的及时抢救，欧阳山的体温降至36.2℃，血压170/92mmHg，心律80次/分左右，一切又都恢复正常。大家长长地舒了口气。

2000年9月10日

精神状态逐渐好起来的欧阳山提出要离开重病监护室，并且想吃东西等一系列要求。但是病房的医生说："绝对不能吃东西，至于转不转病房要等袁所长来决定。"欧阳山无奈之下，只好要王志为他从家里拿来报纸、杂志读给他听，他要关心国家大事，关心文艺界的情况。王志劝他："监护室里不能念东西，要保持安静，况且还会影响您的休息。"可是欧阳山还是不同意。最后王志征求了护士的意见：同意念杂志，但是声音要小一点。

2000年9月12日

是日中秋。下午5时20分，王志赶到医院探望欧阳山。欧阳山围绕着中秋节的话题十分感慨地说了很多话，对自己只能一个人在医院过中秋节显得有点伤感。天色渐暗，虽然自己感到孤独，但是欧阳山一再催促王志回家过节，去和爱人、儿子团圆去。可是王志没有走，他不忍心让老人一个人孤独地留在病房里，他要多陪陪老人。在这明月之夜，欧阳山兴致极高要与王志对饮，他说："以米汤当酒也行，如果有半杯葡萄酒那就更美妙了，可是现在我的中秋晚宴就只有这么两口米汤！"他举起杯来，笑着吟诵起李白的诗句:"举杯邀明月,对影成三人。"接着又吟出王翰的《凉州词》,"葡萄美酒夜光杯,欲饮琵琶马上催。醉卧沙场君莫笑,古来征战几人回。"看到老人诗兴这么浓,一首接一首地吟诵,性格好像变得与往日不同,王志心里不免有点不安。

2000年9月15日

在医生的允许下,欧阳山吃了一碗没有油和葱花的鱼片粥,这是他几天以来吃的第一顿主食。他胃口很好,没有什么不良反应。他变得很健谈,饶有兴致地跟王志聊天,从他的新版《三家巷》,谈到典型性格的塑造问题;从《红楼梦》的人物形象,到重点谈论金陵十二钗中的秦可卿,还让王志念杂志上的文章。到了下午,欧阳山下床去拍胸片,他在房间里转了三圈,还坐了一会儿,感觉良好。他表示下个星期他就可以转病房或者出院了,连医生也认为他再做一个全面检查,如果没有问题,下周一他就可以出院了。医生们都认为欧阳老能够恢复得这样快真是一个奇迹。大家的心里都亮堂起来了。

2000年9月16日

近来欧阳山在听读文章中,得知当前文艺界有人在贬损鲁迅先生,十分气愤。他表示想在医院里写《广语丝》来进行反驳,并要王志打电话给易准、李天平等同志也写文章来反驳。还想和远在北京的三个女儿打电话,谈谈自己的写作计划。到了中午时,欧阳山突然对王志说起了"死"的问题。他说自己是唯物主义者,不忌讳谈"死"的问题。他说自己万一死了,要解决好虞迅的生活问题,要留一部分存款给她,作为她的生活费用,另一部分存款则作为未来的欧阳山资料馆的管理费用。

2000年9月17日

王志早上来到医院,发觉平日早就已经起床的欧阳山仍然酣睡不醒。王志感到有点不对头,这症状和9月7日那天早上发病时的情形十分相似,于是他马上去报告了医生、护士来查看。可是醒来以后的欧阳山不肯洗脸、吃饭、吃药、喝水,情绪反常,说话混乱。病房值班的几位医生都赶来检查和测试。10时30分,欧阳山情绪开始激动,他坐在床上,不停地在说话,神志已经有点儿不太清楚了。欧阳山的病情显然是急转直下地恶化了。王志把这一切打电话告诉了欧阳山远在北方的三个女儿。

2000年9月18日

欧阳山的病情在逐渐加重：他一直不停地说话，他说的话有时清醒，有时糊涂，他不肯吃药、喝水，也不肯做检查，情绪显得非常亢奋。王志把欧阳山病情恶化的情况向省委有关部门做了汇报。下午4时50分，省委李万国副主任、省委保健办孙如贵主任、省文联党组书记蔡时英来到医院探望欧阳山；5时15分，省委秘书长蔡东士及谭一鸣同志也来到医院。此时的欧阳山已陷入半清醒、半昏迷的状态。王志俯在欧阳山的耳边说："省委蔡秘书长来看您了，问您有什么要求？"欧阳山这时头脑清醒地回答："我对党从来没有过什么要求。"蔡东士说："那么我代表组织，要求您要配合医生检查、吃药，力争早点康复！"说着，蔡东士和谭一鸣同时握着欧阳山的手，欧阳山也用尽全身的力气紧紧地握着他们的手，轻轻地说："组织的手真温暖！"这是欧阳山在头脑清醒的状况下说出的最后一句话。

2000年9月19日

欧阳山的病情更重了，他的脸部表情十分痛苦，已经完全不能说话了。医院袁所长马上组织会诊，并要求王志立刻通知家属前来。会诊的结果是：急性胰腺炎引起肾、心功能衰竭，从而又导致尿毒症。必要时需要洗肾做透析。虽然洗肾有危险，但医生认为只有洗肾才可能有一线生机。因为洗肾有可能给老人带来生命危险，此时已来到医院的欧阳山的两个儿子左嘉和燕星拿不定主意，两人商量了很久，决定等三个姐姐来到后再做决定。这一天，前来探望的人络绎不绝，他们是罗源文、梵杨、蔡运桂、易准夫妇、仇智杰、伍志红等省文联和省作协的同志。

2000年9月20日

欧阳山一直处于昏迷状态中。上午10时15分，省作协领导陈国凯、杨干华、吕雷、欧阳翎、廖红球、谢望新、朱惠群等同志前来探望，并送上2000元慰问金。可是欧阳山一直昏迷不醒，情况令人十分担忧。中午时，北京的二女儿天娜、三女儿纳嘉和在辽宁的大女儿代娜先后赶到了广州。大家商量的结果，同意医院明天做肾透析，并且由大女儿代娜代表家属签了字。

2000年9月21日

上午10时，医院为欧阳山做了肾透析手术，手术至下午1时35分结束，整个透析过程还是比较顺利的。但是王志认为关于肾的问题，最好还是应该请教一下中山医科大学附属第二医院的王一峰教授，因为长期以来一直是由他来给欧阳山看病的,他对欧阳山的身体及病情状况比较了解。征得大家同意,下午3时20分,虞迅到中山二院找到王一峰教授。王教授认为:"肌酐320umol/L,绝对不会影响语言、大脑,造成不清醒。不能把肾作为影响大脑的病因,不反对肾透析,但透析有危险,应请心血管和神经科会诊。"从中山二院赶回省人民医院,正好赶上省院的林曙光院长前来看望并了解欧阳山的病情。林院长也认为:"肾的问题不会引起昏迷,估计还有其他原因,透析明天再做最后一次。"这一天,北京方面来电慰问的有周而复、刘白羽以及中国作协秘书处。

2000年9月23日

上午,医院给欧阳山打了"安定",他的心跳加快,可是血压正常。10时15分,中共中央政治局委员、广东省委书记李长春来医院探望欧阳山。而当时欧阳山正在做肾透析,手术进行了三个小时,直至下午1时才结束。但是到了下午4时50分,院方发现欧阳山内腔出血,医生赶紧抢救,拍片检查,但是还是找不到出血点。晚上8时20分,北京郑伯农来电话,代表中国社会主义文艺学会、《文艺理论与批评》杂志、贺敬之、柯岩、魏巍、张锲等向欧阳山问候,祝他早日康复,并详细询问了欧阳山的病情。

2000年9月24日

欧阳山的病情加重,不但没有好转,而且持续发烧、继续出血。上午省委组织部何顺民部长、党政干部处吴积彬处长、省委办公厅方东明主任等,代表省委副书记刘凤仪前来探望欧阳山,并送慰问金1500元。省委办文处刘红来电话,代表党支部问欧阳山好。晚上8时50分,欧阳山的心脏突然停止跳动,经抢救后脱险。

2000年9月25日

上午7时20分王志赶到医院,发现欧阳山的情况更差,医生说很不乐观。9时,医院袁所长来,说是要与家属谈谈。他对欧阳山的两个女儿代娜、天娜以及王志说:"欧阳老经检查,大脑已经死亡。实际上人是已经死亡,只是心脏还在跳动而已。"两个女儿顿时放声痛哭,并让司机小霍将虞迅和其他儿女迅速接来。亲人们都赶来了,大家围在欧阳山的身边紧紧地握着他的手痛哭着,呼唤着,希望他能够睁开眼睛再看看他的亲人们。就在这时,奇迹发生了:已经昏迷了七天的欧阳山突然睁开了双眼,向前凝视着。他一定是听到了亲人们的呼唤,他一定是看到了亲人们的脸庞,他一定是感受到了亲人们的心情,他一定是懂得了亲人们的祝愿。只见他的眼角缓缓地流出了泪水，接着又慢慢地合上了眼睛。他安详地入睡了……

这时，窗外的电视机传来在悉尼奥运会上，中国体育健儿摘取金牌桂冠时播放的雄壮、洪亮的中华人民共和国国歌声，欧阳山一定听到了这国歌声，他一定听到了这国歌声！

他入睡了；

为中国的文学事业奋斗了一生、贡献了毕生心血的欧阳山同志安详地入睡了……

晚上6时，省委宣传部部长钟阳胜、副部长刘斯奋，省作家协会的蔡运桂、廖红球、王俊康、温远辉、何锹、朱惠群，省文联的蔡时英、张小军、周国瑾、易准、梵杨、肖卓光、钟尧熙等同志来到医院，向欧阳山同志告别，并商量身后事宜。钟阳胜同志请欧阳山夫人虞迅及其他亲属保重身体，并询问要求。虞迅同志明确表达了欧阳山同志及其亲属的共同愿望，不搞特殊化，一切从简。

2000年9月26日

上午8时35分，欧阳山的心脏在大脑已经完全死亡了的情况下，仍然顽强地跳动了一整天之后，停止了最后的搏动……

其时，早晨的阳光一点一点地漫过病房的窗沿，柔和地洒在欧阳山的脸上，欧阳山就这样永远地走了……

第十一节　敬仰高山

欧阳山同志逝世后，时任中共中央政治局常委、国家副主席、中央军委副主席胡锦涛同志专门发来唁电并献上花圈，对欧阳山同志的逝世表示深切的哀悼，并对其家属表示亲切的慰问。

在欧阳山同志病重期间和逝世后，前往医院探望或以不同方式表示悼念及向其家属表示慰问的有：时任中共中央政治局委员、广东省委书记李长春，时任中共中央政治局候补委员、中央书记处书记、中央组织部部长曾庆红；中国文联党组书记高占祥，时任中宣部副部长、中国作协党组书记翟泰丰，中国作协书记处书记陈昌本、王巨才、张锲；时任中共广东省委、省人大常委会、省政府、省政协负责同志卢瑞华、朱森林、郭荣昌、黄华华、张高丽、黄丽满、刘凤仪、王岐山、温玉柱、卢钟鹤、欧广源、于幼军、蔡东士、钟阳胜、张帼英、曾昭科、王骏、程志青、侣志广、张凯、李兰芳、钟启权、汤炳权、许德立、游宁丰、王宗春、刘维明、李金培、张展霞、康乐书、彭禹贤、韩大建、潘金培、王珣章、林东海；中央人民政府驻香港联络办公室负责人郑国雄、高祀仁；广州市负责同志林树森等；原广东省老领导任仲夷、林若、梁灵光、吴南生、罗天、寇庆延、王宁、焦林义、张根生、梁威林、李尔重、王全国、杨应彬、陈越平、杜瑞芝、宋志英、凌伯棠、黄浩、钟明、范希贤、曾定石、陈祖沛、方少逸、谢颂凯、张汉青、王屏山、张泊泉、王越、伍觉天、何宝松、肖耀堂、沈永椿、王匡、张云、赖少其、汤光礼、欧初等；欧阳山生前友好和文艺界知名人士林默涵、贺敬之、刘白羽、魏巍、周而复、于黑丁、草明、陈涌、郑伯农、柯岩、陈早春、陈沂、梁光弟、刘斯奋、陈残云、陈国凯、吕雷、杨干华、蔡运桂、蔡时英、红线女、周国瑾、罗源文、梵杨、林墉、易准、韦丘、廖红球、谢望新、王俊康、欧阳翎、伊始、蔡玉明、黄笃维、徐东蔚、关振东、贺朗等。

中共中央组织部、中国文联、中国作家协会，北京、辽宁、吉林、上海、江苏、福建、山东、河南、湖北、湖南、广东、广西、四川、云南、陕西、宁夏、河北、内蒙古、甘肃等省、自治区、直辖市的作家协会，人民文学出版社、《文艺理论与批评》杂志社、中国左翼作家联盟成立大会会址纪念馆、上海鲁迅纪念馆、广州鲁迅纪念馆、延安市委市政府、延安作家协会、欧阳山家乡湖北荆州市委市政府、中央政府驻港联络办、《澳门日报》，以及省直有关单位和有关市县分别发来唁电、唁函，对欧阳山同志的逝世致以深切的哀悼。

《人民日报》《文艺报》《南方日报》《羊城晚报》《广州日报》《文学报》《新世纪文坛》《文艺理论与批评》等报纸、杂志以及电台、电视台分别报道了欧阳山同志逝世的消息，刊发了大量的悼念和纪念文章。

中国文联的唁电写道：

> 作为一位著名的文学家，欧阳山同志在长达几十年的写作生涯中，谨守"为人民写作"的原则和理想，写出了大量群众喜闻乐见的文学作品，其中，相当一部分的作品产生了广泛的影响。他的逝世，是文学界的重大损失，喜欢他的作品的读者与群众，失去了一位可亲而又可敬的朋友！欧阳山同志的精神永驻人间！

中国作家协会的唁电写道：

> 欧阳山同志在承担繁重的行政组织工作的同时，几十年如一日辛勤笔耕，著作等身，成就斐然。他的长篇小说《三家巷》（包括《苦斗》《柳暗花明》《圣地》《万年春》），在新中国文学史上产生了重大影响，是光辉的传世之作。欧阳山同志的逝世，是文学界的重大损失，

我们失去了一位受广大人民爱戴、尊敬的老作家。痛哉！欧阳山同志千古！

人民文学出版社的唁电写道：

惊悉著名小说家欧阳山同志不幸仙逝，不胜悲痛。长期以来，欧阳山同志与人文社关系密切，我社亦有幸得以出版其大著《一代风流》。我们为失去如此一位令人敬仰的文学大师、忠厚长者和良师益友而深为痛悼。深信欧阳山同志一生爱党爱国的赤胆忠心和竭心智为文的大师风范，将鼓励后辈为振兴我国的文学和出版事业而奋斗！

2000年9月29日下午，欧阳山同志遗体告别仪式在广州殡仪馆正大厅举行。前来吊唁的人群把大厅挤得水泄不通，其中有白发苍苍的老人，也有黑发少年；有欧阳山的生前故旧、同事、学生和广东文学界的新老作家，更多的是文学爱好者、欧阳山作品的忠实读者和普通群众。下午3时30分，中共中央政治局委员、广东省委书记李长春，广东省省长卢瑞华等省委、省政府领导同志以及任仲夷、林若、梁灵光等老同志，也来到了吊唁的人群中，向欧阳山同志做最后的告别⋯⋯

吊唁大厅里悬挂的多副挽联中，一巨幅白幛最为引人注目，上面是广东省作家协会的中青年作家们为他们的老师、老主席题写的挽联：

文坛星陨泰斗，延安亲聆《讲话》，革命功成，胸怀回荡"两为方向"，屡列前茅标亮节；
艺林泪飞碧落，越秀笑谈"鸿篇"，平生奋发，心血注凝《一代风流》，频推后浪涌长江。

作家洪三泰则悬挂一首挽诗送别尊敬的老师：

忽断名山粤地空，
风流绝唱录芳踪。
白云巧说行文智，
胜利欣传论道功。
延水秋深悲战马，
珠江日落泣哀鸿。
几时久酿梅花酒，

揽海提江一奠公。

作家廖红球以一幅《墨竹图》，象征欧阳山同志追求真理、刚正不阿的气节。

在大量的纪念文章中，很多都以大山比喻欧阳山，这缘自作家梵杨的一篇文章。

1993年初，梵杨曾以《山之歌》为题，在《文艺报》上评价欧阳山。文章中首次以大山比喻欧阳山，比喻欧阳山如大山般的革命坚定性。这一比喻获得大家的认同。

大家都认为，欧阳山确实是一座山，一座既高峻又强硬的山：他那等身的著作，他那足以传世的鸿篇巨制，他那150万字的《三家巷》（又名《一代风流》），不就是一座高耸入云的大山吗？他在中国现当代文学史上，不就是一座屹立不倒的大山吗？他几十年始终如一、毫不动摇地对革命文学的执着追求和坚守，不就是大山的品格吗？他对马列主义信仰的坚定性，他对革命的坚定性，他那种绝不随波逐流的性格，能不使人想起"咬定青山不放松，立根原在破岩中。千磨万击还坚劲，任尔东西南北风"这首诗吗？

大家说：

欧阳老走了，但他那令人敬仰的"青山"般的性格与精神，将永远长留人间。

我们要学习他像青山一样的坚定，学习他在人生风雨中、政治风暴里从不随风摇摆，更不见风使舵的原则性与坚定性；

我们要学习他像青山一样的苍郁，学习他八九十岁高龄仍笔耕不辍，像青山那样富有活力的勤奋创作精神；

我们要学习他像青山一样的高峻，学习他为艺术倾尽毕生精力、精益求精的态度。他给我们留下的是一座如高耸青山般的艺术高峰，激励我们去努力攀登……

"毕业"于广东文学院的省作家协会副主席吕雷，以《敬仰高山》为题，送别恩师。文曰：

欧阳老在我们心目中，是一座值得永远敬仰的高山。

在我的少年时代，我就读过他的《三家巷》。我的文学梦可能就是从此开始的。……没想到，经历过"文化大革命"风雨之后，我竟能有幸进入了他创办的广东文学院，在他的指导下，从事创作，这真是莫大的幸运。

......

他最令我们钦服的是,他的信仰无比坚定执着,对执行党的文艺路线和"两为"方向毫不动摇,充分体现了一个老共产党员坚强的党性。他向我们反复强调,要深入生活,和人民群众同呼吸共命运,党员作家首先是党员,然后才是作家。……

一个人在风吹雨打中有着如此坚定的信仰,也是一种幸福。坚守信念是一种非凡的品格,能在近一个世纪中坚守信念,更令人肃然起敬。

他(欧阳山)真是一座高山——文学的高山,信念的高山。①

笔者在《恩师不朽》这篇纪念欧阳山的文章中写道:

他(指欧阳山)的政治立场、政治信仰和政治信念的无比坚定执着,给人最深的印象。他自20年代末接受马克思主义始,直到临终,70多年来,任凭风云变幻、风狂雨骤,他一直坚守信仰,毫不动摇;他加入共产党之后,60年来,一直坚持党的立场,坚持党的文艺路线、方针、政策,毫不动摇;他对社会主义有着坚定的信念,几十年,一直坚持社会主义方向,毫不动摇;从60年代初到"文革"十年,他被批判为右的典型,改革开放之后的八九十年代,他又被人讥为"左王",可是他依旧坚守他一贯的信念,毫不动摇,充分体现了一个老共产党人无比坚定的党性和对党的忠诚。他的这种坚定性,在广东文艺界是一致公认的。好些作家都一致认为:最令我们钦服的是,欧阳山的信仰无比坚定执着,令人凛然起敬。……他真是一座高山——文学的高山,信念的高山。欧阳老的这种"咬定青山不放松,任尔东南西北风"的政治品格,这种与鲁迅硬骨头精神一脉相承的铮铮铁骨,不是足以令那些东摇西摆的软骨头风派文人汗颜吗?②

2000年10月5日,欧阳山的骨灰盒上,镌刻着他生前最敬爱的导师鲁迅先生"横眉冷对千夫指,俯首甘为孺子牛"的名句,安放在广州银河革命公墓陵园的第一室中。在这里,他和先他而去的情谊深厚的老战友们重逢了,大家相聚在人民共和国的大地上,相聚在祖国母亲那宽厚温暖的怀抱中……

今天,广东(华南)和全中国的社会主义文艺事业已呈现出一派大发

---

① 吕雷:《敬仰高山》,《羊城晚报》2000年10月4日。
② 胡子明:《恩师不朽》,载《纪念欧阳山》,广东人民出版社2001年版,第255页。

展大繁荣的兴旺景象，广东广大的文艺工作者和全中国广大的文艺工作者一道，在建设文化强省、文化强国的历史进程中，正发挥着重大的作用，做出了积极的贡献。

而作为广东（华南）社会主义文艺事业的开拓者、建设者和领导者的欧阳山，以如椽巨笔为人民、为中华民族奉献了那么多史诗式作品和传世巨著的欧阳山，在中国现当代文学史上占有重要地位的欧阳山，其所作做的巨大贡献将永垂史册！

第十二节　长征接力有来人

欧阳山远去了，与他一起为广东文学事业的繁荣发展共同奋斗了半个多世纪的陈残云、秦牧、杜埃、吴有恒、黄谷柳、于逢、萧殷、韩北屏、司马文森、韦丘、易巩、欧阳翎、梵杨等同志也都远去了，但他们的作品没有远去，也绝不会远去。他们是以欧阳山为领军人的广东当代文学史上的第一代作家，他们从风雷激荡的20世纪30年代走来，在鲁迅的大旗下，从事革命文学的创作；他们的创作在20世纪50—60年代达到了峰值，在祖国社会主义的文艺大花园中，他们的创作开出了灿烂的花，结出了丰硕的果。他们创作出了大量无愧于伟大时代的优秀作品、大作品，乃至传世巨著。世世代代的人民将会永远记住并时时阅读他们创作的《高干大》、《三家巷》（又名《一代风流》）、《香飘四季》、《花城》、《艺海拾贝》、《长河浪花集》、《风雨太平洋》、《山乡风云录》、《虾球传》、《金沙洲》、《高山大峒》、《风雨桐江》、《瑶家寨》……

他们没有远去，他们已经在他们的作品中永生！

欧阳山的一位当年华南人民文艺学院的学生李前忠曾这样说道："不少的人，一谈起《一代风流》，就记住一个作家欧阳山。……欧阳山一生取得的诸多头衔，可随风而去，但他留下的作品，却可传世。欧阳山走了，他还活着。"

这不禁令人想起大诗人臧克家当年在纪念鲁迅先生时写的那足以流传千古的名句："有的人死了，他还活着。"

陈国凯远去了，杨干华远去了，吕雷远去了，程贤章、杨羽仪、王杏元、余松岩、邹月照也都远去了，但他们的作品没有远去，也绝不会远去。他们是以陈国凯为领军人的广东当代文学史上的第二代作家，他们行进在欧阳山等第一代作家所开辟的广东文学的大道上。他们崭露头角于20世纪60年代，在祖国改革开放历史新时期的20世纪80至90年代，广东文坛上涌现的一篇篇精品力作、一部部长篇巨著，主要就出自他们的笔端。他们所创作的《我应该怎么办》《代价》《大风起兮》《天堂众生录》《眩目的海区》《大江月圆》《大江沉重》《国运——南方纪事》《神仙·老虎·狗》《水乡茶居》《绿竹村风云》《地火侠魂》等作品,深受广大读者欢迎,将会传之久远。

第二代作家中,如今健在的大都八十开外了,但他们老骥伏枥,志在千里,近年来依旧笔耕不辍。

蔡运桂虽年老多病,但他没有放下手中的笔,当新冠肺炎疫情在全球肆虐时,人们在《汕头日报》上看到他发表了诗歌《抗疫之歌》,他还创作了散文诗《忆钟南山为我治病的日子》。

王俊康虽患多种疾病,心脏三次手术,直肠三次手术,特别是眼疾严重,视力模糊,但他创作力依旧旺盛,他撰写的童谣《爸爸五岁我十岁》,一举夺得省文明办举办的"我和我的祖国"童谣征集活动一等奖;他还在《文艺报》上发表了《黄庆云:生命之树常绿》《抒写平凡劳动者的精神光芒——评谢友义〈你看、你看那美丽的安居房〉》《一马飞奔战士情——读张永枚的儿童文学作品》《不忘共产党人的初心使命——评谢友义报告文学新作〈肝胆两昆仑〉》《〈离骚〉:阅读品质的追求》,在《中国艺术报》上发表了《听大海的声音——读邱少梅报告文学集〈有一个港区叫南沙〉》《用童心铸就美丽的花园——读吕程儿童文学〈珠海少儿〉四卷有感》,以及近万字的发表在《广东教学报》上的《阅读让人变得强大——评〈石子鸣小学读书笔记〉》等文章。2020年,新冠肺炎疫情袭来,从2月2日起,王俊康创作的《救灾不分你我他》《面对疫情:写给孩子们的信》《战士勇士卫士——致战病毒的医务人员》《护士阿姨的三鞠躬》等多篇抗疫儿童诗在媒体传播,阅读点击量达数十万,特别是童谣《一二三数大山》,歌颂了抗疫先锋钟南山,被广东文体广播电台重磅推出,誉之为"唱出了孩子心中的钟南山",继而又发表了长文《钟灵毓秀南山松——记充满激情的钟南山》。3月30日,广州日报微信公众号以《这位76岁大朋友,用童诗给孩子们讲抗疫故事》为题,报道王俊康坚持抱病为孩子们创作抗疫诗篇,"以笔传心意,为孩子们解读疫情"的故事。2020年12月20日,在纪念回族法学家、前最高人民法院副院长端木正教授百年诞辰大会上,他做了长达6000字的题为《端木正的家国情怀和民族情感》的演讲。这正是:"志士暮年,壮心不已"。

洪三泰担任了《湛江通史》主编,参与编撰这套三大卷160多万字的史学著作;创作并由广东人民出版社出版了长篇纪实文学《黄学增》;主编了由广东高等教育出版社出版的《遂溪简史》;撰写了"抗疫"诗歌30首,《俄罗斯之行》诗歌40首;荣获第三届"丝绸之路国际诗歌艺术奖金驼奖"。2019年，洪三泰以长诗《大海洋》，在俄罗斯普希金国际诗歌艺术节上，获得该艺术节的最高奖——"俄罗斯普希金诗歌艺术奖章"，为中国诗歌界赢得殊荣。

黄树森2019年编辑出版了省重点扶持项目《黄树森集》，主编出版了50万字的《百年萧殷纪念文集》，在"光明网"《粤海风》《深圳文学》发表了《〈白门柳〉的三个谜题》，为省重点扶持项目《〈白门柳〉的历史原型与文学想象》（刘卫国著）撰写了序言，在《羊城晚报》《广东文坛》发表了《〈铜钵盂〉的潮汕江湖》《〈铜钵盂〉五部的四个谜题》等评论郭小东长篇巨著《铜钵盂》的文章，又为《陈浜全集》撰写评论文章，为《中华香文化》作书序，其主编的《走进岭南文化》乡土教材入选国家教材局教材评奖。

沈仁康2019年撰写并出版了十几万字的诗歌评论集《古诗今读》，发表了诗歌评论文章《岭南诗歌创作坚毅的跋涉者》；在《罗湖文艺》发表了爱国题材诗歌《春天的土地》《战士的家园》，抗疫题材诗歌《庚子年春天》，扶贫题材诗歌《山路》以及《快乐的风》《广州画像（五首）》等；除诗歌外，沈仁康还撰写并发表了散文《北京的底色》。

廖琪在《深圳文学》等报刊及网站发表了《沉寂的力量》、《为英雄壮怀，为文化正名——致文友》、《守护生命——抗疫英雄传》（合作），着手筹备《庄世平画册》采编工作，与曾平标共同撰写并由花城出版社出版了长篇报告文学《扶贫状元陈开枝》。2020年，廖琪与孙向学合作创作了35万字的长篇小说《南海人家》。

曹征路近年出版了《问苍茫》《反贪指南》等作品。

伊始正在辛勤笔耕，创作一部描写康梁戊戌变法、推行维新运动的长篇历史小说。人们对这样一部描述处于风雨飘摇、大厦将倾的清朝末年那天崩地裂、风云变色、令人惊心动魄的颇具史诗色彩的历史大著，充满期待。

让人们更加充满期待的，是广东当代文学史上的第三代作家。

第三代作家业已"成军"，且人强马壮、人数众多。他们在21世纪灿烂阳光的照耀下，迅速成才。他们在思想和艺术上日臻成熟；他们富有创新精神和创造活力；他们在全国文学创作生力军的竞争中已经占有一席之地，并形成了有特色的多个群体；他们个个身怀"绝技"，各胜擅场。他们正在深入生活，扎根人民；他们正在下苦功夫，切实增强理论武装，努力汲取新鲜知识，尽快丰富艺术修养，不断提高驾驭、把握、反映当下纷繁复杂现实生活的能力；他们正在呕心沥血创作代表岭南、代表中国的精品力作；他们正在为开辟广东文学事业发展新境界，推动广东文学异军突起、繁荣发展、走在全国前列而奋斗。

第三代作家的领军人是张培忠和蒋述卓。主要成员有（排名不分先后）：熊育群、杨克、谢有顺、郭小东、陈剑晖、周西篱、高小莉、魏微、王十月、王威廉、梁凤莲、筱敏、张欣、张梅、艾云、邓一光、杨黎光、鲍十、盛可以、盛琼、黄咏梅、郑小琼、蒲荔子、陈诗歌、冯娜、阿菩、王哲珠、黎衡、陈培浩、陈崇正、李德南、蔡东、郭爽、莫华杰、陈启文、南翔、丘树宏、卢卫平、王小妮、黄礼孩、唐德亮、黄金明等。

这一长串名字的背后，是一篇篇精品力作，是一部部鸿篇巨制。

2019年11月，按照广东省委宣传部的部署，由张培忠担任总撰稿，有喻季欣、黎衡、姚中才、王十月、何龙、刘鉴、陈启文、盛慧、李焱鑫、曾平标、王威廉、陈枫等13名优秀作家和媒体人组成的集体创作团队，手不离笔、合力攻关，经过近一年的奋斗，硬是将一部四卷本共100余万字的史诗式巨著《奋斗与辉煌——广东小康叙事》呈现在全国广大读者面前。

《奋斗与辉煌——广东小康叙事》是国内第一部全景式、史志式记录小康工程的鸿篇巨制、首部全面讲述广东小康建设辉煌成就的大型纪实文学，是广东现实题材创作的小康"创业史"，是广东小康建设的"清明上河图"，是当代岭南的大史记，又是伟大中国梦的华彩篇章，堪称广东新时代文学创作的扛鼎之作。该书出版后，引起广泛关注，受到高度评价。有论者指出，《奋斗与辉煌——广东小康叙事》通过建构以书写对象的史诗性存在相适配的史诗结构，以大量客观详备事实的生动叙述和人物命运史与精神史的精彩描写，大写了中国小康建设的伟大成就，再现了中华民族波澜壮阔的改革开放的历史场景，激扬起人类创造历史中的中国力量、中国精神，是一部主题重大、叙事饱满、具有非虚构审美表现力和史诗品格的作品。

2020年，新冠肺炎疫情肆虐全球。在抗击疫情主题创作方面，以第三代作家为主力的广东文学界积极作为。2月以来，广东省作协在全省开展"以笔为援，抗击疫情"主题文学活动，组织重点作家采写抗击疫情题材作品。

张培忠与许锋联合采写了报告文学《千里驰援》，这篇全景式反映广东分24批共2461名医护工作者驰援湖北抗击疫情的报告文学，以接近一个整版的篇幅发表在3月2日《人民日报》《大地》副刊《抗疫一线的故事》专栏上，成为该专栏刊发的第一篇文章，也是全国第一篇全景展现地方医疗队驰援湖北的报告文学。文章发表后，党建网、光明网、凤凰网、中国作家网等全国20多家媒体网站迅速转发，《南方日报》全文转载，南方+配发记者专访，广东省委主要领导和多位省领导做出批示，中国作家协会编发简报，业内人士和广大读者给予好评，产生了积极而广泛的影响。

熊育群采写的反映钟南山院士逆行抗疫的报告文学《守护苍生》在《光

明日报》刊发，《钟南山：苍生在上》在《收获》杂志长篇专号首发并由花城出版社出版，同时入选中宣部2020年15部优秀现实题材文学作品。熊育群接着又创作出43万字的抗疫题材长篇报告文学《第76天》，该书全景式写武汉的76天，是一部记录2020年武汉、湖北及全国人民在党的领导下，团结一心抗击新冠疫情的时代画卷，入选中宣部"建党百年"主题创作重点跟踪项目。

张宇航、周西篱、宋晓琪创作出长篇报告文学《南国战"疫"》。

张培忠的报告文学《洛城战"疫"》、刘斯奋的诗歌《庚子避疫有感》、蒋述卓的散文《静思短章》、周西篱的报告文学《庚子年广东战"疫"》、王威廉的报告文学《严重的时刻》、唐德亮的报告文学《方舱医院的"女诗人"》等一大批作品分别在《文艺报》《人民文学》《中国作家》《南方日报》等报刊发表，产生良好反响。

红色题材创作方面，推出了周晓瑾、周伟兵创作的长篇纪实文学《信仰——周恩来岭南纪事》，杨黎光创作的长篇纪实文学《脚印——人民英雄麦贤得》等多部重点作品，向中国共产党成立100周年献礼。

郭小东发表和出版作品的数量之多，居第三代作家之首。他集作家、教授、评论家于一体，教学、创作、撰写学术论著"三不误"。他继早年出版了颇有影响的长篇小说《中国知青部落》之后，文思泉涌，纵横笔墨数十载，共出版包括著名的《中国知青部落》《铜钵盂》等在内的长篇小说16部35种，中短篇小说集、散文集多部，评论集《文学的锣鼓》《想象中的时间》及专著14部，文学史《中国知青文学史稿》等三部，《郭小东文集》25卷（已出14卷）。长篇小说、小说集、散文随笔集、文学评论史论，计64部，一千八百多万字。发表文学评论和小说、散文等作品计900多篇。特别是从2015年开始，他在繁忙的教学和研究工作之余，仅用了5年业余时间，就于2020年创作完成并于同年出版了"从大潮汕写'中国往事'"的五卷本共180万字的长篇巨著《铜钵盂》《仁记巷》《光德里》《桃花渡》《十里红妆》，实属可喜可贺！郭小东对潮汕文化非常了解，他对潮汕的精神琢磨得比较透，五卷本《铜钵盂》就是一部反映潮汕地区家族历史时代风云与潮汕风情相互交织的优秀作品。在中外文学史上，发表作品的字数达到令人吃惊的1800多万字之多的作家，可谓寥寥，而且这数字还在不断增加。郭小东的作品曾获多种奖项，可称数量多、质量佳。

陈剑晖是第三代文艺理论、评论家中成就卓著者，先后任华南师范大学教授、博士生导师，广州大学特聘教授。其潜心散文研究多年，胸怀建构体系性的散文理论话语的雄略，已出版《散文文体论》《中国现当代散文的诗学建构》《诗性散文》《文学的本体世界》《新时期文学思潮》《中国现代散文文体观念与文体形态》《岭南现当代散文史》等著作近20部；在《中国社会科学》《文学评论》《人民日报》《光明日报》等权威报刊发表学术论文200多篇，近300万字。其学术成就得到学界的广泛认可和赞誉，著名作家和学者韩少功、林非、王充闾、孙绍振、王兆胜等在报刊上著文给予他高度评价；《中国现代文学批评史论》《中国现代文学分类史》《中国当代散文史》《中国当代文学史》《中国现代文学研究史》等多部现当代文学史都有专门章节对他予以介绍和评价。陈剑晖的著作和论文曾获多种奖项。

谢有顺堪称第三代作家、评论家中的翘楚。他少年成名，影响广泛，29岁成为中国最年轻的"冯牧文学奖"得主，34岁成为中国最年轻的名校中山大学的文科教授和博士生导师。谢有顺的朝气、锐气和才气令人欣喜。他以犀利的思想评论见长，直面现代人的灵魂冲突，以批判的立场探讨当下复杂的精神现象和文化矛盾，使批评呈现为一种激越、敏捷、具有冲击力的思想交锋。他曾任广东省作协副主席，系国家一级作家，先后入选中宣部文化名家暨"四个一批"人才、教育部"新世纪优秀人才"等。已出版大著《文学的常道》《当代小说的叙事前景》《重构中国小说的叙事伦理》《小说中的心事》《散文的常道》《当代小说十论》《中国散文二十讲》等二十几部，并获多种奖项。

魏微是第三代青年作家，是青年女作家中成就特别突出者。其作品构思新颖、视角独特、文笔细腻、描述深刻、流畅好读；其以不凡的小说功力、叙事才华和对人性入木三分的挖掘，用乡村触动城市的情感，用过去激发现在的心灵，用一种古老、经典的叙事情调给现代生活以久远的怀想，凡此种种，使其作品显得与众不同，独树一帜。魏微创作的《在明孝陵乘凉》《储小宝》《我的年代》《大老郑的女人》《拐弯的夏天》《流年》《情感一种》《石头的暑假》《到远方去》《化妆》等长、中、短篇小说及散文，广受读者欢迎，学界给予好评，荣获多种奖项。魏微现任广东省作家协会文学部（院）主任（院长）。

与此同时，王十月的《无碑》《国家订单》《楚州三部曲》，王威廉的《获救者》《内脸》《后生命》，邓一光的《我在红树林想到的事情》《深圳蓝》，冯娜的《无数灯火选中的夜》，陈继明的《平安批》，南翔的《绿皮车》，鲍十的《生活书：东北平原写生》，杨黎光的《没有家园的灵魂》《横琴——对一个新30年改革样本的5年观察与分析》，陈启文的《共和国粮食报告》《命脉：中国水利调查》《为什么是深圳》，盛可以的《北妹》，盛琼的《老弟的盛宴》，艾云的《历史人物散文写作的在场性》《礼赞劳动与劳动者——读路遥〈平凡的世界〉》《金敬迈：创作另一种经典的作家》《120年前的戊戌烟云》《那曾见的鲜活眼眉与骨肉》，吴君的《亲爱的深圳》等等数量繁多的作品，使人们对广东第三代作家旺盛的创作力，产生深刻的印象。

第三代作家正在用他们的生花妙笔，写下篇篇锦绣文章；用他们的如椽巨笔，描绘出风起云涌、云蒸霞蔚的壮丽的历史新画卷。他们风华正茂、才华横溢。他们以击水中流的英姿，以敢挑大梁的责任担当，行进在广东文学创作由高原迈向高峰的漫漫征程上。

广东文学界如此繁荣兴旺的景象，第三代作家如此出色和引人注目的成就，这一切的一切，欧阳山天上有知，一定会高兴得举起满满一大杯庆功酒，一饮而尽的！

这正是：前辈创业垂千古，长征接力有来人。

"长征接力有来人"是叶剑英元帅《八十书怀》里的一句诗。

中华人民共和国成立初期主政华南的叶剑英元帅，曾对华南地区文学事业的繁荣发展给予了大力的支持和帮助，欧阳山正是在他的信任和支持下，担负起了领导华南地区文学事业的重任的。叶剑英元帅的这句诗，不也正是作为广东进入21世纪、进入有中国特色的社会主义新时代之后，文学事业

1989年12月11日，在广东省委宣传部和省文联联合召开的"庆贺欧阳山同志从事文学创作65周年暨《欧阳山文集》研讨会"上，全体与会代表合影（前排左起：秦牧、吴冷西、黄焕秋、刘白羽、林默涵、林若、欧阳山、虞迅、任仲夷、吴南生、王宁、陈越平、张庆强）

不断向前蓬勃发展的生动、真实的写照吗？

广东当代文学的第三代作家正身处一个社会大变革的大时代，一个百年未有之大变局的大时代。这样的大时代，是出大作家、大作品、传世巨著、世界级经典作家的千载难逢的机遇。第三代作家要紧紧抓住这个历史性机遇，树立雄心壮志，以呕心沥血的精神，十年磨一剑的毅力，矻矻终日，忘情著述，把惊天动地、沧桑巨变、风起云涌、波澜壮阔的大时代的壮丽图景，以手中的如椽巨笔，记录、描绘、表现、刻画、反映出来；以一部部鸿篇巨制，呈现在世人面前，以不负身处其中的大时代，不负欧阳山、陈残云、秦牧、陈国凯、杨干华、吕雷等广东文学界老前辈的深切期望。第三代作家们，勉之、勉之！

尾 声

欧阳山又"回来"了

2005年春天,在鲜花盛开的梅花村,欧阳山逝世近五周年的日子里,一尊高度为2.5米的欧阳山石雕头像,赫然矗立在欧阳山的故居——梅花村36号的旧院址上。

这尊石像由毕业于华南人民文学艺术学院的欧阳山当年的学生、以《艰苦岁月》塑像享誉全国的著名雕塑艺术大师潘鹤教授历时半年构思设计,特地从井冈山挑选优质花岗岩精心创作而成。

2005年4月29日,石像的主办单位广东省文联、广州市东山区委宣传部、广州市东山区文化局、梅花村街道党工委、梅花村街道办事处联合举行了"庆祝欧阳山头像纪念雕塑在梅花村落成揭幕仪式"。

欧阳山的大女儿欧阳代娜代表全体家属在揭幕式上致感谢词,她说:

> 是你们的远见卓识与辛勤劳动,才能使得父亲的音容笑貌又重现人间!……欧阳山石像的落成,将使父亲的爱心永远与广大读者更近距离地相贴近,愿他老人家的慈祥关切的目光永远望着他所热爱的人民群众,和他脸上和谐幸福的笑容一起,融为梅花村的一道独特的文化风景线!

2005年4月28日的《广州日报》,一篇题为《文学巨匠欧阳山"重现"梅花村》的文章,吸引了广大读者的关注。文章说:

> 我又在家门口看到"欧阳山"了!昨天,家住在梅花村37号的陈姨向记者述说欧阳山纪念头像雕塑落成时,难掩兴奋之情。作为11年

的老邻居,陈姨说,据她了解,欧阳山老人从1976年就在梅花村居住,老人在世时是一个大作家、大名人,2000年去世后,小区的居民总觉得缺了点什么,没想到五年之后,老邻居们又见到"他"了。

陈姨说:她从1989年搬到梅花村37号,就和住在梅花村36号的欧阳山老人成了邻居。她经常看到欧阳山老人的保姆出来买菜,也经常看到登门拜访的人进进出出……她就是读着欧阳山老人的小说《三家巷》《苦斗》《柳暗花明》长大的,所以对欧阳山老人十分尊敬,并为与老人做邻居感到荣幸。……

是的,欧阳山又"回来"了。

如今,欧阳山石像所矗立的地方,即梅花村36号欧阳山故居的院子,四周的围墙已经拆去,经过修整后,被命名为"欧阳山文化广场"。每天,从早到晚,在晨曦和暮霭中,欧阳山都微笑地望着在广场上活动的人们,望

矗立在欧阳山故居(广州市梅花村36号)前的欧阳山石像。

着那些坐在广场树荫下，摇着葵扇，喝着清茶，一边纳凉，一边聊天的悠闲自在的大爷、大妈们；望着那些从广场上匆匆走过，一边咬着早点，一边拎着公事包，忙忙碌碌的上班一族。他尤其喜欢望着那些在广场上活蹦乱跳、追逐打闹的孩子们，那些小男孩啊，那些小女孩啊，追逐打闹、活蹦乱跳的啊，他望着他们，笑得合不拢嘴……

先后写于广州水均岗畔、广州红花冈畔、番禺丽江花园，
2019年11月28日完稿于广州海印桥畔，珠江涛声中
2020年10月30日至2021年10月13日修订

后　记

雨势连日不止，有时还夹着雷暴、大风。早上起来，提笔正想写这篇后记时，忽见一缕阳光，穿过云层，透进窗户，洒在书桌上，我望向窗外，几十年前的往事，一下子涌上心头，如历历在目……

那是1959年8月3日下午4时。当时还是一名中学生的我和几位早已相约好的同学，连奔带跑地冲出位于广州市环市路天胜岗的广东师范学院附属中学（"文革"后恢复原校名广州市第二十一中学，现在改称广东实验中学越秀学校）的大门，往大约一公里开外的区庄邮局奔去，去购买当天出版的《羊城晚报》。因为早在7月下旬，《羊城晚报》就连续几天发布了醒目的告示：著名作家欧阳山的长篇力作《三家巷》，将于1959年8月3日在本报《花地》副刊正式开始连载，敬请读者垂注云云。我们急着去买《羊城晚报》，就为了读那上面连载的《三家巷》。

还未跑到邮局，远远地就看到已经有几十个人在排队，估计也是来买《羊城晚报》的。我们最终还是如愿买到了当天的《羊城晚报》，在举行了两秒钟简短的"开报仪式"后，我立即打开第二版，只见《花地》副刊用了几乎一个整版的篇幅登载了《三家巷》的第一章《长得很俊的傻孩子》，几个同学都迫不及待地，互相挤着、争抢着要看《三家巷》，最后围成一圈，由我大声朗读起来：

> 公历一千八百九十年，那时候还是前清光绪年间。铁匠周大和他老婆，带着一个儿子，搬到广州市三家巷来住。周大为人和顺，手艺精良，打出来的剪刀又好使，样子又好，真是人人称赞。……

我越读越来劲，同学们也越听越有滋味，竟不觉得暮色四合，天色已晚，直到华灯初上，才把这《三家巷》第一章念完。大家相约明天再来买报纸读第二章，才意犹未尽地各自回家。

这以后，我就有意识地找欧阳山的书来看。我读过他的《高干大》《前途似锦》《红花冈畔》，当然更读过《三家巷》《苦斗》，特别是《三家巷》，我读过不止一遍，觉得这是一部非常独特的"岭南奇书"，无论是选材角度、写作方法、人物塑造或艺术风格，都显著地有别于它出版时的那个年代的其他中国文学作品，且出版之后能够在社会上引起那样大的轰动，我觉得写这样一部书的作家实在是一位了不起的大作家。而且，这位作家从60年代中期开始就因《三家巷》《苦斗》而挨批，一直批到"文化大革命"结束，且"文化大革命"期间，还被江青下令以"上海革命大批判写作小组"的名义，在《红旗》杂志上发表了题为《为错误路线树碑立传的反动作品——评欧阳山的〈一代风流〉及其"来龙去脉"》的"战斗檄文"，宣判了作家的"死刑"；江青并一再以恶狠狠的口气说"欧阳山绝不能解放"。而这位作家竟像一座大山，别人批了他10多年，他却屹立不倒，并发出"第二世也不服"的壮语。一部《三家巷》30万字，批《三家巷》的文章却有300万字，而作家竟奇迹般地"生还"，照样笔走龙蛇，去经营他的史诗式巨著，这真是一位"奇人"。因此，当我于1984年11月18日，为应聘当欧阳山的秘书（创作助手），第一次去见欧阳山进行面谈的那一天，我心里一方面很兴奋，一方面又很有点紧张。因为欧阳山毕竟是一位颇富传奇色彩的名人，一位享誉中外的大作家，而且"官"至中共中央顾问委员会委员、广东省人大常委会副主任、广东省文联及广东省作家协会主席。及至见面之后，才发现欧阳山是一位平易近人、幽默风趣、颇为健谈又很随和的仁厚长者。他其时虽然已有76岁高龄，但头脑清晰，思维敏捷，除了因严重的眼疾影响视力、血压也已经比较高之外，身体应该说还是可以的，背虽有点弯，但走动时还较自如，看得出年轻时身材是很魁梧，身体是很棒的。由于欧阳山平易近人，没有一点大作家的架子，我又是参加工作多年的人，不是初出茅庐的小青年，因此，我的拘束感很快就消失了，便热烈地跟欧阳山交谈起来。欧阳山询问了我的工作经历，问我发表过什么作品，接着便介绍了他近期的创作计划和工作计划，谈了在工作上对我的要求，然后我们就大谈起共同感兴趣的文学来，既谈了中国文学，也谈了世界文学，着重谈了文学的现状和未来的走向，我还出于好奇地问了他当年见到鲁迅先生时的情况。由于谈得很畅快，一个上午眨眼就过去了，休息过后，接着又谈了一个下午。临别时，欧阳山和他的夫人虞迅嘱咐我尽快办好有关手续后就马上来上班。我频频点头，双手接过欧阳山送给我的《高干大》这部名著，看着书的扉页上欧阳山亲笔题写的"胡子明同志惠存　欧阳山一九八四年十一月十八日"等字样，我心情激动地离开了广州梅花村36号欧阳山那院子里百花盛开的住宅。

就这样，从1984年12月到1992年12月，我在欧阳山身边工作了整整8年。

8年来，欧阳山在很多方面给我留下了十分深刻的印象。

他的政治立场、政治信仰和政治信念的无比坚定执着，给人最深的印象。他自20年代末接受马克思主义始，直到临终，70多年来，任凭风云变幻、风狂雨骤，他一直坚守信仰，毫不动摇；他加入中国共产党之后，60年来，一直坚持党的立场，坚持党的文艺路线、方针、政策，毫不动摇；他对社会主义有着坚定的信念，几十年，一直坚持社会主义方向，毫不动摇；从60年代初到"文革"十年，他被批判为"右"的典型，改革开放之后的八九十年代，他又被人讥为"左王"，可是他依旧坚守他一贯的信念，毫不动摇。他的这种坚定性，在广东文艺界是一致公认的。正如著名作家吕雷在悼念欧阳山的文章中所说的"他最令我们钦服的是，他的信仰无比坚定执着，……一个人在风吹雨打中有着如此坚定的信仰，也是一种幸福。坚守信念是一种非凡的品格，能在近一个世纪中坚守信念，更令人肃然起敬。……他真是一座高山——文学的高山，信念的高山。"欧阳山的这种"咬定青山不放松，任尔东西南北风"的政治品格，与鲁迅硬骨头精神一脉相承的铮铮铁骨，不是足以令那些东摇西摆的软骨头风派文人汗颜吗？

我清楚地记得，在苏联解体前后那乌云翻滚的日子里，欧阳山显得焦虑万分，他把注意力全部倾注在这个事件上，不放过每一天的报纸和电视新闻。他对十月革命的故乡、一个社会主义大国毁于一旦感到异常痛心，对社会主义的前途和命运感到忧虑。但他一贯对社会主义无比坚定的信念又使他坚信"道路是曲折的，前途是光明的"这一真理，特别是当他目睹中国在邓小平理论指引下，改革开放生气勃勃，"四化"建设蓬勃发展，经济繁荣，政局稳定，人民幸福，国泰民安，社会主义事业在中国兴旺发达，前景一片光明时，他感到无比的欣慰，笑容又重新浮现在他的脸上。

欧阳山对文学事业的一往情深，对文学事业执着追求的精神，给人留下的印象也是很深刻的。他曾说过："倘若人生再有第二次选择，我还是要选择文学。"他宁愿不当"大官"，也不放弃文学创作。他从1924年16岁时写下处女作《那一夜》起，除了"文革"十年之外，没有一天放下过手中的笔，直到临终前的一段日子，尽管已经92岁高龄，他仍在不断地构思和撰写文章。

"文革"后，欧阳山已是古稀老人，用他自己的话来说就是"发苍苍，视茫茫"了，但出于对文学的挚爱，为了坚决完成《一代风流》后三卷的创作，他又克服重重困难，重新拿起了笔（后来主要采用口授，由助手笔录的方式进行创作），终于在73岁高龄时写出了30万字的《柳暗花明》，在75岁高龄时写出了30万字的《圣地》，在76岁高龄时写出了30万字的《万年春》，使五卷本150万字的史诗式巨著《一代风流》得以整体呈现在读者面前。至此，欧阳山大可以"解甲归田""告老还乡"以及悠闲度日、颐养天年了吧，但他不，在编选、出版了300万字的十卷本《欧阳山文集》之后，他又踏上了新的征程，从81岁至92岁这极其高龄的阶段，竟写出了包括政论、文艺论文、文艺评论、《广语丝》杂文、回忆琐记、讲话、报告、发言在内的200多篇文章。这种对文学创作终生不渝的爱是世间罕见的。

欧阳山顽强的毅力和认真的治学态度给我留下的印象特别深刻。我在他身边的8年期间，他尽管已是七八十岁的高龄老人，且患有高血压、脑动脉硬化等多种老人病，但8年来，他没有休息过一天，经常是带病工作，就连一年一度住院，进行例行身体检查的数天时间里，也舍不得空闲度过，要我照常到医院"上班"，念报纸杂志上的重要文章给他听，继续思考文艺问题。平时，他每天工作都在6小时以上。上午，一般是写文章，由他口授，我负责记录，他一个上午可以创作上千字，完成一篇杂文；下午，我给他读报纸杂志，以及重要的大部头著作，并把他上午创作的作品念给他听，这时，他就会表现出极其认真专注的神情，他要求我一字一句地念，他一字一句地改，连标点符号都不放过。记得在我之前当欧阳山助手的谭方明告诉过我，欧阳山写《柳暗花明》时，有一次为了核对书中所写的30年代广州某一天是否下雨，他曾叫她到中山图书馆查找30年代的广州报纸，看那一天的天气报道，直至查到之后，才放心地写进书里。我还记得有一次写文章时，为了新历跟旧历不至弄错，欧阳山也叫我特地查找由中国科学院紫金山天文台编、科学出版社出版的《1901—2000一百年日历表》。

我在欧阳山身边工作时，协助他完成的一项大工程，就是300万字共十卷的《欧阳山文集》的选编和出版。要从1000多万字的作品中选出这样一套文集，对于任何一个作家来说都不是件轻松的事情，而年近八旬的欧阳山却以顽强的毅力和执着的精神，迎接了这对一个高龄老人的精神和体力来说都是十分重大的挑战。就这样，从1984年底至1986年底，用了整整两年的时间，他改我记，硬是把这套文集选编好了。

而更为感人至深的是，到了1996年，已经88岁的欧阳山，又把五卷本150万字的长篇巨著《一代风流》从头至尾再次修改了一遍。尽管这套书已出版多年，早就广获好评，但他还是要逐字逐句，逐章逐段地进行修改订正，而且校改、增删达1039处之多，有的章节的增删就达到一两千字，如原书第三卷《柳暗花明》的《清明会》一章，就删去15大段，又补写了13大段，共增1552个字；在各个章节里面对典型性格增加了一些心理描写，使他们的性格更加固定，更加成型，更加准确，更加明朗，也更加提高他们的真实性。这项繁重、艰巨的工作到1997年7月29日完成，用了近一年的时间，其时，欧阳山已经89岁了。最后经过反复考虑，又把总书名从《一代风流》改为《三家巷》，从五卷合为四卷，各分卷不再设书名。欧阳山这种不顾九十高龄，不知老之已至，不畏艰辛、孜孜不倦、劳作不息，为艺术而献身的精神；这种对艺术工作一丝不苟、精益求精，千锤百炼铸丰碑的精神，多么令人感动，堪称一代楷模，值得后人学习。

欧阳山是十分热爱生活的人。他直至八九十岁，仍然每顿都能吃两大碗饭。他不熬夜（年轻时除外），每晚看过《新闻联播》和球赛等体育节目后，10时即睡，鼾声如雷，睡得很甜，直至翌日早上6时才醒来，一天睡足8小时。醒来后便在晨光中，在住宅院子的花草丛中散步一个小时，然后给花草浇浇水。能吃能睡，适度锻炼，大约是他得以长寿的原因。他早已戒了烟，但酒仍喝，年轻时是很豪饮的，被刘白羽称为"大酒家"；年老后，有夫人虞迅在旁监视，每顿饭只准喝小半杯。记得1985年底在广州南湖开《一代风流》研讨会，晚上大家吃饭时，自称"卜佬作家"的杨干华率一群青年作家向欧阳山敬酒，杨干华仗着自己能喝两杯，要跟欧阳山斗酒，结果欧阳山连干三杯，面不改色（虞迅那天晚上"批准"欧阳山可以多喝两杯，但下不为例），"卜佬作家"杨干华吓得咋着舌头，甘拜下风，败下阵来。

欧阳山对中国足球队如此不争气很有意见。我跟他"研讨"过这个问题，一致认为根据中国人的体质，中国足球应走南美的技术型道路，而不应长传吊冲，跟欧洲人拼体力。欧阳山说，苏永舜任主教练，以容志行、古广明为核心，坚持技术型打法时的中国足球队是中国足球史上最辉煌的时期，如果不是那个众所周知的"5比0事件"，中国足球队早已冲出亚洲，进入世界杯决赛圈了，可惜后来没有坚持自己那套卓有成效的打法。现在的中国足球队还没有形成自己的风格和打法，中不中、西不西的，技术不行，体力不继，队员训练又不刻苦，有的甚至还吊儿郎当的，怪不得人家说"你想短命就去看中国足球队打球"。

随着在欧阳山身边工作日久，我对欧阳山的认识也逐渐加深，对他颇富传奇色彩、横跨新旧两个时代、坎坷曲折、波澜壮阔、为中国革命文学和社会主义文学奋斗终生的人生道路和他勇于探索、独树一帜、有着鲜明个人风格和特色的文学创作历程也逐渐了解。特别是他与鲁迅、毛泽东、周恩来等世纪伟人的密切交往，与大文豪郭沫若的多次交往，更是他人生道路上的精彩亮点。如1927年他多次当面聆听时在广州的鲁迅的教诲，1933至1936年他在上海"左联"作为鲁迅的学生和战友，与鲁迅并肩为中国的左翼革命文学而战斗；1940年在重庆，周恩来介绍他加入中国共产党；1941年在延安毛泽东的窑洞里,他与毛泽东纵论革命与文艺。

我进一步了解和认识到,欧阳山是一位以中国现代新文学的代表作之一《高干大》,以150万字记录时代风云的五卷本史诗式传世巨著《一代风流》(又名《三家巷》)而在中国现当代文学史上占有重要地位,在国内外产生了广泛影响的"领一代风流的世纪大家"(《文艺报》语);《三家巷》于1959年出版后,曾在全国范围内引起轰动,广大群众争相阅读,周恩来、邓小平等国家领导人也读过这本书,并给予好评;1994年,胡锦涛在看望欧阳山时,向欧阳山回忆道:"我在中学时代就读过您的《三家巷》《苦斗》,这些作品影响了整整几代人!"欧阳山笔下所塑造的高干大、周炳、区桃、胡杏、何守礼、陈文雄、陈文娣、陈文婷等给读者留下深刻印象的栩栩如生的典型人物形象,较大地丰富了中国文学的人物画廊。

这一切,使我产生了要写一部欧阳山传记的强烈欲望和兴趣。1986年10月,我根据手头掌握的资料(主要是欧阳山提供给我的第一手资料),撰写了一部约10万字的比较简略的欧阳山传记——《一代大师——欧阳山》。欧阳山对此很重视,他很认真地听我读完这部传记后,严肃地对我说:"文章内容属实,但题目过大,不能称我为'一代大师',我不过是一个普通的作家而已。"刚好当时武汉《春秋》杂志的一位叫张雨生的编辑,到广州来组稿,约欧阳山为他们写文章,欧阳山便把我写的这部传记推荐给他们。他们很快就从这部传记中摘录了约一万字,加了个题目叫《著名作家欧阳山的故事》,在1987年第一期的《春秋》上发表了。文内有三个小标题:《在郭沫若、鲁迅的帮助下》《周恩来派他去延安》《在毛泽东的窑洞里》。文前并加编者按云:"由胡子明同志撰写的评价文章,比较客观地介绍了作家横跨两个时代、坎坷曲折的人生道路和他直面人生、勇于探索的创作历程,其中有些章节,史料价值弥足珍贵,现选编发表,以飨读者。"欧阳山把我的这篇文章推荐给他的子女看,显示出对文章持赞赏和肯定的态度。受到欧阳山和杂志社的鼓舞,我决心写一部四五十万字的《欧阳山全传》。

而要写好这样一部作品,最基础的工作就是要掌握尽可能详尽、准确、完全符合史实的资料。为此,我充分利用担任欧阳山秘书(创作助手)长达8年之久的这么一个"天赐良机",通过对欧阳山进行无数次形式不拘、话题不限、时间可长可短的、有时是即兴式的"访谈",挖掘到了大量第一手资料。特别是在协助欧阳山编撰《欧阳山年谱》的过程中,通过欧阳山口述,我亲笔记录,我对欧阳山从出生直到辞世的近一个世纪的漫长人生历程,都有了比较清楚和比较具体的了解,这无疑对我撰写《欧阳山全传》起到决定性作用。

我通读了十卷本《欧阳山文集》，细读了其中的《我与文学》《文学生活五十五年》《光明的探索》《鸣放的典范》《想起毛泽东同志这封信》等回忆录性质的文章。我浏览了六卷本《草明文集》，草明的长篇回忆录《世纪风云中跋涉》给我提供了大量有关欧阳山的资料。

通过倾谈，欧阳山的夫人虞迅、欧阳山的子女，特别是他的大女儿欧阳代娜和外孙女田海蓝，给我提供了不少关于欧阳山的资料和故事。欧阳代娜的《欧阳山访谈录》，田海蓝的《欧阳山评传》使我获益匪浅。

我采访过与欧阳山一起为革命文学事业共同奋斗了几十年的老作家于逢、易巩、易准、罗源文、梵杨、仇智杰，以及他的文学院学生陈国凯、杨干华、吕雷、程贤章、沈仁康和王俊康等人，收获不少资料。

我研读过著名的专家、学者、教授撰写的欧阳山研究专著，如中山大学教授黄伟宗的《欧阳山评传》《欧阳山创作论》，广东民族学院原院长李天平的《欧阳山创作散论》，中山大学教授陈衡的《欧阳山典型观初探》，暨南大学教授吴锡河主编的《欧阳山研究资料汇编》，中国人民大学教授余飘主编的《论〈广语丝〉》，袁向东主编的《欧阳山研究文集》，以及《纪念欧阳山》《热血青史——欧阳山作品研讨论文集》《〈一代风流〉的典型性格》等多本文集。

我还到各图书馆、资料馆等地广泛搜罗与欧阳山有关的各种资料。

1993年，我调到广东省文联工作。正当我踌躇满志，准备动笔写《欧阳山全传》的时候，繁忙的工作却使我根本无法有一个完整的时间来写作，而只能利用工作之余的间隙，写写停停、停停写写，零敲碎打。这期间，我写出了《少年欧阳山》《欧阳山与鲁迅》《欧阳山与毛泽东》《欧阳山与周恩来》《欧阳山的延安岁月》《欧阳山与广东省文联》等6个单篇作品，共计16万字，在各杂志上发表。但这与写出全书，还有很大距离。

2019年初，我下定决心，结束了这种停停打打的状态，心无旁骛、一鼓作气地，终于于2019年11月28日，在珠江涛声中，写出了近50万字的《欧阳山全传》。

此刻，在《欧阳山全传》即将付梓之际，我谨向在《欧阳山全传》的写作和出版过程中，给予我大力支持和帮助的领导和朋友们致以衷心的感谢！

衷心感谢广东省作家协会，感谢广东省作家协会党组书记、专职副主席张培忠，感谢广东省作家协会主席蒋述卓，感谢南方出版传媒总编辑兼花城出版社社长肖延兵，感谢王俊康、周西篱、张懿、陈诗泳、谢石南、魏微、高小莉、杨璐临等作家和编辑朋友们。

胡子明

2021年6月30日，写于广州海印桥畔

附 录

《欧阳山文集》自序

一

我念小学的时候,和我的养父、养母生活在一起。养父是一个写字匠,每天用大手帕包着纸、笔、墨去第七甫、第八甫那些电版工厂和石印工厂揽活,赚每百字一毛钱或两毛钱的工资,养母就在家里买菜、做饭。有时候,养母突然发现米缸里没了米,就叫我提一个小竹篮子跟着她到亲戚和朋友家里去借米。有些亲戚朋友把米缸盖打开,里面的米也并不多;有些亲戚朋友自己也没有米,就只好从床底下捡起两个红薯,塞进我的小竹篮里。我们很穷,他们也很穷,咱们的亲戚朋友,左邻右里都很穷。

在广州,这是最低层的角落之一。人们劳动一辈子,做牛做马,流血流汗,却得不到温饱。他们拉洋车,抬轿子,拉大板车,做肩挑苦力;好一点的就做工人、店员、小贩、杂役;强一点的就做警察、兵丁、赌徒、强盗。那些女的就做女工、绣花姐、缝补婆、神婆、媒婆以及一切迷信职业者,有一大部分则沦为女招待、卖唱的,甚至沦为娼妓。

他们的多灾多难是世间少有的。他们不读书,不识字,没有任何的文化和教养;他们被人折磨、愚弄、斥骂和殴打;他们穿得寒碜、破烂,吃得有一顿、没一顿,住得阴暗而潮湿;他们害着肺痨、伤寒、疟疾和痢疾,孩子们长着疮、癣、疥、癞;他们迷信、酗酒、赌博、打架,互相欺骗和互相埋怨;他们之中有不少人被投进监狱或被杀死,有不少人上吊、投井、吞烟膏和抹脖子,也有不少人因为饥饿和疾病而静悄悄地死去。

那时候五四运动刚过去不久。"打倒帝国主义!""打倒封建军阀!""劳工神圣!""推翻旧礼教!""个性解放!""妇女解放!""实行民主!""提倡科学!"这一大堆口号塞满了我的脑子。可惜,"德先生"和"赛先生"都不会光临到我们这个地区。我如痴如狂地读鲁迅、郭沫若、郁达夫、冰心、叶圣陶、王统照，也读了高尔基、屠格涅夫、陀斯妥耶夫斯基、契诃夫、歌德、拜伦、莫泊桑、泰戈尔。他们都给我指出了许多美好的去处，但是我仍然感觉到茫然不知所措。他们所写的典型性格跟我所看见的人们有些相似，又有些不同；他们所写的典型环境跟我的现实生活有些相似，又有些不同。他们书中那些人物仍然没有找到出路，那末，我到底应该怎么办呢？

二

我的亲戚朋友，我的左邻右里，还有我自己，——咱们还有一个可怜的，支离破碎的，多灾多难的国家。近百年来，它打了无数次的败仗，签订了无数个丧权辱国的投降条约，割让了大片的领土，赔偿了无数银两，使得我们的日历上到处出现"国耻纪念"的字样。到了二十年代、三十年代，帝国主义者的侵略更加变本加厉，最后激起了一场伟大的民族革命战争。

当我还是一个中学生的二十年代初，我不能不为我们的国家感到担忧、羞耻和愤慨。有人说，我们这辈子人只会纵向看问题，不会横向看问题，这纯粹是无稽之谈。我们横向看问题的时候实在太多了。鸦片战争，中日战争，八国联军攻入北京，这些事情年代久远，暂且不说。就拿二十年代来看吧，也足够叫人眼花缭乱。上海、天津都有各国的共同租界。此外，俄国和日本在东三省有自己的租界，德国在山东有自己的租界，英国在香港的九龙，广州的沙面，法国在广州湾（湛江）也都有自己的租界。在中国的土地上，客人比主人凶恶得多。客人可以打主人，骂主人，踢主人，侮辱主人，甚至强奸主人，杀死主人，而自己却逍遥法外。在这些客人的眼里，主人不过是劣等民族，可以任意欺凌。在上海外滩公园的门口，挂着"华人与狗，不得入内"的牌子。在上海大光明电影院，一个穿普通衣服的中国人，如果走进正厅售票处，就会被"红头阿三"一掌推出去，叫他到横门去买票。在广州，谁想从沙基大街走向沙面的东桥，他一定会碰见一个用鄙视的眼光望着他的外国水兵。在租界外面的港口和河湾，陈列着全世界的军舰和商船。在租界外面的城市和农村里，客人掌管着矿山、铁路、邮政和海关。他们还开设了许多教堂，办了许多教会学校，培养了一大批少爷和小姐，以便在将来的某一天，这些年轻人变成老爷和太太，来替他们接管整个中国。

在各个省自然也有我们的督军和省长们。他们有时候拥护全国的政府，有时候又反对全国的政府，更多的时候是彼此互相厮杀，互相掠夺。他们对自己人很凶，对洋大人又谦恭备至。很难说他们是否知道外国人在中国那样骄横跋扈，但确实可以说他们不但不会排外，而且十足的媚外。这些达官贵人们在注意地盘、实力、捐税、钱财，也非常注意和地盘、实力、捐税、钱财有密切关系的"横向联系"。

这个国家和政府，这些督军和省长，都不来过问咱们穷苦老百姓，——正确地说，他们也许并不知道天下间竟然有咱们穷苦老百姓的存在。不管怎么说，生活一天一天地过下去，耻辱一天比一天增加，我自己也一天比一天长大了。纵然我整天都感到担忧、羞耻和愤慨，可是又能起什么作用呢？咱们的国家，咱们的穷苦老百姓，又怎么能够得救呢？不错，咱们曾经有过辛亥革命，——但那只是将昏庸腐朽的清朝政府，换了一个四分五裂，支离破碎的中华民国。咱们也曾有过一九二五年的中国大革命，——但革命势力刚到长江流域，就由于国民党蒋介石的背叛，使这个大革命半途夭折。中国要向何处去呢？作为这多灾多难的国家里面的一个年轻人，那末，我又应该怎么办呢？

三

黑暗没有尽头，刻板的日子一天紧接一天，辛酸的生活像珠江一样长流不尽，我的亲戚朋友，我的左邻右里一天比一天更加痛苦，更加忧伤。我自己也一天比一天更加痛苦，更加忧伤。在这一点上，大家都一样，谁也不比谁更强些。

可是在别的许多方面，咱们就很不一样了。他们有惊人的智慧和精巧的手艺。男人们会做精致的雕花木刻、精美食品和各种玩具，会捕捉飞鸟、喂养蟋蟀和繁殖金鱼，会做精美的家具，会做漂亮的房屋，会通沟渠、挖渗井，也会治病、扶乩、看相和问亡。女人们会做精美的服饰，会绣鸟兽和鲜花，会剪出人物、器具、花朵、鲜果、鸟兽和虫鱼，会编织彩灯、花席、篮筐和垫套，又会用丝线编成各种形状的荷包和口袋，还会模拟生活用具做出许多铜的、铁的、纸的、草的桌子、椅子、衣服、鞋子以及其他各种东西。

他们诙谐无比，并且善于苦中取乐。他们嘲弄别人，也嘲弄自己。他们说着许多笑话、谜语、离奇古怪的行话和精辟生动的歇后语。他们喝酒、下棋、唱戏、唱歌，有时候还能自己编出新的歌子来。有些女的特别爱唱山歌、咸水歌和各地的民歌；有些女的特别喜欢木鱼、南音、粤讴和龙舟，有时候半夜挑灯，唱起木鱼书来，唱得如痴如醉，通宵达旦。

超乎这一切之上的，他们之中有许多人，不管是男是女，都有一颗伟大的心。他们能够和别人分享食物、分享钱财，分享衣着和分享快乐。他们即使自己只有一口酒，也可以让别人分享半口；即使自己只有一根香烟，也可以大家轮流着抽。他们自己即使忍受着痛苦，也要把快乐让给别人。到了必要的关头，他们可以为别人牺牲自己，从牺牲金钱、幸福到牺牲生命。这种伟大的心灵，并不希望得到赞美，也不希望得到报答，甚至不希望让别人晓得。

凡此种种，都是我跟他们不一样的地方。我佩服他们，敬重他们，热爱他们。——但是，这又有什么用呢？我没有办法改变他们悲惨的命运，冲破那黑暗无边的地狱，甚至连给他们指出改变这种命运的途径，我也办不到。他们永远在那无边的苦海中挣扎着，我也跟他们一道在那无边的苦海中挣扎着。

四

如果说，骑在咱们穷苦老百姓头上的，只有北京那些总长大人们，加上各省那些督军、省长大人们，那就不是事实了。事实上，在督军、省长大人们管辖之下，还有许许多多，数也数不清的老爷、少爷们。戴瓜皮小帽的地主豪绅们，手拿司的克的官僚买办们，便是他们当中最有代表性的显赫人物。司的克就是英国人说的手杖，也就是喜剧大明星查理·卓别林手里拿着的那根弯头的木棍，很早以前中国就引进了的。

戴瓜皮小帽的老、少地主豪绅们，相信世道不会变，即使变了也是换汤不换药，他们可以像几千年的老规矩那样，生活下去，治理下去和剥削下去。面对帝国主义的侵略和欺凌，他们和阿Q一样，认为这是儿子打老子。将来终归有一天，出现了真命天子，就会把那些夷人们收拾干净，天下太平。他们一方面残酷地压榨剥削老百姓，一方面通过《论语》《孟子》等"四书""五经"，把精神胜利法传授给工人和农民，并且使老百姓相信，公理已经战胜了强权。老百姓当中，受骗上当的人是不少的。例如大中华民国的某些公民，被外国人踢了一脚之后，还沾沾自喜地认为自己吃了一只洋火腿。

手拿司的克的老、少官僚买办们，采取了另外一种不相同的态度。他们羡慕外国人，崇拜外国人，甚至有些时候对外国人阿谀谄媚。他们不但自己穿西装，说洋话，替洋人办事，有时候还会把英国说成"我们皇家"，或者把美国说成"我们美国"，说美国的月亮比中国的圆。他们认为下等人都"蠢如鹿豕"，绝对说不出一句聪明话，或者一句有哲理性的话来。他们把中华民族叫做低等民族，仿佛他们自己身上有了洋气，成了高等华人，——虽然头发不黄，眼睛不蓝，鼻子不高，也就成了高等民族了。这样，他们当然对多灾多难的国家看不惯，觉得中国样样都不行，样样都不好。最后甚至发展到说出这样的话来："中国不亡无天理！"有些人甚至预测道："中国如果和日本打起仗来，只消三天就亡了！"

但是中国勤劳穷苦的人民大众，咱们的亲戚朋友、左邻右里，对于这种高超的论调，有些什么看法呢？对于官僚买办老爷、少爷们的高见，能够批准么？不，当然不能！那些人本来就靠洋大人为生，亡了国也许更方便些。穷苦老百姓就不一样了。他们现在已经在当奴隶，倘若亡了国，本国老爷、少爷之上，还要增加洋老爷、少爷，他们就要变成双重奴隶了。但是不管愿意不愿意，咱们可怜的国家究竟会不会亡呢？如果会的话，是什么时候呢？亡给谁呢？是几只恶狼来瓜分呢？还是一只猛虎来独吞呢？……谁也不知道。

五

一千九百二十二年，我考进了一间中等学校。它的名字叫做广东高等师范附属师范学校。校舍很壮观，设备也很讲究，有高大明亮的课室，绿草如茵的运动场，美丽芬芳的校园，幽雅清静的音乐室。我第一次走进这样漂亮的建筑物，简直好像是上了天堂一样。从此，白天我就在天堂里盘桓，晚上我就回到了自己的地狱。由于功课忙，加上自己如饥似渴地读着文学作品，和我那些亲戚朋友、左邻右里，不免渐渐地有些疏远。他们看见我是一个穿白麻帆学生制服的"先生"，也就很少和我来往。

一千九百二十四年，我开始了文学创作的尝试。很显然，这个期间，我是用小资产阶级知识分子的眼睛观察世界。《文集》中所选的《那一夜》（一九二四）、《玫瑰残了》（一九二七）、《最可怜的女人》（一九二八）、《死尸》（一九二九）、《钟手》（一九二九）等等，都是属于这一类的作品，可以作为这一种倾向的代表作。此外，还有一些这一类的作品，我没有选进《文集》里面。

这些作品有两个明显的特点：一个是内容上的自我表现，一个是形式上的象征主义，都明显地受过现代主义的影响。小资产阶级知识分子的作家，如果从他原有的立场出发，是很容易显露出固执的自我表现的。至于在借鉴国外文学作品的时候，盲目引进了一些现代主义的手法，还沾沾自喜，以为是什么新奇的东西，在当时是相当普遍，谁也不以为怪的现象。如果拿我那几篇作品来考察，那么，《玫瑰残了》就是一个更加明显的例证。

有人说，自我表现是一种新的美学的崛起，我看事实上并非如此。这不但不是什么新的崛起，倒反而是"古已有之"的陈词滥调，把这种腐朽奉为神奇是毫无意义的。至于现代主义的某些手法和技巧，只要读者能够接受，用一点也不妨。倘若读者不买你的账，而你硬要塞给他们，那情形就不大妙了。当然，任何作家作为一个个人，总会和时代精神有或强或弱的联系，不可能像独自生活在荒岛上的鲁滨逊一样，因此他的自我表现也许能或多或少地具备某些时代精神。不过这样的作家和作品，充其量只能和时代前进的脉搏，保持一种若即若离的状态罢了。

六

到了一千九百三十年，在当时中国马克思主义启蒙运动的影响下，在郭沫若提倡革命文学，鲁迅参加中国左翼作家联盟的带动下，我决心抛弃小资产阶级知识分子的观点，企图用马克思主义的观点观察世界、人生，从事文学创作。从这时候起，我陆续写出了《竹尺和铁锤》《水棚里的清道伕》《杰老叔》《七年忌》《心的俘虏》《崩决》《明天的艺术家》《鬼巢》《一个广州人底迷惑》《三水两农夫》《好邻居》《战果》《流血纪念章》等一系列的作品。

然而企图毕竟只是一种企图，并不能够轻而易举地达到目的。我决心抛弃小资产阶级知识分子的观点，然而常常抛弃不掉；我企图运用马克思主义的观点，然而常常运用不来。不过有一点，仍然是非常明显的：我回到了我的亲戚朋友、左邻右里中间，用他们的现实生活，作为一种客观存在的实际，加以考察、研究和反映，无疑比从前前进了一大步。

世界上的文学、艺术也跟哲学、社会科学一样，众说纷纭，流派复杂。但是从根本来说，无非是唯心跟唯物两大派。按最通俗的意义来说，唯心派就是以自我为中心，自我认为世界怎么样，世界就算怎么样；唯物派正相反，认为世界是客观的存在，人们的认识就是客观存在的真实的反映。唯物论里面还要分机械唯物论和辩证唯物论，前者只见物质的存在，而看不见物质的运动和发展，后者不但看见物质的存在，而且看见它的运动和发展。我当然希望自己能成为一个辩证唯物论者，我的文学作品能符合辩证唯物论的规律，因而能够真实地反映现实生活的全过程。但是，那又谈何容易呢？

回到我的现实生活来看，我不能够不考虑下面这样一些问题：我那些亲戚朋友、左邻右里，为什么那样多灾多难，痛苦忧伤？那些总长、督军、省长、地主豪绅、官僚买办的老爷、少爷们，为什么那样穷凶极恶，富贵荣华？为什么咱们的国家这样多灾多难，分崩离析？为什么帝国主义列强又那样凶神恶煞，耀武扬威？这里面总该有一点什么道理，总该有一点什么因果关系吧！带着这样的疑问，我找到了马克思的唯物史观。我想，人类要分化成各种各样的阶级，也许是一个非常痛苦的过程，像《一代风流》里面的陈文雄老爷那样，至死不承认阶级和阶级斗争的存在，也许不愧为一种上策。

然而事实毕竟是事实,既然有了阶级,也就不可避免地有阶级斗争。人们承认也罢,不承认也罢,终究抹杀不了它的存在。

中国的人民正在从局部的地区开始,为反对帝国主义者、国际垄断资本家,同时为反对中国的地主豪绅和官僚买办的屠杀压榨,进行着伟大的殊死斗争。作为一个人民作家,我当然希望我的穷苦的兄弟姊妹们能够从斗争中得到胜利,从被屠杀,被压榨的地狱中解放出来,并且最后从贫穷、疾病、愚昧、落后的痛苦中解放出来。新民主主义是一个很有吸引力的名词,社会主义和共产主义甚至具有更大的吸引力,简直具有诱惑的力量。到那时候,人民才能够得到真正的繁荣、富裕、快乐和幸福。我当然更加希望我能够从作品中反映这种革命生活的全过程,使我的作品在这个革命进程中,起一定的认识作用和推动作用,或多或少地促进这个革命进程的发展。共产主义的到来虽然是历史的必然,但是如果咱们不努力奋斗,它也可以无限期地拖延,迟迟来不到人间。拿这样的尺度来衡量我这一个时期(一九三〇——一九四〇)的作品,像《文集》第一卷的大部分,第二卷的大部分,和第四卷的长篇小说《战果》,就跟这种要求相差太远了。

七

为什么对于三十年代的作品,我自己也不能够满意呢?那是有下面这样三种原因的:

首先,咱们大家都知道,文学艺术的繁荣,有赖于政治上的自由。但是,在二三十年代里,人民在政治上的自由,完全被国民党反动派剥夺了。即使住在上海的租界里,作家也没有人身自由,更谈不上言论自由、出版自由和文学艺术的创作自由了。我所写的每一篇作品,都要经过国民党老爷、少爷们的检查,否则,就找不到发表的地方,即使发表了,也无法向人民出售。在这种情况之下,许多作品都胎死腹中,或者刚刚看见天日,就报废了,被埋葬掉了。一个作家要说什么话,只能够弯弯曲曲地说;一个作家要描写什么生活,只能够隐隐约约地写。因此,左翼作家丘东平必须把梅陇城写成梅冷城,把上海城之战写成长夏城之战,并且把中国人的名字写成俄国人的名字。也因此,我在三十年代的作品中,也采取了欧化的表现方法。因为欧化检查官们也可能看不懂,从红笔底下侥幸漏了过去。同时也因为欧化,有时读者也看不懂了。这真是无可奈何的事情。

随手举几个例子吧:读者在《文集》第一卷里,可以找到一篇叫做《杰老叔》的小说。它本来的名字叫做《还有国家的奴隶》。送检以后,正文还可以,题目无论如何通不过,只好妥协,改成现在的名字。又有一篇小说,叫做《心的俘虏》。这篇文章是为揭露国民党反动派散布所谓"赣南剿共大捷"的谎言而写的,没有经过检查官们的检查,只能发表在鲁迅所编的,像地下刊物一样的《木屑文丛》里。但是结果怎样呢?这部书一出版就遭到了查禁。又譬如,在《文集》第二卷里,有一篇中篇小说《鬼巢》。我采用了欧化的表现方法,从侧面反映了一个残酷的血腥屠杀。事实是,在一千九百二十七年,广州起义失败以后,国民党反动派把他们认为是共产党员的好几百人,关押在广州的南关戏院里,然后用机关枪加以扫射。这样的一本书,如果不用欧化的表现方法,不从侧面去反映,那么,它能在三十年代的良友图书公司公开出版,将是一种不可想象的奇迹。

尽管这样,有一些以文艺的护卫神自居的理论家如胡秋原之流,竟然向中国共产党和中国左翼作家联盟要求文艺自由,并发出"勿干涉文艺"的叫嚣。中国共产党和中国左翼作家联盟当时在上海一来没有政权,二来手无寸铁,怎么能够"干涉"胡秋原之流的"文艺"呢?相反,当时党和革命作家正在帮助中国人民争取自由。胡秋原之流竟然走错了门口,实在是三十年代中国文坛的咄咄怪事!

八

其次,一个作家要真实地反映一个时代,必须投身到这个时代的革命政治的主流里面去。但是当时中国的作家,和当时革命政治的主流——江西的中央苏区,是被国民党反动派完全隔断了的。中国左翼作家对中央苏区的斗争情况,只能通过秘密刊物的简单记载,或者仅仅通过人们简略的口头传达,才能够略知一二。作家没有办法亲身到中央苏区去生活,去观察、体验、研究、分析那里的人和事,又怎么能够产生令读者满意的作品来呢?鲁迅曾经对我们说过,他想写一个关于红军的战斗故事,终于因为生活上被隔断,而未能如愿。

即使作家们住在上海的租界里,他们和工人、店员们的联系,也是被国民党的特务和租界的警探隔断了的。作家要和工人、店员们见一次面,谈一次话,只能采取秘密活动的方式。如果要开一次读书会,或者一次革命性质的纪念会,那就要采取高度秘密的方式。如果一个作家要深入罢工工人里面去活动,那么,他除了要有熟人率领之外,还必须经过严格的化装,才能成行。处在这样一种状态之下,作家是连当地基本群众的斗争生活也没有法子作真实的反映的。

对于生活上的这种被隔断的状态,我和一些同志曾经做过冲破它的努力。一千九百三十三年,广州普罗作家同盟(中国左翼作家联盟广州分盟)

所出版的《广州文艺》《新地》《大家新闻》这些刊物，曾经直接送到一般工人、店员和太古洋行码头的罢工工人手里。工人们高兴极了。国民党反动派的老爷、少爷们大为震怒。他们扼杀了这些用广州方言出版的刊物，对我下了通缉令，使我不得不离开广州到上海；又派遣特务拘捕了留在广州负责的龚明和易巩。最后，令人十分愤慨的是，龚明在被捕三个月后，遭到国民党反动派杀害；易巩则被判处有期徒刑十年。咱们为什么会碰到这样的遭遇呢？唯一的理由，就是咱们胆敢把本来应该属于人民大众的文学创作，直接送到人民大众的手里。

毛泽东《在延安文艺座谈会上的讲话》说得好："不熟、不懂，英雄无用武之地。"我既然不是英雄，只是一个普通的文学作者，更加没有用武之地了。读者不难看到，在这一个时期的作品当中，我只是反映了三十年代和二十年代，甚至更远一点的，广州城市和广东农村底层人民的生活。他们多灾多难、痛苦忧伤。有些人用极度的韧性生活着，有些人拼命挣扎着，有些人奋勇反抗着，——但是这种反抗又多半是个人的、自发的。即使也有一些集体的反抗行动，终于因为缺乏无产阶级正确坚强的领导而失败了。我能够展现在读者面前的，竟是一幕接着一幕，无穷无尽的悲剧！——黑暗牢房，四周都是铜墙铁壁，要攻破它，绝不是轻而易举的事情。八十年代的读者，将不可能接触这样的生活，但是从文学作品中，间接了解一点，我想是不无好处的。咱们对于人民大众的贫穷、疾病、愚昧、落后知道得越清楚，才越能够明白他们为什么要豁出命来，拼死拼活，建立一个中华人民共和国。

九

又其次，应该谈一谈我的艺术风格上的缺点的问题。上面说过，我的作品采取欧化的表现手法，主要是为了对付国民党检查官老爷、少爷们，希望他们嗅不出文章的真味来。这是对的。但是，还有另外的理由。当时，在艺术欣赏上，我非常喜欢东欧和西欧那些作家。在艺术表现手法上，也就是在借鉴和引进的问题上，我都认为欧化很有必要。我认为用欧化的手法表现生活和塑造性格，都比较真实和准确，也比较深刻和丰富。自然，"五四"以来的新文学作品中，长篇小说（包括后来的中篇小说）和短篇小说的样式，最初都是从欧洲引进的。但如果以为这样，新文学作品就应该全盘欧化，那就是一种片面的看法了。

中国的人民大众和中国文化的联系，是被反动的统治阶级隔断了的。从现代文化和现代新文学这方面看来，和人民大众的联系，被隔断得更加严重。在当时，他们大部分都是文盲，没有接触新文学的机会。我的作品虽然是为了他们的利益而写的,虽然是为他们呐喊、呼号的,但是因为我的作品戴上了欧化的面纱,结果和他们产生了不可避免的隔阂。自然,口头上说说,文学作品的好坏不在于读者的多少,或者说说,人民大众今天不能接受我的作品,将来会接受的,等等,是比较容易的。不过光这样说说,又怎么能改变客观存在的事实呢?

自然,我在三十年代的文学创作里面,在一千九百三十三年我到上海以前,和一千九百三十七年开始全国抗战以后,就是说在这一头一尾的时间里,都有一些例外。在《广州文艺》上,我提出了粤语文学的主张,就是用广州话写作品,给广州的人民大众欣赏。在这个时期,广州的反动统治当局,还没有设立文学报刊的检查制度。到了"七七"事变全面抗战以后,因为国民党也参加了抗战,检查制度也没有什么用了。我用纯粹的广州方言所写的作品,因为怕全国的读者看不懂,所以没有选进《文集》里。全面抗战以后所写的,毫无欧化痕迹的,当时叫作"大众小说"的这一类作品,像《三水两农夫》《好邻居》等等,都已经选进《文集》里面。读者不难看出它们和其他作品的差别来。

选进《文集》当中的这个时期的作品,除了若干错字以外,无论在性格刻画上,故事结构上,艺术风格上,语言文字上,我都保持了原有的特点。关于怎么样向外国文学作品借鉴,关于怎么样正确地引进外国的文学技巧,读者都可以从这些作品中看到其中的利弊、得失,吸取必要的经验和教训。

十

我到了延安,——从一个旧的世界走进另外一个新的世界。我不但获得了政治自由、人身自由,而且获得了文学创作的完全自由。那是一千九百四十一年。有些人认为四十四年以后,一直到一千九百八十五年,中国作家才获得了创作自由,恐怕是一种误解。

在延安,我看见了新的人和新的时代精神。干部是新的。他们不再是那些总长、督军、省长、地主豪绅、官僚买办们,而是一些听从党的教导,全心全意为人民服务的人民勤务员。老百姓也是新的。他们不再是我从前那些亲戚朋友、左邻右里,不再是那些多灾多难、痛苦忧伤的人物,而是大地的主人。他们个个都精神愉快,勇往直前,为拯救民族的危亡,为改变自己世代相传的命运,和帝国主义、封建主义、官僚资本主义三座大山,同时和贫穷、疾病、愚昧、落后作殊死的斗争。

党中央在伟大的整风运动中教导咱们,毛泽东《在延安文艺座谈会上的讲话》里面,提醒咱们:一个人民的作家,应该为什么人服务和怎样服务。

我认识到，作为一个革命作家，我接受了一种新的光荣的使命。我必须做人民大众的知心朋友，和大伙儿一起战斗，用我的作品去鼓舞他们，满足他们文化生活的要求。我必须和大伙儿一起推翻压迫咱们的三座大山，进一步和贫穷、疾病、愚昧、落后作斗争。我必须用我的作品推动整个历史前进，一直到建成未来的、美好的社会主义——共产主义。半个世纪以来，我这样认识过来，也这样实践过来。对于我来说，共产主义的理想是全新的，而且是最新的。其他的一切离奇古怪的想法都是旧的，破烂不堪和腐朽没落的。

四十年前，在没有国民党反动派的检查官的条件之下，在作家和人民大众没有被隔断，并且相反，鼓励他们密切联系的形势之下，在我的欧化的表现手法面对群众考验的情况之下，我写出了反映延安现实生活的长篇小说《高干大》。在动手写这本书之前，我曾经写成提纲，分别征求几十位干部和群众的意见。他们都积极支持，并且热心地提了许多意见。但是也有些人态度非常冷淡。他们只知道广大群众会唱歌，爱看戏，全不知道他们是否会去读一本文学作品。的确，在我写《高干大》以前，没有任何长篇小说反映过延安生活。在陕甘宁边区，由于长期反动统治的愚民政策，造成了很多的文盲。此外，也没有书店会出版什么长篇小说。我写完了《高干大》以后，得跑到二百里路以外、党中央在瓦窑堡设立的印刷所去付印。等全书排出来以后，又要再跑二百里路去校对。这样辛辛苦苦地印一本书，印数预计只有五百册。就连这样少的印数，也因为国民党反动派胡宗南进攻延安而印不出来。

十一

一千九百四十七年下半年，我带了一份《高干大》的清样到晋冀鲁豫边区。那里新华书店的负责人，很快就把这本书重排，并且在年底就把它印好。这时候，有些好心人就出来阻拦了。当时晋冀鲁豫边区正在开展土改整队运动，提出"贫雇路线"的问题，号召贫雇农敢于起来坐天下。在这种气氛之下，《高干大》被那些好心人说成是鼓吹"富农路线"的，因此冻结起来，不准出售。这样冻结了半年，在一千九百四十八年的七月（太岳版）和九月（华北版）出版后，它才算和广大的读者初次见面了。

赵树理及时地从他所选定的角度，写了很有分量的评介文章，热情洋溢地向读者推荐这本书。另外，还有许多文艺界的朋友，在近四十年的时间里，对它提出了种种的肯定和非难。那些好心人的非难，有说高生亮相貌过于丑陋的；有说任常有应该改正错误，不应该因醉致死的；而最主要、最集中的一点就是说不应该写高生亮思想性格上这样严重的缺点。后来我才发现，近四十年来《高干大》之所以遭到冷淡的待遇，原因也就在这里。那些好心人认为写一本书就必定要写一个英雄人物，如狄青、薛仁贵之类。如果一旦他们身上有了缺点，就不能算一个英雄人物，也不值得为他去写一本书了。

我希望自己能够成为一个忠于生活的诚实的人，就是说能够成为一个具有正确地反映客观实际的头脑的人。为了这一点，对于我的作品也好，对于我本人也好，都不能不付出一定的代价。既然我在现实生活中间发现了高生亮，我又那样佩服他和热爱他，又怎么能够不把他写到书里面去呢？我观察了高生亮这样一个人，同时又观察了和他同一类型的许多别的人，结果发现了他们身上都有各自不同的优点，也都有各自不同的缺点。我为什么不可以客观地、慎重地把优点和缺点同时写出来，以便促进他们不断发扬优点，同时不断克服缺点呢？这样子，不是对于推动历史向前发展，推动人们在改造客观世界的同时改造自己的主观世界，更加有利么？

还是毛泽东说得好，人民大众也是有历史负担的。高干大也正是这样。他是勇往直前的人们当中的一个，也跟别的人一样，背着历史的负担，向各种各样的敌人冲锋。这种历史的负担似乎也可以分作两大类：一类年代较长，是封建主义社会遗留给他们的，可以叫作封建主义的负担；一类年代较短，是资本主义社会，特别是国际资本主义社会，遗留给他们的，可以叫作资本主义的负担，——也就是资本主义的腐蚀。高生亮的历史负担，是前一类封建主义的负担。由于当时的战争环境和政治环境，还不可能和贫穷、疾病、愚昧、落后作大规模的斗争，人民大众身上，甚至一部分干部身上，都或多或少地背着历史的负担，是一种常见的普遍现象。不管他们所做的事情正确与否，这种历史的负担在他们的思想、感情、语言、行动上，都是显而易见的。

十二

一千九百四十九年新中国成立，到一千九百六十六年"文化大革命"开始，一共有十七年的时间。在这一段时间里，本来可以集中全国人民的力量，对贫穷、疾病、愚昧、落后展开大规模的斗争，使全国人民逐步摆脱悲惨的命运，可惜历史走上了另外一条轨道。从文学艺术方面来说，本来应该按照毛泽东《在延安文艺座谈会上的讲话》的主要精神，组织作家深入生活，写出为人民大众所需要的作品，从而使人民大众欣赏、感奋、鼓舞、深思，坚决行动起来，把历史推向前进。但是，好心人又出来了。他们提出了种种冠冕堂皇的要求，对文学艺术的蓬勃发展加以阻拦，和使文学艺术的路子越来越窄,最后走进了一条死胡同。

在他们所提出的种种要求之中,最重要的大概有两个:一个是写"中心",一个是"高大全"。这两个要求使许多文学艺术作品都变成了"赶时髦"的"假大空",结果严重地脱离了群众,并且使文学艺术本身的发展,受到了挫折。"写中心"是对于创作题材的一种限制,使一个时期的作品无限重复。任何作者如果不这样做,就不免要受到非难。"高大全"是对于人物性格的一种限制,使一个时期的作品中出现的人物一模一样。任何作者如果不这样写,就不免要受到谴责。也曾经有过英雄人物是否有缺点的讨论,但那结论是不言而喻的。因为谁要是说英雄人物也有缺点,谁的立场就会受到怀疑。

读者也许还记得,在《文集》第三卷里面有几篇短东西:《慧眼》曾经对当时的某些社会现象做了一些轻微的讽刺,立刻受到了批评,据有人统计过,帽子竟有十六顶之多。《乡下奇人》原名《天下奇人》,因为《人民文学》不敢用这个题目发表,只好将"天"字改成"乡"字。这篇小说描写一个反浮夸风的,实事求是的农民干部;《在软席卧车里》描写了一个唯意志论者的失败过程;《骄傲的姑娘》描写了一个对于服务工作的高尚意义没有认识的店员。——这些作品当然既没有"写中心",其中的人物也都不是"高大全",因此,理所当然地受到了责难和非议。其实这一类的人物和题材,在革命前进的道路上,是很多、很多的,只因得不到应有的鼓励,因此得见天日的很少、很少,大家也就少见多怪罢了。

本来在新中国成立十周年纪念前后,也就是在五十年代末到六十年代初这一段时间里,文学艺术创作,曾经一度出现过高涨的趋势。但是因为把阶级斗争提到了不应有的高度,使"写中心"和"高大全"的要求更加得势,文学艺术创作的发展,又一次被阻拦了。在这个期间,我写出了《一代风流》第一卷《三家巷》和第二卷《苦斗》,那处境就可想而知了。

《三家巷》《苦斗》刚出版的时候,引起了热烈的争论,有赞成的,有反对的,情况也还正常。后来风云突变,对这两本书展开了全国性的、有组织的批判,或者叫作围攻。那范围之大,来势之猛,时间之长,不要说在我六十年的创作生涯中没有见过,就是在整部中国文学史里面,恐怕也没有先例。有人做过估计:一卷《三家巷》不过三十万字,批判《三家巷》的文章竟有三百万字之多,真算得上洋洋大观。其实这些批判的内容,主要的只有两个方面,一个是说它宣扬了阶级调和、阶级投降,一个是说它赞美了小资产阶级人物。很明显,这都不过是"写中心"和"高大全"两种要求的具体运用。那时候正提倡"阶级斗争为纲",我却写了各个阶级的复杂关系;那时候"高大全"的人物正在风行,而我却写了一个当时还不能够彻底革命的年轻人；——所以应有此报。

十三

十年内乱终于不可避免地降临人间。在极"左"路线向政治、经济、军事、文化各个领域肆虐之前，文艺界首当其冲。在打倒了《海瑞罢官》，打倒了"三家村"之后，接着来砸烂《三家巷》，自然是顺理成章的事儿。果然，《三家巷》《苦斗》遭到了更大规模的、来势更凶猛的、包括人身侵犯在内的批判和斗争。三年之后，到一千九百六十九年，《一代风流》前两卷被判决为"专替错误路线树碑立传"，《一代风流》的主要人物周炳被判决为"叛徒、工贼"，全书在政治上被宣判了死刑。区区一个周炳竟被推上了和国家主席刘少奇差不多同等高度的地位，真令人哭笑不得！

这种现象使人感到奇怪么？不！这在当时一点也不奇怪。不但不奇怪，而且可以说是天经地义的事儿。不是后来有人说么？"几亿人口在八年中间看了八个样板戏。""写中心"和"高大全"的主观要求被推上了极"左"的高度，发展到了"历史为政治路线服务"和塑造"样板人"的地步。说不定有些人当真相信，只要每个人从早到晚看样板戏，都变成李玉和、杨子荣、阿庆嫂、江水英，那么，下个星期也许可以实现共产主义。还得声明一句，我并没有当真看过样板戏，只是在后来的电影中看到，因为当时像我这样的人，是没有资格，也不获许可去看真人的演出的。看演出必须在烧完炮仗以后，手举小红书进场，而像我这样的人根本不具备举小红书的荣誉。

最令我痛心的是《一代风流》第三卷《柳暗花明》全卷的原稿，第四卷《圣地》半卷的原稿，竟在这一次内乱中遭到毁灭。此外，还有我历年所存的原稿、材料、笔记、报纸、书刊、图表、照片、日记、书信、写作计划和新中国成立前的全部旧作品，包括一千九百三十三年用广州方言出版的中篇小说《单眼虎》，都一齐在劫难逃，云散烟消！我当真没有想到，"文化大革命"会革得这么彻底，连一张小纸片也没有给我留下。这些东西如果别人当作废纸，拿到纸厂去化浆，也许还不值一块钱。可是在我个人，却是几十年含辛茹苦的心血结晶！

此外，令我十分惋惜的，是这一场内乱剥夺了我十年的时间。自然，这不是我一个人的事儿。小学生失去了上中学的机会，中学生失去了上大学的机会，大学生等于没有念书，政治家、军事家、科学家、艺术家，工、农、兵、学、商，每一个中国人都失去了十年的时间。其中有几年，我被送往英德县茶山文艺"五七干校"，由学员群众监督劳动。这一间干校原来是一个劳改场。后来听人说，当时高级领导曾经训示正式学员，要他们"生在茶山，死在茶山，埋在茶山！"我不是一个正式学员，没有职务，没有工资，没有人身自由，也没有任何政治权利。林彪的自我爆炸，不让我知道；全国人大代表的候选人名单，也不让我知道。在接受监督劳动当中，我得到了长年长月的休息，也做了一些轻微的体力劳动，对于一个六十岁以上的人来说，无疑是有好处的。然而十年毕竟是十年，当我决心重写《柳暗花明》的时候，我已经七十一岁了，我的眼睛已经看不见写字，不得不使用录音机来从事创作了。

十四

近十年来，咱们国家的情况起了翻天覆地的变化。粉碎"四人帮"以后，特别是十一届三中全会以后，党中央对咱们提出了"解放思想，实事求是"的思想路线，使咱们国家的命运出现了一个伟大的历史转折。一千九百七十九年，邓小平同志又代表党中央，向全国四次文代会致了殷殷期望的祝辞。这个祝辞是一切文学艺术工作的纲领。这个纲领使咱们明确了文学艺术工作者的任务，认清了文学艺术工作者的责任。它要求咱们表现人民和赞美人民，培养社会主义的新人，表现丰富的社会生活，同时力求题材、风格的多样化。要做到这些，咱们就必须坚持社会主义的文艺方向和无产阶级的"双百"方针；要严肃考虑文学作品的社会效果；要坚持学习马列主义、毛泽东思想，要坚持学习人民；要提高咱们自己的艺术表现能力。此外，还要坚持团结，坚持批评和自我批评；还要用很大的力量扶助中青年文学艺术工作者。在另一方面，这个纲领还要求各级党委，对文学艺术工作要加强领导和善于领导。这样，就能够使文学艺术繁荣的高潮早日到来。

自然，其中的文学创作也会得到充分的发展，使广大读者欣赏、感奋、鼓舞、深思，帮助人民大众和贫穷、疾病、愚昧、落后作斗争，把历史推向前进，——向着共产主义前进！可惜，文学创作发展的道路不会那么笔直，那么平坦，在对外经济开放的同时，刮起了两股不正之风：一股叫作以自我表现为中心的现代主义，一股叫作"一切向钱儿看"。现代主义的文学作品脱离群众，脱离实际，散播民族虚无主义，歌颂个人主义和无政府主义，鼓吹抽象的人、人性和资产阶级人道主义，用唯心主义的观点观察世界和人生，描写一些离奇古怪、荒诞淫秽的东西，供少数知识分子互相欣赏。"一切向钱儿看"就是赤裸裸地为了赚钱的目的，迎合某些读者的低级趣味，大量写作和出版武侠、淫秽、凶杀、恐怖、荒诞、神怪的书籍和报刊。

照我个人的理解，这两股不正之风都在坚持精神污染，坚持资产阶级自由化；既背离了四项基本原则，又背离了"为人民服务，为社会主义服务"

的文艺方向，是整个文学创作的倒退。他们不只倒退到二十年代初期，甚至倒退到"五四"运动以前，——倒退得那么远，实在令人惊讶。我说得也许过分，——但愿我果真说得过分了才好。据说最近文艺书籍的积压，竟达十二亿元之多，卖不出去，造成"著书难，出书难，卖书难，买书难"的局面。我想，这就是两股不正之风所造成的恶果。这对于社会主义文学创作的健康发展，不能不说又是一种阻拦。这种阻拦跟以前的种种阻拦不同。以前的阻拦来自不明事理的好心人，这回的阻拦来自打着"革新"旗号的先生们和满身铜臭的市侩们。

在这种情况之下，我出版了《一代风流》第三卷《柳暗花明》、第四卷《圣地》和第五卷《万年春》。我确实有点担心，当年被认为阶级调和、阶级投降、恋爱至上主义者的周炳，如今会不会被看做"正统""僵化""教条主义""机械反映论"。由此，我也悟出了一个道理：文学创作者的一生好比一个运动员，在做跳高栏的赛跑。他要跑到终点，就必须跨越过数也数不清的高栏，而每个高栏的距离，竟然不到五十厘米！

十五

不管海洋上的风浪有多大，咱们都应该坚持社会主义文学创作的航向，不要偏离。人民大众需要咱们这样做，咱们也应该为人民大众这样做。咱们应该按照邓小平同志代表党中央所做的祝辞，按照这个文学艺术工作的纲领，努力奋斗。我希望这部十卷本的《文集》，能够在社会主义精神文明的建设当中，产生一点微小的作用。回顾六十二年来的文学生涯，可谈的问题是很多、很多的，现在想就我毕生追求的两个目标，简单地谈一点粗浅的想法：一个是典型性格的问题，一个是民族化、大众化的问题。

文学常识告诉咱们，作品除了细节的真实性以外，还必须写出典型环境里面的典型性格。这句话说起来很简单，做起来可不容易。要观察、体验、研究、分析众多的现实人物的性格，要做深刻的艺术概括，还要预见人物性格的发展。除此以外，还必须克服在这个创作过程中的种种偏见。这些偏见之中，最有害的就是一个阶级只有一个典型性格的思想。按照我个人的想法，一个阶级人物的共性相同，个性不同，固然可以形成许多不同的典型性格；就是共性相同，个性也相同，或者大体近似，也因为本质特征相同的共性之中，还存在着许多各不相同的特质特征（典型特征），所以也存在着千差万别的典型性格。总之，不但不是一个阶级只有一个典型性格，反而是一个阶级存在着无数的典型性格。"五四"新文学运动以来，在咱们的文学创作里，不管哪一个阶级的典型性格，都为数不多。在这一方面，文学创作者是大有奔头，大有可为，前途无量的。

一部文学作品之所以能吸引、感动、影响读者，是由于什么东西呢？很明显，不是由于题材，不是由于故事情节，而是由于书中人物的思想、感情和行动。典型性格就是人物的思想、感情和行动的艺术概括。这种概括的程度有高、有低，都能够对读者产生或强或弱的潜移默化的作用。作品的题材不能历久常新，作品的故事情节也许使人一时感到兴趣，过后就很难留下深刻的印象，只有典型性格留在人们的记忆中，不容易忘记，并且使读者感到亲切，发生浓厚的兴趣。读者经常自觉或不自觉地模仿作品中典型性格的语言和行动，就是一个明显的证明。

历来的读者衡量一部作品的成功与否，都是看这部作品有没有写出典型性格，或者所写的典型性格是多是少、是高是低。因此，咱们必须把塑造典型性格的重要任务放在文学创作的首要地位。如果咱们希望作品能提高质量，能写得成功，能发挥更大的影响，能获得更高的社会效果，都必须努力完成这个重要任务。除此以外，好像没有别的捷径可走。想用离奇、荒诞的作品吓唬读者，想用武侠、淫秽、凶杀、神怪的作品迎合某种低级趣味，终究是要失败的。

按照这样的理解，我做了六十二年的文学创作活动，企图在塑造典型性格的广阔天地中，贡献一点微薄的力量。我的主观愿望未必能够达到，但是我仍然希望广大的读者对于我所塑造的人物杰老叔、焦顺、邝元、丁泰、梁龙、高干大、梁树坚、赵奇、司徒先生、周炳、胡杏、区桃、何守礼、陈文雄、陈文婷、吴生海、王大善等等，能够发生兴趣。在和他们的交往中，喜欢他们，关心他们，为他们而深思，或者把他们当作知己，或者把他们当作殷鉴。倘若能够这样，我就感觉到无限的欣慰了。

十六

文学创作民族化、大众化的问题，实际上是一个人民大众喜闻乐见的问题。有些人误认为迎合某些读者的低级趣味，就赢得了人民大众的喜闻乐见，这无疑是错误的。只有对于美好的东西，能使读者向上的东西，能使读者奋发进取的东西，才配得上让人民大众喜闻乐见；如果低劣的、肮脏的、有害的东西，读者对它并不喜闻乐见，反而更好。在漫长的文学创作的岁月当中，我曾经摸索前进，走过弯路，到现在还没有什么令人满意的成就。

在摸索的过程当中，我杜撰了两句话，叫做"古今中外法，东西南北调"。意思很简单，没有什么深奥的道理。"古今中外法"是借鉴古今中外一切优秀的表现手法，"东西南北调"是吸收中国各地方言土语的精华，希望做到广收各家之长,博采各地之精。说得简单一点,不过就是兼容并包的意思。说起来很简单,要做到也不太容易。可是为了使人民大众喜闻乐见,再困难也要做。

最近有人反对文学创作的典型化,接着又有人反对文学创作要使人民大众喜闻乐见,我看这并不上算。文学创作应该帮助人民推动"四化"建设,应该帮助人民战胜贫穷、疾病、愚昧、落后,应该获得最大限度的社会效果,应该使咱们的民族传统发扬光大,这些道理暂时不说。单说文学创作能够获得更多的读者,能够扩大新文学本身的影响,那又有什么不好呢?赵树理曾经对我说,咱们的新文学其实是一种"交换文学",意思就是说咱们的文学创作,是"你写给我看,我写给你看"的,跳不出文学界的圈子,进不了人民大众生活的大门。这些话固然是讥诮,然而也是实情。

五四运动开始的时候,关心新文学的,只有为数不多的知识分子。经过缓慢的发展,到以上海为文化中心的三十年代,新文学影响的范围也很有限。我记得当时出一本文学作品,初版大概是两千册。被认为权威的期刊《文学》,谁在上面发表作品,就被认为是"登龙"的,销数也不过每期一万份。到新中国成立的前夕,在老解放区情况虽然有些改善,但是幅度也不是很大。到新中国成立以后,情况发生了根本的变化:一本文学作品能印到几万本,全国性的文学期刊能印到几十万份,新文学在人民大众的生活中生了根。五十年代末到六十年代初,出现了第一个兴旺的时期,七十年代末到八十年代初,又出现了第二个更大的兴旺时期,这期间畅销的文学作品和期刊,印数都是以百万计算。尽管这样,新文学对人民大众生活的影响还是不够普遍,不够强烈的。试想一部文学作品,即使印到一千万册,也不过在一百人当中,有一个人读这本书罢了!在这个时候,咱们还不重视人民大众的喜闻乐见,岂不白白地辜负了目前这种"团结奋斗,再展宏图"的大好形势么?

这本《文集》编成和出版,得到我的助手谭方明、吴绍醒、欧阳燕星、胡子明诸位同志辛勤劳苦的帮助,又得到花城出版社的热情支持,谨在这里表示深深的感谢!

欧阳山

1986年1月24日,在广州梅花村

欧阳山年谱

燕绍明志　辑

1908年

12月11日　在湖北省荆州（今江陵县）出生。因贫穷，出生数月后，即卖给杨姓的养父抚养，取名杨凤岐。

1915年　七岁

随养父在北京、郑州、西安、镇江、上海等地流浪后，回到广州，在广州上四年制的第五国民小学和三年制的第七高等小学。这以后几年读了大量中外文学作品。

1922年　十四岁

9月小学毕业，考入广东高等师范附属师范初中一年级。这以后几年里，读了心理学、哲学、文学、美学、生物学等书籍，以及鲁迅、叶圣陶、郭沫若、郁达夫、冰心和屠格涅夫、歌德、契诃夫、高尔基、陀思妥耶夫斯基等人的著作。

1924年　十六岁

8月　在五四运动的影响下，第一篇小说《那一夜》脱稿，后在上海《学生杂志》第11卷第11期上发表。另题为《白话文与新文学》的短文也发表在同一杂志第11卷第10期上。本年集体参加国民党。

9月　从广东高师附师初中二年级考进广州市立师范高中一年级。

1925年　十七岁

8月　高中一年级念完以后，到北京，准备考进北京大学念书。后来省港大罢工开始，就回到广州，重新进市立师范学校念高中二年级。

9月　当选为市立师范学生会出版部干事。到韶关、新会去做唤起群众的宣传工作，帮助省港罢工工人组织夜校、办识字班、上政治课。

11月　当选国民党市立师范区分部执行委员（至1926年1月）。

11月　任明珠电影院（今羊城电影院）助理编辑。

1926年　十八岁

1月　因为参加"择师运动",被学校当局用"操行不良,难期造就"的罪名开除学籍,同时自动脱离国民党。

4月　邀约有些原来的同学组织"广州文学会",任《广州文学》周刊主编,并刊登第一部中篇小说《玫瑰残了》(用罗西的笔名)。

5月　经郭沫若的介绍,到中山大学预科二年级当了半年旁听生。

6月　任国民革命军第一补充师政训处中尉宣传科员(至7月)。

8月　任兵工试验厂政治部上尉宣传科员。

9月　任黄埔军校入伍生部政治部上尉宣传科员(至10月)。

11月　任黄埔军校政训处少校编纂股长(至1927年8月)。

1927年　十九岁

1月　初次到中山大学大钟楼访问教务主任兼文学系主任鲁迅。

3月14日　邀约广州文学界朋友,在东如茶楼成立南中国文学会,鲁迅出席指导。

7月23日、26日　在市教育局举办的夏期学术讲演会上,为鲁迅所作题为《魏晋风度及文章与药及酒之关系》的讲演做记录。

12月　广州起义失败后,离开广州去上海。

1927年作品有:

《坟歌》(诗集)(罗西)　香港受匡书店

《玫瑰残了》(中篇小说)(罗西)　上海光华书局

《仙宫》(短篇集)(罗西)　香港受匡书店

包括:《召请》(代序)、《仙宫》、《忙经纪的浪漫史》(译文,O.HENRY原著)。

《至情文学论》(罗西)　广州《国民新闻》8月6日

《关于党籍的声明》(罗西)　广州《国民新闻·副刊》8月25日

《质问昭英女士》(罗西)　广州《国民新闻·副刊》9月2日

1928年　二十岁

1月　和杨志明女士同居。在南京住了几个月,以后回到上海,成了职业小说家。

1928年作品有:

《桃君的情人》(中篇小说)(罗西)　上海光华书局

《莲蓉月》（中篇小说）（罗西）　上海现代书局
《你去吧》（长篇小说）（罗西）　上海光华书局

1929年　二十一岁

8月　任淞沪警备司令部政训处少校宣传科员（至11月）。

1929年作品有：
《爱之奔流》（长篇小说）（罗西）　上海光华书局
《蜜丝红》（中篇小说）（罗西）　上海光华书局
《再会吧黑猫》（短篇集）（罗西）　上海北新书局
包括：《中秋节》《再会吧黑猫》《××姑娘的尺牍》《我怎么会是你的女儿呢》。
《死尸》（罗西）　《奔流》月刊（鲁迅编）8月20日

1930年　二十二岁

1月　任南京拔提书店编辑（至6月）。

2月　创办《幼稚》（英文"青年"的音译）周刊，传播无产阶级革命的道理和观点。张天翼和南京中央大学的几个同学钟潜九、胡楣（关露）、韩起也参加了这个活动。

6月　在南京生下大女儿代娜。

7月　辞去拔提书店编辑职务，从南京到上海。

10月　因军阀混战，稿子卖不出去，从上海回广州。

11月　任广州永汉电影院和新国民电影院编辑。

1930年作品有：
《流浪人的笔迹》（短篇集）（罗西）　上海光华书局
包括：《流浪人的笔迹》《孤注》《辞职》《迷惘》《给广州一个朋友》《最可怜的女人》《两个没有灵魂的人》。
《钟手》（短篇集）（罗西）　南京拔提书店
包括：《死尸》《家蓉姑娘》《掠夺》《拐子》《责罚的理由》《钟手》。
《杂碎集》（诗与散文集）（罗西）　南京拔提书店包括：《洪灵菲的〈归家〉》《对力山先生一个小声明》《浪漫与颓废》《关于〈爱与血〉》《我们底活法》《关于〈烟囱〉》《普罗文艺底存在》《答一个朋友》《杂碎》《坟歌》《黑色的手》。

《光明》（短篇集）（罗西）　南京书店

1931年　二十三岁

1月　仍任广州永汉电影院、新国民电影院编辑（至4月）。

4月　去上海，任正午书局编辑、《每月小说》主编（至11月）。

11月　因"九一八"事变发生，出版界不景气，回广州担任大德电影院、中华电影院编辑（至1933年8月）。

1931年作品有：

《人生底路及其他》（短篇集）（罗西）　上海正午书局

包括：《中秋节》《再会吧黑猫》《XX姑娘的尺牍》《我怎么会是你的女儿呢》《梦想》《人生底路》。

《竹尺和铁锤》（中篇小说）（罗西）　上海正午书局

《世界走得这样慢》（散文集）（罗西）　上海正午书局

《社会学家》（罗西）　上海《良友画报》（可能是5月或6月）

《阔气的老板》（罗西）　香港《工商日报》（可能是8月或9月）

《老人的教训》（罗西）　上海《良友画报》10月

1932年　二十四岁

4月　生第二个女儿天娜。

9月　组织广州普罗作家同盟（中国左翼作家联盟广州分盟），主编《广州文艺》周刊（以后改名《新地》《大家新闻》，至1933年8月）。

11月　组织广州作者俱乐部。

1932年作品有：

《肉底交换》（罗西）　广州《民国日报》5月22日

《生长库》（罗西）　广州《民国日报》7月19日

《关于〈广州文艺〉的通讯》　广州《民国日报·黄花》9月

《请广州作者全体动员》　《广州文艺》创刊号9月4日

《跛老鼠》（粤语短篇）（罗西）　《广州文艺》创刊号9月4日

《谁都能提出的疑问》（仕舞）　《广州文艺》创刊号9月4日

《辛克莱论现在的文学》（奇生）　《广州文艺》创刊号9月4日

《波登著〈矿工〉出版》（吉星）　《广州文艺》创刊号9月4日

《哀悼一切为反帝而死的兄弟》（编者）《广州文艺》第3期9月18日

《一周总答复》（罗西）　《广州文艺》第3期9月18日

《懒理》（粤语短篇）（从这篇开始用欧阳山笔名）《广州文艺》第3期9月18日

《唔算出奇》（粤语诗）（吉星）　《广州文艺》第3期9月18日

《一定要言文一致》（萨布落）　《广州文艺》第3期9月18日

《小频先生自以为通》（仕舞）　《广州文艺》第3期9月18日

《甦妹点样杀死佢嘅大佬》（草明原作，罗西粤译）《广州文艺》第5期10月2日

1933年　二十五岁

8月　《广州文艺》周刊遭国民党当局禁止发行后，又被国民党当局通缉，秘密到上海，参加"中国左翼作家联盟"，在小说研究委员会工作（至1936年3月）。这个月和杨志明女士分手，和草明女士同居。

10月　参加"中国左翼文化总同盟"，任宣传部长（至1934年2月）。

1933年作品有：

《单眼虎》（粤语中篇小说）（胡依依）　香港书店

《苏联女工日记》（翻译，长篇）（作者中文译名：黎利·科尔勃。原名未能查清楚，是奥地利女作家）与韩起合译　上海商务印书馆

《水棚里的清道伕》　《文艺》创刊号10月15日

1934年　二十六岁

4月　与杨骚合编《作品》月刊。

1934年作品有：

《第一个批评家介绍给我的是一本〈礼拜六〉》（即《我与文学》）生活书店《玉镯碎了》（罗西）　上海《良友画刊》第86期

《野性的呼声》（翻译，长篇）（作者Jack London，杰克·伦敦）与谷风合译上海商务印书馆

《杰老叔》（原名《还有国家的奴隶》）上海《文学》第2卷第4期4月1日

《论蟑螂》（龙贡公）　《中华日报·动向》5月11日

《女学生底腹部姿势》（龙贡公）　《中华日报·动向》6月1日

《青黑的脸蛋》　上海《新中华》第2卷第9期6月1日

《明镜》　上海《文学》第3卷第1期7月1日

《康波父女》　上海《中华月报》第2卷第6期7月1日

《菜贩子佟熙》　上海《文学季刊》第1卷第3期7月1日

《笑谑》　上海《小说半月刊》第3期7月1日
《"夫是之谓不以众人待其身"》（龙贡公）《中华日报·动向》7月19日
《洋自由》（明长照）　《中华日报·动向》7月21日
《就是信有此事发生之可能者，吾人之中，至今还未寻出一人》（梁韵松）　《中华日报·动向》7月26日
《从统一不靠语言想起的》（龙贡公）　《中华日报·动向》7月28日
《将来的"科学的国语"》（明长照）　《中华日报·动向》7月30日
《怜悯》　上海《社会月报》第1卷第3期8月
《文学用语欧化有必要》（龙贡公）　《申报·自由谈》8月14日
《忍耐力和使命》（明长照）　《中华日报·动向》8月21日
《何必多问》（龙贡公）　《申报·自由谈》8月24日
《认真》（龙贡公）　上海《太白》第1卷第1期
《敢问如何表出》（梁韵松）　《再进一步》（龙贡公）
（以上两篇收在《文言、白话、大众语论战集》，任重编，民众读物出版社9月初版）
《胜利》（龙贡公）　《中华日报·动向》9月9日
《〈货色〉介绍》（明长照）　《中华日报·动向》9月9日
《闹买办（闹：骂）》（苦手）　《中华日报·动向》9月9日
《文武合作》（待查）
《陆家栋》（张招）　上海《文学新地》第1期9月25日
《施先生底颜色观》（梁韵松）　《中华日报·动向》9月29日
《"请勿见笑"》（龙贡公）　上海《太白》第1卷第4期
《犯罪琐谈》（龙贡公）　《中华日报·动向》10月4日
《有刺花鼻子更好》（龙贡公）　《申报·自由谈》10月16日
《七年忌》　上海《文学》第3卷第5期11月
《土底气息》（待查）
《外交谈判》（翻译短篇，原作者法捷耶夫，苏联作家）
上海《作品》月刊第1期
《吉屋》　上海《太白》第1卷第10期

1935年　二十七岁

5月　参加上海《民报》电影评论小组的活动（至1936年5月）。

1935年作品有：

《新客》　上海《小说半月刊》第15期1月1日

《某一次旅行》　《申报·自由谈》1月11日

《我底表叔》　《申报·自由谈》1月17日

《梦一样的自由》　上海《太白》第2卷第1期

《人底界限》　上海《文学》第4卷第2期2月1日

《钟五》　《申报·自由谈》2月13、14日

《痞棍世界》　上海《文学》第4卷第3期3月1日

《泥水匠陈秋》　《申报·自由谈》3月19日

《穷戏班》（龙贡公）　《申报·自由谈》4月6日

《为了憎而爱》（龙贡公）　《申报·自由谈》4月9日

《信与永生》（龙贡公）　《申报·自由谈》4月25日

《禁令》（龙贡公）　《申报·自由谈》5月17日至18日

《渊奥与新奇》（龙贡公）　《申报·自由谈》6月13日

《家常话》　上海《文学季刊》第2卷第2期6月16日

《姊妹》　上海《文学》第5卷第1期7月1日

《扯谎底陪衬》（龙贡公）　上海《太白》第2卷第6期

《生底烦扰》　上海《太白》第2卷第8期7月5日

《第一梦》　上海《创作》第1卷第1期7月15日

《邱家兄弟》　《申报月刊》第4卷第7期7月15日

《气煞了》（龙贡公）　《申报·自由谈》7月17日

《老婆》（龙贡公）　《申报·自由谈》7月22日

《忧世者》　上海《创作》第1卷第2期8月15日

《雷雨》　《申报·自由谈》8月27日

《三恨》　《申报·自由谈》9月10日

《夏天的伴侣》　上海《通俗文化》第2卷第5期9月

《离弃之前》　上海《大晚报·火炬》10月25日

《在渗井里》　上海《文学》第5卷第5期11月1日

《机警的人》　《申报月刊》第4卷第11期11月15日

《蔗船》　上海《大晚报·火炬》12月4日

《禀神》　《申报文艺专刊》12月13日

《爱底现实》（龙贡公）　《申报文艺专刊》12月20日

《七年忌》（短篇集）　上海生活书店包括：《明镜》、《杰老叔》、（即《还有国家的奴隶》）、《青黑的脸蛋》、《怜悯》、《康波父女》、《笑谑》、《菜贩子佟熙》、《七年忌》。

《心的俘虏》（王苦手）　上海《木屑文丛》第1期

《哑谜》　天津《国闻周报》第13卷第1期

《急脚先锋底新兵》　上海《太白》第2卷第12期

《非定期的拜会》　天津《大公报·文艺》1935年或1936年

《给人玩弄的人》　天津《大公报》12月29日

1936年　二十八岁

4月　与方之中合编《夜莺》月刊。

6月　参加两个口号的论争，用龙贡公的笔名写文章拥护鲁迅所提倡的"民族革命战争的大众文学"的口号。在《中国文艺工作者宣言》上签名。

与张天翼合编《现实文学》月刊。

7月　与周而复合编《人民文学》月刊。

9月　与丘东平合编《小说家》月刊。

10月22日　参加鲁迅的殡仪和葬礼。

1936年作品有：

《私刑》　上海《漫画生活》第7期1月1日

《粥渣》　上海《文学》第6卷第2期2月

《奇怪的木匠》　《申报·自由谈》2月7日

《人物》（独幕剧）　上海《海燕》2月20日

《邝元底困难》　上海《大晚报·火炬》2月23日

《读书小记》（龙贡公）　上海《夜莺》第1期3月

《青年男女》外一篇《宛转》（中短篇集）　上海生活书店4月

《歌声》　上海《夜莺》第2期4月5日

《错误》　天津《大公报》4月5日

《失败的失败者》　上海《作家》第1卷第1期4月

《温侠玉》（龙贡公）　《申报文艺专刊》4月17日

《假手》　《申报周刊》第1卷第17期5月3日

《疯狂教授俞本夫》　上海《作家》第1卷第2期5月15日

《上祠堂》　天津《大公报》5月25日

《崩决》（中篇小说）　上海《文学》第6卷第6期，上海生活书店6月

《明天的艺术家》　上海《夜莺》第4期6月15日

《抗日文学阵线》（龙贡公）　上海《夜莺》第4期6月15日

《弥弥满》　上海《现实文学》第1期7月1日

《失去嘴唇的人》　上海《文季月刊》第1卷第2期7月1日
《银表》　天津《大公报·文艺》7月12日
《假如我也是证人》　上海《人民文学》第1卷第1期7月
《她底挫折》（龙贡公）　《申报文艺专刊》7月24日
《衰仔》　上海《文学》第7卷第2期8月1日
《不说话的证人》（龙贡公）　《申报文艺专刊》8月7日
《在三江客栈里》　上海《作家》第1卷第5期8月15日
《车站外的奇遇》　天津《大公报》8月24日
《在清洁公司码头上》　《申报文艺专刊》8月至9月
《生底烦扰》（短篇集）　文化生活出版社8月
　　包括：《新客》《人底界限》《痞棍世界》《消遣》《第一梦》《生底烦扰》《银狗仔》《禁令》《姊妹》《忧世者》《邱家兄弟》。《冷嘲家》　上海《中流》第1卷第2期9月20日
《小说家座谈会记录（一）》　《小说家》第1期10月15日
《娃鬼们》（原名《苦斗》）　《小说家》第1期10月15日
《一个够胆的男人》　《申报文艺专刊》10月23日
　　后收集在《鲁迅纪念集》（海北书局1936年）
《鬼巢》（中篇小说）　上海良友图书公司11月
《农民和孩子》（龙贡公）　《申报文艺专刊》11月27日
《小说家座谈会记录（二）》　《小说家》第2期12月1日
《梦一样的自由》（短篇集）　天马书店
　　包括：《吉局》《私刑》《钟五》《梦一样的自由》《泥水匠陈秋》《家常话》。

1937年　二十九岁

2月　生三女儿娜嘉。

9月　中日战争爆发后，离开上海回广州。

10月　任广州《光荣》半月刊主编。

12月　当选为广东文化界救亡协会宣传部长。

1937年作品有：
《克服》　《申报文艺专刊》1月29日，《好文章》第6期
《没眼核的厉根》　上海《光明》第2卷第3期1月10日
《老实的丁东》　《申报周刊》第2卷第21期
《阿泡》　上海《好文章》第1卷第5期2月10日

《上流人》　上海《文学》第8卷第4—5期4月1日、5月1日
《饥寒人》　上海《光明》第3卷第1期6月10日
《赌徒》　上海《青年界》第12卷第1期6月
《裴柏西》　天津《大公报》7月5日
《鲁迅精神底永远的敌人》　（收入夏征农编《鲁迅研究》）7月
《失败的失败者》（短篇集）　潮锋社9月
　　包括：《我的苦心——代序》《在渗井里》《保证》《蔗船》《粥渣》《奇怪的木匠》《马森》《失去嘴唇的人》《失败的失败者》《明天的艺术家》。
《从广州寄到武汉》　《七月》10月16日
《怎样写空袭的题材》　广州《光荣》半月刊第1期10月
《我们八百个》（剧本）　广州《光荣》半月刊第3期11月或12月
（抗战文艺社出版单行本）《周年祭》　发表于上海的刊物，待查。

1938年　三十岁

3月　组织"广东战时文艺工作团"，准备到前线做组织群众的工作。

10月　任广州《救亡日报》战地记者。

11月　任长沙、沅陵《抗战日报》编辑（至1939年1月）。

1938年作品有：

《武装保卫华南歌》（粤语诗歌）广州《新战线》周刊第3期1月1日
《抗战文艺》广州版第2期1月16日
《初生》　香港《珠江日报》2月或3月
《我底三条件》　广州《救亡日报·抗战文学》7月12日
《评〈未死的兵〉》　香港《文艺阵地》第1卷第8期8月1日
《敌人》（三幕剧）
香港《文艺阵地》第1卷第10、11、12期连载，9月1、16、10月1日
《一个广州人底迷惑》　上海《东方杂志》第35卷第19期
《从歌声听出欲望》　香港《文艺阵地》第2卷第3期11月16日
《卖香烟的女孩子》　香港《文艺阵地》第2卷第4期12月
《给予者》（中篇小说）
［欧阳山、丘东平（执笔）、草明、于逢、邵子南］　读书生活出版社
《抗战的意志》（《给予者》序）　读书生活出版社

1939年　三十一岁

2月　途经贵阳抵达重庆，参加中华全国文艺界抗敌协会的工作。

7月　在南温泉生大儿子左嘉。

1939年作品有：

《皱眉的射手》　重庆《抗战文艺》第3卷第9、10期合刊3月

《文协要促进政府和作家的关系》　重庆《抗战文艺》第4卷第1期4月10日

《国粹与欧化》　《七月》第1期4月19日

《英烈传》　重庆《抗到底》期数未详

《好邻居》　北京《中国现代短篇小说选》第4期，原发表处待查

《三水两农夫》　《文艺阵地》第3卷第8期8月1日

《怎样纪念我们底巨人》　重庆《新华日报》10月19日

《长子》　重庆《抗战文艺》第4卷第3、4期

（后收集在《抗战文艺丛书》上册内，1942年由重庆中国文化服务社出版）

《爸爸打仗去了》　香港《弹花》第3卷第1期11月10日

1940年　三十二岁

7月　在重庆由沙汀、吴奚如介绍，参加中国共产党。

10月　转为中共正式党员。

1940年作品有：

《今年的元旦》　《新蜀报》1月1日

《在飞泉底下》　香港《大风》半月刊第59期1月5日

《小的希特拉》　《新蜀报》1月13日

《温泉·冷暖·火城及其他》　香港《大风》半月刊第60期1月20日

《专家底命运》　《新蜀报》1月27日

《扯旗树》　重庆《文学月报》第1卷第1期2月

《最大的战果》　重庆《文学月报》第1卷第1期2月

《世代冤仇》　香港《大风》半月刊第63期3月5日

《街灯》　重庆《大公报·文艺》3月11日

《散步》　重庆《大公报·战线》3月19日至20日

《美国人不了解么？》　《新蜀报》3月29日

《一种托词》　《新蜀报》4月1日

《麻木与冷淡》 重庆《大公报·文艺》4月5日
《洪照》 重庆《抗战文艺》第6卷第1期
《最大的赞美》 重庆《文学月报》第1卷第4期
《米与规宁》 重庆《全民抗战》第114期
《愁城》 重庆《中苏文化》第6卷第2期
《乌与白》 重庆《七月》第5集第4期
《人心》 重庆《大公报"七七"三周年特刊》
《农民底智慧》 重庆《全民抗战》第141期
《寂寞的死》 香港《星岛周刊》
《南泉风景补遗》 香港《大风》半月刊第76期10月5日
《关于"新"现实主义》 重庆《文学月报》第2卷第4期11月15日
《一个人静悄悄地——哀念鲁迅之四》 重庆《抗战文艺》第6卷第4期
《文协"小说晚会"》 《新蜀报》11月26日
《我们怎样读小说》（之一、之二） 重庆《抗战生活》或《知识月刊》
《一缸银币》 重庆《文艺阵地》1940年或1941年
《劳动的人和健康的人》 重庆《文学月报》第2卷第5期12月27日
《战神笑了》 连载重庆《抗战半月刊》第1、2期，原载《立报》

1941年　三十三岁

4月　由重庆到延安。
5月　任延安中共中央文化工作委员会常委（至9月）。
9月　任延安中央研究院文艺研究室主任（至1942年2月）。

1941年作品有：
《一九四一年文艺趋向的展望》（座谈会节录）
《抗战文艺》第7卷第1期1月1日
《我写大众小说的经过》《抗战文艺》第7卷第1期1月1日
《流血纪念章》《抗战文艺》第7卷第1期1月1日
《马克思主义和文艺创作——文艺思想和形象性漫谈之一》
《解放日报》5月19日
《抗战以来的中国小说》
延安《中国文化》第3卷第2、3期合刊8月20日
《流血纪念章》（短篇集）华中图书公司10月
包括：《我写大众小说的经过》（序）、《三水两农夫》、《好邻

居》、《扬旗手》、《第二家庭》、《课外锦标》、《英烈传》、《香港菠萝》、《世代冤仇》、《湘潭一商人》、《爸爸打仗去了》、《流血纪念章》。

《马革同志》《解放日报·文艺》第32期11月3、4、5日
《庆贺郭沫若先生五十寿辰》《解放日报》11月18日

1942年　三十四岁

2月　在延安中共中央党校第三部学习，参加整风和审干（至1944年4月）。

5月　参加延安文艺座谈会。

1942年作品有：
《祝〈文艺〉百尺竿头》《解放日报》3月12日
《文艺阅读与写作》重庆读书出版社
《公式主义是怎样产生的》《文艺月报》第1期4月15日
《觉醒、昏睡与愁苦》桂林育文书局
《战果》（长篇小说）重庆生活书店桂林学艺出版社

1943年　三十五岁

7月　继续参加整风。和草明女士分手。

1943年作品有：
《第一流》（与周文、巴金合著）地球出版社6月

1944年　三十六岁

5月　调陕甘宁边区文协，从事专业创作。
7月　和虞迅女士同居。
8月　任陕甘宁边区政府文化工作委员会委员，边区文化协会理事（至1947年）。
9月　任延安县南区合作社助理会计（至1945年8月）。

1944年作品有：
《人山人海》《解放日报》6月20日
《活在新社会里》《解放日报》6月30日
《成功的窍》《解放日报》8月8日

《黑女儿和他的牛》《解放日报》11月25日至26日

1945年　三十七岁

8月　由南区合作社调回边区文协。开始写长篇小说《高干大》。

1945年作品有：
《柳林随笔（之一、之二）》《解放日报》2月7日
《孙生荣事件》（柳林随笔之三）《解放日报》2月8日
《鲁迅主义》北平《中华民报》10月19日

1946年　三十八岁

1月　《高干大》初稿完成。
2月　开始修改《高干大》。
10月　去瓦窑堡，将《高干大》付印。

1947年　三十九岁

3月　蒋介石军队进攻延安，随西北局机关转战陕北。
6月　调晋冀鲁豫边区工作。
7月　任晋冀鲁豫边区文化协会副理事长、中央局土改团团员（至1948年7月）。

1947年作品有：
《你们是这个》陕甘宁边区《战地生活报》4月25日
《三个对二十八个》陕甘宁边区《战地生活报》4月25日
《打那和我作对的人》陕甘宁边区《战地生活报》4月25日
（以上3篇，《东北日报》5月14日转载）

1948年　四十岁

8月　调晋察冀边区工作。后晋察冀边区改为华北区，任华北政府文化工作委员会委员、华北文艺协会常务理事（至1949年8月）。
9月　任《华北文艺》主编（至1949年8月）。

1948年作品有：
《高干大》（长篇小说）太岳新华书店7月
华北新华书店9月

《华北八月文会》9月15日稿
《从更多的角度反映战争》9月28日稿
《我们的希望》《华北文艺》第1期12月

1949年　四十一岁

1月　在河北省平山县生二儿子燕星。

6月　在北京参加中华全国文学艺术工作者第一次代表大会（以后历任各届文代大会代表、文联委员，全国文协、作协各届代表大会代表、协会理事，至1966年8月）。

8月　随南下工作团去汉口。

9月　回北京参加第一届中国人民政治协商会议，成立中华人民共和国后任华南解放区代表。

11月　调回广州工作，任广州市军管会文教接管委员会文艺处处长（至1950年1月）。

1949年作品有：
《小伯温》《华北文艺》第4期5月1日
《祝中华全国文学艺术工作者代表大会》6月15日稿
《忆华南方言文艺先驱——龚明先生》《华北文艺》第6期
《关心创作》6月23日稿
《新文艺应当为谁服务》《南方日报》11月21日稿

1950年　四十二岁

1月　任华南文学艺术界联合会筹备委员会主任。

任广州市第一、二、三届政协委员及第一届人大代表（至1957年12月）。

任广州市总工会文艺工会主席（至1951年12月）。

当选中共广东省历届代表会议、代表大会代表（至1966年8月）。

任中共中央华南分局宣传部文艺工作委员会副书记（至1951年12月）。

任华南、广东中苏友好协会总干事（至1955年12月）。

任中共中央华南分局宣传部总支部华南文联分总支部书记（至1951年12月）。

任华南人民文学艺术学院院长（至1953年4月）。

7月　任珠江电影制片厂筹备委员会主任（至1951年12月）。

9月　当选华南文学艺术界联合会主席（至1960年11月）。

1950年作品有：
《华南文联筹备会第一次工作报告》2月7日稿
《文艺快报发刊词》《文艺快报》第1期3月1日
《苏联电影和广州人民》《南方日报》3月4日
《华南文联筹备会5、6月两月工作报告》7月1日稿
《1950年广东全省文艺工作总结》8月8日稿
《我们对粤剧改进的意见》《南方日报》8月12日
《为提高我们的政治水平而斗争》《南方日报》8月26日
《广东省1951年的文艺工作计划》8月27日稿
《粤剧的出路》《文艺快报》9月2日
《白毛女》（新粤剧，集体创作）人间书屋9月
《展开普及创作运动》《南方日报》9月24日
《华南文学艺术工作者第一届代表会议开幕词》9月25日稿
《文艺工作者的任务和文艺工作领导者的任务》
《南方日报》（社论）9月25日
《华南文学艺术工作者第一届代表会议总结》9月29日稿
《一年来的广东文艺》《南方日报》10月1日
《团结起来，力求进步》
《华南文艺》第1卷第1期（社论）10月1日
《在广州文艺青年欢迎世界青年代表团大会上的欢迎词》
《文艺快报》10月14日
《在华南文联第一次会务会议上的讲话》10月27日稿
《青年文艺丛书序》12月1日稿
《华南文联1950年10、11两月工作报告》12月7日稿
《文艺学院教学检查发言》

1951年　四十三岁

8月　任广东省人民政府文教厅副厅长（至12月）。

1951年作品有：
《华南文联创办文艺事业概况》1月14日稿
《刘永福》（新粤剧，集体创作）人间书屋1月
《我们有足够的力量》《南方日报》2月3日
《我们怎样庆祝中苏友好同盟互助条约》《南方日报》2月15日

《华南文学艺术的事业与成就》《华南文艺》第1卷第6期3月1日

文艺学院《土改纪念册》题词3月

《华南文化界批判〈武训传〉座谈会上的讲话》《南方日报》6月4日

《武训和〈武训传〉的批判题纲》8月11日稿

《我们的出发点》《南艺通讯》8月15日

《广东省第一次文工团工作会议总结》8月31日稿

《叶主席〈关于目前形势〉报告的传达》9月8日稿

《在文联扩大常委会上的报告》9月21日稿

《关于爱国主义》9月25日稿

《欢迎一九五四级同学》《南艺通讯》9月25日稿

《华南文联一年工作总结》9月30日稿

《鲁迅逝世十五周年纪念会上的讲话》10月19日稿

《关于土地改革的几个问题》11月30日稿

《在坦白运动学习动员大会上的讲话》

《关于粤剧批评的座谈发言》

1952年　四十四岁

1月　在广州华南文联参加"三反"（反贪污、反浪费、反官僚主义）运动，至8月结束。

9月　任华南文联电影剧本创作小组组长。

1952年作品有：

《对香港英政府的抗议发言》《人民日报》1月16日

《我的检查》《南方日报》2月6日

《关于粤剧的创作问题》5月12日稿

《纪念雨果诞生一百五十周年和果戈理的百年忌》

《南方日报》5月18日

《纪念毛主席〈在延安文艺座谈会上的讲话〉发表十周年大会上的开会致词》5月23日稿

《庆祝毛主席〈在延安文艺座谈会上的讲话〉发表十周年》

《长江日报》5月25日

《声援法国人民保卫和平运动、抗议法国政府非法逮捕杜克洛》6月12日稿

《送粤剧团去汉会演》9月2日稿

《三年文教工作总结文艺部分的材料》9月9日稿

《欢送捷克斯洛伐克"维特·尼耶德利军队文艺工作团"》9月12日稿
《欢迎罗马尼亚人民共和国部队歌舞团》《南方日报》9月20日
《欢迎罗马尼亚人民共和国部队歌舞团宴会上致词》
《岭南文物官中苏文化馆开幕致词》9月20日稿
《欢迎英中友好协会访华团》9月22日稿
《欢迎冰岛访问团宴会上致词》
《我们怎样庆祝"中苏友好月"》11月5日稿
《苏联影片对我们起了伟大的教育作用》《南方日报》11月7日
《庆祝十月革命三十五周年纪念我们应该做些什么》
《南方日报》11月8日
《战斗的友谊》《南方日报》11月10日
《三年来华南(省)、市文联对于创作的组织领导》11月6日稿
《欢迎苏联艺术工作团》《南方日报》11月19日
《楚拉基专题报告会致词》11月20日稿
《对苏联艺术家卓绝表演的感想》
《南方日报》11月22日《长江日报》11月22日
《欢迎苏联电影艺术工作者代表团》12月8日稿
《和华南师范学院附中同学座谈》12月23日稿

1953年　四十五岁

1月　当选广东省历届政协委员及常委、历届人民代表大会代表(至1966年8月)。

5月　当选广州作协及中国作协广东分会主席、任《作品》主编(至1966年8月)。

5月　去海南岛访问(至8月)。

1953年作品：
《哀悼伟大的斯大林同志》(附唁电)3月7日稿
《斯大林同志所指示的道路》(收进《文集》时改为《斯大林的教导》)
《南方日报》3月14日
《欢迎朝鲜铁道艺术团座谈会致词》3月22日稿
《一九五三年的〈山东响马〉》3月31日稿
《对李碧云所改作小说的意见》4月21日稿
《欢迎文艺学院参加土改的同学和教职员》4月28日稿

《对华嘉作〈滨江风云〉的意见》5月12日稿

《欢迎蒙古人民共和国艺术团》《南方日报》5月16日

《毛主席教导着我们》《南方日报》5月23日

《纪念毛主席〈讲话〉发表十一周年座谈会上的发言》5月23日稿

《读〈苏联社会主义经济问题〉的一点心得》5月30日稿

《在广州作家协会选举大会上的发言》6月1日稿

《〈高干大〉英译本序》7月17日稿

《对司马文森作〈故乡〉纪录片的意见》9月1日稿

《华侨学生在祖国》9月4日稿

《〈高山大峒〉读后及二次稿的意见》11月30日稿

《关于工人文学创作的一些问题》《南方日报》11月30日

《在广州作协委员会上的发言要点》12月4日稿

《〈三生有幸〉故事提纲》12月23日稿

《有关广州工人文艺创作的几个问题》（收进《文集》时改为《有关文学创作的两个问题》）《广州日报》12月27日

1954年　四十六岁

4月　去广东省南海县东二乡农业合作社任助理会计（至1955年4月）。

1954年作品有：

《文艺整风发言要点》1月22日稿

《改造自己，教育人民，是作家的天职》1月23日稿

《对〈开花时节〉的意见》2月7日稿

《在中山大学座谈会上的发言》2月23日稿

《拥护宪法草案的谈话》《广州日报》6月16日

《为宪法草案的公布而欢欣鼓舞》

《南方日报》6月20日《广东文艺》第7期

《和平力量的重大胜利》（庆祝印度支那停战大会上的讲话）

《南方日报》7月26日《广东文艺》第8期

《关于印度支那停战的书面谈话》《南方日报》7月30日

《宪法草案关怀着每一个人》《文艺报》第16期

《满怀信心的国庆节》《南方日报》10月3日

《长江文艺》第10期《广东文艺》第10期

1955年　四十七岁

5月　参加中国人民解放军总政治部长征沿线地区访问团（至7月）。

7月　任中共广东省委文教部（后并入宣传部）副部长（至1959年12月）。

10月　任广州市对外文协副主任、广东文字改革委员会副主任（至1966年8月）。

11月　任中国民间艺术团团长，领队去澳门演出。

1955年作品有：
《拥护周恩来外交部长关于美蒋〈共同防御条约〉的声明》
《广东文艺》第1期
《中国作协广东分会会员大会材料》2月稿
《分会会员大会准备工作的意见》2月21日稿
《第二次全苏作家代表大会内容传达报告》2月25日稿
《作家的立场》2月28日稿
《和中山大学中文系一年级同学座谈的问题》3月26日稿
《前途似锦》（中篇小说）华南人民出版社3月
《英雄三生》（中篇小说）作家出版社4月
《谁改造谁》《作品》第4期
《死里求生》（《英雄三生》中之一章）《作品》第7期
《"八一"城》《解放军文艺》第8期
《欢迎苏尔科夫座谈会致词》10月12日稿
《日本歌舞伎剧团在中国演出的闭幕词》10月25日稿
《迅速反映社会主义的革命运动》《作品》第11期
《答广雅中学文艺组》12月18日稿

1956年　四十八岁

6月　率领中国民间艺术团赴香港演出。

7月　当选中共第一届广东省委员会候补委员及委员（至1961年12月）。

11月　因患输尿管结石，在中山医学院第二附属医院做取石手术。

1956年作品有：
《慧眼》《作品》第1期
《访问韶山》《作品》第2期
《为〈广州青年报〉题字》《广州青年报》5月4日

《广东省青年文学创作者会议开幕词》5月21日稿
《在广东省青年文学创作者会议上的发言》5月26日稿
《会师》（载取《英雄三生》中一个故事）通俗读物出版社8月
《插秧的故事》（载取《前途似锦》中一个故事）通俗读物出版社8月
《亲疏》（《慧眼》续篇）《作品》第12期

1957年　四十九岁

2月14日　开始写长篇小说《一代风流》第一卷《三家巷》。

11月　因右眼患中心性视网膜炎在中山医学院附属第二、第一医院治疗。

1957年作品有：
《中国作协广东分会工作座谈会上的第一次发言》2月28日稿
《中国作协广东分会工作座谈会上的第二次发言提纲》3月7日稿
《比赛》（《慧眼》之三）《作品》第3期
《信任》（《慧眼》之四）《作品》第4期
《三个问题》5月7日稿
《给马荫隐同志》《南方日报》6月10日
《在反对文艺界的反党集团座谈会上的发言》
《团结一致，行动起来，粉碎反党集团》《作品》第9期
《严重的斗争》《南方日报》9月7日
《冤家路窄》《人民文学》第9期
《胜利属于社会主义》《作品》第11期
《红花冈畔》（中篇小说）《羊城晚报》12月10日起连载

1958年　五十岁

6月　眼病治疗告一段落，出院。

8月　任中共新会县委书记（至11月）。

11月　调回作家协会，继续写《三家巷》。

1958年作品有：
《谈业余创作问题》（有记录）
《八点意见》（提给陶铸同志）3月5日稿
《创作短小形式作品的重大意义》《作品》第4期

1959年　五十一岁

7月1日　长篇小说《三家巷》脱稿。

10月　当选中德友协理事。参加中德友好访问团，去德意志民主共和国访问。

1959年作品有：

《关于创作思想问题》1月11日讲

《红花冈畔》（单行本）工人出版社2月

《访问年轻的水稻专家》《人民日报》2月3日

《中国的和科学的》《上游》第4期

《庆祝世界和平运动十周年》4月21日稿

《警告印度扩张主义分子》《作品》第5期

《坚持总路线的光辉旗帜》《作品》第9期

《三家巷》（长篇小说《一代风流》第一卷）广东人民出版社9月

《三个保证》9月10日稿

《〈一代风流〉第一卷〈三家巷〉故事提纲》《羊城晚报》9月16日

《欧阳山谈〈三家巷〉》《羊城晚报》12月5日

《毛主席怎样教导我们创作》12月24日稿

《更高地举起毛泽东的旗帜》《南方日报》12月31日

1960年　五十二岁

1月　开始写长篇小说《一代风流》第二卷《苦斗》。

4月　任全国先进文化工作者会议广东代表团副团长。

11月　当选广东省第一届文代大会代表，并当选广东省文联主席（至1966年8月）。

1960年作品有：

《迎接第三次创作高潮》《作品》第1期

《党的号召实现了》《羊城晚报》1月24日

《〈高干大〉再版序》《羊城晚报》3月19日

《乡下奇人》《人民文学》第12期

1961年　五十三岁

1月　全年继续写长篇小说《苦斗》。

12月　当选中共第二届广东省委员会委员（至1966年8月）。

1961年作品有：
《要写得引人看》《新闻业务》第7期
《懂事·知人·善于假设》《羊城晚报》10月26日
《在软席卧车里》《人民文学》第10期
《骄傲的姑娘》《上海文学》第10期

1962年　五十四岁

9月25日　长篇小说《苦斗》脱稿。

1962年作品有：
《横眉和俯首》《作品》第1期
《生活无边》《羊城晚报》5月10日《文艺报》第5、6期
《立场·思想·感情》5月19日（广播稿）
《我们在毛泽东文艺方向下要做些什么事情》5月21日讲
《春风化雨二十年——欧阳山谈文艺为工农兵服务的感受》
《羊城晚报》5月22日
《文学创作的根本问题》《南方日报》5月23日
《金牛和笑女》《人民文学》第5期
《保卫咱们的胜利果实》《羊城晚报》6月25日
《作家美术家谈报纸工作》《新闻业务》第6期
《〈一代风流〉英译本序》《作品》第8期
《电影〈南海潮〉上集座谈记录》8月31日谈
《应该有浪漫主义精神》（收进《文集》时改为《小说·散文·浪漫主义精神》）《羊城晚报》9月27日
《欧阳山同志谈语言的学习问题》（文摘）（收进《文集》时改为《关于文学语言》）《作品》第11期
《苦斗》（长篇小说《一代风流》第2卷）广东人民出版社12月
《当前文艺反映现实斗争的一些问题》（节录）《作品》第12期

1963年　五十五岁

1月　全年创作《一代风流》第三卷《柳暗花明》。

1963年作品有：
《关于提高问题》1月7日座谈（有记录）

《红陵旭日赞》（收入《羊城新八景》）羊城晚报社出版5月

1964年　五十六岁

1月　继续写长篇小说《柳暗花明》。

8月　任广东阳江县社会主义教育运动（简称"四清"）工作队总团海陵分团团委，参加"四清"运动（至1965年8月）。

12月　当选第三届全国人民代表大会代表（至1966年8月）。

1964年作品有：

《柳暗花明》（长篇小说《一代风流》第三卷，第81—85章）

《羊城晚报》3月9日至4月18日

1965年　五十七岁

8月　调回广州继续创作《柳暗花明》。

10月　长篇小说《柳暗花明》脱稿，后在"文化大革命"中被抄去。

1966年　五十八岁

1月　开始创作长篇小说《一代风流》第4卷《圣地》（至6月）。

6月　参加"无产阶级文化大革命"。在此期间，一切职务消失了，一切工作停止了；虽然按月交纳党费，但党的组织生活没有了。

7月　参加广东文艺集训队，进了"牛栏"。

8月30日　被抄家，所有稿件、书籍、提纲、资料、衣服、财物、房屋、家具，均被抢光。以后被轮番批斗，侮辱殴打，游街示众，强迫劳动，家人失散，株连亲友。

9月　被押到广州中山纪念堂，由五六千人进行批斗。

11月　集训队结束，押回中国作协广东分会"牛栏"。

1967年　五十九岁

1月　全年关在中国作协广东分会"牛栏"里，被继续批斗，强迫劳动，同时受到社会上武斗风的种种迫害。

1968年　六十岁

1月　被押到中山大学批斗，10多天后方被押回原"牛栏"。

5月　先在华南人民文学艺术学院旧址光孝寺内和广州文化公园里批斗，后被押到华南师范学院、暨南大学等处进行"喷气式放飞机"批斗，共八九天。以后又押回原"牛栏"批斗,并被殴打。

7月13日　被广州警备司令部以"监护"名义逮捕,先解往广州西村监狱,后解往白云山梅花园营房关押,强迫劳动。

11月　从梅花园解往广州二沙头,继续关押。

12月11日　解往广东英德县茶山劳改场文艺"五七干校",监督劳动。临走前,爱人要求见一次面,也不允许。

1969年　六十一岁

1月　全年在茶山茶场被监督劳动,并被训示"活在茶山,死在茶山,埋在茶山"。

6月　江青在北京人民大会堂河北厅接见5个样板团讲话时宣布:"欧阳山不能解放,他是反鲁迅的,他是胡风分子。"

11月　《红旗》杂志发表"上海革命大批判写作小组"的文章,题为《为错误路线树碑立传的反动作品》,副题为《评欧阳山的〈一代风流〉及其"来龙去脉"》。

12月　患高血压病。

1970年　六十二岁

1月　全年在茶山茶场被监督劳动。

12月　第一次允许爱人和儿子来茶山探望,但谈话时有管教队成员在旁监视,晚上分别住在男、女集体宿舍里,只准住一宿。

1971年　六十三岁

1月　全年在茶山茶场被监督劳动。

5月　爱人再来探望,住在茶山劳改场一个没有灯火的碉堡里,同样只准住一宿。

9月　林彪叛国案发生的消息,也被封锁。

从1966年以来,一切公民权利全被剥夺,连全国人大代表名单也不让知道。

1972年　六十四岁

1月　继续在茶山茶场被监督劳动(至同年8月)。

8月　因患多种疾病,被允许监外就医,由爱人接回广州,住文艺招待所一个8平方米的平房里,达4年之久。

1973年 六十五岁

1月 全年在广州治病。

6月 宣布"解放",结束了7年"牛栏"和监督劳动的生活。

1974年 六十六岁

1月 全年在广州治病。

4月 恢复工作,任广东省文艺创作室文学组成员。

1975年 六十七岁

1月 全年在广州治病。

1976年 六十八岁

1月 全年在广州治病。

2月 恢复党的组织生活。

1977年 六十九岁

3月 为参加庆祝延安南区合作社建立40周年的集会回延安,并到延安革命纪念馆参观所藏《高干大》手稿。

5月 广东省委召开《在延安文艺座谈会上的讲话》发表35周年纪念座谈会,出席参加并做了发言。

9月 参加广东省创作会议并做了发言。

12月 恢复广东省文联主席和中国作协广东分会主席的职务。

1977年作品有:

《一个个的拖出尾巴来》(收进《文集》时改为《关于鲁迅的两封信》)《广东文艺》第4期

《沿着毛主席〈在延安文艺座谈会上的讲话〉的方向前进》(收进《文集》时改为《沿着正确的方向前进》)《南方日报》5月23日

《热烈拥护党的十一大和一中全会胜利召开》广东省电视台广播稿8月21日

《终生难忘的盛会》(收进《文集》时改为《鸣放的典范》)《南方日报》9月9日

《广阔的胸怀坚强的斗志》《广东文艺》第9期

《在文训班讲话》11月17日讲

《关于繁荣文艺创作的一些意见》《广东文艺》第12期

《怒斥"四人帮"的"文艺黑线专政"论》《南方日报》12月5日

《作家的"秘诀"》（和文训班学员座谈）有记录12月23日

1978年　七十岁

2月　当选第五届全国人民代表大会代表和广东省人民代表大会代表，并出席全国人大五届一次会议。

4月　当选中共第四届广东省委员会委员（至1983年2月）。

1978年作品有：

《从初见成效到大见成效》《南方日报》1月3日

《关于闯禁区》（在业余作者迎春茶话会上的发言）1月26日

《谁反对前途似锦》《南方日报》1月30日

《读〈捣鬼心传〉有感》《广州文艺》第1期

《向亲友们报喜》《中国新闻》第8277期2月10日

《广东文艺的春天》（有发言稿）2月14日

《为什么花会开》《广东画报》第2期

《谈小说的创作》3月24日稿

《〈三家巷〉〈苦斗〉再版前记》《广东文艺》第5期

《提倡批评和反批评》《文艺报》第1期

《怀念郭老》《作品》第7期

《题材多样化与人物多样化》《作品》第7期

《欧阳山同志致多田正子的复信》（收进《文集》时改为《异国的关怀》）《作品》第9期

《剥去假左的外衣》《人民日报》11月8日

《南中国文学会及其他》10月19日（收在广东省鲁迅研究小组编的《鲁迅和我们同在》内）

《欧阳山谈写作技巧问题》（有发言稿）12月

1979年　七十一岁

5月　作为中国作家代表团副团长访问日本，在东京读卖大会堂发表题为《文学生活五十五年》的演讲。

6月　出席第五届第二次全国人民代表大会。

9月　从86章开始录音，重新创作长篇小说《一代风流》第三卷《柳暗花明》。

10月　参加第四次中国文学艺术工作者代表大会。

11月 当选中国文联全国委员会委员。同时当选中国作家协会副主席（至1984年12月）。

12月 当选广东省第五届人民代表大会常务委员会副主任（至1983年4月）。

1979年作品有：
《为恢复革命现实主义的传统而斗争》《作品》第2期
《光明的探索》《人民文学》第2期
《依依惜别的时刻》《人民日报》6月20日
《欧阳山在文学院创作会议上的讲话》（有发言稿）7月12日
《三年文艺大见成效》《南方日报》8月3日《作品》第8期
《文学生活五十五年》《作品》第9期
《成功者的悲哀》《人民文学》第9期
《金牛和笑女》（中、短篇、散文集）广东人民出版社9月

包括：《英雄三生》《前途似锦》《慧眼》《亲疏》《比赛》《信任》《冤家路窄》《红花冈畔》《乡下奇人》《在软席卧车里》《骄傲的姑娘》《金牛和笑女》《成功者的悲哀》《访问韶山》《"八一"城》《严重的斗争》《访问年轻的水稻专家》《红陵旭日赞》《终生难忘的盛会》《光明的探索》《文学生活五十五年》《依依惜别的时刻》《为恢复革命现实主义的传统而斗争（代跋）》。

1980年 七十二岁

1月 全年继续长篇小说《柳暗花明》的录音工作。

4月 出席广东省第二次文学艺术工作者代表大会。

再次当选广东省文联主席。同时当选中国作家协会广东分会主席（至1985年1月）。

4月 当选国际笔会中国中心理事。

8月 出席全国人民代表大会五届三次会议。

12月 当选国际笔会中国广州中心主席（至1983年3月）。

1980年作品有：
《〈邵子南创作集〉序》《文艺报》第1期
《关于作家的立场及其他》（在作协广东分会文学院创作座谈会上的发言）《作品》第2期
《团结与繁荣》《羊城晚报》2月15日

《迎春漫话》《作品》第3期

《挑起人类灵魂工程师的担子，为祖国社会主义文艺的繁荣作出贡献》《作品》第5期

《〈广东名菜集锦〉序》7月16日稿

《关于描写人民内部矛盾》《红旗》第19期

1981年　七十三岁

1月　继续长篇小说《柳暗花明》的录音工作。

5月23日　长篇小说《柳暗花明》修改完毕。

7月　长篇小说《一代风流》第四卷《圣地》录音开始。

8月　去北京参加中央召开的思想战线问题座谈会。

9月　在广州参加鲁迅百年诞辰纪念会，并作《伟大的鲁迅》的报告。

11月　去北京出席全国人民代表大会五届四次会议。

12月　在北京参加中国作协理事会三届二次会议。

1981年作品有：

《迎春茶会上的致词》广东《作家通讯》第1期2月

《我们的展望》广东《作家通讯》第2期4月

《牢记茅盾同志的苦口婆心，刻苦改造思想》《作品》第4期

《学习茅盾同志，尊重党的领导》《羊城晚报》4月2日

《悼念倡导革命现实主义的茅盾同志》《人民文学》第5期

《向茅盾同志学习》《红旗》第9期

《在文学院的讲话》6月4日稿

《柳暗花明》（长篇小说《一代风流》第三卷）人民文学出版社8月　花城出版社8月

《生活和艺术的关系》（收进《文集》时改为《生活与艺术》）广东《作家通讯》第4期9月

《伟大的鲁迅》《作品》第12期

1982年　七十四岁

1月　继续长篇小说《圣地》的录音工作（至8月）。

6月　去北京参加中国文联全国委员会会议。

8月　长篇小说《圣地》录音完毕。

9月　由中国共产党第十二次全国代表大会选为中央顾问委员会委员。

9月　修改长篇小说《圣地》（至1983年3月）。

11月　去北京出席全国人民代表大会五届五次会议。

1982年作品有：
《坚定不移地执行"双百"方针》《文艺报》第2期
《胆怯的孩子》《人民文学》第2期
《在文学院第五次会议上的讲话》2月22日
《圣地》（长篇小说《一代风流》第四卷，第121—125章）《昆仑》第1期
《想起毛泽东同志这封信》《红旗》第10期
《在文学院第六次会议上的讲话》7月30日
《努力开创文艺工作的新局面》（谈话）《南方日报》10月2日

1983年　七十五岁
1月　修改长篇小说《圣地》（至3月完毕）。
2月　参加中共广东省第五次代表大会。
4月　当选广东省第六届人民代表大会代表，并出席第一次会议。
5月　长篇小说《一代风流》第五卷《万年春》录音开始。
10月　去北京出席中国共产党中央顾问委员会第二次全体会议。
列席中国共产党十二届二中全会。

1983年作品有：
《圣地》（长篇小说《一代风流》第四卷）花城出版社（9月）　人民文学出版社（11月）
《当前文艺界资产阶级自由化是以"现代派"思潮为代表》（有谈话稿）9月
《借鉴·民族化及其他》（有谈话稿）9月

1984年　七十六岁
1月　长篇小说《万年春》录音完开始修改。
在广州参加中顾委中南组会议。
6月　参加广东省人民代表大会六届二次会议。
8月　长篇小说《万年春》全书修改完毕。
9月　着手选编《欧阳山文集》。
10月　去北京出席中国共产党中央顾问委员会第三次全体会议。
列席中国共产党十二届三中全会。

1984年作品有：
《谈典型性格和技巧》（有谈话稿）1月
《致日本读者》《人民日报》9月10日

1985年　七十七岁
1月　全年修订《欧阳山文集》第一至四卷。
5月　参加广东省人民代表大会六届三次会议。
8月　参加广东省人民代表大会六届四次会议。
9月　去北京出席中国共产党全国代表会议。
出席中国共产党中央顾问委员会第四、第五次全体会议。
列席中国共产党十二届四中全会和五中全会。
12月　参加广州南湖《一代风流》讨论会。

1985年作品有：
《万年春》（长篇小说《一代风流》第五卷）花城出版社（3月）　人民文学出版社（9月）
《忆烈士龚明》《南方日报》12月25日

1986年　七十八岁
1月　口授《〈欧阳山文集〉自序》。
2月　修订《欧阳山文集》第十卷（至12月）。
5月　参加广东省人民代表大会六届五次会议。
6月　在中山医科大学中山眼科中心眼科医院做左眼白内障摘除手术。
9月　去北京出席中国共产党中央顾问委员会第六次全体会议。
列席中国共产党十二届六中全会。
11月　在广州参加中顾委中南、西南组会议。

1986年作品有：
《〈欧阳山文集〉自序》上海《文学报》5月至7月
（发表时改为《我的文学生涯》，并有删节。）

1987年　七十九岁
3月　出席中共广东省委五届六次全委（扩大）会议。
5月　出席中共中央顾问委员会组织生活会议。

6月　出席中共广东省代表会议。
6月　参加广东省人民代表大会六届六次会议。
10月　出席中顾委七次全会,列席中共十二届七中全会和中共第十三次全国代表大会。
11月　在中共第十三次全国代表大会上,再度当选为中共中央顾问委员会委员。
11月　出席中顾委二届一次全会,列席中共十三届一中全会。

1987年作品有:
《论"全盘西化"应该缓行》《南国》第4期

1988年　八十岁

3月　出席中顾委二届二次全会,列席中共十三届二中全会。
9月　出席中顾委二届三次全会,列席中共十三届三中全会。

1988年作品有:
《欧阳山文集》(十卷)花城出版社7月至8月
《文艺改革的摸索和经验》《广州日报》8月3日

1989年　八十一岁

1月　参加广东省文学艺术工作者第三次代表大会,受聘为广东省文联名誉主席。
6月　出席中顾委二届四次全会,列席中共十三届四中全会。
11月　出席中顾委二届五次全会,列席中共十三届五中全会。
12月　参加"庆贺欧阳山同志从事文学创作65周年暨《欧阳山文集》研讨会"。

1989年作品有:
《破题儿》(《广语丝》第一)1月3日《文艺理论与批评》第3期
《争鸣苦》(《广语丝》第二)1月6日《文艺理论与批评》第3期
《不便明说》(《广语丝》第三)2月27日《广州日报》7月23日
《倒退的探索》(《广语丝》第四)5月23日广东《南国》总16期
《黄金梦呓》(《广语丝》第五)党的68岁诞辰《中流》1990年第1期
《创作自由考》(《广语丝》第六)抗战52周年纪念日广东《自由评论》第1期

《双百小史》(《广语丝》第七)7月13日《南方日报》7月29日

《试论吾尔开希的凯旋》(《广语丝》第八)法国大革命200周年纪念的次日《羊城晚报》7月21日

《代沟议》(《广语丝》第九)建军节62周年后3天《羊城晚报》8月18日

《臣民和顺民》(《广语丝》第十)8月21日《广州日报》9月2日

《狂躁和颓废》(《广语丝》第十一)8月28日《羊城晚报》9月16日

《观念更新辨》(《广语丝》第十二)9月4日天津《今晚报》9月21日

《性格创造之谜》(《广语丝》第十三)9月7日上海《文学报》1990年第496期

《论拨乱反正应该先行》(《广语丝》第十四)9月8日《广州日报》10月12日

《珠江文化猜想》(《广语丝》第十五)9月14日,中秋节上海《文学报》10月19日

《且慢走向世界》(《广语丝》第十六)"九一八"58周年纪念《中流》1990年第2期

《谨防晕浪》(《广语丝》第十七)广州解放40周年《羊城晚报》11月2日

《三十年的媳妇熬成婆注》(《广语丝》第十八)11月14日《文艺理论与批评》1990年第2期

《精英意识补》(《广语丝》第十九)11月16日《文艺理论与批评》1990年第2期

《爱滋病日有感》(《广语丝》第二十)12月1日《文艺理论与批评》1990年第2期

《顶风船颂》(《广语丝》第二十一)广州起义62周年《光明日报》1990年1月4日

1990年　八十二岁

2月　参加中国作家协会广东分会第四次会员代表大会。

3月　出席中顾委二届六次全会,列席中共十三届六中全会。

3月　参加华南人民文学艺术学院建校40周年纪念会。

12月　出席中顾委二届七次全会,列席中共十三届七中全会。

1990年作品有:

《思念恩来同志并想到所谓爱心》(《广语丝》第二十二)恩来同志

14周年忌《人民日报》2月20日

《拟世界战略》(《广语丝》第二十三)1月31日天津《今晚报》9月25日

《新文学史改写法》(《广语丝》第二十四)2月3日《文艺报》3月10日

《当代杞人十忧》(《广语丝》第二十五)"二七"大罢工67周年纪念日《文艺报》3月17日

《文化奇观》(《广语丝》第二十六)2月12日天津《今晚报》3月1日

《嘘文学自身》(《广语丝》第二十七)2月19日上海《文学报》3月8日

《文化开放疏》(《广语丝》第二十八)2月27日《广州日报》3月11日

《笑忧患意识》(《广语丝》第二十九)3月24日《南方日报》9月8日

《但愿平安无事》(《广语丝》第三十)3月24日广东《党风》第6期

《南风析》(《广语丝》第三十一)黄花节79周年河北《杂文界》第3期

《〈讲话〉辩》(《广语丝》第三十二)4月9日《求是》第10期

《服务观》(《广语丝》第三十三)4月10日《延安文艺研究》第2期

《探索解》(《广语丝》第三十四)4月10日《中流》第9期

《论伟大的儿子》(《广语丝》第三十五)为纪念列宁诞辰120周年《中国文化报》5月23日

《鲁迅真神人也》(《广语丝》第三十六)为纪念"五四"运动71周年《文艺理论与批评》第4期

《再从歌声听出欲望》(《广语丝》第三十七)为纪念马克思诞辰172周年《文艺报》6月9日

《笑主体意识》(《广语丝》第三十八)5月8日《广州日报》8月30日

《拟猫国抗议》(《广语丝》第三十九)5月9日广东《党风》第12期

《笑忏悔意识》(《广语丝》第四十)

《讲话》发表48周年《羊城晚报》8月27日

《三傻》(《广语丝》第四十一)6月6日广东《南国》1991年总第17期

《再论新文学史改写法并复王晓吟同志》(《广语丝》第四十二)为纪念党的生日69周年前夜广东《南国》1991年总第17期

《救亡压倒启蒙说》(《广语丝》第四十三)卢沟桥事变53周年天津《今晚报》8月2日

《自信议》(《广语丝》第四十四)7月23日《南方日报》1991年2月2日

《标新议》(《广语丝》第四十五)8月11日《中国文化报》1991年3月24日

《开放议》(《广语丝》第四十六)9月14日《广州日报》12月12日

《听亚运会广播有感》（《广语丝》第四十七）9月22日广东《南国》1991年总第17期

《定不下性子说》（《广语丝》第四十八）10月16日，为纪念世界粮食日《文艺理论与批评》1991年第2期

《有容乃大议》（《广语丝》第四十九）12月3日《文艺理论与批评》1991年第2期

《个性解放疏》（《广语丝》第五十）为纪念广州起义63周年《文艺理论与批评》1991年第2期

《先扶上马再送一程赞》（《广语丝》第五十一）12月17日《羊城晚报》1991年1月11日

《广语丝》（单行本）光明日报出版社10月

1991年　八十三岁

1月　去西樵南海中学参加龚明烈士纪念会。

3月　参加广东省《广语丝》座谈会。

6月　参加广东省中国共产党建党70周年纪念会。

11月　出席中顾委二届八次全会，列席中共十三届八中全会。

1991年作品有：

《过时浅释》（《广语丝》第五十二）1月21日《羊城晚报》3月27日

《堂名佳话》（《广语丝》第五十三）1月25日《党风》第4期

《阶级辨踪》（《广语丝》第五十四）2月2日《广州日报》3月24日

《繁荣初窥》（《广语丝》第五十五）2月9日广东《南国》总第19期

《繁荣再窥》（《广语丝》第五十六）2月12日广东《南国》总第19期

《繁荣三窥》（《广语丝》第五十七）2月23日广东《南国》总第19期

《有客谈双百立法》（《广语丝》第五十八）2月27日《杂文界》第5期

《年轻人被捧杀以后》（《广语丝》第五十九）3月6日《中流》第5期

《当代隆中对》（《广语丝》第六十）为纪念孙中山先生逝世66周年《党风》第9期

《人生来就是自由的吗？》（《广语丝》第六十一）巴黎公社120周年纪念日《广州日报》5月5日

《人权鳞爪》（《广语丝》第六十二）3月25日《羊城晚报》4月29日

《功利门》（《广语丝》第六十三）4月9日《广州日报》6月26日

《论依附》（《广语丝》第六十四）

"四一五"事变64周年《人民日报》5月6日

《自己圈》(《广语丝》第六十五)为纪念国际劳动节105周年《羊城晚报》5月31日

《致平凡而伟大的同学们》(《广语丝》第六十六)5月6日《党风》第7期

《润物细无声疏》(《广语丝》第六十七)5月14日《中国教育报》6月8日

《褒贬之间》(《广语丝》第六十八)

《讲话》发表49周年《人民日报》6月17日

《自由主义的选择》(《广语丝》第六十九)为纪念上海"五卅"惨案66周年《广州日报》11月27日

《青春三立》(《广语丝》第七十)6月4日《羊城晚报》7月1日

《答〈文艺理论与批评〉问》(《广语丝》第七十一)"六二三"沙基惨案66周年《文艺理论与批评》第5期

《杜勒斯语录》(《广语丝》第七十二)7月8日《中流》第12期

《耄耋小诵》(《广语丝》第七十三)7月16日《人民日报》8月22日

《雏燕学飞》(《广语丝》第七十四)7月22日《第二课堂》第9期

《〈爱的漩涡〉补》(《广语丝》第七十五)8月5日天津《今晚报》9月24日

《十瓣心香》(《广语丝》第七十六)为纪念广州解放42周年后一日《中国文化报》11月6日

《左翼女人之谜》(《广语丝》第七十七)10月21日《中流》第12期

《多元化策》(《广语丝》第七十八)10月28日《党风》1992年第4期

《淡化议》(《广语丝》第七十九)11月4日《文艺报》11月23日

《共和国狂想曲》(《广语丝》第八十)为纪念孙中山诞辰125周年《中华英才》1992年总39期

《〈广语丝〉二集自序》广州起义64周年后5日

1992年 八十四岁

5月 参加广州中医学院庆祝共青团建立70周年座谈会。

参加广东现代革命作家丘东平纪念会。

出席中共广东省党代表会议。

10月 出席中顾委二届八次会议,列席中共十三届九中全会。

列席中国共产党第十四次全国代表大会。

1992年作品有：

《杨家岭往事初忆》（《广语丝》第八十一）1月21日《人民文学》第5期

《杨家岭往事再忆》（《广语丝》第八十二）1月27日《湛江文学》特刊（1992年增刊）

《欧阳山小说精选》（吴锡河编）香港新闻出版社发行2月

《杨家岭往事三忆》（《广语丝》第八十三）2月18日《文艺理论与批评》第3期

《杨家岭往事四忆》（《广语丝》第八十四）3月3日《中流》第4期

《杨家岭往事五忆》（《广语丝》第八十五）3月11日《文艺报》4月11日

《灵魂工程疏》（《广语丝》第八十六）《讲话》发表50周年《文艺理论与批评》第5期

《保驾护航赋》（《广语丝》第八十七）6月4日《中流》第7期

《精神病虫害大意》（《广语丝》第八十八）8月28日《文艺报》10月3日

《新人颂》（《广语丝》第八十九）9月14日《中流》第10期

《返老还童曲》（《广语丝》第九十）10月26日《羊城晚报》11月11日

《安贫乐道议》（《广语丝》第九十一）10月29日《广州日报》11月9日

《似曾相识》（《广语丝》第九十二）11月2日《文艺理论与批评》1993年第1期

《贫富衡》（《广语丝》第九十三）为纪念苏联十月革命节75周年《作品》1993年第2期

1993年 八十五岁

1993年作品有：

《都硬论》（《广语丝》第九十四）1月30日《中流》第4期

《论离心娱乐》（《广语丝》第九十五）2月10日《党风》第4期

《给默涵同志》（《广语丝》第九十六）巴黎公社122周年纪念《粤海风》总31期

《有关现代广东文学史的问题答于逢同志》（《广语丝》第九十七）7月26日《作品》1994年第3期

《要不要"三个不提"》（《广语丝》第九十八）八一建军节66周年《文艺理论与批评》1994年第4期

1994年　八十六岁

5月23日　"广东现代革命作家研究学会"在广州成立，当选为会长。在成立大会上，举行了"主旋律与多样化"座谈会。

8月22、30日和9月12日　共主持举行了三次柯岩创作的长篇小说《他乡明月》座谈会。

1994年作品有：

《向高尚的读者致意》（《广语丝》第九十九）为纪念恩来同志18周年忌《文艺理论与批评》1995年第4期

《向高尚的作者致意》（《广语丝》第一百）5月10日《中流》第7期

《檐前滴水》（《广语丝》第一百零一）5月13日《中国风》总13期

《〈他乡明月〉座谈会开场白》（《广语丝》第一百零二）8月9日《文艺理论与批评》1995年第1期

1995年　八十七岁

5月13日　主持"谈文艺界的团结问题"座谈会。庆祝毛泽东《在延安文艺座谈会上的讲话》发表53周年。

7月20日　主持《金水长流》和于逢系列作品研讨会。

12月13日至16日　参加"《一代风流》典型性格座谈会"。

参加广东省文学艺术工作者第四次代表大会，再受聘为广东省文联名誉主席。

1995年作品有：

《论无缘无故》（《广语丝》第一百零三）毛泽东《讲话》发表53周年《中流》第7期

《参加〈金水长流〉研讨会有感》（《广语丝》第一百零四）7月11日《文艺理论与批评》第5期

《争鸣庆》（《广语丝》第一百零五）为纪念中华人民共和国成立46周年《广州日报》1996年1月11日

《论后生哥》（《广语丝》第一百零六）11月14日《中流》1996年第1期

《曲线和直线》（《广语丝》第一百零七）毛泽东同志102年诞辰《文艺理论与批评》1996年第2期

1996年　八十八岁

5月21日　参加广东省文联"百名文艺家南粤大地行"出发式。

8月26日　开始校改《一代风流》第三卷《柳暗花明》。

10月31日　开始校改《一代风流》第四卷《圣地》。

12月　中国作家协会第五次代表大会，受聘为中国作协名誉副主席。

1996年作品有：

《理想要得》（《广语丝》第一百零八）为纪念中国共产党诞生75周年《文艺理论与批评》第5期

1997年　八十九岁

1月29日　开始校改《一代风流》第一卷《三家巷》。

4月1日　开始校改《一代风流》第二卷《苦斗》。

5月23日　参加由罗源文主持的在南海黄歧镇召开的梵杨作品研讨会。

6月3日　开始校改《一代风流》第五卷《万年春》。

7月29日　校改《一代风流》（共五卷）结束，校改全书定名为《三家巷》（又名《一代风流》）。

9月　列席中国共产党第十五次全国代表大会。

1997年作品有：

《当代文学八病》（《广语丝》第一百零九）3月26日《中流》第5期

《校改全书〈三家巷〉序》（《广语丝》第一百一十）7月29日《文艺理论与批评》第6期

《论主旋律作家》（《广语丝》第一百一十一）11月18日于广州梅花村

1998年　九十岁

1月7日　参加刘斯奋《白门柳》获第四届茅盾文学奖庆祝大会。

5月　主持广东现代革命作家研究学会笔谈"在邓小平文艺理论的基础上团结起来"。

9月4日　参加广东组原中顾委委员讨论会。

12月11日　参加九十寿辰庆贺活动。

1998年作品有：

《老夫无悔》（《广语丝》第一百一十二）2月13日《中流》第4期

《贺程代熙入党》（《广语丝》第一百一十三）3月16日《文艺理论与批评》第3期

《无题》（《广语丝》第一百一十四）4月9日《文艺理论与批评》第5期

1999年　九十一岁

9月　参加广东省顾委联谊会庆祝中华人民共和国成立50周年活动。参加广东省人大联谊会活动。

12月　荣获中国文联荣誉委员勋章。

1999年作品有：

校改全书《三家巷》（又名《一代风流》）人民文学出版社7月

《〈晚霞诗文〉序》12月20日车学藻《晚霞诗文》2000年5月

2000年　九十二岁

3月15日　参加华南人民文学艺术学院建校50周年纪念会。

8月28日　参加广东组原中顾委委员讨论会。

9月26日　8时35分在广州逝世。

2000年作品有：

《一悲一喜》（《广语丝》第一百一十五）3月15日《文艺理论与批评》第3期

《诗人杨骚是中国人民忠诚的儿子》（《广语丝》第一百一十六）5月9日《闽南日报》5月15日

《〈伟人周恩来〉首发式贺信》（《广语丝》第一百一十七）5月14日周而复《伟人周恩来》首发式